WORLD HISTORY IN BRIEF
Major Patterns of Change and Continuity

世界简史

变迁与延续的主要模式

［美］彼得·N. 斯特恩斯（Peter N. Stearns） 著

杨兰鋆 译

上册

8th Edition
第 8 版

著作权合同登记号 图字：01-2016-9807

图书在版编目(CIP)数据

世界简史：变迁与延续的主要模式：第8版/(美) 彼得·N. 斯特恩斯著；杨兰鋆译. —— 北京：北京大学出版社，2025.9. ——（培文·历史）. —— ISBN 978-7-301-36411-6

Ⅰ. K107

中国国家版本馆CIP数据核字第2025FY9974号

Authorized translation from the English language edition, entitled WORLD HISTORY IN BRIEF: MAJOR PATTERNS OF CHANGE AND CONTINUITY, COMBINED VOLUM, 8th Edition, by STEARNS, PETER N., published by Pearson Education, Inc., Copyright © 2015 Pearson Education, Inc.

All rights reserved. No part of this book may be reproduced or transmitted in any form or by any means, electronic or mechanical, including photocopying, recording or by any information storage retrieval system, without permission from Pearson Education, Inc.

CHINESE SIMPLIFIED language edition published by PEKING UNIVERSITY PRESS, 205 CHENGFU ROAD, BEIJING CHINA, 100871. Copyright © 2025.

本书中文简体翻译版由Pearson Education（培生教育出版集团）授权给北京大学出版社在中华人民共和国境内（不包括中国香港、澳门特别行政区和中国台湾地区）独家出版发行。未经出版者书面许可，不得以任何方式抄袭、复制或节录本书中的任何部分。

审图号：GS（2025）0648号

本书封面贴有Pearson Education（培生教育出版集团）激光防伪标签。无标签者不得销售。

书　　　名	世界简史：变迁与延续的主要模式（第8版）（上下册） SHIJIE JIANSHI: BIANQIAN YU YANXU DE ZHUYAO MOSHI（DI-BA BAN）（SHANG-XIA CE）
著作责任者	[美] 彼得·N. 斯特恩斯（Peter N. Stearns）著　杨兰鋆 译
责任编辑	徐文宁　于海冰
标准书号	ISBN 978-7-301-36411-6
出版发行	北京大学出版社
地　　　址	北京市海淀区成府路205号　100871
网　　　址	http://www.pup.cn　新浪微博：@北京大学出版社 @培文图书
电子邮箱	编辑部 pkupw@pup.cn　总编室 zpup@pup.cn
电　　　话	邮购部 010-62752015　发行部 010-62750672　编辑部 010-62750883
印 刷 者	天津联城印刷有限公司
经 销 者	新华书店
	787毫米×1092毫米　16开本　45.25印张　800千字
	2025年9月第1版　2025年9月第1次印刷
定　　　价	128.00元（上下册）

未经许可，不得以任何方式复制或抄袭本书之部分或全部内容。
版权所有，侵权必究
举报电话：010-62752024　电子邮箱：fd@pup.cn
图书如有印装质量问题，请与出版部联系，电话：010-62756370

简明目录

World History in Brief

第一部分
世界史早期：从起源到农业和人类的新组织形式

- 第 1 章　从史前时期到农业兴起 ... 007
- 第 2 章　早期文明（公元前 3500—前 1000）... 020
- 第 3 章　游牧社会 ... 040

第一部分　回顾
农业兴起和农业文明　... 048

第二部分
古典时期（公元前 1000—公元 500）

- 第 4 章　古典文明：中国 ... 057
- 第 5 章　古典文明：印度 ... 075
- 第 6 章　古典文明：地中海（希腊—罗马）和中东（波斯）... 098
- 第 7 章　古典文明（多方向、多元化）：公元 500 年宣告终结 ... 125

第二部分　总结
古典时期（公元前 1000—公元 500）... 144

第三部分
后古典时期（500—1450）

第 8 章　伊斯兰教崛起：中东文明的标志 ... 153

第 9 章　伊斯兰教影响下的印度和东南亚 ... 177

第 10 章　非洲与伊斯兰教 ... 188

第 11 章　东欧文明：拜占庭与罗斯 ... 204

第 12 章　中世纪的西欧文明 ... 221

第 13 章　中国的影响与东亚文明的传播 ... 241

第 14 章　美洲文明中心 ... 260

第 15 章　蒙古人的短暂兴起与后古典文明的终结 ... 272

第三部分　回顾

后古典时期（500—1450）... 281

第四部分
新世界经济（1450—1750）

第 16 章　西欧与世界：地理大发现、殖民和贸易 ... 289

第 17 章　现代早期西欧文明的转变 ... 321

第 18 章　俄国崛起 ... 346

第 19 章　伊斯兰帝国 ... 362

第 20 章　东亚：政治及贸易的重大发展趋势 ... 380

第四部分　回顾

新世界经济（1450—1750）... 395

第五部分
世界第一次工业化（1750—1914）

第 21 章　西方社会：第一次工业革命（1780—1914）... 402

第 22 章　世界经济与西方帝国主义：非洲和南亚 ... 430

第 23 章　定居殖民社会：开拓边疆 ... 449

第 24 章　拉丁美洲文明的发展 ... 458

第 25 章　帝国主义时期的中东和中国 ... 479

第 26 章　俄国和日本：西方之外的工业革命 ... 495

第五部分　回顾
漫长的 19 世纪画上句点 ... 514

第六部分
当代世界（1914 年至今）

第 27 章　当代西方国家 ... 529

第 28 章　苏联与东欧 ... 552

第 29 章　20 世纪至 21 世纪早期的东亚 ... 574

第 30 章　印度与东南亚 ... 593

第 31 章　当代中东文明 ... 612

第 32 章　当代拉丁美洲 ... 633

第 33 章　撒哈拉以南非洲：从殖民地到新国家 ... 652

第 34 章　21 世纪至今的当代世界历史主题 ... 674

第六部分　回顾
当代世界 ... 699

目录

World History in Brief

第一部分 世界史早期：从起源到农业和人类的新组织形式

第 1 章 从史前时期到农业兴起 ... 007
1. 万事开头难 ... 007
2. 人类的发展与变化 ... 008
3. 新石器时代革命 ... 011
4. 农业社会的本质 ... 015
5. 农业与变革 ... 016
6. 通往现代之路 ... 018

第 2 章 早期文明（公元前 3500—前 1000）... 020
1. 文明 ... 020
2. 古埃及文明和美索不达米亚文明之异同 ... 028
3. 古印度和中国河谷文明 ... 031
4. 转折：河谷文明的终结 ... 033
5. 河谷文明的遗产 ... 034
6. 公元前 1000 年左右诞生的新国家和新民族 ... 036
7. 犹太民族 ... 037

8. 通往现代之路 ... 038

第 3 章　游牧社会 ... 040
1. 早期游牧社会 ... 040
2. 游牧社会及其文化 ... 042
3. 游牧民族及其文明 ... 044
4. 通往现代之路 ... 046

第一部分　回顾
农业兴起和农业文明 ... 048

第二部分　古典时期（公元前 1000—公元 500）

第 4 章　古典文明：中国 ... 057
1. 古典中国的发展模式 ... 058
2. 政治体制 ... 061
3. 宗教与文化 ... 064
4. 经济与社会 ... 068
5. 多元思想相辅相成 ... 072
6. 通往现代之路 ... 073

第 5 章　古典文明：印度 ... 075
1. 印度历史框架 ... 076
2. 古典印度的发展模式 ... 078
3. 政治体制 ... 081
4. 宗教与文化 ... 084
5. 经济与社会 ... 090

6. 印度的影响力 ... 094

7. 中国和印度的同与异 ... 094

8. 通往现代之路 ... 095

第 6 章 古典文明：
地中海（希腊—罗马）和中东（波斯） ... 098

1. 波斯传统 ... 100

2. 古典地中海社会的发展模式 ... 101

3. 希腊和罗马的政治体制 ... 107

4. 宗教与文化 ... 113

5. 经济与社会：地中海地区 ... 118

6. 罗马帝国的覆灭 ... 122

7. 通往现代之路 ... 123

第 7 章 古典文明（多方向、多元化）：
公元 500 年宣告终结 ... 125

1. 中国和印度古典文明走向式微 ... 125

2. 罗马帝国的衰落与覆灭 ... 127

3. 宗教版图焕然一新 ... 133

4. 通往现代之路 ... 142

第二部分　总结

古典时期（公元前 1000—公元 500）... 144

第三部分 后古典时期（500—1450）

第 8 章 伊斯兰教崛起：中东文明的标志 ... 153
1. 伊斯兰教创立 ... 154
2. 伊斯兰社会的发展模式 ... 156
3. 伊斯兰社会的政治体制 ... 160
4. 伊斯兰教与中东文化 ... 163
5. 中东经济与社会 ... 170
6. 中东文明的衰落 ... 174
7. 通往现代之路 ... 175

第 9 章 伊斯兰教影响下的印度和东南亚 ... 177
1. 印度文化的发展 ... 178
2. 印度遭遇外来挑战 ... 181
3. 东南亚 ... 183
4. 通往现代之路 ... 186

第 10 章 非洲与伊斯兰教 ... 188
1. 撒哈拉以南非洲与世界网络 ... 189
2. 伟大王国 ... 192
3. 非洲文明的特征 ... 198
4. 通往现代之路 ... 202

第 11 章 东欧文明：拜占庭与罗斯 ... 204
1. 拜占庭时期 ... 205
2. 早期罗斯：基辅罗斯 ... 211
3. 东欧政治体制 ... 214
4. 东欧宗教与文化 ... 215

5. 东欧经济与社会 ... 218

6. 东欧文明黯然失色 ... 218

7. 通往现代之路 ... 219

第12章　中世纪的西欧文明 ... 221

1. 西欧文明的早期模式 ... 222

2. 中世纪的政治体制 ... 225

3. 中世纪的宗教与文化 ... 227

4. 经济与社会 ... 231

5. 女性与家庭生活 ... 236

6. 中世纪后期的紧张局势 ... 236

7. 通往现代之路 ... 238

第13章　中国的影响与东亚文明的传播 ... 241

1. 中国的政治与文化 ... 242

2. 中国的经济与社会 ... 246

3. 朝鲜、越南和日本文明 ... 250

4. 日本的文化、社会与经济 ... 254

5. 自信的东亚 ... 257

6. 通往现代之路 ... 257

第14章　美洲文明中心 ... 260

1. 玛雅文明与阿兹特克文明 ... 262

2. 阿兹特克帝国 ... 265

3. 印加帝国 ... 267

4. 安第斯山区与中美洲社会 ... 268

5. 太平洋及大洋洲地区 ... 268

6. 通往现代之路 ... 269

第 15 章　蒙古人的短暂兴起与后古典文明的终结 ... 272

1. 蒙古帝国 ... 273
2. 中国和西欧跻身世界强国之列 ... 276
3. 转折阶段结束：从后古典时期到现代早期 ... 279
4. 通往现代之路 ... 279

第三部分　回顾

后古典时期（500—1450） ... 281

序言

世界史研究在大学教育中日益普及，原因如下：每天的报纸、电视和网站上都充斥着各种全球问题。美国人必须对这些全球问题有一套自己的看法，并要明白正是世界上的多元社会形态引发了这些问题，塑造着我们的未来。历史，甚至是那些看上去十分久远的历史都在诉说着世界如何变成今天的模样，为什么当前的全球性影响比以往任何时候都要深远。即使在美国国内，全球问题的影响也不可小觑，因为美国正在演变成一个大熔炉，容纳着来自世界各地背景各异的人们。最后要说的是，研究世界史要留意对历史经典问题的解读；学生们要加强理解，不仅要分析历史上的种种变化和因果联系，还要对丰富的主题进行比较研究。一些教育人士依然倾向于以西方文明为核心，他们声称西方文明与美国人的起源息息相关，有时还会在这方面表现出一种很强的优越感。虽然任何世界史研究都必须包括西方传统，但很显然，单靠西方式的解读无法真实再现我们所需要了解的这个世界。

研究方法

《世界简史》已经出到了第 8 版，它始终秉持两大目标。第一，呈现一种真正**全球适用的世界史研究方法**。这就要求重点分析超越个体社会的各种因素，对各主要社会的研究不偏不倚，从全球视角展开对比分析。第二，行文简洁，条理分明。众所周知，很多世界史教材都是卷帙浩繁，师生都要焚膏继晷，投入相当大的精力。本书则另辟蹊径。本书篇幅适中（与世界重大历史问题的专项研究相差不多），内容简明扼要，读者在学习教材之余还有充裕时间对其他材料进行深度分析。本书旨在让师生鱼与熊掌兼得：不仅在课本中纵观世界发展的脉络，还有大量时间研读其他史学著作。

研究世界史要求坚持全球视角，而不能以西方为中心。本书展示了许多世纪以来不同文明如何应对各种普遍问题，比如人口增长、经济变革、外交和艺术领域的国际潮流。西方文明是世界主要文明之一，但是东亚、印度、中东、东欧、非洲和拉丁美洲文明也是不可或缺的研究对象，这样的世界观才是真正的世界观。在研究世界史时，既要关注个体社会（毕竟我们大多数人都是生活其中），也要关注跨区域之间更大层面的交往。这些全球性交往包括贸易、文化联系、移民和疾病传播等。本书采用叙事手法勾画了世界主要文明的全貌，重点讲述区域和全球层面的政治、文化、社会、经济特征及发展趋势。把握好这些特征，我们就可以更好地比较和评价历史变迁。

本书也旨在激励读者进行更多的阅读分析训练。世界史教学必须借鉴实证史学课程的范例，即减少对史实的过度铺陈，不要求死记硬背知识点，而是将重点放在可以扩大理解范围的某些历史事件上。因此，本书不对纷繁复杂的细节着墨太多。相反，本书内容涵盖了足够多的数据，便于读者比较和评价各种变化，重点分析世界史上的重大发展事件。如果学生们对某一主题感兴趣，想要查看更多史实，他们可以去查阅参考资料。鉴于此，本书每章结尾部分都附有参考书目。

时期划分

时期划分，即将世界史划分为若干基本时期，反映了国际交往的各个阶段：从相对孤立到地区融合再到全球体系的形成。这种划分无法做到分毫不差地呈现整个世界历史，但它抓住了全球变化的主流趋势。本书分为六部分，包括六个主要时期。第一部分介绍了人类早期发展阶段的特点，尤其是农业兴起和文明成为一种组织形式。第二部分描述了伟大的古典社会（公元前1000—公元500）以及它们与周边地区的联系。第三部分着眼于后古典时期（500—1450）出现的贸易和文化新联系、世界宗教的传播，以及新兴和既有文明中心的发展。第四部分关注的是现代早期（1450—1750）真正全球性贸易体制的崛起。在这一阶段，欧洲在世界上的作用悄然生变，其他地区则走上了各式各样的独立发展道路。第五部分讲述的是欧洲在漫长的19世纪走上了工业化和帝国主义道路，以及由此激起的各种反抗活动。第六部分展现了世界历史进入20世纪直至21世纪初的新面貌。本书对上述六个时期的重大主题详加界定，并在此基础上全面评价了全球背景下个体社会之间的交往联系，对比分析了其在漫长岁月中的变迁和延续。

主题

本书利用全球视角和国际通行的时期划分,可以让学生们了解时代主题的变化和延续,以及针对各主题的比较分析。比如,我们可以追溯研究形成现代世界的各种传统和新生力量,对其进行比较分析;了解中国或拉丁美洲如何回应有关现代国家之类的问题;探究女性在发展中经济体和工业化经济体中的处境。不同的社会如何应对共同的问题和联系,这些问题和联系又是如何与时俱变——这构成了世界史研究的框架。本书以重大历史进程为基础,比较分析上述问题并评价各种变化,为实证史学之外的其他历史研究提供经验。

新版新变化

- 作者参考了最新史著和读者对早前版本的反馈,对每章内容都进行了仔细审校。有些部分改动较多,尤其是对中国和 20 世纪历史进程的分析。
- 作者增加了某些章节的篇幅,着重突出对某些主题的对比研究。
- 鉴于有学者提出了对个别社会和历史分期的新认识,作者对某些章节的内容做了相应修改。在关于当代世界的章节中,作者回顾了近年来的发展动态,同时根据发展趋势从更广的视角提出了自己的分析判断。
- 第 34 章(本书最后一章)介绍了近年来的发展新动向(包括恐怖主义),重点探讨了全球化问题,包括反全球化和世界史视角下的全球化意义。本章还分享了人们对当代史全球性特点的各种看法。

致谢

许多人都为本书做出了贡献。感谢巴里·拜尔、唐纳德·施瓦茨、威廉·麦克尼尔、安德鲁·巴恩斯、唐纳德·萨顿、埃里克·兰格、佳耶师利·兰根、保罗·亚当斯、梅里·威斯纳-汉克斯和迈克尔·阿达斯,他们通过不同方式协助我的世界史研究。感谢史蒂文·戈施和唐纳德·萨顿的点评,感谢克利奥·斯特恩斯和霍利·莫伊尔在编辑方面的协助,他们对新版书稿的筹备出力甚多。我还要感谢以下同事对我世界史教学工作的辅助,他们是罗斯·邓恩、朱迪思·津瑟、理查德·布利特、杰里·本特利和斯图尔特·施瓦茨。还要谢谢众多读者,本书的最终成形离不开他们对早期书稿的评价和鼓励。他们是杰伊·P. 安格林、理查德·D. 刘易斯、科克·威利斯、阿登·布霍尔茨、理查德·格雷、罗伯特·罗德、斯蒂芬·恩格尔哈特、马克·吉尔伯特、约翰·沃尔、埃尔温·格里斯哈伯、崔永镐、V. 狄克逊·莫里斯、埃尔顿·L. 丹尼尔、托马斯·纳普、爱德华·宏兹、阿尔伯特·曼、J. 马尔科姆·汤普森、彼得·弗里曼、帕特里克·史密斯、戴维·麦库姆、查尔斯·埃文斯、杰里·本特利、约翰·鲍威尔、B. B. 威尔曼、佩内洛普·安·阿代尔、琳达·亚利卡纳、塞缪尔·布伦克、亚历山大·S. 道森、莉迪娅·加纳、苏伦德拉·古普塔、克雷格·亨德里克斯、苏珊·赫尔特、克里斯蒂娜·米歇莫尔、林恩·穆尔、约瑟夫·诺顿、埃尔莎·奈斯特龙、黛安娜·皮尔逊、路易斯·罗珀、托马斯·奥图尔、约翰·D. 博斯韦尔、康妮·布兰德、罗伯特·卡萨内略、约翰·K. 海登、本·洛、肯尼思·威尔伯恩、丹尼斯·A. 小弗雷、马修·马厄、肯尼斯·J. 欧罗斯、瓦伦·罗森布卢姆、布赖恩·威廉斯、罗伯特·H. 韦尔伯恩和 J. 迈克尔·法默，他们给了我难能可贵的帮助。还有很多评论家对本书提出了有益意见，他们分别是西新墨西哥大学的珍妮特·巴尼、海斯堡州立大学的诺曼·考菲尔德、佛罗里达大西洋大学的奥布雷·金托普、路易斯维尔大学的拉斐尔·恩乔库、基督教兄弟大学的尼尔·帕尔默、黑山州立大学的凯瑟琳·帕罗、贝里学院的马修·斯坦纳德、亚利桑那州立大学的克里斯托弗·特里特，以及匹兹堡州立大学的加里·沃尔佳莫特。

还要感谢劳拉·贝尔，她在编辑过程中给了我莫大协助。也谢谢我在乔治梅森大学的学生们，是他们给了我无穷的动力。最后，我要感谢我的家人，我总是对遥远的过去兴奋不已，喋喋不休，而他们则始终都是我最耐心的听众。

彼得·N. 斯特恩斯

第一部分

世界史早期：
从起源到农业和人类的新组织形式

引言：世界历史的开端

在探究人类漫长早期历史的过程中存在一个明显矛盾。一方面，层出不穷的细节吸引人们不断深入研究，因为一个又一个新发现拓展了我们对人类进化的既有认知，让我们了解了更多人类历史与地球（它是比最早物种更加古老的存在）之间的重要关联。另一方面，在研究那些与今时今日既相去久远又迥然相异的各种情况时，我们又必须把焦点集中在那些有重大意义的发展事件上，这些事件为不断上演的人类活动创造了舞台。除了进化，使用工具和迁徙/散居也是我们首要关注的问题，因为它们都代表了人类在历史长河中经历的剧烈变革。

科学研究工作逐步拓展了我们对早期人类的认识：人类起源于东非，到公元前2.5万年，人类足迹几乎遍及世界上每一个可以居住之地。我们获得了越来越多的发现，有的是关于类人猿和早期半人类之间的未知物种（又称"过渡物种"），有的是关于人类与黑猩猩等物种在遗传物质上的相似性，而且是惊人的相似。我们有充分理由去探索这些纷繁复杂的历史源头。

但是，与此同时我们还是要把注意力放在主要问题上。通过对纷繁细节的探寻，并结合几代人的丰硕研究成果（研究者提出了各种可能性），本书第1章总结了漫长的人类早期阶段的三大特征。第一，人类在进化过程中逐渐提高了生存技能，尤其是史无前例地具备了语言能力；但是在当代人类物种出现后，人类的进化过程便停滞不前。人类物种已经有近八万年时间未曾发生质的变化。第二，人类是一种会使用工具的生物，而且还在逐渐提高自身能力：从无意识地采集可能用到的工具，到有意识地打造工具。第三，人类始终居无定所。在狩猎采集经济时代，人类游猎觅食，四下迁徙，寻找更大的生存之地。人类大扩散构成了人类早期历史的根本特征，也为后续发展创造了前提条件。

继早期阶段之后，人类经济迎来了第一次翻天覆地的变化，即从狩猎采集经济转型为农耕或放牧经济。这是人类历史进程中发生的重大体制变革之一，是继人类学会使用工具后对世界历史架构的重新定义。相关内容参见第1章。

根本转变说起来容易，但终究还是有些太过抽象。就拿孩子为例来说吧。在狩猎采集社会，生儿育女固然重要，但是孩子数量不宜过多。每个家庭无力养育太

1940年,在法国的拉斯科,四名男孩在玩耍时发现了一处历史悠久的隐秘洞窟,里面藏有上千幅石器时代的壁画(如图所示),它们技艺复杂,栩栩如生。绝大部分图案都是动物,其中有些物种在作画时已经销声匿迹。为什么石器时代的艺术家要绘制这些图案,答案似乎无人知晓,但是这些画作有力地证明了所谓的原始人其实是能工巧匠。

多孩子,因为用处不大;而且人们常年迁徙,带着众多幼儿奔赴新的狩猎地也有诸多不便。但是到了农业社会,孩子具备了一定的实用价值,他们能够实实在在地做点事情,帮助家里分忧解难。孩子有望成为重要劳动力,因此人口出生率大幅提高。父母要把孩子塑造成有用的劳动者,所以农业社会的人们高度重视服从性——这是另一大重要转变。

很多农业社会最终创建了我们今天所称的"文明"这一新组织形式。第2章将介绍后续的发展变化和四大早期文明中心。第3章讲述的是游牧民族:这是一个远离农业和文明的不同群体,但是在许多世纪的世界历史进程中,他们同样发挥了重要作用。

第一部分介绍了人类历史的几大重要基石:进化和迁徙;学会使用工具后,人类终于进入了农业社会并学会驯养家畜;很多人类社会形成了新的组织形式。虽然这些变化持续时间极为漫长,但是本部分各章节重点分析的是距今一万年前至四千年前之间的变化,因为在此期间形成的一系列实践方式和体制,在后来的历史发展过程中无须推倒重建。

全球联系

人类早期经历的重要特征之一就是散居造成的分离性。人们四散开来寻找生存空间——每个狩猎采集者需要的平均作业面积为 2.5 平方英里（约 6.5 平方千米）。因此，即使小密度的人口聚居也会给人们造成很大压力，由此导致人们逐渐失去了在起源时建立的联系。

有两个典型例子可以佐证上述观点，即人类在大迁徙末期分别移居澳洲和美洲。大约 6 万年前，人类到达了澳洲。当时还处在冰河时代，印度洋的面积比现在小，陆地面积从亚洲一直向南延伸，乘船跨海的距离并不远。后来水域面积扩大，先期抵达澳洲的人们被切断了与其他地方的联系。这里有一点让人无法理解的是，先后有好几批人乘船抵达了澳洲：先是中国人，后来是荷兰人和法国人，但是他们彼此之间却很少来往，或许是因为这片地区比较荒凉。直到距今三百年前这里才出现了新形式的常规联系，但对缺少类似经验（包括疾病免疫力）的澳洲原住民来说，全新的人际交往给他们带来了深重的灾难。

在地球的另一端，人类在大约 2.5 万年前通过当时东北亚和阿拉斯加之间的陆桥到达了美洲。之后可能还有好几批人也陆续迁居美洲，但是后来海平面上升导致陆桥消失，人类迁徙的征程就此止步。在几千年的漫长岁月里，美洲大陆上不同地区的人们互不往来，至少不存在有意义的往来。这一点也着实令人费解。后来又有一批人来到美洲，智利出土的鸡骨骸表明波利尼西亚人很早就踏上了美洲土地，比 1492 年哥伦布发现美洲大陆还要早一百多年。不过，这几轮迁徙都没有对美洲产生重大影响，也没为这片大陆确立更高的历史地位，因为在这上下几千年的时间里，散居和隔绝一直是这片大陆最重要的标志。

以上是两个非常突出的例子，其实那些迁徙到亚洲、欧洲或非洲其他地方的人们也会失去与亲人和祖辈们的联系。该过程的标志就是人类形成了不同的体貌特征，以及各种语言的诞生——最多时超过 6,000 种（如今已是大幅减少）。可以肯定的是，基本语系的数量并没有这么多，很多独立语言都源自闪族语系、印欧语系或班图语系。由于人类不断迁徙、彼此分离，很多群体在相遇时依然无法沟通——即便他们来自同一语系。

然而，过于强调人与人之间的分离也会有失片面，因为人类在早期阶段确实也形成了某些联系。

就拿亚非欧三大洲反复上演的迁徙和入侵来说吧。被视为人类文明摇篮的中东地区一次次被新的民族征服，尤其是中亚民族。相比之下埃及就很少受到入侵，不过它也遭受过中东和更远的南部非洲民族的袭扰。这些过程将不同的民族融合到了一起。中东出土的石碑上刻有当地语和古埃及语的双语铭文，表明当时既有翻译需求，也有翻译能力。埃及绘画中的人物形象不仅有本地人，还有非洲人和中东的闪米特人。

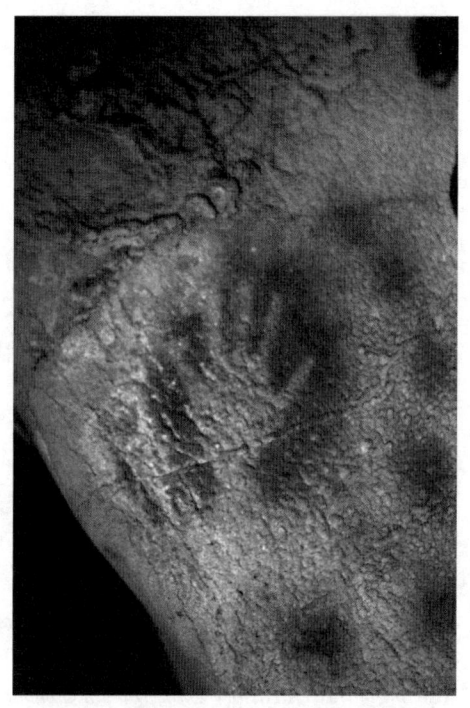

欧洲史前洞穴壁画中的红色手印，研究者认为这是一位女性的手印（这样的主题在洞穴壁画中极为罕见）。

民族融合带来了新技术。有些技术革新成为扩大农耕面积的重要手段，比如陶轮技术，中亚民族在迁徙或入侵过程中将该技术传入了中东。

除了迁徙和入侵，还有一种潜移默化的过程也可以促进民族间的往来，那就是传播。在此过程中，一个民族可以向周边民族学习。偶然来访的远行者或商人也会带来新思想。所以我们看到各地独立发展起来的农业逐渐传播到了其他地方。这种新的传播机制历经几个世纪才从中东传到南欧，毕竟当时的人际交往较为有限，而且人们对变化起初都是断然抵制。但是传播进程势不可挡，人们将金属加工知识和粮食品种从一个地方传到另一个地方，有些粮食还成为传入地的基本粮食作物。

当然，这其中还有贸易之功。我们都知道，早期的农业社群经常与附近的狩猎采集群体进行贸易，哪怕这只是为了维持和平而做出的象征性交换。早期文明形成后，出现了一定数量的区际贸易，进而将不同地区连接到了一起，比如中东部分地区和印度西北部。

总之，相互分离并不是绝对的。确有个别民族离群索居，至少是远离世界上的人口中心，而且很多群体也只是偶有联系。但是从贸易和传播新知识的角度来说，交换的好处就是让联系交往成了早期人类经历的重要组成部分。不管由此产生的结果是好是坏，迁徙和入侵都令世界上很多民族再也无法逃避相互影响——至少是断断续续地相互影响。

延伸阅读

世界历史概况：Patrick Manning, *Navigating World History: Historians Create a Global Past* (2003); Peter N. Stearns, *World History: The Basics* (2010)。对世界历史细节的探索及不同观点：W. McNeil, *Rise of the West: A History of the Human Community* (1970), *A History of the Human Community* (1996); Peter N. Stearns, Michael Adas, Stuart B. Schwartz, *World Civilizations: The Global Experience* (2007); Richard Bulliet et al., *The Earth and Its Peoples* (2006); Jerry Bentley, *Traditions and Encounters: A Global Perspective on the Past* (2010)。世界人口地理分布背景介绍：Gerald Danzer, *Atlas of World History* (2002); Peter N. Stearns, *Childhood in World History*, 2nd ed. (2010)。

第 1 章
从史前时期到农业兴起

1. 万事开头难

　　人类种群在一个相对较短的时间内取得了巨大的成就。真正的人类种群（它与灵长类动物明显有别）究竟是在什么时候出现的，对此还有诸多不同看法。但一般认为是距今约 250 万年前，大概是地球存在时间的四千分之一。如果把迄今为止的整个地球历史比作一天 24 小时，那么人类种群直到 24 小时的前 5 分钟才浮出地表。跟任何一种繁衍至今的哺乳动物相比，人类存在的时间连它们的 5% 都不到。但就是在这短短的时间里（以地球的存在时间为参照），人类足迹遍及世界各大陆（除了极地地区），并且掌握了不计其数的其他物种的命运，至于这种结果的好坏这里我们先姑且不论。

　　毫无疑问，人类种群与其他现存物种相比也有美中不足之处。人对同类有很强的攻击性；有些类人猿（尤其是黑猩猩）之间也经常发生冲突，但其严重性远不及人与人之间的暴力行为。人类的孩子在很长时间内都有赖家人照顾或他人看护，这样一来也就限制了很多成年女性的活动。某些病痛也加重了人类种群的负担，比如直立行走造成的背部不适。此外，人类愈加意识到死亡的必然性，这令他们深感恐惧，紧张不已。

　　但是人类种群独树一帜的特征也促成了不少成就。与其他灵长类动物相同但又不同于大多数哺乳动物的是，人类手上的对生拇指增强了双手的握力，他们可以灵巧自如地操纵物体。与其他灵长类动物不同的是，人类的性冲动更强烈也更规律，有利于繁育后代；人类是杂食性动物，无须依赖特定动植物为食，在不同的气候和环境下都能随遇而安；人类丰富的面部表情促进了沟通，深化了社交生活。人类独特的脑部结构和能讲出复杂语言的发声器官更加重要：在很大程度上，人类历史进步就是依赖于知识和发明，以及在此基础上的社会交往。

人类的崛起速度之快令人赞叹，但其早期阶段可谓日长似年。在200多万年的时间里，人类基本上处于旧石器时代。在这段漫长的岁月里，人类大概是在1.4万年前才学会使用简单工具，他们将打磨成形的石头和木棒用于狩猎和作战。火的使用要追溯至75万年前。在旧石器时代，人类种群的性质也在逐渐改变，标志是学会了直立行走、脑容量增大。考古证据显示，人类的平均身材长高了。在50万至75万年前，人类已经不再是昔日的类人猿，他们的脑容量更大，更善于使用工具；他们被形象地称为"直立人"。距今10万年前，大批在非洲繁衍壮大的直立人离开故土，迁往亚欧两洲，迁徙规模达150万人左右。

大量证据表明，随着时间推移，更先进的人类种群消灭或取代了很多竞争对手。近亲结婚也时有发生。近年来的考古发现和基因研究表明，很多地区的晚期智人在很长一段时间里与其他人类种群同生共存。但最终主宰全世界的却是单一人类种群，而不是几个相近种群，如猴子和猿。大约12万年前在非洲出现的**晚期智人**是最新人种，现今全世界的现代人都是他们的后代。这个人类亚种群的胜出意味着，在他们出现之后，人类的基本体形和脑部大小再未有过显著变化。

在具有决定性意义的晚期阶段，人类的进化表现为大脑基因得到强化；这一转变可能并不显著，但却足以让人类学会组织更复杂的语言。不少动物和鸟类也有语言能力，它们会用各种声音进行交流。但是在"语言基因"出现后，人类的发音范围变得更广，这为语言的发明打下了基础。科学家们或许很好奇：在看到周遭其他人只会咕哝并配合丰富的面部表情传情达意时，第一批具有语言基因的人类在想些什么？

重点问题 在农业兴起之前，人类取得的最显著成就是什么？农业如何改变人类生活？

2. 人类的发展与变化

即使在晚期智人出现后，人类生活依然受到严重束缚。捕猎的动物、采摘的坚果和浆果并不足以供养人口庞大或结构复杂的社群。大多数狩猎群体的规模都比较小，不得不奔赴很远的地方寻找猎物。两个人的生存空间至少需要1平方英里（约2.6平方千米）。人口增长缓慢，部分原因在于女性要花好几年时间哺育幼儿，这就限制了她们的生育能力。另一方面，男性无须辛苦劳作，平均每三天花

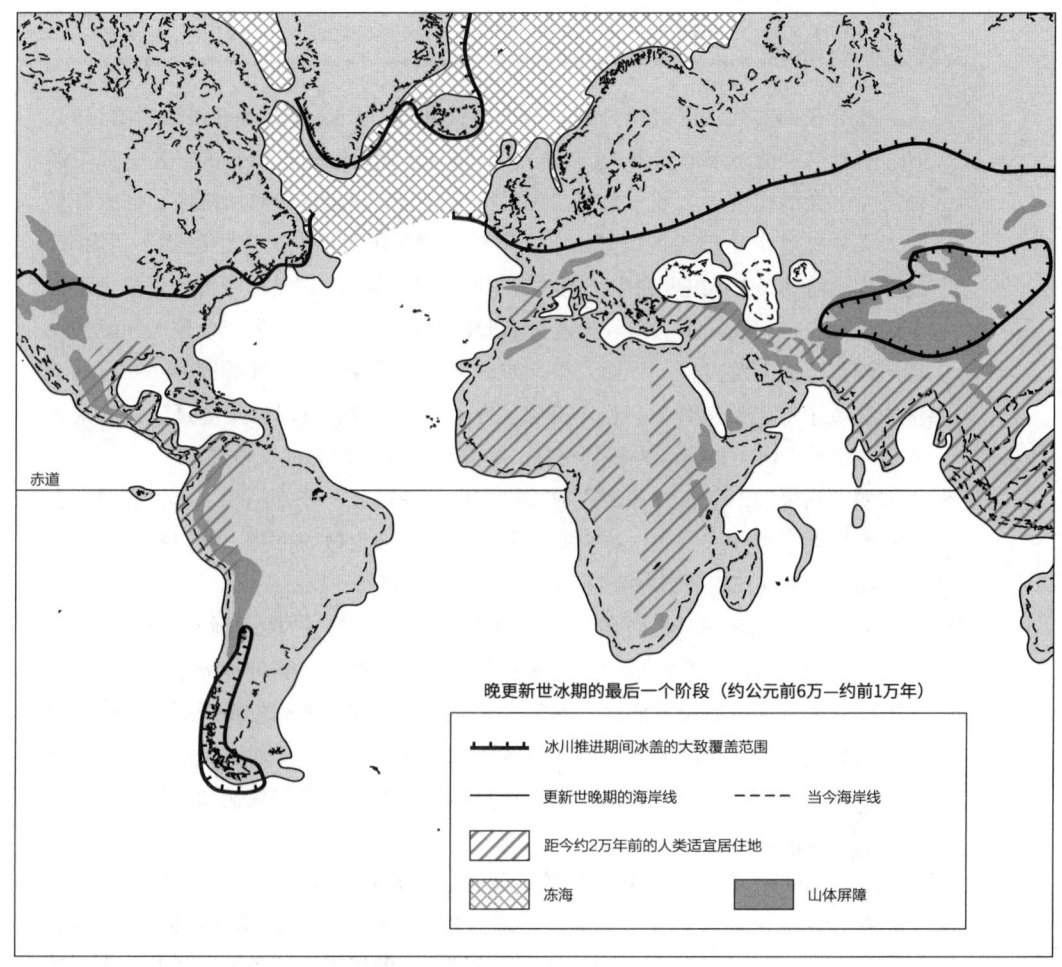

地图1 人类的发展（此书地图系原文插附地图）

在打猎上的时间也就七个小时左右；女性要采集水果和蔬菜，她们的劳动强度更大；男女两性分工明确，各司其职，都对经济做出了贡献，男女之间存在显著的性别平等。

在旧石器时代，人类最初使用的是粗糙打磨的石头和木制品，之后这些工具被不断改良。话语能力的发展促进了群体之间的合作和技术传播。旧石器时代晚期，人类设计了多种仪式以减少对死亡的恐惧，创作了洞穴壁画展现自然的力量和美丽。在众神谱系中，人们更加崇拜女神。人类建立了信仰体系帮助他们解答对大自然的困惑，还确立了各种社会行为规范。话语能力的发展带来了丰富的语言和符

> **解答问题**　　**面对死亡**

- 人类社会在面对死亡时必须处理好两个相关问题：一是为逝者准备适当的仪式，好好安顿离世的至亲或重要人物，同时确保自己死后也能得到妥善安置；二是保证尸体不会造成疫情。不同物种在大限将至时或多或少都会有所感应，但或许只有人类才能笃定死亡终将到来。所以早期人类文化大量渲染死亡也就不足为奇，比如公元前 3000 年出现在中东的《吉尔伽美什史诗》，这是迄今为止世界上最古老的英雄史诗。我们不清楚人类从什么时候开始意识到死亡是一个重大问题并发现尸体有可能引发疫情。早期人类（如北京人）已经学会了埋葬同伴（在这些遗址中发现了堆砌的尸骨，但也不排除人吃人的可能）。可以肯定的是，在晚期智人出现之后，由于语言能力得到提高，有意识的安葬行为逐渐普及。
- 不同的狩猎采集部落在安葬族人时都会在尸体旁摆放一些饰品和工具，有时还会有死者的妻子和仆人殉葬。这表明人们坚信要为来生做好准备，同时他们都认可地位高的人理应享有特殊的纪念品，虽然人人都难逃一死。
- 世界各地的人们在对待死亡的问题上做出了各种安排，种种惯例一直延续至今，只不过相隔遥远的各个社群的具体做法可谓大相径庭。北美狩猎部落坚信死亡是生命的一部分，需要勇敢面对，而很多澳洲原住民则认为死亡是邪恶力量和巫术造成的毁灭。一些非洲部落对死者的感情较为复杂，他们开创了一种习俗：在所住洞穴的墙壁上凿出一个特殊的洞，把尸体放进去，然后封住洞口，防止死者的灵魂原路返回。
- 各大早期文明非常讲究与死亡相关的仪式，但是不同文化中的死亡仪式截然不同。美索不达米亚人的死亡观更富悲剧色彩，就像《吉尔伽美什史诗》中所写，死者将被困于无边无际的黑暗之中，永远被灰尘蒙罩遮蔽。相反，埃及人尤其重视对来生的安排，就连普通人的葬礼仪式都花费不菲，家人会请来专业人士处理尸体、制作纪念性艺术品。《死亡之书》是古埃及流传下来的最早的文献（咒语），旨在帮助死者在来世渡过难关。古埃及人相信神会对每个人进行审判，有罪者很可能要被一头长着鳄鱼脑袋的怪物啃食。不同于美索不达米亚人相信生命必将终结，古埃及人认为大多数人的审判结果都会称心如意。他们的信仰和仪式流传了六千年之久，直至公元 600 年后受到伊斯兰教的冲击才发生了根本改变。

重点问题　哪些证据最有力地展现了人类对死亡的普遍关切？为何不同文化对待死亡及其仪式的态度差别巨大？

号，有助于文化的传播和精益求精。在同一时间，不同地点的不同人群发明了各式各样的信仰和语言。

在旧石器时代，人类种群取得的最伟大成就莫过于迁徙至地球上大部分地方。人类起源于东非；人类种群的最早遗迹主要是在这片地区发现的，包括今天的坦桑尼亚、肯尼亚和乌干达。但是食物匮乏驱使人类不断迁徙，奔赴远方。很多重要技能，尤其是学会用火和用动物皮毛做衣服，帮助人们在严寒气候下生存，促进了旧石器时代人类的迁徙。大约75万年前，第一批迁徙队伍离开非洲去往他方。在中国和东南亚分别发现了北京人和爪哇人的遗迹，分别距今60万年和35万年。早在25万年前就已经有人在不列颠岛上定居。后来，晚期智人带领族人从非洲迁徙至欧亚大陆，在穿越西亚时，迁徙队伍一分为二：一组人去了欧洲、中亚和南亚，另一组人去了东亚和东南亚。此后，迁徙活动络绎不绝：6万年前，人类首次踏上澳洲大陆，两万年后，又有一批移民在此落户，这两批人构成了澳洲原住民人口。大约2.5万年前，人类通过西伯利亚和阿拉斯加之间的陆桥到达了美洲，很快便分散到美洲各地，用了不到千年时间抵达南美大陆末端。在4500年前至3500年前，中国大陆居民抵达了菲律宾和印度尼西亚等地。

不久之后，也就是1.4万年前左右，冰河时代晚期结束，人类开始在北半球更多地方探寻生存空间。人类发展进程加快，进入了中石器时代（约公元前12000—前8000），在此期间，人类制作石器工具和其他器皿的技艺与日俱进。他们建造了更多的木筏和独木舟，提高了捕鱼效率；他们还制作了存放食物的罐子和篮子。在中石器时代，人类驯化了包括牛在内的更多动物（狗在很早之前就被驯化），进一步保障了食物供应。人口快速增长，但这同时也导致冲突加剧，出现战争。从这段时期遗留下来的人类骸骨来看，有的是骨头断裂，有的是颅骨骨折，都是武器击打所致。

随着人类使用工具的技艺日臻成熟、社会组织日益完善，再加上人口增长带来的压力，世界上很多地方的人类纷纷进入石器时代的最后阶段，即新石器时代。新石器时代见证了诸多引人注目的发展成就：发明农业，兴建城市，播撒文明的种子，它们不仅改变了人类存在的本质，也为整个世界的石器时代划下了句点。

3. 新石器时代革命

在石器时代的各个阶段，人类取得了不可思议的重大成就。人类在漫长的史前岁月里取得的成就，对我们今天的生活来说依然意义重大；我们制造并使用工具的能力直接归功于祖先在石器时代的发明。人类在 6.5 万年前发明了弓箭（可能是在南非），逐渐将其用于打猎和作战；不过在 1492 年哥伦布航行至美洲时，弓箭还没有传到南美洲北部。在中石器时代，人类打造石器工具的技艺更加精湛，还学会了用木头和动物骨头磨制针等精细工具。

然而，影响最大的还要数农业的发明——是它推动人类种群建立了更复杂的社会和文化模式，也就是如今我们认识的模样。进入农业时代的人类可以在一个地方定居，集中精力实现经济、政治和宗教目标，同时参与相关活动。农业也刺激世界人口有了显著增长，相比过去的几千年增长了十倍。

农业是为后期收获粮食而进行的有意识播种，它的出现很可能源于冰河时代结束带来的两大后果。首先，气候转暖，人口增加，人类被迫寻找更可靠的食物新来源。其次，冰河时代结束导致乳齿象等大型动物相继灭绝。猎人们不得不在森林里找寻鹿和野猪等小型动物。猎物总量减少驱使人类去开发其他食物来源。有证据表明，到公元前 9000 年，某些地方的人类非常依赖定期收获的野生谷物、浆果和坚果。这无疑为有意识的播种行为（起初或许只是偶然所为）奠定了基础，人类选取品质最好的农作物种子，主要粮食作物的产量随之提高。

随着农业发展，人类驯化了新的动物。到公元前 9000 年，中东和部分亚洲地

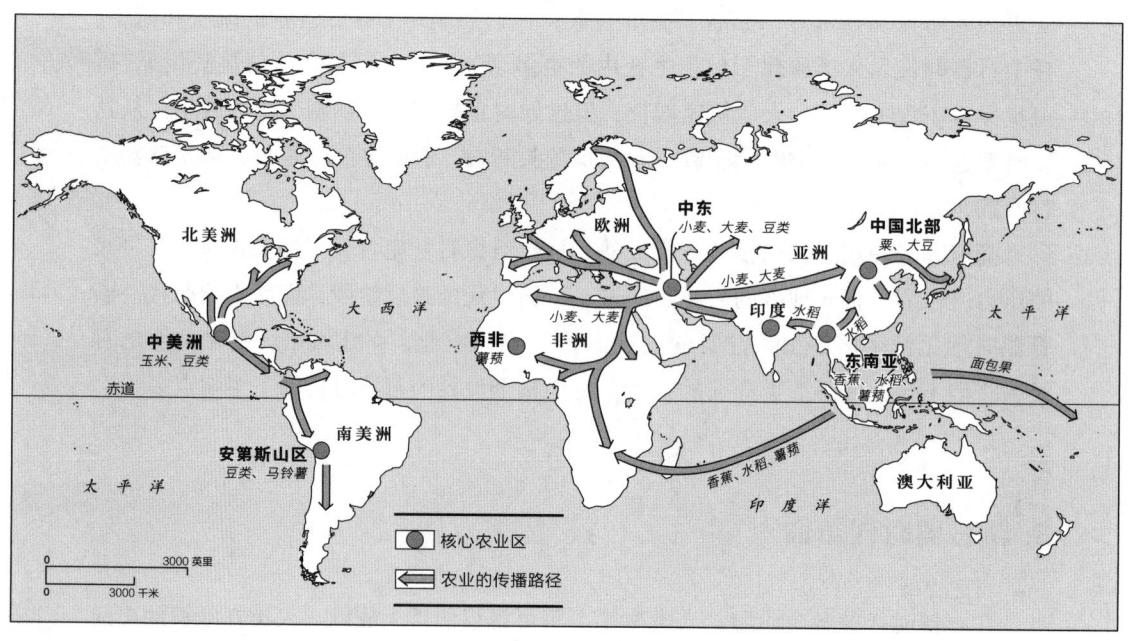

地图 2　农业传播

区的人类已经开始饲养猪、绵羊、山羊和牛。农民们宰杀这些动物获取肉和皮毛，不久之后还学会了饮用牛奶和羊奶。这些成就推动了农业发展，同时也为游牧社会的出现打下了基础。

农业最初是在中东和黑海地区的一片弧形地带（即"新月地带"）发展起来的，其范围包括今天的土耳其、伊拉克和以色列。这是一片非常丰饶的土地，它比今天可要肥沃得多。像大麦和野生小麦这样的谷物非常丰富。不过当时这片土地上林木稀疏，动物数量较少，猎人生存不易。中东地区的农业早在公元前1万年就出现了，并在公元前8000年后快速发展。在新石器时代的几百年中，农业知识逐渐传播到其他地方，包括印度部分地区、北非和欧洲。中国的农业发展（包括水稻栽培）较为独立——农业在这个新经济体的至少三项单独发明中位列第二。后来农业又传到了地中海沿岸以南的非洲大部分地区，到公元前2000年传到了西非，尽管当地的农作物也在逐渐增多，尤其是甘薯等根茎类作物。美洲农业起步较晚（始于公元前5000年左右），主要种植玉米，发展相对独立。

很多学者将农业发展称为"**新石器时代革命**"（Neolithic revolution）。从某种意义上说，这种叫法明显会产生误导作用，因为农业并非那种一蹴而就的转变，即使在农业发源地中东也是如此。新的农耕方法不好掌握，不少人在很长时间里仍然**依赖狩猎采集**（hunting and gathering）这种旧体制，农业仅占人类生活的很小部分。这场"革命"一直酝酿了千年之久才得以成形，之后又历经好几千年才传到亚洲、欧洲和非洲重要的人口中心，耗时如此之长，即使用现代标准来衡量，这场"革命"都算不上引人注目。

不过，用"革命"来形容这场变化的强度则很合适。与狩猎相比，早期农业在每平方英里内可以养活更多人口，人类可以在同一地区居住更长时间。但是维持这种经济体制也不是那么容易。农业要求人们（至少是男人）的工作时间比以往更有规律。今时今日的狩猎采集部落，比如非洲西南部卡拉哈里沙漠的科伊桑人，平均每天工作2.5个小时；在长时间、高强度的狩猎过后，他们会尽情地唱歌跳舞，绘图作画。定居农业促进了人口聚居，也加速了疾病传播。但一分耕耘一分收获，农业提高了人口数量，带来了更好的食物供应和更稳定的居所，农业社会的人们可以盖房子、建村庄。人们还用动物皮毛制作皮革，缝制衣物。

如今我们已经无从知晓，人类初次直面农业时是否爆发了激烈的争论，但却不难想象，肯定有很多人觉得新生活也太复杂费事、太艰辛劳累或者太枯燥乏味了。现有大部分证据表明，很多狩猎采集部落都会尽可能长久地抵制农业。但是随着时间推移，农业还是扎下了根。农业的成功不可否认。农民们砍伐森林，开辟新地，这样就自动驱赶或转化了很多猎人。在此期间，疾病也发挥了一定作用：在定居型农业社群，人类密集而居滋生了更多的传染病。当获得免疫力的农民携带病菌去往新地方时，那些缺乏抵抗力的狩猎采集人群往往就会染病而殁。

农业这股缓慢延伸的潮流并没有得到全世界人民的普遍欢迎，至少在近代以前是这样。非洲南部、澳洲、东南亚诸岛和日本北部有不少重要的小型社群长期遗世独立，农业这种新经济体系没能传播到这里。日本北部有一支白肤色的狩猎部落，他们直到距今约一百年前才消失得无影无踪。北欧人和南非人在大约两千年前转化成了农户，但是这两大洲的其他地方很早之前就进入了农业社会。农业在公元前5000年首次出现在美洲，随后在中美洲和南美洲北部迅速发展，但是直到最近几个世纪，大部分北美印第安部落仍然坚守狩猎采集传统，只是间或在适合的季节干点农活儿。而在广袤的中亚平原，这里的民族在很长时间里都不肯完全接受农业经济，部分原因在于这里气候严酷；游牧业是这里的基本社会经济体制。这一地区孕育出了一批又一批强大的游牧入侵者和移居者。他们在几个世纪之前曾经是世界历史上的重要力量，将各大文明连接在了一起。

相比那些抵制农业或不了解农业的少数群体，投身农业的人们具备了更多发展的可能性：农业为人类社会的更快变化奠定了基础。随着财富增加，人口增多，

讨论历史：美洲大陆上的人们

早在17世纪就有一位天主教学者提出：美洲印第安人来自亚洲。但是直到19世纪晚期人们才开始对印第安人来自何处这一问题进行科学论证。有段时间，人们利用碳年代测定技术分析印第安人的城市和艺术品，得出一个共识：大约1.2万至1.5万年前，人类从西伯利亚出发通过一段陆桥到达了阿拉斯加，然后他们继续快速迁徙，在几百年后到达了南美洲。考古发现似乎也印证了这种说法，并且证明了人类在冰河时代结束前再没能以同样的方式抵达遥远的北方。

近年来，在新技术的冲击下，包括改良的碳年代测定技术，尤其是基因检测技术，上述早已确立的论断备受质疑。其中一个疑问就是，我们意识到那些迁徙者不可能这么快就在南美洲建立起完善的定居点。现在普遍接受的观点是，这场迁徙大概始于2.5万年前。人类学会了造船，乘船绕过冰河时代的冰盖到达了太平洋沿岸（人类在更早之前就已乘船抵达了澳洲）。如今仍有人在争论：哪种科技手段最适合分析上述问题？迁徙究竟发生了一次还是多次？有些作者仍在捍卫早前提出的迁徙模式，虽然持类似观点的人已是越来越少。这样的争论可有意义？它对农业兴起之前人类经历和能力的判断有何影响？

一部分人脱离农业从事其他行业，这样就促成了新想法或新技术的涌现。农业高度依赖自然条件，新技术和新器具的发明可以帮助人类更好地利用自然。比如在新石器时代，农民需要合适的器皿储存谷物和种子，于是篮子和陶器便应运而生。大约在公元前 6000 年，第一只陶轮诞生，刺激了高品质制陶业的加速发展。农业需求还带动了某些科学门类的进步，激励人们学习更多有关天气或洪水的知识。

4. 农业社会的本质

我们对人类历史的认识有很大一部分都与农业社会有关：在农业社会，大部分人都是农民，粮食生产是经济活动的中心。虽然非农群体（如中亚的游牧民族）独树一帜，但他们的重要影响力依然要通过与农耕群体的交往来体现。如今的很多社会仍然以农业生产为主。从技术层面来说，我们截至目前所描述的漫长的历史时期（包括新石器时代革命）均属于"史前时代"，即人类发明书写以前的时代；当然，历史学家更喜欢研究有文字记载的历史。事实上，我们现在已经学会利用生存工具、洞穴壁画和墓葬遗址来研究历史，所以区分史前时代和历史时代也就不再重要。但是前农业时代和农业时代的区别则重要得多。在农业兴起后的几十年到几百年里，人类社会发生了翻天覆地的变化（当然这些变化并非骤然而至），而在此前长达几千年或更久的前农业时代，人类经历的一切都显得波澜不惊。

各农业社会从起源一直到距今二百年前（在有些地区则是直到近几年）显现出不少共同特征。当然，它们也各具特色，比如种植的农作物千差万别，而且有很多其他因素也不尽相同。但在这里我们关注的重点是它们的共性。

比如，所有农业社会都发明了星期制度（或称"周"），这是唯一完全由人类设计的时间划分法，与自然现象无关。农耕周比较特殊，持续时间从四天到九天不等。但是在所有的农业社会，常规周往往都会被某些活动中断。一般来说，这种中断本身就带有或是后来被赋予宗教意味，即某个特殊日子被定为祈祷日或守戒日。更常见的情况是，常规周在开始前或结束后就是交易日，人们在当天交换商品，甚至在家家户户基本自给自足的村落也是如此——或许这就是"周"的由来。农耕工作的种种艰辛自不必说，所以偶有中断也很重要，人们在休养生息后再精力饱满地投入到下一周的辛勤劳作之中。

在农业社会，大多数人都顺理成章地从事农耕，至少在一定时间内是如此。农业社会经常会有部分剩余产品，但这并不足以让 20%—25% 以上的人口脱离农业从事其他行业，或是离开土地前往城市。一般来说，农业人口占总人口的比例非常高。农业社会总是少不了庆祝播种和丰收的仪式，通常都设有专门节日。人们会举行宗教仪式来挑选适宜的播种季节或是庆祝丰收，但是各农业社会的宗教信仰五花八门。农业社会一贯重视科学和数学，为的是推算季节和发明历法。虽然科学门类日趋复杂，但是满足农业需求始终是学术活动的第一要务。

农业社会提倡男尊女卑并形成了所谓的**父权制**（patriarchal system）。男权或父权是农业社会恒久不变的存在，虽然其具体表现形式和程度不尽相同。有些历史学家提出，因为农业催生了财产观念，所以男性往往认为女性也是他们的财产。他们想方设法约束女性的性行为，这样才能确保孩子是自己亲生，才能心甘情愿地把土地留给他们（或许这也是父权制产生的一部分原因）。毫无疑问，父权社会高度重视女性的忠贞。农业社会的出生率高于狩猎采集社会，因为孩子越多农业劳动力就越多。但对女性而言，这也就意味着她们要花大量时间孕育和照料子女，导致她们在经济生活中的重要性远远逊于男性。一直以来，种植基本粮食作物都被视为男性的专属活动，这表明男性承担了更大的经济责任。

农业社会也为身处其中的许多人带来了不幸，包括疾病频发、社会地位愈加不平等（富人悠然自得，穷人水深火热）。但是农业社会的人口数量大幅增长，远远超过了狩猎采集社会，因为食物供应越来越可靠无虞，尽管歉收和饥荒仍时有发生。在农业出现前的几千年里，全球人口数量一直在500万到800万之间上下波动。到公元前4000年，这一数字已经升至6,000万到7,000万。而历史发展证明，这仅仅是人口爆炸的开始。

5. 农业与变革

与新石器时代以前相比，农业出现后，人类结成了更大更稳定的社群。中石器时代，少数人建起了村庄，尤其是在适宜捕鱼之地，比如瑞士临湖地区。但是大部分狩猎群体仍在继续迁徙，他们分成若干小分队或部落，一般每组40到60人，他们不会在某个地点定居，毕竟狩猎条件有限。有了农业之后，大多数人都摆脱了这些束缚。好多有利条件促使他们安定下来：他们能够建造坚固的房子，打井取水，也能消费得起"贵重"物品（可以传给子孙后代）。在中东地区、中国、非洲部分地区和印度，人们过上了安土乐业的生活，主要原因在于人们需要利用灌溉设施将河水引入农田。正是基于这样的需求，农业社会的人们结成了社群，而不是一座座互不相干的农场。小群体根本没有能力引导河水、建造和维护灌溉用的沟渠和水闸。出于灌溉和防御之需，出现了数百人共同生活的村庄——这是新石器时代至今几乎所有农业社会的典型居住模式。

土耳其南部有一座名叫加泰土丘的新石器时代古城，它吸引着考古学家们对其进行心驰神往的研究。该城建于公元前 7000 年左右，规模庞大，占地约 32 英亩（约合 0.13 平方千米）。当地房屋由泥砖修建而成，土坯墙上架设木材，几乎都没有窗户。人们经常在屋顶消磨时光，在享受暖阳的同时也加深了彼此之间的联系，但也不时有人从屋顶失足跌落，骨折的骸骨就是证明。有些屋内装饰相当考究，里

加泰土丘出土的无头丰收女神石像。

面有狩猎场面的壁画。更常见的是描述宗教主题的壁画——画面中有强健有力的男猎户，保佑农业丰收的"母神"，以及某些看上去像是担任特殊宗教职责的人物。这座古城基本能做到自给自足。山中猎户经常与周边村落进行交易，但是交易的首要目的是为了维持和平稳定，而不是为了获取经济收益。到公元前 5500 年，村子里的生产活动取得重大进步，比如出现了制作工具或珠宝的能工巧匠。随着时间的推移，加泰土丘与其他社群的联系越来越多。类似加泰土丘这样的城镇开始统治其他更小的社群。这意味着有些家族开始投身政治，军队也初具规模。一些小镇发展成了小城市，统治者标榜自己是天命派遣的国王。总之，这一系列发展极大地改变了一些农业社会的组织结构。

金属工具的出现可以追溯至公元前 4000 年左右。人类最先学会使用的金属是红铜，不过它很快就被弹性更好的青铜所取代。人类存在的下一个基本时期正是青铜时代。公元前 3000 年左右，中东地区已经普及了金属制造，石器工具退出历史舞台，漫长的石器时代宣告结束；然而在世界上很多地方，甚至包括部分农业社会，人们仍在继续使用新石器时代的各项技术。

对农业社会和游牧社会来说，金属制品裨益良多。有了金属锄头等工具，耕地效率大为提高。金属武器显然要比石制和木制武器好用得多。农业社会中有少数人专门从事工具制造，他们拿产品跟农民换取食物。但是这种专业化并未提高发明创造的效率，因为很多工匠非常保守，只想守护好祖辈传承的手艺。不过，这种专业化分工为重大发现奠定了基础——金属制造就是专业分工的重要成果。金属制造

知识像农业一样逐渐传播到了亚洲其他地方，后来又传播到了非洲和欧洲。

金属制造工艺的传播带来了更为深远的变化，这些变化不仅涉及农民，还包括工匠，因为优质工具也让他们受益匪浅。就拿木材加工来说，金属代替石头、骨头和火成为切割和拼接木材的工具，使木制品变得更加精妙绝伦。当然，我们如今仍然生活在金属时代，不过我们主要使用的是铁。大约在公元前1500年，中亚游牧民族迁徙到了中东，为当地带来了铁器（而非红铜和青铜）。

公元前4000年左右，以中东为代表的农业中心出现了金属加工和城镇扩张之外的其他变化。这些变化取决于有多少人能从农业中分离出来从事工艺制造，首先是制造与农业生产相关的产品，比如罐子。慢慢地，其他一些造福农业生产的发明也开始涌现，并逐渐用于战争等其他人类活动。轮子很有可能是在公元前4000年左右由外来移民带到中东。轮子促进了商品流通，并很快就演变成了战争工具。

6. 通往现代之路

从定义上来说，早期人类的经历与我们今时今日的生活大相径庭。但从他们的经历中我们看到了人类共有的相似能力，包括对不同处境和地理条件的适应能力。石器时代的迁徙和分离为后来的世界历史进程确立了一个基本框架。当今世界的基本特征：人类几乎生活在所有可以生存之地，早已成形。用当代标准来衡量的话，当时的人口数量着实微不足道，但毋庸置疑，那时的人类已经迁徙到了所有宜居的陆地和大部分岛屿。

农业的出现与我们今天的生活方式密切相关。不久之前，也就是在21世纪早期的时候，大部分人开始在城市而非乡村生活，这在人类历史上实属首次。但是，很多农业社会依然存在，而且还保留着几千年前的特点。

即使在那些不再由农业主导的社会，比如西方和东亚社会，农业引发的问题也没有完全消散。在工业社会，我们需要重新审视基于农业经济之父权制下的性别关系。但是至于哪种新的性别关系模式可以取代旧模式，目前还没有一个社会能彻底解决这个问题；旧制度的残留影响和陈旧的价值观依然无所不在。

总之，早期人类的活动和变革塑造了人类社会的基本特征，这些特征在当今全球社会中仍在发挥作用，其中就包括人口在地球上的广泛分布和依靠农业保障粮食供应。农业生产形式的影响力和持久性导致很多问题长期存在。国际社会在探讨性别权利（甚至包括孩子的相应角色）时，必须考虑农业社会的遗留问题。

延伸阅读

对人类早期历史观的深刻剖析：David Christian, *Maps of Time: An Introduction to Big History* (Berkeley, 2005)。对人类史前时代的详细记述：John H. Morgan, *In the Beginning: The Paleolithic Origins of Religious Consciousness* (2007); Brian Fagan, *Peoples of The Earth* (1998 ed); Pamela R. Willoughby, *The Evolution of Modern Humans in Africa: A Comprehensive Guide* (2007); Hawthorne Harris Wilder, *Man's Prehistoric Past* (2007); Peter S. Belwood, *The First Farmers: Origins of Agricultural Societies* (2005); Andrew Jones, *Prehistoric Europe: Theory and Practice* (2008); Ronald Wright, *A Short History of Progress* (2004); John Mears, *Agricultural Origins in Global Perspective* (2000); Donald R. Kelley, "The Rise of Prehistory," *Journal of World History* (2003); www.historycooperative.org/journals/jwh/14.1/kelley.html (2006); John Robb, *The Early Mediterranean Village: Agency, Material Culture, and Social Change in Neolithic Italy* (2007); Michael Balter, *The Goddess and the Bull: Çatalhöyük - An Archaeological Journey to the Dawn of Civilization* (2006); Marcel Mazoyer, Laurence Roudart, *A History of World Agriculture: From the Neolithic Age to the Current Crisis* (2006); Raymond Corbey, Wil Roebrocks, eds., *Studying Human Origins: Disciplinary History and Epistemology* (2001); Joy Hakim, *The First Americas* (1999); David Tandy, ed., *Prehistory and History: Ethnicity, Class and Political Economy* (2001); Chris Gosden, *Prehistory: A Very Short Introduction* (2003); John F. Hoffecker, *A Prehistory of the North: Human Settlement of the Higher Latitude* (2005); Steven Mithen, *After the Ice: A Global Human History, 20000-5000 B.C.* (2004); Barbara Sher Tinsley, *Reconstructing Western Civilization: Irreverent Essays on Antiquity* (2006)。

具体地区：Douglas Price, *Europe's First Farmers* (2000); Ian Kuijt, *Life in Neolithic Farming Communities* (2000); R. Douglas Hurt, *Indian Agriculture in America* (1997); James Mellaart, *The Neolithic of the Near East* (1975); Chris Scarre, ed., *Monuments and Landscape in Atlantic Europe* (2002)。农业：Jared Diamond, *Guns, Germs and Steel: The Fate of Human Societies* (1997)。对人类本质（文化和基因）的探讨：Matt Ridley, *Nature via Nurture* (2003)。世界史导读：Patrick Manning, *Navigating World History* (2003)。

第 2 章
早期文明（公元前 3500—前 1000）

到公元前 3000 年，加泰土丘这座农业城市（见第 1 章）已经成为文明的一部分。虽然中东地区早在公元前 6000 年或公元前 5000 年就表现出了诸多文明特征，但是严格来说，文明的源头应该追溯至公元前 3500 年左右。从这时起到大约公元前 1000 年，代表世界历史重大发展成就的几大文明中心依次崛起。中东地区的底格里斯河—幼发拉底河流域（两河流域）孕育出了世界上最早的文明（两河文明）。不久之后，非洲东北部的古埃及崛起为第二大文明中心；大约在公元前 2500 年，印度河流经的印度西北部（古印度）异军突起。这三大早期文明中心或多或少有些交集。相比之下，第四大早期文明中心中国黄河流域起步略晚，但发展更加独立。第五大文明中心后来出现在中美洲，但不在河谷地区。

> **重点问题** 几大河谷文明有哪些共同点，又有哪些主要区别？世界其他地区的发展与早期文明中心有哪些关联？

1. 文明

继农业兴起之后，很多民族又向前迈出了关键的一步：他们引入了文明这种人类组织形式。大约在公元前 3500 年后，随着技术进步和沟通交流的深入发展，**美索不达米亚**（Mesopotamia）成为人类文明的摇篮。文明这种人类组织形式逐渐传播到世界其他地方，而中国文明和中美洲文明则各自走上独立发展道路。但是不同地区并没能在同一时间接纳文明，很多地区乃至一些成功的农业经济体都对文明避之唯恐不及，至少在近代以前是这样。狩猎采集社会和游牧社会缺乏必要的剩余

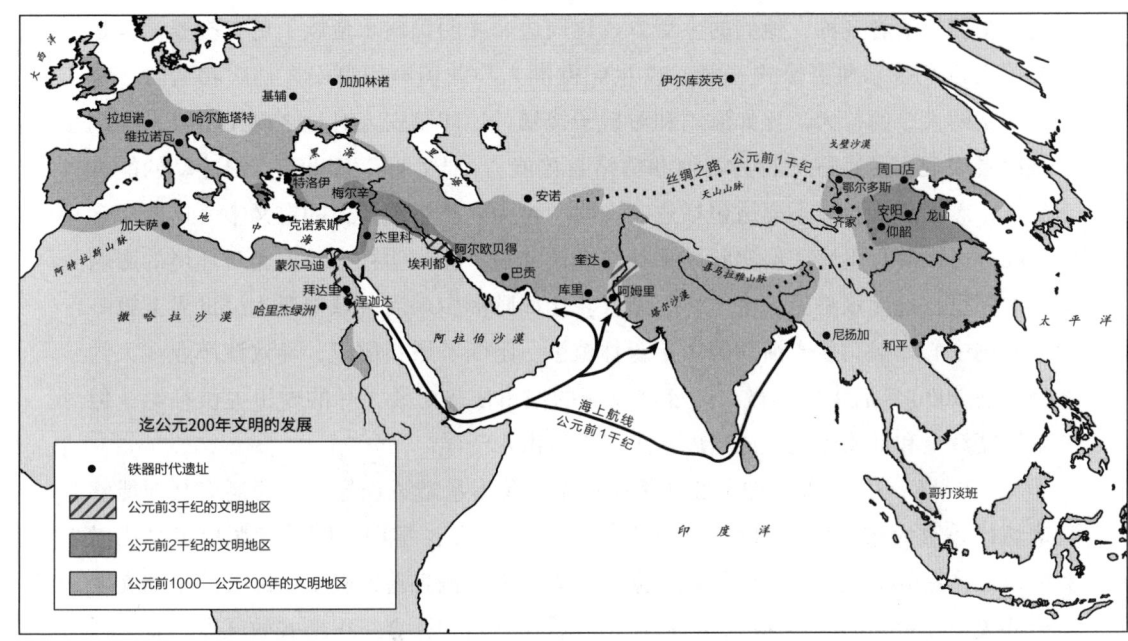

地图 3　欧亚非大陆：截至公元 200 年文明的发展轨迹

产品来发展文明，而且他们打心眼里也不喜欢文明社会的种种桎梏。

　　文明一般具备四大鲜明特征，其合力作用所向无敌。首先，文明社会出现了大量经济剩余，它们在维持生存之余被不平等地分配给社会成员，并为建造新式纪念性建筑提供了资金。与其他"非文明"社会相比，文明也加剧了社会不平等。其次，文明社会建立了配有小型官僚机构的正式政府。领导层更加专业，不再只是单纯的农业或游牧社会的首领。再次，几乎所有文明（包括早期文明）都出现了书面文字，规范了人际沟通，带动了远途贸易；文字记录还令经商和行政管理受益匪浅。最后，随着城市成为人口聚集地，文明社会建造起了规模更大、更重要的城市中心。

　　农业文明中的大多数人都生活在乡下，目不识丁。而城市和书写则在不遗余力地改造着不同的社会——这些社会还带有早期农业定居点的各种特征。

　　关于"文明"的定义，人们仍有一些不同看法。有些学者倾向于把标准放宽，将其他社会，比如那些有剩余产品和比较正规的领导层但没有城市和书面文字的社会也纳入其中。

　　一个更严肃的问题是，"文明"的一般含义表明它优于其他人类组织体系。早期文明的统治者宣称，他们的生活方式比周边非文明民族（蛮族）更有教养。但是文明人也有残忍和粗暴的一面。17世纪欧洲人与北美洲印第安人初次相遇时，这些"文明人"的行为，比如酗酒和对孩子施暴，比印第安人有过之而无不及，反倒是后者表现出了良好的行为习惯和情绪自控能力。"文明"意味着克制冲动的能力更强，看来这层含义不应被包括进"文明"作为人类组织形式的定义中。这两层含义或许可以并行不悖，但实际结果往往南辕北辙。在文明社会，人类对环境的影响更加深重，这无疑是另一个"坏"结果。比如欧洲多瑙河流域曾诞生过世界上第一个冶铜中心，但其生产活动破坏了森林植被，阻断了燃料供应，导致该产业在大约公元前3000年后走向衰微。印度河流域的城市依赖广袤无际的农田提供补给，但是过度开垦和乱砍滥伐造成当地水土流失，洪水泛滥。

"文明"一词隐含的进步性和优越性是不是容易造成误导？是否还有其他能够确切代表重大组织变革的术语？最后还要注意一点：早期文明的发源地虽是当时人口最稠密的地区，但它们仅仅占据了世界上人类栖息地的极小一部分。早期文明全部集中在重要的河谷地区，它们可以被看作是新型社会组织形式的试点。直到公元前1000年后，文明的发展和传播才遍地开花。但毋庸置疑，河谷文明是先驱，各个伟大文明都是建立在河谷文明的成就之上，因此了解早期河谷文明具有重要意义。

底格里斯河—幼发拉底河文明

早期文明这种新型组织形式催生出诸多发明创造，令我们大多数人至今仍受益匪浅，如书面文字、成文法典、城市规划、建筑设计和贸易体制（包括货币的使用）。这些构建人类组织的模块一旦成形，其中的大部分就无须再推倒重建，只是在某些情况下它们向其他地方的传播速度比较缓慢。

由于在农业、金属制造和村庄建设方面取得的领先成就，中东地区顺理成章地成为人类文明的发祥地。世界上最早的文明诞生于中东地区底格里斯河和幼发拉底河之间的美索不达米亚平原，因而它也被称为美索不达米亚文明。它是为数不多完全从零发展起来的文明，没有任何先例可以效仿（中国文明和中美洲文明也属于独立文明）。到公元前4000年，美索不达米亚的农民已经可以熟练制造红铜和青铜，他们还发明了轮子帮助运输，建立起比较完善的制陶工业，创造出趣味横生的艺术形式。由于当地农田需要灌溉，这就要求不同社群之间展开大量协作，从而为建立复杂的政治结构奠定了基础。

大约在公元前3500年，刚刚侵入美索不达米亚不久的苏美尔人发明了楔形文

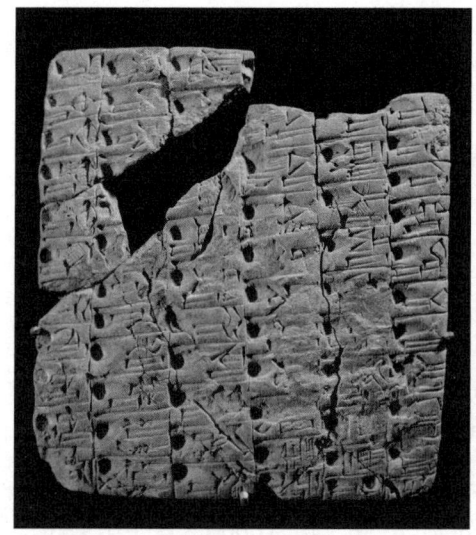

楔形文字与中国象形文字。左边是中东黏土板上的楔形文字。右边是中国商朝的象形文字（甲骨文）。

字，这是人类最早的书写形式。他们最初用各种图形表示不同物体，后来逐渐采用几何形状表示口语发音。早期苏美尔人的书写符号多达 2,000 个，后来缩减到 300 个左右，因为后人将这种书写体制融入了他们各自的语言中。即便如此，书写和阅读仍然是少数人才有时间掌握的复杂技巧。人们用削尖的芦苇秆（类似现在的圆珠笔）在软泥板上书写。

苏美尔人的艺术稳步向前发展，他们用雕像和壁画装饰神庙。个别人家还把神像摆在家中作为装饰。苏美尔人的科学成就是复杂农业社会发展的助推器：他们致力于探索日月星辰的运行规律（天文学应运而生）并深化数学知识；他们利用天文学制定了历法，将天文预测广泛应用于政治和宗教。苏美尔人还发明了以 10、60 和 360 为基数的计数法，我们至今仍在用它们来计算圆周和小时。换言之，苏美尔人及其在美索不达米亚的后人开创了观察自然和抽象思考的先河，这是至今很多文明赖以维系的前提。他们开创的具体科学体系，比如太阳系十二天体图，流传了五千年之久，不仅在中东使用（至少是供受过教育的人使用），后来还被印度和欧洲效仿。

苏美尔人的宗教仪式相当复杂。每座城市都有一个守护神，还有令人叹为观止的神殿用来崇拜众神。大量金字形神塔是苏美尔文明的首批纪念性建筑。专职祭司负责管理神庙，在神庙内主持宗教仪式。苏美尔人崇拜的强大神祇可不止一位，因为农业生产依赖的自然条件复杂多变、难以预测。他们生活中的一项重要内容就是祈祷并供奉众神，祈求神祇保佑他们身体健康或者是不要降下洪水。苏美尔人相信自然存在（河流、树木和山川）中蕴含了神力，这种思想在早期农业人群中非常普遍；这种相信神在自然界无处不在的宗教信仰被称为**多神教**（polytheism）。具体来说，苏美尔人的宗教观念，尤其是神用水创造地球、用洪水惩罚人类，不仅影响了后世作家创作《旧约全书》，也为犹太教、基督教和伊斯兰教打上了烙印。苏美尔人还相信人在死后会遭受惩罚，这就是"地狱"概念的雏形。

在政治结构方面，苏美尔人建立起牢固的城邦体制，由一位自称君权神授的国王统治。与文明化之前随意的村落划界不同，苏美尔各城邦的边界划分非常严谨。苏美尔人的政治是一个重要例证，说明了早期文明与正式政治结构如何融为一体。政府协助管理宗教，确保所有人履行宗教义务，并建立起捍卫正义的法庭。国王最初是战时军事统帅，但到后来保卫国家和发动战争（包括领导一支训练有素的军队）仍然是苏美尔政治生活中的重要内容。国王、贵族和祭司控制大片土地，奴隶负责耕作。奴隶制传统由此开始并成为中东社会的长期标志。战争是保证奴隶来源的重要途径，因为可以抓获战俘充当奴隶。但是同期存在的奴隶制形式不尽相同，很多奴隶都能领到劳动报酬，甚至还能赎回自由。

美索不达米亚文明的家庭结构带有强烈的父权制色彩。到公元前3000年，中东艺术作品只描绘了挥舞犁耙田间劳作的男性。法律明确规定女性要忠贞而赋予男性更多的自主权。女性也享有一定的法律保护，至少原则上是这样：丈夫应该供养妻子，否则妻子有权离开并不受法律追究。除了法律规定明文确立男尊女卑的定位，社会习俗的发展（尤其是在城市里）也加剧了男女之间的不平等。到公元前2000年，地位尊贵的妇女佩戴面纱已是司空见惯，以免家族成员之外的男性看到自己的面容。

在苏美尔人统治时期，美索不达米亚

萨尔贡的青铜头像。

的农业走向繁荣，这要归功于苏美尔人使用了带轮手推车，掌握了肥料知识，用银器（早期货币形式）进行买卖。但是该地区易攻难守，从苏美尔时代至今一直是外来入侵者觊觎的目标。公元前2400年左右，苏美尔人被阿卡德人征服，后者继承了大部分苏美尔文化。根据保存下来的史料，阿卡德王萨尔贡是世界上首位有历史记载的英雄人物。他将苏美尔各城邦统一成阿卡德王国，借用苏美尔人的艺术形式歌颂王室的胜利，还史无前例地组建了一支由5,400人组成的常备军。阿卡德人还曾远征埃及和埃塞俄比亚。

在历经约两百年的衰落之后，这片地区被巴比伦人征服。他们向周围拓展帝国疆域，将文明传播到了中东其他地方。在巴比伦人统治时期，国王汉谟拉比颁布了最著名的早期成文法典，即《汉谟拉比法典》，来宣扬他的主张：

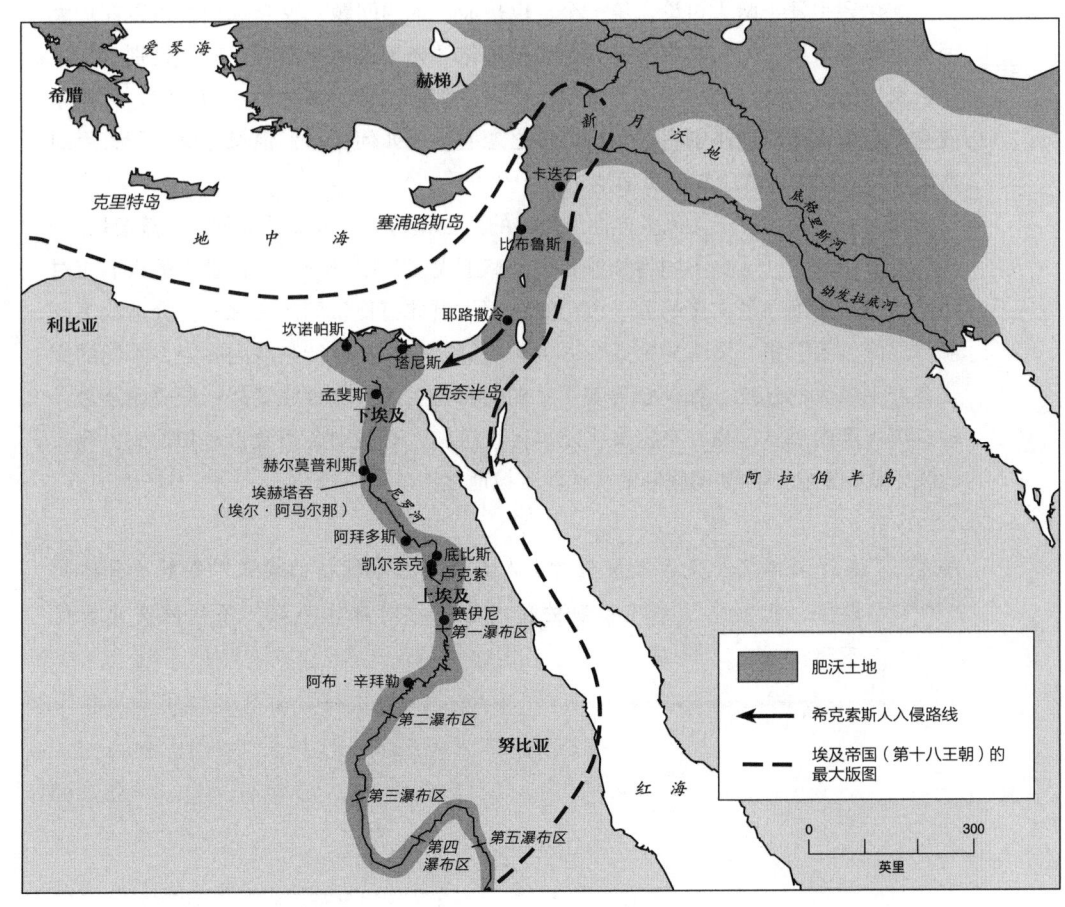

地图4 古埃及和美索不达米亚

> **解答问题** 　**文化的用途**

　　所有人类社会都会发展出文化，即信仰体系、价值观和各种设想，来帮助他们解释周围世界，明确彼此义务，构建共同身份。人类并非唯一拥有文化的物种，不少灵长类动物和鸟类也有文化。比如非洲有一群黑猩猩对安静文化情有独钟，这与大部分吵吵嚷嚷的黑猩猩种群截然不同，而这很可能是因为它们生活在大猩猩中间，学会了不招惹注意，并将这一特性传给了下一代。这表明动物文化和人类文化一样都具有适应不同环境的基本功能。但是人类文化的精密性和重要性无与伦比。掌握了语言的晚期智人比其他物种有机会创造更多的文化。此外，人类在迁徙至不同的环境后可以利用文化来进行调试，即通过学习来解决问题。其他物种的行为主要依赖直觉，人类的行为则更多或部分是通过学习而获得，这有利于他们解决问题。所以说把一个孩子培养成一个身心健全的成年人要耗费漫长的时间和极大的心血。

　　文化还引发了两大讨论。第一个，也是最基本的问题：文化和天性可以在多大程度上解释人类行为？其中的差异常常被称作"先天遗传与后天培养"之别。文化分析家指出，即使看上去平淡无奇的自然现象都能滋生出多种想法和做法，比如尿液究竟是令人作呕还是别有妙用？同性之恋究竟该如何看待？愤怒究竟是种有用的情绪还是一种应该被压制的负面情绪？

　　第二个讨论是关于文化多样性呈现出的两极化特点。人类社会创造了辉煌灿烂、多姿多彩的文化。这些不同特征或者说策略不仅能帮助身处某一社会中的人们应对特定情境，还确立了文化的另一大功能：提供群体身份认同。文化差异会造成不同群体之间关系紧张、发生冲突或令冲突解决复杂化。在对待某些问题上，不同的文化会产生极大的分歧：如何抚养孩子？如何看待生病？宽容究竟是一种美德还是一种背离真理的危险行为？有些文化差异比较有趣，有些则会招致误解和冲突。今天的我们就深陷在一种彻彻底底的文化两难境地之中。

> **重点问题**　某个具体文化是否能够塑造出人类表达基本情绪的模式？在解决具体问题上，比如吃了半生不熟的猪肉后担心对身体不好，不同的文化有何不同？

安努与恩利尔[1]为人类福祉计，命令我，荣耀而畏神的君主，汉谟拉比，发扬正义于世，灭除不法邪恶之人，使强不凌弱。

《汉谟拉比法典》确立了法庭程序，规范了财产权和家庭成员的义务，对犯罪行为严惩不贷。

在巴比伦人整个统治期的几百年里，中东社会频繁遭受狩猎和游牧民族的入侵。大约从公元前2100年开始，印欧民族从北部向中东逼近。在中东内部，南部闪米特人（又称闪族人）的入侵造成了更大的影响。闪族人和闪族语逐渐控制了该地区。闪族人将被征服民族的文化据为己有，从而保留了当地文明的重要特征。但是帝国统治衰落了，转而被更小的城邦或地区王国取代，尤其是在公元前1200年至公元前900年最动荡不安的几百年里。此后，新一波入侵者：先是亚述人，然后是波斯人，在中东建立起大型的新帝国。

古埃及文明

古埃及位于北非尼罗河沿岸，得益于与美索不达米亚之间不断增多的贸易和后者的技术影响，它于公元前3000年崛起成为世界第二大文明中心。古埃及是一个独树一帜的社会和文化，由于四面屏障的自然环境，它很少遭到入侵，在其历史进程中的绝大部分时间始终保持统一。虽然其间偶有动荡，但是这个王国存在了近三千年，从公元前1000年开始由盛转衰。早在公元前5000年左右，尼罗河沿岸的农业就已经比较发达，但其经济活动直到公元前3200年才逐渐活跃起来，部分原因在于其与美索不达米亚的贸易开始增加。贸易快速发展为地方王国的形成奠定了基础，不久之后这些王国便组成了这个大河流域上的统一帝国。

尼罗河沿岸地区从早期就形成了统一和连贯的传统，所以古埃及很少像美索不达米亚那样被政治统一问题困扰。在古埃及，法老（国王）拥有至高无上的权力，经济由政府主导，而在美索不达米亚，商人阶层享有更加独立的地位。对古埃及来说，政府加强控制实属必要，因为尼罗河沿岸复杂的农业灌溉需要政府出面协调。法老享有神祇一般的崇高地位。从公元前2700年开始，各王朝法老都为自己修建了宏伟壮观的陵墓：金字塔。在王权统治较弱或偶尔遭受入侵的历史阶段，古埃及也曾一度衰落，但是随后的复苏将这个国家的文明完好无损地保存了下来，直至

---

[1] 安努是古巴比伦神话中的苍天之神，恩利尔是大地和空气之神。（书中注释皆为译者所加。）

它在公元前 1000 年走向没落。古埃及的影响一度渗透到了尼罗河上游地区（今苏丹），进而影响了后来非洲文化的发展。古埃及与库什王国也有往来，它曾数次攻打后者，也曾数次遭到后者入侵。

古埃及在科学和文字方面的表现不及美索不达米亚，但它的数学成就可圈可点。古埃及的艺术格外生动鲜活；主题欢快、色彩鲜明的画作不仅用来装饰陵墓（人们相信死后可以重生，希望美丽的器物能一直伴随左右），也是宫殿和家居必不可少的点缀。古埃及的建筑形式不仅在国内影响巨大，也深深影响了地中海的其他地方。古埃及数学家们提出的一天 24 小时制，也对后世地中海文化产生了不小的影响。

古埃及最著名的艺术形式莫过于金字塔，它是法老命人为自己和家人修建的陵墓。建造最大的金字塔时，动用的劳动力多达 10 万人；考虑到当时的技术条件，古埃及人缔造了举世称奇的建筑成就。劳工们用羊皮筏将重达 5 吨以上的大石块沿着尼罗河运送到建造地点。金字塔是王权的象征，法老被视为神王；它们的存在也表明，古埃及不仅有能力生产剩余农产品，也有能力召集大批劳动力。

古埃及与中东地区保持着定期往来，但无论对古埃及还是对中东来说，二者之间的联系都没有产生太大影响，反而是古埃及与尼罗河上游地区（深入非洲腹地）的交往要更有意义。大约在公元前 1570 年之后，也就是伟大的古埃及王朝末期，古埃及也扩大了与地中海东部岛屿的贸易往来，从而将帝国的影响力，尤其是它的纪念性艺术和数学知识渗透到了欧洲南部。

2. 古埃及文明和美索不达米亚文明之异同

由于各自起源和所处环境不同，古埃及文明和美索不达米亚文明在政治、文化、经济和社会方面相去甚远。最显著的区别莫过于前者比后者更加稳定、更加乐观，这不仅体现在神祇崇拜和来世观念上，还体现在绘画上（古埃及的装饰画色彩艳丽、生动活泼）。二者的历史进程也迥然相异：古埃及文明绵延久远，美索不达米亚文明则屡遭中断。

古埃及和美索不达米亚的诸多差异源于地理条件、外来入侵、外界影响，以及信仰不同。二者相互模仿的或许只有贸易和战争。古埃及重视中央集权，美索不达米亚的政治权力则散诸城邦。美索不达米亚艺术带有较重的文学色彩，纪念性建筑寥寥可数，这与古埃及恰恰相反。

二者的经济体制也有所不同。美索不达米亚人取得了更多的技术突破，因为其所在区域的农耕条件远不及尼罗河流域得天独厚。美索不达米亚人的贸易范围更为广远，整个社会对商人阶层和商业法都高度重视。

这两大文明在社会生活方面的差异并不明显，因为我们掌握的关于人们早期日常生活的信息非常少。可能的结论是，古埃及女性地位更高，而在美索不达米亚，女性地位自苏美尔时代后渐趋恶化。古埃及女性能够得到更多的尊重，至少在上层社会是这样，部分原因在于联姻有助于维持君主制稳定。生动的爱情诗篇表明古埃及人非常看重男女恋爱关系。此外，古埃及人对女神们敬畏有加，他们视女神为创造力的源泉。古埃及不存在杀婴制（杀害女婴），而大多数社会都在采用这种手段来控制人口数量。

特勒埃尔－阿马尔纳阿顿神庙的浮雕。

古埃及文明和美索不达米亚文明都属于河谷文明，它们之间既有差异，也有一些重要的共性。它们都建立了社会等级制度，贵族和地主是上层阶级，广大农民和奴隶处于社会底层。有权有势的祭司们也属于精英阶层。这两大文明取得的具体科学成就不尽相同，但都重视天文学和数学，它们确立的时间和度量单位沿用至今。如果用现代标准来衡量，这两大文明的变化之路都走得很慢。在建立了成功的政治和经济制度之后，它们都倾向于维持现状。变化往往都由自然灾害或外来入侵等外部因素所引发。

总之，这两大文明都为当地及周边地区留下了重要遗产。在它们的激励下，涌现出一批规模较小的文明中心，其中有些文明中心还在公元前1000年前后做出了重大发明贡献。

讨论历史：父权制社会中的女性

与狩猎采集社会不同，农业社会一般都是父权制，即社会由男性统治，而且人们已然认定男性是政治、经济和文化生活的主宰。随着农业文明的发展，经济更加繁荣，各种社会组织更加严密，女性地位越来越低。

父权制家庭结构的基础是男性掌握大部分或全部财产（首先是土地）。婚姻以财产关系为基础；女性正常的生活状态就是长大嫁人，婚后从夫，这已成为一种社会共识。父权制家庭的鲜明特征就是，女性在婚后要进入丈夫一家的生活圈（通常指居住地）。

美索不达米亚文明带有浓厚的父权制色彩。根据苏美尔人的法律，妻子与人通奸要被判处死刑，丈夫与人私通受到的惩罚则要轻得多，这种双标是父权制的典型特征。自苏美尔人时代结束后，美索不达米亚社会严格要求女性在婚前守贞，在公开场合出现时佩戴面纱以示庄重。美索不达米亚法律（如《汉谟拉比法典》）有不少条款都是针对女性的，虽然保证要给予女性基本保护，但也明确了对女性的各种限制和女性的从属地位。

每个农业文明的父权制程度都不尽相同。古埃及非常尊重女性，并出现了多位大权在握的王后。比如阿肯那顿法老的王后娜芙蒂蒂，她在化解宗教争端方面非常有影响力，不少艺术作品都表现了她的宗教影响力。在个别农业社会中，子女属于母亲一方的氏族，不随父姓，犹太人的法律就是这样规定的。但就是在这些母系社会中，女性地位依然低于男性。比如犹太法律规定男女要分开礼拜，神庙的中心位置专为男性而留。这种区别对待固然重要，但它们是为父权制这一基本制度服务的。大约在公元前 2000 年，古埃及大祭司普塔霍特普明确提出了早期文明的父权观念："如果你是个有身份的人，那就成个家，娶个妻，并在家中好好呵护她，这样做是对的。让她吃饱穿暖……但不能让她当家做主。"（《普塔霍特普箴言录》）

技术进步推动着农业发展，女性劳动力虽然还算重要，但其重要性远不及狩猎采集经济时代或农业社会早期。这一点在上层社会和城市中表现得尤为明显，因为男性接管了大部分生产工作（如工艺品制作）或担任政治领导。上层社会中男尊女卑的情况比乡村显得多，因为女性劳动力在乡村还是非常重要的。

父权制也引发了人们对女性自身的疑问：为什么她们能够忍受这一切？这是因为很多女性已经将父权思想内在化了，她们认为听从和服侍男性是自己的本分，并且接受了女不如男的社会认知。但是父权制并没有妨碍女性做出某些重要选择。在很多社会都有少数女性可以履行宗教职务（在典礼中祈祷或侍奉神灵），从而摆脱家庭束缚，获得独立的生活空间。父权制下的法律也赋予了女性某些权利，包括婚内权利，保护她们不致遭受严重虐待（至少理论上是这样）。比如巴比伦人的法律给予女性同

> 男性一样的离婚权：如果丈夫未能尽到他应尽的义务，那么妻子有权提出离婚。在父权制社会中，女性可以凭借对丈夫或儿子的情感影响行使某些非正式的权力。虽然只能躲在幕后间接行使权力，但是一位有勇有谋的女性完全有可能运用这些手段成为历史上声名显赫的人物。女性也能打造自己的关系网，虽然只能局限在一个大家庭里。年长女性可以安排家庭活动，媳妇们和未婚的女儿们都要对她言听计从。
>
> 自从早期阶段的几个世纪开始，大部分农业文明中最突出的主题就是父权制。在法律规定和文化传统的影响下，父权制成为构建社会秩序的一种方式。在很多父权制下的农业文明中，男孩子的生存概率更大，因为他们担负着传宗接代和养家糊口的重要职责。因此，每当人口过剩危及家庭或社群，人们往往会选择杀死女婴来控制人口数量。

3. 古印度和中国河谷文明

另外两大河谷文明中心也相继崭露头角。古印度位于印度次大陆西北部，即今天的巴基斯坦，它在城市规划方面取得的成就令人叹为观止，而且它还与中东保持着积极的贸易联系。古印度文明最终也没能逃脱衰落的结局，但是由于各种原因，包括我们至今无法破译当时的书写符号，我们对古印度知之甚少。相比之下，我们对古埃及和美索不达米亚就了解较多。中国早期文明形成得略晚，其中也不乏难解之谜；但是中国早期的文化价值观直接被后世完整继承，如此好的传承令其他地区望尘莫及，因此中国文明非常值得我们关注。

到公元前2500年，印度河沿岸的城市文明已是一派繁荣，哈拉帕等若干大城市纷纷崛起。哈拉帕甚至还建有自来水系统。这里的厕所与流经全市的多个排水系统相连，很可能是人类发明的最早的厕所。印度河沿岸居民与美索不达米亚人保持着贸易往来，但是他们发明了独具特色的字母表和艺术形式。包括哈拉帕在内的大城市都建有楼房（很可能是宫殿），里面设有觐见室，百姓可以在此寻求统治者的帮助。城中还建有公共浴池。政府储存粮食，以备在粮食短缺时应急或在节日庆典中使用。人们的贸易范围很广，当地出土的中国和东南亚的宝石就是证明。古印度的祭司们手握大权，因为他们是人与男神和女神（后者象征丰产）之间的使者。

哈拉帕人成就斐然，但他们却有些因循守旧。他们使用青铜器，但却不像美索不达米亚人那样善于改良工具，虽然他们与后者经常来往。他们不会打造刀剑，只会使用铜制尖头的箭镞。所以面对外来攻击，他们的防御能力不堪一击。

印度河流域哈拉帕出土的母神像。

哈拉帕至今仍是一个未解之谜。这座城市的遗迹直到19世纪中期才被发现，当时已经可以确定它曾是古印度文明的核心，但它在书写风格等方面与后来的印度文明大相径庭。我们迄今都没能完全了解为什么印度河流域文明会在大约公元前1500年后走向没落，这可能要归咎于大洪水等多种因素。外族入侵，主要是牧牛民族（印欧人）的迁入，威胁到了当地祭司阶层的统治。暴力行为时有发生，因为人们发现了呈逃跑状、头骨破碎的人类遗骸，其原因不外乎是入侵者或洪水所致。哈拉帕的衰亡导致城市文化完全覆灭（这时候的印欧人对城市毫无兴趣），我们对印度河流域文明的本质及其对印度的后续影响知之甚少。但可以肯定的是，印度再也没能完整重现印度河流域文明的辉煌。印欧移民将他们的宗教和政治理念与印度早期城市中根深蒂固的理念融为一体。近年来，印度人对其早期文明引以为豪，极大地提升了他们的民族认同感。

中国文明发端于黄河流域，尽管它与印度和中东地区也有一些陆上贸易往来，但其整个发展进程始终显得相对孤立。黄河文明是后世中国神话传说的主题，这些传说多是颂扬早期如同神祇般的帝王，首先是传说中中国人的祖先——开天辟地的盘古。中国人对自身民族悠久的历史起源心驰神往，他们很早就开始书写关于早期帝王半真半假的历史。

以下几点已经确定无疑：首先，这片河谷地区出现了一个组织有序的国家，它精心地灌溉着这片洪水易发的沃土。早期的君主们主导修建了很多堤坝和水渠。其次，公元前2000年左右，中国人掌握了先进的技术，构建了缜密的学术体系。他们会骑马，会熟练制造陶器；还善于使用青铜，到公元前1000年铁器已经传入中国，中国人不久便学会了用煤炼铁。他们的书写形式不断进步，从刻画符号到甲骨文再到象形文字。到公元前1500年，中国人已经设计出至少三千个象形文字。标准化书写在一定程度上统一了河谷地区说多种语言的不同民族。科学发展起步很早，尤其是天文学。中国绘画作品以精巧的构思见长。由于当地建筑材料有限，中国人没能建造很多雄伟壮观的纪念性建筑，人们住的都是简陋的泥坯房。公元前1600年，商族统治了黄河流域，建立了商朝；商王命人修建大型陵墓和宫殿。虽然商朝屡遭入侵，其文明发展一度衰落，但是河谷社会的整体发展进程并未中断，后来在它的基础上还出现了更加完善的文明，而其他地区的河谷文明则是一去不返。

中国河谷文明的许多重要特征对后世可谓影响深远。人们学会了制造丝绸，开始了祖先崇拜。统治者们提出国家要强大、要扩张，尤其是在商朝时期；而这也成为后来中国政体的基调。商族人自己在马背和战车上征战，身先士卒的步兵则由战败民族组成。相比许多其他

中国的早期艺术：商朝的猛虎食人卣。

早期社会，商族人对军队的控制力要更强。统治者还负责举行祈求丰收的重要仪式。每逢饥荒或干旱，政府就会"帅巫［女神婆］而舞"以取悦神祇，表演过后若求雨或免灾而不得就会"焚巫"以平息神祇的怒火；换言之，商朝政府承担了文化职责，这成为中国政治传统一个永恒的特征。

4. 转折：河谷文明的终结

尽管河谷社群与邻近社群贸易往来有加，并且双方偶尔还会兵戎相见（比如中东和北非的社群），但是它们的分布非常松散。而也正是由于这种松散分布，没有一起单独的发展事件，甚至也没有一个单独的世纪能够成为河谷文明转型的标志。相反，不少重大发展事件几乎都是同时发生。

在中国，商朝统治开始松懈，来自中亚的周族开始迁入商朝领土，他们可能是突厥人的后裔。他们起初臣服于商朝，后来夺取权力建立了周朝。大约从公元前

1100年开始，周朝统治者分封诸侯（即地方统治者，他们多为姬姓宗室子弟，另有少数功臣），赐予他们土地，并提出中央与地方必须忠于彼此，这有点类似于中央集权下放的封建制度。诸侯们将征收的一部分地方税上缴中央政府。这种体制曾在一段时期内颇见成效，只是沉重的税赋让农民倍感压力。最终，周朝的政治体制还是功亏一篑。不过，周朝的若干成就，比如农耕技术进步、人们学会使用铁器、广泛的文化变革和领土扩张，标志着中国历史进入了一个新阶段。虽然周朝保持着与河谷文明的重要联系，但是变化的种子已经开始生根发芽。

印度西北部河谷文明的结束显得更加决绝，这要归咎于哈拉帕社会不可逆转地走向衰落。印欧民族擅长迁徙和入侵，他们在过去的几百年里对农业毫不为意，而是依赖放牧为生。印欧人比哈拉帕人更加尚武好战，无心构建一个有序政府。他们将多神崇拜的宗教信仰传入了古印度，不过他们对女神的崇拜可能是受哈拉帕人影响。在古印度这块土地上，印欧人分布甚广，甚至超过了哈拉帕人曾经的控制区。他们开始在这里安居乐业，习农经商。在此过程中，**印度河流域文明**慢慢变成了一丝模糊的回忆，仅留下少部分象征母神和瑜伽姿势的符号。某些艺术符号成为后世印度宗教艺术的显著特征，其中就包括"卍"这一字符。棉花种植等农耕技术没有见弃于人，而是被印欧人世代相承。随着印度河流域文明一去不复返，印度历史上一个具有决定意义的新时期开始了。

中东和北非也走上了不同的发展道路。公元前1000年左右，古埃及的法老统治日渐衰败。国家频频遭到外来入侵，其中包括非洲南部的其他民族。因此，古埃及经常陷入分裂状态。公元前500年后，波斯人、希腊人和罗马人先后对古埃及发动战争，古埃及再也不是一个独立国家。

中东地区遭到的外来入侵一直持续到了公元前1000年乃至更晚近的时间。和以往一样，新生国家仍然沿用美索不达米亚的文化和法律形式。大约在公元前1100年，这片地区遭到亚述人入侵，一位残暴的亚述人领袖屠杀并驱逐了大批平民。但是亚述人的统治也非稳如磐石，衰落、复苏、再衰落、再复苏，周而复始。由于中东王朝的反复更迭和古埃及帝国的江河日下，在公元前1000年左右之后的几个世纪里，若干小国登上了历史舞台。

5. 河谷文明的遗产

河谷文明的许多成就都留下了持久的影响。埃及金字塔这样的纪念性建筑被公认为世界奇迹之一。其他成就略显平凡，但对世界历史的重要影响也是延续至今：

制造车轮，驯化马，发明实用的字母表和书写工具，提出重要的数学概念（如平方根），构建结构清晰的君主制度和官僚体系，颁布法典，创立历法和时间划分法。这些基础成就，再加上人们对早期文明的敬畏之心，是整个人类历史的重要遗产。除了更早之前出现的书写概念本身之外，现存的主要字母系统几乎都源自河谷文明开创的书写形式。几乎所有后世文明都是建立在河谷文明奠定的广泛基础之上。

尽管取得了如此辉煌的成就，但是大部分河谷文明都从公元前1000年开始走向衰落。这些文明经历了长达两千五百年之久的繁荣，其间伴随着反反复复的中断和复兴。然而，新一轮入侵浪潮打断了文明发展史，成为河谷文明先驱和后世文化的分界线，尤其是在古印度。

关于河谷文明的中断还有最后一个问题：除了那些至关重要的成就，比如令人着迷的纪念性建筑，技术、科学和艺术领域的重大进步，河谷文明还给后世留下了哪些遗产？就中东和埃及而言，这个问题尤为重要。至于印度，坦率地说，我们现在还不能确定古印度河谷文明究竟与后世文明之间存在多少联系。而中国的古老文明与后世文明的联系则是确定无疑，因为自周朝开始中国有了确切的历史纪年。那么，美索不达米亚和古埃及给当地或周边的后世文明又留下了哪些财富呢？

欧洲人乃至北美洲人常常声称这些文化是"他们的"西方文明的"起源"。我

古埃及的墓室壁画。

们并不能完全相信这些说法。因为现在还不确定古埃及或美索不达米亚对后世政治传统有多少贡献，虽然有证据（官员服饰）表明罗马帝国延续了皇帝神格化的概念，而且其强大的城邦制深受中东政治影响。源自早期文明的奴隶制也被保留了下来。早期文明在具体科学领域成就斐然，希腊学子曾远赴埃及学习数学。但是除了时间测量和星图绘制技术之外，美索不达米亚和古埃及的科学与后世希腊思想之间还存在多少关联，学者们可谓众说纷纭。有些哲学史家坚称美索不达米亚与中国对自然的理解有根本区别，导致后来的地中海地区与中国信奉不同的自然观。美索不达米亚人提出人与自然相互对立，而中国人则相信人与自然和谐共生。当时的一些基本思想很可能影响了后人的观念，但是这其中的连续性很难估量。美索不达米亚的艺术和古埃及的建筑对希腊文明影响深远，而希腊文明又成了后世欧洲和伊斯兰文化的榜样。希腊人从古埃及人那里学到了很多神庙建筑知识，古埃及文化还影响了岛屿文明，比如克里特岛文明，后者是希腊文明的起源。

不论美索不达米亚文明和古埃及文明到底留下了多少遗产，它们的影响确实辐射辽远。受其影响的希腊文明成为后世西欧文明和东欧文明的样板。这些早期文明通过区域传播的方式对中东（包括波斯）和北非的后续发展产生了更加显著的影响，包括政治模式，对贸易和核心文化（包括科学进步）的高度重视。

6. 公元前1000年左右诞生的新国家和新民族

早期文明和后世文明之间的最后一层联系表现为地域文化：在美索不达米亚和古埃及的影响下，公元前1200年后，地中海东岸和非洲东北部涌现出一批地域文化。这些文化孕育出的重要创新影响了非洲、中东和整个地中海地区的后世文明。这些文化也形成了多样化的地区身份认同，即使在罗马帝国和后来的伊斯兰教等其他力量登上历史舞台中央之时，它们仍然给中东地区打下了深深的烙印。历史发展证明，这些地域文化具有经久不衰的复杂性和生命力，而且它们的影响还波及世界其他地区。

例如，埃及南部涌现出多个王国。公元前2000年左右成立的库什王国深受古埃及影响。古埃及在公元前1500年后征服了这片地区，在这里建起了完备的官僚体系，修筑了大型神庙。这时候库什地区的人口约有10万。他们与阿拉伯南部的贸易逐渐扩大。公元前8世纪，库什人征服了古埃及，但是他们很快就被亚述人取而代之。非洲东北部的各个王国依然繁荣兴盛，人口逐渐增加。当地的艺术风格结合了古埃及的艺术形式，如金字塔和方尖碑。这一文明传统大部分都被后来的埃塞俄比亚王国所继承。

地中海沿岸的其他中东民族纷纷崛起。比如腓尼基人，他们在公元前 1300 年左右发明了一套只有 22 个字母的更简化的书写系统，这套字母表就是希腊和拉丁字母的前身。腓尼基人还改良了古埃及人的计数系统。他们是了不起的商人，在非洲北部和欧洲海岸建起了殖民城市。他们的贸易范围远至英格兰（他们从当地购买锡来制造青铜），还延伸到了非洲的大西洋沿岸。另外一个民族：吕底亚人，则是第一个学会铸币的民族。

7. 犹太民族

说起为世界历史带来终极影响的最重要的中东少数民族，非犹太人莫属，他们是最早创立一神教的民族。我们所知的早期宗教都是多神教，即认为多位男神和女神共同主宰自然和人类命运。犹太人是一支受巴比伦文明影响的闪族人。公元前 1200 年左右，他们在地中海附近定居。犹太人国小民弱，只有当中东其他地方的政局混乱无序时才能短时保持独立。犹太文化之所以独树一帜，就在于它笃信指引犹太民族命运的只有一个神：耶和华。犹太祭司和先知们为这一信仰做了定义，并设法对其加以突显：上帝指引犹太人重返故土的故事构成了《希伯来圣经》的基础。从公元前 772 年到公元前 63 年罗马人攻占犹太国的这段时间，不论经历了多少代外族统治者，犹太人的宗教和道德规范始终长盛不衰。在一神论思想的支撑下，独具特色的犹太文化一直延续至今，并为基督教和伊斯兰教的创立打下了基础。这三大宗教成为世界上代表亚伯拉罕传统的主流宗教。

犹太教（Judaism）的创新不只体现为一神崇拜。多神教强调神与自然、神与神的关系，犹太教关注的则是神对人的重视，并设定了一套行为规范，即人的行为要符合伦理，要服从圣诫。犹太教强调人们要执行适当的崇拜仪式，但也提出要尊重法律（他们认为法律是上帝意志的体现），对待他人要仁慈慷慨。通过收集整理神圣文本，犹太人编纂了一部带有文学色彩的宗教典籍，它将持久不断地启发后世宗教学者和普通信众。

犹太教特别看重上帝与犹太选民之间的特殊契约关系，从不主动劝说其他民族皈依犹太教。正因为如此，犹太人对自己的信仰矢志不渝，但他们也因此沦为整个中东地区的少数群体。不过，这一详尽的一神论思想还是产生了广泛的影响。犹太人认为"上帝"这一概念的核心是关爱人，但他的形象是抽象的，不能具体化为某个普通形象。这表明宗教和人类的整体面貌都发生了根本变化。耶和华集权威和理性于一身，与中东或古埃及信仰的传统神祇大为不同。后者大都反复无常、变化莫测；耶和华的行事则有章可循、公正不阿，人们都知道想要有所求就必须服从上帝定下的规矩。因此，犹太教为人们订立了合乎道德的行为规范。对犹太人来说，犹太教不只是一套仪式和典礼，而是他们的一种生活方式。对中东和其他地区的文明来说，这一宗教变革的影响直到后来才完整表现出来：犹太教被坚持其他信仰的民族所接受。

8. 通往现代之路

早期文明取得的成就令人深感敬畏，我们感叹那个古老年代人们的所作所为，毕竟他们距离如今的我们是如此遥远。埃及金字塔的照片让我们叹为观止，吸引着我们去研究一个完全依靠人力的社会是如何做到巧夺天工的；不过我们已经知道，在更早的时候人们就开始修建大型建筑作为统治者的陵墓。

然而，赞叹并不足以展现早期文明与当今时代的联系是多么深厚。最值得称道的一点是，早期文明奠定的基础不需要我们再推倒重建。我们现在有着许多不同的书写系统，但是书写观念直接来源于早期文明。关于政府的基本设想也是如此，包括法典。即使在今天看来，早期法典中的某些条款依然具有前瞻性，比如《汉谟拉比法典》中提出，政府要对犯罪行为的受害者给予补偿。货币也体现了现行制度与早期发明创造之间的联系。总之，早期文明创造了用于人类活动（贸易或施政）的手段或工具，令后人受益匪浅。

延伸阅读

Robert Chadwick, *First Civilizations: Ancient Mesopotamia and Ancient Egypt* (2005); Robert G. Morkot, *The Egyptians: An Introduction* (2005); Ian Shaw, *Exploring Ancient Egypt* (2003); Francis Joannès, *The Age of Empires: Mesopotamia in the First Millennium B.C.* (2004); Christine Desroches Noblecourt, *Gifts from the Pharaohs: How Egyptian Civilization Shaped the Modern World* (2007); John Baines, *Visual and Written Culture in Ancient Egypt* (2007); Michael D. Petraglia and Bridget Allchin, *The Evolution and History of Human Populations in Southeast Asia* (2007); Thomas E. Emerson, *Archaic Societies: Diversity and Complexity Across the Midcontinent* (2009); Mu-Chou Poo, *Enemies of Civilization: Attitudes Toward Foreigners in Ancient Mesopotamia, Egypt, and China* (2005); Kwang-chih Chang, *The Formation of Chinese Civilization: An Archaeological Perspective* (2005); Li Liu, *The Chinese Neolithic: Trajectories to Early States* (Cambridge, 2004); David N. Keightley, *The Ancestral Landscape: Time, Space, and Community in Late Shang China, ca. 1200-1045 B.C.* (Berkeley, 2000); Gregory L. Possehl, *Indus Age: The Beginnings* (1999); A.C. Pandey, *Government in Ancient India* (2000); Nicola Di Cosmo, *Ancient China and Its Enemies* (2002); Donald B. Redford, *From Slave to Pharaoh: The Black Experience of Ancient Egypt* (Baltimore, 2004). 印度：Jayantanuja Bandyopadhyaya, *Class and Religion in Ancient India* (2008); Kiran Kumar Thaplyal, *Village and Village Life in Ancient India* (2004); Mark Kenoyer, *Ancient Cities of the Indus Valley Civilizations* (1998)。

环境：I.G. Simmons, *Environmental History* (1993)。交往模式：Philip D. Curtin, *Cross-Cultural Trade in World History* (1984); Xinru Liu, *Ancient India and Ancient China: Trade and Religious Exchanges* (1988); Shereen Ratnagar, *Encounter: The Westerly Trade of the Harappan Civilization* (1981)。古代世界的科学技术：Richard Bulliet: *The Camel and the Wheel* (1975); George Ifrah, *From One to Zero: A Universal History of Numbers* (1985); Edgardo Marcorini, ed., *The History of Science and Technology: A Narrative Chronology* (1988)。早期科学（尤其是埃及科学）的本质和影响：Dick Teresi, *Lost Discoveries: The Ancient Roots of Modern Science* (2002); M.E. Auber, *The Phoenicians and the West* (1996); Donald Redford, *Egypt, Canaan, and Israel in Ancient Times* (1995); Gay Robbins, *Women in Ancient Egypt* (1993); J. Curtis, *Ancient Persia* (1989)。

第 3 章
游牧社会

农业乃至很多早期河谷文明的覆盖范围都为地域所限，所以很多地区长期保留着狩猎采集经济体制。后来游牧社会崛起，这是人类在发展进程中做出的另一项重要选择；它和农业都属于新生事物，但却自有其特殊性。

世界历史学家越来越关注游牧民族，他们的经济和社会面貌与我们更加熟悉的农业社会对比鲜明。这些游牧民族的影响不可小觑，由于（生存所需）频繁迁徙，他们有机会接触和影响更多的定居社会，并通过贸易与它们建立联系。

游牧社会的人口规模小于文明社会，因为其经济形态无法产出更多资源。这也是游牧民族不断向其他地方迁徙的原因：他们必须设法减轻人口压力。事实上，每当游牧民族迁入或侵入其他定居社会时，他们就会在世界历史上涂下浓墨重彩的一笔。但是他们也同时构建了系统化的贸易联系，在贸易过程中传播了思想并推广了本民族的重要技术。

> **重点问题** 游牧社会与文明社会有哪些不同？为什么很多地区不选择农耕，反而选择了游牧经济？游牧民族与文明社会都有哪些往来？

1. 早期游牧社会

我们并不知道游牧社会的发展始于何时，因为它们既没有留下多少文字记载，也没有留下实实在在的纪念性建筑。它们可能在最早的文明兴起之前就出现了。在中亚广袤的草原上、在非洲撒哈拉沙漠的周边地带和阿拉伯半岛南部，游牧社会的发展程度较高。安第斯山区也出现了若干小型游牧社会——美洲的驯养动物只生

沙漠中的游牧人。

活在这个地方。游牧地区一般都有一个共同点，就是雨水充沛适宜草地生长，但却不足以发展定居农业。

  第一个被载入史册的游牧民族是印欧人。从公元前 1500 年左右开始，印欧人频频侵扰中东文明和古印度文明，持续了千年之久。一部分印欧人占领了文明地区并建立了自己的帝国，比如赫梯人建立的赫梯帝国，这是入侵者在美索不达米亚建立的一系列帝国之一。还有一部分印欧人如希腊人迁入新地区并在当地安居，后来与另一支入侵的印欧部落开战，但最终这两支部落合二为一。印欧人还闯入了古印度，导致晚期阶段的印度河流域文明更加岌岌可危。早期的印欧人利用马拉战车在战场上纵横驰骋，后来发明了马鞍等工具后开始直接骑马作战。

  另一支早期游牧民族是同样来自中亚的**匈奴人**（Huns），欧洲人称其为"匈人"，他们对世界历史的影响面要更为广泛。从公元前 4 世纪开始，匈奴屡次侵扰中国并造成严重破坏。和早前的印欧人一样，匈奴很可能也是由于中亚的干旱和内战被迫走上迁徙之路，但后来他们成功地过上了属于自己的生活。早在匈奴入侵之前，中国统治者就对这些盘踞西部的游牧民族忧心忡忡，他们派出使团与匈奴谈判并达成和解。他们非常看重游牧民族饲养的马匹（中原不是产马区），希望他们能安分守己，这就是中国王朝向匈奴"送礼"（比如丝绸）和亲的原因，并在此基础上最终形成了一个大规模的区际丝绸贸易网——这也是游牧民族影响历史进程的具体例证。

其他早期游牧民族还包括北欧的驯鹿牧民（拉普人）。更重要的则是阿拉伯半岛和北非中部的养驼牧民。到公元前 1700 年，骆驼已经被驯化成为驮兽。它们耐高温抗严寒，可以背负沉重的货物行走，二十多天不饮不食，是沙漠地带游牧民族理想的驮运工具。非洲部分地区的养牛牧民也发挥了一定的历史作用。

2. 游牧社会及其文化

随季节迁徙是游牧民族生活的重要部分。严酷的天气迫使他们四处奔走寻找充足的食物，在某个地方停留太久会把当地可用的植被消耗殆无。通常，大多数游牧部落都会沿着相同的路线迁徙，年年如此。不过，干旱或其他困境也会迫使他们另寻他路。一般来说，游牧部落都能互相尊重彼此的迁徙路线，但当一个部落强行闯入另一个部落的领地时，双方之间也就不可避免地会爆发冲突。

动物是游牧社会文化活动的核心，他们信奉的宗教一般都要求用动物做祭品。畜群规模是衡量游牧社会财富的标准。不仅如此，动物还是游牧社会的经济核心。牧民们买卖皮革、羊毛、奶制品和骨雕制品。

环境严酷和战乱频发为游牧民族的生活涂上了暴力色彩。大部分游牧社会都很看重荣誉感，即人类学家所说的"勇气文化"。骁勇善战的男人们是社群领袖，是否敢于接受身体对抗是他们取得领导地位的重要原因。游牧文化认为英雄行为比其他一切成就更可贵。除了勇敢无畏的领袖之外，游牧社会的组织还依赖以血亲关系为基础的小团体（一般包括 30—150 人），它们能在必要时结成更大的群体共渡难关。

热情好客是游牧文化的另一大特色。荣誉感要求他们为旅行者提供帮助，这也是牧民们在严酷生存环境下的必要之举。慷慨大方和乐善好施能够提高社群领袖的声望。

游牧民族还是出色的战士。由于其经济活动的特点，他们不必像农民那样花费大量时间去田间耕作，故有更多机会参加军事训练。他们对各种马匹非常熟悉，便于他们掌握优秀的作战技能。牧民们可以骑马长途奔袭，将来自文明社会的军队一举歼灭，此时后者早已被拖得精疲力竭。凭借这些本领，游牧民族在公元前 6 世纪在西亚击退波斯大军，又在 19 世纪在非洲大败英国人。

蒙古族骑手。

波斯细密画中的帐篷。

游牧民族既骁勇善战（正因为如此）又残忍成性，这一概括虽然有时显得有些夸大，但总的来说还是比较恰当的。入侵中国的匈奴用战败者的头颅做成杯子饮酒。击败对手后，杀死对方将帅的妻儿是当时很多游牧部落的一贯做法。

游牧社会由男性主导，喂养和使用动物都是男人的专属职责。牧民们喜欢浪漫的故事、爱慕美丽的女子，但是他们的婚姻都由双方家族安排，以强化家族利益。富裕阶层普遍实行一夫多妻制。女性除了生儿育女，还要负责扎营、拔营、煮饭和缝纫。不过少数游牧社会的女性享有更尊贵的地位，偶尔她们也会披挂上阵、担任部落领袖。

3. 游牧民族及其文明

游牧民族在历史上特别有名，人们称他们为"入侵者"。从东边的中国人到西边的罗马人，文明社会的人们一说起游牧民族无不为之色变，称他们是魔鬼的化身、是终极的野蛮人。但是我们不能否认游牧民族入侵的重要意义：他们是迁徙大军的重要组成部分，能够改变迁入地的人口结构和政府领导层。以印欧人为例，他们重塑了中东文明和古印度文明，而且这一基本模式（入侵）在古典时期和后古典时期反复上演。我们将在第 15 章讨论蒙古人在历史上产生的重大影响。

不过，在历史上大多数时间，游牧民族都能与农业社会和平共处，互惠互利。比如在中国，农牧民定期互换商品，这种模式本身就具有一定的历史意义。牧民从农民那里换来蔬菜、丝绸、铁制工具和武器等实用物品，而住在边境地区的农耕社群则能换取到肉和奶制品，改善他们单调的饮食。游牧民族不仅为中国供应战马，还为古印度、中东和撒哈拉以南非洲的文明社会供应战马。

游牧民族与定居社会还存在艺术交流。斯基泰人是一个分布在今俄罗斯南部的游牧民族，他们与黑海周边殖民地的希腊工匠互相影响，设计出了巧夺天工的珠宝——这些珠宝将希腊人的手工技艺和斯基泰人的艺术风格及主题融为一体。

游牧民族也贡献了若干发明：有限的资源非但没有阻挡他们掌握专业技能，反而激励他们发明新技术。铁器制造很可能就是中亚游牧民族首先发明的，后来传到了中东。他们还制造出了毛毡这种新产品，它是一种由羊毛和其他动物软毛编制而成的混合织物。

定居社会的政府通常会雇佣游牧民族充当雇佣兵。罗马帝国末期，政府雇佣游牧民族保卫边境，防范欧洲的日耳曼人和中东的阿拉伯人。在中国，周族人起初被商朝派去戍守边疆。这种做法显然是养虎为患，因为在掌握了更多组织技能之后，这些边防军常会调转矛头对付他们的主人。所以很多文明社会花费巨资抵御游牧民族也就不足为奇，比如中国修筑长城，罗马帝国在边境部署大军。

当游牧入侵者（包括昔日的边防军）具备足够实力篡权夺位时，他们已经接受了文明社会的制度和价值观，而且能比周边社群做出更多改变。但是这样一来他们也就很难再维持自己游牧人的身份。很多游牧民族惧怕文明的引诱，担心自己会变得像那些文明人一样软弱。为了避免被腐化，他们往往对文明敬而远之。一位阿拉伯牧民说道："沙漠中随风摆动的帐篷比城堡更加贵重，掠过沙丘的瑟瑟风声比国王出场时的号角齐鸣更加动听。"

游牧民族人口较少，但他们凭借自身的本领和价值观在世界历史上发挥了重大作用。不过受生活条件所限，他们不可能创造出属于自己的持久文明，更不可能长

> ## 讨论历史：游牧民族的贡献
>
> 　　一说起历史上的游牧民族，人们首先想到的就是暴力和战争，而这很可能会让我们偏离问题的重心。游牧民族开拓了所有重要的陆路贸易路线，他们将亚非欧三洲的文明地区连为一体，从河谷文明时期一直延续到后古典时期。他们开辟了穿越撒哈拉沙漠的路线，这让其他商队和传教团体受益匪浅。他们还沿着喜马拉雅山脉的边缘地带穿越了中亚。
>
> 　　但是客观地说，游牧民族也会对贸易路线构成威胁，古罗马和中国的帝王们曾派兵打击这些活跃在陆地上的"海盗"。不过他们也能担任贸易沿线的服务人员，为商队提供保护、动物和舒适的驿站。有时他们还会直接参与贸易，但更常见的是他们与商队合作。在海运和铁路兴起之前的世界历史的关键节点，游牧民族打造的贸易路线是连接主要文明的生命线。佛教和伊斯兰教等宗教都是通过这些路线传播开来，而源自希腊等文明中心的艺术形式也是通过这些路线向四面八方扩散。游牧民族的流动性对世界贸易一直都非常重要。
>
> 　　有时游牧民族会从与其接触的文明社会学到新知识，启发他们做出更直接的贡献。比如在8世纪，游牧民族（此时已皈依伊斯兰教）与唐朝军队在中国西部地区交战，他们俘虏了一些中国的造纸匠人。就这样，造纸术在中东和北非快速传播，之后又流传到了更远的地方。
>
> 　　游牧民族还促进了新农作物的传播，即使有时候他们自己并不直接耕种。不过他们也会将新的疾病带到其他地方，这是传播的消极面。而他们产生的更显著的影响则是，他们的作战技术不断推陈出新，他们的骑马装备和游击战技巧被文明军队争相效仿。
>
> **重点问题** 如何比较游牧民族和其他传播媒介对早期文明的影响？如何准确评价游牧民族在世界历史上的作用？现如今，有哪些机构在扮演游牧民族曾经扮演的角色？

期主宰农耕社会。尽管如此，历史上也确曾涌现出伟大的游牧人领袖；中美洲的早期玛雅文明也是在游牧经济体制下孕育而生，农业直到后来才出现。因此，虽然游牧者的生活方式确实有局限性，但也不能一概而论。一般情况下，当游牧民族试图建立一个结构更复杂的国家时，他们会直接采用既有文明的技术，吸纳既有文明的部分人才。

总之，游牧民族的入侵对世界历史的影响剧烈而短暂。他们对农耕社会发起入侵，迫使后者进行防守反击，而这也就意味着后者必须设法组织政府资源。这种由外界强加的改变往往大于农耕社会自发的改变。

4. 通往现代之路

当今世界的游牧民族是一个令人好奇的群体。他们生活在定居社会的边缘地带，因为早在五百年乃至更久之前农业社会就占据了他们的大部分土地，尤其是在中亚。比如中东的**贝都因人**（Bedouins），他们如今的生活依然漂泊不定，但他们人数很少，无法对周边文化产生太大影响，不过是勾起了人们的怀旧之情。虽然现在很难再见到游牧民族，但是不可否认，他们在早期对世界历史做出了实实在在的贡献。他们的不断入侵和迁徙确实对文明多有挑战，但同时也促进了贸易，传播了新技术和新思想。

有些社会至今仍对过去的游牧历史念念不忘。蒙古人对他们的先辈在七百年前取得的成就感到无比自豪，这一点倒是很好理解。其他社会也保留着早期游牧民族的某些传统。比如阿拉伯人以热情好客著称，这种习惯很可能就是在游牧时期流传下来的；不过，大多数阿拉伯人早在几百年前就放弃了游牧生活。

当今世界历史的焦点再次转回到了中亚这一传统的游牧地区。苏联解体之后，中亚的新兴国家由于自身所处的重要地缘位置（接近俄罗斯、中东、印度和中国），在国际关系中处于一种相当微妙的地位。该地区之所以受到关注，并不是因为它那早已成为历史的游牧经济体制，而是因为这里有着丰富的自然资源（包括石油）和重要的战略位置。如今，游牧民族的后人们有了新的资本去影响周边更多人的生活。

延伸阅读

游牧民族的概况：A.M. Khazanov, *Nomads and the Outside World* (1984)。游牧民族在各文明交往联系中的作用：Jerry Bentley, *Old World Encounters* (1993); Alicia Sanchez-Mazas, ed., *Past Human Migrations in East Asia* (2008); Nils Anfinset, *Metal, Nomads and Culture Contact: The Middle East and North Africa* (2008); Rene Grousset, *Empire of the Steppes: A History of Central Asia* (1970); Richard Bulliet, *The Camel and the Wheel* (1990); Dawn Chatty, *Nomadic Societies in the Middle East and North Africa* (2006); Lyudmila Koriakova, *The Urals and Western Siberia in the Bronze and Iron Ages* (2007); Ben Fitzhugh, ed. *Beyond Foraging and Collecting: Evolutionary Change in Hunter-Gatherer Settlement Systems* (2002); G.E.R. Lloyd, *Ancient Worlds, Modern Reflections: Philosophical Perspectives on Greek and Chinese Science and Culture* (2004); Steven Mithen, *After the Ice: A Global Human History, 20,000-5000 BC* (2004); Morris Berman, *Wandering God: A Study of Nomadic Spirituality* (2000); A.M. Khazanov, *Nomads in the Sedentary World* (2001); Peter S. Ungar, *Human Diet: Its Origins and Evolution* (2002); Steven A. LeBlanc, *Constant Battles: The Myth of the Noble Savage* (2003); David Sneath, *The Headless State* (2007); Richard Lee, *The Cambridge Encyclopedia of Hunters and Gatherers* (1999)。

第一部分　回顾
农业兴起和农业文明

联系交往与身份认同

在人类历史发展的早期阶段，最重要的全球联系包括技术和食物的缓慢传播，只是我们对它们的具体传播方式了解不多。这方面最重要的例子当属农业（以及后来出现的铁器）从发源地流传到其他地方。比如到公元前1000年，非洲农民已经开始种植食物，包括原产东南亚的香蕉，它们丰富了非洲人的饮食。这表明人们已经开始从事跨印度洋贸易，运输农作物种子和块茎，只是我们无从了解此中具体的运作机制。

周期性的直接贸易将古埃及和中东这两大河谷文明中心连接在了一起，古印度哈拉帕社会的贸易范围也很广。但是除了商品交换之外还产生了哪些后果，我们无从揣度。我们所知道的是，哈拉帕人虽与其他社会有贸易往来，但对后者的先进技术却是视若无睹。我们还知道，某些商业模式很好地固定了下来，不仅开创了先例，也刺激了后来的交流。到公元前2500年，古埃及与古印度定期交易香料，但两国的交易地点却在如今的波斯湾，这种间接交往有很大的局限性。不过也有一些交流很有意思：美索不达米亚人在看到来自非洲的大象和猿时惊叹不已，一位诗人形容它们是"来自遥远国度的野兽"。

在公元前1000年以前的几个世纪里，人们在有趣但又很有限的交往中对自己的身份有多少认识，我们并不清楚。古埃及人对自己的文化和制度有一定认知，这尤其表现在他们面对库什人或地中海东部的民族时；他们常常将自己的一些标准强加给这些"非本族人"。在中东，犹太人竭力捍卫自己的宗教和语言，哪怕是在被亚述人和其他民族征服后也绝不放弃；从这时候开始，身份认同便在犹太人的历史上变得无比重要。不久之后，越南人也表现出了强烈的身份认同感，因为他们害怕被中国人同化。很多农业社会及其周边的狩猎或游牧社会都能意识到对方是一群有着不同身份的人。如前所见，虽然游牧民族会被富庶的文明社会吸引，但他们往往也会坚守自己的价值观和淳朴本性。然而依据现存记录，我们提出的很多身份认同问题都仅仅是一种推断。不过，在这方面犹太人可谓独树一帜，他们把自己的经历清清楚楚地写进了《历代志》[1]。

矛盾

问题：当今世界很多方面的问题都可以归结为"矛盾"，即国际交流和外界影响与人们保持身份认同之间的矛盾。没有哪个社会能置身事外，它们必须决定在多大程度上牺牲身份认同以换取可能得到的利益——这些利益既来自集团和个人，也来自更广泛的交往。

几年前，一位法国农民的举动引起国际社会关注并赢得广泛赞誉：他开着拖拉机冲进当地一家麦当劳抗议快餐全球化。他的这一举动深深地触及了法国人的身份认同和注重优质美食的传统。但是在法国有三分之一以上的餐厅，包括外国餐厅或模仿本土风格的餐厅在内，其肉制品都是快餐式加工而成，这是全球联系与当地人身份认同之间未能化解的矛盾的另一个例子。

争论：一面是本地人的行为习惯和钟情的事物，一面是必然要发生的更广泛联系的吸引力，两者之间的矛盾在世界历史上可以说是普遍存在。但是这二者之间已经逐渐失去了平衡，全球化（而非本地化）所占的分量日益加重——这其中的一个标志就是过去两百年间有几千种语言消失得无影无踪。可是矛盾依然存在。研究世界史有助于我们理解这些矛盾如何演变，为什么即使到了今天，在面对上述矛盾时依然是，一些社会和群体倾向于保护自我身份，另一些社会和群体则愿意投身更广阔的世界。

早期历史：人类早期经历中最显著的一点就是大范围的迁徙，这也解释了为什么人类能够在最初阶段就形成强烈的本地身份认同。此外，经济制度和农牧民之间的区别也为构建不同的身份奠定了基础。比如大部分多神论宗教，它们的具体信条和崇拜行为都带有鲜明的本地特色，即便它们之间也有一些共性，即为人们解释自然的力量或死亡的必然性。相反，那些推动更广泛交往的力量往往是偶然的、分散的。

---

1 《历代志》分上、下两卷，是犹太人历史的综述。

关于早期人类身份的本质和构建身份认同的热情，我们确实了解不多。很多中国学者后来声称，中国政治和文化的某些特征形成于商朝或更早的时候，只是它们中哪些是神话，哪些是历史，不太好说。中国人的身份认同显然有着深厚的历史根基，但却很难确定他们的身份认同究竟是在何时相沿成习。同样，饱受入侵的苏美尔人和其他美索不达米亚民族也留下了一笔遗产：社会制度和价值观，而不是持久的身份认同。再比如腓尼基人，他们建立了一个扩张型国家，在北非或南欧兴建城市的同时输出自己特有的行事风格，即商业冒险精神。从另一个层面来看，很多中东地区的游牧入侵者在试图统治一个更加复杂的社会时，他们很快就能采用当地的各种习俗和制度。

早期的人类历史展现了世界各地人们构建身份认同的过程。虽然迁徙和传播对构建身份认同来说是一种挑战，但在平日里大多数人都不会接触到多少外界影响，由此衍生出的矛盾也是零零散散，断断续续。不像在今天，人们就生活在全球范围的交流之中，人与人之间的相互交往更加有规律，诸多矛盾也便由此而起。

第二部分

古典时期

(公元前 1000—公元 500)

引言：扩张型社会面临的新问题

世界历史上的古典时期始于公元前1000年至公元前800年，止于公元2世纪至6世纪，在此期间各伟大帝国陆续衰亡。因此，这段时期持续了近1500年，即从公元前1000年左右开始到公元500年左右结束。

在临近公元前1000年的时候，中国的周朝登上了历史舞台，紧接着它就开始扩疆拓土。正是在周朝统治期间，中国开始形成自己特有的文化，比如儒家思想。公元前6世纪，波斯帝国在中东崛起。在此稍早之前，希腊建立了城邦制，开始在地中海东部的其他地方扩建定居点。公元前1000年至公元前600年，印度古典文化有了长足进展，因为重要的宗教史诗有了文字记录；但是第一个印度帝国直到公元前4世纪才出现。总之，自公元前1000年开始，亚洲、南欧和北非的很多地方均出现了具有鲜明特色的全新发展模式，虽然它们的起步时间不尽相同。

然而，古典时期的终结也没能做到整齐划一，即古典文明不是同时结束的；它的剧终可谓沸反盈天，人仰马翻。公元500年前后，中国、地中海和印度的宏伟帝国纷纷倾覆，标志着一段重要的人类历史就此结束，至少是部分结束。

主题

如果说古典时期有明确的时间分界：开始和结束，那么这期间又包含了哪些内容？在众多具体发展事件中，我们发现了以下两大主题。

首先，不少社会都具备开疆辟土的能力，它们的领土范围远超河谷文明时期。事实上，所有的古典文明不仅囊括了河谷文明时期的领土范围，还广扩远延至极远之地。领土扩张之所以成为可能，一方面是得益于早期积累的经验，另一方面则是由于铁制工具和武器的使用，它们比青铜武器好用多了。大约从公元前1500年开始，铁器逐渐传播到更多地方，文明社会的扩张紧随其后。

其次，主要的古典社会致力于塑造价值观、建立制度，即通过内部力量将扩充的领土融为一体。它们鼓励内部贸易，促进同一文明内部不同地区之间进行有效分工。比如中国北方种植小麦，南方培育水稻，南北两地互通有无。每个社会都大力推广思想和艺术，为的是让疆域四至的人们能够拥有共同的信仰和表达方式。罗马人大兴土木，从伊拉克一直到英国都能看到他们修建的神庙和竞技场。中国统治者要求各地有识之士奉行儒家价值观，说"雅言"（普通话）。所有古典文明采取的这些手段都行之有效，至少在一定时期内确实如此；这样做有助于政治一体化，将互不相干的扩充领土融合成一个单一帝国。

这些社会在融合过程中创造的某些信仰和制度展现出了强大的生命力：**古典**（classical）一词凸显了伟大传统的形成。印度宗教、希腊科学和中国官僚制度——这些成就对所在地区的影响远远超出了古典时期本身。其中有些成就后来还远播他方。古典时期可以说是一个孕育阶段，在此期间形成的很多实践方式在几个世纪里影响了数百万人。

鉴于古典时期成就斐然，历时久远，很多民族在回首过去时对其心生敬畏也就不足为奇，他们感叹先辈们在遥远的古代就能取得如此丰功伟绩。2005年，伊朗不顾国际社会反对执意开展核研究。在波斯波利斯宫殿遗址前，几位伊朗年轻人在接受采访时说，既然他们古典时期的先辈们就能建造出令世人惊叹的建筑，那么当代伊朗人也应该在国际舞台上占有一席之地。这是很多民族——从西班牙到中国等太平洋沿岸国家都有的一种共同心理，毕竟他们的祖国在古典时期曾经那么灿烂辉煌。

不过，也有很多民族和地区徘徊在古典文明之外。古典时期的人口数量相当庞大：中国人口增长了三倍，达到6,000万左右；罗马在鼎盛期有5,400多万；印度人口超过5,000万。但在同期，在非洲其他地方，在北欧、日本和美洲，还有很多民族没能接触到古典文明的成就，因此它们的历史也就自成一派。不过，这些地方后来或多或少也受到了古典思想和制度的影响。

古典文明的影响范围

世界四大古典文明中心分别是中国、印度、中东和地中海地区。波斯曾与地中海地区互通有无并一度被希腊大军征服，但总的来说，它建立并保持了自己的独立传统。

每个古典文明都在潜移默化地影响着其周边地区。中国成为朝鲜和越南的万世师表，并吸引了日本的注意，当时它正在发展农业。地中海沿岸国家与埃塞俄比亚的贸易往来对后者影响至深，导致大部分埃塞俄比亚人都成了基督徒，只有少数人信仰犹太教。印度商人对东南亚很多地区带来了显著的影响。虽然古典社会不遗余力地向外扩张，但是它们的影响力仍为地域所限，远未成为世界主流。在西非和北欧的很多地方，甚至是在日本，古典时期的重大发展包括农业和铁器的传播，以及某些地方王国的成立。此时还出现了新一轮移民潮，比如一部分斯拉夫人拖家带口迁徙到了东欧。公元前800年至公元前400年（同样是在古典时期），中美洲出现了一个由奥尔梅克人统治的新文明中心，他们建造了重要的宗教建筑，扩大了玉米种植区。来自大洋洲东部的波利尼西亚人从萨摩亚群岛出发，搭乘大型浮架独木舟穿行浩瀚无垠的太平洋，开始探索那些星罗棋布的岛屿。他们在公元400年抵达夏威夷群岛，开始建造农业定居点。这些地区与古典文明并无实质联系，奥尔梅克人和波利尼西亚人与古典文明更是毫无关联。但是经过这几个世纪的发展，这些文明将成为宏大世界历史结构中一个鲜明的组成部分。

全球联系

古典文明不断向外扩张，但是它们取得的成就主要依赖内部发展。正是在这段时期，印度和中国在早期河谷文明的基础上创造了经久不衰、各具特色的成就。当然，各大文明的发展趋势是共通的：开疆拓土，加强内部融合，强化阶级和性别不平等。不过，这些共同主题在每个社会的具体实现方式则各有不同；换言之，内部发展是古典时期的重要特征。

与外部文化的联系同样重要，尽管这些联系对相关文明的具体制度或文化的影响较为有限。不论是在当时还是以后，这些联系都意义重大，因为它们确保了连通渠道的四通八达。

不同社会之间的交往使得贸易机会与日俱增。古典时期出现了多条陆上贸易路线，它们以中国西部为起点，途经中亚，通往印度和中东（再由此延伸至地中海）。这些路线被称为"丝绸之路"，因为中国商人经由这些路线西行，用丝绸换取黄金、珍禽奇兽和其他商品。丝绸之路上的贸易属于区域贸易：一组商队携带商品穿过他们所在的区域（游牧民族有时也参与其中），另一个区域的商队再将这批货物转运至下一站。波斯人修建了四通八达畅行无阻的道路网和供来往旅客驻足歇脚的驿站，他们将来自亚洲的货物运往中东其他地区和地中海地区。

印度洋沿岸的跨地区贸易也是一派繁荣。印度商人与东南亚（包括今印度尼西亚）的贸易往来热络。形形色色的中东商人与印度建立起商业联系。罗马人在到达地中海东部后也开始与印度人做起生意；他们定期派出商船从红海出发，穿越印度洋抵达印度，为的是采购胡椒和其他香料；有些罗马商人为了招揽生意甚至长住印度。中国也与印度开展了海上贸易。一位中国皇帝还曾派遣一个特别使团远赴印度为他的皇家园林选购犀牛。

古典文明之间有时还会通过贸易以外的方式直接接触。公元前4世纪，亚历山大大帝率领希腊军队远征波斯，并攻入印度西北部（今巴基斯坦）。希腊人在当地建立起大夏国，即"巴克特里亚王国"。在长达两个世纪的时间里，印度人和希腊人在此相互影响，共同学习数学等各种知识和技能。有段时间，当地印度艺术家创作的佛像，其发型和服饰都带有明显的希腊风格。

到了古典时期晚期，中印两国的陆路贸易达到新高度，当时中国商人已经深刻了解了印度文化。其中有些人还主动皈依佛门，这促使中国政府派遣使团前往印度学习佛教经典。佛教的引入是中国历史上跨地区文化交流的重大事件之一。

古典时期的各个主要文明独立发展、自成一体，但是它们之间的商品和思想交流还是有很多积极意义。不过，这些交流也有局限性，比如希腊人和印度人相互学习数学，但希腊人却没有引入印度人发明的高效计数法——在今天看来，这种遗漏着实奇怪。罗马精英人士青睐中国丝绸，但对中国几乎一无所知，也没有确切证据表明有中国人或罗马人到过对方国家。出行的人们不会冒险远离自己所在的区域，贸易的强度也不足以刺激其他形式的交流。就连希腊人和印度人在大夏国的相互影响也未留下多少经久不衰的成就，比如希腊风格的佛像仅存在百年左右就无声无息地消失了。虽然各个主要社会之间的相互联系开创了不少先例并为日后的商业发展注入了动力，但是它们的发展道路却是迥然相异。

延伸阅读

古代的跨文化主题：Richard A. Gabriel, *War in the Ancient World* (1992); Milo Kearney, *The Indian Ocean in World History* (2004); W.H. McNeill, *Plagues and People* (1977); Irving Rouse, *Migrations in Prehistory* (1986); Chester G. Starr, *The Influence of Sea-power on Ancient History* (1989)。女性在古代的作用：A. Sharma, ed., *Women in World Religions* (1987); Bonnie S. Anderson, Judith P. Zinsser, *A History of Their Own: Women in Europe from Prehistory to the Present* (1988); Bella Vivante, ed., *Women's Roles in Ancient Civilizations: A Reference Guide* (1999)。古典时期重要历史人物的本质和影响：S.N. Eisenstadt, ed., *The Origins and Diversity of the Axial Age* (1986)。其他：Richard Smith, *Premodern Trade in World History* (2008); Johann P. Arnason, *Axial Civilizations and World History* (Boston, 2005); Ralph W. Mathisen, *People, Personal Expression, and Social Relations in Late Antiquity, with Translated Texts from Gaul and Western Europe* (Ann Arbor, 2003); Barbara Sher Tinsley, *Reconstructing Western Civilization: Irreverent Essays on Antiquity* (Selinsgrove, 2006); J.W. Roberts, *The Oxford Dictionary of the Classical World* (Oxford, 2005)。

第 4 章
古典文明：中国

中国是伟大的古典社会的先行者。面对游牧民族的周期性入侵，中国人形成了一种强烈而独特的身份认同。外来入侵常会造成严重内乱（如在中东和印度，后者尤为突出），但在中国，商朝灭亡并未产生太大影响。这样一来，中国人也就可以在河谷文明的基础上有更多建树。中国人的文化传统强调"和"这一基本信念，即世间万物皆有两面性，有阴必有阳。因此，有热必有冷，有男必有女。根据这套哲学思想，每一个个体都应该追求"道"（事物的本质和规律）来达到"和"的境界，避免过犹不及，保持正反两面的平衡。人类个体和制度都存在于这个平衡的此岸世界中，而后来的地中海哲学推崇的则是神及彼岸世界。中国人的传统：平衡、道、阴阳，是古典时期形成的诸多哲学和宗教的本质，并在一定程度上将中国各种思想流派整合如一。

古典时期的中国文化持续发展，但它所做的不仅仅是继承早期传统。在长达几百年的孕育阶段，古典中国风云变幻。商朝的宗教思想，尤其是政治行为，对中国成为古典时期世界上最大的帝国意义非凡。几个世纪的发展虽然造成了多种多样的后果（它们往往相互冲突，让人痛苦），但是中国最终发展成为一个高度一体化的国家：政府、哲学、经济、家庭和个人融为一个和谐的整体。

> **重点问题** 古典中国在哪些方面符合广义的古典文明定义？哪些方面不符合？中国在古典时期变化巨大：公元 200 年的中国与公元前 1000 年的中国有何差异？这期间又有哪些方面终始如一？

1. 古典中国的发展模式

当代中国仍然与古典时期一脉相连 —— 这段历史是中国人民族自豪感的源泉，但也造成了一些适应性的问题。中国在古典时期形成的发展模式一直延续到 20 世纪早期。世袭王族（"王朝"或"朝代"）成为中国的权威统治者，他们建立起强大的政治体制，积极发展经济。每个王朝都会逐渐走向式微，赋税加重，税入减少，社会分化加剧。内部叛乱和外部入侵则会加速它的覆灭崩溃。但是当一个王朝结束时，另一个由胜者（将领、入侵者或农民起义军）建立的王朝就会取而代之，然后这种发展模式便又重新启动。所以在很多中国人眼中历史就是循环往复，这一点都不奇怪，而西方人则倾向于把历史看作是从过去到现在的稳步推进。

中国古典时期跨越千年之久，在此期间出现了三个王朝：周朝、秦朝和汉朝。周朝于公元前 1046 年建国，公元前 256 年亡国。这是一段极为漫长的时间，但是周朝的鼎盛期仅维持到公元前 700 年左右；此后，周朝的政治根基开始松动，频繁遭受边境游牧民族的入侵。即使在它最强盛的几个世纪，周朝也没能建立起一个强势政府，而是依靠诸侯分管地方（关于周朝初期和封建制度的建立参见第 2 章）。周人部落原本是中国北方的游牧民族，后来推翻商朝建立周朝。盟国体制是周朝的统治基础，也是农耕时代各个王国的标准做法，后来在日本、印度、欧洲和非洲也出现过类似政权。统治者缺少有效手段直接掌管庞大的领土，所以他们就把大片封地分给自己的亲眷和其他支持者，希望他们能对自己忠心耿耿。支持者们为了换取土地，要向中央政府提供军队、上缴税收。在这段封建统治时期，统治者和地方诸侯相互忠诚，互尽义务。可是一旦诸侯背信弃义，这种制度也就难以维系。周朝的最终覆灭也正因如此：坐拥土地的贵族们在巩固了自身的权力基地后开始无视中央政府的存在。

周朝在成立之初的数百年间蓬勃发展，对中国的政治和文化做出了多方面贡献。首先，周朝将长江流域纳入领土范围。这片新拓展的地带：从北部的黄河流域一直延伸到南部的长江流域，成为中国的核心，一般被称为"中原王朝"。这里有丰饶的农田和两大粮食种植区：种植小麦的北方和栽培水稻的南方；丰富的粮食种类刺激了人口增长。但是领土扩张显然也为中央政府提出了更多复杂的问题，由于首都与边远地区交通不便，联络不畅，周朝统治严重依赖地方支持。

尽管存在上述情况，周人还是有意突出中央政府，使其成为文化关注的焦点。商周两朝的统治者存在直接联系，即他们都坚称是上天赐予他们统治中国的权力。这种政治观念被称为"**君权神授**"（Mandate of Heaven），是周朝以来中国帝王统治的重要依据。皇帝们声称自己是受万民敬仰的"天子"。

周朝统治者想方设法强化国家的文化统一。他们摒弃了黄河文明时期盛行的原始宗教行为，逐渐取缔活人祭祀，简化了神祇崇拜的仪式。他们还推动语言统一，在全国范围内推广标准口语，使"雅言"（"普通话"）在整个中原王朝流行开来，由此形成了当时世界上最大的、说同一种语言的单一民族。虽然各地依然保留自己的方言，但是普通话逐渐成为受过教育的官员们的唯一用语。人们逐渐把口头传颂的史诗和故事用文字记录下来，促进了共同文化的发展。

这块砖雕刻画的是策马飞奔的韩信（汉初名将）。

正是因为中国文化的统一性逐渐加强，所以当周朝衰落时，学者们便利用哲学思想来减少政治动荡带给人们的心理冲击。事实上，政治危机反而激励了人们对中国文化提出一个清晰明确的定义。公元前6世纪末至公元前5世纪初，哲学家孔子提出了具有中国特色的哲学思想。其他作家和宗教领袖也积极投身这股文化创新大潮，他们的思想观念后来成为整个中原王朝的核心信仰。

但是文化创新并没能逆转周朝漫长而痛苦的覆灭之路。地方诸侯组建自己的军队，逐步削弱皇权，导致周天子形同虚设。公元前475年至公元前221年（战国时期），周朝已是四分五裂。这时一套新的政治思想应运而生，它被称为**法家思想**，它主张统治者要不惜一切代价建立稳定的秩序。

此时的中国可能陷入了类似印度一样的窘境：中央集权政府是一种偶然才有的现象，而非常态。但是，一个新王朝的崛起成功地扭转了政治乱局。一位地方诸侯推翻了周朝，历经25年的南征北战成为中国唯一的主宰。他定国号为"秦"，因为他是中国历史上第一个使用"皇帝"称号的君主，所以史称"秦始皇"。秦朝是中国历史上第一个大一统王朝。秦始皇是一位暴君，但是结合当时国内乱局来看，他以法家思想治理天下却是卓然有效。他很清楚国家的问题就是地方贵族专权所致，所以他竭力打压地方势力——后世出现的其他中央集权政府也是如此。他下令将各国旧贵族迁到首都以便监视，从而加强了对封地的控制。他将国土划分为若干行政区域，推行郡县制，郡县官员由他亲自任命。秦始皇有意从非贵族群体中挑选官员，以保证这些人直接听命于自己，而不敢发展个人的势力范围。在秦始皇的统治下，强大的中央军队粉碎了地方反抗势力。

秦始皇继续加强中央集权，扩大领土范围，向南一直延伸到了南海和越南北部。在北方，为了抵御频频来犯的匈奴，秦始皇命人修筑了长城，绵延五千多公里，城墙顶上一般都有四、五米宽，足够四马并驰。长城是当时人类历史上最雄伟壮观的建筑。修筑长城的劳力都是中央政府从广大农民中强征而来。

秦朝对中国的政治和文化做了不少创新。为了查明国家资源，秦始皇下令开展全国普查，这也为计算税收和劳动力人数提供了依据。秦朝还在全国范围内统一了货币和度量衡，甚至还统一了车轨，这便于形成全国性的交通网络。秦朝推行"书同文"，并要求受过教育的人们使用同一种基础语言交流。政府推进农业发展，支持兴修水利，鼓励制造业发展，尤其是丝绸制造。政府抨击儒家思想等正统文化，因为秦始皇认为儒家思想对他的专制统治有百害而无一利。

秦朝是中国历代王朝的典范，但它的统治却是转瞬即逝。焚书坑儒，尤其是加重税赋（用于军事扩张和修筑长城），令秦始皇尽失民心。诚如一位反对者所言："夫秦王有虎狼之心，杀人如不能举，刑人如恐不胜。"秦始皇虽然拥有至高无上的权力，但年事已高的他越来越惧怕死亡，尤其是在躲过多起行刺之后。他派人在全国搜寻长生不老之术。他还下令烧毁大批书籍，迫使方士们专心为他研制延年益寿的仙药。讽刺的是，公元前210年，秦始皇却在服用了方士给他的仙丹（含水银）后暴毙身亡[1]。不过这出大戏还有下文：原本他的遗体应该被运进他生前命人修建的富丽堂皇的地下陵宫，但其身边谋士担心他的死讯一旦泄露，势必激起百姓叛乱，所以他们就把很多烂鱼放进车里来掩盖尸臭。即便如此，忍无可忍的农民还是掀起了大规模的反秦斗争。公元前202年，一支农民起义军打败其他反秦武装，建立起中国古典时期的第三个王朝——汉朝。

汉朝于公元220年灭亡，在长达四百余年的时间里，汉朝构建了中国政治和思想的基本结构。汉朝统治者延续了秦朝的中央集权统治，但是减轻了对百姓的压榨。和很多刚刚夺取权力的王朝一样，汉朝在成立初期也是致力于开疆辟土，其领土范围延伸至朝鲜半岛、印度支那半岛和中亚。在扩张过程中，汉朝与印度建立了直接联系，开始与中东的帕提亚帝国［中国古代史书中称安息帝国］交往，

1　目前史学界对秦始皇的死因有两种不同观点，一说死于疾病，一说是被赵高等人谋害。

并通过后者与地中海周边的罗马帝国建立了贸易往来。汉朝最著名的皇帝是汉武帝（前140—前87年在位），他主张与亚洲各地和平相处，这与一百年后罗马帝国带给地中海的"和平"截然不同；不过，汉朝确实拥有更大的领土和更多的人口。和平为中国带来空前的繁荣。一位汉朝史学家这样描述汉朝的志得意满和十足信心：

> 国家无事，非遇水旱之灾，民则人给家足，都鄙廪庾皆满，而府库馀货财。京师之钱累巨万，贯朽而不可校。太仓之粟陈陈相因，充溢露积于外，至腐败不可食……守闾阎者食粱肉。（《史记·平准书》）

在汉朝统治期间，国家官僚机制的运转日臻完善，治国理政与意识形态培养（以儒家哲学为指导）融合得可谓天衣无缝。汉武帝修正了秦朝的政策，大力推广**儒家思想**（Confucianism），视儒学为行政手段的重要补充；他还要求各地为孔子广立祠堂，尊这位古代哲学家为圣人。

又过了二百年左右，汉朝开始每况愈下。中央集权日削月割，以匈奴为首的中亚游牧民族屡屡侵犯，最终将汉朝推翻。220年至589年（魏晋南北朝时期），中国陷入一片混乱。虽然最终秩序如初，稳定如故，但是中国文明的古典时期（孕育时期）已然结束。不过，在汉朝灭亡之前，中国已经构建起独具特色的政治结构，以及清晰明确的文化价值观——任是三百多年的混乱与困惑都无法将其湮没。

2. 政治体制

古典中国的秦汉两朝建立了特点鲜明、卓有成效的政府。秦朝强化了中央集权，汉朝则扩大了官僚机构的权力。正是得益于这样的政府结构，如此辽阔的领土才能治理得井然有序。中国封建君主专制是古典时期世界上最庞大的政体。虽然这种政府结构在后古典时期也有所改变，比如官僚系统扩充、行政流程简化，但它从来无须被推倒重建。

其他一些关键因素也发挥了重要作用。强大的地方势力始终存在。成功的农业社会极度依赖以亲族关系为基础的父权制家庭，在这方面中国自然也不例外。个体家庭与其他亲属（兄弟、叔伯和健在的祖父母等）结成了庞大的家族网络。地主人家经常举办祭祖活动来提升家族声望。他们把家族成员召集在一起，举办一系列仪式悼念故世先人。普通百姓很少举办这种活动，对他们来说，村规重于家法。村长帮助农户管理财产、协调春种秋收。在周朝统治期间及之后的岁月里，每当中央王朝走向式微，地方上挟势弄权的大地主们就会积极主导村中事务；坐拥土地的贵族们还会组建法庭、招募军队。

但是在秦汉两朝，强大的地方势力显然没有什么重要作为。秦始皇不仅打击地方王国，还统一了整个帝国的法令和税制。他亲自任命官员担任每个行政区的负责人，后者以皇帝的名义操练军队、执行法律，然后指派其他官员去管理下一级区域。这是中央集权政府的典型模式，后来被其他社会不断复制：颁布统一法典，皇帝直接任命地方官员，地方政府不再主导官员任免。主要官职分工严密，分管经济、司法和军事等，进一步提高了中央政府的施政效率。

到了汉朝，统治者一面继续打压地方割据势力，一面着力打造一个人才济济的大型官僚系统。到西汉末年，官员人数已达13万，占总人口的0.2%。汉武帝时设立太学选拔官员，这是中国历史上首次出现的公务员考试，这类考试至今仍为现代国家相承沿用。考试内容包括文学经典和法律，表明学者型官员将成为中国政治传统的重要组成部分。汉武帝还开办学堂延揽年轻学子，为政府培养官员。大部分官员都是出身上层地主阶级，因为只有他们才有闲暇学习复杂的汉字，偶尔也有出身寒微的有才之士走上仕途。官僚体制算是对上层统治的一个小小检验，也是对皇帝本人滥权的一种制约。这些士大夫对自己的专业自信不疑，他们往往能劝阻当权者独断专行，哪怕他是自称"天子"的皇帝。中国的官僚体制从汉朝一直延续到20世纪，超过了汉朝本身的统治时间，这绝非偶然。从古典时期到近代，甚至是到今天，与世界上其他任何一个大型社会相比，中国官僚机构的力量都是最为根牢蒂固。

古典时期的各国政府确立了一系列重要的国家职能。和所有组织有序的国家一样，中国也建立了军事和司法系统。但是它的军事活动时而活跃、时而沉寂，因为它不会一直处于扩张状态。地方政府更加关注司法问题，如刑事案件和法律纠纷。

政府还资助了很多学术活动，组织学者研究天文现象和修史撰书。在汉朝统治期间，正是在政府的主导下，儒学被定为代表中国人价值观念的正统思想，各地开始举办祭孔仪式。政府也由此肩负起捍卫国人信仰的重大使命。

政府在经济发展方面也出力颇多：它直接组织盐铁生产，统一货币和度量衡，采取措施推动帝国内部贸易发展。政府还出资修建公共工程，比如复杂的灌溉设施和运河系统。汉朝统治者还创立了常平仓制度，直接调控粮食供应："谷贱时增其贾而籴，以利农，谷贵时减贾而粜（以防乱）。"

中国那些雄心壮志的统治者们无意指导百姓的日常生活，事实上，农业社会的技术水平也做不到这一点。即使在汉朝，皇帝下达一份诏书也要一个多月时间才

讨论历史：战争

历史学家们一直在探讨如何把战争和军事发展归入一般的模式，而不是把主要战争归为具有重大意义的历史事件。军事史属于专门历史，一些历史学家总是对其敬而远之。不过讽刺的是，军事史是美国人最感兴趣的历史门类之一，"历史频道"的超高收视率和大众历史读物的畅销度足以证明这一点。

在古典时期，各国（尤其是中国）都认识到了军事的重要性和个中利害关系，这段时间的军事史具有更为宏大的意义。古典文明扩张领土、增加税收，必然会改变作战方式。铁制武器的广泛使用（这是古典时期的重要支柱）改变了战争模式：参战人员更多，伤亡更重，持续时间也更长。

大多数早期文明的备战过程都会包括很多仪式，士兵之间还要互相较量鼓舞士气。统治者们会避开秋收时节或是冬天开战，并会提前公布战争意图，请神职人员占卜开战吉日。参战人员既有装备良好、训练有素的精兵强将，也有大批不明所以的农民和奴隶充当步兵。交战双方恪守荣誉法则，背后偷袭是不光彩之举。英雄事迹备受推崇，比如印度和地中海地区的早期文学作品不断歌颂英雄人物之间的较量。

中国商朝和周朝早期的战争也具有上述共同特征。但是中国统治者开始担心战争会破坏社会秩序，在这种大背景下，公元前4世纪，军事家孙武将自己的军事思想汇总成书：《孙子兵法》，这是世界上最早的军事专著。他主张认真组织战争，不能依靠英雄人物之间的武力较量；战争应该速战速决。在他的提议下，政府开始兴建专门学校培养军事人才。也是在他的影响下，更多战略战术开始应用于战争，目标就是取胜，而且是快速取胜。这些战术包括声东击西、打草惊蛇、暗度陈仓和趁火打劫。孙武还主张进行心理战（"兵者，诡道也"）以挫败敌军士气。与此同时，中国政府着力组建大规模的军队，维护补给线。

秦朝在战争中屡屡得胜也是得益于《孙子兵法》的影响。巧合的是，希腊军队也开始引入相似的军事理念：精心组织，强化纪律，并由此加快了他们征服的脚步，也让亚历山大大帝率领的马其顿军团战无不胜。虽然英雄人物之间的较量在后世欧洲和日本继续上演，但是总体发展趋势可以说是一目了然——战争是一种有组织的政府行为。

能从京城递达边远之地，这体现出君主专制的明显局限性，正如中国人常说的那样"天高皇帝远"。不过在中国，国家权力的覆盖面其实很广，因为有一套以严苛法律为基础的法庭系统，酷刑和死刑屡见不鲜，它们是教化百姓服从权威、遵守道德的辅助手段。中央政府向百姓征税，要求所有男性农民每年服一段时间的徭役，所以这才有源源不断的劳动力去修建运河、道路和宫殿。直到现代以前，任何其他政府都没有这样的组织和人力去直接接触民众，只有那些城邦制国家才能做到。在长达几个世纪的时间里，不论是王朝覆灭、遭到入侵或发生叛乱，这种政府结构始终屹立不倒，原因就在于政府的强势威权和多数百姓的软弱服从。匈奴等入侵者或许能够颠覆一个王朝，但却设计不出一套更好的制度来管理国家，所以入侵者建立的政权往往很快就被打倒推翻。

3. 宗教与文化

古典时期的中国人形成了一套自己特有的世界观，这套信仰体系与政治结构紧密相连。上层社会的文化价值观看重现世生活的质量，认为服从国家是种美德，妄揣神灵和天意则是对神灵的大不敬。此外，中国人对不同信仰持宽容态度，往往还将它们玉石杂糅，但前提是它们必须恪守基本的政治忠诚。

周朝统治者笃信神祇（一位或多位神祇），不过他们对神祇的本质并不在意。相反，他们高度重视和谐的世俗生活，这有助于维持天地之间的平衡。和谐可以通过精心设计的仪式来实现，从而促进社会统一，防止个人行为失当。上层社会成员要学习复杂的社交礼仪和军事技能（比如箭术）。人们通常还要举行祭祖大典，在此期间准备有特殊意义的餐食。到周朝末年人们已经学会了使用筷子，这在用餐时显得更加礼貌。不久之后人们开始饮茶，后来又发明了很有讲究的饮茶仪式，即"茶道"，但将"茶道"发扬光大的却是日本。

不过，早在这些具体典礼或仪式出现之前，正统哲学思想就已经提出了"有序存在"的基本定义。在周朝漫长的衰落过程中，众多贤哲开始向中国传统发起挑战。他们重新阐释中国传统，最终减少了人们思想上的冲突，为中国人的文化和社会生活定下了永久的基调。

孔子（前551—前479）被后世尊为"孔圣人"。他致力于教书育人，曾周游列国推广他的"为政以德"和"善政"思想。孔子并不是宗教领袖，但他提倡知天命、顺天意。在古典时期及之后的时间里，中国文明始终独树一帜，这主要就表现在中国人的主流价值观是世俗的，而不是宗教性质的。

孔子将自己视为中国传统的代言人,盛赞衰落之前的周朝是伟大的时代("周监于二代,郁郁乎文哉!")。他坚信只要人们恪守德行,稳定的政治生活就会自然形成。孔子提出的一系列美德都以尊敬长辈为先,比如尊奉父亲或丈夫为一家之主。但是孔子一方面捍卫社会等级,另一方面也提出统治者应该不矜不伐、进退有度、不滥权专断,对臣民以礼相待。在孔子看来,任何级别的领导人都应具备谦逊、尊礼重俗和爱智慧的品质。只要领袖品德高尚,良好的政治生活就会随之而来:

> 季康子问:"使民敬忠以劝,如之何?"子曰:"临之以庄,则敬;孝慈,则忠;举善而教不能,则劝。"(《论语·为政第二》)

儒家学说主要是一套道德体系,它提倡"己所不欲,勿施于人",并呼吁个人要忠于集体。它符合很多受过教育的中国人的心理:厌恶宗教的神秘主义,识礼知书,好学不倦。儒家经典《论语》受到汉朝皇帝的极力推崇,他们看重的就是儒学宣扬的政治美德和社会秩序。想要施展抱负的官员不仅要学习传统文学作品,还要学习儒家思想。

"君子"是儒学中的重要概念。君子属于士大夫阶层,是善于控制情绪、规言矩步和通文达礼的圣贤之人。君子是通才,而非专才;他能够胜任任何一种政府职位,诗艺俱精。他的威望来自其自身道德修养,而不是专业技能。孔子坚信:为政以德,和谐必生。

孔子认为,臣民应该学会服从和恭敬;即便君主失德,臣民也应安守本分。但他也认为,政治制度不应单凭出身就把一个人固定在某个阶层,所有具备天赋和才干之人都应有机会接受教育。不过他最关注的还是统治阶级应该承担哪些义务、具备哪些品质。孔子认为,单凭武力无法根除骚乱;待人以"仁",保护民众切身利益才是治国安邦之策。统治者应该谦虚真诚,因为以傲慢或虚伪的态度治国必会滋生叛乱。统治者切忌贪婪。孔子警告统治阶层不可利欲熏心,要铭记幸福的真谛是造福大众,而非只顾贪图一己私利。孔子还总结了君子的理想品质:仁、义、礼、智、信。

孔门弟子继承并发扬了他的思想。孟子(姓孟名轲)是孔子之孙的再传弟子,主张"性善论",他认为合理的统治方式能够激发人性之善("人皆有不忍人之心。先王有不忍人之心,斯有不忍人之政矣。以不忍人之心,行不忍人之政,治天下可运之掌上")。孟子淡化了孔子思想的等级色彩,为农民反抗压迫提供了合法依据("贼仁者谓之贼,贼义者谓之残,残贼之人谓之一夫。闻诛一夫纣矣,未闻弑君也")。儒家学说在上层社会广泛传播，尤其是有汉一朝更是盛极一时，其中的很多观念（重视礼仪之道）被不同阶层所接受。不过，普通农民还是对多神论深信不疑，他们依然会举行各种驱邪仪式。

在秦朝和汉朝早期还曾有过一套不同的政治思想体系，也就是法家思想。法家学者都是实用主义者，他们蔑视儒学提倡的德政，主张建立一个由武力控制的专制国家。他们认为人性本恶，需要严加约束，厉行管教。在他们看来，军队是领导者、人民是劳动者，这才是一个国家该有的面貌；提倡能言善辩或彬彬有礼的观念实属轻浮无聊。虽然法家思想未能像儒学那样获得广泛认同，但它依然是中国政治传统的一部分，而且往往会出现"儒表法里"的情况，即在儒学"德治"的外衣下面包裹着法家"刑（法）治"的内核。

古典中国还孕育出了**道教**（Daoism）[1]这一伟大的宗教哲学。道教与儒家思想出现的时间大致相同，都产生于周朝走向式微的几百年里。道教首先吸引了上层人士的注意，因为他们对玄妙的灵异世界更感兴趣。道教吸纳了中国人对和谐自然的传统信仰，同时又为自然添加了神秘色彩。与儒家思想不同，道教侧重精神层面的思考，它是一个具有强大生命力的文化流派，兼具宗教和哲学思想。道教虽然没有被大范围输出，但是它对中国文明至关重要。老子强调自然有其道，如果认识不到，就会引发冲突，招致不幸。人们应该通过"出世"和思考"生命力"获得真正的顿悟。"道"，即"自然之道"，这个基本的、无法形容的力量被老子归纳为："有物混成，先天地生。寂兮寥兮，独立而不改，周行而不殆，可以为天地母。吾不知其名，强字之曰道。"除了秘密的宗教仪式，道教也有自己的一套道德准则。道教要求为人谦卑、生活节俭，这是实现天人合一的最佳途径。道教还认为生活质量好坏与政治和学习无关，世间一切都不过是过眼云烟。

在汉朝灭亡后的动荡岁月里，在道教和具有强大影响力的印度佛教的合力作用下，中国人没有被单一宗教或哲学思想所操控。人们可以同时学习道教或儒家经典，但实际上很多帝王更偏爱前者。他们并不担心道教传播，除了能在道教信条中寻得心灵慰藉，他们认为追求长生的道教不会对政权构成实质威胁。儒学家们则强烈反对道教，尤其反对后者宣扬的神秘论和巫术，但他们也找不出充分理由去挑战道教的影响。汉朝末年，道教逐渐成为一种正统宗教，它设计了各种仪式，帮助人们实现与神秘生命力的和谐统一。汉朝之后的中央政府劝服了道教弟

---

[1] 作者将"道家"和"道教"（英文都写作"Daoism"）两个概念合二为一，实际二者有本质区别。道家形成于春秋末年，属于哲学思想；道教则是形成于东汉末年的宗教团体。为了确保译文的连贯性，全部译作"道教"。

子，他们同意在道观的侍奉活动中表达对皇帝的忠心，此举强化了道教和儒学在政治层面的相容性。

儒家思想和道教并不是古典中国的唯一学术成就，但却无疑是重中之重。与经典文学和艺术一样，儒家思想深受上层人士青睐。在文学方面，相传后来经过孔子编辑的《五经》成为中国传统文化的重要组成部分，并与其他著作一起成为选拔官员的考试科目。《五经》是五部经典著作的合集，内容涉及历史专著、名人语录、政治思想、礼仪和仪式。其中的《诗经》收录了三百多首描写爱情、乐趣、政治和家庭生活的诗歌。这些早期佳作和儒学经典为中国文学传统奠定了基础；每一代作者都能在这些经典作品中自得新意，然后在旧框架内表达自己的新想法。诗歌在文学中占有举足轻重的地位，因为汉语本身就富有音律美，一个基本发音有四种声调，这个特征使得诗歌创作蔚然成风。从古典时期开始，吟诗和作诗的能力成为中国人是否受过教育的标志。总之，中国在古典时期确立的文学传统强化了儒学家对人们生活的重视，尽管其中也包含许多浪漫和悲伤的主题，以及不少政治观念。

周朝末年的青铜花瓶，图案复杂精美，与商朝简单朴素的设计风格形成鲜明对比。

汉朝初年的马塑像。汉朝将领土范围延伸至中亚后从当地引入了新的马匹品种。这座马塑像表明中国人成功地改良了早期中原地区的短腿马。

中国古典时期的绘画作品多是装饰性的，着重勾勒精细入微的细节并凸显工艺技巧。绘画造型精准，几何形纹样与很多中国的书写符号颇有异曲同工之妙。书法也是一门重要艺术。艺术家们还在青铜器和陶器上绘制纹饰，雕刻玉器和象牙，编制丝绸屏风。除了万里长城、皇家宫殿和各种陵寝，古典中国留下的纪念性建筑屈指可数，因为上层社会推崇的儒学反对建造高耸入云的寺庙建筑。

在科学方面，中国人更看重科学的实用性，而不是那些天马行空的理论。公元前444年，中国天文学家发明了精确的历法，将一年定为365.5天。后世天文学家通过计算和观察，掌握了土星和木星的运行规律，还观测到了太阳黑子——相关知识时隔一千多年后才在欧洲出现。中国人研究天文学的目的在于预测天象，这在一定程度上体现了人们对天人合一的追求。中国科学家还改良了观测工具，比如东汉时期出现的预测地震的地动仪。中国人在医学领域也是成就可观，他们深入发展了解剖学知识，还研究探讨了可以延年益寿的医学原理。

中国人的数学研究也是侧重实际应用。道教鼓励人们探索有序的自然界，但是人们更想知道万事万物究竟是怎样运行的。比如，中国学者从数理角度研究音阶和律制，推动了音乐声学的发展。中国人的科学和数学研究偏重实用性，这与古典时期更加偏重抽象思考的希腊科学形成鲜明对比。

4. 经济与社会

虽说政治和文化方面的成就是古典中国最显著的特征，但经济活动、社会结构和家庭生活的发展同样为中国文明增色不少。

和很多农业社会一样，中国拥有大量土地的上层人士与刚刚能够自给自足的广大农民/佃农之间出现了巨大的差距。这一差距的显著标志就是：读书识字成为少数人的特权。地主阶级不仅占有财富，还能接受文化教育，这是大多数民众都无法做到的。周朝以前，奴隶制在中国十分盛行；但在周朝统治期间，阶级对立主要存在于地主和佃农之间，前者仅占总人口的2%左右，后者虽然也有小块土地，但必须向地主交纳地租并服劳役。中国佃农在劳作时往往会相互合作，尤其是在种植水稻的南方地区；这些佃农要把财产交由所在村社或大家族集中管理，他们个人无权处置。在中国的社会结构中，处在佃农之下的是"贱民"，他们从事简单的运输工作或其他无须太多技能的工作，他们的社会地位可能是最低的。总的来看，人们的社会地位都是代代相传，偶尔也有佃农出身但才华横溢的个人有机会接受教育并走上仕途。

不论是明文规定也好,还是客观事实也罢,古典中国确实是由四大社会群体构成,即所谓的"士农工商",而贱民和家奴则属于奴仆阶层,处于社会最底层。拥有土地的贵族和受过教育的官僚处于社会最上层,起初叫"士",后称"士大夫"(scholar-gentry)。汉朝时期的士大夫指的是受过教育、担任官职并拥有土地的群体。士大夫家族管理封地,担任官职。他们身穿彰显自己身份的特殊服饰,包括丝绸——普通百姓不得穿戴丝绸。大部分士大夫家族都会雇佣家丁看家护院,同时确保老百姓安分守己,不过大多数老百姓对士大夫家族都是敬畏有加。士大夫之下的阶层是广大劳动者、佃农和制造商品的城市工匠。与上层集团相比,他们的生活更加困苦,终其一生都在辛苦劳作;有些人直接在地主的庄园里劳作,有些人则有自己的独立营生。贸易活动在周朝时已然十分活跃,到了汉朝更是一派繁荣。买卖的商品多是供应上层人士的奢侈品,包括丝绸、珠宝、皮革制品和家具,它们都出自城里那些手艺不凡的工匠之手。种植小麦的北方还与培育水稻的南方交换粮食。铜币流通促进了贸易发展,甚至有商人资助远赴印度的商贸交流。尽管贸易和商人非常重要,但是由于孔子认为"学而优则仕"才是最为高尚的选择,所以很多人都对商人那种唯利是图的人生嗤之以鼻。商人之不可或缺和万贯家财与其社会地位之低下这对矛盾,在推崇儒学的中国长期存在。

虽说经商与主流社会观念格格不入,但人们对技术进步的重视却是高度一致。中国人在这方面的表现可圈可点。人们不断改良农耕用具。公元前300年左右,人们学会了用牛拉犁耕田,显著提高了农业生产力。汉朝民众发明了颈带,把它套在役畜脖子上,避免它们在拉犁或拉车时窒息而死——这项重大发明在好几百年后才出现在世界其他地方。中国人的铁矿开采也位居世界前列,他们设计了滑轮和升降装置把开采的矿石传至地面。铁制工具和油灯等器具也已广泛使用。即使按照世界标准来看,中国人的纺织和制陶工艺都是高度发达。汉朝时期,人们发明了第一台以水为动力的石磨("水磨"),大幅提高了制成品产量。汉朝还发明了造纸术,这对一个依赖官僚体制的政府来说不啻是一种莫大的福音。总之,古典中国的技术成就远超同时期的欧洲和西亚并长期保持领先地位。

技术进步突出表现在制造业领域,尤其是高超的丝绸制造工艺,它巩固了中国在当时世界贸易领域的重要地位。中国的优质商品有助于维系丝绸之路贸易网。

古典中国掌握了许多先进技术,但是它们并没有动摇农业的重要地位。随着农耕技术进步,农村人口规模不断壮大;有了更好用的农具和更优质的种子,小块农田能够养活更多人。稳固的农业基础和重点地区之间的粮食贸易推动了城市扩张和制造业发展。很多城镇的人口都在一万以上;中国很可能是城市化程度最高的古典文明。非农产品主要由手工匠人制造,他们在小商铺或是自己家中做工。虽然

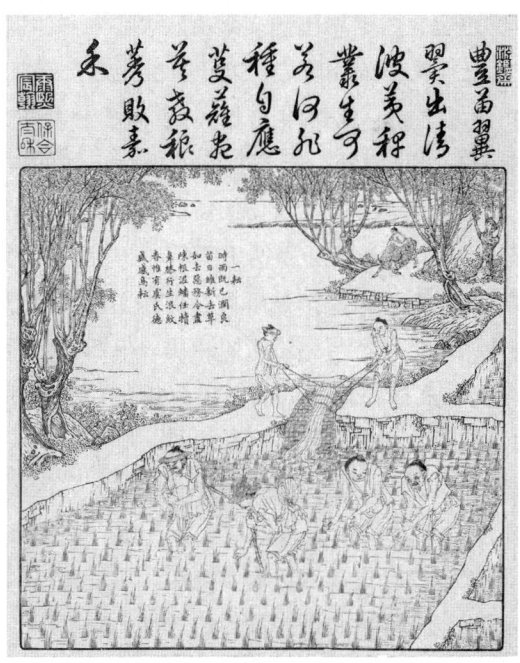

中国南方农民正在移栽水稻秧苗（南宋《耕织图》耕第十一图·一耘）。

从事这种纯手工劳作的人员为数不多，但是工具、瓷器和纺织品的产量还是显著提高，这也要归功于技术进步。

在所有主要的社会群体中，严密的家庭组织有助于统一经济和社会观念、巩固政局。与其他农业文明一样，中国人也十分重视家庭团结、丈夫和父亲的权威。但是中国人权威至上的观念达到了极致。孔子曾说"天下无不是之父母"[1]——在实际生活中，父母可以任意惩罚不顺从的子女。司法机构不会处置伤害乃至杀死不孝子女的父母，但却会严惩打骂父母的子女。在大多数家庭，只要子女服从父母、妻子服从丈夫，就不会出现严重矛盾。中国的大众文化要求人们严格控制自己的情感，家庭被看作是这个有序而安宁的等级社会的核心。事实上，家庭俨然成了一个重要的训练场所，人们要学会尊重权威、严于律己，然后将这些准则推广运用到更广大的社会和政治领域。女性处于从属地位，要在家中扮演好指定角色，但是她们往往能对儿子和儿媳发号施令。著名哲学家孟子的母亲总说自己是多么微不足道，但她对儿子的成长过程却是影响巨深。不过，男尊女卑的基本关系还是确定无疑。《诗经》中云："妇有长舌，维厉之阶。乱匪降自天，生自妇人。"此外，子女之间也有等级之分，儿子的地位高于女儿，长子享有更多权益。中国家庭的权位继承严格遵守长子继承制，即最年长的儿子有权继承财产和社会地位等，这一点上自尊贵的皇帝下至卑微的佃农靡不能外。

---

1 原文是 Confucius said, "There are no wrongdoing parents"，这句话并非孔子所说，而是在儒家提倡的"孝道"基础上形成的谚语。

人物传略：班昭

班昭（约 45—约 117）是中国历史上最著名的女学者。她提倡男尊女卑的思想观念，而她本人也是寡居守贞的榜样。她的人生和思想体现了父系社会的复杂性，以及部分儒家思想。

班昭的父亲班彪是位远近闻名的学者，她的两个哥哥也颇有才干：长兄班固是名历史学家，次兄班超是名将军。班昭自幼便接受了良好的教育，但在婚后年纪轻轻就守了寡，与儿子相依为命。后来她搬去长兄家生活，辅助他撰写《汉书》。长兄过世后，班昭受皇帝之命续写《汉书》，独立完成了最重要的几个章节。此外，她还负责指导皇妃和宫女们学习文学、历史、数学和天文学。其中一位学生后来成了皇后并一度执掌朝政，邀请她去协助处理政务。班昭著述颇丰，不过她的大部分作品都遗失了。《女戒》是她最有名的作品，在 19 世纪的中国被多次印刷，广泛流传。班昭在作品中教导女性要"谦让恭敬，先人后己""晚寝早作，执务私事"，这类观点似乎不太符合她的人生经历。例如，她说家中的男孩儿应睡在床上，女孩儿要睡在床下，让她们从小就明确认识到自己的身份。班昭深受儒学家庭等级观念的影响；不过她也认为男性应对女性承担某些义务，尤其是要让女性接受适当的教育——但她强调女性并没有得到平等接受教育的机会。总之，《女戒》的主导思想仍然是女性服从男性。她的作品也引发了人们的疑问：为什么一个受过教育、自食其力的女性会容忍男尊女卑的观念？如何看待班昭的人生经历和她的人生观之间的矛盾？

这尊班昭木雕创作于 1690 年，距班昭逝世已是千年有余，它再现了这位对中国女性产生深远影响的导师形象。它并没有重现班昭的真实样貌，而主要是体现了创作者希望表现的班昭的性格特点。

5. 多元思想相辅相成

古典中国的技术、宗教、哲学和政治结构的发展很少受到外界影响。虽然中国开辟了通往印度和中东的重要贸易路线，但是在大部分中国人眼中，世界就是一座巨大的文明孤岛，周遭是一群只会带来周期性入侵威胁的蛮族。中国统治者之所以控制中原地区周边的山地或沙漠，不过是为了保卫中原王朝的自身安全，他们根本无意主动出击去教化世界其他地方。所谓的"传教精神"与中国的文化和政治传统格格不入。当然，中国社会也表现出了类似其他农业文明的重要模式。此外，在汉朝统治期间及灭亡之后，印度佛教被引入中国，这个文化传播的典型例子改变了中国的宗教格局和艺术风格。但是，中国文明在形成过程中表现出的分离性和优越性在其日后历史进程中始终存在，而且时至今日都没有完全消失。

鉴于中国文明的各个层面存在密切联系，中国人倾向于把他们的社会看成一个整体，这也是顺理成章之事。他们既不认为公私之间就应该泾渭分明，也不认为政府和社会就应该是两个互不相干的实体。换言之，我们用西方观念对古典中国下定义、比较中国和其他社会，其实并不符合中国人自己的世界观。孔子认为政府不过是家庭关系的延伸和放大，这表明中国社会的各个组成部分浑然一体。

不过，在将中国文明看作一个整体的同时，也不能忽视它特有的矛盾和差异。儒学和道教这两个不同信仰体系同时存在，修正了人们对古典中国大一统的认识。总的来说，儒家学者能与道教弟子同朝共处，相安无事。有时这两种信仰还会不谋而合，比如有人遵从儒家思想处理政务，同时又举行道教仪式去探索更深层的神秘力量。然而这两大思想流派也难免会心生敌意、相互蔑视，比如很多儒家学者认为道教弟子胡为乱信，狂妄背理。虽然从本质上来说道教并不主张破坏国家政治统一，但它有时也确实会鼓动人们打着"替天行道"的旗号反抗现行政权。

提倡相互尊重的儒家思想能与严刑峻法相互配合，这再次体现出中国社会的矛盾性。嫌犯在被捕时都被假定有罪，往往在审判前就要遭受重刑拷问。事实上，中国人很早就发现了让嫌犯认罪的有效手段：恩威并施。比如在汉朝末年，有个小偷在受刑后仍然拒不招供，然后狱卒将他松绑，给他沐浴，让他吃饭——为的是"让他放松戒备"；然后他就开始供述一切，指认他的同伙。总之，中国的儒家思想和刑法制度都赞同严格管控，而且两者相结合的效果非常显著；但是其中涉及的具体方法和道德假定则大不相同。

6. 通往现代之路

在汉朝灭亡之后和现代中国崛起之间的这段漫长岁月，中国社会发生了翻天覆地的变化，所以在研究后来的世界历史时，不要用一成不变的眼光去看待中国文化和中国人。

中国在早期创造的众多经久不衰的成就着实令人赞叹。它曾是世界制造中心，它在丝绸之路贸易网中的核心地位足以证明这一点，如今的中国正在重塑这一角色。虽然现代中国不再独尊儒学，但它仍然高度重视维持社会统一和提高国家实力。牢固的家庭结构，包括农村地区仍然存在的重男轻女之风，证明了现在与过去的联系；这也造成了近几十年来当代中国社会的性别比例严重失衡。当下中国大力普及高等教育无疑也是受到汉朝时期各种文化价值观的影响，虽然它教授的是现代科目，而非传统学科。

换言之，古典中国的经历在一定程度上塑造了当前中国的社会面貌。这也引发了若干重要问题，比如为什么很多传统元素能够一直保留至今？通过研究中国后来的历史发展，我们就能找到这些问题的答案。

延伸阅读

重要著作：Nicola DiCosmo, *Ancient China and Its Enemies: The Rise of Nomadic Power in East Asian History* (2002); Michael Loewe, ed., *The Cambridge History of Ancient China* (1999); Grant Hardy, *Worlds of Bronze and Bamboo: Sima Qian's Conquest of History* (1999); Michael Neiberg, *Warfare in World History* (2001)。

古典中国的思想和政治：Walter Scheidel, ed., *Rome and China: Comparative Perspectives on Ancient World Empires* (2008); Chun-shu Chang, ed., *The Rise of the Chinese Empire* (2007); Grant Hardy, Anne Behnke Kinney, *The Establishment of the Han Empire and Imperial China* (2005); John Fairbank, ed., *Chinese Thought and Institutions* (1973); Wing-stit Chan, *A Source Book in Chinese Philosophy* (1963); David Hinton, *Classical Chinese Poetry* (2010); P. Ebrey, *Chinese Civilization and Society: A Sourcebook* (1981)。古典时期和后续历史阶段的综合评述：John Fairbank, Albert Craig, *East Asia: Tradition and Transformation* (1993); E. O. Reischauer, John Fairbank, *A History of East Asian Civilization,* Vol. 1: *East Asia, The Great Tradition* (1961). Arthur Cotterell, *The First Emperor of China* (1981); Brian Van Norden, *An Introduction to Classical Chinese Philosophy* (2011); Chun-Chieh Huang, *Humanism in East Asian Confucian Contexts* (2011)。具体话题：E. Balazs, *Chinese Civilization and Bureaucracy* (1964); J. Needham, *Science and Civilization in China,* 4 vols. (1970); Richard J. Smith, *Traditional Chinese Culture: An Interpretive Introduction* (1978); Benjamin Schwartz, *The World of Thought in Ancient China* (1983); Michael Loewe, *Everyday Life in Early Imperial China* (1968); Bella Vivante, ed., *Women's Roles in Ancient Civilizations: A Reference Guide* (1999); Steven Shankman, *Early China/Ancient Greece: Thinking Through Comparisons* (2002); Constance A. Cook, *Defining China: Image and Reality in Ancient China* (2004); Kwang-chih Chang, Sarah Allan, *The Formation of Chinese Civilization: An Archaeological Perspective* (2005); Steven Shankman, Stephen Durrant, *The Siren and the Sage: Knowledge and Wisdom in Ancient Greece and China* (2000); Paul Rakita Goldin, *The Culture of Sex in Ancient China* (2002); Mu-chou Poo, *Enemies of Civilization: Attitudes Toward Foreigners in Ancient Mesopotamia, Egypt, and China* (2005)。

第 5 章
古典文明：印度

印度在古典时期的发展历程与中国相去甚远，双方之间的很多差异甚至一直长存不变。古典中国最显著的变化表现在政治和相关的哲学价值观上，古典印度的变化则集中体现在宗教和社会结构上；印度当然也有政治文化，但与中国相比缺乏凝聚性和集中性。不过，印度创立了具有鲜明特色的科学传统、经济重心和家庭生活；虽然不为外界熟知，但其重要性亦不可小觑。与中国类似，古典时期的成就也是至今仍在影响印度，而也正是这些成就令印度在世界各大文明中脱颖而出。

当然，中印两国也有不少地方可谓异曲同工，只是很难逐一辨明。印度也是农业社会，因此与中国有很多相似之处。大部分人口都是自耕农，他们的主要任务就是稼穑力田、衣丰食足。农民集中生活在乡村，他们相互协助、彼此保护，所以两国人民的生活都带有浓厚的地方色彩。此外，农业经济体制也影响了家庭生活，男性是财产所有者，在此基础上形成了坚不可摧的父权制；女性地位低下，往往被当成财产对待。中印两大农业文明都大力兴建城市和发展贸易，从而增加了两国社会和经济形式的复杂性，为正式的知性生活（包括普通学校和专科院校）创造了物质条件。最后一点，虽然两国文化体制截然不同，但是它们都善于利用思想观念去阐释和巩固社会不平等。

> **重点问题** 从古典时代早期一直到笈多王朝，印度发生了哪些重大变化？印度教和佛教在这段时期关系如何？广泛的商业活动如何与印度人深厚的宗教观念同时存在？

1. 印度历史框架

印度之所以会走上一条独一无二的发展道路，主要原因在于它的地理位置和早期经历。这个次大陆国家与中国之外的其他文明交往更频繁，经常受到中东乃至地中海地区的影响。波斯帝国多次入侵印度，为当地带来了新颖的艺术风格和政治观念。亚历山大大帝曾率军攻入印度[1]，虽然他在当地的统治只是昙花一现，但印度却是借此机会接触到了希腊文化。

除了外来文化的影响，印度文明的许多重要特征也跟自身地形有关。这个次大陆国家地域辽阔，地形丰富，给全面政治统一造成了不小的难度，因此印度表现出的多样性远超中国。印度最重要的两大农耕区分别位于印度河流域和恒河流域。印度北部多山，利于游牧经济扎根，而南部临海，贸易和航海事业非常活跃；难以逾越的群山和德干高原横亘南北两地之间。不同的地形不仅造成了印度经济的多元化，也造成了种族和语言上的差异；因此，从早期开始，这座次大陆上的人民就已经被这些差异打上了深深的烙印。

印度文明的形成既是客观环境因素使然，也要归功于长达几个世纪的孕育期：从印度河谷文明（哈拉帕）覆灭到全面文明的复兴。在这段孕育期（即"吠陀—史诗时代"），雅利安人侵入了印度，他们是来自中亚的印欧民族分支。随着铁器的引入，他们逐渐放弃了畜牧生活，适应了农耕生活，用铁制工具铲平了当地茂密的植被，将农田范围扩展到了恒河流域，那里更适合水稻种植。

雅利安人的思想、社会和家庭形式对印度人的影响与日俱增。他们在当地定居下来并开始农耕之后便着手打造更牢固的村社组织——这成为日后印度社会和政治的典型特征。村庄由具有亲属关系的家庭组成。村长起初是从雅利安部落首领中选出，负责组织村庄防御，调节各家各户的财产关系。男性是一家之主，一个大家庭中包括祖父母、父母和子女。

典型的印度**种姓制度**（caste system）形成于吠陀—史诗时代，该制度由雅利安征服者所创立，用来界定雅利安人和被其视为下等人的印度原住民之间的关系。雅利安人的这种身份划分强化了农业社会普遍存在的阶级不平等。处在社会金字塔顶端的是"刹帝利"（武士和政府管理人员）和担任宗教祭司的"**婆罗门**"（brahmins），接下来是"吠舍"（商人和农民），最底层是"首陀罗"（普通劳动者）。很多首陀罗都在大地主的庄园劳作。后来又出现了第五种姓，即"贱民"，

---

[1] 这里指的是广义上的印度，主要是现在的巴基斯坦地区。

也被称为"不可接触者",他们只能从事搬运尸体或清理垃圾这样被视为不洁的工作;处理动物皮毛的人也被归为贱民,因为印度人爱护动物,他们鄙视与宰杀动物有关的人。社会上逐渐形成了一种普遍共识:贱民不得接触以上四个阶层,否则就是对他们的玷污。刹帝利起初是最高种姓,后来在史诗时代被婆罗门取代,说明宗教对印度人越发重要。一部印度法典[1]写道:"婆罗门来到世间,被列在世界的首位;作为万有的大主,他应当注意维护僧俗律法的宝藏。"这五大群体的划分逐渐成为一种世代相传的制度,跨种姓婚姻[2]成为禁忌,违者要被处死;基本种姓又被细化为副种姓,叫作"贾提"(jati),每个贾提从事不同职业,而且其社会地位是与生俱来的。随着时间推移,种姓制度变得愈发壁垒森严,原本较为宽松的阶层划分(虽然不平等)成为人一生的桎梏,置身最底层者更是束身就缚。只有三大高级种姓才有资格学习宗教经文。印度史诗中有一位名叫罗摩的英雄人物,他将一个农民斩首的行为被广为传颂,只因为后者倒挂在树上时读了《吠陀经》。

《梨俱吠陀》是雅利安人最早的史诗,它将种姓制度描写为神的馈赠:

> 当他们分解普鲁沙[3]时,将他分成了多少块?
> 他的嘴和双臂叫什么?他的双腿和两足叫什么?
> 婆罗门是他的嘴,他的双臂成为刹帝利。
> 他的双腿成为吠舍,从两足生出首陀罗。

同样是在吠陀—史诗时代(前1500—前600),雅利安人打造的一套新文化制度逐渐成形。口头传颂的长篇史诗终于被用梵语记载成篇。祭司们将这些史诗(歌颂雅利安人信奉的神祇)收编成集,包括赞美诗、故事、真实和虚构的战役、带有神秘宗教色彩的诗歌。《梨俱吠陀》中的"吠陀"在梵语中是"知识"的意思。在它之后出现了更多辞藻优美的诗篇。所有这些作品都蕴含了伦理道德和宗教生活的真谛。

雅利安人为印度带来了多神崇拜,掌管各种自然力量的男神和女神都具有人类特质,比如雷雨之神"因陀罗"也是力量之神。神祇们分别主宰火、太阳和死亡,等等。这套信仰与希腊和北欧神话中的男神和女神有相似之处,所以有充分理由相信它们都起源于原始印欧人的口头文化遗产。但是印度对这个共有传统进行了

1　见《摩奴法典》第1卷创世神话中的第99条。
2　印度教法严禁高种姓女子下嫁低种姓男子,但在特殊情况下高种姓男子可娶低种姓女子为妻。
3　在婆罗门教神话中,诸神分割了原人普鲁沙的身体,用他身上的不同部位创造出四个不同种姓。

重大调整，最终构建出一个不同于印欧人多神信仰的强大而复杂的宗教并一直流传至今。在史诗时代（前1000—前600），雅利安人向神祇吟唱赞美诗、奉献祭品。人们还把某些动物当作神灵化身的圣物。随着时间推移，这套宗教教义变得更加纤悉无遗。这些史诗提出了来世观和探索自然界的宗教手段。自然不仅会传达某位神祇的神谕，还代表了更基本的神圣力量，即"梵"[1]。《奥义书》是婆罗门教经典，它将这些思想汇集在一起，强化了这个早期宗教的精神力量，也为后来兴起的印度教打下根基。史诗时代末期，印度主流的信仰体系包括各种具体主张：很多人仍然坚持举行仪式向自然神献祭；有些人则崇拜具体事物，比如把猴子和牛尊为神物；婆罗门祭司规定了祈祷、典礼和仪式的具体内容，并指导信徒们执行。婆罗门教还提出了"梵化为一切"和"梵我合一"的观念。史诗时代末期，一位名叫释迦牟尼的宗教领袖在这套神秘教义的基础上创立了**佛教**（Buddhism），它是世界另一大主要宗教。

2. 古典印度的发展模式

公元前600年，印度文明的孕育期画上了句号。地方割据势力开始崭露头角，城市规模逐渐扩大，贸易范围日益广泛，梵语进一步发展（虽然只有婆罗门种姓才有资格学习梵语）提高了文学创作的质量。此时，在吠陀—史诗时代取得的社会和文化成就的基础上，一个完整的古典文明即将诞生。

印度的政治发展历程没有多少规律可言，而且经常遭受重大入侵——入侵者穿过这个次大陆国家西北边境的山口进入内陆。起初印度也表现出了类似中国周朝的发展模式，但却没能像中国那样连续建立一代又一代的王朝和集权制度。

从史诗时代末期到公元前4世纪，这个次大陆国家被分成了多个强大的地方邦国。公元前600年，印度北部平原出现了"十六雄国"并立这一局面，它们中有些是君主国，有些是祭司和武士联合执政的共和国。它们彼此之间纷争不断，战争更是屡见不鲜。这其中要数摩揭陀实力最强。公元前327年，亚历山大大帝率军在征服希腊和中东大部分地区后侵入印度西北部，在当地建立起一个名叫"大夏"的边境小国。

对外来入侵的抵抗运动将印度政治向前推进了一大步，公元前322年，一位名

---

1 婆罗门教将"梵"（Brahma）视为宇宙的本体。

叫旃陀罗笈多的青年将领乘机起事，率军占领了恒河一带。他本人成为印度孔雀王朝首任君主"月护王"。在孔雀王朝统治期间，这个次大陆国家的大部分领土首次实现统一。月护王和他的继任者们借鉴波斯帝国的政治模式和亚历山大大帝的军事谋略，保留了庞大的军队、近万辆战车和一万头战象。政府培养了大批官僚，甚至还出资发展邮政事业。

月护王奉行专制统治，即凭借君王的个人能力和军事威望来治国。这类统治在印度历史上经常会周期性出现，类似于和印度保持重要联系的中东地区。一位希腊使节这样描述月护王的生活：

> 一群女子（其实是被她们的父亲卖掉的）负责照料国王的生活起居。护卫和其余士兵守在（王宫）门外……国王白天从不睡觉，晚上休息时每隔几小时就要换一张床铺，以防暗杀。国王也会因非军事活动外出（离开王宫），有时是去法庭旁听，直到审判全部结束才离开……[有时是去打猎，]数名女子会聚拢在他身边形成人墙，手持长矛的护卫守在外围。道路两旁被绳子拦起，如果有人胆敢擅闯其内并靠近这些女子，就会被处死。[1]

如此严密的防范措施确实行之有效。月护王最终把王位禅让给了他的儿子，他自己则为了自己的宗教信仰踏上苦修之路，在高龄之际平静离世。

月护王的孙子阿育王（前269—前232年在位）是印度历史上最伟大的君主。他在早年担任行省总督，喜好膏粱锦绣、纵横驰骋和觥筹交错。但他也热衷研究自然，痴迷于婆罗门教和佛教的唯心思想。阿育王继续扩大孔雀王朝的领土，一场场激战过后，王朝版图几乎囊括印度全境（不包括最南端）。但是他的征服方式残暴不仁，血流漂杵，在夺取一处沿海地带时，连他自己都承认有"15万人被杀（或致残），后续的死亡人数甚至数倍于此"。后来阿育王心生悔恨，最终皈依佛教。他认为佛教教义中的"达摩"（dharma，行为规范和道德准则）可以作为团结和教化不同民族的道德指南。在尊重印度教的同时，阿育王也在印度全境大力推广佛教，为广大信众修建寺庙。他还曾派遣佛教僧团前往中东的希腊化王国和印度南部的斯里兰卡。这个"重获新生"的阿育王告诫官员要仁慈行事，要监督百姓的道德修为。阿育王和他的祖父一样努力发展贸易和通信，修建四通八达的道路网，沿途建有水井和驿站，为过往行人提供方便。稳定的统治和广大的领土促

1　选自希腊使节麦加斯梯尼的《印度志》。

建于公元前 3 世纪的阿育王石柱。

进了印度商业蓬勃发展。

但是孔雀王朝并没能做到长盛不衰,阿育王独特的统治风格也没给后世带来深远的影响,只是帮助佛教在印度盛极一时。阿育王之后的孔雀王朝逐渐分裂,地方邦国再次浮出水面。一批新的入侵者接踵而至,最终贵霜人从印度西北部深入到中部地区并建立了贵霜帝国。贵霜帝国最伟大的君主迦腻色伽一世皈依了佛教,但却由此导致佛教在印度的受欢迎度大大降低,因为印度人认为它与外族统治声气相通。

220 年,贵霜帝国土崩瓦解,随之而来的是又一轮长达百年的政治动荡。后来,笈多家族在 320 年建立起一个地域辽阔的帝国。笈多王朝几位帝王的个人影响力均不及孔雀王朝那两位伟大的君主,但他们对印度历史的影响要更加深远。有位皇帝还命人在一尊纪念石柱上为自己刻下了表功铭文:

> 他声名远播,起于构建和平的初衷,成于复兴衰落的皇室统治……他文武皇皇、功绩赫赫,其他君主难以望其项背,全世界无能出其右者。

虽然这段铭文不免有些夸大其词,但是笈多王朝统治者通过与地方王公谈判和皇族内部通婚的方式确实扩大了影响力,同时避免了连年征战。笈多王朝统治的两百年为印度带来了空前的政治稳定,堪称古典印度最伟大的历史时期,尽管该王朝的领土范围不及孔雀王朝。535 年,笈多帝国被一批新来的游牧入侵者(匈奴)推翻。

在古典时期的印度,幅员辽阔的大帝国和四散分布的地方小国轮番登上历史舞台。但是，地方割据并没有给印度造成严重混乱；不论是在地方统治时代，还是在孔雀王朝和笈多王朝统治时期，印度的经济和文化一直都在前行不息。

3. 政治体制

古典印度既没有形成中国式的稳固政治传统和政体，也没有出现古典希腊和罗马的民主政治。就印度来说，不论是在古典时期还是在之后的岁月里，最持久的政治特征就是地方主义和多元政治形式。古典印度不仅经历过帝王专制统治，有些地方邦国还设立了贵族议会，后者有权磋商并决定重大议题。

由于多样性和地方主义的存在，印度伟大帝国的统治根基并不牢固。在孔雀王朝建立初期，统治者严重依赖庞大军队的支持，总是担心会遭到背叛或伏击。笈多王朝早期的统治者则是销谋设计，用尽手段赢得民心。他们宣称自己是某些神祇派来治理印度的，对印度教的支持多过佛教，因为印度教徒对这些神祇深信不疑。笈多王朝税制严苛，巧取豪夺——税率高达全部农产品的六分之一。但是他们没能建立一个统一的帝国官僚体系，而是允许战败的地方统治者在归顺中央政府的前提下继续管理地方。皇帝指派一名专员常驻地方，监督地方统治者不生二心。这个伟大王朝的松散结构还表现在缺乏一种统一语言。虽然笈多王朝推广梵语，但是梵语仍然是受教育群体的专门用语，社会上各种俗语和方言依然盛行如故。

笈多王朝确实推行了统一的法典，而且和孔雀王朝一样支持铺路架桥等公共工程。政府保护并鼓励发展各种文化活动，包括大学教育、艺术和文学创作。这些成就令笈多王朝成为印度历史上名副其实的黄金时期。

但事实上，印度的政治文化不成体系：没有正式的政治理论、体制或价值观，只有持续不断的地方主义。考底利耶是月护王的宰相，他写有一部名为《政事论》的重要政治专著，但书中所言也只是向统治者谏言如何有效地维护权力，有点类似中国的法家思想。

这类思想有利于维护帝王权威，但却既不能广泛传播政治观念，也无法让官员们认识到政治服务的重要性，所以它既不同于推崇儒家思想的中国，也不同于高度重视政治伦理的古典希腊和罗马。阿育王认为佛教是对良好行为的道德教化，也是照亮人精神的灯塔，但是一直以来佛教领袖都无心参与政事。事实上，印度人的宗教都对政治的重要性不以为意，他们认为苦行僧和祭司才是权力之基。因此，虽然婆罗门中也有一部分人担任皇室顾问或行政官员，但他们中的大部分人都是在富裕家庭或乡村担任祭司。

印度在这段时期形成的政治传统具有局限性的部分原因在于：地方政治单元（组织严密的村庄）根据种姓制度明确界定了社会关系。种姓制度由祭司负责解读，它对不同的社会关系和工种都做了详细规定。与其他文化相比，印度的种姓制度以及宗教对人们的苦口相劝（切实履行种姓制度），取代了政府在维护公共秩序方面的某些传统职能。

史诗时代之后的印度种姓制度逐渐变得更加复杂，早期形成的五大种姓最终细分成三千多个副种姓，即"贾提"。世袭原则变得更加牢不可破，与生俱来的种姓相伴终身，高低种姓之间的通婚变得毫无可能；跨种姓婚姻或从事与其种姓不相称的职业还有可能被降为低种姓。但是高种姓内部是可以向上晋升的，比如某人经营有方，腰缠万贯，就可能赢得与其财富匹配的种姓。婆罗门取代刹帝利成为最高种姓就体现了这种灵活性。比如孔雀王朝的统治者，他们最初可能出身商人阶层（"吠舍"）[1]，但是大多数皇子刚一降生就已经成了刹帝利。鉴于其中的灵活性，我们不能过于简单地概括种姓制度的特征。但不管怎么说，相比其他古典文明，种姓制度已经成为印度社会结构一道难以破解的沉重枷锁。

从起源来看，种姓制度是印度不同种族（征服者和被征服者）之间的相处之道，它不仅避免了长久冲突，也避免了不同文化和价值观的完全同化。不论在乡村还是在城市，民众根据各自的种姓居住在相应的社区。种姓制度固然畸形，但在印度这样一个多民族、多信仰的国家，它提高了人们的忍受能力，同时避免了真正奴隶制的大范围出现。虽然最底层的"不可接触者"普遍遭到鄙视，只能安于贫穷，从事有辱人格的工作，但他们是自由身，不直接受雇于他人。而且种姓制度也不会禁止人们通过致富来提高自己的种姓地位。

种姓制度对每个种姓的详尽规定产生了一系列政治后果。这些规定涉及婚姻、职业，还包括吃饭、喝水等社会行为。比如高种姓不得与低种姓同桌进食或喝水，也不得为低种姓提供任何服务。完备的政策手段在这些规定面前形同虚设。事实上，没有哪个王朝能够得到臣民全心全意的效忠，因为人们首先要忠于种姓制度。到了古典时期末期，人们的生活受到种姓身份的严格制约。拒绝履行种姓义务的人会遭到所在社区的毒打乃至驱逐。被赶出社区的人大多只有死路一条，因为任何人，甚至是其家人都不得向这种"被驱逐者"伸出援手。不论是宗教领袖还是政治首脑，他们都提出遵守种姓制度是第一要务，他们相信这是神的旨意。

与中国不同，印度文明的很多特质取决于共同的文化价值观。宗教是印度最

---

1 关于孔雀王朝开创者旃陀罗笈多·孔雀的出身有两种说法：一说他出身刹帝利，一说他出身较低下的种姓（首陀罗），因为 Maurya 这个姓氏表明他来自一个饲养孔雀的家族。

讨论历史：再次解读"文明"

　　世界历史学家经常讨论"文明"这一概念的有效性。我们在第 1 章中看到，每个社会都是一个独特的文明，但它们的分界线却是模糊不清；事实上，有些非文明社会也很吸引人，而且有时也产生了重大的历史影响。进入古典时期，尽管文明的构成要素依然是城市、组织有序的政府，通常还有文字，但是"文明"的初始定义被扩大了，它还包括某一特定地区保持一定程度的连贯性和独特性；正因为如此，中国文明不同于印度文明。

　　但是要为"连贯性"下一个定义也非易事。苏美尔人时代之后的美索不达米亚文明是一个例外，这个河谷文明并未遭遇重大挫折。埃及基本上只有一个单一政府和宗教。而在延续了几个世纪的古典时期，文明的覆盖范围更广，也更加多元化。中国虽然建立了单一政府，但也存在明显的南北差异，以及诸多伦理和语言矛盾。印度面临的状况更加复杂，这个国家从来就没有一个统治全境的单一政府（除了古典时期之后短暂的外族统治），而且种姓制度根深蒂固。此外，没有哪个单一宗教曾占据绝对主导地位，虽然婆罗门教和后来的印度教都曾盛极一时。直至现代，印度都没能控制整个南亚次大陆，主要原因就在于宗教教派林立。就印度而言，文明的连贯性和独特性指的是占支配地位的价值观（包括印度教和佛教之间某些相同的主张）和社会结构，而不是绝对的统一或身份认同。

　　将主要文明看作是发展趋势（包括重大内部分歧和矛盾）和实体（需要被界定而不是假设），有助于我们认清世界历史的真相：人们在过去有何作为，未来又该何去何从。在研究印度或中国等古典文明的过程中，我们还能大概了解世界历史的其他重要主题，例如对外界影响的开放程度。但也有一些史学家对这个问题提出了不同看法，他们认为共同的人类冲动和全球影响因素才是研究对象，而文明不过是学者们的发明创造，因为中国等国家表现出的民族自豪感（西欧国家在近年来也是如此）让他们不能释怀。人们在审视不同的"文明"概念时要明确自己的立场：它们中哪些有指导意义，哪些则会让人产生误解 —— 这一点非常重要。

　　还有一个复杂问题：一个特定文明的基本特征和界限并非一成不变。从河谷文明到古典文明的转变就是证明。世界历史的每个重要阶段都需要重新定义，其基本目的就是检验连贯性和创新性。如今的印度仍被视为文明社会，但与古典印度相比，当代印度有哪些新特征？它的领土范围又有哪些新变化？

鲜明的文化基石——尤其是印度教（它在笈多王朝时期的发展势头直逼佛教），它跨越了政治、语言和种姓在人与人之间竖起的藩篱。印度教有很强的包容性；虽然它衍生出了一些重要教派，但它从未企图取代这些少数教派或其他学术和艺术形式。印度教还展现出了强大的生命力，它至今仍是印度的重要信仰体系。这一传统阐明了古典印度为何能在没有建立超越地方层级的持久政权的情况下形成一个持续发展的文明，并在长达数百年的外族统治过程中始终保持文化凝聚力。

4. 宗教与文化

印度教（Hinduism）是印度拥有最多信徒的宗教，它历经几个世纪终于发展成形。印度教源自雅利安人信奉的吠陀教。在几百年的时间里，吠陀教日臻成熟，渐趋复杂，除了婆罗门祭司主持的宗教仪式和多神崇拜论，它还构想出了一个万能的主神。《梨俱吠陀》中的"创世颂"提出了一个更高层面的神圣论述：

> 那时既没有"无"，也没有"有"，
> 既没有空界，也没有空之外的天界。
> 什么覆盖着？在哪儿呢？谁给予庇护？
> ……
> 众神灵是在它的创造以后，
> 那么谁知道它最早出自何方？

与其他大多数主流宗教不同，印度教没有单一创教者，也就是说其基本教义不是源自某位圣徒。所以印度教的成形过程非常缓慢，有时还是因为与佛教或伊斯兰教的竞争而向前推进。印度教提倡多样化的崇拜形式，既有婆罗门推崇的严格的祈祷和祭祀仪式，也有神秘主义者信奉的冥想，它追求的是个体与万能神的统一。不同于西方宗教或中国道教（印度教与道教有相似之处），印度教鼓励人们追求政治和经济生活中的"利"（artha），享受世俗幸福的"业"（karma）——当时重要的经文典籍详述了这些追求。印度教的成功在一定程度上要归功于它的灵活性，它可以调整自己适应不同群体的各种需求，并能做到随社会局势之变而变。印度教认为追求信仰并非只有一条路可循，这表现了它的宽容特质，因而它能与那些只有少数追随者的分支教派和平共处。

在婆罗门的领导下，印度人的神祇观念变得越来越复杂。最初的自然神被赋予更多的抽象概念，例如天神伐楼拿成了是非观念的捍卫者。史诗时代的伟大诗篇教导人们温和、慷慨，对"最高精神"（梵）的不懈追求才是生活的正道。《奥义书》着重描绘了世俗生活的肤浅和空洞，它认为财富、甚至健康都不是人类存在的重点，它主张人们要深入思考"梵"。《奥义书》第一次明确提出：整个宇宙都是源于一股神圣的力量（梵），而人类的我（个体灵魂）则来自宇宙的我，即"梵"，就像下文所述：

印度万神庙中的象头神迦纳什——智慧和成功之神。

> "到那里拿一个无花果来。"
> "给您拿来了。"
> "把它切开。"
> "切开了。"
> "你看见了什么。"
> "许多细籽。"
> "切开一粒看看。"
> "切开了。"
> "你看见了什么。"
> "什么也没看见。"

"是的，孩子，那精华中的精华你并未看见……相信我，孩子，那精华中的精华，宇宙万物以它为灵魂。它就是真，就是自我。"

（第六篇第12章1—3）

然而，《奥义书》并不只是提出了自我与梵之间的神秘联系。它还抨击了婆罗门的传统宗教观——举行一套适当的祭典仪式就可以造福现世生活或保佑来世生活。从史诗时代开始，印度教开始吸纳宗教仪式（固定形式的祭典和行为规范）和某些圣徒追求的神秘主义，寻求与圣灵（梵）的最终融合。

印度教宗师或领袖一般被称为"古鲁"（gurus），他们身边常常围绕着一群弟子；公元1世纪，印度教逐渐成为一门正统宗教，婆罗门祭司开始认可印度教的某些教义。圣灵（梵）寓于世间万物，每个生物都与梵相关。梵的精神存在于很多神祇或神祇的化身之中，包括保护神毗湿奴和毁灭神湿婆。人们或崇拜某位神祇本身，或把他们当作梵的化身来崇拜。我们所感知到的世界远没有圣灵的世界那么重要，所以努力追求"梵我合一"才是生活的正道。但是实现这个目标需要多次生命轮回。印度教徒笃信轮回说，他们相信肉身死亡后，灵魂不灭，而是以另一种形式（人或动物）存在。灵魂的归宿（一个人究竟是上升为高种姓还是沦为畜类）取决于一个人在世时积累的善业有多少，而善业主要取决于一个人在世时是否虔诚地履行其种姓义务。最终，经过几世轮回，灵魂与"梵"达成统一，俗世苦难就此绝迹。

印度教为信徒们指出了通向美好生活的多种渠道。苦行僧可以通过冥想和修炼"瑜伽"（yoga，意为"统一"，旨在培养自律能力），放空思想，专心致志地思考圣灵。其他教徒则可以执行婆罗门的仪式和规矩，比如妥善火葬死者，举行适当的祈祷仪式，严格遵守某些禁忌（比如奉牛为圣物，不得食用牛肉）。很多印度教信徒也笃信代表大自然灵性的无名小神或纯粹的本土神祇（他们被视为湿婆或毗湿奴的化身）。崇拜这些神祇将可以帮助他们在来世晋升为高种姓阶层。因此，很多普通印度教信徒都会虔诚祷告、准备牺牲和献礼，祈求神祇引导他们转世成为更高种姓。

印度教宣扬的基本伦理虽然一言难尽，但却有助于多种信仰形式的统一。带有浓厚象征意义的史诗构成了印度教的重要经文，其核心思想是被称为"达摩"的道德规范——它可以指导人们过好现世生活，同时追求更高的精神目标。"达摩"关注的是行为的道德后果和行为的初衷。每个人都必须履行活着的义务：照料家人，谋生赚钱，在需要时参军打仗。这些行为不得损伤，更不得毁灭寓于万物中的永恒圣灵。印度教的经典颂歌《薄伽梵歌》描写了一位武士在战场上被迫与自己的亲人为敌，他不忍杀害他们，但最后还是听从了神的劝诫："自我常存，并非刀刃所能伤之，故意杀人，或故意被人杀，都不是真知。人生存着，必须站在正义一方而战斗。"这种伦理观认为，可敬的行为，哪怕是追求享乐，与圣灵都是相容的，可以摆脱生命的轮回，最终实现"梵我合一"。印度教的伦理观表明，为什么有功利心的商人或满腔热忱的战士也可以成为虔诚的教徒。为了鼓励这种高尚行为，印度政府和种姓制度有权要求所有人履行自己在世时的各项义务，不得背离他们的终极精神目标。

"达摩"这套道德观并不是烦琐的细节和刻板的规定，这与基督教和伊斯兰教这两大世界宗教倡导的伦理守则大不相同。"达摩"强调内在修行和冥想，思考每个生物内在的神圣本质，而不是拘泥于固定的道德规范。"达摩"的重要特征在于教导人们履行义务，行为处事要符合自己与生俱来的种姓地位。违抗"达摩"是一个人所能犯下的最严重罪行之一，遵守"达摩"则是通过轮回实现更美好转世生活的重要前提。

印度教曾短暂向外传播，流传到了某些亚洲国家。印度教的精神性（寻求精神解脱）达到了极致。它还提出了日常生活中值得肯定的行为准则，包括仪式、善行与恶行之间的明确界线。它允许人们保留古老的信条和祭典活动，这源自更加纯粹的多神教信仰。印度教进一步巩固了种姓制度，它一方面安抚低种姓人：可以寄希望于转世后的美好生活；另一方面则勉励高种姓人（包括婆罗门）：只要行为得体就有可能实现"梵我合一"。虽然印度教的信条也是逐步形成的，其中也不乏模棱两可之处，但是有强大祭司们的支持、古鲁和神秘主义者的不懈努力，这个宗教被成功地保留了下来。

然而，印度教教义中那些前后矛盾之处也让某些人十分不满，他们开始反思这一主流宗教。史诗时代刚一结束就发生了一场反思运动[1]，与印度教颇有渊源的新宗教佛教由此诞生，成为古典印度对世界历史做出的最伟大贡献之一。佛教对古典印度本身也有重要意义，它与印度教有共通之

这尊立式释迦佛像创作于公元 2 或 3 世纪，细节惟妙惟肖，头顶后部的光轮或光环是后世释迦佛像的普遍特征。释迦牟尼面部平静如水，显示他已顿悟成佛。佛教在印度境内和海外流传，因此出现了多种工艺风格，或是刻画佛陀本尊，或是描绘他传奇人生中的重大事件。从这尊佛像的写实工艺和标志性的袍子来看，工匠们沿用了西北印度盛行的印度—希腊风格。

1　此处指的是反思婆罗门教的"沙门思潮"（Samana），它是佛教诞生的直接契机。

处，但在某些关键主张上则完全相悖。从长远来看，虽然印度教最终胜出成为印度第一大宗教，但对亚洲其他地区影响最大的宗教却是佛教。

大约在公元前563年，一位名叫乔达摩的部落王子诞生于世；在他成长的过程中，随处可见的贫穷困苦以及生老病死的各种苦恼令他质疑尘世生活的公平性。乔达摩就是后来的释迦牟尼（佛陀），意为"觉悟者"。他早年信奉婆罗门教（印度教的前身），曾尝试过禁食、自残；历经六年的极端苦行后他终于顿悟成佛，随后开始四处游历，广招弟子传播自己的思想。佛陀虽然接受了不少婆罗门教的主张，但他反对后者提出的"祭祀万能"。他淡化了婆罗门教的多神崇拜论，关注的是神祇系统这个整体，而不是一群互不相干的小神。佛陀坚信精神回报，将肉身毁灭并与元神合而为一视为终极目标——这个境界被称为"**涅槃**"（nirvana）。每个人应该管理好自己的生活，坚信这个目标终将实现，大可不必举行烦琐的祭典。佛教提倡自我控制："以不忿胜忿。以善胜不善。以施胜悭吝。以实胜虚妄。"任何阶层的人们都可以通过不懈努力拥有神圣生活，这是对祭司阶层和种姓制度的抨击，同时也增加了印度社会生活的复杂性。佛陀和佛教始终都在关注"苦难"这个问题，认为众生皆苦，包括那些看似幸福的人们。一般来说，要想消除苦难，必须摒弃所有俗世追求。但其实一个人只要获得顿悟便可摆脱苦难。

佛教在传播过程中始终保持着连贯性，这要归功于僧侣团体的身体力行和谆谆训诫。他们以寺庙为基地，向世界各地积极推广佛教。佛教曾吸引了印度境内的大批信徒，并因孔雀王朝阿育王的皈依而盛极一时，释迦牟尼还被尊奉为佛祖。在佛家圣地诵经和冥想、广施善举都是神圣生活的物质表现形式。但让人意想不到的是，佛教在印度的辉煌却是昙花一现。婆罗门祭司强烈反对佛教，他们还得到了笈多王朝统治者的支持。相反，鼓吹神秘主义的印度教展现出了更强的适应能力，始终都有大批信众坚定不移地追随。佛教最大的成功表现在对外传播上：阿育王和后来的贵霜王朝统治者们（尤其是迦腻色伽）积极支持佛教外传，使佛教传到了东南亚的其他地方（包括斯里兰卡岛）、印度南部海岸之外的地方，以及中国、朝鲜和日本。不过，佛教弟子的本部仍然留在印度，他们主要集中在东北地区，与其他异教团体共同反对印度教。因此，印度教虽说占据主导地位，但它自早期开始就不得不与其他教派互相共存。

即便说印度教和种姓制度是古典印度最具特色、最经久不衰的产物，那它们肯定也不是唯一的。除了其他教派以外，这段时期的印度文化生机勃勃、多姿多彩，宗教不过是其中之一。况且印度教也鼓励人们有更广泛的追求。

满怀创作热情的印度思想家们书写人类生活的方方面面。尽管政治理论方面的著作有如凤毛麟角，但是各种法律专著却是层出不穷。"爱"也是一个非常重要的创作主题。成书于公元 4 世纪的《爱经》是一部著名的性爱手册,它将性爱视为一门艺术,主旨是预防离婚,书中内容丰富,图文并茂。

印度文学汲取了伟大史诗中的很多主题和军事冒险故事,以生动活泼的故事情节著称。在笈多王朝时期,印度史诗终于有了文字记录,还诞生了众多故事集,比如举世闻名的寓言童话集《五卷书》,其中包括《水手辛巴达》《巨人杀手杰克》《一步跨 7 里格[1] 的靴子》。经典故事通常都在讲述世俗生活,偶尔也会描写神祇,和印度教一样突出丰富的想象力和激动人心的效果。同样是在笈多王朝时期,印度戏剧空前繁荣,其主题大多是浪漫的爱情传奇:男女主人公被迫分离,历经磨难后再次重聚。这种文学传统一直延续至今,就连当代印度电影都在表现惊险刺激的爱情故事和大义凛然的英雄行为。

古典印度也取得了丰硕的科学和数学成果。在笈多王朝统治者的大力支持下,那烂陀寺被建成一座规模宏大的大学中心,它是世界上首所大学,吸引了亚洲其他地方的学子和印度当地的婆罗门前来求学。那烂陀寺有一百多座讲坛、三个大型图书馆、一座天文观测馆和一个示范奶牛场。所授课程包括宗教、哲学、医学、建筑学和农学。

在研究层面,印度科学家们借鉴了部分希腊科研成就(亚历山大大帝帅军侵入印度北部后向当地输入了希腊文明),在天文学和医学方面取得了重大突破。伟大的天文学家阿耶波多推算出了一个恒星年的长度[2]并改进了数学运算法则。此外,印度天文学家提出了地球自转理论,解释并预测了日食现象,确立了重力学说,观测到了七大行星。由于宗教教义严禁解剖,印度医学发展受阻,但是外科医生们还是在正骨和整容技术方面取得了不小的进步。接种牛痘血清预防天花的做法逐渐普及。医疗机构高度重视伤口消毒等清洁工作,知名医师大力推广高标准的医疗伦理。印度的天文学和医学成就直到现代才传入西方世界。

印度数学家做出的贡献更加突出。他们发明的计数法一直沿用至今,尽管我们总说阿拉伯数字,因为是阿拉伯人首先引入了印度计数法并将其传入欧洲,后者又向世界进行推广。印度人提出了"零"的概念,并在此基础上发明了十进制。印度计数法被视为人类的重大发明,其重要性堪比文字的发明。印度数学家还提出了负数概念,计算出了平方根,制作了正弦表;他们计算出的"π"值比希腊人的计算结果更精确。

---

1 "7 里格"约 34 千米。

2 阿耶波多是迄今所知最早的印度天文学家和数学家,他推算出的一个恒星年的长度为 365 天 6 小时 12 分 30 秒(365.25858 天)。

婆罗门教雕像：舞蹈之神"纳塔罗阇"（湿婆的另一个形象）。

古典印度的艺术成就也是可圈可点，只可惜很多艺术作品都在外族入侵时毁于兵火。阿育王支持修建了很多半球形的佛教寺院（称为"舍利塔"），还有大量的佛陀纪念雕像。在笈多王朝时期，雕像和绘画不再表现真实的人类形象，而是变得更有象征意味。画家们在建筑外墙和洞穴中创作，用鲜艳的色彩勾勒各式各样的人和动物。印度艺术表达的是人们对自然的热爱，有些作品则呈现了《爱经》等作品中的情欲场景。印度艺术不仅能传达人们对宗教的无上敬意（尤其是在佛教短暂传播的那段时期），也能渲染生活中的尽欢之乐。

但是这段时期涌现出的文化作品明显缺乏一个统一的主题。林林总总的文化成就：宗教、律法、抽象数学、大胆的情色艺术和文学同时并存，成就了独树一帜的印度古典文明，它既不同于崇尚理性的西方文化，也不同于关注政治伦理的中国文化。多种多样的文化表述方式：不论是表现情欲之欢，还是探索"梵我合一"，展现了印度人的自然天性和非凡的想象力。

5. 经济与社会

种姓制度是印度社会和经济生活的重要特征，因为它不仅限定人们的职业，还管理人们的婚姻。低种姓人群没有什么法律权利可言，佣人们经常遭到雇主责打，而后者所受的约束不过是宗教提出的道德训诫：善待他人。如果一个婆罗门杀死了一个行为不当的佣人，他所受到的惩罚绝对不会比杀死一只动物的后果严重。虽然这种极端迫害并不常见，但毋庸置疑的是，种姓制度为印度的日常生活和社会结构打上了深深的烙印。大多数印度人都生活在农村，与更高种姓人群的接触机会并不多有，平日里都是村长负责保护村民免遭地主和统治者的过多干涉。在雅利安人定居印度之后，务农人数稳步增长，尽管古典印度的大部分区域都是茂密的热带雨林。随着新农具投入使用，农业生产力得到提高，农民也成为印度的多数人口。

印度人的家庭生活等级分明，组织严密，这是吠陀—史诗时代的遗产。丈夫和父亲作为一家之主的地位稳如泰山。有部印度法典甚至提出，妻子应将丈夫奉为神明崇拜。事实上，随着印度文明的轮廓日渐清晰，女性权利受到更多限制。虽然史诗巨著既主张丈夫和父亲享有控制权，也认可女性的独立贡献，但是随着农业生产组织化程度提高，农耕技术不断改良，女性的经济贡献渐趋弱化（并未完全排除），男性的权威则有增无减。女性曾在狩猎时代享有的活动范围变得越来越窄，这也是农业社会普遍存在的一个规律。印度思想家们曾讨论过女性是否应该首先转世为男性才能获得精神上的升华，但始终没有定论。女性受到的种种制约在法律和文学作品中也有所体现。包办婚姻制度进一步发展，父母为子女选定配偶，女孩子小小年纪就会被许配给从未谋面的另一半。婚姻安排是为了巩固经济联系，年幼的新娘带着嫁妆（土地或家畜）进入她最终要生活的家庭；但是这种做法也导致年轻人（尤其是女孩子）被直接拖入到一个没有发言权的新家庭结构中。

印度文化对女性形象的刻画显得前后矛盾。一方面，史诗中的女性大多是一些软弱、轻佻、麻烦制造者的形象，而判断女性是否优秀的标准则是孝顺父亲或服从丈夫；另一方面，史诗又赞美女性的果敢坚决和聪明伶俐。

而在日常家庭生活中，女性的从属地位和受到的限制并没有理论上那么严重。印度文化对爱情和性的渲染在一定程度上缓和了家庭关系，因为男女二人结成夫妻后都会向对方付出情感。史诗《摩诃婆罗多》称妻子是丈夫最真挚的朋友。"男人即使在盛怒之下，也不应该苛责自己的妻子，他要铭记自己得到的爱、幸福和美德都来源于妻子。"年幼的孩子受到父母的宠溺。"他们可以毫无缘由地露齿大笑，含混不清地牙牙学语，他们可以撒娇要父亲抱在腿上，此时的男人尽享天伦之乐。"这表明家庭承担着重要而明确的情感功能，是社会结构和制度的基石。家庭还是农业社会最为基本的经济单元。虽然父母都会百般呵护年幼的孩子，但还是希望他们长大成人后勤恳工作。成年人有义务照料年迈的亲属。包办婚姻的目的就是改善家庭经济条件，几乎每个人都生活在家庭关系网中。

印度和中国的父系制家庭没有明显区别，在这样的家庭中，女性都处于从属地位，而且社会发展不断为女性施加新的束缚，这也是父系社会发展中出现的一种普遍趋势。但是睿智的女性和女神在印度文化中还是占有一席之地，这也在一定程度上改善了女性身为妻子或母亲的地位。还有赞美女性细腻情感和绝世容颜的故事。

> **解答问题** 关于不平等

一目了然、壁垒分明的社会不平等是早期文明和古典文明的一大突出特征。拥有土地的富裕阶层、政府官员、宗教领袖和城市商人与广大百姓之间形成一道巨大的鸿沟。在很多古典哲学家看来,不平等有助于解决某些关键社会问题:有了足够维持生存的农产品和手工艺品,一部分地位更高的群体(往往是受教育程度较高的阶层)就可以脱离手工劳作,而且从原则上来说还能形成带领整个社会向前发展的领导阶级。孔子提出普通人要履行自己的经济义务,尊敬长辈和优于自己的人士。希腊的亚里士多德提出奴隶制是统治阶级维权的必要手段,由此衍生出"aristocracy"(贵族制)一词——它在希腊语中意为"最好的统治",象征上层人士的明智施政。身居高位者很少会质疑如此深刻的不平等是否必要。站在今时今日的立场来看,我们仍旧无法确定多大程度的不平等是适当的,也很难认定不平等是应对早期文明各种问题的唯一办法。它明显反映出农业社会的局限性:充足的剩余产品仅为少数富裕阶层服务。而且在刚过去的二十年里,当代世界(如中国、印度、欧洲和美国)的不平等现象快速增加。因此,解读社会不平等问题绝非易事。

早期文明的不平等带来了两个后续问题。首先,为不平等进行辩护成为哲学和宗教领袖必须面对的问题。鉴于此,印度教将不平等纳入广义的存在观之中,提出不平等是神圣秩序的一部分。其次,人们更想知道弱势群体如何看待不平等。印度教通过宣扬轮回转世说(追求更好的来世生活),成功地让穷人和低种姓人群安于忍受不平等的现世生活。在中国,儒家学说在精英阶层之外也是广泛传播,使得普通百姓能够接受这种不平等,但前提是上层人士治理有方、施以仁政。事实上,普通人终日为生计奔波,根本无暇思考抽象的社会问题。此外,早期文明的文化重任就是劝导普通人相信不平等是合法的——甚至在今天也是如此。显然,所有主要文明都解决了这个问题,虽然它们的社会制度和信仰模式不尽相同。

> **重点问题** 哪个古典社会在处理不平等问题上表现得最好("最好"又该如何界定)?对比过去和现在的社会不平等,你能发现它们有哪些主要的相同点和不同点?

古典时期早期，部分女性为宗教学术研究做出了直接贡献，但后来则开始禁止她们阅读吠陀经典。女性还可以当教师、音乐家和艺术家，但后者的社会地位并不高。总体来看，女性除了婚姻之外没有更体面的出路，虽然高等妓女们经常在宫廷周边出没，有些女性还可以去佛教寺院出家为尼。一旦丈夫离世，女性的生活处境就会变得艰难无比，尤其是那些没有子嗣的女性，她们往往会被大家族成员孤立。

古典时期的印度经济欣欣向荣，高超的技术水平堪与中国媲美，其上层社会的繁荣程度很可能一度超越中国。在制造业方面，印度人开创了化学的新用途，他们制造的钢是世界上最好的钢。印度的冶铁技术遥遥领先于欧洲，而且这种领先优势一直保持到距今几个世纪之前。印度的纺织工艺也处于领先水平，这个次大陆国家是世界上第一个制造棉布、印花棉布和羊绒的国家。从事制造业者基本上都是工匠，他们还成立了行会售卖店内商品。

印度对贸易和商人的重视程度远高于中国，而且也高于古典时期的地中海国家。印度商人的种姓地位较高，而且还不会受到印度教伦理的严格制约。他们的贸易范围非常广泛，不仅穿越了印度次大陆，还乘船跨海抵达了中东和东亚。南部海岸以航海为生的人们是非常活跃的商人，他们通常处于北印度帝国的控制范围之外。这群南印度人（泰米尔人）贩卖棉花、丝绸、染料、药品、黄金和象牙，收益甚是可观。他们还从中东和罗马帝国带回了陶器、葡萄酒、金属制品和奴隶，主要是黄金。印度商人与东南亚国家的贸易更加热络，他们把印度工艺复杂的制成品和特色服饰带到了马来西亚和印度尼西亚群岛。印度还与中国发展起了驼队贸易。印度俨然成为古典时期跨地区贸易的集散地。

事实上，印度是整个古典时期跨地区贸易机制的核心。中国统治者每隔一段时间就会派出商船远赴印度采购特定商品。罗马帝国也会定期组织远征船队从红海出发前往印度，为的是采购胡椒等珍贵商品，还有少数罗马商人直接在印度安家落户。所有这些事实表明，在与波斯和中东其他地区的跨印度洋贸易和陆上贸易中，印度商人都发挥了积极作用。

与此同时，农业在印度经济中的基础地位依然牢不可破。社会财富和城市繁华（如那烂陀等城市）为少数人专享，大部分人仅能维持基本生活。笈多王朝时期的印度声名远播，不仅是因为它有巨大的物质财富，还因为它的宗教和学术成就——毕竟在古典时期，财富是相对的，而且分配不平等。中国佛教高僧法显曾前往印度朝圣，他这样描述他眼中的印度：

>人民殷乐，无户籍官法……王治不用刑罔［网］……于旷路侧，立福德舍，屋宇、床卧、饮食供给行路人及出家人、来去客……（《佛国记》）

6. 印度的影响力

自从孔雀王朝开始，古典印度就对世界其他地方产生了深远的影响。此时的印度洋被印度商人和传教士以不同的方式控制，它已成为连接不同文化最活跃的枢纽。而将中东与北非、欧洲连接在一起的地中海则是当时仅次于印度洋的重要通道。凭借对南亚水域的控制和极具创造性的文明，印度人将他们的商品和影响力传播到了南亚次大陆以外的地方。在此之前，还没有哪个南亚文明能媲美印度的影响力。印度与缅甸、泰国、印度尼西亚和越南的地方王国保持交往，但它并没有谋求一统天下，印度人（或游历或定居）为当地人带去了多姿多彩的生活方式。很多印度商人通过婚姻跻身当地皇室。各地建起了印度风格的寺庙，其他印度艺术形式也广为流传。佛教从印度传到了东南亚，不过很多上层人士（尤其是印尼地方王国）还是选择了印度教。因此，在向外输出影响力方面，印度很早就为其他主要文明树立了榜样。

通过传播佛教和艺术，印度在古典时期末已经将自身的影响力渗透到了中国。在早些时候，印度佛教僧团曾前往中东传教，启发了当地思想家提出新的伦理观，像斯多葛学派[1]等古希腊罗马思想流派应运而生，而这些学派又对后世基督教产生了多方面影响。

印度的古典时期始于亚述人入侵后不久，其延续时间要长于中国和罗马的古典时期。即使在笈多王朝覆灭宣告古典时期终结之时，印度仍然保留着一个具有高度辨识性的文明，其基础就是在古典时期首次确立的若干重要元素：排在第一位的肯定是宗教；其次是艺术和文学传统、复杂的社会和家庭关系网。印度文明具有强大的生命力——就是在漫长的外族统治期间也一直屹立不倒——足以为印度人留下意义重大、丰富多样的文化遗产。

7. 中国和印度的同与异

中国和印度这两大古典文明的对比，为我们揭示了古典时期的多样性。中国的艺术和诗歌风格趋于保守、克制，印度文化则更为自由奔放、突出感官感受。印度建立了一个兼容并包的主流宗教，若干重要的少数教派也同时存在；中国的各大

---

1 斯多葛学派是希腊化时代具有重要影响的唯心主义哲学学派，公元前300年左右在雅典创立。该学派在人类历史上第一次论证了西方人文主义的核心理论，比如天赋人权、人生而平等。

宗教和哲学派系相互独立，满足不同阶层所需。中国的政治结构和价值观与印度大相径庭，印度的种姓制度对社会的禁锢程度远远高于中国。印度文化强调"平衡"，比中国文化更为看重来世生活（这一点受到了中国道教的影响）。显而易见，古典印度和古典中国是两种截然不同的文化。在科学方面，两国科学家都致力于探索世界的运行规律，但中国人偏重于更多具有实际意义的发现，而印度人的研究则深入到了数学层面。

除了正统文化和政治制度上的巨大差异，印度和中国也存在一些重要共性。两大文明都是农业社会，都依赖庞大的农民阶级，以及家家户户紧密联系、相互合作的村庄。城市和商业活动固然重要，但仍然不及农业。政治权力主要掌握在地主阶级手中，他们拥有大片农庄，向耕种其地的佃农征税。从更加微观的层面上来说，丈夫或父亲是一家之主（此乃父系制度的本质），这是印度和中国家庭的共同特征。

印中两国的区别并非只体现在宗教、哲学、艺术和政治方面。和精英人士一样，普通百姓也有自己的文化。两国农民的世界观不同。印度农民不会刻意控制自己的情感，也不拘泥于条条框框的礼仪；他们期待家人之间的情感交流。中国佃农常常担心大地主会把他们的土地据为己有，印度佃农则很少会有这般顾虑，因为土地一般都由村社集中管理，尽管印度也有富庶的地主阶级。相比中国商人，印度商人发挥的作用更大，他们的海上贸易更频繁，商业活力更强健。印度文化的广泛影响首先要归功于本国热络的商业活动；而在中国，中央政府扩大影响力的方式则是发动领土扩张或派遣使团前往附属国宣示国威。虽然这些区别并不是那么激动人心，也难以用文字记述，不像杰出思想家和政治家那样可以留下有形的记录，但是这些区别为印度文明注入了不一样的活力，令它在稳定和动荡中交错前行。

每个古典文明在发展过程中都会形成自己的特色，涉及社会关系、政治形式和学术生活。中印两国在具体领域相互借鉴，但却从未全盘模仿。中印两国都是古典时期的亚洲巨人，而且时至今日它们依然是相互比较的对象，因为它们都延续着公元500年以前形成的独树一帜的传统。这些特征也令中印两国文明有别于同时期的地中海文明，那里是世界另一大文明中心。

8. 通往现代之路

与当今中国一样，在当今印度身上也能看到古典时期的影子。拥有最多信徒的印度教就是一条连接过去和现在的鲜活的纽带。印度是一个高效运转的现代国家，但它的联邦体制和几个世纪之前一样带有浓厚的地方色彩,因为它缺乏一种统一的全民语言。早期的社会和文化传统仍在印度农村地区积习相沿。

　　印度在其他方面也保留着古典时期的传统。种姓制度早在一百多年前就被印度政府判定为非法,但它却一直阴魂不散。比如政府曾尝试为低种姓群体设立特殊的大学奖学金,结果遭到了原先高种姓群体的强力抵制。当代印度也在努力消除父系制度对女性的种种禁锢。就像困扰美国和南非的种族问题一样,在印度,仅靠颁布进步性的法律很难根除陈旧不堪、有失公平的社会制度。

　　总之,印度传统的影响力(主要源自古典时期)表现在两个方面。一方面,正如一位政治领袖在印度独立后不久所说,传统是一种负担,拖累了改革进程的发展。另一方面,传统又是身份认同和民族自豪感的源泉,很多印度人都将印度传统与当代科技活动成功相连。

延伸阅读

Romila Thapar, *Early India: From the Origins to 1300* (2002); P. Spear, *India* (1981); Stanley Wolpert, *A New History of India* (1994); Rhoads Murphey, *A History of Asia* (1992); Jonardon Ganeri, *Philosophy in Classical India* (2001); Shankar Goyal, *Ancient India: A Multidisciplinary Approach* (2006); T. N. Madan, ed., *India's Religions: Perspectives from Sociology and History* (2004); Milo Kearney, *The Indian Ocean in World History* (2004); Rajendra Prasad, *A Historical-Developmental Study of Classical Indian Philosophy of Morals* (2009); Brendan Gillan, *Logic in Earliest Classical India* (2010); Isabel Clark-Deces, *A Companion to the Anthropology of India* (2011); Jennifer Howes, *The Courts of Pre-Colonial South India: Material Culture and Kingship* (2003); Suresh Ghosh, *The History of Education in Ancient India* (2001); Romila Thapar, *History and Beyond* (2000); Thomas McEvilley, *The Shape of Ancient Thought: Comparative Studies of Greek and Indian Philosophies* (New York, 2002); Thomas R. Traultmann, *The Aryan Debate* (2005); Thomas William Rhys Davids, *Buddhist India* (1999); Alfred S. Bradford, *With Arrow, Sword, and Spear: A History of Warfare in the Ancient World* (2001); Daud Ali, *Courtly Culture and Political Life in Early Medieval India* (2001).

第 6 章
古典文明：地中海（希腊—罗马）和中东（波斯）

波斯和地中海沿岸的古典文明始于公元前 800 年左右，止于公元 476 年（西罗马帝国灭亡），其丰富性和影响力丝毫不亚于印度和中国。其中的两大文明中心：希腊和罗马，既相互联系，又各自独立；曾短暂融合，终再度分离。中东文明和地中海文明直接建立在美索不达米亚和古埃及这两大河谷文明的基础之上。但是文明不同，侧重点也有所不同，比如波斯的政治本质明显不同于希腊；但和希腊、罗马文明一样，波斯文明也向西传播到了非洲和南欧。波斯和地中海文明都符合古典文明的标准，即大举扩张领土和建立帝国，而且它们构建的国家制度和文化体系在古典时期结束后依然余响犹在。

起初，在外来入侵的刺激下，一个规模宏大的波斯帝国建立起来，早前美索不达米亚平原上的若干帝国也是这样形成的。但是波斯帝国的规模更加庞大，彰显了古典时期的磅礴气势。波斯帝国确立的政治和文化传统具有划时代的影响力，甚至影响到了今天的伊朗。

以南欧为核心的全新地中海文明最初发端于希腊半岛，后来蔓延到罗马帝国迅速发展的各个行省。当时的希腊只是一个蕞尔小国，但它不仅阻断了强大的波斯帝国的扩张，还在地中海东岸建立了殖民地（今土耳其）。罗马帝国曾妄图征服中东，为此而与波斯强大的地方王国多次交战。然而，希腊和罗马所做的并不仅仅是将文明从发源地（中东和尼罗河沿岸）向西推进——这只是两国历史中的一个片段而已；它们还形成了新的政治体制和价值观，在中东和欧洲等地后续的历史发展中产生了深远影响。

对大多数美国人来说，古典地中海文明就是"我们自己的"历史，至少其中大部分都是如此。《美国宪法》的起草人借鉴了希腊和罗马的治国经验。从建国至今，美国公共建筑（比如林肯纪念堂和大部分州的首府）的设计者一直在效仿希腊和罗马的建筑风格。柏拉图和亚里士多德依然被尊奉为西方哲学传统的奠基人，经验丰富的教师仍在借鉴苏格拉底的教学方法。我们对希腊和罗马文明的感激，激励着我们去探寻两国历史的特殊意义，或者是它们与我们如今生活的世界有哪些联系；西方教育界也是一直都把希腊—罗马史研究作为常规教学内容之一。但是从整个世界史的视角来看，我们不能厚此薄彼。希腊—罗马文明确实是主要的古典文明之一，它在某些方面要优于同期的中国文明和印度文明，但在其他方面它又有明显不足。我们面临的挑战首先是明确希腊和罗马文明的主要特征，然后再与其他古典文明进行对比。这样我们就能发现几大文明之间的联系，以及我们继承了哪些文明成果，而不再像过去那样坚持认为地中海地区是古典时期的主宰。

古典地中海文明复杂多变，因为在它蓬勃发展的几百年里先后涌现出两大文明中心：希腊和罗马。推行城邦制的希腊率先崛起，后来走向衰落，被罗马军团取而代之。罗马人热衷的领域与希腊人不同，不过他们还是精心保存了大部分希腊文明成果。罗马人精于工程，希腊人则热爱科学思考。罗马缔造了一个强大的帝国，城邦制则成为希腊构建帝国过程中的掣肘。当然，文明中心从希腊转移到罗马，不只是重心发生改变，而是一种基本文明模式演变成两个独立文明。可以肯定的是，希腊在地中海东部的影响力一直远胜罗马，而西欧接收的则是一个更加饱满的希腊—罗马混合文明，由罗马文明主导语言和法律。不过，希腊和罗马社会也存在不少共性，比如相似的政治理念、共同的宗教和艺术风格、相近的经济结构。希腊和罗马的古典文明遗产为后世社会所继承，但我们很难分清它们中哪些源于希腊、哪些源于罗马。

> **重点问题** 要理解这两类文明，必须理清四个问题。第一，波斯缔造的古典文明传统与地中海文明有何关系？第二，就地中海文明而言，希腊和罗马都建立了多种形式的政体，最重要的是哪种政体？古典地中海文明留下了哪些政治遗产？第三，希腊、泛希腊化社会和罗马存在哪些共性可以将地中海文明定义为古典文明？地中海文明中心从希腊转移到罗马，中国文明从周朝过渡到汉朝，哪个古典文明经历了更显著的变化？第四个问题关乎古典文明的终结：为什么地中海文明没能像印度文明和中国文明那样经久不衰？

1. 波斯传统

公元前 1200 年，伟大的埃及帝国和赫梯帝国已经湮灭于历史的长河之中，中东地区小国林立。后来外部势力相继侵入中东，首先是亚述人，接着是伊朗人（波斯人）。公元前 550 年，伟大的征服者居鲁士大帝缔造了一个幅员辽阔的波斯帝国，从中东北部直抵印度西北部。这个新帝国是早期

波斯波利斯（古波斯帝国都城）一处建筑废墟上的浮雕，刻画的是一群排队前行的人。

美索不达米亚王国当之无愧的继承者，只是它的领地更加广袤无垠。波斯人还在中东推广了冶铁工艺。

波斯人的政治具有如下特征：首先是宽容。波斯帝国允许多种语言和文化同时并存，早期统治者专门为这种多样性保留了很大的空间。其次是浓厚的专制色彩。波斯帝国的第三代君主大流士一世着力统一律法和税制。他不允许民众广泛参与政治。最后是强化中央集权。统治者下令修建重要的基础设施。贯通全国主要地区的交通网络（称为"御道"）缩短了旅途时间，尽管从帝国一端到另一端走完全程还需要 90 天。街道的大部分路段都经过很好的铺砌。一条东西向的御道缩短了商队和军队从印度边境抵达地中海沿岸的行进时间，另一条御道则延伸至埃及。波斯人建立了世界上第一个常规的邮政服务系统，他们在道路沿途设有众多驿站和客栈，为出行在外的人们提供食宿方便。这些举措将中东和始于中亚及东亚的贸易路线连接到了一起，极大地深化了跨地区的商业往来。

波斯帝国的皇帝们，尤其是大流士一世（他致力于拓展疆域，同时将他的广大领土整合为一体），打造了一套完备的官僚制度，与早前推行的军区制并行不悖。中央政府还采取多种手段监控被派驻边远省份的官员。除了滴水不漏的税收制度，帝国政府还设立了一个特务组织，旨在确保地方官员对中央政府忠心耿耿，防范他们与地方政治势力狼狈为奸。

波斯孕育了一个新宗教：**琐罗亚斯德教**（Zoroastrianism）[1]，该教以其创始人琐

---

1 琐罗亚斯德教大约兴起于公元前 7 世纪至公元前 6 世纪，是古波斯帝国的国教，伊斯兰教徒称其为"拜火教"，中国则称其为"祆教"。

罗亚斯德（前630—前550）命名。琐罗亚斯德改良了苏美尔人的多神论，在此基础上提出了一神论。他禁止动物祭祀和饮酒，建议人们崇拜善神（在善神和恶灵中二选一）以实现自我救赎。琐罗亚斯德和越来越多的教士们被称为"贤者"（the Magi），他们认为，生命就是善恶两股神力之间的较量。该教主张人们根据自己的道德观在善恶之间做出选择，"最终审判"将决定每个人永恒的命运：正义之士升入天堂，作恶之徒则要遭受无尽的灾殃。琐罗亚斯德教不仅影响了波斯帝国后来的统治者，也在民间广为流传。希腊历史学家希罗多德曾到访波斯，他认为波斯宗教的唯心论色彩比希腊宗教更为浓厚，因为波斯人不相信人格化的神。

历史证明，波斯人的宗教影响力远胜希腊人，但是后者在其他文化领域则要更胜一筹。然而在当今世界上，琐罗亚斯德教的信徒人数屈指可数，他们中有的生活在伊朗，有的移民到了美国等国家。不过，历史上该教派确实曾在相当长的时间里保持着广泛的影响，它的主张和信条为犹太教、基督教和伊斯兰教打上了烙印。

波斯文化的魅力并不只体现在宗教学说上。风格鲜明的绘画和建筑也是波斯艺术传统的重要组成部分。

波斯帝国后来的君主们继续扩疆拓土。他们没能征服希腊，但却长期控制着中东大部分地区，从而成就了长时间的和平与繁荣。波斯军队甚至征服了北非和印度河河谷。鼎盛时期的波斯帝国至少有1,400万人口。波斯本土（今伊朗）的人口在帝国时期翻了两番达到400万。虽然波斯帝国最终被亚历山大大帝率领的马其顿军团所灭，但是它的语言和文化在中东东北部保留了下来，而且对整个中东地区始终发挥着潜移默化的影响。在希腊化时期结束后，一个又一个新波斯帝国在中东东北部崛起，与罗马帝国和其他小国争夺霸权，以各种方式复兴古波斯帝国昔日的荣光。

波斯帝国的政治体制令亚历山大大帝和他的继任者们深受启发。波斯艺术还传播到了印度和其他中东地区。虽然琐罗亚斯德教最终在与伊斯兰教的较量中败下阵来，但是它的影响力在古典时期结束后依然挥之不去。

2. 古典地中海社会的发展模式

希腊

就在波斯帝国崛起的同时，在其西面，一个名不见经传的小文明（希腊文明）逐渐发展成形，这要得益于若干早期文明奠定的良好基础。中东和非洲河谷文明的影响早就渗透到了希腊半岛周边的若干小岛，其中最著名的克里特岛是爱琴文明的发源地，它在公元前 2000 年以前就受到了古埃及的影响，希腊人对纪念性建筑的热爱也是由此而来。希腊人和入侵印度的雅利安人同属印欧民族的分支。印欧人在公元前 1700 年占领了希腊半岛。公元前 1400 年，深受克里特文明影响的迈锡尼王国成立[1]。《荷马史诗》对特洛伊战争的描写令迈锡尼被后人熟知。后来印欧入侵者推翻了迈锡尼王国，他们的入侵破坏了希腊半岛的稳定，动荡不安的局面一直持续到公元前 800 年左右。

公元前 800 年至公元前 600 年，希腊半岛依靠强大的城邦制建立起一个个结构更为复杂的社会。每个城邦都有自己的政府，由某个独裁者或贵族议会领导。城邦制符合希腊半岛的发展需求，因为半岛上群山耸立，建立一个大一统政府实属不易。有了城邦制当后盾，希腊贸易迅速发展，共同的文化形式在整个半岛普及开来，比如源自腓尼基字母的书面文字。各城邦共同参与定期举行的庆祝活动，比如奥林匹克运动会等体育竞技活动。斯巴达和雅典是当时最重要的两个城邦。前者崇尚武力，由军事贵族掌权，广大奴隶提供劳役；后者则是一个更加多元化的商业城邦，虽然也有大批奴隶，但雅典人深感自豪的是他们在艺术和学术领域取得的骄人成就。公元前 500 年至公元前 449 年，两大城邦连同其他小城邦挫败了强大的波斯帝国的入侵。在此期间及之后的岁月里，希腊文明（以雅典文明为代表）达到顶峰。以雅典为首的各城邦纷纷在地中海东岸和意大利南部建立殖民地。希腊文化在此过程中逐渐向四周传播，形成了一个庞大的希腊文明圈。

公元前 5 世纪期间，掌握雅典政局的伯利克里是希腊最著名的政治人物。伯利克里出身贵族，但却是民主政治的坚定拥护者；他支持每位公民参与雅典城邦的公民大会，选举官员、颁布法律。伯利克里之所以治理有方，主要在于他善于巧施影响并开展协商，而不是凭借自己身居高位的优势。他压制了某些雅典民主人士的激进主张，后者主张进一步扩张雅典的版图，攫取财富，提振经济。但可惜的是，伯利克里最终没能阻止海上强国雅典和陆上强国斯巴达这两大城邦开战——后人称之为"第二次伯罗奔尼撒战争"（前 431—前 404）——卷入这场霸权争夺战的还有双方的盟友城邦。虽然从严格意义上来说斯巴达是这场战争的胜者，但事实上双方为这场战争付出的代价都很高昂，它们在战后都元气大伤。

伯罗奔尼撒战争结束后，希腊政治开始由盛转衰，并随即陷入普遍的贫困之中。位于半岛北部的马其顿王国在雄心勃勃的君主们的带领下迅速征服整个希腊半

---

1 迈锡尼王国得名于伯罗奔尼撒半岛东部的迈锡尼城，标志爱琴文明的中心从克里特岛转移到了迈锡尼。

岛。公元前338年，马其顿国王腓力二世率军打赢了一场关键战役，后来他的儿子亚历山大三世带领马其顿军团横扫中东，穿过波斯直抵印度边境，向南则攻入了埃及。但是亚历山大大帝创立的马其顿帝国却是昙花一现，因为他本人在连续征战十三年后33岁就英年病逝。不过在接下来的几百年里，他的继任者们仍然控制着地中海东岸地区。在他们的统治下，希腊艺术和文化与中东各种文化形式逐步融合，这个阶段被称为"**希腊化时期**"（the Hellenistic period），得名于希腊人的旧称"赫伦人"（Hellenes）。在这段时期，专制君主们在政治方面没有什么作为，但贸易方面却是欣欣向荣，还建立了一批重要的科学中心，如埃及的亚历山大城。总之，在希腊化时期，虽然半岛上的政治颓势未见好转，但是希腊文明高度整合并孕育出重要的新文化成果。

希腊化时期也是跨地区交往的一个重要机遇期。就当时的情况来看，希腊和印度在大夏王国的互相影响属于个例，更有意义的是希腊与波斯、希腊与埃及之间的

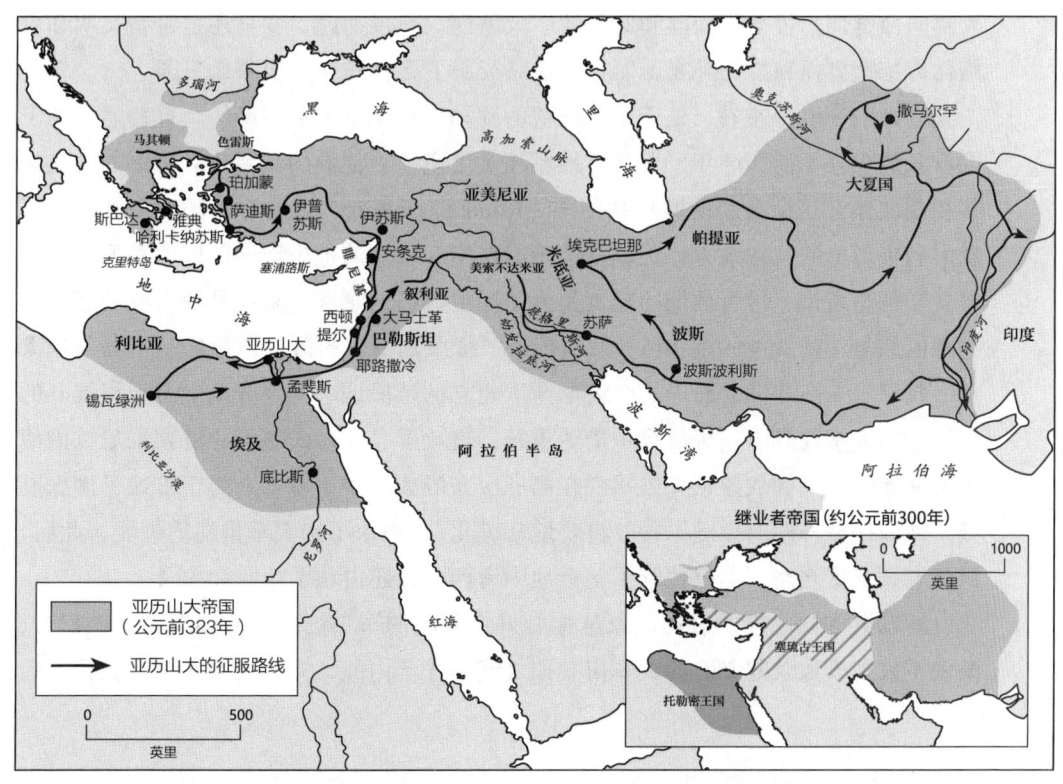

地图 5 亚历山大帝国与希腊化世界

相互联系。比如亚历山大大帝本人就娶了一位波斯公主，希望加强两国的政治和文化融合。强有力的专制统治与波斯传统相结合，彰显了亚历山大大帝的政治功绩。在地中海东部的很多地方，学者们富于创造性的相互交流推动了艺术和科学进步，由此产生的科学和哲学成果成为整个地区共同的知识财富，甚至在众多希腊化王国解体之后依然如此。

亚历山大大帝的军事征服加深了希腊和中东地区的联系，相互交织的文明传统在伊斯兰教崛起后依然具有影响力。不过在这期间也难免会有矛盾发生。很多希腊军事将领就强烈反对亚历山大大帝对波斯的怀柔政策（亚历山大大帝甚至娶了波斯帝国末代皇帝的女儿）。据史料记载，公元前328年，有一次喝醉酒后，亚历山大大帝与自己最好的朋友克雷塔斯起了口角——而这很可能就是由波斯问题引发的；他在盛怒之下将对方杀死，事后他对自己的行为悔恨不已。

罗马

罗马的崛起是地中海古典历史的最后篇章。正是由于罗马的扩张，地中海文明大幅向西延伸，覆盖了南欧和北非的广大地区。不仅如此，罗马还是希腊文明和希腊化传统重要而独特的补充，而且它最终征服了希腊和众多希腊化王国。

公元前800年左右，处于王政时代的罗马不过是意大利中部一个普普通通的王国。大约在公元前509年，罗马贵族驱逐了王室，为他们的城邦建立了更加先进的共和制政体。这个全新的**罗马共和国**（Roman republic）逐渐将其影响力渗透到了意大利半岛上的其他地方，还收复了希腊在半岛南端的殖民地。所以罗马人很早就树立了强军意识，尽管他们的初衷是为了捍卫自己的领地，防范外敌。罗马通过三次布匿战争（前264—前146）大幅拓展了征服范围。布匿战争指的是罗马与迦太基［腓尼基人在非洲北海岸（今突尼斯）建立的殖民地］为争夺地中海霸权展开的战争。迦太基在其中一场战役中遭遇重挫，进攻罗马的迦太基天才将领汉尼拔因战术失误导致士兵和战象损失惨重。在第三次布匿战争中，罗马人终于摧毁了迦太基城，他们在城外四周撒满了盐粒将耕地盐碱化[1]，扼杀了迦太基重建的可能。此后，罗马继续征服之路，不仅控制了整个地中海西部，还占领了希腊和埃及。

罗马共和国晚期的政局乱象丛生；好大喜功的军事统帅谋求拥有更大的权力，激发了大规模奴隶起义。两大军事集团之间爆发了内战，尤利乌斯·恺撒在公元前

---

1 这个故事可能是后人杜撰，因为盐在古代非常珍贵，要想全部毁灭迦太基城周边的耕地，罗马人要撒将近100万吨盐，这在当时难如登天。

45 年获胜，终结了罗马城邦的共和时代，但他在第二年便遭暗杀身亡，引发新一轮权力之争。恺撒的甥孙——后被授予"奥古斯都·恺撒"的尊号——登上政治舞台，他在公元前 27 年开创元首制，带领罗马进入帝国时代。

自成立之初至马可·奥勒留执政末年（180 年），罗马帝国在这二百年间活力四射，成就了整个地中海世界（从西海岸的西班牙和北非一直延伸到东海岸）的和平与繁荣。在此期间，罗马大军还向北扩张，占领了法国、大不列颠岛南部[1]和德国，将地中海文明的影响渗透到了西欧（虽然这种影响不算显著）。从整体上看，罗马帝国的版图接近中国汉朝，只是人口略少。二者的统治方式有所不同，罗马帝国的中央集权程度更低，中央对地方政治势力更加宽容，但前提是遵守帝国法律。但不管怎么说，两大帝国凭借出色的治国方略和充足的军力维护了国家稳定和繁荣，为当时和后世留下了深刻的影响。

罗马帝国的扩张将波斯和地中海世界再次连接到了一起。波斯的帕提亚帝国在亚历山大大帝死后留下的分裂乱局中崛起。罗马帝国在不同时间不断向中东挺进，企图再次征服这片土地。113 年，罗马皇帝图拉真对帕提亚帝国发动大规模进攻，获胜的罗马将美索不达米亚和亚美尼亚并入自己的版图。但是内部叛乱迫使图拉真下令撤军，得到喘息之机的帕提亚帝国成功收复大片失地。罗马帝国晚期的历史就是一部与帕提亚帝国及其继任者萨珊帝国之间的战争史，双方都损失惨重，可以说没有真正的赢家。

180 年之后，罗马帝国走上了不可逆转的衰落之路，但是这个过程持续了二百五十多年，直到 476 年被来自北方的入侵者推翻[2]。这一结局其实早就有迹可循：一方面，经济形势恶化，贸易水平下降；另一方面，人口数量下降，出生率骤减。政府几乎无计可施，虽然后期也有几位强势君主，尤其是戴克里先和君士坦丁试图扭转颓势。313 年，君士坦丁大帝皈依了当时只有少数信众的基督教，这是他试图统一帝国的新策略之一。但中央政府在维护社会秩序和正义方面的表现反而不及地方政府，这种现象在西罗马帝国表现得尤为明显。此外，罗马军队中的雇佣兵（非罗马公民）也是越来越多，这些人的忠诚显然不怎么可靠。渐渐地，西罗马帝国深陷泥潭，无法抽身，最终被北方游牧民族推翻，古典地中海文明就此终结，而同期的印度笈多王朝和中国汉朝也难逃和西罗马帝国一样的命运。

总之，以早期文明为基础的新地中海文明在公元前 800 年后随着希腊城邦体制

---

1 今英格兰绝大部分地区和威尔士。

2 此处指的是西罗马帝国（395—476）。395 年，罗马帝国分裂为东、西罗马帝国。东罗马帝国直到 1453 年才灭亡。

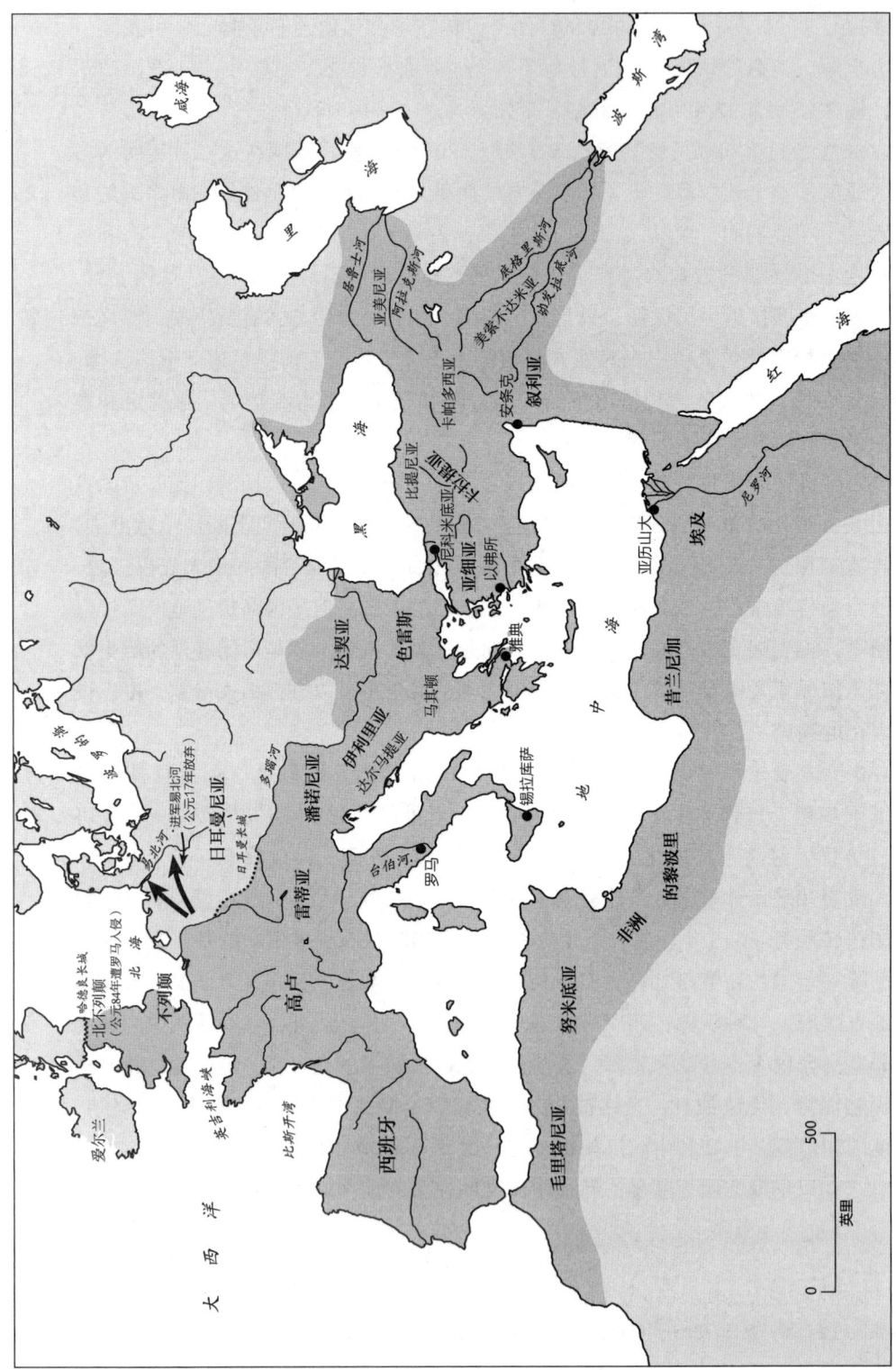

地图 6 公元 98—117 年罗马帝国的最大版图

确立逐渐成形，它的范围包括地中海东岸和希腊群岛。希腊各城邦起初不过是普通的地方王国，后来逐渐建立起结构复杂的多元政治形式。它们发展了类型多样的商业经济，再也不是那个单纯依靠粮食种植的农业社会；并在地中海东岸和意大利兴建了许多殖民地。但是长期混战导致各城邦逐渐没落，马其顿王国异军突起，在征服希腊半岛后又在中东和埃及建立起一个庞大的希腊文明圈。随后登上历史舞台的罗马，尽管起初只是一个政治先进、社会稳定的地方小国，但它很快就也踏上了海外扩张之路，不仅控制了地中海地区，还深入到中东、欧洲西部和东南部，甚至整个北非。日益膨胀的征服野心驱使罗马从共和时代迈入帝国时代，打造出了一套具有自身特色的政治制度，在罗马历史上书写了长达两个世纪的和平与荣光。

3. 希腊和罗马的政治体制

自希腊建立城邦制开始一直到罗马帝国早期，政治始终是古典地中海文明的重要内容。事实上，"政治"（politics）一词就来源于希腊语"polis"，意为"城邦"（city-state），它准确地表明了希腊和罗马城邦浓厚的政治氛围。到访过波斯的希腊人曾说，他们的政治观与波斯帝国的专制统治大相径庭。在雅典和罗马的上层人士看来，"品质生活"（good life）指的就是积极参与政治、热衷探讨国事。地中海政治带有鲜明的地方色彩，主要因为城邦的行政范围一般不过几百平方千米，这激发了当地人高度关注政治，因为公民们认为城邦是他们自己的，他们的权利和义务是政府存在的基础。在希腊城邦和罗马共和国，公民积极参军，深化了全民的政治热情和责任感。当然，在帝国时代的罗马，皇帝和官僚专权擅势，限制了普通人参与政治。但即便如此，意大利、希腊和地中海东岸的地方城邦仍然享有较高的自治权，因为帝国政府不可能事无巨细地管理所有行省。整个帝国的罗马公民对他们的政治传统深感自豪，虽然他们占总人口的比例并不高。

强烈的政治理想和热忱是希腊—罗马社会和古典中国儒家价值观的共同之处，但是积极行使公民权则是地中海文化的特有概念。希腊和罗马都没能建立一个单一或连贯的政治体系，而中国"顺应天意"的皇权和完备的官僚制度却是代代相传。地中海文明不仅展现了浓厚的政治氛围和地方色彩，还有多元政治形式。古典印度的政治形式也具有多样性，比如在帝王之下设有管理委员会。在古典时期，地中海各文明社会根据以往的政治经验选择了更适合自身的政体。君主制显然不是它们的选项，因为共和制的罗马和城邦制的希腊早在史前时期就将君主制弃之如敝屣。它们普遍推行"**僭主政治**"[1]（tyranny 一词就源自古典希腊）。很多僭主其实都是大有作为的统治者，他们兴修公共设施、保护百姓免遭贵族欺凌，加速了民主政治的到来。罗马共和国晚期夺取政权的几位军事统帅，以及继承亚历山大大帝统治希腊化王国的君主们，都有这样的性格特征。

希腊

"民主"（democracy）一词源于希腊语"demos"，意为"人民"。民主是古典地中海社会做出的又一重大政治抉择。在伯罗奔尼撒战争前夕和战争期间，雅典城邦（在历经多朝僭主统治之后）成为民主制度的先驱和典范。公元前5世纪，雅典城邦的重大决定由公民大会通过——理论上所有雅典公民都可以参与公民大会，但真正能够参与其中的只有少数人。这是一种不选举代表的直接民主。公民大会每十天召开一次。行政官员（包括法官）的任期很短以防止他们滥权，而且他们还要接受大会审查。此外，基于任何公民都有权利也有机会参与政务的原则，行政官员的人选由抽签决定，而不是依靠选举。确切地说，仅有少数雅典公民有资格积极参与政治，因为妇女和成年男子中一半没有公民身份的群体（他们或是奴隶，或是外邦人）都被排除在外。这种民主和我们今天所认识的民主并不完全一致，但在当时它确实激励了广大公民投身政治，而且传达了民主的真谛。政治领袖伯利克里带领雅典人民大败波斯军队、顽强抵抗斯巴达人，令雅典得享荣光数十载。伯利克里在一场演说中这样形容雅典的民主制度：

> 我们的制度之所以被称为民主政治，是因为行政权掌握在多数人手中，而不是在少数人手中。在解决私人纠纷时，法律保证对所有人一视同仁，但追求卓越也是得到认可的；公民只要有一技之长，都可以优先担任公职，这不是出于特权的考虑，而是对美德的报偿。贫穷也不再成为障碍，只要能对国家有所贡献，任何人都不会因为贫穷而在政治上隐没无闻。

在伯罗奔尼撒战争期间，雅典民主的潜在缺陷也显露无遗。为了得到政府公职和战利品，下层公民往往会投票支持鲁莽灭裂的军事行动，从而削弱了雅典在与斯巴达临军对阵时的战斗力。

1　"僭主政治"（也称"暴君政治"）指以非法手段取得政权的"僭主"建立的独裁统治。公元前7世纪至公元前6世纪，希腊多个城邦都出现过"僭主政治"。

> **解答问题** **文化碰撞**

　　世界历史发展进程中最精彩的环节之一莫过于两个截然不同的文化在某些时间点上的相互碰撞，由此衍生出如何对待差异同时把握新机遇的问题。贸易、传教、移民或征服将两种文化联系到了一起，由此产生了各种各样的后果。彼此相遇的两个文化可能相互敌对，或是其中一个试图（或被迫）模仿另一个。但最普遍的结果还是形成一个文化混合体（哪怕其中一种文化是由武力强行推广的），也就是文化"**融合**"（syncretism）。

　　亚历山大大帝当然希望在他的帝国打造一个全新的文化混合体，但他英年早逝，未能一展抱负。不过他取得的胜利还是结出了硕果。亚历山大大帝在印度西北部建立了一个希腊化王国（大夏国），在它存在的那些年里，希腊和印度的文化交流盛极一时。印度人从希腊皇室成员那里学到了更多的数学知识，他们对希腊艺术风格青睐有加。曾经有一段时间，印度的佛陀雕像和其他佛教艺术品的发型和服饰都带有鲜明的地中海风格。不过，除了这些表面上的融合之外，印度人本质上并没有被希腊化。他们坚守自己的宗教，坚持认为艺术应该服务于宗教。这个早期文化融合的例子展现了如何化解分歧、如何利用由外力促成的文化接触。

　　反过来，印度文化对地中海的影响就没有那么显著了。随着印度对中东认识的加深，印度皇室曾派佛教僧团前往地中海传教。虽然没能吸引太多当地人皈依佛教，但佛教的伦理思想有可能影响了希腊的伦理观——或许我们可以从基督教教义中发现二者的相似之处。更可惜的是，印度一些杰出的发展成就，比如先进的计数法，竟然被抛诸脑后。所以说文化借鉴有时也有它令人匪夷所思的一面。

重点问题 为什么希腊文化对印度影响显著，印度文化对希腊的影响却微乎其微？世界历史上还有过哪些文化融合现象？

　　但是在古典地中海世界，最典型的政体既不是僭主政治，也不是民主政治，而是以贵族议会为核心的政治框架。贵族议会的决议是城邦政策的指导方针，也是对行政权力的制约。斯巴达奉行的是单一军事贵族统治，他们控制着广大奴隶人口。其他希腊城邦也有贵族议会，但不会强制精英人士接受严格军事训练。即使在长期坚持民主政治的雅典，担任领导的也是贵族，比如伯利克里。"**贵族**"（aristocracy）一词在希腊语中意为"最好的统治"，表明很多希腊人（当然他们主要是贵族阶层）都对政治的真实含义心照不宣。

罗马

自成立之日起，罗马共和国就一直在竭力调和深受希腊影响的不同政治主张。公元前1世纪的最后几十年里充斥着各种不同政见，成为罗马帝国成立的序曲。罗马共和国是贵族共和制的典型。所有罗马公民都可以参加定期召开的人民大会——其功能不是通过基本法，而是选举地方官，其中一些人担任保民官，这是一种代表平民利益的特殊官职。元老院是最重要的立法机构，其成员皆是贵族，他们几乎包揽了共和国的所有行政职位。两位执政官共同行使国家最高权力，但在出现危机时，元老院会推举一位独裁官处理紧急政务，直至危机结束。和希腊各城邦的贵族议会一样，罗马元老院的议员们也是通过雄辩的演讲和辩论阐述他们为全民谋福祉的政见；这离实现服务大众的理想只有一步之遥。

希腊和罗马的多元政体，以及对参与政治的高度重视，成为构建古典地中海政治理论体系的基石。该理论坚持贵族制传统，大部分内容都是关于政治伦理、公民义务、廉洁奉公和重要的政治技巧（比如演讲）。罗马元老院成员西塞罗同时也是一位雄辩家和作家，他曾针对以上主题做过深刻论述，其政治著作中的某些内容颇有中国儒学之风，只是不像儒学那样强调等级、服从或为官之道，而是提倡人们踊跃参与议事机构——制定法律、考核行政官员。在古典地中海社会，作家们尤为关注城邦的政治结构，他们热切讨论各种政体之优劣。这套政治理论展现了地中海社会人们的政治热情和政体的多样性，是留给后世的重要遗产。

与早期城邦制相比，罗马帝国是一个完全不同的政体，虽然它保留了以前的部分机构，比如元老院（它逐渐沦为一个毫无意义的辩论台）。罗马帝国的控制力远大于城邦，这是现实的必然要求；但是很多行省还是保留了相当大的自主权，这一点也不能忽视。只有在极特殊情况下帝国政府才会完全接管偏远之地，比如为了镇压犹太人起义，帝国政府于63年强行解散了独立的犹太省[1]。军队更是组织有序、层级分明，有时军事统帅的政治影响力甚至凌驾于帝王之上。

罗马人对地方习俗和宗教宽容以待，组建起强大的军队，同时对措辞严谨的法律高度重视，他们认为法律是关乎广大领土统一的重要因素。希腊和罗马共和国的领袖们很早就认识到制定一部公正的成文法典有多么重要。自公元前8世纪雅典城邦建立，贵族领袖们都赞成出台一部明确清晰的法典，协调捍卫私有财产和保护穷人（允许每位公民向民众法庭提出申诉）之间的关系。公元前450年，罗马共和国

---

1 犹太省指的是今以色列和巴勒斯坦地区。"63年"这个时间点有待商榷。经查询，犹太人是在66年发起反抗罗马征服者的大起义，罗马帝国开始残酷镇压并于70年彻底摧毁了耶路撒冷城和圣殿。

发布了第一部成文法典《十二铜表法》，主要是为了约束上层人士独断专行，要求他们和普通人一样遵纪守法。进入帝国时代后，罗马人的法律意识进一步深化，他们认为法律应该适用于不同情况，不能有太大波动。罗马人认识到管理社会关系的应该是客观法规，而不是个人主观意志。就这样，法律逐步取代了家族中的父辈或地主对某些事务的处置权。罗马帝国的法律体现了对常识的尊重，比如法律条文中引述了这样一起案例：一名理发师在广场上为一个奴隶理发，附近有两名男子在掷球玩耍，其中一人不慎将球砸到了理发师身上，导致后者失手将奴隶割喉而亡。谁该为这场悲剧负责，是理发师、投球手还是接球手？根据罗马法律规定，奴隶本人才是责任人，因为在公共场所理发本身就是一种自找麻烦的愚蠢行为，一旦出事，只能是咎由自取。

随着多部法典在帝国境内得到推行，人们逐渐树立起由法律管理社会生活的观念。很多外地人都被授予罗马公民权。尽管罗马之外的大多数居民更愿保留自己原来的身份，但是罗马公民身份意味着有资格当选帝国法官、参与立法。帝国法典规范了人们的财产权和商业行为，确保了庞大帝国内部经济活动的完整如一。公平合理的法律——所有官员都必须遵守法律——是罗马帝国取得的重大政治成就，其重要意义不亚于中国完备而复杂的官僚制度，尽管二者性质不同。

希腊和罗马创新了政治形式和理论，但其政府仍是一副老做派。历届政府的工作重心始终是捍卫法庭制度、维持军力。雅典和罗马都崇尚军事征服（前者的影响更为久远也更为成功）。地中海社会的各国政府对个别商业部门进行管控，最重要的是确保粮食供应稳定。事实上，罗马兴建了大批公共工程，如道路、桥梁和港口，保障军事运输和贸易往来顺畅无阻。罗马（尤其是在帝国时代）建造了数不清的竞技场和公共浴池，供百姓休闲娱乐，同时消磨他们的意志。鼎盛时期的罗马城有近百万居民，贫民可以免费领取廉价食物，观看角斗比赛，参加多种休闲活动——这种社会现状被讽刺为"面包和马戏"（bread and circuses）[1]——目的就是防范民众骚乱。罗马帝国还在海外殖民地修建了剧院和竞技场，为英格兰和巴勒斯坦等海外属地营造出一派祥和安乐的景象。政府也赞助国教的公开祭神仪式，允许民间举办宗教节日庆典，这有助于强化人们对罗马的耿耿忠心。政府并不强制人们皈依官方宗教，但却要求所有宗教忠于国家。直至帝国晚期，皇帝们仍在坚持对非官方宗教的宽容政策，尽管他们大肆鼓吹他们是神的代表，妄图借此提升自身威望。只有基督教遭到镇压，因为教徒们拒绝宣誓效忠罗马皇帝，他们认为只有耶稣

---

[1] 出自罗马帝国著名讽刺诗人尤维纳利斯的警句"市民只热衷追求两件事，面包和马戏"，嘲讽当时的统治者利用免费的粮食和娱乐（斗兽场的演出）来麻痹民众的政策。

人物传略：尤利乌斯·恺撒

在带领罗马共和国转型成为个人专制的罗马帝国的过程中，出现了两位功不可没的政治领袖：尤利乌斯·恺撒（前100—前44）和他的甥孙奥古斯都。恺撒在40岁之前不过是一位籍籍无名的政府小官，后来他当上了高卢南部和意大利北部的总督，逐渐大权在握，并由此踏上了征服之路。他率兵逐一攻陷高卢全境（今法国）、比利时、荷兰部分地区和德国部分地区。将这些地区纳入古典地中海文明是恺撒最伟大、最持久的历史功绩。他为自己设定了一个更高的目标：统治罗马。他宣布自己是终身独裁官，这无疑是对共和制传统的背叛。野心勃勃的恺撒遭到元老院保守势力的暗杀。但是恺撒之死并没有挽救共和国的命运；十四年后，他生前憧憬的庞大罗马帝国崛地而起。右图中的恺撒雕像展现了他身为政治家的冷静和军人的果敢，不过这座雕像直到他去世多年才成为传世名作。

这座雕像是在恺撒死后创作的。创作于他生前的相关作品已无从考证。

重点问题 为什么罗马和后世欧洲历史上会把恺撒的形象如此理想化？

基督才是唯一值得敬拜的对象。

古典地中海文明为后世留下了宝贵的政治遗产：地方自治和政治热忱（包括对国家的高度忠诚）、基于贵族统治的多元政体、推崇法制并出台了一套无隙可乘的法律准则。罗马帝国是古典时期领土面积最大的国家（地跨欧亚非三洲），它所取得的成就是世界历史上的一座丰碑。罗马帝国是一个独特的政治混合体，它高度重视法律程序，但又缺乏对个人权利的明确规定。事实上，极力推崇为国家尽义务可能会催生极权主义，比如斯巴达人把孩子视为城邦资产进行集中教育。由于前期战争和骚乱频发，直到"罗马和平"[1]时期，地中海社会才建立起完善的政治结构。但不管怎么说，地中海社会丰富的政治文化对希腊和罗马人民有重大意义，这一点毋庸置疑。

4. 宗教与文化

希腊人和罗马人都没能创造出一个世界性的重要宗教，在这一点上他们与印度明显不同，与中国和波斯也有一定区别。不过，基督教确实兴起于罗马帝国时代，并在后世成为世界主流宗教。随着政府逐渐减轻对基督教徒的迫害，基督教在庞大的罗马帝国内部快速传播。但是基督教不能算作希腊或罗马文化的产物，尽管它受到了后者的影响。严格来说，基督教是在罗马帝国衰落后才崛起。通常所说的希腊—罗马宗教其实是一个更原始的信仰体系，它起初崇拜自然神，后来逐渐复杂化，开始崇拜掌管人类生活的男神和女神。希腊和罗马众神谱中的神祇名字虽然不同，但本质是一样的。罗马神话中的主神或父神朱庇特（希腊神话中的"宙斯"）统领一批桀骜不驯的男神和女神，包括太阳神阿波罗、海神尼普顿、战神玛尔斯以及爱与美之神维纳斯[2]。掌管具体事务的神祇被不同行业的人们（如冶金、狩猎，乃至文学和历史）奉为保护神。定期举行的敬神仪式具有政治意义，但是人们也会借此机会祈求神祇指点未来运势，或求丰收，或求健康。

除了政治功能，希腊—罗马宗教还具有其他特征，比如明显的人格化和对现实世界的关注。诸神的事迹是很棒的故事素材，读他们的故事就像在观看一群超人主演的连续剧。所以说宗教是古典地中海文学传统的重要组成部分，这一点与印度相似；而且希腊—罗马和印度的宗教传说同属印欧入侵者的文化遗产。神祇们的不同形象往往可以反映人类的性格：既有似火热情，也有缺点如镜，因而是探寻人类本质的重要参照。希腊人—罗马人感兴趣的是神祇们能给他们哪些启发，帮他们过好现世生活；印度人则看重宗教引导他们通向更高的精神境界。

被奉为国教的希腊—罗马宗教也存在不少局限性。它缺乏热切的精神追求，因而无法满足普通劳动者和农民的心理需求，尤其是在政治动荡或经济衰退的年代。每隔一段时间就会有外来"神秘"宗教（通常来自中东）传入希腊和罗马，它

---

[1] 自公元前27年至公元2世纪，罗马帝国再没有陷入长时间内战，其领土范围、经济、文化、军事和艺术都达到前所未有的高峰，这段时期被后世称为"罗马治世"（Pax Romana）。

[2] 在希腊神话中，太阳神也叫阿波罗，海神是波塞冬，战神是阿瑞斯，爱与美之神是阿佛洛狄忒。

希腊神话中的宙斯神像。可将该图与第5章展现曼妙舞姿的印度教湿婆神像进行对比分析。

公元前6世纪雅典人制作的陶器，展现的是希腊士兵（重装备步兵）相互较量的场景。

们为当地人带来了各种秘密仪式，吸引了一批追随者，驱使他们去追求高深莫测的神圣力量。久而久之，上层社会和普通大众便在信仰层面产生巨大分歧，其程度之深远超中国的信仰差异。

希腊—罗马宗教叙述的诸神事迹并不能让上层人士感到满意。他们的故事都是关于世界是如何形成的，无法作为系统化探索自然或人类社会的基础。身为国教的希腊—罗马宗教宣扬的是效忠国家，它并没有为伦理思想提出依据。因此，很多希腊和罗马的思想家试图创建一个单独的伦理道德体系。亚里士多德和西塞罗等哲学家提出了道德哲学，强调人类行为的适度和平衡，反对政治生活的变化无常和诸神的荒淫无度。希腊化时期还涌现出了其他道德哲学派系。以斯多葛学派为例，它提出个体内在的道德品质是独立存在的，严格约束自我和勇敢无畏都有助于培养个体的道德观。这些道德体系摒弃了大量的宗教观念，其本身就是伟大贡献；其中某些思想后来还被基督教内化吸收。

将哲学从国教中分离出来这一设想并非刻意与国教为敌，它改变了古典地中海时期政治理论以宗教为依托的传统。哲学高度重视人类思想的力量。雅典著名哲学家苏格拉底（前469—前399）鼓励学生们去质疑传统智慧，因为人类肩负的首要任务就是"改善灵魂"。但雅典政府认为苏格拉底的行为有违政府的执政理念，是对城邦的不忠。苏格拉底面临两个选择：要么自尽，要么逃亡；他毅然选择了前者。他倡导的理性考察——通过一系列质问[1]开启理性探索之门——成为古典希腊的思想潮流，也是留给后人的重要遗产。苏格拉底最得意的弟子柏拉图将老师的思想发扬光大，他提出人类理性是理解"至真、至善、至美"的手段，他认为这三种完美品质是人生追求的终极目标。在苏格拉底和柏拉图的影响下，希腊逐渐形成了弱化唯心论、鼓励主动思考的哲学传统，尽管每个学派的论述不尽相同。希腊哲学和中国儒学颇有异曲同工之妙，但前者提倡质疑式发问，以及对人性和宇宙本质的抽象思考。

在理性主义思潮的影响下，希腊人开始积极探索物质世界的内在规律。希腊人并不是出色的经验主义科学家。亚里士多德等哲学家收集了大量生物学数据，但雅典和后来的罗马在科学新发现上却是乏善可陈。希腊人更喜欢揣摩自然界的秩序。在很多非西方人士看来，西方世界对宇宙基本原理的不懈追求正是受到了希腊传统的启发。希腊人还把思想结论转化为丰硕的理论成果（其中有些被证明是错的）：比如行星的运动规律、"四元素学说"（物质世界由水、土、火和气这四种基本成分组成），以及大量的数学定理——他们认为可以利用数学全面解读自然规律。希腊（包括后来的希腊化社会）的几何学研究令世人称道，"毕达哥拉斯定理"（"勾股定理"）更是堪称经典。希腊化社会的科学家们在实证科学领域，尤其是解剖学领域做出了重要贡献。希腊名医和解剖学家盖伦撰写的《医经》被西方世界沿用了几百年都不曾过时。数学家欧几里得的《几何原本》是世界上流传最广的数学专著。希腊化时期的天文学家托勒密提出的"地心说"（"地球静止说"）与早期中东天文学家提出的"地球转动说"背道而驰，但可惜的是，却是前者被西方天文学界长期奉为圭臬。

罗马知识分子也积极钻研伦理和政治理论，但他们在科学上取得的成就却没能超越希腊和希腊化社会。不过，他们把希腊科学成果编进了教科书，用来教育上层人士的学龄子女。罗马的实干型人才超过了希腊，他们参与各种工程建设，比如修公路、建水渠（将水引入大大小小的城市）。罗马人首次引入了穹顶结构的建筑，展现了完美的结构力量，成为世界建筑领域的佼佼者。这些骄人的成就和恢宏壮丽的建筑共同书写了古罗马辉煌灿烂的历史。然而，最终胜出的还是希腊人（包括希

---

[1] 即"苏格拉底式提问法"，就是在与对手争辩时提出一连串问题和陈述，造成对方的回答前后矛盾，这时再加以反驳，揭穿对方的荒谬之处。

腊化社会的学者），他们提出用理性思维探寻自然规律，这被认为是影响最为深远的文化遗产。

古典地中海文明表达了重要的文化价值观，科学和数学在这方面的影响显然不及艺术和文学。希腊—罗马宗教激发了人们的艺术创作灵感，成为取之不尽的奇思源泉，诸神的光荣事迹成为神庙、雕塑和戏剧的重要主题。但是希腊和罗马的文化作品也带有浓郁的人本主义色彩，比如艺术家用写实手法展现人体之美，诗人和剧作家借用诸神的形象来揭示人类的境况。

古典地中海文明的各种艺术形式交相辉映。音乐和舞蹈是宗教节日庆典的重要内容，但很可惜它们准确的表演方式没能完好留存。相比之下，希腊的戏剧作品则经久不衰，因为地中海文化的核心是戏剧，而不是诗歌。希腊剧作家们不仅创作喜剧，也创作悲剧，这两大表现手法成为西方戏剧传统的定式，也是当今电视节目惯用的分类标签。总的来看，希腊剧作家更偏爱悲剧，这一点与印度剧作家不同。他们相信人类有理性，懂得情感平衡，但同时又觉得这些品质飘忽不定，所以人们容易产生强烈的情绪波动，进而造成不可控的后果。比如雅典剧作家索福克勒斯创作的《俄狄浦斯王》，深入剖析了主人公俄狄浦斯的心理缺陷，现代心理学术语"俄狄浦斯情结"，即"恋母情结"，便来源于此。

史诗是希腊文学的重要组成部分，其源头可以追溯至诗人荷马创作的《伊里亚特》和《奥德赛》，这两部史诗结构严谨，布局精巧。以诗人维吉尔为代表的罗马作家借鉴希腊史诗，将罗马历史和神话传说熔于一炉，创作了大量史诗作品。罗马作家在诗歌领域表现不俗，他们定义的诗歌形式长期为西方文学家所用。虽然总体上罗马文学不如希腊文学那么光彩夺目，但也有不少重要诗篇足以展现诗歌创作技巧，同时也丰富了拉丁语的文学表现力。

古典地中海文明的视觉艺术成就主要包括雕塑和建筑。希腊艺术家制作了不少精美绝伦的陶器，罗马画家为富裕家庭绘制写实装饰画，其中不乏一些情色画面。公元前5世纪是雅典城邦人才辈出的时代，伯利克里、苏格拉底、索福克勒斯等伟大人物纷纷走上历史舞台。一批优秀的雕刻家也在此期间崭露头角，其中的菲狄亚斯擅长以写实手法展现人体之美，其艺术造诣之高无与伦比；他曾刻画过美丽的女神、勇猛的武士和健硕的运动员。罗马雕刻家鲜有创新，主要是延续了希腊的英雄主题和写实手法。他们在凯旋柱上刻画罗马的征服历程，为恺撒和他的继任者们创作半身像和全身像，全面展示他们强势的一面和柔情的一面。

从公元前8世纪开始，希腊人开始兴建纪念性建筑，其特点是正方形或长方形的基本结构和多根圆柱组成的柱廊。希腊人设计了三款风格的廊柱作为大型建筑物的支撑：陶立克柱式（Doric）、爱奥尼柱式（Ionic）和科林斯柱式（Corinthian），

公元前 5 世纪修建的忒修斯神庙，旨在纪念传说中的城邦奠基人忒修斯。该神庙是陶立克式建筑风格的代表，陶立克柱式是古希腊柱式的先驱。

它们的装饰性依次增强。迄今为止，希腊建筑仍被西方和世界其他地方的人们奉为"经典"；事实上，希腊人的建筑灵感深受古埃及人影响。希腊和后来的意大利主要采用石料建造恢宏的神庙、集市和其他公共建筑。很多建筑物表面还嵌有雕刻作品。这些建筑物起初都被涂色上彩，光烁明亮，后来随着时间推移渐渐黯淡无光，导致后世的模仿者认为古典风格不过就是些不经雕琢的石头（有些人觉得它们索然无味）。罗马建筑师沿用了希腊人的建筑主题。凭借娴熟的工程技艺，他们建造了规模更大的建筑，还有独立式竞技场等新式建筑。在帝国时代，罗马人开始为长方形建筑加盖穹顶，改变了原本单一的建筑风格。此外，为了彰显权威和成就，帝国政府倾向于建造装饰性更强的大型纪念物和公共建筑，这与线条简单的早期希腊神庙形成鲜明对比。

　　古典地中海的艺术和建筑与孕育它们的社会紧密相连。鉴于古典风格对后世社会（包括美国社会）的影响，人们往往认为希腊和罗马艺术呆板僵化，其实不然。希腊和罗马建筑都有很高的实用价值。被罗马上层人士津津乐道的神庙、集市和公共浴池是城市日常生活的一部分。灵活的古典艺术形式可以适应不同的需要。专为罗马上层人士建造的庄园或宅邸通常附带一个开放式庭院，它们造型轻巧、结构简单，与宏伟壮观的神庙完全不同。古典戏剧绝对不是文化精英专享的高级艺术。现在很多人文学者认为雅典人的生活丰富多彩——他们可以成群结队地去观看索福克勒斯等剧作家的戏剧。在雅典等城邦依山而建的大剧院，可以同时容纳几千名观众欣赏新剧目、音乐或诗歌比赛。可以肯定的是，罗马大众的欣赏品味并未提升多少。共和时代的罗马并不是一个重要的文化中心，很多罗马政治领导人担心情感丰

古罗马广场。附近的斗兽场是罗马帝国最令人赞叹的纪念性建筑,也是体育赛事和庆典活动的举办地。

富的希腊艺术会动摇民心。人们对罗马帝国印象较深的不是高品质的戏剧,而是它的竞技性表演,比如战车比赛和角斗。但客观来说,古典艺术元素是罗马城市生活和罗马人幸福追求的一部分,哪怕仅仅是那些纪念性建筑。

5. 经济与社会:地中海地区

希腊和罗马的政治和文化活动主要集中在城市,这意味着它们仅与少数人紧密相关。希腊和罗马的大部分人口都是农民,他们以土地为生,更关心当地的宗教仪式和节日——这与城市生活大有径庭。比如希腊农民会参加一年一度的春耕祈福大会,庆祝丰收女神从冥界返回[1],这个活动是播种前的重要准备,同时预示他们的来世生活——饱尝生活艰辛的穷人尤为关心他们的来生。在早期的希腊各城邦和后来的罗马城周边,出现了一大批拥有土地的自由农民。只是好景不长,一个亘古不变的规律就开始发挥作用(它在罗马表现得尤为显著):大地主开始压榨这些农民,迫使他们成为佃农、劳工,或沦为庞大的城市底层群体。然而,这些自由农民渴望捍卫自己的独立生活、摆脱大地主强加给他们的沉重债务;围绕这个问题,

---

1 文中描述与希腊神话略有出入。根据希腊神话,丰收女神德墨忒尔的女儿珀尔塞福涅被冥王囚禁在冥界。悲痛欲绝的女神无心照料大地,导致各地庄稼绝收。在宙斯的调解下,珀尔塞福涅每年可以回阳间逗留一段时间。与女儿重聚时的女神心情愉悦,这时候春回大地、万物复苏;与女儿分别后,女神又会陷入悲伤心痛,于是就会出现万物凋零的冬天。

雅典的僭主和贵族之间，民主人士和贵族之间冲突频频。罗马共和国之所以走向没落，部分原因就在于很多农民被迫寻求大地主的庇护（即使他们不在大地主的庄园劳作），丧失了选举投票的自由。

希腊和意大利大部分地区的农业生产情况比较复杂，因为这里的土壤条件不太适合种植粮食，而粮食又是生计之本。越来越多的希腊农民转而种植橄榄和葡萄，它们分别用于调味和酿酒；意大利中部的农民紧随其后。这两个地方的土壤条件非常适合这两种作物的种植，但它们必须通过市场流通转化为粮食，也就是说农民不得不卖掉大部分葡萄和橄榄才能买到粮食。此外，种植橄榄和葡萄需要大笔资金投入，因为它们在栽种后至少五年内不结果实，这也是导致很多农民负债的一个原因。大地主利用资金优势控制了自由农民，因为农民想要扩大市场生产规模，就需要得到更多资金支持。

商品农业先后出现在希腊和罗马周边地区，它的兴起是罗马建立帝国的主要动力之一。以雅典为首的希腊各城邦在中东和西西里岛建立殖民地，主要目的就是为了控制当地的粮食生产。为此，他们向当地销售橄榄油、葡萄酒、加工产品和银器作为交换。罗马的征服脚步继续向南推进，先是将西西里岛的粮田占为己有，后来又将北非大片地区收作粮仓。历史证明，罗马人在北非的过度耕种加快了土壤耗竭，导致当地土壤在后来的好几个世纪都没能恢复肥力。

随着商品农业的发展，地中海社会更加重视贸易。运输农产品和其他商品的货船主要由个体商人运营。希腊各城邦和罗马城邦监管粮食贸易，建设公共工程和仓储设施，调控重要物资的供应。其他商品贸易同样重要。奢侈品消费成为上层人士的生活方式；这些产品来自城市艺术家或工匠经营的小作坊。跨地中海贸易圈还包括了印度和中国。但是地中海商人发现自己在跨地区贸易中处于下风，并不占优，因为他们销售的制成品不如东亚产品精良耐用；所以他们主要出口动物皮毛、贵金属，甚至还有非洲的珍奇动物（它们被运往某些亚洲国家的园林），换取东方世界的香料和艺术品。

尽管贸易如此重要，但商人在古典地中海文明中的地位却是难以明确界定。主流的雅典商人通常不是本地人，而是精于贸易的中东吕底亚人和腓尼基人的后裔。罗马商人的地位更高，是仅次于地主贵族的第二大显赫阶层，但是他们的权利经常遭到贵族阶层的质疑。总之，就官方认可度而言，地中海社会的商人地位高于中国商人，但不及印度商人；古典地中海社会还没有形成唯利是图的资本主义文化。

奴隶制是古典经济的另一大重要组成成分。亚里士多德等哲学家曾为奴隶制的合理性提出辩解，认为奴隶制是健全社会的必需品。雅典人把奴隶分为两类：一类是家仆，另一类是银矿上的矿工——他们是雅典建立帝国和维持商业运作的重

> ## 讨论历史：地中海文明与"西方"文明
>
> 　　将希腊—罗马文明视作所谓"西方"文明的源头，这早已成为一种思维定式。罗马的地域壮远和希腊的文化灿烂深深影响了西欧的思想家和政治家，他们总是在从这段过往岁月中汲取灵感。这是古典时期结束后欧洲历史的一项重大主题。后来在西欧的影响下，北美洲人民也开始对古典地中海世界心驰神往。
>
> 　　所有古典文明都对后世历史有深远影响。但是我们需要对这些影响进行谨慎评估，因为没有一个文明会始终静止不变。传统文明的本质和影响必须与创新文明旗鼓相当。这种概括性分析对古典地中海文化倍加重要，原因很简单：罗马帝国覆灭后的地中海文明四分五裂。虽然某些共同特征仍然存在，比如捍卫个人荣誉、大型村庄作为社会—经济单元，但是地中海文明再也没能重整如一。
>
> 　　一些历史学家提出了不同的看法，他们认为将希腊和罗马视为西方文明的源头完全有违事实。尤其是希腊，它为自己的独树一帜深感自豪，而当它踏上扩张之路后，打开的是中东的大门，而不是西方；罗马也是如此，它格外重视自己打拼下来的东方属地。希腊—罗马文明遗产顺理成章地直接留在了欧洲东南部，而不是西部。所以西方不能说地中海文明是它们的专有财富。
>
> 　　但不管怎么说，希腊和罗马的某些价值观和制度确实影响了西欧，在古典时期和后来的复兴时期皆是如此。所以这场关于古典地中海文明与"西方文明"关系的讨论，还需要考虑地中海文明后来的发展。
>
> **重点问题**　以下问题涉及客观事实和主观判断。古典地中海文明留存最久的特征是什么？说古典地中海文明塑造了后世文明，是不是脱离了当时的时代背景？以民主为例，地中海民主在多大程度上"造就"了后来的西方民主？（如果说地中海民主确实造就了西方民主，为什么这个过程如此漫长？）在分析这个世界上第三大古典文明时，不仅要关注它的文化和政治成就，还要审视它的社会和经济背景。

要人力资源。斯巴达奴隶主要从事农业生产。在罗马共和国的最后几百年里，奴隶制规模逐步扩大。由于大部分奴隶都来自被征服领土，获取奴隶也就成为罗马军事扩张的主要动力之一。奴隶制是早期及后期东地中海文明的鲜明特征，这也是该地区比印度和中国更重视军事力量和扩张的原因。实际上，不同地区的奴隶处境不尽相同。在罗马上层家庭，身为佣人的奴隶还负责教导户主的子女，因此有文化的希腊奴隶成了珍贵的劳动力。另外一部分奴隶则在矿山开采贵金属和铁矿石。以希腊为例，充当矿工的奴隶最是苦不堪言，多年的繁重劳动导致很多人有去无返。在罗马贵族庄园，大批奴隶与领取工钱的工人和佃农一起耕种农田。这种情况也加重了自由农民的生存压力，因为他们很难与无偿的强制劳动力一争高下。

希腊和罗马对农业和制造业的技术创新都漠不关心，这一方面是由于奴隶制的存在，另一方面则是由于上层社会的整体文化倾向。希腊人在造船和航海领域取得重大进步，这对他们的贸易型经济至关重要。罗马人不擅水运，但在工程建设方面却颇有建树；他们不仅在城市里建造大型休闲场馆，还修缮公路，提高了部队的行军速度。不过，地中海社会没能大幅改进农业和制造业的生产技术来提高产量，它们仍在沿用早期文明留传下来的技术。或许是取用不尽的奴隶劳动力降低了人们改进生产方式的迫切性。艺术和政治成就才是人们的真正追求。一位希腊化国家的学者拒绝编写工程手册，他说："工程和一切满足生活需要之举皆卑身贱体，粗俗浅薄。"在这样的大背景下，地中海社会的生产技术自然比不上印度和中国，所以它在与东亚进行贸易时也就往往处于不利地位。

希腊和罗马（尤其是后者）的经济结构严重危害了环境。罗马深受烟尘污染的困扰，因为大片森林被砍伐用来烧柴起火，盖房起楼，同时农业用地扩大又造成了水土流失和土壤损耗。

希腊和罗马非常看重稳固的家庭结构，丈夫或父亲是一家之主。妇女肩负重要经济职能，在农户和工匠家庭中尤其如此。上层社会的女性——特别是在罗马——往往在家里有很大的权利和影响力。但从法律规定和文化观念来看，女性地位仍然屈居男性之下。有的家庭因为子女太多，有时不得不把新生女婴杀死，因为女孩儿地位低，长大后很可能会成为经济负担。伯利克里曾提及当时社会对女性的普遍看法，即"女人最大的荣耀就是被男人谈论得最少，不管他们是恭维你们也好，批评你们也罢"。早期的罗马法律对夫妻关系是这样规定的："丈夫是妻子的法官。她若犯错，他就惩戒她；她若喝酒，他就责罚她；她若私通，他就杀了她。"后来这种做法受到家庭法院（由双方家庭成员组成）的制约。罗马法律对传统的家庭控制权又是如何规定的呢？举例来说，如果是妻子与人通奸导致离婚，那么妻子要被剥夺三分之一的财产，然后穿戴成妓女的模样，区别于其他女性。但总的来说，希腊和罗马对女性的压迫可能没有中国那么深重，很多女性积极参与商业活动，甚至还有少数城市女性能够拥有部分地产。

由于古典地中海社会内部层层分化，我们很难将其文化或成就概括成一句话。18世纪英国历史学家吉本高度评价罗马帝国的鼎盛期，称在这段时期"人类过着最为幸福、繁荣的生活"。这一论断未免有些夸大，因为古典时期的中国和印度都

女性与编织。在古希腊，羊毛加工和织布是女性专属的活动，不分社会阶层高低，所有女性都参与其中。在这个花瓶上，左边的妇女在梳理羊毛，右边的两个妇女在将羊毛纺成毛线，然后就可织成布。

取得了骄人的技术成就。而且地中海世界的奴隶、妇女和农民也断然不会同意。比如，政治和文化是地中海文明的旗帜，但却很少有农民积极参与政治决议或文化活动。他们中的大多数人还是像他们的祖辈那样辛苦劳作，使用同样的工具，安守贫穷的生活，他们对那些伟人的作为或城市的喧嚣不为所动，除非战争来临将他们的土地吞没。

我们感兴趣的往往是发生在城市里的成就，因为它们对后世的影响最为深广，容易让人回想起希腊和罗马的昔日荣光。古典地中海文明独特的社会和家庭结构很快就随风消散，唯有奴隶制和贬低女性的传统被后世一脉相传。普通人的生活状态几乎一成不变，很多农民和工匠依然保留着他们在希腊和罗马帝国的辉煌岁月里形成的习惯和观念，而且他们始终置身于正统文化的门槛之外，而这也正好成为基督教等新文化运动兴起的机遇和挑战。

6. 罗马帝国的覆灭

古典地中海文明最终四分五裂，奏响了它在世界历史上的绝唱。与中国不同的是，古典地中海文明终结后再未复兴；与印度不同的是，古典地中海文明缺乏一个源于内部的核心宗教——一条连接古典时期和后世社会的纽带。而且罗马帝国的灭亡并非同时发生：西罗马帝国瓦解后，东罗马帝国又继续存在了近千年。后来没有一个单一文明能够重振希腊—罗马文明，也没有一个社会能够完整保留它的制度和价值观，虽然它们都声称自己与希腊—罗马文明脉脉相传。但是希腊和罗马也绝对不是没有价值的历史尘埃，它们的文明遗产都是精挑细选的结果，比印度和中国这两大古典文明显得更为复杂多元。

7. 通往现代之路

与印度和中国的情况不同，我们无法用一条直线将古典波斯或地中海与它们的现在简单串联。波斯帝国确立了艺术传统，但是它的很多政治和文化成果后来不是戛然而止就是被取而代之。总之，古典波斯文明和地中海文明都为中东的文明遗产添光加彩，但同时也增加了当地的多样性，并使当地局势变得矛盾重重。

罗马帝国的灭亡宣告了作为文明统一体的古典地中海文明的结束。但是南欧、北非和中东至今仍然保留着地中海文明的某些特征，比如当地人有很强的荣誉感，以捍卫荣誉为使命，大型村庄依然存在，重视市场农业生产。不过，如今的政治和宗教分歧也为这些古典传统蒙上了阴影。

古典地中海世界并没有留下一份完整的文明遗产，但它的很多特征还是在后世社会重又浮现。比如在18世纪末期，美国领导人反复思量公共建筑应该采用哪种风格，他们所能想到的最好模式就是希腊和罗马恢宏的神庙和剧院。希腊（包括希腊化社会）对科学和逻辑思考的高度重视也为后世赓续始终；还有希腊的多元政体（包括民主制和元老院）。想要更好地把握现在，我们就需要了解古典地中海文明。但是复兴古典地中海文明绝对不是照抄照搬，而是选择复兴那些有实用价值的文明传统。

古典地中海世界与现代社会之间的关系之所以复杂，还有一个原因，那就是早在西欧之前，东欧（包括俄国）、中东和北非就开始复兴古典地中海文明，而且它们在这方面做得更加精细入微。这更加突显了古典地中海文明的重要性，但也正因它对后世不同文明都有影响，这也使得我们对它的理解变得更加复杂。

延伸阅读

Xinru Liu, Lynda Norene Shaffer, *Connections Across Eurasia: Transportation, Communications and Cultural Exchange Across the Silk Roads* (2007); Lindsey Bell, *The Persian Empire* (2005); Richard A. Gabriel, *The Ancient World* (2007); Emma Bridges et al., *Cultural Responses to the Persian Wars* (2007); Peter M. Edwell, *Between Rome and Persia: The Middle Euphrates, Mesopotamia, and Palmyra Under Roman Control* (2008); George Cawkwell, *The Greek Wars: The Failure of Persia* (2005); Gene R. Garthwaite, *The Persians* (2004); Beate Dignas, Engelbert Winter, *Rome and Persia in Late Antiquity: Neighbours and Rivals* (2007); Peter Green, *The Greco-Persian Wars* (1996); John Curtis, Nigel Tallis, eds., *Forgotten Empire: The World of Ancient Persia* (2005); Nancy Demand, *A History of Ancient Greece* (1996); Waldemar Heckel, *Crossroads of History: The Age of Alexander* (2003); N. G. L. Hammond, *The Genius of Alexander the Great* (1997); Roger Brock, eds., *Alternatives to Athens: Varieties of Political Organization and Community in Ancient Greece* (2000); M. I. Finley, *Ancient Slavery and Modern Ideology* (1998); Thomas Benediktson, *Literature and the Visual Arts in Ancient Greece and Rome* (2001); George Cawkwell, *The Greek Wars: The Failure of Persia* (2005); Gary Forsythe, *A Critical History of Early Rome: From Prehistory to the First Punic War* (2005); Alain M. Gowing, *Empire and Memory: The Representation of the Roman Republic in Imperial Culture* (2005); Callie Williamson, *The Laws of the Roman People: Public Laws in the Expansion and Decline of the Roman Republic* (2005); Richard Holland, *Augustus: Godfather of Europe* (2004); Harriet I. Flower, *The Cambridge Companion to the Roman Republic* (2004); G. E. R. Lloyd, *Ancient Worlds, Modern Reflections: Philosophical Perspectives on Greek and Chinese Science and Culture* (2004); Marilynn B. Skinner, *Sexuality in Greek and Roman Culture* (2005); I. M. Plant, *Women Writers of Ancient Greece and Rome: An Anthology* (2004); Fiona McHardy, Eireann Marshall, eds., *Women's Influence on Classical Civilization* (2004); James I. Porter, *Classical Pasts: The Classical Traditions of Greece and Rome* (2006).

Florence Dupont, *Daily Life in Ancient Rome* (1999); M. Crawford, ed., *Sources for Ancient History* (1983); Polly Low, *Interstate Relations in Classical Greece: Morality and Power* (2007); C. Fornara, *Translated Documents of Greece and Rome* (1977); N. Lewis, *Greek Historical Documents: The Fifth Century B. C.* (1971); M. Crawford, *The Roman Republic* (1982); P. Green, *Alexander to Actium: The Historical Evolution of the Hellenistic Ages* (1990); M. M. Austin, *The Hellenistic World from Alexander to the Roman Conquest* (1981); R. Zewlnich-Abramovitz, *Not Wholly Free: The Concept of Manumission and the Status of Manumitted Slaves in the Ancient Greek World* (2005); Sarah Pomeroy, *Goddesses, Whores, Wives, Slaves: Women in Classical Antiquity* (1975); Renate Bridenthal et al., eds., *Becoming Visible: Women in European History* (1998); Donald Kagan, *The Peloponnesian War* (2003); K. Christ, *The Romans: An Introduction to Their History and Civilization* (1984); Clifford Ando, Jorg Rupke, *Religion and Law in Classical and Christian Rome* (2006); J. Boardman et al., *Oxford History of the Classical World* (1986); R. Saller, *The Roman Empire* (1987).

第 7 章
古典文明（多方向、多元化）：公元 500 年宣告终结

扩张和融合是伟大古典文明的两大基本主题。古典文明发端于中国北部、印度恒河流域和爱琴海沿岸，后来随着商业、政治和文化联系日益加深，其覆盖范围有增无已，囊括了中国中原王朝及其以外区域，贯穿了印度次大陆，并渗透到了地中海西部。在此过程中，人们有意无意地把这些新生文明串联到了一起。鉴于此，在比较这些古典文明时，也就是理清它们的相同点和不同点，最有效的方法就是关注文化、社会和政治融合过程中的重点所在。

200 年至 500 年间，整个古典世界的融合和扩张之路步履蹒跚。中国、地中海地区和印度依次走向衰落，甚至覆灭；波斯帝国也受到波及。这些翻天覆地的变化标志古典时期的终结，引入了全新的时代主题——它们是下一个重要时期的特征。政治衰败过程中主流宗教的表现，则为下一个历史阶段设定了基本发展方向。

> **重点问题** 各古典文明的衰落有无共同原因和模式？宗教与古典文明的衰落有何关联，是因还是果？各古典文明的衰落形式有哪些重要区别？为何会有这样的区别？

1. 中国和印度古典文明走向式微

200 年至 600 年间，大部分古典文明都出现了部分或全面解体。在这四百年间，中国、地中海地区和印度频频遭受中亚游牧民族入侵。这股新的入侵浪潮对文明体制构成了严峻考验，虽然其规模不及几个世纪前印欧人对印度和大部分地中海地区的入侵。日耳曼人推翻了西罗马帝国，为了躲避所向无敌的亚洲匈奴的连连追

击,他们不得不向罗马境内步步进逼。匈奴曾一度横扫意大利,占领罗马城并对其造成严重破坏。另一支来自中亚的匈奴部落推翻了印度笈多王朝,他们有点类似盘踞在中国北方的匈奴,后者在西汉初年曾大败汉朝。中亚游牧民族的入侵势头如此之猛,是因为他们认识到古典文明政权脆弱无力,不堪一击,比如中国的汉朝和后来的罗马帝国,其内部问题早已积重难返,外来入侵不过是压死骆驼的最后一根稻草。印度也大体如此,笈多王朝没能彻底根除当地(印度北方)的政治分裂倾向。

中国的东汉王朝(25—220)自100年左右逐渐开始走上了下坡路。儒家学术活动没有了昔日的勃勃生机。在政治方面,朝廷已无法掌控全局,官员贪污腐败,地方豪强地主借机壮大势力,翻云覆雨。长期以来,日益繁重的苛捐杂税令农民苦不堪言,此时他们既要面对新的税赋,还要为豪强地主服徭役。很多失地农民沦为散工,在大农庄里干起了农活。有些人被迫把儿女卖给富人家为奴。民怨沸腾,暴乱四起。184年,一群道士领导民众发动了"黄巾大起义"。此时的道教已经转型成为一种大众宗教,相较早前多了几分神秘色彩,并被赋予治病救人的功能,所以普通百姓对它趋之若鹜。"黄巾军"的首领到处宣扬他们可以凭法力创造一个太平盛世。他们猛烈抨击皇帝的懦弱无能、官员的恣肆无忌。此前曾有3万余名太学生向皇帝上书揭发奸臣的罪行[1]。然而,所有的抗争均以失败告终,中国的人口增长和经济水平出现螺旋式下降。东汉王朝深陷阴谋和内乱的泥潭不能自拔。

迅速腐化的政权(类似后来罗马的覆灭)导致东汉王朝无力击退边境游牧民族,最终被后者推翻[2]。而在罗马,政府施政无能加之天花肆虐(造成一半人口死亡)是帝国灭亡的重要原因。多重因素叠加不仅摧毁了汉朝,也招致了长达近三百年混乱无序的状态——如此长时间的动荡在中国历史上实属罕见。在此期间,地方割据势力和软弱的中央王朝乱纷纷你方唱罢我登台。佛教被引入中国后甚至威胁到了大一统的中国文化。中国北方地区更是岌岌可危,濒临分裂。

然而,中国在6世纪晚期实现了复兴。北方地区的强大统治者赶走了游牧入侵者。隋朝的统治如昙花一现,于618年被唐朝取代,由此进入中国历史上最繁荣的时期之一。儒家思想和官僚制度得到恢复,官僚体制变得更加完备。这段动荡岁月为佛教这个少数教派,以及全新风格的艺术和文学创作打上了印记。与罗马不同,中国文明的中断只是弹指之间。

古典中国的国家结构非常强大,很难被彻底推翻。在混乱无序的几百年里,官僚制度的规模和质量虽然大不如前,但却一仍旧贯。上层社会依然奉行儒家提倡的

---

[1] 此处指的是东汉末年的"党锢之祸"。

[2] 长达近百年的汉羌战争(东汉与西羌部落),最终拖垮了东汉王朝。

生活方式和价值观。游牧入侵者意识到他们不可能创建更优秀的政府或文化，索性直接吸收利用现成的文明传统。就这样，中国文明免于遭到严重破坏，因而也就无须重建。

印度古典文明的没落不像中国汉朝那样跌宕起伏。到5世纪时，笈多王朝对地方王公的控制力已经减弱。500年前后，匈奴入侵印度北方，这批匈奴人可能与闯入欧洲的游牧民族有一定渊源；在他们的冲击下，笈多王朝四分五裂。在接下来的一个世纪里，外来入侵者逐步深入到恒河中下游地区，推翻了笈多王朝。很多入侵者都被吸纳进印度的刹帝利种姓，成为新兴的地方统治集团。几个世纪以来，从没有一位本土统治者试图将印度打造成一个大一统国家。这些地方王公被统称为"拉杰普特人"，他们控制了若干小邦国，大力提高自身军事实力。总之，印度的所有政治事件几乎都局限在地方层面。

在这样的大背景下，印度文化继续向前发展。佛教在印度本土进一步没落。印度教的地位则更加稳固，尤其值得一提的是，崇尚战神的匈奴首领皈依了印度教——他对宣扬平静和冥想的佛教理论不以为然。在印度教内部，对最高女神"提毗"（Devi）的崇拜逐渐盛行，信徒们在敬神仪式中可以尽情流露自己的情感。繁荣的印度经济继续高速发展。

虽然印度文明的地位没有被严重撼动，但是它遇到了另一个挑战。7世纪，伊斯兰教传入印度，这是一种源自中东的新宗教。打着真主安拉旗号的阿拉伯军队穿过了疏于防备的印度西北边界。虽然他们没有立即发动全面征服，但是伊斯兰教已经悄然赢得部分当地人的支持。为了抵御这个新信仰的冲击，印度教领袖加强了思想教化以强化信徒们的忠诚，为此不惜将其他学术活动抛诸脑后。印度教在普通人当中进一步普及，出现了用印地语等方言书写的经文，而梵语这门古老的经典语言则走向没落。这些应对措施阻止了大批印度人背弃印度教，但却妨碍了科学和数学研究取得新突破。伊斯兰教沉重打击了印度的国际经济地位，其影响甚至波及整个亚洲。阿拉伯商人很快就从印度南部的泰米尔商人手中夺取了对印度洋的控制权。尽管印度经济依然繁荣、生产依然高效，但它的商业活力却遭到削弱。在政治方面，地方主义继续大行其道。笈多王朝的辉煌显然已经一去不返，不过印度的古典文明传统还是留存大半，尤其是印度教和种姓制度。

2. 罗马帝国的衰落与覆灭

180年之后，罗马帝国开始显现诸多衰落的征兆。统计数据显示罗马人口数量逐渐减少，征兵工作越来越难。政治方面也显露出类似迹象，多位掌权者都是残暴的专制君主。有位同期的评论家形容他们"患上了骄奢淫逸和冷酷无情的顽疾"。民众度日维艰，收税难如登天。埃及总督抱怨道："［上述］村庄里曾经住着的村民不知凡几，现在却是百不存一，有些人逃往别处求生，有些人已不在人世……贫穷让我们走投无路，你说拿什么交税。"

尤其重要的一点是，人们的心理状态发生了改变。罗马墓园里的一些墓碑上刻着："我不曾存在，亦或存在，但终将离去，再无他求。"这反映出人们不仅对多苦多难的今生心灰意冷，对所谓幸福美满的来世也是万念俱灰。

相比亚洲古典文明的终结，罗马帝国的衰落过程更具破坏性。鉴于此，这段分崩离析的过程值得深思，而且追忆这个伟大帝国如何灭亡已经成为西方传统的一部分。每当自己身处的社会发生变革，美国人或西欧人往往就会想到罗马：如今前途未卜的西方文明是否可以借鉴罗马帝国灭亡的经验教训。

180年之后，罗马帝国的政治和经济生活开始转向。国内政局乱象丛生：身居皇位者多是软弱无能之辈，皇位继承屡屡引发争端。在确定皇帝人选上，甚至军事力量亦插手其间，致使政治生活变得更加混乱，自上而下的统治继续摆烂。引发衰落的更重要原因是席卷整个帝国的一连串疫情。和中国的情况类似，国际贸易增加也助长了疫情传播。源自南亚的疾病传入地中海等地区，当地人对麻疹等传染病根本没有抵抗力。疫情夺走了数十万人的生命：罗马城的人口从100万骤减至25万。经济形势每况愈下。征兵难上加难，帝国政府不得不雇佣日耳曼人守卫边境。支付给这些雇佣兵的酬劳使得本就捉襟见肘的财政形势压力山大；与此同时，生产下滑则拉低了税收收入。

至此我们或许能够总结出导致罗马帝国衰落的关键因素：若干普遍存在的问题（难以预防的多场疫病是诱因）造成机械式的骤然下降，而不是渐进式的恶化。至于罗马帝国垮台的另一个层面——很难说它究竟是因还是果——则是统治阶级耽于享乐，背弃了政治和经济理想，而这些理想则是罗马共和国和帝国时代早期的显著特征。文化生活也是风雨萧条。到了帝国晚期，除了被誉为"西方神学之父们"的基督教作家，真正有创造力的艺术家和文学家屈指可数。不少罗马学者转而编写教科书，机械地总结前人留下的科学、数学和文学成果。当然，这并不是说学术领域就毫无作为——至少不是所有科目都是如此——而是说新知识或新艺术风格乏善可陈，甚至拖累了早期成就。比如后世罗马学者在编写修辞学教科书时略去了政治活动中真实发生的精彩辩论；他们还编写动物学或几何学纲要，但他们非但不能把握前人提出的问题本质，反而加入了先辈们嗤之以鼻的迷信观点。这种文化倒退显然不是疫病或经济下滑所致，因为它早在其他重大问题出现之前就已显露端倪。罗马帝国的精英也换了一副面貌，或许是受到僵化守旧集权统治的束缚，或许是对奢华生活和感官享受的痴迷。实事求是地说，这些上层统治者甚至都没留下多少子嗣，因为孕育并抚养儿女有碍他们寻欢作乐。

换言之，罗马帝国的崩塌是由任何社会都难以控制的大量非人为力量决定的，或者说是由于统治者道德败坏和政治腐化造成的；当然也可能是这两者共同作用的结果。由此可见，疫情固然可以重创一个原本生机勃勃的社会，却未必会造成不可逆转的倒退；但若统治阶级早已死气沉沉（被碌碌无为的生活方式和得过且过的价值观拖垮），结局自当别论。

姑且不谈罗马帝国灭亡的确切原因，这条衰落之路的轨迹还是相当清晰。帝王统治的弊端逐渐暴露，人们的生存面临各种不确定性，生活中危机四伏；大批农民开始向大地主靠拢，他们不惜交出土地来换取大地主的军事和司法庇护。政治和经济权力从中央向地方转移——这一趋势在西方（欧洲）和罗马帝国的部分地区表现得尤为明显——成为中世纪欧洲庄园制度的预兆。农庄不仅赋予了地主相当大的政治权力，也在一定程度上稳定了当地局势。但从长远来看，它削弱了皇权，改变了古典地中海文明在鼎盛期卓有成效的经济模式。很多农庄尝试自给自足，导致贸易和生产进一步滑落、城市规模萎缩。帝国陷入恶性循环，在衰退初期采取的应对措施并没有带来多少转机。

帝国晚期的几位君主竭尽全力扭转败局。戴克里先大帝（284—305年在位）推行严刑峻法，改良税制，加大调控力度，以减缓经济下滑势头。戴克里先还向臣民施压，要求人们对他个人保持高度忠诚，甚至将他奉为神来崇拜。他曾残酷镇压基督徒，因为他们拒绝将皇帝尊为第一崇拜对象。君士坦丁大帝（312—337年在位）则尝试了其他治国手段。他下令将君士坦丁堡设为东都，以便更有效地管理帝国的东半部分。他还借用基督教力量来统一人们的思想和提升社会的凝聚力，倡导宽容和忍耐；他本人甚至皈依了基督教。这些措施确实取得了一定的成效，帝国得以苟延残喘。以君士坦丁堡（今土耳其的伊斯坦布尔）为核心的东罗马帝国仍是一个有效的政治经济单元。基督教成为国教，在名正言顺的官方支持下广泛传播，但是基督教的成功也催生出了一些新问题。

然而，这些措施并没能全面复兴罗马帝国。在东西分治的情况下，西罗马帝国的形势更加严峻。经济调控遏制了经济活力，削减了产量，税收再次下滑。军队处境进一步恶化。当400年左右日耳曼人大举进攻罗马时，当地军队已经不堪一击。很多佃农甚至欢迎这些蛮族的到来——他们在帝国衰败期饱尝社会和经济压力。正如一位牧师所说："在日耳曼人占领区，所有罗马人只有一个愿望：再也不要回到罗马帝国时代了。"到425年，日耳曼人已经在罗马帝国范围内建立了若干王国。

476年，西罗马帝国末代皇帝被逼退位。日耳曼入侵者的人数最多时也不过是占到罗马帝国总人口的5%。人数少、组织差的日耳曼人之所以能终结世界上最伟大的政体之一，主要是因为罗马帝国已经陷入衰落的泥潭中难以自拔。

罗马帝国的瓦解深深地影响了后来的欧洲和中东历史。罗马的陨落破坏了地中海地区在希腊化时代和罗马帝国时代来之不易的统一，这表明罗马帝国终结的影响远大于中国和印度古典文明的结束。希腊和罗马没能像中国那样构建一个共同的政治文化和官僚传统——这是中国历经混乱依然可以复兴的基础。生机勃勃的地中海文明也没能像印度那样建立一个信徒众多、可以满足多种需求的共同宗教——它在政治分裂时可以保持思想上的统一。虽然在罗马帝国灭亡时各派宗教已经传到了地中海各地，但是它们已经来不及力挽狂澜，反而为当今世界留下了一道严重的裂痕：基督徒和穆斯林分道扬镳，迄今仍是水火不容。

罗马帝国的垮塌确实造成了深远影响，但其影响程度却是因地而异。罗马帝国灭亡后的地中海世界一分为三，它们在未来几个世纪里逐渐孕育出三大特色文明。波斯传统的复兴和波斯萨珊王朝的建立就是其中的重大事件。

日耳曼国王西奥多里克进入罗马城。

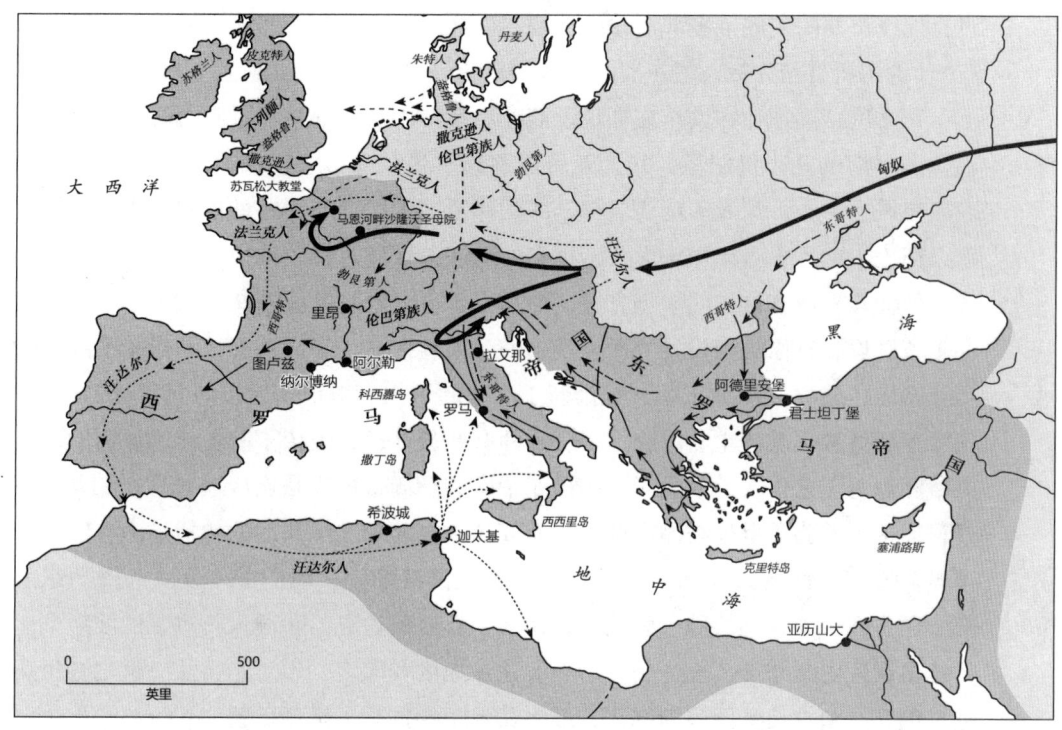

地图 7　4—6 世纪日耳曼人的迁徙之路

在以君士坦丁堡为中心的东部地区，罗马帝国则是安然无恙并且续存千年。这里的文明根基更加根牢蒂固，远远胜过涵盖西欧部分领土的西罗马帝国，而且很少遭受外来入侵。东罗马皇帝继续统治着希腊、欧洲东南部的部分地区，以及中东北部。东罗马帝国，即人们熟知的**拜占庭帝国**（Byzantine Empire），是罗马帝国晚期的产物，不能代表整个古典地中海文明。东罗马帝国的官方语言是希腊语[1]，但它保留了西罗马帝国末代皇帝的专制作风。不过，东罗马帝国确实是一个充满活力的国度，它富有艺术创造力，积极参与贸易活动。曾有那么一段短暂的时光，有几位君主，尤其是查士丁尼大帝（527—565 年在位）试图全面复兴罗马昔日的辉煌。但是查士丁尼没能保持罗马对整个意大利的控制，甚至还失去了几个北非行省[2]。不

---

[1] 610 年，东罗马帝国皇帝希拉克略下令将官方语言从拉丁语改为希腊语。
[2] 原文表述欠准确。经查询，查士丁尼一世在位期间光复了许多曾经属于罗马帝国的领土，包括意大利、西班牙和北非等地的重要行省，但在他逝世后不久，大部分被征服地区便逐渐脱离了罗马帝国。

过，他在位期间完成了多部法律的汇编并以他的名字命名，即著名的《查士丁尼法典》。他的所有作为标志着东罗马皇帝重新统一地中海地区的最后一搏。

拜占庭帝国即使在其全盛期也没能控制整个中东北部。在希腊化时代晚期和罗马帝国早期的几个世纪里，帕提亚帝国逐渐发展壮大，它以底格里斯河—幼发拉底河流域为中心，深入印度西北部，并延伸至地中海沿岸的罗马控制区边境。帕提亚人征服了这片曾由亚历山大大帝主宰的地区，在此过程中他们也不忘复兴波斯传统。他们几乎没有自己的原创文化，而是安于享用既有的波斯文化成果，不过他们在军事管理和官僚机构设置方面表现不俗。大约在 227 年，一支波斯叛军推翻了帕提亚帝国，建立起萨珊王朝，这个新王朝勾起了人们对波斯帝国昔日辉煌的回忆。琐罗亚斯德教也趁势重新崛起，尽管它的有些教徒已经皈依了基督教。波斯的艺术风格和制造工艺再次大放异彩。帕提亚帝国和萨珊帝国都是连接地中海和东方的桥梁，促进了希腊语世界与印中两国之间商品、艺术和文学作品的传播。随着罗马帝国走向衰落，萨珊人也加入到了对罗马的入侵浪潮中，他们曾一度攻入欧洲东南部。拜占庭帝国最终战胜了萨珊人，稳固了自己的边界。萨珊人将重要的波斯文化传统留在了中东东部，至今仍在影响着这片地区和印度。不过，自从 7 世纪初伊斯兰教创立，阿拉伯帝国逐渐崛起，最终在 651 年推翻了萨珊王朝。

罗马的覆灭并没有像人们预想的那样严重干扰中东北部（这里是人类文明的摇篮）的发展。波斯人的统治仅限于中东部分地区，后来对这片地区发动猛攻的阿拉伯人并没有摧毁波斯文化。在拜占庭帝国时期，中东西部、希腊和欧洲东南部依然保留着罗马帝国晚期的诸多传统，包括基督教。

罗马帝国解体后分裂出的第二个区域包括北非和地中海东南沿岸，当地曾出现过若干地方王国，但却都是昙花一现。基督教也被带到了这些地区，在北非担任主教的是奥古斯丁，他是基督教最伟大的神学家之一。但是基督教并没能在北非重现它在拜占庭和西欧的辉煌。不仅如此，北非基督教很快就分裂成笃信不同信条和教义的多个教派，其中最有名的当属埃及的科普特教会，至今它仍是埃及的基督教少数教派。不久之后，作为新生力量的伊斯兰教和阿拉伯帝国便闯入了北非和地中海东南沿岸。

第三个区域包括罗马帝国的西部领土，即意大利、西班牙及其以北地区。正是在这些地区，罗马帝国的垮塌不仅撕裂了地中海社会的统一，还破坏了地中海文明。日耳曼人开始在意大利和法国等地建立自己的王国，尽管其国家结构简单得多。城市规模进一步萎缩——尤其是在意大利之外的地区——贸易活动几乎消失殆尽。在该地区真正有重大影响的不是罗马传统，而是基督教。然而，就连基督教也无法维持一种高度发展的文学或艺术文化。这片地区深陷在罗马帝国崩塌的泥潭里，人们已然忘却了它在过去几百年里取得的傲人成就。

在这片西部领土上，当时没有人料到罗马帝国会灭亡，因为这种衰败局面已经持续了好几十年，就连无法任命新皇帝都算不上什么大事。人们只是觉得他们失去了一些东西，生活水准今非昔比。基督教学者表示惭愧，因为他们的写作水平和对教义的理解水平都比不上奥古斯丁等早期神学家。在很长一段时间里，甚至是在时局改善后，这种在古典文明成就面前的自卑感为这片西部地区打下了深刻的文化烙印。

3. 宗教版图焕然一新

古典文明的结束不单单为衰落和分裂画上了句号。在200年至600年这段时期，世界主要宗教争相崛起。严重疫情造成死亡率攀升，人们不得不从信仰中寻求慰藉。从西班牙到中国，混乱的政局也在刺激人们找寻精神层面的安慰和愉悦；虽然有些宗教不算新事物，但它们却是一股重要的新力量，因为它们改变了欧洲和亚洲的宗教版图，改变了信仰的本质和侧重点。早在罗马帝国开始衰落的二百年前基督教就已创立，并在帝国政治实力衰减的过程中传遍整个地中海地区。佛教出现的时间更早，但直到古典中国的社会问题积重难返之际它才有机会在东亚扎根。这两大不同的主流信仰——二者都崇尚精神追求和神圣力量——在古典文明衰落期间及结束后重塑了欧亚两洲的大部分地区。最后，在7世纪初，伊斯兰教这个全新的宗教登上了历史舞台，成为未来几个世纪里最有活力的宗教势力。总之，世界宗教版图虽然没能在6世纪绘制完成，但已展露雏形。这意味着主要社会在以不同方式衰落的同时也在吐故纳新：摆脱旧模式，迎接新方向。在此之前，还没有哪个单一宗教能够跨越各种文化和政治界限实现如此大范围的传播。

在这股新的宗教传播浪潮中，各大宗教也展现出了一些共同点。基督教、佛教和印度教，还有伊斯兰教这个后起之秀，都要求信徒始终保持一颗奉献和虔诚之心，将精神追求置于琐碎的尘世生活之上。前三大宗教为人们勾画了一种尽善尽美的来世生活，为这个文明世界不同地方的人们送去了精神慰藉——当时他们深陷政治乱局，生活贫寒无依。各个宗教都坚信自己肩负着传教使命：吸收来自不同民族的信徒。

在古典文明道尽途殚之际，主要宗教的传播表明，亚非欧三洲的几十万人正在经历一场信仰转变。人类发展历程中很少出现信仰的剧烈变化，因此它们的传播对既有的政治结构和日常生活造成了新压力。在此过程中，很多人将新、旧信仰混糅

讨论历史：比较各文明的衰落

古典时期主要帝国的衰落必然会引起人们对个中原因的讨论和比较。一些历史学家声称衰落是文明发展的必经阶段，就好比每个人终有老去的那一天。按照这种逻辑，官僚制度必然变得因循守旧，上层社会必然变得利令智昏、对社会漠不关心。虽说古典帝国的衰落确实存有共性，比如统治阶层的腐化堕落，但将其归为"必然性"则显得太过简单，容易模糊真实过程和结果之间的界线。

不同地方的衰落过程显然有所不同，而且有必要解释其中的区别。印度和东地中海衰落造成的严重影响远不及中国或西罗马帝国。

其中一种分析思路针对的是重要外部因素的影响，毕竟很多因素都可直接进行对比。有时外来入侵确实能造成严重影响，但是有时也不尽然；传染病导致中国和罗马的人口急剧下降，但是印度则幸免于难。

上述分析可以解答部分疑问，接下来的问题是：某些古典社会更容易走向分裂，其原因是否可以归咎于它们的发展模式？

就拿不同程度的文化凝聚力来说。地中海东北部深受希腊文化和基督教的影响，当地民众比罗马价值观影响下的西地中海民众更团结。在印度，很难从根本上颠覆它的社会结构，因为它与印度教的关系牢不可破。罗马曾试图利用新宗教（基督教）来团结民众，这与印度利用统一宗教恢复社会稳定很有几分相似，但却为时晚矣。再来看中国的情况，中国的价值观以政治稳定和儒家的互惠原则为核心，与古典时期的发展模式结合得更全面，而罗马人的结合则比较松散，所以中国比西方更容易实现全面复兴。相较中国和印度，罗马高度依赖持续对外扩张，这是它获得奴隶和战利品的渠道，或许这也是导致它变得更加脆弱的原因。

重点问题 为历史事件确定原因并非易事，对伟大帝国衰落这样的大事追根溯源更是难上加难。如果对相关因素逐一进行比较，是否能发现其中的原因？这个办法是否可行？

到了一起，这一过程被称为信仰"融合"。这意味着宗教自身也在发生变化——在保留大部分宗教主张的同时体现个体文明的特征。

除了这些重要的共性之外，这些主要宗教也有很多不同点。印度教依然坚持轮回说、"梵我合一"的最高追求，以及大量的宗教仪式和祭典。笈多王朝灭亡后，人们开始用通俗语言记录印度教教义，加之对女神提毗的崇拜日益盛行，使得印度教在普通民众中间广受欢迎。佛教则是在印度境外经历了重大变化,在印度境内则沦为小众信仰。

佛教

僧侣是传播佛教并引领佛教发展的主要媒介。佛教信徒分为两类:一类是放弃俗世生活,一心一意修行的少数人,即僧侣;另一类是留在尘世但努力完成修行义务的大多数人。在佛陀入灭后的几个世纪里,"菩萨"观念日渐流行。这套观念提出,有些人可以留在俗世成为替众生祈祷、树立榜样的圣僧(菩萨),通过冥想修行实现"涅槃"。佛教从最初的伦理至上型教派逐渐转变成一种更加悲悯的、度化众生的教派。菩萨在这个转变过程中发挥了关键作用,它引导人们祈祷修行,帮助更多普通人实现度化。

佛教在汉朝时正式传入中国,在汉朝灭亡后进一步发展演化,它宣扬的来世观最为诱人。虽然印度寺庙和喜马拉雅山仍是中国佛教徒的朝圣地,但佛教经由中国传入朝鲜和日本后已经在东亚牢牢扎根。东亚流传的佛教被称为"**大乘佛教**"(Mahayana),它保留了佛教的基本教义,但衍生出将佛陀尊为神和救世主的概念。佛教造像违背了早期佛理,佛陀本人反对偶像崇拜。佛教完善了以僧人、寺庙、教义和仪式为基础的组织形式。佛教圣僧(菩萨)依然重要,他们圆寂后,灵魂会升入极乐世界,他们会在那里倾听人们的祷告、对人们施以援手。佛教信仰被笼罩上一层浓厚的唯心主义色彩。但是祷告和仪式能够展现人们的虔诚之心。佛陀本人成了安抚人们心灵的大神,是"拯救世间疾患的伟大医者"。佛教在东亚的兴盛为中国艺术家提供了新素材,日本还修建了形似佛塔的寺庙和佛像。

在信仰佛教的中国家庭里,佛教对女性的影响较为复杂。单从教义上来看,佛教本应打破中国根深蒂固的父权思想,因为它笃信男女皆有灵魂。事实上,确实也有个别中国女性因其杰出的思想成就得到了高度重视。但是传入中国后的佛教被中国文化改变了。印度佛教说的"丈夫支持妻子"在中国变成了"丈夫控制妻子",印度佛教说的"妻子安慰丈夫"在中国变成了"妻子敬畏丈夫"。这是文化混合(或融合)的重要例证。不过,很多男性非常尊重他们虔诚信佛的妻子,因为她们这样做有利于全家人的度化;而且佛教活动能让妻子有所事事,保持心态平和,不搬弄是非。佛教之所以吸引中国女性,还在于它能指引她们过上一种更有意义的生活,尽管它没有对父权制构成实质挑战。有本传记记录了一位信佛女士的生平,其中这样评价她:"危机时安于命运不怨尤,外界种种不乱其心。"

当然,不是所有中国人都欢迎佛教,尤其是儒学家,他们认为佛教的来世观让

佛教传播：中国的佛教石窟。

人们对政治毫不关心。他们很反感这种强烈的唯心思想，而且发现佛教提倡的圣洁生活与正当的家庭义务相矛盾。更重要的原因在于，佛教削弱了普通百姓对皇帝的忠心。后来崛起的若干王朝曾一度对佛教饶有兴趣，但最后还是选择了排佛，驱逐了很多传教僧人。佛教在中国依然是一种小众信仰，很多村子建有佛堂供村民烧香礼佛。就这样，中国的宗教结构变得越来越复杂，但是早前设定好的文化方向并没有改变。为了抗衡佛教，道教不仅完善了自己的组织结构，还宣扬它可以施展法术为信众带来实实在在的好处。此时的道教获得了很多农民的拥护，因而也吸收了不少农民的观念。与中国相比，佛教在东亚其他地方的影响要更为持久，尤其是在日本、朝鲜和越南。不仅如此，佛教还传到了东南亚各地，当地盛行的佛教[1]坚持早期佛教提出的冥想观和伦理观。

当今世界约有 3.5 亿名佛教徒，他们大多生活在东亚和东南亚地区。佛教从来没有主宰过任何一个文明，它一直都是与其他信仰和平共存。佛教是亚洲宗教版图

---

[1] 东南亚各国盛行的佛教被称为"小乘佛教"。

的重要补充，在古典文明结束后动荡不安的几百年里抚慰着惶惶不安的人们。

基督教

当佛教从印度传向东方之时，基督教正在从其发源地中东向西方传播。起初，基督教的追随者远不及佛教，但它最终却是发展成为世界上信徒人数最多的两大宗教之一，而且直接影响了后古典文明的形成，即东欧文明和西欧文明。基督教和佛教都提倡救赎和圣徒引导，但是基督教也有自己的独到之处，比如它格外重视教会的组织和结构（参照罗马帝国的基督教会），比佛教更重视传教活动和打造广泛的信众基础。与其他主要宗教明显不同的是，基督教认为真理具有排他性，不容其他信仰挑战。不过，这种强烈的自信心并非这个新宗教获得成功的唯一原因。

在耶稣基督诞生前的二百年间，犹太祭司的僵化与褊狭激起了越来越多人的不满，这为基督教的创立埋下了伏笔。各种改革运动层出不穷，有些鼓吹弥赛亚（犹太人的救世主）即将降临，对人类进行"最后的审判"；有些则在宣扬品德高尚者可能获得重生，这是犹太教教义的一个新元素。信徒们坚信拿撒勒的耶稣（Jesus of Nazareth）[1]是上帝之子，他降临人间的使命是为人类赎洗罪孽——他为这场激进的改革运动明确了方向。悲天悯人且富有人格魅力的耶稣在以色列各地讲经布道，身边聚集了一批忠心耿耿的门徒。起初，耶稣本人及其门徒似乎并不打算创建一个新宗教。在耶稣被钉死在十字架上之后，他的门徒期待他再次降临人间并带来末日审判。但是"基督复临"[2]这一天终究没有出现，门徒们逐渐四散开来，奔走在罗马帝国的不同地方继续传教，结果吸引了越来越多的支持者。

耶稣和他的门徒传达的福音较若画一：上帝是唯一的，他关爱众生，哪怕这个人身负罪孽。高尚的人生应该是这样的：全心全意崇拜上帝，与其他信徒亲如兄弟；俗世种种不必挂怀；愿意安守清贫——这是坚定圣洁信仰最有效的历练。上帝派耶稣（也称"基督"，意为"受膏者"[3]）来人间传达他的神谕，又通过耶稣殉道让追随者领悟到获得来生、升入天堂与主同在都是可能的。坚定信仰、勤恳工

---

1 耶稣生长在加利利省（罗马帝国行省）的拿撒勒地区，所以被称为"拿撒勒的耶稣"。
2 在"基督复临"（Second Coming）这一天（世界末日），基督将第二次降临人间执行上帝对人类的审判，得救者升入天堂永享福，不得救者下地狱永受罚。
3 "基督"的英语 Christ 源自希腊语 Christos，意为"受膏者"，因为古犹太人在封立君王时，祭司要把贵重的香膏浇在他的头上，以示尊贵。

作、清心寡欲就会升入天堂；一丝不苟地举行弥撒仪式也可通往天堂，比如用面包和葡萄酒纪念基督"最后的晚餐"。

基督教的福音传播恰逢其时。此时作为国教的希腊—罗马宗教已经变得索然无味，尤其是失去了很多穷人的信赖。基督教推崇朴素生活，所有人在精神上都是平等的；再加上早期教徒一心布道，设计了令人满意的宗教仪式，因而受到越来越多人的关注。罗马帝国疆域辽阔，传教士们可以大范围地传播福音；他们穿越了欧洲和中东，甚至还到过遥远的波斯、埃及的阿克苏姆，以及埃塞俄比亚。当帝国走向式微后，这个勾勒美好来世生活的宗教收获了广泛的支持。早期基督教领袖在许多方面做出了重大调整，以吸纳尽可能多的信徒。圣保罗并不是最早的门徒，但他很早就皈依了基督教；在他的领导下，追随者们逐渐认识到自己是这个新宗教的成员，而不仅仅是犹太教改革运动的参与者，而且他们还欢迎非犹太人入教。保罗还致力于打造组织有序的教会，推选德高望重的长者管理地方教团；随后又为每座城市的教会任命一位主教。这种机制逐渐扩展到帝国各个行省。最后，多位门徒的著作被编辑成册，即著名的《圣经·新约全书》，基督教教义由此变得有章可循。

在基督诞生后的三百年里，这个新宗教遭遇到多个东方神秘宗教的挑战，同时还不时遭受帝国政府的迫害——罗马帝国名义上奉行宗教宽容政策。即便如此，在君士坦丁大帝皈依基督教并宣布它为国教之时，已有10%左右的帝国人口接受了这个新宗教。君士坦丁的皈依也为基督教带来了一些新问题，主要是政府对宗教事务的干预。但不论如何，在官方的庇护下，基督教的传播变得更加容易，而且在帝国实力每况愈下的大背景下，这个取得骄人成绩的新宗教变得越来越有吸引力。在地中海东部，以君士坦丁堡为核心的帝国统治依然稳固，国家控制教会（政教合一）成为一种固定模式。但是在混乱不堪的西部，主教享有高度的自主权。在罗马主教（即"教皇"[1]）的带领下，西派教会逐渐变成一个大权独揽、拥有强大实力的独立教会组织。

到罗马帝国灭亡时，基督教已经发展成为一个具有强大精神感召力、信众基础牢固的宗教组织，尽管东西两派教会之间存在一定差异。面对关于教义的各种争执，西派教会提出了抵制异端邪说的标准概念，其中最核心的就是"三位一体"教义——上帝是圣父、圣子、圣灵三者合一的独一真神。在对抗异端邪说的过程中，基督教捍卫了一神论信仰，不再宽容那些与它针锋相对的教义或信条。奥古斯丁等

---

1 "教皇"的英文 pope 源于拉丁文的 papa（爸爸）。基督教成为罗马帝国的国教以后，罗马城主教自认为应该在教会里享有特殊权力，并借此扩充势力，"pope"一词逐渐变为罗马主教的专称。

人物传略：圣保罗

耶稣殉道之后，早期的基督徒们开始组织筹建基督教，此时的保罗是一位显赫的犹太官员，他属于罗马公民并以自己的帝国子民身份为傲。此外，他也是犹太人宗派法利赛人（Pharisees[1]）的成员。这个团体主要由拉比（Rabbis[2]）组成，而不是犹太教祭司。保罗起初是反对基督教的，并曾迫害过基督徒。但是世事无常，据说在前往大马士革途中的一段奇妙经历促使保罗转变归主，随后成为这个新宗教的领袖人物。48年至55年间，保罗不顾个别基督教领袖的反对，执意前往今天的希腊和土耳其向非犹太人传播福音。保罗最大的功绩就是他带来的一系列变化最终将一场犹太教改革运动升华为一个世界性宗教。他坚称非犹太人也可以成为虔诚的基督徒，不必恪守犹太律法，但在入教时必

塔尔苏斯的圣保罗。

须接受洗礼。保罗还缓和了早期基督徒们的激进立场，比如他们坚持认为女性就应该处于从属地位。他还借鉴了罗马人的组织原则，为地方教会配备监督人员（主教）并任命牧师。《圣经·新约全书》的部分内容就来自保罗的书稿，这肯定了保罗的重要贡献：将一场狂热的宗教运动转变成一个组织有序的教会。

---

1 "法利赛人"是一个犹太人宗派，过于强调摩西律法的细节而不注重道理，在各种礼仪上拘谨而固执，曾被耶稣形容为"假冒伪善"。
2 "拉比"指的是受过正规宗教教育，熟悉《圣经》和口传律法并担任犹太教会中精神领袖或宗教导师的人。

早期基督教神学家提出了一套重要的神学思想，为基督教信仰注入了古典哲学元素，也为教会赢得了知识分子阶层的尊重。但是这些神学家在面对自由意志这一问题时举棋不定：既然上帝无所不能，那么卑微的人类是否有自由意志？如果没有，人类为何要为自己犯下的罪孽而受罚？早期的神学家和神父尝试从严密的教义中搜

寻答案，他们提出在信仰为先的原则下进行理性思考。最终，信仰基督教和多神教的普通百姓终于能够和平相处。庆祝基督诞生的日子（圣诞节）被定在冬至，这是宗教与传统相融合的又一个经典例证；这样一来，古老的庆祝仪式也为这个新宗教增添不少光彩。

和所有成功的宗教一样，基督教也提出了很多诱人的主张：为信仰献身，对万能的上帝保持绝对忠诚。不仅如此，基督教还建立了一套复杂的学术理论，即基督教神学。基督教吸引了一大批决心为信仰献身的信男信女，尤其是在中东地区。西方世界则在罗马帝国灭亡后不久建立了修道院制度，规范人们的信仰行为。首座修道院出现在意大利，创始人是圣本笃，他成功劝服当地崇拜太阳神阿波罗的农民皈依了基督教，在当地神庙的遗址上修建了本笃修道院。"圣本笃会规"很快就传入其他修道院（包括女修道院），它要求修士和修女严格自律，不仅要勤于农耕和学习，还要虔诚祷告，履行精神上的义务。可见，基督教不仅鼓励人们虔诚信教，还提出了指导规范，避免修士、修女和普通百姓在生活和心理上出现巨大落差。不少政治领袖也受到感召，这彰显了基督教的成功和强大的组织能力。但是这个新宗教从来都不是专属于上层阶级，它提出的救赎思想和深得人心的仪式也得到了广大穷人的拥护——在这一点上它超越了其他古典信仰体系，并与印度教有几分相似。不同社会群体因为基督教这个统一信仰团结到了一起。基督教尤其深受女性青睐，虽然它没有实现男女平等，但它在布道中传递出了男女灵魂皆重要的讯息。与其他宗教信仰不同，基督教赞成男女一起参加礼拜。

基督教为它的追随者带来了一种新文化。它的仪式、来世观和精神平等等核心主题与古典地中海文明显著不同。古典文明将国家和政治忠诚置于核心地位，基督教虽然承认国家的重要性，但并不把国家置于首位。基督教反对奴隶制等古典社会的体制，提出要对奴隶亲如兄弟（但是《圣经》中也允许某些形式的奴隶制存在）。地中海文明以贵族为尊，而基督教则高度肯定人们的勤恳工作，因此修道院为修士制订了严格的工作计划。除去宗教思想本身，基督教还为古典文化带来了其他改变，比如禁欲主义。然而，基督教还是保留了重要的古典价值观，包括对稳固组织结构的重视，以及对某些古典哲学主题的兴趣。教堂延续了罗马建筑风格，只不过变得更加简约，而这则主要是由于帝国晚期和继承国的经济不振。地中海西部采用拉丁语作为教会语言，而东部的大部分基督徒则使用希腊语。修士们耐心地管理着修道院里的图书，从而对保存古典文化典籍和基督教著作做出了重要贡献。

罗马帝国垮塌之时，基督教刚刚创建不久。西派教会很快就把传教热情投向了北欧，东派教会则将目光转向了巴尔干半岛和俄国的斯拉夫人。此时的基督教已经成为重要的世界性宗教——当时的世界性宗教屈指可数。一个世界性宗教应该满足以下标准：信仰本身具有强大的生命力和吸引力；教义足够完备，可以赢得不同群体的拥护。基督教和佛教等世界主要宗教能够跨越文化鸿沟，在广大地域范围内吸收形形色色的信众。

印度教在印度普及，佛教在东亚和东南亚扎根，道教在中国收获更多信徒，基督教在欧洲和地中海世界崛起，伊斯兰教在 7 世纪诞生，这些都是古典文明在遭受入侵、走向衰落过程中出现的重大变化。姑且不论这些伟大宗教彼此之间的差异，它们的总体发展表明：重大发展潮流可以贯穿文明世界，跨越政治和文化界限——得益于古典文明之间的融合和联系。不同的文明在经历共同的考验（比如中亚蛮族入侵和四处蔓延的疫病）后都出现了新变化。贸易和远行是连接不同文明的纽带。中国人在与印度人的贸易往来中认识了佛教，埃塞俄比亚人从中东商人那里了解了基督教。这些新宗教激起了人们对精神世界的浓厚兴趣，一神论逐渐取代多神论成为主流信仰。但是印度教和道教中的多神崇拜传统依然存在，而且那些已经皈依基督教、佛教或伊斯兰教的普通百姓也没有完全抛弃多神论。总体来看，这股新兴的宗教风潮压制了亚欧两洲多地盛行的"万物有灵论"，这是跨区域发展取得的一项重大成就。表 1 总结了当今世界主要宗教的信众人数情况。

表 1　当今世界主要宗教的信众人数 *

宗教	信众人数
基督教	22.8 亿
伊斯兰教	15.5 亿
犹太教	1480 万
道教	840 万
神道教	277 万
印度教	9.43 亿
佛教	4.62 亿

* 过去半个世纪，由于东欧和亚洲多地共产主义运动的影响，不少宗教的追随者人数逐渐减少。

数据来源（上表由作者绘制）：
http://www.britannica.com/EBchecked/topic/1731588/Religion-Year-In-Review-2010/298437/Worldwide-Adherents-of-All-Religions

4. 通往现代之路

伟大帝国的衰落通常意味着一个时代的终结，并不一定会产生影响当今时代的新主题。但是中国、印度、波斯和地中海的文明遗产在本国政权覆灭后薪火相传，因此它们能够继续影响后来的世界历史。

衰落本身对当今世界造成了三个方面的影响：首先，自罗马帝国衰落开始，世界版图被打乱，而且再也无法修复。一位东罗马帝国皇帝试图重新整合地中海文明，后来一些阿拉伯领导人也尝试过，但全部以失败告终。地中海世界的分裂状况一直延续至今。

其次，在帝国统治陷入颓势后，人们的宗教热情不断高涨，新皈依者不断增多，从而改写了亚洲、北非和欧洲的宗教版图并一直持存至今（见表1）。虽然这一宗教格局在古典时期结束时还没有完全成形，但它一直都在不断形成之中。

最后，古典文明的瓦解令人忧心忡忡，尤其是那些格外在意罗马文明遗产的人们。既然如此伟大的成就都能功亏一篑，那么人类近年来取得的成绩又会怎样？在欧洲各地和地中海世界，人们都在思考他们的国家是否会重蹈罗马的覆辙：成功之后走向分裂，最后土崩瓦解。在20世纪，西欧和美国的一些观察家曾将他们所在社会的弱点（比如金融扩张、对自然资源的过度消耗，以及道德腐化）同罗马进行类比，然后对类比的最终结果耿耿于怀。这种顾虑是无法回避或摆脱的——其实这也正是伟大文明覆灭本身留下的一道遗产。

延伸阅读

罗马帝国的衰落过程：Jared Diamond, *Collapse: How Societies Choose to Fail or Succeed* (2005); Edward Gibbon, *The History of the Decline and Fall of the Roman Empire* (2008); J. H. G. W. Liebeschuetz, *Decline and Change in Late Antiquity: Religion, Barbarians and Their Historiography* (2006)。

针对罗马帝国灭亡的讨论：James W. Ermatinger, *The Decline and Fall of the Roman Empire* (2004); A. H. M. Jones, *The Decline of the Ancient World* (1966); J. Vogt, *The Decline of Rome* (1965); F. W. Walbank, *The Awful Revolution-the Decline of the Roman Empire in the West* (1960)。印度和中国的衰落：R. Thaper, *History of India,* Vol. 1 (1966); R. C. Majumdar, ed., *The Classical Age* (1966); Raymond Dawson, *Imperial China* (1972); J. A. Harrison, *The Chinese Empire* (1972); Edward Harper Parker, *Ancient China Simplified* (2006); Anant Altakar, *Education in Ancient India* (2009); Denis Twitchett, John K. Fairbank, eds., *The Cambridge History of China,* Vol. 3, Part 1 (1979)。非洲：K. Shillington, *History of Africa* (1989); Graham Connal, *African Civilizations: Precolonial Cities and States in Tropical Africa, an Archeological Perspective* (1987)。疫病传播的影响：W. McNeill, *Plagues and Peoples* (1977)。新宗教的崛起或传播：N. C. Chandhuri, *Hinduism: A Religion to Live By* (1979); S. Renko, *Pagan Rome and the Early Christians* (1986); M. Hengel, *Acts and the History of Earliest Christianity* (1986); A. Sharma, ed., *Women in World Religions* (1987); D. Carmody, *Women and World Religions* (1985); G. Clark, *Women in Late Antiquity: Pagan and Christian* (1993); B. Witherington, *Women in the Earliest Churches* (1988); Peter N. Stearns, *Gender in World History* (2001); Peter Brown, *The Rise of Western Christendom* (2003); K. Jamanadas, *Decline and Fall of Buddhism: A Tragedy in Ancient India* (2004)。

其他著作：Joseph A. Tainter, *The Collapse of Complex Societies* (1988); Norman Yoffee, George L. Cowgill, *The Collapse of Ancient States and Civilizations* (1991); J. H. W. G. Liebeschuetz, *Decline and Fall of the Roman City* (2001)。基督教发展概述和世界宗教的传播：David Shotter, *The Fall of the Roman Empire* (2005); Noel Lenski, ed., *The Cambridge Companion to the Age of Constantine* (2006); Dale B. Martin, Patricia Cox Miller, *The Cultural Turn in Late Ancient Studies: Gender, Asceticism, and Historiography* (2005); P. J. Heather, *The Fall of the Roman Empire: A New History of Rome and the Barbarians* (2006); Bryan Ward-Perkins, *The Fall of Rome and the End of Civilization* (2005); A. H. Merrils, *History and Geography in Late Antiquity* (2005); Charles Freeman, *The Closing of the Western Mind: The Rise of Faith and the Fall of Reason* (2002); Andrew Bell-Fialkoff, *The Role of Migration in the History of the Eurasian Steppe: Sedentary Civilization vs. "Barbarian" and Nomad* (2000)。

第二部分 总结
古典时期（公元前1000—公元500）

联系交往与身份认同

在各古典文明形成的过程中，地方身份认同与联系交往（它既能带来好处，也是必然趋势）之间的矛盾逐渐凸显，因为小型文明面临着文化和制度被整合的压力。中国的中原王朝逐渐将南方地区纳入帝国版图，北方统治者开始想方设法压制南方少数民族的地方分离倾向，鼓励北方人迁往南方定居，打破当地人的地方身份认同。统治者推广通识教育，要求精英阶层说普通话，最终形成了中国人广义上的身份认同。这并不意味着地方身份属性的丧失，因为南方人还可以说当地方言，只不过在某些场合改说普通话，但他们还是被改变了。

地中海地区也出现了类似矛盾，尽管希腊和罗马的政治领导人对地方差异（包括宗教）持宽容态度。罗马本土士兵被派驻帝国各地维持秩序；他们的生活方式（包括娱乐场所和公共浴室）确实影响了部分当地人，但大多数当地人并不愿意放弃自己的固有身份。罗马人自己也在刻意守护自己的身份，担心被希腊影响吞噬，因为他们认为希腊人性情过于温和，缺乏男子气概，战斗力不强。不过希腊的艺术和学术成果还是得到了广泛传播。某些地方族群公然宣称他们的第一位效忠对象不是罗马帝国，因而被视为叛国进而受到压制——身份认同引发的冲突导致犹太人被赶出了耶路撒冷和周边地区。

当印度文明在整个次大陆上传播时，身份认同问题也浮现出来。但是印度人的地方特色并没有被他们的整体身份所磨灭，多样化的方言和宗教派别依然存在。而且种姓制度也在捍卫不同种姓的特定身份属性。

不管怎么说，已经成形的语言、信仰和风俗与新崛起的综合文明之间确实存在冲突。但是很多人还是接受了自己是"中国人"或"希腊人"的身份，因为他们要抵御外部"蛮族人"的冲击。在古典文明社会，人们对自我身份的感知比世界其他地区要更为明确并有一种优越感。

不过，这些新文明之间的相互联系并没有严重挑战各文明社会的身份认同。丝绸之路和印度洋商圈的商品交换继续进行，但是外部影响的程度还不足以改变既定的身份认同。希腊人曾和印度人共同生活，但是没有记录表明双方曾在身份认同上出现分歧。印度人借鉴了希腊艺术，所以在接下来的几十年里印度艺术作品一直带有希腊色彩，但是两大文化之间并未产生深层次的冲突。

古典时期希腊人和波斯人之间的关系是个特例。这两大文明交往频繁，冲突不断。希腊人鄙视波斯人，他们认为波斯政府拒谏饰非，统治者任意妄为——总之，波斯制度一定低劣卑微。广泛的交往反而强化了双方的身份属性，这种情况绝无仅有。亚历山大大帝希望希腊、波斯和中东其他文化相互融合以化解身份认同和联系交往之间的矛盾，但却未能如愿，而且就连他自己都被一些希腊人嘲讽为"波斯人"——这表明双方的身份属性并无重大调整。

在古典时期趋于结束时，佛教传入中国，对中国人的身份认同构成了挑战。几个世纪以来，外来影响（比如宗教）的吸引力超过了中国人坚守自己身份的意愿。即便如此，中国人还是对佛教进行了改造，使它更加契合中国人的思想观念。不过，后来的几任王朝则开始排佛，理由是佛教不合乎中国人的价值观。

古典时期传递出一个信号：具有鲜明特色的文明会形成自己的身份属性，进而在与其他文化交往联系时引发身份认同上的矛盾。但是正如我们所见，并非所有文明都以相同的方式看待这一矛盾：中国人坚持捍卫自己的身份属性，印度人则在这一点上表现得更为宽容。总体来看，文明之间的联系还不足以对身份认同造成剧烈冲击。而且跨地区贸易，尤其是丝绸之路贸易令很多商人和消费者受益匪浅，所以他们可以在身份认同问题上做出妥协。但在日后的历史发展进程中，各文明的身份认同将会遭遇更加严峻的挑战。

第三部分

后古典时期

（500—1450）

引言：新时代的标志

　　世界历史的后古典时期始于公元 500 年左右，止于 1450 年左右。古典时期的伟大帝国走向没落及其引发的后果，为后古典时期吹响了序曲。此后世界各大宗教（包括 7 世纪迅速崛起的伊斯兰教）广泛传播，这是东罗马帝国留下的重要历史遗产；不久之后，阿拉伯人便异军突起。

　　到了后古典时期末期，阿拉伯国家的政治和经济实力步步走低，但是阿拉伯民族及其文化的重要性却是不减当年；拜占庭帝国岌岌可危；阿拉伯人在跨地区贸易中的主导地位已是事往日迁。到 1450 年，西欧人已经开启了多次航海探险和贸易远征，他们成为世界历史上的新生力量；此时中国的生产力更是一日千里，长期影响着世界贸易。

主题：宗教和长途贸易

　　有两大主题贯穿后古典时期。第一大主题就是不断传播的世界宗教——新生的伊斯兰教为宗教版图添砖加瓦。佛教、基督教和伊斯兰教的传教热情空前高涨，吸引了数十万忠实的信徒。多神信仰继续衰落；一神论的影响范围逐渐扩大，甚至跨越了宗教和政治壁垒。新兴宗教淡化了政治色彩；政治冒险行为越来越少，所以后古典时期的帝国数量明显少于古典时期，部分原因在于更多的资源和人才都为宗教所用，而不是用来发展政治思想、创建政治体制。世界宗教还影响了社会结构，它们提出的"贫穷是可贵的修行""众生灵魂平等"等新思想掩盖了社会不平等的不合理性。宗教成为艺术和文化的普遍主题。

　　第二大主题则是快速发展的跨地区贸易和新开辟的常规贸易路线。东—西向的海上贸易航线（贸易轴心）以中东为起点，穿越印度洋，直抵东南亚和中国。此外，海上贸易也在沿着非洲东岸进行。陆上贸易路线有两条：始于北欧，经俄国西部至中东的北—南路线；始于西非的南—北路线。日本与朝鲜和中国建立起常规贸易往来。最后一条常规贸易路线形成时间略晚，它将西欧商人带入了地中海商圈，并与阿拉伯人的商路相串联。旅行家越来越多：到13世纪时，已经有冒险家深入亚非两洲广大腹地；北非旅行家伊本·白图泰的跨洲旅行几乎遍及当时的伊斯兰国家，他的旅程超过12万千米，他可能是19世纪之前旅行路程最长的人。关于遥远地区的记载和更精准的地图推动了长途贸易发展。

新技术的出现并不是贸易扩大的原因，而是后者的助推剂。阿拉伯人改良了船体设计。中国人发明了罗盘，到13世纪时已经在东南亚、中东和欧洲广泛使用。贸易还带动了其他技术和理念的传播。阿拉伯人跟中国人学会了造纸术，跟印度人学会了高效实用的计数法。阿拉伯人还把这些本领传授给了其他贸易伙伴。

后古典时期的两大主题：宗教和贸易，乍看上去似乎毫无联系。宗教领袖担心人们沉迷经商赚钱；而事实上也确有商人会对自己过去的所作所为心生悔恨，在晚年全心投入宗教修行。这两个主题其实相辅相成。主要宗教的传播扩大了文化圈，而信仰（相信某位神祇的庇佑）则让长途贸易中的人们勇往直前。商人们往往随身携带宗教典籍，比如阿拉伯人在前往今印度尼西亚群岛或穿越撒哈拉沙漠进入西非的途中都会随身带着《古兰经》。商业成就让很多人相信皈依宗教大有可为，他们既可以享受俗世的功成名就，还可以收获圣域的心灵满足。

这两大主题衍生出了多重影响。世界三大宗教提出女性和男性一样都有灵魂，都为女性提供了表达内心信仰的机会，个别女性甚至当上了宗教领袖。但在后古典时期，不少地方的女性处境也在恶化：中国盛行为女子缠足，印度和中东妇女被排除在社交场合之外。随着社会日益繁荣（得益于新贸易路线的开辟），女性俨然成了一种摆设，尤其是上层社会的女性。很多地区都存在错综复杂的两性差距问题，人们显然不曾料到宗教传播和商业扩张会带来这样的结果。

宗教传播和贸易发展加深了各文明之间的交往联系。所有的世界性宗教都鼓励人们广泛交流。佛教学者在亚洲广泛游历，从印度到越南，在不同的地方寻找开悟的机缘。穆罕默德告诫弟子们："学问虽远在中国，亦当求之。"朝觐活动将整个伊斯兰世界联系在了一起。基督教朝圣者奔走于欧洲各地，有些人甚至远赴圣地（耶路撒冷）完成平生夙愿。尽管不同的宗教建立了各自的教区（这一点与贸易不同），但是它们仍然鼓励不同文明之间的相互交往联系。

文明的全新格局

后古典时期还存在另一大重要主题：文明社会的数量增多，地域范围扩大。四大早期文明中心继续发挥各自的影响力：地中海文明的观念和体制被拜占庭帝国和阿拉伯社会继承，印度文明和中国文明则是它们所在地区的主角。波斯被阿拉伯人征服、大批波斯人皈依伊斯兰教，但是波斯文明传统却是屹立不倒。作为人类组织形式的文明还传播到了非洲其他地方、北欧东部和西部、日本，以及遥远的东南亚。美洲文明开始扩张，它从中美洲文明中心延伸至安第斯山区。

文明扩张和地中海世界的分裂改变了文明的数量：早期四大河谷文明中心（东亚、南亚、中东、北非）壮大成为七大文明，囊括了撒哈拉以南非洲、东欧、西欧和美洲。但是不同的定义，比如将日本和中国定义为两个不同的文明，可能会让这份名单变得更长。

暂且不论文明扩张的复杂性，重点是要认识到：这些文明都受到了重要主题（宗教和商业变革）的影响，无论新旧文明皆是如此。这些主题将不同的文化连接到了一起，尽管每个社会应对这些影响的方式不尽相同。此外，很多新区域开始积极模仿某些古老的文明中心，这既是联系交往增多的重要结果，也进一步深化了联系交往。这段时间是后古典时期最后一段重要历程，我们可以对不同社会进行相关分析和比较。

第三部分首先（第 8 章）回顾了伊斯兰教在中东和北非的崛起，然后（第 9、10 章）介绍了南亚和非洲这两个受伊斯兰教和穆斯林贸易影响最深的地区。第 11、12 章分别探讨了东欧社会和西欧社会，它们在贸易往来中与伊斯兰文化建立了重要联系，但是并没有受到伊斯兰教的过多影响。第 13 章讲述了东亚文明的传播以及中国成长为贸易强国，它是全新世界联系网的重要组成部分，尽管它的直接影响范围相对较为有限。第 14、15 章分别讲述了美洲文明的发展和蒙古帝国的崛起，展现了东亚与欧亚大陆之间的更多联系。第 15 章总结了 1450 年前后的历史发展：后古典时期开始向世界历史的下一阶段过渡。

在后古典时期，世界历史发生的变化让人应接不暇。很多社会在此期间都发生了重大变化，尤其是在经济和文化领域，其影响一直延续至今。

全球联系

后古典时期的两大主题将世界各地连为一体。跨越地域和文化壁垒的各大宗教成为名副其实的世界性宗教。传教活动从中东远扩印度和非洲、从君士坦丁堡延伸到了欧洲中东部和俄国,但是这些宗教最终还是各自为营。一般情况下,穆斯林和基督徒都能和平相处,比如在被穆斯林征服前的西班牙;但是他们之间偶尔也会发生一些摩擦。就连态度温和的佛教也与其他教派分道扬镳。

相比新生宗教,贸易活动更加彻底地打破了地域限制。穆斯林、佛教徒和儒家弟子在中国、东南亚和中东的贸易圈里相互往来。基督徒和穆斯林之间也在买卖商品,但是双方往往互有戒心。

由于宗教传播和新贸易路线的开辟(后者所起作用更大),后古典时期的世界历史从分离走向融合。每个社会的民族观念和体制继续影响当地人的各方面经历,但它们之间的接触却是锻造出了连接彼此的经济和文化纽带。

以伊斯兰教的影响为例。在后古典时期最初几百年里,伊斯兰教、阿拉伯人的政治和贸易是当时最强大的发展动力。阿拉伯社会从很多方面来看都堪称首个世界强国,它的影响遍及非洲、欧洲和亚洲文明。欧洲(包括俄国)抵制伊斯兰教,迫使欧洲人在对待伊斯兰教的问题上要把握好分寸:不接受阿拉伯商人的宗教信仰,同时又不损害双方之间的贸易关系。阿拉伯人入侵印度,同时与印度人保持着商业往来,部分印度人皈依了伊斯兰教,成为当地重要的少数教派。伊斯兰教在中亚的传播范围更广。中国人曾在西域抵抗伊斯兰军队的扩张,少数穆斯林选择留在当地生活,这不仅增加了中国社会的复杂性,还影响到了当今中国的民族政策。伊斯兰教是中东、北非和东南亚多地的主流教派并深刻地影响着其他地区,始终是大范围交往联系面临的一个挑战。伊斯兰教作为文化连接器的作用显而易见。

联系交往还突显出一层新意义:很多统治者决定效仿周边文化,甚至派遣使团前往邻国学习。日本模仿中国,罗斯公国借鉴拜占庭帝国,撒哈拉以南非洲学习伊斯兰教和阿拉伯传统,西欧引进不同文明(包括伊斯兰文明)的思想和技术。古老文明之间互为借鉴,比如阿拉伯人学习中国技术和印度数学。联系交往功不可没。此前循序渐进的非正式文化传播转变成一场快速发展、深思熟虑的往来互动。

到 1000 年左右时，一个从非洲延至俄国、从英格兰远至日本的世界网络已经形成。但是，重要的互动往来依然是分阶段进行。比如身处世界网络中的英格兰和日本，二者互不了解，也没有联系；两个国家天各一方，它们之间的贸易联系全靠中间商接力传递——主要是印度洋商圈的阿拉伯人等贸易商。英格兰和日本分别与它们各自的邻国（法国和中国）交好，彼此之间没有直接联系，也没有与更远的文明联系。

需要注意的一点是，当一个跨地区联系网陷于困局，另一个网络就会崛起将其代替。13 世纪时，阿拉伯人的政治实力走向式微，阿拉伯商人遇到了更多的挑战，东—西向贸易路线的地位出现了动摇。在此期间，在中亚所向披靡的蒙古人创建了一个新网络：蒙古帝国或蒙古汗国横跨中国和欧洲中东部，直接影响了中东、东南亚、欧洲和日本的贸易。蒙古人统治着辽阔的疆域，对外族人奉行宽容政策，他们史无前例地开启了亚洲各地与欧洲经陆路和印度洋的旅行和交流。

蒙古帝国从 14 世纪后期开始瓦解，中国一跃成为国际贸易的领头羊：中国人在 15 世纪上半叶开辟了海上航路的新格局。进入后古典时期晚期，大范围贸易和联系的优势表明，世界网络再也无法依赖单一贸易路线。一旦某条路线变得不再可靠，马上就会被另一条路线取而代之；比如中国在 1450 年后将政策重心转回国内，它在世界贸易中的地位迅速被其他文明取代——这再次证明这条规律所言非虚。

不同文化之间的联系加深是后古典时期最鲜明的特征，但是这种联系并不是全球性的。当时的很多主要社会仍然游离在世界网络之外。美洲文明更是如此，它们创建了复杂的经济制度和完备的政治结构，无须加入世界网络就取得了令人印象深刻的成就。但是孤立于世势必会让自身变得脆弱无力，难挡风雨——它们在 1450 年后的发展历程就是一个反面例证，从而凸显了联系交往对世界其他地方的重要性。

第 8 章
伊斯兰教崛起：中东文明的标志

我们首先讨论后古典时期的世界文明中心：伊斯兰化的中东和北非。军事征服和新成立的哈里发帝国是这段历史的重要组成部分。空前活跃的贸易和刚刚诞生的伊斯兰教则具有更重要的意义。"世界上没有上帝，只有真主安拉，他的先知就是穆罕默德。"这位先知是一位出生在麦加的阿拉伯人，他立志创建一个比其他信仰更加完善的一神教。这个新信仰的目标是教化信徒们只崇拜一个万能神。阿拉伯人的名字就反映了这种宗教倾向，很多人名字中的"Abd"（阿卜杜）在阿拉伯语中意为"奴仆"，表示世人均为真主的仆人。该宗教被命名为"Islam"（伊斯兰教），意思就是"归顺唯一真主的旨意"。伊斯兰教在后古典时期快速传播。

伊斯兰教由阿拉伯人所开创，他们希望把自己的影响散播到中东更多地方。长期以来，这群闪米特人[1]一直生活在中东文明的南部边缘地带，以阿拉伯沙漠及周边地区为核心。凭借临近地中海和印度之间主要贸易路线的地理优势，他们掌握了丰富的贸易经验。他们主要以务农为生，尽管也有个别分支仍在坚持游牧生活，比如贝都因人，其部落领袖是一位武士首领，称为"酋长"。阿拉伯人发明了自己的文字，在文学和艺术领域多有建树。他们信仰多神论，祭司们组织人们进行祈祷、向众神敬献贡品。

自6世纪起，伊斯兰教和阿拉伯人的崛起让中东文明焕然一新。虽然伊斯兰教的覆盖范围最终不再局限于阿拉伯民族，但在创立之初，它为阿拉伯人（他们长期处于波斯和拜占庭帝国的统治之下）确立了身份认同感。阿拉伯人还发明了新语言，只不过其他语言依然广为使用。不过，中东文明表现出了强大的延续性，比

1　闪米特人是起源于阿拉伯半岛和叙利亚沙漠的游牧民族。阿拉伯人、犹太人及叙利亚人都是闪米特人。

如当地少数教派（基督教和犹太教）依然不可或缺。穆罕默德坚称自己是真主的使者，他在中东亚伯拉罕诸教[1]的基础上创立了伊斯兰教。其他古老传统也得到了传承。伊斯兰教确实改变了中东文化，但希腊化时代的部分哲学和科学传统也是罗缕纪存。阿拉伯商人之所以能够扩大中东商业圈，是因为中东早已成为连接地中海和亚洲的贸易枢纽。总之，伊斯兰教和阿拉伯人的崛起为中东注入了一股新生力量，但是该地区早期文明成就的影响也是始终难以磨灭。

> **重点问题** 我们将首先比较伊斯兰教和其他世界性宗教：伊斯兰教有哪些独树一帜的特征？客观评价宗教影响也是一大挑战：在后古典时期，中东文明的哪些发展不是由伊斯兰教引起的？最后，为什么阿拉伯社会在进入13世纪后跌势难收？

1. 伊斯兰教创立

阿拉伯人突然登上中东宏大的历史舞台要归功于穆罕默德。570年，穆罕默德出生于麦加一户贫苦人家。麦加是一座贸易城市，也是阿拉伯人眼中的宗教圣地。穆罕默德从小就帮人赶骆驼，后来与一位富孀结婚成为商人。穆罕默德逐渐对宗教思想兴趣盎然。经过一段时间的潜修冥想，他声称自己得到了真主的降示。起初他痴迷于基督教和犹太教信仰，这两大宗教在麦加有很多追随者；后来他转而追求一种更纯粹、更完整的对神的论述，一种专属于阿拉伯人的神学思想，类似基督教复杂的"三位一体"学说。穆罕默德坚信安拉（原本只是一个形象模糊的阿拉伯神祇）才是唯一真神，犹太教和基督教领袖不过是安拉早前派往人间的先知。穆罕默德将犹太教《旧约》和基督教著作视为布道而非神谕，是创建真正宗教的理论基础。一个又一个令人欣喜若狂的启示让穆罕默德相信真主在召唤他创建宗教、教化众人。他开始吸收信徒，即"穆斯林"（Muslims），意为"顺从真主之人"。

但是麦加的权势人物担心穆罕默德在组织叛乱，便开始驱逐他和他的追随者。622年，穆罕默德逃到了麦地那，逐渐被当地人奉为宗教和政治领袖。他逃往麦地那的这一年被定为伊斯兰教纪元元年。穆罕默德在麦地那修建了一座清真寺供穆斯林朝拜，同时试图将同社区的穆斯林、基督徒和犹太教徒团结在一起。穆斯林在早

---

[1] "亚伯拉罕诸教"又称"天启宗教"，指三个世界性宗教：犹太教、基督教、伊斯兰教。

人物传略：穆罕默德

　　穆罕默德（570—632）是一个充满传奇色彩的历史人物。他出身贫寒，曾为一位富孀的商队赶骆驼，后来则与她成了婚。虽然没有留下一幅官方画像，但据传穆罕默德相貌英俊，蓄着浓密的络腮胡，一双黑色的眼睛仿佛能看透人心。在十五年幸福的婚姻生活中，穆罕默德并没有兢兢业业地经商，他被当地商人视为闲散之人。没有接受过正统教育的他开始思考宗教问题。在经历多日的冥想修行后，他突然顿悟到安拉——阿拉伯传统中无形无相的神——是唯一的真主。对未来满怀憧憬的穆罕默德开始劝说其他人也追随安拉。632 年，穆罕默德去世，他生前付出的努力收获了最高的回报：阿拉伯半岛上的大多数人都皈依了伊斯兰教。穆罕默德和《古兰经》始终是穆斯林生活和执法的主要参照。"穆罕默德"更是成为当今世界上最常用的男性名字。

　　穆罕默德的归真并没有阻断伊斯兰教的传播。他的一位门徒说道："不管谁曾崇拜过穆罕默德，他知道穆罕默德死了；但不管谁曾崇拜过神，他知道神永在。"可是这个新宗教以及穆罕默德在麦地那建立的政教合一的国家不能没有一位新领袖。阿布·伯克尔是穆罕默德最重要的支持者之一，他被推选为"哈里发"（caliph，意为"继承者"）。他重整了这个宗教国家以及伊斯兰教——当时它仍然是一个地方宗教。阿布·伯克尔指挥有方，率领一支小规模的军队平定了多场反对伊斯兰国家的叛乱。阿拉伯人民由此成为坚定的伊斯兰教徒。

期推行的宽容政策导致伊斯兰教没能实现对所有异教徒的转化。穆罕默德领导了麦地那对麦加的战争，并取得了胜利，很多阿拉伯部落开始与穆罕默德展开和谈。在和谈过程中，麦加贵族被迫皈依伊斯兰教，但要求保留麦加作为第一圣地的地位。穆罕默德起初指示信众面向耶路撒冷的方向朝拜，此时则要求他们转而面向麦加朝拜。他曾希望转化犹太教徒，但却没能改变犹太人的立场——他们拒绝接受这个新信仰。

　　穆罕默德于 632 年去世。他接收到的真主安拉的启示——它们由天使长加百列转述——被抄录下来尊奉为穆斯林的经典《古兰经》。自此之后，虔诚的穆斯林将《古兰经》视为真主的直接训示，不容反驳。它是真主对一个完美宗教"全面而完整"的论述，并提出了"信仰支柱"（又称"五功"），即基本宗教义务。《古兰经》成为人们正当生活的根本法典。穆罕默德死后，他的门徒将这位先知的名言警句，以及他对信众群体提出的规章制度统一整理为《圣训》，进一步规范了穆斯林的生活和行为。

伊斯兰教在转化新信徒的过程中出现了分裂。被称为"什叶派"（Shiites）的少数派系支持穆罕默德的直系后裔，反对阿布·伯克尔；支持后者的多数派系则被称为"逊尼派"（Sunni）。什叶派宣称他们才是《圣训》的坚定追随者。两大派系在中东各地各行其是，不相为谋，但这并没有干扰伊斯兰教向外传播；逊尼派在掌权期间进一步推广了伊斯兰教。作为少数派系的什叶派则在很多地方发展壮大。在世界历史的下一个阶段，一个新崛起的波斯帝国（萨珊王朝）将什叶派定为国教，其影响一直延续至今。

尽管派系分裂严重，但是强烈的宗教使命感仍然激励阿拉伯人发起一轮又一轮军事征服。伊斯兰教声称任何人在捍卫信仰的"圣战"中死去都会升入天堂。但是在大多数历史学家看来，贫穷民族对邻国财富的觊觎才是更强的作战动机。阿拉伯人的军队规模不算大，先进武器也不多，但是阿布·伯克尔及其继任哈里发领导下的军事统帅带兵有方。此外，邻国的软弱无能也让阿拉伯人有了可乘之机——西罗马帝国覆灭后，君士坦丁堡无力维持对部分行省的有效控制。埃及和北非都缺乏一个强势政府。在北方，拜占庭帝国和波斯人常年交战，双方疲惫不堪。阿拉伯人趁势侵占了这两大帝国的部分领土。

2. 伊斯兰社会的发展模式

在穆罕默德归真后的几十年里，继任者们建立的**哈里发帝国**，即阿拉伯帝国，马不停蹄地开疆辟土。阿拉伯人的取胜速度之快和范围之广，堪比早前势如破竹的亚历山大军团。伊斯兰军队首先向北进攻直插中东心脏。635年，他们打败了人数占优的拜占庭军队，攻陷大马士革，占领了叙利亚和巴勒斯坦。651年，他们消灭了波斯的萨珊王朝。阿拉伯人还向西边的埃及发起攻势，在尼罗河沿岸建立了新的首都。7世纪后期，阿拉伯人开始入侵北非其他地区。当地的原住民柏柏尔人起初激烈反击，后来逐渐偃旗息鼓，因为有人开始皈依伊斯兰教并学习阿拉伯语。最后，在柏柏尔人军团的协助下，阿拉伯人于711年攻入西班牙，一举击溃了当地实力孱弱的日耳曼王国。

然而，在越过比利牛斯山后，阿拉伯人的征服脚步戛然而止。732年，法兰克人领袖查理·马特率军击溃了穆斯林军队（失利的主要原因是穆斯林兵力不足和物资补给紧张，而不是法兰克人有多么强大）。因此，欧洲大部分领土仍然处于伊斯兰教势力范围之外，穆斯林仅占领了西班牙和意大利南部部分地区，当地的伊斯兰

第 8 章 伊斯兰教崛起：中东文明的标志 157

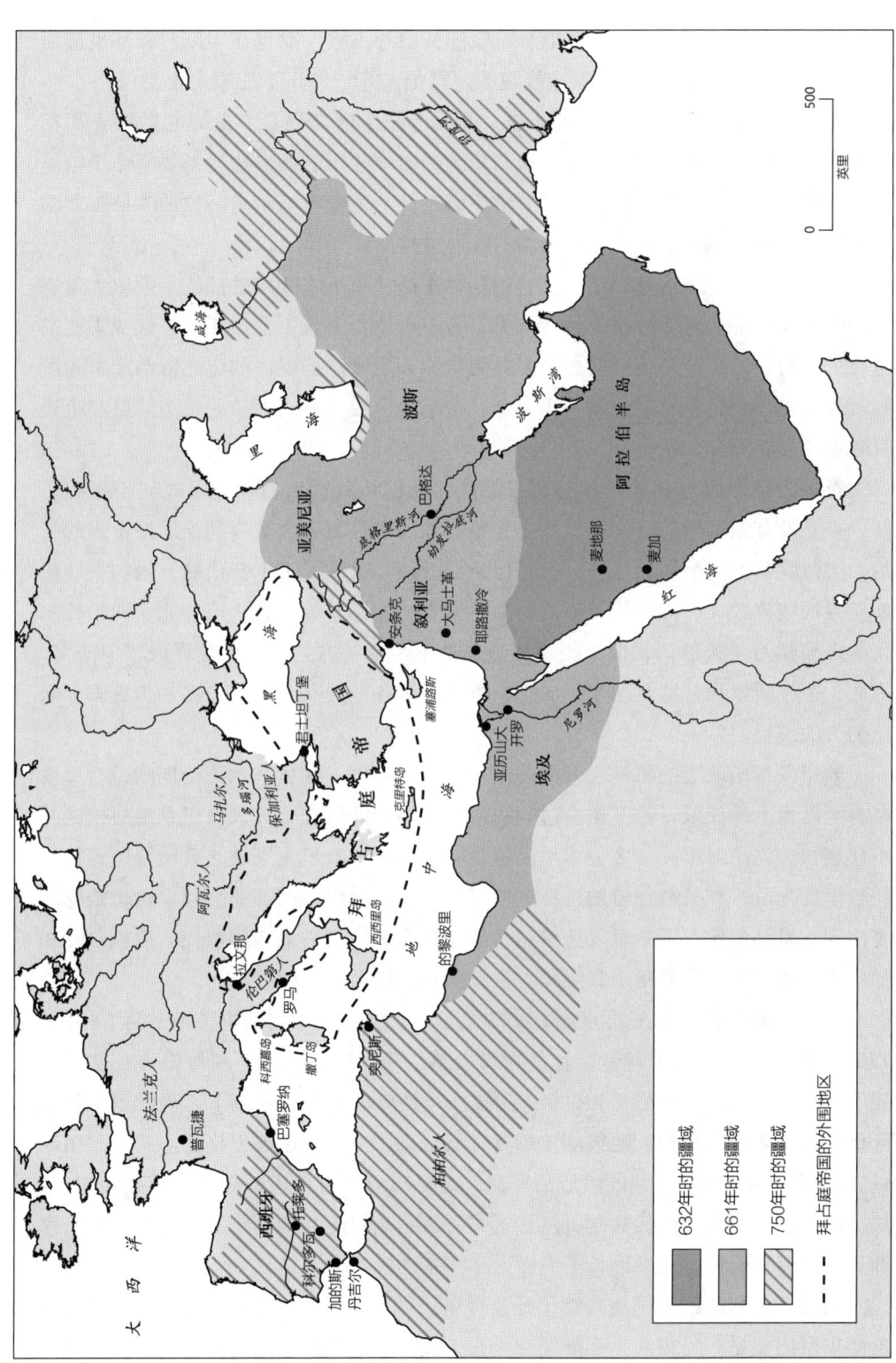

地图 8 伊斯兰教的扩张

政权持续存在了好几个世纪。穆斯林也没能征服拜占庭，而且在印度西北部也遭遇了新一轮抵抗。8世纪中期，屡遭挫败的阿拉伯人终于停止了征服之旅。

伊斯兰哈里发帝国结束对外征服，开始专注于内部整合，此时它的领土面积和所辖人口已经超越了罗马帝国。从西班牙到印中两国的西部边境都要听命于哈里发。治理如此庞大的帝国绝非小事一桩。第二任哈里发奥马尔是阿拉伯人征服之路的领路人，他开始着手组建一个大型的政府机构。

哈里发帝国的统治基础之一就是穆斯林军队。军事将领四处征战，攫取大量财富，成为地方统治者。帝国统治者认为，天下土地皆为真主安拉所有，这成为他们抢夺土地的"正当"理由。但是大多数阿拉伯人更愿意把强占的土地留给原来的所有者继续耕种，后者只需上缴一定税金。这笔税金成为新兴阿拉伯统治阶层和哈里发政府的主要资金来源。

帝国的征服者对其他宗教持宽容态度。他们认为犹太教和基督教属于同源信仰，只是没有领悟到或没有接受那个完整真理。宗教宽容政策有利于维护帝国的统治，类似罗马帝国早期的立场。但是伊斯兰教还是吸纳了不少新信徒，他们崇尚伊斯兰教的纯粹教义、仰慕战无不胜的阿拉伯人。大部分皈依者（比如北非的柏柏尔人）还要学习阿拉伯语，因为伊斯兰教领袖不希望《古兰经》被翻译成其他语言。因此，宗教皈依和打造共同文化成为中东和北非各地的一股潮流，进一步巩固了阿拉伯人的统治。

哈里发帝国政府的机构设置并非阿拉伯人所独创。在奥马尔统治期间，哈里发享有至高无上的权威，他甚至会过问每位士兵领到的抚恤金数额。但是绝对权威并不代表权力就绝对牢固。多位哈里发遭到暗杀，有些哈里发则缺乏政治智慧。每一任哈里发死后，有关继任者的选择流程都会引发统治阶层内部的分歧，这个难题反复出现。奥马尔建立了哈里发选举制，但没过多久它就被世袭制取代。后古典时期的中东文明史上充斥着暗杀和阴谋，平静的政治局面一再被打破。

不过，确实有一个王朝的统治维持了近一个世纪，那就是倭马亚王朝（661—750）。在此期间，哈里发帝国迁都大马士革，当地经济繁荣，阿拉伯人在这里修建了一座更为奢华的宫殿。750年，阿拔斯家族夺取政权，仅剩下西班牙等少数地区仍由倭马亚家族控制。阿拔斯王朝将都城迁到了东面更远的巴格达。它开始组建一支由职业军人和奴隶共同组成的军队，这标志着阿拉伯人的战斗热情开始消减。这项政策类似罗马的雇佣兵制，从长远来看有很高风险。招募中亚的突厥人充当雇佣兵更是一着险棋，此举助长了突厥人在中东的影响力。

阿拔斯王朝的稳固统治持续了好几百年，尽管其间不时遭受重大叛乱，阴谋与反阴谋层出叠见。阿拔斯王朝继续在中东扩大伊斯兰教的信众范围，包括非阿拉伯人。统治者认为所有穆斯林（不论是不是阿拉伯人）在真主眼中都是平等的，在法律面前也是大体平等的。不仅如此，他们还把会说阿拉伯语的穆斯林也视为阿拉伯人，从而巩固了阿拉伯语在中东和北非大部分地区的影响力。不过波斯是个特例，波斯人皈依了伊斯兰教但不接受阿拉伯语。在当今世界上，波斯（今伊朗）仍然是少数几个非阿拉伯语系的伊斯兰国家。

阿拔斯王朝不仅扩大了伊斯兰教和阿拉伯语的影响范围，将其作为统一帝国广大领土的重要手段，它还大力支持艺术和文学创作。正是在他们的保驾护航之下，以巴格达为中心的伊斯兰文明空前繁荣。

不过，从政治方面来看，阿拔斯王朝在1000年前开始衰败，直至1258年灭亡。多场内部叛乱动摇了阿拔斯王朝的统治根基。雇佣兵的权力越来越大。随着更多非阿拉伯人皈依伊斯兰教，向非教徒征收的人头税越来越少——这也是穆斯林扩张的尴尬之处。埃及和叙利亚等重要行省纷纷脱离哈里发帝国。欧洲人于1061年收复了意大利南部，开始驱逐西班牙的穆斯林占领军。在阿拔斯王朝日益没落的大背景下，十一二世纪上演了著名的"十字军东征"，基督徒攻占了圣地耶路撒冷，成立了耶路撒冷王国，尽管只是昙花一现。

阿拔斯王朝的衰落是一段漫长而痛苦的过程，并没有马上连累伊斯兰—阿拉伯文化。直至13世纪，富于创造力的艺术和文学作品以及神学思想仍然层出不穷。然而，政治困境的负面影响逐渐显现。伊斯兰教仍居统治地位，其影响在政治乱局中触及更多普通人——尤其是那些生活在乡村的人们，他们中的一些人此前只是对这个新宗教有所耳闻。宗教奉献逐渐成为阿拉伯文化的核心主题，文化的多元化发展受到限制。

1200年后，一场名为**苏菲主义**（Sufism）的新宗教运动声势高涨。苏菲派兴起于7世纪初，他们反对倭马亚哈里发沉沦物欲，提倡虔诚奉主。苏菲派领袖要求追随者净化灵魂，严格遵奉宗教功课，与真主之光交融。在有了一定的信众基础后，苏菲派大肆渲染伊斯兰教的精神力量，以潜心修行为名限制人们从事其他文化活动。苏菲派领袖据称都是一些在神秘幻象中受到真主感召的圣人，他们召集信徒，用自己的圣德和鼓动人心的仪式（比如精心编排的舞蹈）感化这些人。苏菲主义运动不仅强化了伊斯兰教对乡村人口的影响，激励信徒们奔赴世界各地传教，它还标志着中东文明，尤其是阿拉伯文化发生了重大变化。

阿拔斯王朝的衰败并没有永久打乱中东的发展步伐，但哈里发帝国还是失去了部分新领土。1492年，最后一批穆斯林被赶出西班牙，不过基督徒早前就已收复西班牙大部分地区。甚至连笃信伊斯兰教的摩洛哥王国（位于北非西北角）也取得了独立。突厥人凭借日益强大的军事实力成为中东大部分地区的实际掌权者。可以肯定的是，阿拔斯王朝的没落导致阿拉伯世界的政治实力久久无法恢复。1258年，阿拔斯王朝被蒙古人推翻。从那时起一直到第二次世界大战结束，阿拉伯人基本上都是臣服外族。阿拉伯文明史就是一部讲述快速崛起和扩张、最后逐渐衰落的故事。伊斯兰教和阿拉伯领袖重新定义的中东文明（它经历了复杂的发展过程）为中东留下了经久流传的制度和价值观，并影响到其他宗教。到1300年，伊斯兰教已经传至撒哈拉以南非洲的部分地区，并传到了印度和东南亚。此时的传播媒介不再是军事征服，而是贸易商（他们在售卖商品的同时也在兜售宗教信仰和优质生活方式）和热忱的传教士（包括苏菲主义者）。在中东以外的地方，伊斯兰教的传播也不再依赖军事手段。伊斯兰教传入其他文明，为后者注入了类似中东社会的特征，这段历史将在后续章节单独讲述。总之，在1300年以前，伊斯兰教最突出的影响就是重塑了中东和北非文明。

3. 伊斯兰社会的政治体制

穆罕默德及其早期追随者提出了重要的政治理想。结合穆罕默德治理麦地那城的经验，他们提出一个完美的政府应由宗教领袖领导，不应将世俗追求和宗教目标一分为二。政府及其领导人应把信仰置于首位，履行作为安拉使者的使命。

与基督教不同，伊斯兰教自诞生伊始就与国家表里相依，这项区别至关重要。政治理想为这个全新的中东文明勾勒出一幅长盛不衰的愿景，就连20世纪的政治运动都要求回归政教合一。然而，从政府行政实践来看，这一理想并非一贯可行。倭马亚王朝和阿拔斯王朝的哈里发逐渐偏离了信仰至上的原则，他们沉迷奢华生活，以文化保护人的身份沾沾自喜。但是面对一个理想缺失的政府，伊斯兰教也提不出一套清晰的方针来引领它回归正途。穆斯林是应对政府唯命是从，哪怕这个政府无所作为（穆罕默德对此表示赞同，只要这个政府能确保宗教至高无上的地位），还是应该创建一个更契合伊斯兰教理想的政府？伊斯兰教内部至今都对这些问题争论不休。

从官方姿态来看，各位哈里发继续推行政治和宗教法相结合的传统。阿拔斯王朝的多位哈里发本身就是虔诚的信徒，因而颇受百姓拥戴。从艺术到休闲，各个领域的文化成就硕果累累。但是阿拔斯政权其实是掌握在统治者个人手中。不少残忍专断的哈里发不仅杀害威胁其地位的潜在对手，还杀害政府要员。哈伦·拉希德是阿拔斯王朝功勋卓著的哈里发，在他主政期间中东大部分地区实现了和平与稳定。然而一项针对拉希德政府的研究表明，就连这位哈里发也不乏滥权之举。有一次他在盛怒之下命人处死了一位他很欣赏的宰相,过后他懊悔不已,又下令将行刑的刽子手处死,因为他说看到此人就会让他想起那位枉死者。很多哈里发凭借宗教热忱和领袖魅力感染民众,而且他们出行时声势浩大的场面也令人深深折服——有人为其撑伞遮阳,有人高举旗帜,有人随行奏乐。拉希德因其慷慨之举(包括对多名作家的资助)而声望大涨。一位仰慕拉希德的阿拉伯人这样写道:"从未有一位哈里发如此厚待诗人、法律人士和神学家;经年之后,能让他慨叹啜泣的恐怕只有慷慨无度这一项罪过。"

阿拔斯王朝的哈里发具备治国理政的能力。拉希德本人是一位出色的战士,他曾率军平乱,并在与拜占庭帝国之战中始终占得上风。没有觊觎政权的贵族们的干扰,中央政府的施政更加顺畅。哈里发们力图打造一支稳定的官僚队伍,但是任命奴隶和外族人士为政府高官这一做法也埋下不少隐患。不少官职都是世袭,除非该官员在任期间遭到暗杀。最终,阿拔斯政权沦为傀儡政权,以突厥人为代表的新生力量建立了自己的地方政权。

事实上,阿拔斯王朝晚期的哈里发政府已是有名无实,行省官员甚至对中央政令充耳不闻。地方官员依然由中央任命,但他们享有高度自治,只需向巴格达中央政府上缴足额税金。政府更加依赖雇佣兵和奴隶来充实兵力,阿拉伯人不再是直接征兵对象。突厥人和波斯人乃至基督徒都被任命为政府顾问,此举的初衷是为了限制阿拉伯上层人士专权,但从实际效果来看,政府与广大民众之间的鸿沟却是越来越深。以现代标准来衡量的话,所有农业社会的政府(包括中国政府)都远离民众,这一点确定无疑,因为它们与大部分百姓不存在日常接触。但是哈里发统治本身以及伊斯兰教对政治理想的阐述不够充分(这是哈里发帝国"不完美"的根源所在,即它不是一个纯粹的政教合一国家),导致阿拔斯政府形同摆设。在上述因素的合力作用下,历经数百年辉煌的阿拔斯王朝开始迅速衰落。

但是哈里发帝国政府的局限性并不能反映伊斯兰政治的全貌。贯彻宗教精神的法律制度遍及整个中东地区,伊斯兰教的政治理想近乎实现。熟稔伊斯兰法的地方宗教领袖并非只是领祷者而已,他们在《古兰经》和《圣训》的基础上提出了一套完备的法律体系《**沙里亚法典**》(Sharia,意为"通往信仰之路")和与之配套的宗教法庭。该法典结合了《古兰经》的原则和《圣训》对经典的解读。它规定了人们各方面的社会行为,涉及家庭关系、经济交往和公然犯罪。**乌理玛**(ulema)是伊斯兰学者和宗教领袖,他们对这部法典进行了解读和引申。这个团体起初系自发形成,后来得到政府支持,它的成员都是各地熟知伊斯兰法律和教义的专家。伊斯兰教是一个高度法律化的宗教,它提出的行为准则涵盖多重关系。乌理玛不仅对《古兰经》了如指掌,而且擅长解读先知穆罕默德和其他先辈的事迹,所以他们可以揣

> ## 讨论历史：伊斯兰教的政治意涵
>
> 历史学家在伊斯兰教的政治理想和早期发展经历中找到了多种信息。毫无疑问，伊斯兰教和西欧基督教的政治理想大相径庭。西欧基督教会是一个独立机构，从教义上弱化了国家的重要性。伊斯兰教则致力于打造一个将宗教目标置于首位的国家，并为此设立了严格的标准。历史学家讨论的焦点是：假如这个标准无法达成，伊斯兰教下一步将会采取哪些行动？穆罕默德要求人们无论如何都要服从国家，因为宗教目标高于政治问题。在一些历史学家看来，这种立场，再加上独立的宗教法体系以及民众的高度虔诚，使穆斯林形成了一种消极政治观。他们认为这是导致中东不断出现专制政府、大批非穆斯林政府官员，以及现代民主制度难以在此扎根的根本原因。不过其他主流历史学家则反驳说，伊斯兰教其实提出了两条道路而非一条。消极情绪可以被人们的热切愿望所取代：希望国家更美好、更接近宗教理想。在现代背景下，这种愿望会激励人们踊跃参与民主政治，这样伊斯兰教的真实声音就能被更多人听到。
>
> 将伊斯兰教与基督教作一番对比，可以让这场争论变得更加全面。这两大宗教其实有不少共同特征。和伊斯兰教一样，基督教也有可能被卷入反对邪恶政府的政治斗争中。基督教同样敦促人们要服从。天主教会是一个威权典范，它不鼓励信徒参与权力运作。狂热的基督徒甚至将政治生活抛诸脑后。由此可见，复杂性并不是伊斯兰教的专属特征，利用伊斯兰教去解释当前的政治实践既有些冒险，也过于简单。世界三大宗教都曾引发过一些难以理解的政治冲动行为，我们应该在这样的历史框架内对伊斯兰教进行评价。

度真主对人们各种行为的评判。在穆罕默德归真后，经过几代博学之士的努力，一套神圣而不容变更的规章和法令体系终于诞生。在阿拔斯王朝统治期间，在每个城镇和集市都能看到伊斯兰教法专家帮人评判道德争议。很多属于政府和司法部门管辖的事务都由伊玛目（imams，活跃在乡村的乌理玛）代为处理。该现象在一定程度上反映了穆罕默德的信念：国家和信仰完全同一，没有必要建立两套司法体系。乌理玛只需执行《沙里亚法典》就可以向民众传达真主的旨意。

以犹太人和基督徒为代表的少数教派不受《沙里亚法典》的约束。他们得到了宽容对待，有权处理本教区的事务，只不过要上缴高额的人头税。这是阿拉伯王朝政治体制的最后一个组成部分。正是因为有这样的政治体制，哈里发帝国才能历经政权更迭而仍是一个广阔而多样化地区的霸主。

4. 伊斯兰教与中东文化

伊斯兰教顺理成章地成为新中东文明的文化内核。阿拉伯语中的"宗教"一词意为"生活方式",但它并不是中东几百年来非凡艺术成就的唯一内容。新中东文明鼎盛期的文化领域可谓百花齐放,但却唯有伊斯兰教经久不衰。

伊斯兰教借助万能的安拉对政治和思想施加影响。安拉的无所不能和伊斯兰教的完美定位取决于《古兰经》提出的"伊斯兰教五大支柱",即五大基本义务。履行这五项义务是信徒们生活的核心内容,因为伊斯兰教提出"服从"是享受真主恩典或圣礼的唯一途径。第一大支柱是"信仰的证词":除了真主安拉之外,再无其他的主,穆罕默德是安拉的最后一位先知。第二大支柱是"礼拜":所有穆斯林每天要朝麦加的方向做五次礼拜,礼拜不限地点,但他们必须在星期五(圣日)前往清真寺参加午间礼拜。每天都有人五次爬上叫拜塔[1]呼喊各地的信徒做礼拜。第三大支柱是"斋月",阿拉伯语叫"拉马丹",即真主将《古兰经》降示给穆罕默德的月份。斋月期间,穆斯林在白天不能进食饮水。第四大支柱是"施天课"(慈善)。伊斯兰教认为所有虔诚的穆斯林都是兄弟同胞,但有穷富之分;因此,救助穷苦的穆斯林是一桩重大善举。第五大支柱是"到麦加朝觐"。虔诚的信徒一生中至少要去圣地麦加朝觐一次。该活动提醒所有穆斯林他们是团结在一起的。在此期间,麦加会举办多场宗教仪式。这五大支柱总结了一个合格穆斯林在生活中履行的重要义务。它们在卑微的人类和万能的安拉之间架起了一座桥梁,使得令人敬畏的真主安拉不再显得那么遥不可及。总之,这五大支柱使穆斯林深刻认识到一个宗教团体所肩负的共同义务。

除了上述五大支柱,伊斯兰教还提出了多项其他规定,目的是捍卫圣洁生活、维护正当社会关系,甚至还包括保护个人健康。穆罕默德等宗教领袖要求阿拉伯人严格自律,摒弃某些传统习惯。阿拉伯人之前一向嗜酒如命,因此伊斯兰教下达了禁酒令。不少规定都与健康直接相关:比如禁食猪肉,因为中东曾经爆发过严重的猪瘟。伊斯兰教严禁一切不正当的性行为,对女性的要求尤为严格:婚前要守贞,婚后要忠贞。虽然伊斯兰教主张克制情欲,但它支持通过婚姻实现美满的性生活,这一点要比基督教开诚布公得多。穆斯林都赞同利用世俗手段严惩不当行为(在证据确凿的前提下),同时在一定限度内给予宽恕,因此他们将《古兰经》打造成了一部完备的法典,而不是只有五大支柱。比如《古兰经》[第5章"筵席"

---

[1] 这种古老方式在某些地方早已被高音喇叭取代。

在麦加圣寺，朝圣者在斋月的圣夜聚集在寺中央的克尔白"天房"周围祈祷。

第 38—39 节］对惩戒偷盗行为是这样规定的：

（偷盗者）不论男女，当割其双手，以报其罪，以示真主之惩戒。我主万能。悔罪自新者，其罪可赦，以示真主之宽宏。我主至慈。

从广义上看，伊斯兰教有两大核心教义：首先，人们相信审判日终将来临——"当天幕被掀开时；当火狱被点燃时；当天园近在咫尺时——每个灵魂都将面对他的过往"［第 81 章"黯黜"第 11—14 节］；其次，人们相信死后复生。穆斯林的天园（天堂）是思想、身躯和灵魂的极乐之地，而他们的火狱（地狱）则是无尽的黑暗，置身其间，苦痛难言，远远超出基督徒所幻想的撒旦处境之凄惨。

除了基本原则，伊斯兰教并非恒久不变。随着苏菲主义运动进一步传播，被称为"德尔维希"（dervishes，即苦修僧）的神秘派宗教领袖成为激励信徒的典范。他们的行为类似基督教的苦行者，但又不符合《圣本笃会规》等一般教规。他们在

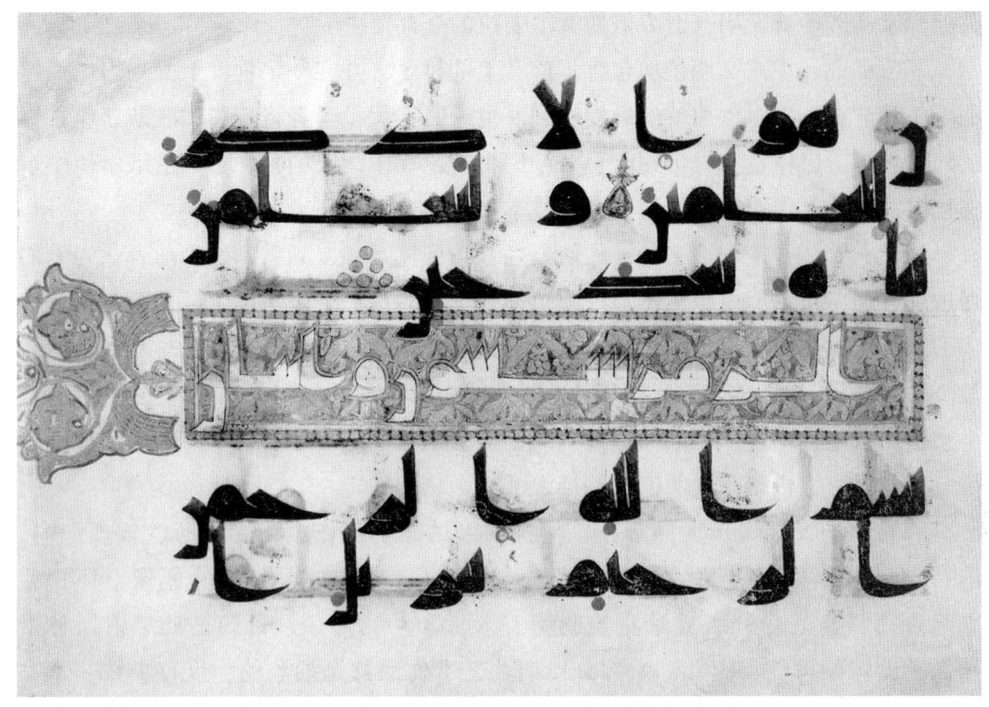

《古兰经》中的一页经文,表现了阿拉伯人的书法艺术——"库法体"。

精神和情感方面的感召力为伊斯兰教注入了新力量,也推动了传教活动。

  伊斯兰教领袖乐于探讨高尚生活的意义。阿拉伯宗教思想家曾绘声绘色地描述天园的景象:一座坐落在七重天体之上的极乐之地,由此催生出无数表现天园的绘画作品。相比基督教,伊斯兰教徒很少探讨真主的本质或自由意志。伊斯兰教神学专注于探索《古兰经》中的真理,研究穆罕默德及其早期追随者留下的《圣训》。梳理形形色色的传统和《沙里亚法典》中的法令绝非易事。在阿拔斯王朝时期,穆斯林学者意识到有必要把现有传统收集留存。一位学者游历中东十六年,记录了六十万种民俗和信仰,后来将其精简为反映宗教真谛的 7,275 种。这套典籍[1]推广了伊斯兰教的慈善理念,以及真主对人类提出的规范,是伊斯兰教信仰具有强大吸引力的原因之一。但是解读伊斯兰教传统仍然是一项挑战。墨守成规的穆斯林认为

---

1 指《沙里亚法典》,它是有关法律、道德、政治、经济、信仰和习俗等内容之法律规范的总和。

其他学术实践徒劳无用，因为信仰就是安拉的全部要求。

尽管如此，中东文明依然包含了广义上的哲学，并在一定程度上受到当地保留的希腊和波斯早期学术成就的启发。到9世纪时，大批学者将希腊和波斯著作翻译成阿拉伯语。巴格达等城市建起了大型图书馆。在中国人的帮助下，造纸术使中东文化更加繁荣，书籍出版规模更大、成本更低。

当然，希腊传统与严守传统的伊斯兰教信仰体系相互矛盾，因为前者认为人们通过理性思考可以明白很多道理。阿拉伯哲学家对这一分歧争论了好几个世纪，很多人提出了一种不脱离伊斯兰教的理性思考方式。信奉基督教的西方后来也出现过类似分歧，这在一定程度上受到了阿拉伯先辈的影响。1100年左右，阿拉伯哲学家提出构建一个包罗万象的理性主义框架，涵盖宗教真理、科学、数学和理性思辨。此举保留了希腊化文明遗产并扩大了其影响范围。

和哲学的发展经历大同小异，阿拉伯人的美术创作也深受伊斯兰教规影响，但并未画地自限。穆罕默德希望人们一心一意信仰安拉，因而禁止偶像崇拜；后来乌理玛将该禁令升级：禁止绘制所有人像和动物形象，目的是杜绝穆斯林崇拜低等偶像的可能。因此，大部分伊斯兰艺术作品都是抽象的。仅有少数艺术家（主要在波斯）继续在雕塑或绘画中加入人或动物形象。穆斯林艺术家转而在陶

圆顶清真寺。这座清真寺为穆罕默德归真后的第二任哈里发奥马尔命人修建。它伫立的地方原本是一座犹太教神庙，后被罗马人摧毁。这是阿拉伯人征服巴勒斯坦后在耶路撒冷建造的第一座伊斯兰建筑。建筑表面的几何纹饰是典型的穆斯林艺术风格。

器、金属制品、织物、皮革和建筑材料（瓷砖和灰泥）上绘制独特的几何形图案和流线型的阿拉伯书法纹饰。清真寺（穆斯林做礼拜的场所）和宫殿里的釉彩瓷砖和灰泥石膏浮雕上的图案更是纷繁复杂。这种雄浑有力的艺术风格流传到了中东以外的地方，包括西班牙和葡萄牙（它们赶走了穆斯林却继承了他们的艺术）以及印度。在中东本土，呈现于建筑和各种工艺品之上的那些浓墨重彩的装饰画仍然是艺术的核心。

中东地区的建筑师从早期地中海古典文明中汲取了不少灵感。他们建造的宫殿深受罗马建筑风格影响：开放式庭院，喷泉，独立房屋环绕四周。穆斯林建筑师特意为清真寺加盖了叫拜塔，每天在指定时刻提醒信徒礼拜。清真寺基本都是圆顶建筑，前面是圆柱支撑的大殿和独特的马蹄形拱门。这种新式拱门和塔式结构启发了后来的西欧建筑师，这从他们设计的哥特式建筑中得窥一斑。穆斯林和基督徒都希望这种建筑结构能将人们的视线引向天际。

音乐也备受重视。穆罕默德及其追随者认为，轻佻的音乐不应出现在庄重的祈祷仪式上。但是大多数中东人民对这一禁忌并不是特别在意。一位作家写道："酒是肉体，音乐是灵魂，快乐是二者的产物。"人们对音乐家，尤其是歌手非常尊重。歌手突韦斯（632—710）被奉为阿拉伯歌手的祖师，他开创的高音和鼻腔共鸣式唱法在阿拉伯世界风靡一时。他为阿拉伯音乐加入了新的节奏，而且是首位在手鼓伴奏下演唱的歌手。其他广泛使用的乐器还有鲁特琴和六弦琴。阿拉伯的音乐节奏和乐器影响了西班牙的音乐风格，后者又在日后的岁月里影响了拉丁美洲音乐。

中东文学唯诗歌至上。绝大多数谦冲自牧的阿拉伯人和波斯人都把诗歌视为伊斯兰教之后中东文明的最高成就。早在穆罕默德出生以前，阿拉伯人就已经在创作诗歌。随着阿拉伯人与中东其他民族交往日深，他们在创作文学作品时更加注意遣词造句，精雕细琢。阿拔斯王朝的多位哈里发资助了不少诗人。既懂得品味诗歌又善用韵文抒情表意，成为个人涵养的一种标记——这一点倒是很像推崇儒学的中国。

诗歌主题丰富多样，大部分都与宗教无关，比如诗人欧玛尔·海亚姆创作的《鲁拜集》。这位黑人诗人早年曾是巴格达的一名奴隶。他的诗歌作品广受欢迎，他在诗中大胆嘲弄阿拉伯人传统的英雄主义情结。很多波斯诗人用阿拉伯语创作，以感官体验为主题，歌颂飞苍走黄和开怀畅饮之乐，偶尔也会表达某些宗教情绪。总之，阿拉伯诗歌着重表现人们的优雅言行和精致生活，表明当时的贵族已经将重心从军事实力比拼转向文化和美好生活；他们对文风纯净的作品青睐有加。

不过，有些阿拉伯诗歌也是简洁明快、诙谐幽默，比如下面这首小诗《胡萝卜之歌》：

胡萝卜呀真是好，
营养健康周身宝，
日日吃来也烦恼。
唯一不妙我知道：
抛诸脑后又来扰，
扎根脑海难忘掉。

人物传略：欧玛尔·海亚姆

波斯诗人欧玛尔·海亚姆（1048—1122）的创作生涯是伊斯兰学术成就的生动写照。如果是在西方文化界，他或许会被称为"文艺复兴人士"。海亚姆早年过着颠沛流离的生活。"海亚姆"这个姓氏在波斯语中意为"制造帐篷的人"，表明了他父亲的职业。他本人接受过各方面教育，后来得到当地突厥统治者（被称为"苏丹"）的赏识，尽管当时仍处于阿拔斯王朝统治之下。苏丹支持他的科学研究，聘请他担任皇家天文学家，修订伊斯兰历法。他在著名的《代数学》一书中提出了一元方程的分类。但真正令他享誉世界的是《鲁拜集》（这部诗集在19世纪时被译为英文），其中的四行诗结构复杂，第一、二、四行押韵，第三行大抵不押韵，内容多是彰显现世生活的幸福。海亚姆对安拉时而谦卑恭顺，时而不屑一顾。他批评那些伊斯兰教极端分子，比如苏菲派；但是这些苏菲派人士却是热情地改编了他的作品。《鲁拜集》的主题是赞颂尘世生活的美好；真主创造了如他一般的人类，所以不会责难他们；人们应该尽情享受只此一次的人生。在后古典时期，海亚姆的创作与中东主流文化如何相安无事？

这是英国人H.M.伯顿为海亚姆绘制的肖像，展现了这位伟大诗人和科学家在后世西方人心中的形象。图中的海亚姆正在编写历法，周边散落着他的哲学和天文学研究手稿。

科学（包括历史和地理）是中东高级文化的最后组成部分。主流哲学家提倡的理性思考和希腊化文明传统激起了阿拉伯人的科学热情。他们将医学、天文学和地理研究与科学实践相结合。他们发明的药物确有疗效；他们相信掌握了星辰运行规律就能预知未来——占星学由此成为一股热潮。地理知识直接服务于阿拉伯人的贸易。阿拔斯王朝的多位哈里发不仅支持学者翻译希腊和波斯的早期学术著作，还大力支持各个领域的科学研究。

阿拉伯天文学家并没有取得重大突破，部分原因在于他们依然笃信托勒密的"地心说"。不过阿拉伯人建造了多座天文台以验证各种希腊测量法的准确性。阿拉伯天文学家对日食和太阳年长度的认识要更为精确。他们认识到地球是圆的，还计算了地球周长。在医学方面，阿拉伯人保留了大量经验数据。在巴格达，医务人员在仔细考察过周边环境后选定了中心医院的所在地。虽然医学家未能提出一般医学的新理论，但他们对传染病的认识具有重大现实意义。一位医生写道："根据我行医多年的经验，如果有人接触病患后马上出现同样病症，就能证明是传染病。"本着务实精神，医生们把常见病的各种症状和上百种治疗药物的功效都详细记录在案。阿拉伯化学家对化学元素的研究也小有收获，他们吸收了希腊和印度的化学和物理学发现。虽然在理论上少有建树，但是阿拉伯人的科学成就还是领先世界超过千年，唯有中国的学术成就可与比肩。

阿拉伯学者还热衷研究数学。他们不仅借鉴了印度的计数法，还派学生前往印度进修深造。阿拉伯人的代数研究可圈可点，事实上，"代数"一词就源于阿拉伯语。阿拉伯最伟大的数学家花拉子米的著作被译成英语，是欧洲多所大学在16世纪以前的通用教材。他将数学研究引入代数乘除法和二元方程的全新领域。

得益于广泛的贸易和传教活动，阿拉伯人掌握了丰富的地理知识，远超当时世界的地理认知水平，而且在15世纪欧洲人地理大发现时代之前一直遥遥领先。在历史研究方面，伊本·赫勒敦是14世纪北非历史学家，他结合悠久的历史叙事传统，在著作中深入阐述社会行为的原动力。后人赞誉他是一位"空前绝后的人物"。

总之，阿拉伯科学家对提升阿拉伯人的文化水平功不可没。学者、贵族和其他富裕的城市居民有机会接受全面教育——将穆斯林的信仰和有益身心的世俗文化融为一体。在这种精神的指引下，一座座高等学府拔地而起，比如建于10世纪的埃及大学和1065年的巴格达大学。中学和大学开设有宗教、诗歌、哲学、科学和历史课程，涵盖了中东文明的各领域文化知识。在大众教育方面，普通人积极学习阅读《古兰经》，由此涌现出一大批在校教师和家庭教师，将阿拉伯社会的识字率推升至当时历史最高水平。

> **解答问题** 宗教与贸易
>
> 在后古典时期，宗教与贸易这两大主题之间的关系相当复杂。贸易发展令很多宗教领袖忧心忡忡：沉迷物欲牢网有损信徒的虔诚信仰，动摇他们自我救赎或升华灵魂的志向。很多早期的基督教领袖担心财富会干扰人们的思想意志，因此基督教的修道院运动和佛教都提倡安守清贫。后古典时期的基督教作家托马斯·阿奎那提出了"公平价格"这一概念，他反对囤积居奇和放贷（高利贷）收息牟利。对信奉基督教的商人来说，他们也担心自己的灵魂受到物欲腐蚀。有些人捐出大笔财富发展慈善事业或宗教艺术，还有不少人在晚年时抛开一切隐居修道院希望获得救赎。这种矛盾是真实存在的，只是不同的人采取的解决方式有所不同。
>
> 从原则上说，贸易和宗教之间的联系对伊斯兰教造成的困扰比较小。穆罕默德曾赞扬过商人。伊斯兰教明确提出商人可以追求利益，但要认真履行宗教义务。乐善好施就是一条重要规定，按时礼拜和朝觐也是应尽的义务。但是过分高涨的商业热情还是令穆斯林思想家心生顾虑。伟大的北非历史学家和哲学家伊本·赫勒敦在 14 世纪的著作中写道："逢迎和推诿，诉讼和争议"是商人的"特征"；"这些特征侵蚀着人的高贵品性……因为行为必然影响灵魂"。赫勒敦承认贸易的重要性，但是伊斯兰律法还是提出了若干限制，比如严禁发放高利贷，防止人们变得贪得无厌。
>
> 解决贸易和宗教之间矛盾的方法多种多样并随时间变化。在后古典时期晚期，欧洲经济实力增强，很多基督教领袖对牟利和收息的态度开始软化。在同期很多信仰伊斯兰教的地区，贸易发展和宗教传播齐头并进。富于冒险精神的商人也是虔诚的信徒，他们时刻不忘宗教，将伊斯兰教带到了印度洋东岸地区。传教活动可以为商人开辟新的贸易通道。
>
> **重点问题** 经商对宗教信仰提出了哪些重大问题？在后古典时期，宗教广泛传播与贸易范围扩大并行不悖，二者之间是否达成了某些妥协？

5. 中东经济与社会

生机勃勃的经济是新中东文明的重要组成部分，它建立在早期的农业和贸易传统基础之上。经济活动是将伊斯兰教输送到非洲和东南亚的重要媒介，它还催生出了车水马龙的城市、知书明理的精英阶层，以及哈里发们的奢华宫殿。

当地农业历史悠久，而且依然保持高产。在阿拔斯王朝统治时期，政府通过排干沼泽地和扩大灌溉系统等手段支持农业发展。排在首位的农作物是小麦、大麦和水稻，椰枣和橄榄位居第二。自由农民承担了大部分农活。在阿拔斯王朝早期，农民的生存境况得到一定改善，但是大多数人依然穷困潦倒，因为他们要向政府和地主上缴高额赋税。阿拔斯王朝推行了一种较为公平的措施，即对一定比例的农产品估价后再行征税，而不是将税率固定，以免农民在歉收时不堪重负。

伊斯兰帝国拥有丰富的矿产资源，包括铁矿石和贵金属。大型私有矿井纷纷涌现，其中一座建造于 10 世纪的矿井曾雇有一万名矿工。

制造业规模扩大，而且同农业一样得到政府大力支持。包括毯子和其他奢侈品在内的纺织品生产稳步发展，波斯地毯更是声名远播。工匠们都集中在城市中心，他们在家中制作和销售产品。当时的工艺品产量之丰富、贸易之繁荣，单从中东集市的忙碌场面中便可见一斑。

虽然阿拉伯人没能进一步改良农业和制造业的基础技术，但他们从中国引入了造纸术，学会了冶炼高端铁器（"大马士革钢刀"举世闻名），还从南亚获取了制糖技术。

欣欣向荣的贸易和敢闯敢拼的商业精神是新中东文明的核心特征。确切来讲，政府不过是把商人视为税收来源而已，并未刻意鼓励运输或贸易的发展。但是商人群体的规模却是越来越大，无论是在本地集市上还是国际贸易场合都能看到他们的身影。海外贸易以奢侈品为主，但也包括某些基本产品，比如印度的木料，非洲和欧洲的奴隶。商人们从印度、中国和东南亚购入丝绸、香料和锡器，或是供应中东当地或是转卖欧非两洲。一份史料不厌其详地记载了阿拉伯人的一张进口清单：中国的香水、丝绸、陶器、纸张、笔墨、孔雀、千里马、马鞍、毛毡、肉桂和大黄；拜占庭帝国的金银器物、药品、女奴、工程人员、石匠、锁具和小饰品；印度的老虎、豹子、大象、动物皮、红宝石、檀香、乌木和椰子。

从 8 世纪开始，穆斯林水手在精准地图的指引下在亚洲水域畅快航行。阿拉伯人驾驶着改良后的帆船驰骋商海，尤其是在印度洋商圈表现不俗。他们设计的单桅三角帆船速度快、承载量大。穆斯林乘船驶入黑海和里海，与俄罗斯人和斯堪的纳维亚人交换商品。后来在瑞典发现的上千枚穆斯林钱币就是这些贸易所得，而且第一批瑞典钱币也是仿照穆斯林的硬币制成。穆斯林还与非洲建立了贸易联系。陆路探险之旅为他们带来了黄金、盐和奴隶。奴隶贸易是桩残忍勾当，数千名奴隶遭遇无妄之灾，丢了性命。穆斯林的船队还抵达了更远的非洲东海岸港口。他们与西欧的贸易平平泛泛，因为生活考究的中东人对欧洲商品兴味萧然。然而经过犹太人中转，中东地区还是换取到了欧洲的布料、皮草和奴隶。贸易发展也得益于技术进步，更加完善的地图和导航设备成为贸易发展的助推剂。

远途贸易引领了银行业发展。多家巴格达银行都在其他城市开设了分行，所以人们可以在巴格达银行开一张支票，然后在摩洛哥分行提现。

伊斯兰文化对商人的尊重超出了当时其他任何文明社会。伊斯兰教认为追逐利润与信仰或荣誉并不矛盾，但是商人必须做到乐善好施（"施天课"）。穆罕默德本人就曾是一名商人，他赞扬商人是高尚人生的典范："当审判日来临之时，诚实可信的伊斯兰商人将与虔诚的殉道者平起平坐……商人是世界的信使，是真主派往世间的最可信的仆人。"据说一位哈里发曾发出这样的感慨："如果有个地方能像集市一样让我尽情尽意为家人买卖东西，我必将欣然前往，哪怕以命相抵。"人们还编写了多本指南，规范商业和投资行为。

伊斯兰教对商业的满腔热忱，以及伊斯兰教本身，使新中东文明在几百年间始终都是世界上最重要的一股力量。这个具有超凡活力的文明对周边的印度、东南亚和东非的影响最为深刻，而且其影响力还延伸至更加遥远的欧洲和非洲其他地区。经济活动巩固了中东的重要价值观，为上层社会带来了多种多样的奢侈品和无穷无尽的财富。充满吸引力的城区市场至今犹存，表明了贸易在城市生活中的重要作用。相比于艺术成就，贸易更加充分地展现了中东文明的核心特质。

从社会层面来说，中东文明展现了一个繁荣的农业区应该具备的众多特征。地主阶层规模庞大，如同早前的地中海世界。阿拉伯征服者（他们中有不少人是商人出身）成为被占领区的地主。大批工匠和商人齐聚城市，但是秩序井然。在阿拔斯王朝没落前最繁荣的几百年里，虽然部分农民已经成为完全依附于地主的劳动力，但是自由农民这个重要群体依然存在。

中东社会秩序的复杂性有三个原因。首先，不同种族和少数教派同时存在，增加了当地的多样性。甚至在穆斯林内部，阿拉伯人和非阿拉伯人之间也是冲突不断。其次，穆斯林相信所有人在真主面前都是平等的。而也正是因为有此信念，一些信徒开始对不平等的社会现状心生不满。一些底层民众还曾打着宗教的旗号发动叛乱。但是穆罕默德从未想过要去宣讲社会平等观念。他要求信徒坚持履行"施天课"，其实就是认可了现世生活中贫富差距之必然。

最后一个原因是中东广泛存在的奴隶制。在后古典时期，伊斯兰文明对奴隶劳动力的依赖程度远超其他主要文明（除了中美洲）。但确切来说，奴隶制对中东的重要性不及罗马帝国，毕竟中东的农业生产并不依靠奴隶。中东地区的奴隶首先是去当兵打仗，余者则是充当家奴、矿工或船员。如前所述，阿拔斯王朝会选用优秀的奴隶担任士兵和政府官员。此外，穆斯林还大力发展奴隶贸易。中东的奴隶最初都是军事征服的战利品，和大多数奴隶社会的做法如出一辙。后来，中东不再开疆拓境，但对奴隶的需求并未就此告终，阿拉伯人热络的海外贸易成为获取奴隶的替代渠道。奴隶是撒哈拉沙漠以南非洲和部分欧洲地区最受欢迎的外销商品。他们在各方面发挥着不可或缺的作用，在哈里发的军队里尤其重要。因此，中东有些地方直到近代才彻底废除奴隶制。

原则上，奴隶不得成为穆斯林，因为这有违伊斯兰教提出的灵魂平等。但是，皈依伊斯兰教的奴隶也不一定就能获得自由——尽管释放奴隶是一种善举，可以在死后升入天园，而且奴隶主在贩卖奴隶时不得拆散穆斯林家庭。伊斯兰教教义激发了几场罕见的奴隶起义，比如9世纪的非洲奴隶发起了两场暴动，他们高喊着"真主拯救我们""我们要成为奴隶主，我们要财富和住房"。社会结构一般分为上层人士、商人和农民，家庭是社会基本组成单位。家规甚严，但经常受到情感牵绊。一位哈里发对儿子的家庭教师提出了如下要求：

> 不能过于严格，否则会束缚他的才能；也不能过于宽宏，否则会放纵他变成懒虫。要用和蔼可亲和温柔敦厚的态度感化他。即使他无动于衷，也不得体罚或苛责他。

女性在穆斯林家庭中的地位尤其值得关注。穆罕默德详细论述过女性在精神层面的重要性，指出她们和男性一样有灵魂。他提出了一些规定来保护女性，比如女性有权提出离婚，而非只能被动离婚。他也试图取缔杀害女婴的传统——这是一种很多农业社会都有的普遍现象，因为人们认为女性不如男性有价值，而且杀害女婴还可以控制人口数量。他还支持女性拥有自己的财产，对她们的婚内财产权做了详细界定。虽然穆罕默德关注到了女性生存境况的某些层面，但是伊斯兰教始终认为，女性在家庭中只能处于从属地位。女性必须与男性分开礼拜，因为《圣训》指出女性更有可能沦为罪人。基督教也是如此矛盾，它一面主张灵魂平等，一面却又贬低女性。

男尊女卑的一个标志就是一夫多妻制。女性只能嫁一任丈夫，而男性则最多能娶四名妻子。事实上，只有家境优越的男性才会考虑娶多位妻子，因为伊斯兰律法规定男性有义务抚养孩子，所以一夫多妻制从来没有被广泛实行过。其他规定则显得更有意义。丈夫可以轻易提出离婚，而妻子就不能。女性小小年纪（年满13岁或14岁）便可嫁人，婚姻由父亲做主。婚后的女性要恪守妻子的本分："侍奉丈夫，照料子女，操持家务。"在公开场合，男女彼此隔离的做法逐渐盛行；和很多发达的农业社会一样，两性之间的不平等随着时间推移变得越发严重。10世纪时，城市女性几乎足不出户。进入11世纪，一位哈里发下令要求女性在有男性出现的场合和公共场所佩戴面纱，这深化了伊斯兰教诞生前的阿拉伯传统和中东习俗，导致很多人都认为佩戴面纱是伊斯兰教的规定。

在男女隔离的大背景下，穆斯林女性之间的交往也变得更加微妙，尤其是在大家族内部。但是很多针对女性的限制措施并未被严格执行，这主要表现在农民家庭：女性是重要劳动力，她们不可能足不出户，更不可能时时佩戴面纱。然而，男女之间的严格界限（不论是在家庭内部还是在其他场合）在这个文明的孕育阶段继续得到强化，并成为中东文明的基本特征。

尽管女性在公共场合的地位有所下降，但是她们的地位问题依然较为复杂。一些女性受过高等教育。她们拥有自己的财产，往往亲自掌管生意，只是不能自由出入公开场合。她们的政治权利也格于成例，较为有限。穆罕默德的年轻妻子阿伊莎曾亲自指挥作战，但最终功亏一篑；她在历史上的作用饱受质疑。

6. 中东文明的衰落

大约在 1200 年之后，中东文明开始显现出一系列衰落迹象。如前所见，阿拔斯王朝已经陷入颓势，失去了对很多行省的控制权；当蒙古人征服巴格达时，它就已经濒临崩溃。不过，阿拉伯文明并未就此一蹶不振，不像罗马的陷落，复兴的曙光很快就又闪现。

解读个中原因是个不小的挑战。阿拉伯帝国的政治结构瓦解冰泮。阿拉伯人在贸易领域遭逢新对手，主要是印度洋商圈的其他穆斯林商人和地中海商圈的欧洲商人。越来越多的农民沦为大庄园的农奴，因为地主总是想方设法攫取更多利润。进入 14 世纪，黑死病席卷多座阿拉伯城市，大量人口染病而殁。但是其他事件在一定程度上掩盖了这些新难题对阿拉伯社会造成的冲击：新兴地方政权在北非崛起，蒙古人征服波斯。波斯的绘画和诗歌吸收了中国的艺术特色，迸发出强大的文化生命力。突厥文化成为当地一支不可小觑的重要力量。生机勃勃的伊斯兰文明继续向阿拉伯世界之外的地方传播，以奥斯曼帝国为代表的新一代帝国即将崛起。

学术领域也是多有变化。在文学方面，抒发宴席和狩猎乐趣的世俗生活主题被更加严肃的宗教主题取而代之。那些放弃阿拉伯语改用波斯语创作的波斯诗人成为诗坛领军人物。上层人士的子女在接受教育期间要学习宗教诗歌，而不是普通诗歌。在哲学方面，理性主义风潮遭遇新一轮打击。阿拉伯哲学家伊本·路世德出生于穆斯林统治下的西班牙，他推崇希腊的理性主义哲学。他的思想并未在中东引起多少共鸣，但却深深地影响了欧洲学者，欧洲人一般称呼他的拉丁名字"阿维洛伊"。在中东本土，一位更有代表性的哲学家[加扎利]撰写了一部《哲学之毁灭》,他运用亚里士多德的逻辑推理证明,人类的理性思考不可能发现宗教真谛。科学创新乏力,越来越多的人被苏菲主义运动所吸引,将更加饱满的热情倾注到宗教信仰和仪式中。多位苏菲派学者惊喜欲狂地用文字记录下他们接受真主降示的奇妙经历和信仰转化的各个阶段。

总之,阿拉伯文明在其鼎盛期构建了如日方升的城市中心、贸易网络和伊斯兰教,它们的影响力始终强大无比。然而,到1400年,中东在与亚洲、非洲和欧洲的交往中开始沦为配角。此时,其他社会凭借庞大的贸易关系网(从东面的中国一直延伸至西面的西班牙)迸发出勃勃生机,阿拉伯社会日渐望尘莫及。

7. 通往现代之路

当今中东和北非文化的很多特征,包括当地人不论出身背景有何不同几乎都认为自己是阿拉伯人、是穆斯林这一点,都可以追溯至后古典时期。传统人士坚持遵循后古典时期开创或继承的着装风格,比如女性要佩戴面纱。商业活动至今都是活力四射:集市上人如潮涌,声若鼎沸,讨价还价声不绝于耳。伊斯兰律法始终是指导商业和家庭关系的重要准则。逊尼派和什叶派则依旧势不两立,深刻地影响着伊拉克的政治前景。

伊斯兰传统的强大影响力毋庸置疑,但它的复杂性也不容小觑。和所有主流宗教一样,伊斯兰教也存在深刻的内部矛盾。《古兰经》倡导和平,但在后古典时期,阿拉伯人却屡屡发动所谓的"圣战"。伊斯兰教提出女性应当受到重点保护,然而,后古典时期的其他传统则强化了女性的从属地位。最后要铭记的一点是:伊斯兰教并不是后古典时期留给中东的唯一遗产。在中东和北非的很多地区,生机勃勃的商业活动和丰富多彩的城市生活同样是连接过去和现在的纽带。

延伸阅读

Charles Lindholm, *The Islamic Middle East* (2002); Georges Corm, *A History of the Middle East: From Antiquity to the Present Day* (2010). 伊斯兰教的早期历史及传播：Mahmoud Ayoub, *Islam: Faith and History* (2004).Francis Robinson, ed., *The Cambridge Illustrated History of the Islamic World* (1998); Sheldon Watts, *Disease and Medicine in World History* (2003); Leilla Ahmed, *Women and Gender in Islam* (1992); M. Hodgson, *The Venture of Islam* (1975)。伊斯兰教的发展：Matthew S. Gordon, *The Rise of Islam* (2005); T. Andrae, *Mohammed: The Man and His Faith* (1970); W. M. Watt, *What Is Islam?* (1968)。其他主题：Patricia Grone, *From Arabian Tribes to Islamic Empire: Army, State and Society in the Near East c. 600-850* (2008); Hugh Kennedy, *When Baghdad Ruled the Muslim World: The Rise and Fall of Islam's Greatest Dynasty* (2005); G. E. Von Grunebaum, *Medieval Islam* (1961); Roman Ghirshman, *Iran from the Earliest Times to the Islamic Conquest* (1961); Seyyed H. Nasr, *Science and Civilization in Islam* (1968)。权威历史调查：Ira M. Lapidus, *A History of Islamic Societies* (2002). Kecia Ali, *Marriage and Slavery in Early Islam* (2010); Ruquayya Khan, *Self and Secrecy in Early Islam* (2008); M. M. Ahsan, *Social Life Under the Abbasids* (1979); Bernard Lewis, *Race and Slavery in the Middle East* (1990); Lois Beck, Nikki Keddi, eds., *Women in the Muslim World* (1978); F. Mermiss, *The Veil and the Male Elite: A Feminist Interpretation of Women's Rights in Islam* (1992)。两部原作品合集：Eric Schroeder, *Muhammad's People* (1995); W. M. Watt, *The Faith and Practice of Al-Ghazali* (1953).《古兰经》英译：Jonathan P. Berkey, *The Formation of Islam: Religion and Society in the Near East* (2003); Donna Lee Bowen, ed., *Everyday Life in the Muslim Middle East* (2002)。

第 9 章
伊斯兰教影响下的印度和东南亚

伊斯兰教的影响也拓展到了中东和北非之外的地方。军事扩张、贸易往来和传教活动将伊斯兰教输送到了中亚，直至中国西部。伊斯兰教在撒哈拉以南非洲大获成功，主要归功于贸易商和传教士；我们将在第 10 章讲述非洲的情况。本章关注的是深受伊斯兰教影响的印度和东南亚。随着跨地区贸易不断深化，伊斯兰教成为这些地区的重要组成部分，其影响一直延续至今。

尽管世界网络中的伊斯兰教是一支不可小觑的重要力量，但是其他地区并没有完全复制中东的发展模式；它们保留了自身特色，建立起独立的政治和文化制度。在很多地方，伊斯兰教与其他主要宗教相互影响。在后古典时期的印度，变革和传统相结合是发展的核心内容；伊斯兰教是印度的新生政治力量和少数教派，然而印度文明根基深厚，古典印度的重要特征统统保留了下来：信徒众多的印度教、种姓制度、高水平的贸易和地方割据。印度教对自身加以调整，确保自己能够应对伊斯兰教的竞争。在后古典时期，一座座新修的印度教神庙拔地而起，这些神庙主要分布在南部地区。阿拉伯人在印度洋商圈扮演主角，印度商人对此已经习以为常。随着贸易和制造业继续发展，印度洋跃居首屈一指的世界贸易中心，印度成为世界网络中的重要成员。

东南亚和印度次大陆的发展具有一定的同质性。这并非偶然，因为早在伊斯兰教传入之前，印度的影响力就已经辐射到了这一广阔的区域，印度的贸易和文化为当地多国打上了深刻的烙印。虽然印度教在印度尼西亚黯然失色，但是印度佛教却是在缅甸、泰国和斯里兰卡落地生根。东南亚和印度都是地方政权林立，缺乏一个大一统的帝国政府——它们在这方面进行的多次尝试均以失败告终。和印度一样，东南亚积极参与印度洋贸易，向其他市场广泛出口香料等产品。

从 7 世纪开始，伊斯兰教的影响逐渐显现。印度和东南亚并没有完全接受伊斯兰教，但有少数印度人成了狂热的穆斯林，个别东南亚国家也成为伊斯兰国家。印度尼西亚是当今世界上穆斯林人口最多的国家，而它就是在这个时期皈依的伊斯兰教。600 年至 1400 年间，印度和东南亚发生的重大事件莫过于新形成的复杂宗教格局。在伊斯兰教传播和贸易往来的影响下，东南亚部分地区被前所未有地卷入主流世界历史当中，这是古典时期结束后几百年间文明扩张的又一具体例证。因此，这段时期在南亚历史上举足轻重。

> **重点问题** 本章提出了两个很有挑战性的问题：面对伊斯兰教的强大影响，为什么印度文明能够保持独立？东南亚地区从未被某个单一政体或宗教统一，如何准确定义它在世界历史上的地位？

1. 印度文化的发展

即使在古典时期，印度也没能形成一个单一政治实体。孔雀王朝时代的印度基本实现了统一（但并非完全统一）。在遭到匈奴入侵后的几百年里，印度一直处于四分五裂的状态。北印度曾涌现出一批强大的地方王国。7 世纪早期，一位名叫曷利沙的北方军事领袖征服了大片领土。曷利沙信奉佛教，他在率军征战的过程中将佛教传到了中国西藏地区。曷利沙（"戒日王"）是位杰出领导人，但他也没能将整个印度纳入帝国统治下；在他去世后，地方割据再次浮出水面。总体来看，北印度小国林立，统治者都是身居都城的王公，即出身刹帝利种姓的拉杰普特人。这些王公没有建立领取俸禄的官僚队伍，而是依赖地方行政官，向他们分封土地作为回报。这项制度限制了政府职能。凌弱暴寡的地方王国之间战事不断，因为王公们要通过征服掠夺更多土地，分封新的追随者。

印度南部的政治形势则是另一番景象。这片地方原本不是印度文化中心。在古典时期，最引人注目的是北部恒河流域，当地孕育出了若干强大政权。大约在公元 600 年后，印度南部出现了一批颇有实力的地方王国，其中以泰米尔王国为代表。南部不像北部那样屡遭外来入侵，并与其他地区（尤其是东南亚）保持着密切的贸易往来。贸易活动和商业财富为南部新生王国奠定了物质基础。当然，这里的地方割据同样盛行，所以南部也没能建立单一政权。这些地方王国甚至无法在管辖区内建立起稳固的中央集权，以地主为首的地方自治和农民村社广泛存在。个别王国设立了谏言献策的地方议会（由地主、商人和工匠组成）和村级议会。理论上的税率是全部农产品的十分之一到六分之一，但实际征缴的税收收入微不足道。因此，南部地方王国也有发动战争的动机，它们要劫掠物资供养军队和行政官。有些王国组建起海军，间或与东南亚国家有上一战，包括一个位于今印度尼西亚群岛上的帝国。

令人费解的是，在一个政治四分五裂的时代，印度文化却是实现了前所未有的统一。和西方情况类似，统一的印度文化（同样以宗教为基础）在分裂而混乱的政治背景下继续传播。佛教在印度已是明日黄花，在7世纪后更是近乎销声匿迹。在北部地区，匈奴入侵者对佛教的冥想修行不感兴趣，他们更青睐印度教的多种崇拜方式。印度教也大举进军南部地区（佛教曾在那里风靡一时），在地方统治者的支持下，各地建起了印度教神庙（不少神庙还控制着地产）。种姓制度也在南部得到认可，被若干新生王国的统治者视为管理社会和维护稳定的有效手段。随着种姓制度推而广之，祭司们的影响力越来越大，进一步带动了印度教发展。印度教领袖控制着蓬勃发展的教育系统，中学和大学都隶属于印度教神庙。虽然佛教等少数教派仍旧存在，但在遭遇伊斯兰教挑战之前，印度教就已广泛普及。

印度教也试图感化普通民众，其意图比以往任何时候都明显。梵语依然是婆罗门专用的书面语言，但是大量用通俗语言（如印地语和泰米尔语）写就的文学作品纷纷涌现，而且内容并不限于宗教。这一方面保证了印度不会被单一语言主宰，另一方面也使印度教成为联结不同语言和政体的文化纽带。多位印度思想家潜心钻研《吠陀经》。哲学家商羯罗提出世界就是"摩耶"，即幻象，它会干扰纯粹的感知。他建立了多所僧院教化民众。另一位哲学家罗摩奴阇则主张虔诚敬神，认为单纯的学术研究并不能使个体的灵魂复归于神。他写于11世纪的著作启发了印度次大陆上的所有教派团体。

宗教引领着重要的艺术活动。一座座神庙拔地而起，墙上绘画讲述着宗教故事和传说。神庙周边不仅有学校，还有舞蹈和音乐练习室、商店和银行。富丽堂皇的装饰和形态各异的雕像是印度神庙建筑群的亮点。

在印度文化发展的同时，具有鲜明特色的经济和社会形式主宰了整座次大陆，这当然离不开普遍存在的种姓制度的支持。这段时期的城市生活欣欣向荣，尽管城市人口占总人口的比例还很小。商人担心自己对待宗教的态度不够虔诚，经常去神庙布施，净化灵魂，但是相比刚刚推行基督教的欧洲，印度商人的地位要高得多。他们不仅与东南亚商人做买卖，还与中国和中东的骆驼商队打交道。工匠和小店主大多集中在城市。有些工匠属于低种姓，比如处理死去动物毛皮的皮革匠被归为"不可接触者"（贱民），尽管他们制作的产品相当重要。木匠和砖匠的社会地位则高出不少。

种姓制度进一步得到巩固，它几乎覆盖印度全境并一直延续到了20世纪。四

这尊由两头大象牵引的石制战车位于印度亨比的维塔拉神庙（该神庙也被称为"战车神庙"），它是印度后古典时期的著名建筑。

大主要种姓（婆罗门、刹帝利、吠舍和首陀罗）和贱民（依据准确的职业划分）被细分为三千多个副种姓，即"贾提"。每个种姓都有一个相应的管理机构，负责实施种姓管理条例，确保本种姓成员不与其他种姓成员发生不当接触，避免被"污染"。该机构鼓励内部成员互相帮助。种姓制度更加积极地代替政府调节多个层面的人际关系。

不可接触者处于种姓制度的最底层，他们的生存状况与其他社会中卑微的奴隶或农奴大体相同。他们同样生活困苦，遭受上层人士的无情对待，但他们还要遵守更多规矩，要时刻认识到自己属于一个单独群体。总之，种姓制度打造了一个与众不同的社会：不同群体要遵守相应的社会规则和交往方式，各阶层要认清自己的身份。姑且不论种姓数量有多么庞大，单是这个制度本身就特别复杂。种姓内部还存在不同的阶级划分，比如有些婆罗门不一定就是祭司，而是种地为生的农民。世袭制将种姓地位代代相传，但它既无法清晰界定职业和种姓的关系，也没能限制同种姓内部阶级地位的变动。即使都属于相同的种姓，不同家庭的财富状况也是千差万别。

家庭关系依然是印度各种姓群体生活的核心。家庭关爱主要倾注在孩子身上，尤其是男孩子。富裕人群普遍都会掌握读写能力，经济条件较好的农民家庭的孩子也是能读会写。越来越多的父母早早便为尚未成年的子女定下婚事，部分原因就是为了保证女孩子在嫁人时还能保持童贞。因此，大部分女孩子在青春期之前就已经是法律意义上的已婚女性了，而此时的她们与未来的丈夫还素未谋面。等到女孩子进入青春期后，双方就会举行真正的婚礼，女孩子开始组建自己的家庭。尽管婚姻由父母包办，但是印度传统认为夫妻二人要关爱彼此。印度教法建议新婚夫妻在前三个晚上互相了解、培养感情，之后再进行夫妻生活。妻子的本分就是服从丈夫，操持家务。在后古典时期，刹帝利种姓掀起了一股殉葬之风，即"萨蒂"仪式，妻子要在丈夫的葬礼上投火自焚，证明自己与丈夫生死相随的决心。不过，这种做法从未得到普及，尽管有人坚称寡妇殉葬可以避免被强暴或遭入侵者囚禁。但不论怎么说，它都表明印度的父系制度变得更加严苛。

而从日常生活中的实际情况来看，很多印度女性都是家庭重要人物，享有一定权威。一首印度诗刻画了一位强势女性的形象：

> 当她可以任意摆布他（丈夫）时，她就会安排各种家务和差事：把南瓜切了；把水果端来；备好木柴生火煮菜，晚上取暖；给我的脚涂上颜色，再给我按摩按摩后背。

2. 印度遭遇外来挑战

在遭到匈奴入侵后，印度的政治结构变得脆弱不堪，这个次大陆国家沦为其他入侵者觊觎的目标。穆罕默德死后，阿拉伯人继续进行大规模的军事征服，他们逼近了印度西北部。阿拉伯军队和突厥军队甚至推进到了印度河流域。他们的军事行动一方面受到宗教热情的鼓动，另一方面则是为了劫掠战利品。这轮征服行动并未持续太久，但是印度西北部已经有民众皈依了伊斯兰教，因为他们更接近伊斯兰化的中东，西北地区有可能成为印度本土的伊斯兰教中心。这是印度教首次面临这样的威胁，宗教领袖意识到印度教需要加强与普通人的联系，因此他们鼓励文化革新，由此对印度造成了广泛的影响。

第二轮伊斯兰入侵浪潮发生在10世纪末。他们依旧是通过印度西北部的河谷地区进入印度腹地。此时的穆斯林士兵不再是阿拉伯人，而是突厥人。一部分突厥人离开中亚进入中东，威胁着哈里发帝国，并与拜占庭帝国交战；另一部分人则

耆那教神庙的石雕。该神庙位于印度古吉拉特邦的帕里塔纳，当地共有863座神庙，其中一部分建于11世纪。图中雕像集中表现了印度艺术突出感官刺激的特点。

留在了中亚，但他们放弃了万物有灵论，转而皈依了伊斯兰教。突厥人在阿富汗建立起伽色尼王朝，以此为基地向印度发起进攻。突厥部落首领苏布克特勤是一名虔诚的穆斯林，他率军袭击了遥远的恒河流域，捣毁了大量印度教神殿和雕像，因为它们都是伪神的象征。

这轮入侵同样没有将印度征服。但是到了1192年，阿富汗的新一代突厥王朝再次向印度发起了进攻，这次的目标不只是劫掠财富，而是要吞并战败地区。印度第一代穆斯林王朝（国王是奴隶出身）积聚了大量的领土。突厥武装占领了恒河流域的德里，控制了北方大部分地区。印度教神殿和雕像再次变得满目疮痍，一片狼藉，佛教中心的百年基业更是毁于一旦。那烂陀大学（佛教大学）的数万名僧侣被杀，佛教遭受致命打击；印度教中心也未能幸免。一位突厥将军建立了德里苏丹国，这个新生地区王国的领土范围延伸到了印度中部和南部[1]。这个伊斯兰王国代表了少数穆斯林对多数印度教信徒的统治。它的大部分行政官员都来自中东。印度很多地方建起了清真寺，印度建筑的面貌大为改观。

在德里苏丹国的扶持下，伊斯兰教在印度西北部（今巴基斯坦）开始生根发芽。伊斯兰教展现出了强大的征服力，吸引了不少印度低种姓人口。但在其他地方，印度教仍然占据上风，尽管地方势力依旧各自为营，无法形成合力抗衡伊斯兰军队。大多数印度人仅仅把德里苏丹国视为一个可以容忍的外部势力。由于种姓制度的严格束缚，印度人并不把外族统治放在心上，在这一点上他们比其他民族表现得更加平和。德里苏丹国后来也开始推行宽容政策。印度教有着深厚的信众基础，

---

1 原文"produced additional territory in central and southern India"不准确，德里苏丹国的统治仅限于北印度，印度中部和南部出现了独立的印度教国家和伊斯兰国家。

其地位难以撼动。

印度教信徒反对伊斯兰教的理由不一而足。伊斯兰教的崇拜仪式与印度教的做法相互冲突。穆斯林不吃猪肉，印度人却不忌讳；穆斯林吃牛肉，这却犯了印度人的大忌。印度教信徒并不介意在祷告时演奏音乐，也不反对为神祇塑造雕像。突厥人摧毁了印度教中心，激化了两大宗教之间的矛盾。最后一点，穆斯林女性佩戴面纱、与外界隔绝，印度教信徒对此并不认同；但随着时间的推移，在伊斯兰教的影响下，越来越多的印度女性被迫留守家中。

德里苏丹国的统治者们并没有持续打击印度教，尽管他们在入侵过程中对一些重要的印度教神殿造成了永久性的破坏（正因为如此，在今日印度很难看到印度教早期的纪念性建筑）。尽管穆斯林统治者看轻印度教，但他们还是看到了印度教灵修的某些宗教价值。因此，统治者转而推行宗教宽容政策。印度教的崇拜对象逐渐变为几位主神，广大信众热情高涨，从而巩固了这个次大陆国家的印度教信徒规模——他们占到总人口的70%左右。

德里苏丹国大力推动印度文化复兴，艺术作品（包括绘画和建筑）层出不穷，融合了印度和伊斯兰主题；着装风格也是如此。13世纪，拉齐亚执掌德里苏丹国，她是印度历史上少有的女性领导人，也是伊斯兰世界首位女性统治者。但是她遭到了以男性为主的上层社会的强烈抵制，最终沦为阶下囚。

地方政权林立是困扰印度历代王朝的典型问题，在这方面德里苏丹国也不例外。1330年左右，印度南部涌现出若干王国，再次将德里苏丹国的控制范围局限在北部。1398年，另一支突厥部落袭击了印度，削弱了北部苏丹国的统治。到1400年，印度政局再次分裂，德里苏丹国始终只是一个地方政权而已。

穆斯林发起的首轮入侵浪潮并没有彻底改变印度的政治面貌。他们一方面创建了一个全新的少数教派，深刻影响着印度的未来；另一方面又巩固了印度教的主体地位，唤起了普通民众的宗教热情。

3. 东南亚

早在印度古典时代结束之前，东南亚文明的发展就已深受影响。笃信印度教的贸易商将印度艺术和宗教形式带到了印度尼西亚群岛，佛教则经由陆路传到了东南亚其他地方。东南亚佛教提倡虔诚奉香祷告和冥想修行，比中国佛教和日本佛教更加贴近佛教理想。然而，东南亚并不仅仅是印度文化的延伸。除了个别地方，印度教并没能在当地长久立足。种姓制度也没能在这里有所发展，其中一个原因就是佛

柬埔寨的吴哥窟。

教子弟始终反对这一由婆罗门设计的社会结构。

从 650 年左右至 1250 年，印度在东南亚的影响范围更进一竿，在这一过程中发挥领头羊作用的是佛教僧侣和印度商人（主要是泰米尔人）。印度使者在其所到之处都能看到从北方（印度）迁居到此的新民族，后者与当地人和平相处，但是南印度王国则与马来半岛和印度洋诸岛上的地方政权爆发了多场重要战争。

9 世纪早期，一个重要帝国异军突起，囊括了东南亚大部分地区。这就是位于今日柬埔寨的高棉帝国，它征服了今天的越南、缅甸、泰国和马来西亚，它的统治者称自己是"世界之王"。水稻是当地主要作物，凭借富饶的农业生产，高棉帝国开始与其他地区开展积极的贸易往来。这个伟大帝国留下的书面记载相当有限，后人只能参考出访高棉的中国使节的记录。高棉帝国同时推行佛教和印度教，统治者利用印度教思想将自己包装成"神王"，但是政府却将佛教确立为国教。10 世纪后，帝王们为了彰显并巩固王权，开始命人修建吴哥窟。这座大型寺庙群是后现代时期世界上最了不起的建筑奇迹之一，曾长期作为佛教活动中心。14 世纪晚期，高棉帝国开始分裂，取而代之的是一个个小型地方王国。

东南亚的泰族部落在 8 世纪时逐步向南推进，最终在高棉帝国瓦解之际建立了泰王国，定佛教为国教。泰语的很多词汇都来自汉语，但是泰文的字母系统则来源于古印度梵文。另一支民族（缅甸人）在9世纪建立了缅甸王国。越南在早期曾被中国统治，后来逐渐走向独立，并不断向南扩张。在此期间，越南人打击受印度传统影响的其他民族，包括高棉人；同时努力摆脱中国的军事压力和中国文化的影响，比如越南女性反抗儒家父权思想的禁锢。士绅精英的领导地位遭到佛教僧侣的强力挑战。越南人借鉴了中国的作战模式，所以他们在镇压南部和东部那些受印度影响的族群时占尽优势。越南王国成功地抵御了蒙古入侵和中国在后来发起的军事打击。

另一个帝国出现在印度尼西亚群岛，即三佛齐帝国，其统治范围包括婆罗洲岛（加里曼丹岛的旧称）、苏门答腊岛和爪哇岛。鼎盛时期的三佛齐帝国曾控制了马来半岛南部。但在11世纪时它遭到南印度一个强大王国的入侵，实力遭到削弱，势孤力穷。13世纪期间，中国贸易商对这片地区的影响日益月滋，当地商人群体黯然失色。进入14世纪，印尼群岛大部分地区已是一派小国林立的局面。

在持续数百年的扩张过程中，东南亚文明的显著特征就是出现了形形色色的地方王国。东南亚文化的统一性逐渐增强，尽管它们经常受到印度和中国影响的冲击，以及不同宗教的多方面影响。众多伟大的神庙体现了印度艺术风格，它们主要分布在柬埔寨和印度尼西亚。印度文学和传说也在当地广为流传。东南亚各国君主对印度文化的钟情也感染了他们的子民。

在后古典时期的文化传播过程中，佛教无疑是最大的赢家。佛教关怀众生、倡导弘扬佛法，要求信徒全身心地奉献并形成良好的道德行为。因此，佛教在东南亚比印度教更受欢迎。很多东南亚民众特意前往印度和斯里兰卡的佛教圣地朝觐，这进一步巩固了佛教的影响力。很多受佛教道德观启发的君主推行仁政，希望走上通往涅槃之路。

印度对东南亚的影响也延伸到了经济领域。印度商人将东南亚的香料和其他产品推向更为广大的市场，由此将东南亚加入到世界核心贸易路线中。从这时候起，东南亚商品就开始成为世界贸易的重要组成部分。东南亚商人在印度洋东—西向贸易中越来越活跃，他们很快就掌握了罗盘等先进技术。但是该地区的海盗也是日益猖獗，他们经常劫掠中国、阿拉伯和日本商船。

到1300年左右，第三重影响使东南亚这个文明混合体变得更加复杂。阿拉伯商人和成为穆斯林的印度商人在东南亚贸易中扮演着重要角色。阿拉伯商船或中间商将东南亚的香料和茶叶带到了中东，甚至欧洲。商业活动对印尼群岛、菲律宾群岛南部和马来半岛产生了显著影响。中东的苏菲主义运动再次点燃了穆斯林的传教热情，他们纷纷前往东南亚传教。越来越多的马来人、印尼人和菲律宾人皈依了伊斯兰教。到1400年，这些国家的佛教几乎不复存在，印度教也被取而代之，只有巴厘岛等少数岛屿继续推行印度教。

以印度尼西亚为例，伊斯兰教的传播是多重影响的结果。生意兴隆的外国商人和目的明确的传教活动将很多当地人转化为穆斯林。商人自身就是虔诚的教徒，他们在所到之处修建清真寺，方便自己做礼拜。很多地方王国的君主也皈依了伊斯兰教，他们确实在利用宗教思想巩固统治，但这也跟他们的自身经历有关。比如某位国王身患重病，穆斯林领袖劝他皈依真主，等到痊愈后他自是感激涕零，对真主的神力深信不疑，不仅自己皈依伊斯兰教，还强迫全体国民转变信仰。

到15世纪早期，东南亚的多元宗教格局已成既定事实。印度教沦为少数教派，佛教在各陆地王国中享有重要地位，但是各岛（比如马来半岛）的主流宗教则是伊斯兰教。书写形式也是多种多样，东南亚语言的多种书写体源自梵文等印度文字。但是马来文深受阿拉伯文影响，越南文则源自中国汉字。东南亚文化本质上属于衍生文化，缺乏单一来源——除了带来重大影响的印度。当地根深蒂固的传统与各种外来影响相互融合。举一个有趣的例子，从越南到印度尼西亚，斗鸡活动非常流行（中国人和印度人则对此非常反感，避之唯恐不及），这是东南亚乡村娱乐活动的重头戏。东南亚在跨地区贸易网络中起着重要作用，并通过海上贸易将亚洲各地连为一体。东南亚产品具有很高的价值，当地商人逐渐成为阿拉伯人在印度洋商圈的竞争对手。

4. 通往现代之路

在后古典文明时期，非洲和欧亚大陆的其他地方经历了长期的宗教变革，南亚和东南亚也是如此。佛教和伊斯兰教分别在东南亚的不同地方成为主导宗教，同时吸收了当地的多元文化。比如印度尼西亚的女性穆斯林，虽然皈依了伊斯兰教，但却并未严格遵守中东妇女的着装要求，她们仅在出席重要宗教场合时才佩戴面纱。在这段时期，泰国和印尼多地形成了区域认同并一直延续至今。

印度出现了一支穆斯林少数群体，他们与占人口多数的印度教信徒关系复杂，双方之间时而倒戟干戈，时而剑拔弩张，为未来的社会关系格局设定了基调。如今这座次大陆上的政治分裂（主要指印度和巴基斯坦）完全是几个世纪以来政治角力的产物。这段时期为印度留下了大量的艺术作品，它们融合了印度、伊斯兰和波斯风格，已经成为印度文明传统不可或缺的一部分。

延伸阅读

后古典时期的印度历史：Romila Thapar, *A History of India* (1990); Rhoads Murphy, *History of Asia* (4th ed., 2002); John P. Jones, *India, Its Life and Thought* (2009)。

印度的广泛影响力：H. B. Q. Wales, *The Indianization of China and Southeast Asia* (1967)。对东南亚发展历程的总结：D. G. E. Hall, *A History of Southeast Asia* (1981)。印度洋贸易模式：J. L. Abu-Lughod, *Before European Hegemony: The World System A. D. 1250-1350* (1988)。其他著作：Frederic P. Miller et al., *Islam in India* (2010); Frederick Clothey, *Religion in India: A Historical Introduction* (2006); Paul Michel Munoz, *Early Kingdoms of the Indonesian Archipelago and the Malay Peninsula* (2006); Sunil Kumar, *The Emergence of the Delhi Sultanate, 1192-1286* (2007); Richard M. Eaton, *India's Islamic Traditions* (2003); Catherine Asher, Cynthia Talbot, *India Before Europe* (2006); Sukhdev Singh, *The Muslims of Indian Origin During the Delhi Sultanate: Emergence, Attitudes and Role, 1192-1526 A. D.* (2005); Richard C. Martin, *Approaches to Islam in Religious Studies* (2001); Bruce B. Lawrence, ed., *Beyond Turk and Hindu: Rethinking Religious Identities in Islamic South Asia* (2000); Peter Jackson, *The Delhi Sultanate* (1999); Andre Wink, *Al-Hind: The Making of the Indo-Islamic World* (1990); Milton Osborne, *Southeast Asia: An Illustrated Introductory History* (2005); D. R. Sar Desai, *Southeast Asia Past and Present* (2003)。

第 10 章
非洲与伊斯兰教

后古典时期的非洲积极参与文明扩张，并与正在形成中的世界网络建立起新的联系。伊斯兰教席卷北非，将北非与中东结合成一个单一的文明，尽管二者在政治上各行其是。伊斯兰教还深刻地影响了撒哈拉沙漠以南地区，但它不得不与当地的其他信仰相互竞争，这与它在南亚的传播过程很有几分相似之处。撒哈拉以南非洲属于独立文明，但是它的信仰、贸易和政治都在伊斯兰教的辐射范围之内。非洲人始终保持着自己独树一帜的身份属性。在此期间，撒哈拉以南非洲的部分地区吸收了伊斯兰教的很多元素（超过了印度），不仅是信仰本身，还包括阿拉伯文字。从这个层面来看，非洲是在模仿一个资深持重的文明中心，类似同期的俄国、日本和西欧。相比欧洲或印度，非洲与阿拉伯世界的经济联系更加紧密：非洲向后者出口黄金、原材料和奴隶，换取后者的马匹和奢侈工艺品。

> **重点问题** 在解读非洲这段重要历史时期（后古典时期）时，我们面临三大挑战。首先，我们要摒弃过去那种一成不变的认识：非洲是一个未开化的地区，或者说在欧洲渗透之前非洲的发展波澜不惊。事实上，此时非洲的政治和经济成就足以媲美乃至超越西欧。其次，我们不但要理解非洲文明的多样性，还要把握其共性。非洲人有哪些共同点？如何概括形形色色的当地社会？最后，伊斯兰教对非洲、印度和东南亚的影响，与对中东本土的影响有何异同？如何定义非洲在伊斯兰世界中的地位？

1. 撒哈拉以南非洲与世界网络

由于史料来源多种多样，而且涉及的领土范围一望无际，在分析撒哈拉以南非洲在现代之前的历史时做到鞭辟入里谈何容易。大部分非洲社会都没有文字，正式的历史记载有如凤毛麟角，主要来自外地旅行家（尤其是穆斯林旅行家）的游记、考古遗迹，以及非洲人口口相传的故事和家族历史。铁器已在非洲广泛使用（撒哈拉以南非洲在公元前 1000 年就引入了铁器），但是非洲的技术水平仍然落后于亚洲。动物疫病不利于家畜饲养和驮畜运输，包括舌蝇传播的疫病。非洲不少地方建立了君主制（与西欧君主制建立的时间和方式相似），但更多地方只有村庄和部落，并不存在严格意义上的政体，这一点与亚欧两洲不同。

非洲社会有着很强的多样性。即使不包括庞大的撒哈拉以南地区，非洲大陆也可谓幅员辽阔。北部是撒哈拉沙漠，南部是卡拉哈里沙漠和草原，东部群山绵延，中部则有茂密无边的热带雨林。非洲大陆上也曾出现过若干大型帝国，但它们的统治范围相比撒哈拉以南非洲实在是微不足道。分裂状态成就了非洲的多样性。没有哪个宗教能征服整个撒哈拉以南非洲，人们沟通的语言也不止一种。中国有儒家思想，印度有印度教，但是非洲却没有统一的"伟大传统"，因为地方文化总是受到形形色色的外部影响。

在后古典时期，撒哈拉以南非洲最显著的发展成就集中在西非（撒哈拉沙漠以南，毗邻大西洋）和东非（毗邻印度洋，包括桑给巴尔岛）。这两大地区与阿拉伯世界交往甚密。西非打造出了非洲大陆上最完备的政治结构。其他重大发展包括以务农为生的班图人不断迁往非洲中部和南部。在非洲中西部的森林地带，贸易范围不断扩大，新的艺术形式不断涌现，但是大多数农业社群都没有建立起正规政府。非洲历史可以说是包罗万象。然而，这里的多样性也不是绝对的。撒哈拉以南非洲使用的语言超过千种，但它们都源自四到五种基本语系，表明很多语言彼此密切相关。虽然非洲从未实现政治统一，但是很多地方都出现了相同的政治趋势。非洲没有一个长期盛行的单一宗教，强大的多神教信仰成为非洲人共同的宗教经历。这些相似之处——不能奢求它们会有太多——凸显了非洲文明的某些趋势。从 600 年左右开始，这些趋势逐渐转化为正规政府和其他设置（复杂社会的构成要素），尽管它们没有遍及整个非洲大陆。

社会结构变革的两大动力分别是早期取得的成就和新的交往联系。和其他早期文明一样，非洲社群的发展也是建立在既有基础之上。非洲东北部文明已经兴盛超过千年。撒哈拉以南非洲的北部和西部地区在更早之前就开始从事农耕，然而，农业生产直到 500 年才蔓延至（或穿过）赤道附近的雨林地带，当时那里还生活着少数狩猎采集人群。非洲南部沃野千里，适宜农耕，但在当时还没有被开垦，狩猎采集经济继续存在。北部和西部的农耕已有数百年历史，这为当地打下了坚实的经济基础。冶铁业初具规模。组织严密的村社、地方社区，以及关系牢固的直系家庭和扩大家庭，成为文化深入发展的政治基础。在部分非洲社群，稳定的地方政治单元和深厚的手足情谊足以维系社会秩序。非洲人非常看重家庭和血缘关系，他们会牢记自己的家谱，即使天各一方他们也很清楚自己的身世。在很多家庭或部落中，九行八业都是世代相传，比如经商、务农和从政，甚至是为奴。部落的重要地位反映出非洲政权组织形式的杂乱松散。

最后要说的是非洲人的宗教信仰。他们的宗教信仰存在明显的地方差异，但却让他们认识了自然的运行规律（在此基础上举行祛病减灾的祈祷仪式），并形成了强烈的身份认同意识。每个部落都有自己专属的神圣动物，他们将其视为神灵化身，严禁猎杀。非洲人的宗教信仰基本都包括崇拜自然和缅怀祖先，因而具有社会整合功能和心理抚慰功能。

总之，非洲文明扩张的背景就是数百年农业发展打下的坚实经济基础，以及与之相辅相成的宗教和政治文化。那些百二河山的帝国就是以此为基，建功立事，比如早在 300 年就异军突起的西非加纳帝国。在进入后古典时期之前，非洲文明的扩张就已经开始了。

班图人大迁徙是非洲历史上的重大事件，它始于后古典时期之前而贯穿整个后古典时期。班图人来自非洲中西部，他们逐渐扩散到了南部和东南部，将农业传播到这些地区，还为当地人带来了铁器。大部分非洲语言都源自班图语，这是班图人迁徙的重大贡献。"班图"（Bantu）一词表示"很多民族"。非洲南部在这段时期崛起成为文明中心（主要指津巴布韦），班图人功不可没，而且他们还影响了后世非洲社会的发展。

文明扩张的第二个推动力是 7—10 世纪的贸易往来。跨地区贸易不断迈向新高度，进而催生出两大贸易通道。非洲东岸地区出现了若干城市中心，这要归功于来自阿拉伯半岛南部的穆斯林海员。这些城市中心的进出口贸易规模庞大（需要穿越印度洋）。非洲的象牙、黄金和奴隶被运往中东、印度，甚至中国，换回了包括中国瓷器在内的各种制成品。主导此类贸易的通常不是非洲人而是阿拉伯商人，后者在非洲东部城市安家落户，与当地人通婚成亲，为建立城邦和地方王国扎下深根。他们甚至还发明了一门语言：斯瓦希里语。这门结合阿拉伯和非洲特色的语言扩大了交流范围。东非城市与内陆地区的交往比较有限，因而未能对整个非洲带来重大影响，但它们自身的存在就已经是一种了不起的成就。

第二条贸易通道始于穆斯林聚居的北非，穿越撒哈拉沙漠，它的意义更加重大。这条通道上的商队在沙漠中艰难跋涉，他们有的骑着骆驼，有的缓步代车。虽然骆驼很早就被人们驯化，但非洲人直到 200 年左右才开始大范围使用骆驼，由此迎来了前所未有的贸易机遇。到 700 年时，穆斯林商人已经在从撒哈拉以南非洲获取黄金、象牙、盐和奴隶。他们还购买非洲的可乐果而无须担心违背信仰，因为《古兰经》并没有提及这种"兴奋剂"。贸易财富推动非洲城市繁荣发展。撒哈拉沙漠南部的廷巴克图是当时最伟大的城市中心，它拥有一支兵多将广的军队和富甲一方的财富。据一位早期到访此地的欧洲人描述，当地有"很多治安官、博学的医生和宗教人士"。这座城市是伊斯兰学术圈不可或缺的组成部分。从更广的层面来看，西非与阿拉伯世界之间的交往刺激了贸易增长，提高了布料和贵金属的产量，向撒哈拉以南非洲的广大地区输出了新的社会和政治模式。非洲商人在西非各地的贸易范围逐渐扩大。富人与穷人之间，士兵、工匠和农民之间开始出现社会分化，这在一定程度上切断了传统的血缘关系。

非洲由此成为伊斯兰世界

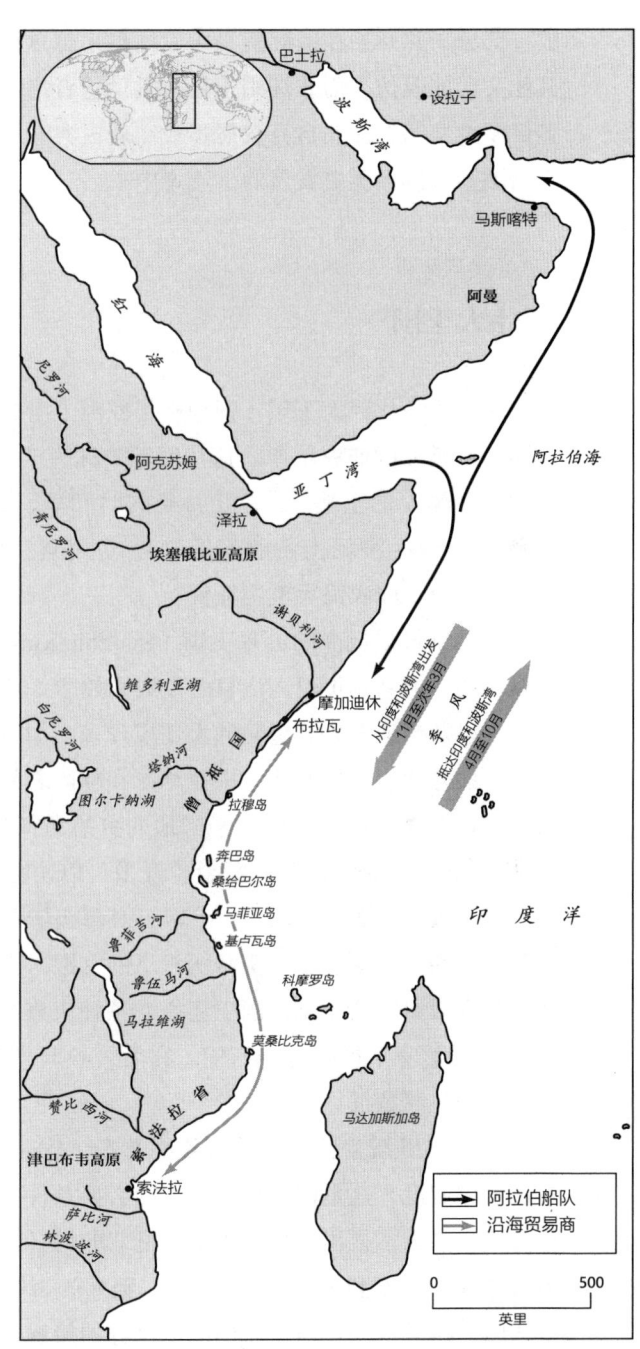

地图 9　东非贸易路线

的一部分，并开始在国际贸易中发挥越来越重要的作用。有若干社会率先发起了对其他文明的模仿，而非洲则正是首批模仿者之一，它利用贸易联系，有选择性地借鉴伊斯兰文明，加快自身发展步伐。后古典时期的非洲依然保有自身鲜明特色，但它已被卷入世界历史发展的洪流之中。

2. 伟大王国

非洲第一代伟大王国（不包括尼罗河上游的国家）出现在撒哈拉沙漠南部，以及再向南延伸的非洲草原。这片区域被称为"苏丹"（Sudan），它在阿拉伯语中的意思是"黑人的土地"；在几百年的时间里，苏丹延伸到了整个撒哈拉沙漠南部（不同于今天尼罗河上游的苏丹国）。苏丹各王国要求商人上缴贡赋，既充实了国库，又避免了向农民大范围征税。

加纳是最早成立的**苏丹王国**（Sudanic kingdoms）之一。它的起源可以追溯至古典时期，但其真正引人注目的发展则始于 800 年左右，得益于穿越撒哈拉贸易的增长，以及当地盐矿和金矿的大规模开采。加纳王国建立在若干城市（如今已不复存在）的外围，地处北非与南非草原和林区之间的交界地带。黄金和象牙生产商都集中在南部。加纳国王对途经当地的贸易商征敛无期。一位阿拉伯作家写道："每块金子都归国王所有。"垄断金矿开采可以防范非法来源的黄金流入市场，同时补充直接税收（以黄金支付）——国王对每头驴和骆驼驮运的盐也都要收税。加纳国王利用这些资源建造了一座富丽堂皇的宫殿，大摆宴席款待数千宾客，琳琅满目的装饰品在殿内随处可见。国王还举办各种庆典和仪式，彰显自身权威，宣扬君权神授：国王受命于神，得神庇佑。在后古典时期及之后的岁月里，天赋君权成为非洲政权的共同特征。

加纳与伊斯兰世界的关系错综复杂。国王聘请阿拉伯人担任史官，辅佐他们打造官僚制度，这是国家发展壮大的必要条件。加纳需要维持与北非之间的贸易往来，不仅是为了征税，也是为了引进北非的马匹，发展以骑兵为主的军事力量（当地舌蝇肆虐，不利于马匹繁殖）。在骑兵的带领下，加纳王国向苏丹平原扩张，攫取贡赋、搜罗奴隶。但是与伊斯兰世界的接触，加之对贸易的高度依赖，也使得加纳在面对游牧部落和北非各国的入侵时不堪一击。加纳王国的财富为北非所觊觎，当地伊斯兰居民也欢迎穆斯林同胞来到身边。加纳王国自身组织结构松散，其统治基础是国王和地方首领之间的联盟牵绊，抵御外敌硬短绝泉。尽管拥有的财富堆山积海，但是加纳的国防依靠的是地方武装而非职业军人。而且加纳的官僚制度也仅具雏形，其主要功能就是征税。外来入侵令加纳王国贸易瘫痪，日益衰微，最终在1200年左右走向崩溃。

苏丹地区还出现了其他王国，其中有些国家不仅有国王，还有议会。不少国家盛产铜和纺织品，个别国家在进入19世纪后依然屹立不倒。众多贸易公司纷纷涌现，其经营权一般都是代代相传，以保证公司始终掌握在本家族成员中间。其中有些公司更是至今故我依然。在尼日利亚等西非国家，繁荣的城市集贸中心在人们的生活中占有非常重要的地位。

加纳王国名副其实的继承者出现在13世纪。它的地方基础与加纳不尽相同，政治结构也要更加完善，但它依然有赖骑兵并继续维持与伊斯兰世界的贸易和交流。这个王国就是马里王国，它的创建者松迪亚塔是位骁勇善战的将军，他率军击溃了众多小国，在位二十多年，直至1260年左右逝世。马里王国的立国基础包括与北非贸易取得的积金累玉之财，以及肥沃高产的冈比亚河谷的水稻等农作物。松迪亚塔及其继任者被奉为天命君主，这一点与加纳王国的情况如出一辙：统治者的宗教权威和神力被大肆渲染。他们还与多位地方首领结为同盟。松迪亚塔皈依了伊斯兰教，一定程度上是为了向北非的贸易伙伴示好。松迪亚塔并未强迫臣民也皈依伊斯兰教，但是他和他的继任者任用伊斯兰官员，普及阿拉伯文字。服务精英阶层的伊斯兰教保证了法律和书写系统的连贯性，提高了人们运用法律和文字的技能；在此基础上，马里王国构建起了超越加纳王国的庞大官僚和法律体系。

解答问题 技术与贸易

我们可以用一种有趣的方式来解读历史，比如某位天才发明家创造了一项了不起的新技术，进而改变了世界，姑且不论结果好坏。此处的创新技术是原因，它引发了各种各样的结果。事实上，技术往往来源于明确的需求，来源于变化的局势，而新技术的出现则（必定）会带来更多变化。我们不排除有天才人物的影响，但有一个更加明显的事实是，技术变革是对新问题的回应。后古典时期的经济模式明确揭示了这种关系。随着阿拉伯人逐渐向中东成熟的贸易中心集中，穆斯林商人越来越热衷海上贸易，尤其是从当地的东部和南部港口进入印度洋，因为他们意识到贩卖黄金和香料等产品有利可图。他们的新兴趣显然不是由技术引发的，技术变革之所以重要，是因为它能帮助人们利用中东、东非和南亚之间潜在的沟通渠道。

相关技术设备来自不同地方。地中海社会的科学家们早在希腊化时期就发明了计算纬度的星盘。后古典时期的阿拉伯和波斯商人将星盘学以致用。阿拉伯人跟中国人学会了使用罗盘并首次将罗盘推向世界,罗盘就此成为公海航行的重要导航装置。阿拉伯人还从印度和东南亚学会了制作三角形船帆,即"斜挂大三角帆",极大地增强了船只的机动性。这些设备扩大了印度洋的贸易范围和贸易量,尤其是可以帮助中东商人有效地利用季风沿东非海岸向南行驶。

在后古典时代晚期,人们的新需求和新兴趣再次激发了技术变革。以中国为例,中国商人长期活跃在近海贸易圈,主要贸易对象是朝鲜和日本,而其长途贸易则掌握在中东和南亚商人手里。到了10世纪,中国人渴望获取东南亚的香料和其他产品,他们需要与对方展开直接贸易。这就是他们遇到的新问题,然后他们在罗盘的指引下开始了新的航程。中国人还学会了建造大型航船,用钉子加固船体,涂油防水,安装新型船舵。其结果就是开启了后古典时期晚期持续数百年的新一轮贸易扩张。以上分析中的因果关系虽说确定无疑,但却依然错综复杂。贸易和新的商业兴趣激发了技术变革,反过来,后者又推动了贸易扩张。

重点问题 为什么后古典时期的技术变革集中在贸易领域而非制造业领域?是不是曾有某位天才人物提出了某项了不起的发明,然后促成了重大变革?

马里王国的统治者也积累了庞大的财富。1334年至1335年间,松迪亚塔的继承人曼萨·穆萨远赴麦加朝觐。随行所带黄金珠宝之多令埃及人和其他阿拉伯人瞠目结舌。随从们牵着90头骆驼,每头骆驼驮运136千克黄金,这是此行的旅费。追随曼萨·穆萨朝觐的臣民多达数千人。他对沿途百姓慷慨馈赠,为麦加和麦地那这两座圣城留下了丰厚的献礼。不出所料,曼萨·穆萨由此声名大噪。(同样不出所料的是,他的黄金很快就挥霍一空,不得不在埃及借贷;不久他又连本带利一起归还,甚至让埃及银行一时难以负荷。)几十年之后,人们在一张法国人绘制的地图上看到了曼萨·穆萨的名字,图注文字中不加掩饰地写道:"他的国土上遍地黄金,他是非洲最富有、最高贵的国王。"曼萨·穆萨并非只是因其挥金如土的朝圣之旅而为人所知,他还在都城组建了一支穆斯林学者队伍,他们中有些人甚至来自遥远的埃及。曼萨·穆萨政府与北非各国(可能还有其他更远的国家)确立了外交关系,并互派使节。

马里王国成为伊斯兰世界的伟大国家之一,它的领土从大西洋沿岸一直延伸到苏丹平原腹地。统治者积极推广贸易,资助伊斯兰学术活动。廷巴克图成为重要的伊斯兰学术中心,据说当地人把书籍看得比黄金还要贵重。廷巴克图与摩洛

人物传略：松迪亚塔

马里王国是后古典时期西非最伟大的王国之一，它的主要国民是13世纪脱离加纳王国的马林凯人。马里王国的开国君主松迪亚塔是位杰出的战士和政治家，他的丰功伟绩被世代传颂。"格里奥"（griots）是古代非洲的口述史学家，他们中有人担任国王的顾问并保持自己的职业传统，他们开始传颂"狮子王"松迪亚塔的历史。

曼萨·穆萨是马里王国的后任统治者，在他统治期间，马里王国的实力超越了松迪亚塔时代。图中表现的王权反映了松迪亚塔开创的统治结构。

> 马里的孩子们，黑人的子孙们，你们听我说，我要向你们讲讲松迪亚塔的故事。他是光明之国和稀树草原的父亲，他是射手们的祖师，他是百余位战败国君主的主人……他是王中之王，完美无缺；他承蒙真主厚爱——因为在他之后，再无伟大的征服者。

松迪亚塔的童年生活并不幸福，家族内部勾心斗角。他创建了一个统一的国家，为马林凯人的社会生活制定了基本规范，设定了政府架构。他划分了社会阶层：自由民（可携带武器）、神职人员，以及各行各业的匠人（包括口传历史的格里奥）。松迪亚塔此举备受赞誉，尽管这种划分方式并非其首创。他对地方差异和种族差异宽容以待，设立卫戍部队保卫庞大的国土。他保护旅客，惩罚罪犯——这对一个依赖稳定贸易的国家来说非常重要。松迪亚塔于1260年左右去世，他的丰功伟业被继任者进一步发扬光大。

哥和埃及的学术中心定期举行学术交流,将西非与地中海和伊斯兰世界更加紧密地联系在了一起。政府严格执法,确保了国家的长期和平与繁荣。显赫家族企业的商业运作游刃有余。一位阿拉伯访客这样形容马里:"旅客和居民都不用害怕盗贼或暴徒。"

马里王国逐渐衰落,1400年左右被桑海王国取代。桑海是苏丹地区第三个伟大的王国,在15世纪末至1591年间达到鼎盛。桑海王国的疆域不及马里,但它延续了马里的传统:打造官僚队伍,巩固君主权威。桑海王国也是伊斯兰世界的一员,但它的大多数居民还是保留着多神信仰,而且女性在公开场合享有更多自由。桑海国王不再与地方权贵结盟,而是组建了直接效忠自己的军队;有些士兵是奴隶出生,他们是君主的私有财产。桑海王国征服了不少新领土。它的灭亡归咎于北非的打击(主要是来自今摩洛哥的敌对王国)和内部叛乱。桑海的覆灭标志着伟大的苏丹王国时代一去不复返。但事实上,在接下来的几个世纪里,不断有新生王国走向历史舞台。这证明了西非政治模式具有勃勃生机。

参照苏丹王国的模式,撒哈拉以南非洲的北部和西部在14世纪建立了一批国

尼日尔河流域的杰内大清真寺(位于今马里共和国境内)是伊斯兰教在非洲广泛传播的标志。杰内是当时重要的冶铁和贸易中心,它和其北边320千米外的廷巴克图都是伊斯兰教学术中心。

家。多数国家都推行君主制，国王宣称自己受命于神。他们的神权特点鲜明：国王对大部分臣民的控制力并不强，地方首领和城镇居民组成的议会制约了王权——尽管形式不够规范，但其功能类似同时期欧洲的早期议会。有些王国的领土范围延伸到了西非林区（部分领土属于今尼日利亚等国），这主要得益于苏丹各民族的贸易活动和工艺成就。贝宁王国的艺术传统尤其重要，尽管其政府架构比较分散。贝宁的木刻和金属雕塑惟妙惟肖地展现了神灵和人类的形象。

1400年前后，撒哈拉以南非洲的北部和中部大部分地区出现了若干地区王国，展现出了类似苏丹王国一样的帝国风范。多数国家都没有完善的政治结构。有些国家由穆斯林领

贝宁国王的半身像。位于西非的贝宁王国孕育出了最富想象力的非洲艺术。黄金编成的发辫和项链表明了他的王室身份。

导，有些国家则坚持多神信仰。国与国之间的边界并非牢不可破，这一方面是因为官僚机构有限，无法有效守护边界，另一方面则是因为政治统治严重依赖臣民的忠诚和联盟。有些地区（包括很多活跃的贸易和文化中心）完全依靠地方势力，这与东非的城邦制有所不同。西非林区与庞大的苏丹王国形成了鲜明对比，部分原因在于前者的地形条件限制了人们的出行和骑兵建设。有些国家没有正式的政府，它们的政治单元就是村庄和家族，但是当地的农业、手工业、制造业和贸易依然稳步发展。

班图人继续迁徙，散播愈广。早在860年，一部分班图农民就到达了如今的南非。另一部分班图人则进入到了适宜农耕的东非高原（今肯尼亚和乌干达）。这是一个逐步迁徙的过程，因为农田短缺反复出现。1500年之前，很多班图人都无法在一个地方长期定居，而这或是因为农耕受阻，或是因为与当地狩猎部落发生冲突，他们不得不再三迁徙。直到很久之后，他们才组建起大型政治单元。班图人建立了自己的王国（尽管为数不多），班图族国王统治顺从归附的当地居民；卢旺达和布隆迪这两个国家在进入21世纪后依然存在，不过它们已经从君主制转变

> ## 讨论历史：真实的非洲
>
> 直到现代时期，大部分西方人仍将非洲看成是一个"黑暗大陆"，既神秘莫测，又落后闭塞，他们认为在欧洲人到来之前非洲历史几乎就是一片空白。
>
> 这种看法不仅表明西方人未能全面认识非洲的历史渊源，还表明他们带有种族偏见，不相信非洲人的能力。但是在过去的几十年里，有学者根据工艺品、旅行游记和非洲人自己的口传历史，勾勒出非洲在后古典时期之前和之间丰富的历史图景，不仅修正了人们对非洲大陆霸权式的传统认知，还明确了该地区在后古典时期交往联系大格局中的重要性。
>
> 通过对比分析，我们可以发现非洲历史发展的背景。有学者指出，1200年前后的非洲与西欧非常相像。二者都在模仿发达的地中海社会；二者的政治结构都比较松散（但是非洲王国的规模要比欧洲王国大）；二者都依靠部落的忠心支持；二者的贸易都在快速发展，二者的经商水平都在不断提高。当然，二者之间也存在差异，这主要表现在世界宗教的影响程度和书写能力的普及程度上，但是二者之间的相似性要更加显著。非洲在后古典时期取得的成就，比如贸易活动、长期存在的地方王国、以雕塑和服饰为主具有创造性的艺术作品，为其日后发展打下了坚实的基础，尽管非洲在进入现代时期之前再次经历了许多重大变化。

成了共和制。

津巴布韦也曾出现过一个伟大的班图人王国。当地盛产黄金，与东非的贸易城市交换商品。威风霸气的国王命人修建了一座占地广大的石头城，当地遗址令后世考古学家心驰神往。单从规模来看，津巴布韦的石头建筑群完全可以媲美古埃及和玛雅人的纪念性建筑。君权神授观念在这个伟大的王国深入人心。它在鼎盛期（1300年左右）曾统治着非洲东南部的大片领土。大约在1400年之后，王国逐渐没落，它的灭亡和崛起一样充满神秘色彩。除了独树一帜的纪念性建筑，这个班图人王国的新型政治体制在非洲广大地区传播开来，尽管这种传播并不均衡。

3. 非洲文明的特征

到15世纪时，非洲文明已经展现出了明显的多样性和非统一性，同时承载着许多共同的主题。在政治方面，神圣君主继续得到民众的拥戴，但是王权被类似顾问委员会的机构所制衡——这种政治模式具有鲜明的特征，尽管没有得到普及。很多地区的非洲人成为建设国家的有用之才。苏丹各王国创立了更加先进的政权组织形式。总体来看，非洲的政治发展进程与中世纪的西欧颇为相似。

非洲人开创了重要的经商传统，尤其是在东海岸和苏丹平原。虽然缺乏体制创新（比如银行网络），但是家族贸易公司具有强大的凝聚力。很多地方出现了地主阶级，有时候一个部落会被另一个部落的上层阶级统治——这是班图人一些定居点情况的真实写照。一般来说，非洲农民要比中世纪的西欧农民更加自由；非洲不存在强占农民财产的庄园制度。不过，非洲多地都推行奴隶制。非洲在发展初期战事不断，战俘成为奴隶的主要来源。有些家庭甚至世代为奴。奴隶从事多种工作，比如仆人、矿工和士兵。

技术实力落后制约了非洲的经济发展。虽然个别国家十分富足，但是整个非洲的财富还是不及亚洲文明社会，因此非洲的人口规模小于亚洲。非洲农民建造了灌溉系统，掌握了关于各种农作物的丰富知识。非洲人逐步改良了开采技术，他们有办法挖掘更深的矿井，更有效地提炼黄金。到15世纪时，西非矿工已经开采出5,500吨左右的黄金，他们在接下来的四百年里又开采出同样多的产量。铜铁冶炼术广泛传播，然而到1400年，非洲人的制造技术依然达不到欧亚两洲的技术标准——这与他们高超的艺术创造力形成了鲜明对比——部分原因在于非洲人很少主动引进亚洲技术。

牢固的家庭结构是非洲社会的显著特征。基于血缘的庞大家庭（其成员或许住在不同村落）是一条重要纽带，在政治结构（官方层面）摇摇欲坠时依然能将非洲社会连接在一起。此外，非洲家庭会倾注大量时间照料孩子。妈妈们在劳作时通常会把幼儿背在身上，而西方传统则希望孩子尽早脱离对母亲的依赖。依照官方规定，非洲女性在家中的地位低于男性，有些群体甚至严格约束女性的行为。但总的来看，非洲女性不仅是重要的家庭成员，同时还担负着一定的社会职能，比如在开放集市经营店铺。相比大多数亚洲社会的女性，非洲女性可以在农业和商业活动中扮演多重角色。

西非女性可以自由出入公开场合，可以身穿艳丽的服饰，这与北非和中东的伊斯兰教传统迥然不同。伊本·白图泰是14世纪著名的阿拉伯旅行家，他仰慕非洲的财富、权力和信仰，他对非洲女性的生存状态大为震惊。"那里的女人在有男人在场时一点都不觉得难为情，即使在虔诚祷告时也不佩戴面纱……她们有男性朋友，可以与男性结伴同行。"上述现象再次证明：联系交往乃至模仿都无法磨灭地方传统。尽管非洲人也在传播伊斯兰教，而且带来了实实在在的改变，但是他们采用的是非洲人自己独有的方式。

非洲在后古典时期同时受到了基督教和伊斯兰教的影响，这反映出世界宗教的力量正在日益壮大，但是不同的地区选择了不同的宗教。到1400年，撒哈拉以南非洲出现了教派林立的局面。埃塞俄比亚坚持基督教信仰。伊斯兰教传播到了苏丹各地和印度洋沿岸港口城市。伊斯兰教虽然不是非洲的全民宗教，但它在北非和西非拥有大批信众。伊斯兰教深刻地影响了非洲的贸易和政治，同时吸引了大批虔诚的信徒，激励他们投身伊斯兰教学术研究。

大多数非洲人仍然坚持多神教，甚至在伊斯兰教占据主导地位的撒哈拉以南非洲也是如此。和其他农业社会中的人们一样，非洲人也希望神灵之说能帮他们解释自然现象，因为他们别无他法。非洲人的多神教林林总总，一应俱全，因此能在遭遇伊斯兰教等单一神论的挑战时屹立不倒。虽然非洲人的多神信仰有地域差异，但他们一般都崇拜一个至上神（宇宙的创造者和信仰的基础）和多位次级神（善）和鬼（恶）。次级神掌管耕种和战争等日常事务，对人们的生活影响更大，因而也最受重视。宗教仪式由巫医主持，他们负责给人治病。与此同时，非洲人也开始质疑那些狂热的宗教行为。尼日利亚人用一句谚语形容一个痴迷宗教信仰的人："他就是木头做的。"——意在提醒他不过是个凡人而已。

非洲人的艺术成就离不开宗教的引导。到1400年，非洲人（主要在西非）制作出了更加精良的木雕、象牙和陶土工艺品。很多面具和雕塑都具有宗教意义，它们是祭礼舞蹈和其他典礼上的重要道具。在城里生活的艺术家和大多数工匠都享有重要地位。在某些地区（比如班图人的聚居地），非洲艺术家对圆形情有独钟，对其他形状则不感兴趣，他们把圆形视为艺术和建筑的基本几何单位。比如津巴布韦的很多民宅和大型神庙都是圆形外观。甚至到了今天，非洲孩子还是喜欢画正圆形，而欧洲人和亚洲人在对孩子的教育中则更侧重正方形和各种角度。

到1400年，非洲正处于蓬勃发展的过程中。新生王国的统治能够维持几百年时间，艺术、宗教和家庭传统经久不衰。1500年之后与欧洲人的接触改变了非洲部分地区的面貌，但还没有严重破坏整个非洲历史（不像美洲那样整个社会都被毁灭殆尽）。其中一个原因就是非洲人与其他文明社会保持着充分的联系，它已经有了一定的免疫力，足以抵抗来自欧洲和亚洲的某些严重疫病。因此，当瘟疫爆发时，非洲人没有像美洲印第安人那样遭遇灭顶之灾。15世纪晚期，欧洲人的到来只不过是暂时扰动了非洲的历史进程。欧洲探险家和定居者与高度发达的非洲社会相互影响，但是在几个世纪的时间里，撒哈拉以南非洲始终保持着它在文明形成阶段确立的基本趋势。

①

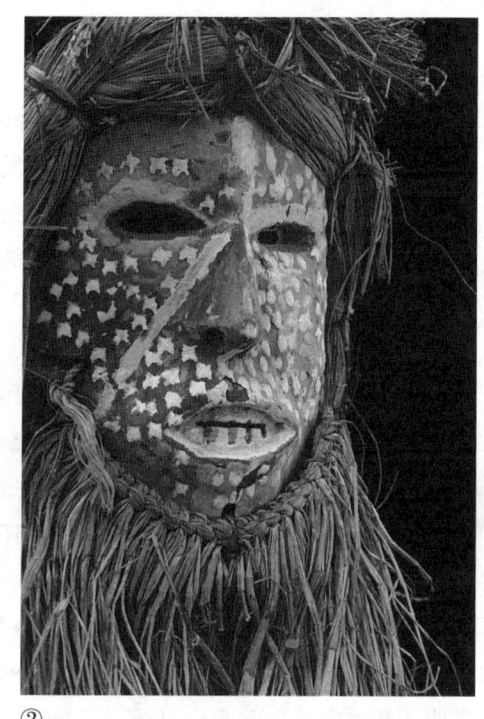

②

③

撒哈拉以南非洲的艺术品主要包括雕塑和面具，用于宗教仪式。虽然非洲的多神信仰存在地方差异，但是这些艺术品表现了同样的主题：与神祇沟通。各地艺术品的具体风格大不相同，反映出地方文化和条件的多样性和独立性。图①是东非埃塞俄比亚的传统木雕面具，图②是中非刚果民主共和国伊图里雨林的面具，图③是西非加纳阿散蒂地区的面具。

4. 通往现代之路

　　与亚欧两洲的重要文明不同，撒哈拉以南非洲没有形成单一的"伟大传统"。非洲最突出的特点就是它接受了外来的世界宗教而没有创立自己的宗教，所以置身于当今世界中的非洲历史遗产也就显得格外复杂。此外，现代欧洲帝国主义对非洲的入侵破坏了许多非洲的制度，包括非洲人自然形成的政治边界，割裂了非洲人与他们历史过往的深厚联系。

　　非洲在后古典时期的发展具有经久不衰的影响力。这一时期的纪念性建筑帮助当代非洲人形成了身份认同，他们沿用古老王国的名字（如"加纳"和"马里"）命名现代国家。当时形成的一些政治传统一直延续至今。很多观察家指出，非洲人特别崇拜政府领导层中的"大人物"，这很可能源于君权神授的古老思想和象征。西非的创意艺术不仅影响着今日非洲，还影响着欧美等地的艺术风格。父权制下的性别关系依然存在，而且我们不能低估它的复杂性。非洲女权主义者赞扬个别女性在传统非洲历史上发挥的重要作用，但是他们也相信社区和家庭是女性的强大后盾。在津巴布韦等国，一些由男性主导的法庭近期做出的判决恢复了非洲传统，即男性拥有家庭全部财产，包括妻子和孩子。最后一点，自后古典时期以来，伊斯兰教始终在撒哈拉以南非洲的文化生活中大有作为。

延伸阅读

撒哈拉以南非洲：G. S. P. Freeman-Greenville, *The East African Coast: Select Documents from the First to the Earlier Nineteenth Century* (1962); D. T. Niane, *Sundiata: An Epic of Old Mali* (1986); Ross Dunn, *Adventures of Ibn Battuta: A Muslim Traveler of the Fourteenth Century* (2005); Graham Connah, *African Civilizations: An Archaeological Perspective* (2001); Philip Curtin et al., *African History from Earliest Times to Independence* (1995); B. Davidson, *Africa in History* (1974); J. D. Fage, *Africa Discovers Her Past* (1970); Richard Olaniyan, *African History and Culture* (1982); R. S. Smith, *Warfare and Diplomacy in Pre-Colonial West Africa* (1969); N. Levtzion, Hopksins, eds., *Ancient Ghana* (1981); Anne Hilton, *The Kingdom of the Kongo* (1985); David Birmingham, Phyllis Martin, *History of Central Africa*（共两卷）(1983); Derek Nurse, Thomas Spear, *The Swahili: Reconstructing the History and Language of an African Society* (1985); J. Middleton, *The World of the Swahili and African Mercantile Civilization* (1992)。非洲和伊斯兰教：Uthman Sayyid Ahmad Ismail Al-Bili, *Some Aspects of Islam in Africa* (2008); Hal Marcovitz, *Islam in Africa* (2007); Benjamin F. Soares, Rene Otayek, *Islam and Muslim Politics in Africa* (2007); Nehemia Levtzion, *Islam in Africa and the Middle East: Studies on Conversion and Renewal* (2007)。女性：N. Hafkin, E. Bay, *Women in Africa* (1976); H. Loth, *Women in Ancient Africa* (1992); A. H. M. Jones, Elizabeth Monroe, *A History of Ethiopia* (1955)。利用新史料重新审视早期非洲史：J. Vansina, *The Children of Woot: A History of the Kuba People* (1978); *Art History in Africa* (1984)。贸易模式：Richard W. Bulliet, *The Camel and the Wheel* (1975)。近期研究著作：Christopher Ehret, *The Civilizations of Africa: A History to 1800* (2002); Eva Evers Rosander, ed., *African Islam and Islam in Africa* (1997); Timothy Insoll, *The Archeology of Islam in Sub-Saharan Africa* (2002); Ahmend S. Bangura, *Islam and the West African Novel* (2000)。

第 11 章
东欧文明：拜占庭与罗斯

后古典时期见证了若干重要文明在欧洲的扩张。这些文明与世界贸易网休戚相关，在发展基督教文化和体制的过程中也与伊斯兰教相互影响。东欧是这些文明扩张的早期领路人。地中海东北部的拜占庭帝国是罗马帝国的继承者，也是指引东欧新生王国（主要是斯拉夫国家）的灯塔。

在长达数百年的后古典时期，欧洲出现了两大基督教中心，分别代表基督教的两大流派，其标志性事件是 11 世纪东正教（东欧）和天主教（西欧）的正式决裂。相似的信仰、对希腊和罗马古典文明的相同记忆和相邻的地理位置，使得东西欧文明呈现出很多共同特征。然而从总体上看，这两大文明的形式又有诸多不同，这些差异在公元 500 年后的几个世纪不断潜滋暗长，最终变成铁壁铜墙。

事实上，拜占庭帝国在对外影响方面与后古典时期的印度和中国有不少相似之处；东欧其他国家确立的基本文化和政治模式深受拜占庭影响。拜占庭帝国在鼎盛期的经济和政治成就可以媲美亚洲文明——伟大的帝都君士坦丁堡就是证明。与亚洲文明一样，拜占庭文明也是在汲取古典文明成就、新宗教运动蓬勃发展的基础上水到渠成。凭借与古典地中海世界的密切联系（这是部分原因），东欧在政治成熟度、文化和经济活力方面长期优于西欧。但是它和西欧共有一个重要特征，那就是它们都有强烈的扩张欲望（主要通过传播基督教来实现）。可是拜占庭帝国在东面和南面都遭到了正在崛起的哈里发帝国的阻截，无奈之下，皇帝和教会主教把目光投向了欧洲北部。东正教和天主教在传播过程中互争雄长，双方在从南向北的传教过程中摩擦频仍。

> **重点问题** 本章讲述的是不同于西欧的东欧文明，尽管它们都信仰基督教。将东西欧文明分而析之，是否比分析一个基督教化的整体欧洲文明更为准确？东西欧文明有哪些主要区别？（结合本章和下一章内容来回答这个问题。）这两大文明是如何利用希腊—罗马文明遗产的？还有一个类比问题：罗斯效仿拜占庭、非洲借鉴中东（或日本学习中国），这两起模仿范例该如何比较？它们效仿了什么又舍弃了什么？最后一个问题：在后古典时期末期，东欧文明为何衰落？这一衰落造成了哪些后果？

1. 拜占庭时期

拜占庭帝国的真正崛起始于4世纪。330年，罗马帝国将君士坦丁堡定为其东部首都，它很快就成为日落西山的罗马帝国有力跳动的心脏。君士坦丁堡原本叫作拜占庭，是个名不见经传的小镇，君士坦丁大帝命人在这里修建了很多典雅的建筑，包括基督教堂。不久之后，东罗马的皇帝们便开始以此为中心发号施令。它管辖着巴尔干半岛、中东北部、地中海沿岸和北非。几个世纪以来，拉丁语一直是东罗马帝国的宫廷用语，希腊语则是大众用语，但是在查士丁尼大帝继位亲政后希腊语被定为官方语言。事实上，在东罗马人眼中，拉丁语不过是一种低劣粗俗的沟通工具，而要是学会了希腊语，知识分子就可尽情饱览古代雅典的哲学和文学经典，并对希腊化时代的文化做到于胸了然。

随着东罗马帝国逐渐成形，基督教也开始出现东西大分裂。西方教会的运作主要掌握在罗马教皇手中，东方教会则没有能与其分庭抗礼的领袖人物。君士坦丁堡的大牧首（大主教）虽然威望最高，但受到其他三位牧首的制衡，谁都无权主宰教会。几个世纪以来，东方教会（拜占庭教会）原则上认可罗马教皇的权威，但实际上对教皇的指令却是置若罔闻。此外，东罗马皇帝负责教会的组织运作，他们设计了一套国家控制教会的管理模式，完全不同于西方教会坚持独立性的传统，尽管也非总能如愿。两大教会在教规上的诸多分歧，包括圣餐礼所用面包的配料、纪念基督殉道的弥撒圣祭仪式，更是加深了彼此之间的裂痕。甚至两大教会的修道运动都是遵循不同的规定。

早期的东罗马帝国（后因定都拜占庭而得名"拜占庭帝国"）饱受入侵威胁。帝国粉碎了波斯萨珊王朝和日耳曼人的入侵。早期的几位帝王建立了稳固的军事基

这幅刻画查士丁尼的镶嵌画来自意大利拉文纳的圣维塔利教堂。拉文纳是查士丁尼收复的重要西欧城市之一，它曾被定为西罗马帝国首都。

人物传略：查士丁尼大帝

查士丁尼大帝（527—565 年在位）曾试图复兴罗马帝国。他确实收获了丰硕的成果，但却都是昙花一现。他本人在不经意间成了千年拜占庭帝国的奠基人。查士丁尼和他的将军们一度收复了罗马帝国在西欧和北非的领土。他在任内命人整理并修订了罗马帝国晚期的法令和判例，为整个欧洲留下了一部完备的罗马法典。他还督建了位于君士坦丁堡的圣索菲亚大教堂，后者在未来的几个世纪里一直影响着拜占庭和伊斯兰的建筑风格。他还希望重振罗马文化，但有意思的是，查士丁尼在艺术作品中的形象与罗马恺撒的传统肖像却是大相径庭（见第 6 章）。在左页的镶嵌画中，查士丁尼的着装（表明他既是一国之君也是神职人员）及其身旁聚集的教士和官员，象征着拜占庭国家和东正教会的统一。

重点问题 这幅镶嵌画（左页上图）的寓意与罗马政治传统有何关联？

地，他们不仅利用雇佣兵，还征召本地人参军。处于上层社会的希腊人中涌现出多位杰出军事将领，他们得以重现昔日的军事辉煌。查士丁尼大帝曾试图收复罗马帝国在西欧和北非的领土，但是昙花一现的胜利严重损耗了帝国实力，造成国库空虚。不过帝国的领土范围确实成功地向北推进了一部分。黑海北岸克里米亚半岛上的一处军事要塞遏制了日耳曼人的入侵。查士丁尼大帝命人整理并修订了罗马帝国晚期的法令和判例，将罗马律法完好无损地保存下来，为东欧和西欧留下了一部传世法典。但是查士丁尼大帝没能实现扩张领土的野心。他内心忧郁，性格专横，好大喜功。普罗科匹厄斯（又译普罗柯比）是一位与他同时代的历史学家，他对这位皇帝连半点好感都没有。他这样描述查士丁尼的为人："他可以同时做到既蛮横无理又顺从听话，俨然就是人们口头常说的'蠢驴'。他从不对人推心置腹，而是言行狡黠、诡计多端，但却往往被巧言辞令者轻易蒙骗。"皇帝深受他的妻子狄奥多拉的影响；这位出身贫贱的皇后城府深沉，渴望权倾天下。查士丁尼曾在狄奥多拉的鼓动下剿灭了一场大规模平民叛乱，处死了三万名叛乱者。

继任的帝王们一门心思巩固东部领土，他们认识到宏图大志已然成空。他们在7世纪初挫败了入侵的波斯大军，后来又击退了首次来犯的阿拉伯人，但失去了君士坦丁堡以南的大部分地中海地区。阿拉伯军队一度包围了君士坦丁堡，但是在"希腊火"的重创下功亏一篑。这是一种用石油、生石灰和硫黄混合而成的燃烧剂，它从长长的铜制喉管中发射出来，主要打击敌军战船。几场战役过后，东罗马帝国损失了一半领土，只能守住希腊和巴尔干半岛这两大核心区域。不过，有效组织的征兵活动帮助受困的拜占庭帝国渡过了难关，因为刚毅强硬的军官往往可以左右软弱无能的皇帝。718年，阿拉伯人的第二次入侵失败，之后他们再未对君士坦丁堡构成严重威胁。

此后不久，拜占庭帝国开始在辽阔的东欧大地寻觅新领土和文化同盟。希腊化时代的文化依然引人入胜。欧洲东南部的多位地方统治者，比如保加利亚国王对希腊化时代的文化倾心不已，还曾前往君士坦丁堡接受教育。但是保加利亚可绝非睦邻友邦，它曾多次逼迫拜占庭割城让地；当拜占庭皇室为王位继承人选争执不下时，保加利亚国王妄图直接出任帝国皇帝。10世纪时，有位保加利亚国王甚至自立为"沙皇"（斯拉夫语中的"恺撒"）。但是拜占庭帝国利用外交和通婚等手段（主要是发动战争），蚕食了保加利亚等地方王国。11世纪的拜占庭皇帝巴西尔二世（人送绰号"保加利亚屠夫"）收买了保加利亚的贵族和将军。他在1014年大败保加利亚军队，下令将1.5万名被俘士兵双眼刺瞎。目睹这一惨状的保加利亚国王忧愤而死。就这样，保加利亚成为拜占庭帝国的囊中之物，当地贵族被迁至君士坦丁堡定居，他们和希腊人共同跻身上流社会。

9世纪，一艘拜占庭舰船发射"希腊火"打击入侵者。

拜占庭帝国的领土扩张深入到了巴尔干半岛，它的西面是今斯洛文尼亚，东面是今保加利亚和罗马尼亚；但比领土扩张更重要的是东正教传到了这片地区和更远的地方。东正教开始积极传教，企图转化巴尔干半岛及其北部地区的斯拉夫人和其他民族。帝国政府于864年派遣西里尔和美多德这两位传教士前往今捷克共和国和斯洛伐克。但是这两个人在此地的传教之旅却是徒劳无功，反而是罗马天主教在这里大获全胜。拜占庭的传教士们只得撤回巴尔干和俄罗斯南部。他们会说斯拉夫语，因而在当地的传教工作进行得非常顺利。他们以希腊字母为蓝本创造了书写用的斯拉夫字母。直到今天，斯拉夫字母仍被称作"西里尔字母"。

9至10世纪，拜占庭帝国在马其顿王朝的统治下迎来了一段相当稳定的时光。马其顿家族化解了早前困扰皇室的继承人纷争。这段时间帝国经济昌盛，政局稳定。宫廷生活越过越奢，琼楼玉宇越建越多。细节考究的庆典和声势浩大的皇室出行勾勒出一幅盛世图景，令臣民目眩神迷。马其顿王朝还将帝国疆域拓展到了中亚和巴尔干半岛。与亚洲成果丰硕的贸易为它带来了大量丝绸产品。君士坦丁堡地处地中海东北角和黑海入海口，是东西和南北贸易路线的交汇处。帝国还是北向新贸易线路的枢纽，即通过俄国抵达斯堪的纳维亚半岛。拜占庭帝国不仅拥有丝绸，还有黄金和珠宝等奢侈品，这使得它在与那些欠发达地区的贸易中处于有利地位。总之，10世纪晚期的拜占庭皇帝很可能是当时世界上最有权势的一国之君，他的都城兴建了大量建筑和公共休闲场所，让到访的西欧人惊叹不已。

在这段繁荣期即将结束之际，拜占庭与罗马天主教彻底决裂。其实这两大教会已经有好几百年不曾正式来往，只不过双方都没有明确表态。1054年，君士坦丁堡一位野心勃勃的大牧首旧事重提，包括在弥撒中使用哪种面包。他还抨击罗马天

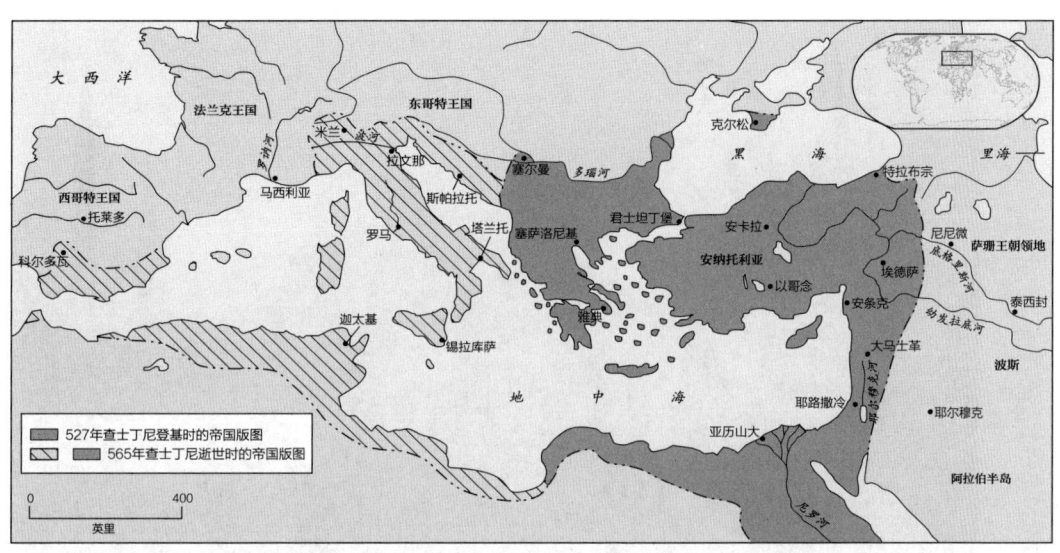

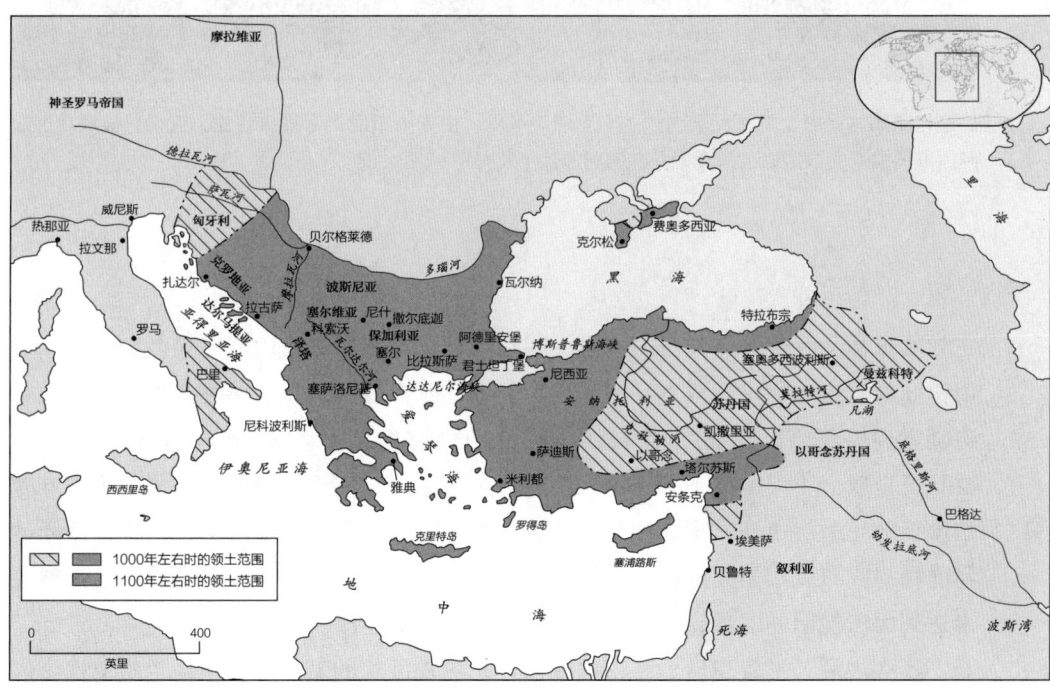

地图 10 拜占庭帝国的辉煌与没落

这座建筑原本是君士坦丁堡著名的圣索菲亚大教堂,由查士丁尼大帝亲自督建,后来它被成功征服拜占庭的突厥人改造成了清真寺并在四周加盖了叫拜塔。

主教要求神父终生保持独身的规定,东正教神父享有婚姻自由。两大教会派出代表团协商处理这些争议,双方互不退让,剑拔弩张。罗马教皇最终下令将大牧首及其追随者逐出教会;大牧首也不甘示弱,他下令驱逐了所有罗马天主教徒。就这样,罗马普世教会(天主教)和正统大公教会(东正教,它逐步吸纳了希腊、俄国和塞尔维亚的正教会)正式分道扬镳。直到1965年,罗马教皇和东正教大牧首这才冰释前嫌,宣布废止驱逐令。基督教这两大分支教会的分裂过程充满戏剧性,虽然还未达到无法挽回的地步,但彼此间的关系已是越来越冷。

不久之后,形势逆转,拜占庭帝国开始进入漫长的衰落期。伊斯兰哈里发帝国的突厥人羽翼渐丰,他们向拜占庭帝国的东部边境发起进攻。到11世纪晚期,突厥人几乎占领了帝国控制下的所有亚洲行省,切断了拜占庭最重要的税收来源和最重要的粮食供应。拜占庭又苦苦支撑了四百年,但它的结局早已写好。曾有一段时间,一支来自意大利和西欧其他地方的十字军武装打着夺回"圣地"的旗号占领了君士坦丁堡。在1204年的第四次十字军东征中,这座城市的四分之三悉数被毁,西欧商人(主要是意大利商人)控制了与中东的贸易,拜占庭帝国的经济颓势成为定局。后来,一支新崛起的突厥部落(奥斯曼人)在15世纪早期逼近了君士坦丁堡。1453年,他们利用刚刚造好的、当时世界上最大的火炮攻克了这座城市。拜占庭向西欧求援的希望也破灭落空,因为东西方教会对教规始终意见不一。君士坦丁堡失守陷落,成为新生奥斯曼帝国的首都。查士丁尼督建的圣索菲亚大教堂被改造成为一座气势壮观的清真寺。八年之后,突厥人占领了巴尔干半岛,这是拜占庭帝国的最后一块领土,为漫长的帝国历史画上了句号。

拜占庭帝国留下了众多宝贵的财富。姑且不论其他贡献,单是引领东欧斯拉夫民族创造新文明这一点就足以让它永载史册。随着拜占庭帝国走向衰亡,东欧文明的重心开始悄然北上,其突出成果就是罗斯文明。

2. 早期罗斯:基辅罗斯

早在罗马帝国时期,斯拉夫人就已迁入广袤无垠的俄罗斯平原和欧洲东部。他们已经学会了熟练使用铁器,还把农耕区延伸到了今俄罗斯西部的肥沃地带。长期以来,他们的政治组织就是家族部落和村庄;他们是多神教者,信仰太阳神、雷神、风神和火神。各地陆续出现了结构松散的斯拉夫王国。

六七世纪,斯堪的纳维亚半岛的商人沿俄罗斯西部河流(主要是第聂伯河)前往斯拉夫人的领地。他们途经拜占庭帝国,开启了斯堪的纳维亚半岛和君士坦丁堡之间繁荣的贸易往来。斯堪的纳维亚人的军事实力优于斯拉夫人,凭借这一优势,他们在贸易沿线一带建立了地方政权。根据传说,丹麦人留里克(Rurik)在855年左右登基成为罗斯公国的第一任君主。不久之后,罗斯公国定都基辅,该城在12世纪以前一直都是罗斯的首都。基辅罗斯的中心位于今乌克兰,但是它的交往联系也影响着俄罗斯本土。斯堪的纳维亚人创造的"**罗斯**"(Russia)一词很可能就源于希腊语中的"红色"一词,用来指代红头发的北欧人。斯堪的纳维亚人逐渐与人数更多的斯拉夫人混融如一。

基辅罗斯和拜占庭帝国的关系稳步发展。当时有很多社会争相效仿拜占庭文明,罗斯就是其中之一。基辅凭借自己的中心位置发展成为一个繁荣的贸易中心,通过君士坦丁堡转售来自伊斯兰世界和拜占庭的商品。很多罗斯人都曾到访过君士坦丁堡,这些交流加深了他们对基督教的认识。弗拉基米尔一世(980—115年在位)最终下定决心皈依基督教(东正教),不仅是他个人,而且是整个罗斯民族。弗拉基米尔大公之所以不选择罗马天主教,是担心教皇权力会威胁他的统治。他的皈依也受到了周边对手国家的影响,波兰大公在不久前刚刚皈依了罗马天主

圣德米特里大教堂建于1194年至1197年，由弗拉基米尔大公谢沃洛德三世下令建造。这座教堂因其外墙上的白色浮雕装饰而享有盛名，这些浮雕刻画了不同文化中的神话故事和英雄人物，千姿百态的动植物形象展现了《圣经》中上帝创世的奇妙场景。

教。此外，罗斯人对君士坦丁堡奢威盛容的宗教仪式羡慕不已，这或许也是原因之一。弗拉基米尔大公迫切希望与拜占庭帝国建立政治联系。他提出迎娶拜占庭皇帝的女儿，但遭到断然回绝，于是他占领了拜占庭控制下的克里米亚，但承诺说只要能娶到公主便归还克里米亚。无奈之下，拜占庭皇室只得让步。皈依东正教后，弗拉基米尔大公积极组织臣民集体受洗，并宣称如有不从将军法严惩。古老信仰（多神教）的部分传统融入了罗斯东正教，代表大自然的众神被基督教圣徒所替代。

一部早期罗斯编年史这样描述了弗拉基米尔及其臣民皈依基督教的过程：

> 此时的罗斯人还是一群无知的异教徒。魔鬼欢欣雀跃，丝毫没有意识到他的末日即将来临。他迫切地想要毁灭基督教人民，但他却被这片土地上威力无比的十字架赶走了……保加利亚人曾拜访过弗拉基米尔，劝说他皈依（追随穆罕默德）……（他）仔细聆听这些人的劝诫，因为他喜好女色、生活

> ## 讨论历史：罗斯文明的定义
>
> 后古典时期的罗斯刚开始形成自己的身份属性，它本身还不是世界历史的主要参与者。很多历史学家都将俄国历史视为整个欧洲史的一部分，但却往往是微不足道的一部分。可以肯定的是，俄国区别于欧洲其他地方的特性已经随着时光流逝发生了改变。在后古典时期，双方之间在宗教派别、政体形式和贸易路线上的差异日渐显著。东欧艺术也是别具一格，尽管表现了近似的基督教主题。再后来，东欧与西欧在社会和政治方面的差别越来越明显。如今的情况则更加复杂，很多俄罗斯人希望更加西方化，他们在很久之前形成的特征可能会逐渐消退。为俄罗斯文明定性向来都非易事。不同于中国和印度，俄罗斯总是在积极主动地模仿其他文明，这使得准确把握其中的连续性着实有些难度。

放纵，他认为伊斯兰教可以放任他享乐。但是……禁食猪肉和不得饮酒的教规让他无法接受。他说道："喝酒是罗斯人的乐趣。我们的生活中不能没有美酒。"（被派往君士坦丁堡的罗斯使者）对富丽堂皇的教堂和美妙的赞美诗惊叹不已，对气派的希腊典礼尽是溢美之词……

（后来，弗拉基米尔因患严重眼疾而失明，一位拜占庭主教要求为他洗礼）当主教将手放在他身上时，他立刻重见光明。在奇迹般地康复后，弗拉基米尔对上帝充满敬畏，他说："现在我才了解真正的上帝。"他的很多随从也被这一奇迹感化而接受了洗礼。之后弗拉基米尔派传令官到全城传达他的旨意："无论是富人还是穷人……谁要明天不去河边（集体受洗），那他就是我的敌人。"当人们听到这样的消息时，他们喜极而泣，兴奋地大声欢呼："假如这不是件好事，那我们的大公和贵族老爷们也不会信了。"……有这么多人的灵魂得到拯救，真是普天同庆，皆大欢喜。而魔鬼则痛苦地呻吟道："呜呼哀哉！他们正要把我从这里赶走……我不能再继续统治这些国家了。"[1]

此时的基辅罗斯已经成为欧洲最大的国家，尽管它的政府组织结构比较松散。

---

1 参见［俄］拉夫连季编：《往年纪事》，朱寰译，商务印书馆，2011年；第9章"罗斯国皈依基督教"。

留里克的后人们竭力避免在王位继承问题上发生严重冲突。几位大公在借鉴拜占庭帝国法典的基础上颁布了《罗斯法典》。这部成文法典最重要的意义表现在它减轻了传统刑罚的严酷程度，用国家法庭取代了血亲复仇。

基辅罗斯从 1100 年左右开始走向衰落。争权夺利的王公们建立起自己的地方政权。亚洲入侵者开始攻打罗斯。拜占庭帝国的势孤力弱减少了罗斯的财富来源，因为后者严重依赖这个南部邻国的繁荣经济和发达制造业。罗斯人又建立了一个新的中心莫斯科公国（位于今莫斯科附近）。到 1200 年，陷入颓势的罗斯已是四分五裂。罗斯历史在 1236 年画下了句点：来自中亚的蒙古大军横扫罗斯，但他们志不在此，而是想要将整个欧洲都并入日益扩大的帝国版图。蒙古人在罗斯历史上被称为鞑靼人，他们轻而易举地攻陷了罗斯的主要城市，并挥师西进到波兰等东欧地区。他们的入侵活动之所以戛然而止，完全是因为其本土政治形势陷入危机。两百多年来，罗斯一直处于鞑靼人的统治之下——但其内部地区差异也在不断增加，因为波罗的海民族和乌克兰人开始脱离蒙古人控制的罗斯本土。

当从更为广泛的层面去看待东欧时，这个问题（"文明"的定义）变得更加难以解释，因为罗斯与西欧之间的地区同时受到东欧和西欧的影响，比如这片中间地带出现了天主教和东正教的分歧。想把这片中间地带直接并入西欧并不容易，因为不仅要考虑到这里有来自拜占庭的直接影响和后来罗斯扩张的影响，还要考虑那些共同的社会和经济模式。对后古典时期之后的世界历史来说，评估东欧（包括罗斯）的特殊意义和特征显然就是一道分析题。而在刚刚过去的二十年里，对东欧文明的评价和东欧文明的边界总是一变再变。

3. 东欧政治体制

后古典时期是各东欧社会，尤其是罗斯社会的形成时期。就连蒙古人的统治也没能消除罗斯在拜占庭帝国影响下形成的基本特征，这其中当然也包括东正教在内。东欧文明的发展史上显然还有很多事件即将发生，因为到 15 世纪晚期罗斯将重新独立。此外，正如后古典时期的其他文化融合案例一样，拜占庭帝国的重大影响也没有将罗斯完全同化。从政治和文化方面来看，有些源自拜占庭时期和罗斯早期的习俗和传统依然影响着今天的东欧文明。

拜占庭帝国和早期罗斯的政体都是听命于皇帝或国王的集权政治。集权主义的一个关键内容就是国家控制东正教。在西欧，教会与国家相互分立；在穆斯林的土地上，乌理玛领导下的宗教机构也是保持独立；而东欧统治者则希望控制教会组织，甚至直接介入教义之争。此举并未削弱人们对东正教的虔诚信仰，但却无疑是强化了国家权力。

在拜占庭帝国，精心策划的庆典和富丽奢华的皇宫处处都在彰显国家权力。政府职能范围甚广。由于战事频发，拜占庭帝国对军队组建和征兵工作格外重视。政府还参与经济事务（当时有一家大型国营丝绸厂），积极规范贸易活动。政府职能的履行依靠的是一套完备的官僚体系。但它的效率着实不敢恭维，因为在处理复杂事务之前首先要出台新政策，甚至连一些极为简单的部署都要如此。英语中的"byzantine"（拜占庭）暗含着"讨价还价"和"收买人心"之意，而不是直接坦率之举。

早期罗斯推行君主制，其所辖领土经济算不上繁荣，其自身光彩远不及拜占庭帝国的辉煌夺目，其政府职能设置也达不到拜占庭帝国政府的水平。但是罗斯统治者被拜占庭帝国的奢华庆典所吸引，他们憧憬着本国政府也能掌控全局，可以涉足各个领域——而实际情况则不尽然。罗斯的官僚体制规模较小，大部分行政职能都由效忠大公的地方统治者履行，但是后来它也表现出拜占庭式的官僚作风。

罗斯各公国的集权主义受到拜占庭帝国这一榜样的直接影响，并在"天将降大任于斯人也"这种使命感下得到了更直接的强化。拜占庭帝国皇帝宣称他们的帝国统治是对伟大罗马帝国的传承。早期的诸位罗斯大公对此表示认可，尊称拜占庭帝国皇帝为"沙皇"或"恺撒"。后来拜占庭帝国灭亡，莫斯科公国在1450年后摆脱了鞑靼人的控制，莫斯科大公自立为沙皇，宣称自己是拜占庭帝国的继承者。

4. 东欧宗教与文化

在后古典时期早期，东欧文化的主要特征当然是东正教：在君士坦丁堡大牧首的领导下，希腊正教会成立；受传教活动以及政府组织的受洗活动影响，罗斯等斯拉夫正教会先后建立。

从组织方式来看，东正教在政府的引导下设立了牧首职位，牧首任命牧师指导人们祈祷、坚定信仰。早期的罗斯牧首多由君士坦丁堡大牧首指定，后来罗斯教会的独立性日渐增强。各教区的牧首由大公或地方王公任命，这是政教合一体制的表现；但这些牧首依然享有很大职权，他们既可以管理教会财产，又可以自由行使教会法。

东正教以一种生动有力的方式传达着上帝的力量。多位圣徒（不论男女）被教会奉为楷模，为忠实信徒所仰慕，成为人们祈祷和致敬的对象。东正教对仪式格外看重。教堂外观金碧辉煌，教堂内里弥漫着浓郁的熏香。人们可以面对圣像画（包括圣徒在内的宗教人物的画像）直接祷告。一些东正教领袖抨击这种做法，担心有朝一日自己也沦为祈祷的道具，但是圣像画的创作和使用始终不曾间断。

除了一丝不苟的仪式和圣徒崇拜，东正教还要求信徒遵守伦理道德，帮助贫苦无依和横遭不幸的人们。统治者和普通人的行为都要合乎伦理规范。传统生活方式逐渐被基督教提倡的家庭模式所取代，比如罗斯人放弃了早期的一夫多妻制，接受了一夫一妻制。基辅和君士坦丁堡都高度重视救济穷人和照料病患的机构。这些善行是信仰和崇拜的重要内容。这种个人自发的救助行为也是获得上帝恩赐的一种手段，它已经成为一种深厚的传统，以至于更加正规的慈善和福利组织直到沙皇俄国时期才开始出现。

东正教不鼓励进行深入的神学研究——探寻上帝和宇宙的本质。就连拜占庭都没能形成理性推测或科学探究的传统，尽管它藏有大量希腊哲学经典。虔诚信仰和勤勉工作受到高度重视，这似乎妨碍了神学研究。罗斯的学术成就显然不及它的拜占庭导师，它的大部分宗教著作都是以奉献为主题，充斥着对圣徒的赞颂和向上帝发出的祈祷。在罗斯作者笔下，灾难是上帝对人性恶行的雷霆之怒；以罗斯和东正教名义发动的战争之所以能够稳操胜券，是因为有上帝和圣徒的承天之佑。这类信念在西欧和东欧普遍存在，但哲学和科学成果寥寥在东欧显得更加突出。

东正教特有的文化属性在拜占庭帝国和基辅罗斯的修道运动中表现得非常明显。修道院的财产主要来自慈善捐赠。东正教中有不少修道士过着隐居生活，而这种苦修传统在西欧基督教中并不普遍。不过大多数修士都与教众一起生活，恪守4世纪卡帕多西亚三大教父订立的会规。东正教修士还担负着许多工作职责：管理医院、孤儿院和养老院，组织救助穷人的慈善活动。与西欧天主教不同，东正教修士并不热衷学术研究，他们认为热忱信仰和辛勤工作就是在对上帝履行义务。

基督教的传播和西里尔字母表的发展推动了罗斯文学的进步。尽管很多长篇故事都是直到后来才有文字记录，但是口述历史的传统却是源远流长。早期罗斯文学主要指的是神职人员写的编年史，他们的初衷是记录基督教发展历程和他们设想的上帝在人间的种种神迹。最早的故事可以追溯至12世纪。一些世俗诗歌则描写了战争和王公贵族的活动。

拜占庭帝国的艺术和建筑风格随着基督教一起被带到了罗斯，当地富丽堂皇的装饰传统由此形成。东正教教堂一般呈十字形，顶部加盖圆顶。早期的罗斯教堂多为木制结构，因而没能保存下来，当时仅有少数石砌建筑。就装饰来说，拜占庭帝国和早期罗斯都采用了精美的镶嵌画做装饰，它们描绘的是宗教人物和圣徒们的生活场景。此外还有一些绘画作品（主要是壁画）和大量圣像画（通常是圣徒头像）。

这是一幅绘有基辅女大公圣奥丽加四种不同形象的屏风画，表明罗斯人吸收并发展了拜占庭艺术。

以拜占庭为模板，基辅罗斯兴起了圣像画创作之风，同时流行的还有精美的彩饰手抄本——这项技艺着重突显细节和微型人物。

音乐也是罗斯文化的重要组成部分。罗斯大公和地方王公组建了宫廷乐师队伍。在东正教的仪式中，唱诗班用令人振奋的歌声鼓舞信徒。

在宗教艺术和宗教文学发展的同时，口头文化传统依然长盛不衰，音乐、街头娱乐和戏剧也在同步发展。罗斯教会经常压制这些文化形式，因为它们在渲染基督诞生以前的观念（比如迷信巫术），但却并不总是能够如愿。

总之，处于形成阶段的东欧文明带有浓重的宗教色彩。东欧宗教及其相关艺术的发展并没有依附于同期的西欧文化。由于与西欧存在文化和地理方面的差距，东欧可以依循自己的路线发展宗教和学术研究。在500年至1400年的大部分时间里，拜占庭帝国在艺术和部分文学领域的成就令西欧相形见绌，导致东欧对西欧模式更加无动于衷。后来鞑靼人的长期统治严重扰乱了罗斯的文化生活，东西欧之间的差距更是日益加深，因为西欧并没有遭受类似入侵。

5. 东欧经济与社会

在后古典时期早期，东欧的技术和商业实力遥遥领先于西欧，罗斯和巴尔干人民改良了铁器制造和其他重要工艺。然而从 12 世纪左右开始，西欧逐渐取代君士坦丁堡成为地中海的主宰，仅凭这一点就足以证明东西欧的实力对比发生了巨大的变化。经历了几百年的蒙古人统治后，罗斯的制造业水平和商业技能都远远落后于西欧。

不过，此时的东欧经济和社会模式也表现出了一些重要特征。在拜占庭帝国和罗斯，人数众多的自耕农是重要的社会阶层。这显然不同于西欧的农奴制，而且他们对东欧的高产农业来说功不可没。拜占庭帝国和罗斯都保留着奴隶制，而这在西欧已是极为罕见。整个 17 世纪俄国的大部分地区一直坚持奴隶制，尽管东正教曾试图将其废止。

东欧的贵族制也有所发展。罗斯贵族被称为"**波雅尔**"（boyars），他们的政治权力小于西欧贵族，除非是在位大公软弱无能他们才有展现自己的机会。但是贵族阶层还是享有一定的权威。他们和教会一样控制着大片土地，而且在未来几个世纪他们名下的土地只增不减，因此自耕农拥有的土地相应减少。与西欧或日本的封建制度不同，罗斯贵族无须对彼此相互忠诚。

东欧社会有自己的发展动力，它并非只是西欧文明发出的遥远回声。

6. 东欧文明黯然失色

这段时期见证了早期东欧文明的逐步形成、向外传播及最后与西欧分道扬镳。拜占庭这座堡垒彻底陷落和鞑靼人统治罗斯是摧毁东欧文明的直接原因。可以肯定的是，曾经连接各大东欧中心的活跃的南北贸易再未重整旗鼓，得到复苏。在罗斯内部，贸易活动停滞不前，制造业水平下滑不断，文化发展凋零不堪。尽管还有人在继续撰写编年史，但是文盲率却在升高，很多牧师甚至目不识丁。无论是在以上各方面还是经济方面，1400 年后崛起的东欧都需要奋起直追。

尽管拜占庭社会再未复兴，但是整个东欧文明的衰落却是暂时的。在罗斯，重要政治传统、主流社会团体（包括波雅尔）、宗教和艺术传统重新崛起，它们并没有受到实质性的损伤。从这个层面来说，鞑靼人的统治尽管威胁到了罗斯人，但他们的影响犹如蜻蜓点水，无关紧要，不过其中也不乏一些积极后果，比如引入了邮政系统和纸币，而且罗斯还与亚洲建立了全新的贸易联系。

最后还需要澄清一点，它关乎东欧文明几百年的形成期和日后的发展历程。东欧文明最初是在帝国体制内形成的：首先是拜占庭帝国，后来是沙俄帝国。然而，这个文明在1400年以前和以后都传播到了东欧其他地方——当地从未建立长期统治的帝国。东正教和西里尔字母（并非拉丁字母）传到了保加利亚、塞尔维亚和罗斯，而东欧其他地方公国与西欧的联系则更加紧密，比如波兰和波希米亚（后者包括今捷克共和国和斯洛伐克）；因此，虽然同为斯拉夫国家，但是这些国家都使用拉丁文字，都信奉罗马天主教。从后古典时期开始，罗斯、拜占庭领土和西欧领土之间的边界划分并非固定不变。

7. 通往现代之路

尽管拜占庭帝国已经成为过去，但是除了拜占庭辉煌的艺术成就之外，后古典时期的东欧依然为当今世界打上了烙印。

基督教是东欧在后古典时期的主题，但在刚刚过去的一个世纪里，宗教已不再是东欧一些地区的主导力量。比如在俄罗斯等奉行东正教的国家，教会和国家紧密联系在一起，很多历史学家认为这样可以强化政府专制。当前俄罗斯与西欧之间的分歧虽说并非全由后古典时期的东西欧分裂所决定，但也不免受其影响。

俄罗斯在其他方面也受到了拜占庭的影响。即使不模仿拜占庭，沙俄也会扩张领土，并最终成为世界上陆地领土面积最大的帝国之一。但是沙俄领导人无疑受到了拜占庭帝国称霸主张和罗马帝国遗产的影响。而也正因如此，我们今天才能看到一个地跨十一个时区的国家。

如今，东欧的地区身份认同仍是一个热点问题，而这显然可以追溯至后古典时期。希腊和拜占庭的影响、庞大的斯拉夫人口、共同的基督教信仰，将东欧和中东欧的不同地方连接到了一起。但是地区内部的宗教分裂、南北贸易衰落、拜占庭帝国灭亡，又促成了多样化的发展模式。蒙古人控制了罗斯但却没有控制东欧其他地区，更是为东欧文明增添了不少新的复杂性。

延伸阅读

重要著作：Michael Maas, *The Cambridge Companion to the Age of Justinian* (2005); Timothy Gregory, *A History of Byzantium* (2005); Averil Cameron, *The Byzantines* (2006); Helen C. Evans, ed., *Byzantium: Faith and Power (1261-1557)* (2004); Rowena Loverance, *Byzantium* (2004); Carolyn L. Connor, *Women of Byzantium* (2004); Ioli Kalavrezou, *Byzantine Women and Their World* (2003); Gilbert Dagron, *Emperor and Priest: The Imperial Office in Byzantium* (2003); Jonathan Harris, *Byzantium and the Crusades* (2003); Lucy-Anne Hunt, *Byzantium, Eastern Christendom and Islam: Art at the Crossroads of the Medieval Mediterranean* (1998); Anthony Cutler, *Byzantium, Italy and the North* (2000); Robert Geraci, *Of Religion and Empire: Missions, Conversions and Tolerance in Tsarist Russia* (2001)。

拜占庭帝国：Jonathan Shepard, ed., *The Expansion of Orthodox Europe: Byzantium, the Balkans and Russia* (2007); J. Hussey, *The Byzantine World* (1982); C. W. C. Oman, *The Story of the Nations: The Byzantine Empire* (2009); S. Runciman, *Byzantine Civilization* (1956); Norman Baynes, H. St. L. B. Moss, ed., *Byzantium* (1961); G. Every, *The Byzantine Patriarchate, 451-1204* (1978); D. M. Nicol, *Church and Society in the Last Centuries of Byzantium* (1979); E. Kitzinger, *Byzantine Art in the Making* (1977); Marcus Roatman, *Daily Life in the Byzantine Empire* (2006); H. J. Magoulia, *Byzantine Christianity: Emperor, Church and the West* (1982)。拜占庭对东欧的影响：D. Obolensky, *The Byzantine Commonwealth: Eastern Europe, 500-1453* (1971); S. Runciman, *A History of the First Bulgarian Empire* (1930)。俄罗斯历史：Nicholas Riasanovsky, Mark Steinberg, *A History of Russia,* 7th ed. (2005); Janet Martin, *Medieval Russia* (2007); J. H. Billington, *The Icon and the Axe: An Interpretive History of Russian Culture* (1966); Wladyslaw Duczko, *Viking Rus: Studies on the Presence of Scandinavians in Eastern Europe* (2004); Valerie A. Kivelson, Robert H. Greene, *Orthodox Russia: Belief and Practice Under the Tsars* (2003); Sergei M. Soloviev, ed., *Russian Society: 1389-1425* (2001)。

第 12 章
中世纪的西欧文明

相比东欧，西欧在罗马帝国灭亡后的处境可谓日暮途穷。政体、贸易、城市生活和学术研究全都千变万状，地中海的古典文明成就已是恍若隔世。然而，在 700 年至 1400 年之间，西欧文明卷土重来，它创建了新的制度和模式，有选择地借鉴了早期希腊—罗马传统。与拜占庭帝国和阿拉伯世界之间的密切往来是这段时期的重要内容。在大部分时间里，西欧文明相较世界伟大文明还是瞠乎其后。但从后世眼光来看，此时的西欧文明不仅开始成形，而且其发展动力日益强大，尤其是在 11 世纪之后。

早前古典世界之外的社会（日本、罗斯、苏丹各王国和东南亚）积极借鉴其他文明，后古典时期的西欧也是如此，同时保留了自己特有的身份属性。西欧人转益多师，他们学习伊斯兰教、拜占庭帝国和早期希腊—罗马传统。西欧的优势在于它能接触到多种发展模式，这让西欧人认识到保持国际联系的重要性，尽管同时也要面对很多邻国的激烈竞争。从某些方面来说，西欧与其他借鉴型社会极为相似，它们都有模仿的迫切性，还有相对松散的政治结构；与最先进的文明中心相比，它们的城市形态和制造业水平都有不足。

后古典时期的西欧成为一个新的文明体并向北扩散。在大部分时间里，法国、低地国家（荷兰、比利时、卢森堡）、德国和英国都是重要的文明中心，因为它们最接近罗马时代的辉煌文明。西班牙为穆斯林控制；意大利是天主教的中心，它积极参与贸易往来，但在其他方面则徘徊在西欧主流文明之外。这段西欧历史被称为**"中古时期"**（medieval）或**"中世纪"**。但是这个名称带有一定的误导性，因为它听起来就像是一个中转站，衔接古典西欧文明和 1300 年或 1400 年后形成的现代西欧文明。其实我们把这段历史当作新西欧文明的播种期要更加妥贴，尽管这个新文明不仅传承了古典地中海文明，还在后古典时期大量借鉴其他文明。

不可否认，中世纪形成的某些体制和价值观在当时可以说是独一无二。因此，在分析新西欧文明这段几百年的孕育期时，我们既要看到中世纪生活的重要特征和独有特征，也要了解中世纪人民创造的重要习俗和传统，这些习俗和传统甚至塑造了后来的西欧社会。

> **重点问题**　将首要主题与其他重大发展事件区分开其实并不容易。西欧文明在这段时期崛起，基督教文化是它的统一特征。西欧社会和政治的所有主要特征是否都源于基督教文化？另一个核心问题是变革：这段时期的欧洲历史与过去的古典希腊—罗马历史有何不同？这段时期最重要的变化是什么？最后，对比西欧与后古典时期的其他社会，有哪些重大发现？西欧与这段时期的其他模仿型社会有哪些异同？

1. 西欧文明的早期模式

500 年到 1000 年左右，西欧很少有重大事件发生。行之有效的政治组织一般都是地方政权，但也有部分领土（包括如今法国的部分地区）处于日耳曼国王的控制之下。大部分人都是生活在自给自足的农庄，即"庄园"（manors）。他们接受地主保护（包括司法保护），作为回报，他们必须把一部分农产品上交地主，并为地主耕种土地。庄园制度始于罗马帝国晚期；由于贸易下滑，大型政治机构不健全，庄园制度逐渐得到巩固。

地主群体形成了某种联盟。大地主为小地主提供保护和协助，后者被称为"封臣"，他们向大地主履行军事义务，上交产品、酬劳或提供建议。该制度是欧洲**封建制度**（feudalism）的开端。然而，早期的封建制度并未改善严重的混乱状态，地方战争不断爆发。此外，西欧常常遭到维京海盗和其他组织的疯狂劫掠。从罗马帝国末期开始出现的时局动荡、民穷财匮和通识教育步步后退，导致文化发展裹足不前。流落各地的知识分子都是神职人员，他们的主要职责就是保存并领会古老的基督教教义和古典文化典籍。

在这几百年间，天主教会是唯一存在的大规模稳定组织。罗马教皇打造了一套壁垒森严的等级制度，控制地方主教。并非所有主教都由教皇任命，因为君主和地方领主也有权这样做，但他们不会发布教令，也不会收到重要情报。教皇还负责监管教义的执行，并粉碎了几起威胁基督教统一信仰的异端事件。他们还支持开展大范围的传教活动。教皇委派的传教团体成功地将英国人和爱尔兰人转化成基督徒。他们还将基督教传到了德国北部和东部，超越了早前罗马帝国的边界，并最终在 10 世纪时将其传到了斯堪的纳维亚半岛。他们还在东欧边境地区积极传教，有时也难免会与东正教传教士直接过招。安如磐石的结构使天主教会具有西欧世俗政府难以企及的组织优势。基督教的传播是西欧历史上的重大事件。基督教价值观逐渐成为新生文明的重要基石，该文明几乎覆盖西欧全境。

在这艰难困苦的几百年里（又称"黑暗世纪"），发生了一起重大政治事件。日耳曼人的分支法兰克人在 8 世纪羽翼日渐丰满，加洛林家族成为法兰克王国的统治者，其国土范围包括法国北部、比利时和德国西部。加洛林王朝的奠基人是绰号"铁锤查理"的查理·马特，他在 732 年的图尔战役中大败穆斯林，将后者的扩张步伐限制在西班牙；同期，拜占庭帝国也击退了阿拉伯军队；就这样，穆斯林把欧洲留给了基督教。

800 年前后，加洛林王朝的查理大帝缔造了一个囊括法国、低地国家和德国在内的庞大帝国。它曾一度被视为西欧复兴的新罗马帝国，后来的德意志国王（查理大帝的后裔）将国名改为"神圣罗马帝国"（"神圣"表示它笃信基督教）。查理大帝在西欧重启教会教育，这在一定程度上推动了学术活动缓慢复苏。查理大帝于 814 年逝世，他缔造的帝国随即一分为三：现代法国、德国，以及由低地国家、瑞典和意大利北部组成的中间地带。查理大帝的两任继承人"秃头查理"和"胖子查理"都算不上有魄力的政治人物，他们在统治地方王国期间表现平平。

从这个时候起，民族君主国的崛起成为西欧政治史的重要内容。这个文明具有强大的文化统一性，它以天主教为中心发展起来，但是这个文明内部政治分裂严重，兵革互兴，内战频生。

查理曼帝国解体后，各领地的皇室获得新的权力。起初，统治德国和意大利北部的皇帝实力最为雄厚，他们在 12 世纪左右取得了"神圣罗马皇帝"这一头衔。但是此时他们的统治变得越来越空泛，因为他们过于依赖帝王威名而没有扎实的地方根基。未来在别的地方：个别城邦建立起君主制，最终演变成国家。

从 900 年左右开始，法兰克国王的至上权威越来越大。他们的领土范围以巴黎为中心，由皇帝直接统治；他们与法国其他地方的大领主建立了封建同盟关系，即封建君主制。从 1018 年开始，西班牙信奉基督教的大领主赶走了穆斯林，建立了君主制，但直到 15 世纪斐迪南和伊莎贝拉联姻，他们才有了自己的皇室。1066 年，法国诺曼底公国攻打英格兰。身为维京人后裔的诺曼底公爵在法国西北部建立了一个强大的封建公国，他企图将英格兰收入囊中。后来这位公爵加冕为英格兰国王（即"征服者威廉"），他和他的继任者们都要求英格兰大领主效忠皇室，皇帝则向他们授予封地，换取他们的军事支持。

从 10 世纪开始，封建领地稳步壮大，个别君主国日渐强盛，欧洲人的生活更加井然有序。维京人终于按甲束兵，贸易和学术活动快速复兴。局势稳定刺激了西欧人口增长，推动着农业和商业进步。城市生活逐渐变得有声有色，大都市区成为经济和文化中心。中世纪欧洲呈现出一派欣欣向荣的景象。1000 年至 1300 年这段时间是早期西欧文明的黄金期，正是在这段时期，西欧展现出对外攻击的勃勃野心；从 1096 年到 14 世纪早期，十字军东征连番上演，目的是收复并保卫被穆斯林占领的"圣地"。虽然目标明确清晰，但是十字军取得的胜利果实却是寥寥无几，其中就包括他们建立的耶路撒冷王国（存在了二百年左右）。这一成绩并不能说明西欧就优势多多，因为它仍然落后于伊斯兰文明的政治和经济标准。教皇发动的十字军东征既传达了狂热亢奋的宗教热情，同时也展现了骑士和商人日益增长的军事和商业实力（他们为十字军东征付出最多）。毋庸置疑，十字军东征展现了西欧在中世纪鼎盛期独有的宏大气魄；它还令西欧接触到了中东文化和经济的新影响，从而推动了西欧的进一步变革。

在中世纪社会的发展过程中，天主教会几度起起落落。神职人员和重要的修士团体往往为土地资产和政治利益而心猿意马。有几位教皇锐意改革，努力净化教会，比如格列高利七世（1073—1085 年在位）；他们要求所有神父终身不得结婚，从而摆脱普通人的情欲生活。格列高利七世力争实现教会自由，即不受政府操控。他曾与神圣罗马帝国皇帝亨利四世发生激烈争吵，二人对政府任命（或授衔）德国主教一事争执不下。最终他将皇帝逐出了教会，在这场较量中笑到最后。格列高利七世和其后几位教皇明确表示，教会不仅要免于政府干预，而且教会的功能（直接传达上帝的意志）还要凌驾于政府之上。这些主张并未完全应验（因为政府仍在影响宗教事务），但也并非全不真实。教会正是凭借这种坚定的信念激励国王和骑士投身十字军东征，并在同期多次向异教徒正面宣战。

修道院（包括女修道院）在后古典时代的欧洲发挥了重要作用。它们是虔诚信徒的聚集地，男女信徒可以在此体验与世俗生活不同的环境。它们也控制着大量的土地和财富，这有时会滋生腐败，进而招致改革和创新运动，新的修道院规定便应运而生。其中有些规定在新兴城市收效显著，间或成为打击异教徒的工具。总之，修道院改革运动有利于保存典籍和深入学习，并在农业方面提供了当时最先进的实践范例。这些功能与实际生活直接相关，比如修士们要饲养或购买多达 500 头羊才够制作一本羊皮纸《圣经》。

虽然教会在这几百年间展现出了无比强大的实力，但它并非中世纪鼎盛期唯一的重要机构。封建君主也在逐步扩大自身权力范围，他们越来越多地介入司法管理，并通过征税向经济领域渗透。王室以军队为依托在与教会的较量中逐渐占得上风。14世纪早期，法国国王甚至将教皇囚禁，因为后者在征税权问题上不肯妥协。各国军队在君主的扶持下不断壮大，最终引发了一系列漫长的欧洲战争。战争的主角是英法两国。英王声称从他们就任诺曼底大公之日起法国大部分领土就归英国所有，而法王则在一步步将其收复。两国之间的较量最终演变为十四五世纪一场旷日持久的战争，史称"百年战争"。法国在这场战争中获得胜利。从这时候起，西欧历史上的每个百年都必定要上演一场大国战争。

2. 中世纪的政治体制

封建君主制是中世纪鼎盛期典型的政治结构，也是后来西方文明史的重要组成部分。当然，封建君主制绝不是当时唯一的政治形式。德国和意大利等国的政治结构依然比较松散，尽管它们宣称自己的君主是神圣罗马帝国皇帝。封建君主制本身是一个循序渐进的过程，而不是一个精心规划的体制。它反映了纯粹的封建主义原则与不断膨胀的皇室诉求之间的平衡，其结果就是一个能够有效运转但职能严重受限的政府。

在11世纪及之后的岁月里，法国和英国王室以及后来的西班牙王室逐渐手握实权，而不仅仅是国王和王后这样理应接受人们效忠的空泛头衔。从10世纪和11世纪开始，中世纪的各国王室利用他们直接控制的土地来供养军队和少数心腹。王室往往从城市商人或专业人士中选拔官员，因为这些人有经济经验，而且和贵族不一样他们只对君主效忠。法英两国君主开始设立专业官职，司法、财政和军务都由专人掌管。他们还将中央特使下放到地方行省，监督当地税收和司法管理。自诺曼征服之后，英王开始任命当地治安官来监督司法工作。这些手段并不能让普通民众接触到国王；对大多数人来说，地方政府更加亲近可靠。但是在中央统治确立之后，由国家主导制定的法规逐渐增多。到中世纪晚期时，国王有权向臣民直接征税。他们开始招募职业军人，不再依赖贵族骑兵，后者的忠诚度取决于分封制度或盟友关系。中世纪还涌现出不少在立法上卓有建树的君主，他们统一了法典和法庭制度。法国等国重新启用了罗马法，加速了中央集权化进程。

然而，封建君主制是一个非常微妙的平衡体，中央政府只是其中一个关键组成部分。教会权力可以遏制王室的勃勃野心。正如我们所见，教会在与政府的冲突中往往都是赢家，它们会把统治者逐出教会，并威胁煽动民众反对政府。到中世纪末期，教会已经开始显现颓势，但它始终坚守一条原则——尽管处于封建君主制内，但是信仰和道德绝对不能为政府所操纵。

王室受到的第二层制约来自封建传统和实力雄厚的土地贵族。在西欧，贵族阶层往往会抵制国王的过度控制。而且他们也有实力表明自己的反对立场。这些贵族即便在身为封臣时也保留着自己的经济基地和军队。有时个别大贵族的武装力量甚至超过了国王。君主制的发展削弱了贵族权力，但也对国王本身形成了一种新的制约。1215年，不得民心的英王约翰提出一套税收方案，结果招致贵族、市民和教会成员的一致反对。英王约翰在反对声浪中败下阵来，被迫签署《大宪章》，后者确立了基本封建权利，限制了王权。约翰承诺在处理与贵族和教会的关系时保持克制。《大宪章》还提出反对政府是英国人民拥有的一般权利，从而揭示了"封建主义"的概念：统治者和被统治者（日后的统治者）相互制约，相互承担义务。

这种封建体制下的权力平衡促成了13世纪末**议会**的形成。议会是反映特权群体（如贵族和教会）意志的机构，它并不代表个体选民。1265年，英国召开了历史上第一次议会，上院代表贵族和教会，下院由当选的城镇富裕公民代表组成。议会确立了君臣共商这一原则。尤其重要的是，议会有权裁决税改提案；在这项权力的基础上，议员可以就其他政策问题向君主谏言献策。英国的议会传统最为强大，法国、西班牙和德国部分地区也建立了类似机构，其他国家采用的则是政府委员会。不管怎么说，正是西欧封建制度本身促成了议会这样更加正规的机构。

中世纪政府与现代政府不同。人民的权利取决于其出生的封地，当时还不存在普遍的公民概念。因此议会代表的仅仅是少数人，而这少数人也只限于三四个封臣群体（贵族、牧师、城市商人，偶尔还有富农），而不是广义的选民群体。但是凭借有限政府的概念和一定程度上的代议制机构，西欧封建君主制开创了一种独具特色的政治传统，它不同于日本封建社会的政治制度（见第13章），后者更看重集体忠诚，而不是限制中央权力。然而，残存的中世纪传统（议会制和政教分离）成为西方政治历程的基本线索，直至进入21世纪后依然如此。

中世纪政体的另一项特征也值得注意，那就是对战争异乎寻常的重视。虽然封建君主改善了国内秩序，但国家仍是一台强大的战争机器。由于欧洲没有出现持久的政治统一局面，战争倾向导致西欧文明内部冲突不断。事实上，中世纪的战争规模仍然相当有限。土地贵族是军队的中坚力量，他们要自行配备战马、武器和盔甲，同时组织作战技能培训。战争热情鼓舞着人们改良武器。"百年战争"期间，参战国学会了使用弓箭（尤其是长弓），扩大了作战范围，限制了贵族骑士的作战能力。大约在同一时间，火药的引入带来了更可怕的后果，比如欧洲人在14世纪时改良了火炮，可以远距离发射弹药。到了这个时候，不仅骑士，就连贵族的城堡要塞都变得不堪一击。战争还刺激了西欧社会的技术进步，最终提升了国力，增加了越来越多的破坏性武器装备。在战场上解决争端成为西欧政治传统的永恒主题。相比之下，中国等文明社会对军事目标和技术显然并不热衷。

3. 中世纪的宗教与文化

正如东欧和伊斯兰世界在这几百年来的表现，宗教同样是中世纪西欧文化生活的焦点。但是西欧的基督教引发了许多文化冲突，形成了越来越多元的学术和艺术运动，所以说中世纪鼎盛期的哲学和文学反映了人们方方面面的兴趣。

在11世纪前的几百年里，少数神学家仍在孜孜不倦地保存并解读先辈们的智慧成果——主要是奥古斯丁等神父和非基督教拉丁语作家的著作。在查理大帝的时代，人们热衷搜集古代作家就重大主题发表的经典语录。这项工作缺乏创造性，但却有助于人们全面了解先哲思想，了解拉丁语写作风格如何精进不休，以及如何对哲学素材加以完善组织。人们对古典时期的修辞学原理（尤其是逻辑学）兴趣盎然，反映出人们对连贯组织的能力极为看重。亚里士多德清晰明了地阐释了理性思考，因此他在中世纪被尊奉为伟大的哲学家。

从1000年开始，一批出类拔萃的牧师将哲学和神学的逻辑论述推向了新高度。他们强调要绝对听从上帝的教导，但同时也相信人们可以运用理性去理解宗教的某些方面和自然秩序。因此，多位神学家提出用逻辑学解释"三位一体"学说并确立某些道德原则，以此来证明上帝的存在是可能的。这段时期的人们还在收集整理罗马律法，编纂教会法典，缜密的逻辑论述由此得到推广。一些痴迷逻辑学的知识分子指明了过去智慧成果中的前后矛盾之处，甚至包括某些神父的著作。12世纪，巴黎的皮埃尔·阿伯拉尔在《是与否》中着重指出了既有教义中的逻辑矛盾。

西欧哲学史上的这股逻辑—理性风潮难免遭到群起攻击。大多数普通基督徒对这些争辩一无所知，他们认为自己的宗教观念不容置疑，应该举办圣礼和抚慰人心的仪式来驱除罪孽、获得救赎；与此大为不同的是，很多教会领袖只看重信仰本身的作用。法国克莱尔沃的圣贝尔纳教士在当时的思想界一倡百和，他挑战阿伯拉尔的思想，导致后者被判有罪。圣贝尔纳还是一位与众不同的知识分子，他强调与上帝合一的重要意义，哪怕是在现世生活的某些瞬间豁然开朗都能达到这样的玄妙境界，而不必通过层层深入的理性思考。

然而，将唯理主义哲学与基督教信仰融为一体的渴望是中世纪一个占据主导地位的主题。到12世纪时，人们对知识的热切追求结出了若干丰硕成果。首先，意大利和法国率先建立了一批大学，英国和德国紧随其后。有些大学是法律或医学专

讨论历史：同性恋问题与宗教

基督教的出现更新了人们对同性恋问题的看法，它不同于人们在希腊—罗马时期形成的看法（那时的同性恋行为多见于男性精英群体）。毫无疑问，人们对同性恋现象更加忧心忡忡，也更加疾之如仇。上层社会成年男子与男童之间的这种关系已经消失不见，但也可能只是变得更加秘而不宣。在过去的二十年里，历史学家首先讨论的是（同性恋发生的）时机问题，其次则是因果关系问题。

某些权力机构提出，基督教从早期开始就反对同性恋，视其为若干违背自然规律的恶习之一。他们担心这种感官和性诱惑会危及精神目标的实现。毕竟西欧天主教认为保持贞洁才是获得救赎最为稳妥的路径，这也是修道院规定和神父职业守则的要求。除了这种一般规定，人们还试图界定这种有违自然的性取向。早期基督教法典提出严惩同性恋者，但教会则主张宽恕那些为罪恶忏悔和补赎的人们，不赞成法律制裁。正因为如此，历史学家得出结论说，尽管基督教严厉声讨同性恋者，但是真正的打击手段直到后古典时期中期才付诸实施。12世纪，天主教会敦促人们踊跃告发有恶劣性向之人；13世纪，教会法主张动用死刑（当时有多少人因此被处死已不得而知）。这段时期的各镇区政府严格执法，主要手段包括罚款和流放。在通行的布道词中，性取向偏离与宗教异端被混为一谈。事实上，由于人们越来越在意宗教的纯洁性，同性恋行为成为千夫所指和众矢之的。

同性恋群体中既有男性也有女性。长期以来，女同性恋者在法律和宗教层面遭受到了变本加厉的抨击。但事实上，男同性恋者之间的交往更容易引起注意，因为基督教领袖认为女性本身就背负了更多的原罪。历史学家试图弄明白（尽管缺乏充分证据）同性恋者的性观念，这些观念形成的原因，它们与实际行为习惯有何关联。现代人对同性恋的看法使这些疑问变得更加复杂：现代人倾向于将同性恋者视为一个固定不变的群体，而传统观念关注的则是行为而不是胶柱鼓瑟的分类。

可以确定的是，基督徒的态度既不同于古典时期的先辈，也有别于同时期（后古典时期）的其他社会。伊斯兰教将同性恋行为判定为通奸，属于严重的道德犯罪，但却鲜有人提出控诉，说明人们在实际生活中还是比较宽容的。东亚国家对男同性恋者的严格制约直到19世纪与西方社会接触后才出现。随着人们对同性恋现象兴趣日增，对当今同性恋问题看法不一，力图解读历史记录并进行多维度对比，催生出了越来越多的相关研究和新的讨论。

科院校，但是大多数享有盛名的高等学府——比如巴黎和牛津的那些大学，都以哲学和神学为主要研究方向。志向高远的学者将获颁相应学位（从学士学位到博士学位），该体制被西欧高校一直沿用至今。这些院校虽由教会管理，但是它们的学术研究丰富多彩，对知识的追求严肃认真。第二个重大发展是将新发现的希腊及阿拉伯哲学和科学著作译成本国语言。在西班牙和君士坦丁堡，翻译速度几乎无法满足西欧人民想要探究一切的需求。从文化层面来说，西欧是古典时期伟大的模仿型社会之一。

在深入了解亚里士多德学派和希腊化时代的科学成果，以及阿拉伯唯理主义著作（如伊本·路世德的作品）的基础上，13世纪的西欧哲学家—神学家开始对中世纪学说进行最终整合。其中的领袖人物当属在意大利出生、后来在巴黎大学任教的修士托马斯·阿奎那。阿奎那坚持信仰为先的基本理念，但又极大地发挥了理性的作用。人类单凭理性思考就可以认识自然秩序、道德法规和上帝本质。阿奎那笃信所有重要的知识都可以被一以贯之。他撰写了多篇论述，其代表作《神学大全》运用缜密的逻辑分析，将真理所有可能的对立面还原为理性和信仰的昭示，极为高

14世纪捷克的祭坛画《三圣贤之旅》。

明地展现了中世纪人类的自信：不论知识，还是上帝创造的天地万物，都是条条有理，井然有序。从本质上说，这本著作运用基督教术语再现了希腊人对自然的理性思考，符合人类的心智能力。

中世纪哲学并未催生出大批新的科学成果。人们着重掌握过去的知识，对其进行合乎逻辑的加工整理，导致人们过于关注早前的科学发现而忽略了新近的实证研究。但是在接近13世纪尾声时，实践科学蔚然成风。在英国牛津市，修道院僧侣罗杰·培根进行了光学实验，测试平凸镜片的放大效果，将早前穆斯林学者的研究进一步发扬光大。这项研究的副产品就是眼镜，它也就此成为西欧等地学者必不可少的辅助工具。十四五世纪，实验人员在化学和天文学领域也取得一定进步。这些早期成果为后来西欧科学的繁荣兴旺奠定了基础。

和经院哲学的主要功能一样，中世纪的艺术和建筑也是用来渲染上帝的荣光。西欧画家创作的几乎是清一色的宗教主题。在西欧大部分地方，艺术家们在木板上作画，用因循守旧的形象来描绘基督的降生和受难，以及圣徒们的生平。十四五世纪，艺术家们技艺精进，运斤成风，他们在画作中加入了写实的自然场景，以中世纪的日常生活为背景来烘托宗教主题。此外，教堂彩绘玻璃的设计和图案也是一种重要的艺术表达形式。

早期中世纪建筑沿用了罗马建筑风格，尤其是教堂，它们呈现的是长方形结构（罗马建筑特色），有些还加盖了穹顶。11世纪，一种被称为"哥特式"（gothic）的新建筑风格风靡云涌，它更具有原创色彩（尽管借鉴了穆斯林的拱门设计）。采用哥特式风格的建筑师利用日臻成熟的工程知识，打造了高耸入云的教堂尖塔和数不胜数的拱形窗户。这些建筑师的主要工作是

法国亚眠的圣母大教堂是一座典型的哥特式建筑，它气势恢宏，是中世纪后期西欧建筑的高峰。该教堂建于1220年，直至1402年全部完工，是当时欧洲最高的建筑，周边建筑在其映衬下显得十分渺小。

设计宽敞明亮的礼拜堂和宏伟壮观的大教堂,但他们也建造了一批哥特式的民用房屋和宫殿,采用了相同的设计图案。哥特式风格与早期古典风格和后现代风格并称西欧三大建筑风格。中世纪时的教堂音乐也在蓬勃发展。

中世纪文学同样带有浓厚的宗教色彩。大部分拉丁语作品都涉及哲学、法律或政治理论方面的内容。人们对风格本身并不在意。在拉丁文学发展的同时,西欧的白话文学或市民文学日渐风行。众多口头传说都有了文字记录,讲述着昔日知名骑士和神话人物的种种事迹。在此传统上形成了最古老的文学作品,如英国的《贝奥武夫》和法国的《罗兰之歌》。中世纪晚期,很多作家开始尝试用白话文创作冒险故事、喜剧和诗歌,比如英国诗人乔叟的《坎特伯雷故事集》。在快速发展的城市里,人们将《坎特伯雷故事集》和多部戏剧搬上了舞台,演绎着基督教价值观与艰难时世之间的冲突。在乔叟绘声绘色的叙述下,不少基督徒的虚伪嘴脸跃然纸上,他还善于表现人类生存现状的哀喜悲苦。法国长诗《玫瑰传奇》描绘了各种声色场景。诗人维永用大量世俗语言渲染死亡之毛骨悚然和痛心切骨。后来还涌现出一批用白话文写作的宫廷诗人和吟游诗人,他们主要集中在法国南部,以诗歌来赞颂男女之间的美好爱情。这类诗歌描写的多是柏拉图式爱恋,赞美宫廷庆典和优雅体面。但是,吟游诗人对爱情的歌颂标志着这种新观念首次融入西欧传统。

总之,中世纪的学术和艺术生活开创了很多重要主题。宗教更是重中之重,但它并未妨碍科学和浪漫主义诗歌的蓬勃发展。中世纪文化本身就代表着丰硕的学术成果,它带动了唯理主义哲学、科学、自然风景画和市民文学稳步前行,使其成为后世西欧思想和艺术的基石。

4. 经济与社会

中世纪的思想家们喜欢用朴素直白的语言描述他们的社会,这与古典印度的隐喻之风截然不同。英国教士索尔兹伯里的约翰从希腊—罗马古典文明中汲取灵感,将社会比作人的躯体:农民是双脚,是社会存在的根基;骑士是双手,负责保家卫国;牧师抚慰人们的心灵;国王则是出谋划策的大脑。每个部分都有其重要作用,但也有明确的等级之分,下级需要听从上级号令。

事实上,中世纪的真实社会面貌要比这复杂得多,而且它还在朝着更加复杂的局面演变。在中世纪早期以及(从某种程度上说)整个中世纪,核心社会关系,即囊括了大多数人口的社会关系,指的是领主与农奴的关系。正如封建制度代表的是封主与封臣之间的关系,**采邑制**(manorialism)指的是控制庄园的领主与农业劳

中世纪晚期佃农和领主在法国卢瓦尔河畔一处虚构的城堡外劳作的场景（选自《贝里公爵的最美时祷书》之《九月》）。

动力之间的关系。中世纪早期还有少数自耕农，但大部分佃农都是农奴，聚集在领主庄园周边的村庄。佃农和农奴享有领主给予的部分军事或司法保护，并有可能在歉收时节得到一定救助。但是他们要将大部分收成上交领主并向后者提供劳役。农奴不得自行离开他们耕作的土地，而在本质上他们又不是奴隶，因为在正常情况下领主无权将他们从土地上驱逐。从这一点来看，大部分土地都由农奴和领主共同拥有，双方都有一定的控制权——领主和教会是庄园的真正所有者，但庄园的维持则离不开农奴的劳作。

这个农业社会还保持着一副相当原始的面貌。佃农们使用的都是一些比较简单的工具。每年有三分之一或更多的土地要休耕，以便恢复土壤肥力。大部分庄园都能做到自给自足，因此市场交易并不多见。

到了9至10世纪，由于社会秩序拨乱为治，农业经济也开始有所起色。西欧在与东欧和亚洲的交往过程中获得了新技术。带犁板的重犁出现后，欧洲的湿重黏土变得更易耕种。在亚洲诞生的挽具终于传入了西欧，马也终于可以像牛一样曳犁拉车。这类技术进步提高了农业生产力，带动粮食产量稳步增加，一直持续到14世纪。人口增长驱使人们在欧洲各地以砍伐森林或抽干沼泽的方式开垦新土地。为了吸引农民去耕耘这些新土地，农奴制条款被放宽不少。但是这个过程并非整齐划一，比如在西欧很多地方，严苛逼人的采邑制在中世纪结束后依然存在。然而到了十二三世纪，很多佃农已经不再背负对领主的沉重债务，他们上交的钱款与地租相差无几（这也反映了当时的社会形势：不少佃农可以直接去市场上售卖部分农产品)。有些佃农拥有了自己的土地，可以想卖就卖。与 1400 年的东欧和大部分亚洲文明相比，西欧的佃农阶层相当自由，尽管他们的农业技术不及东亚等地，但其进步程度已是可圈可点。

农业进步带动并反映了商业变化。随着农业生产力不断提高，从 1000 年左右开始，少数人可以专心从事其他经济活动。在意大利部分地区、低地国家、英国和德国北部，大约 20% 的人口可以不再依附农场为生。这意味着贸易发展和城市扩张出现了新的可能。新的商业机遇激励佃农和领主将更多产品投放市场，而不再专注于自给自足。货币的使用范围逐渐扩大，令很多基督教的卫道士大失所望，不少普通人也失落不已，因为他们情有独钟的是传统社会更加直接的个体之间的交易。

正在崛起中的贸易呈现出多种形式。西欧与已知世界的其他地方交换商品，成为世界网络中的活跃组成部分，进而得以借鉴拜占庭和伊斯兰的经验刺激商业发展。富裕起来的欧洲人迷上了亚洲的香料和奢侈品，十字军东征则极大地推广了这些产品的知名度。地中海贸易重启发展势头，其主要参与者是意大利商人，他们和阿拉伯人做生意，用欧洲的布料和其他产品换取东方的高端产品。欧洲内部的贸易主要包括：用波罗的海地区的木材和粮食换取意大利和低地国家的布料和金属制

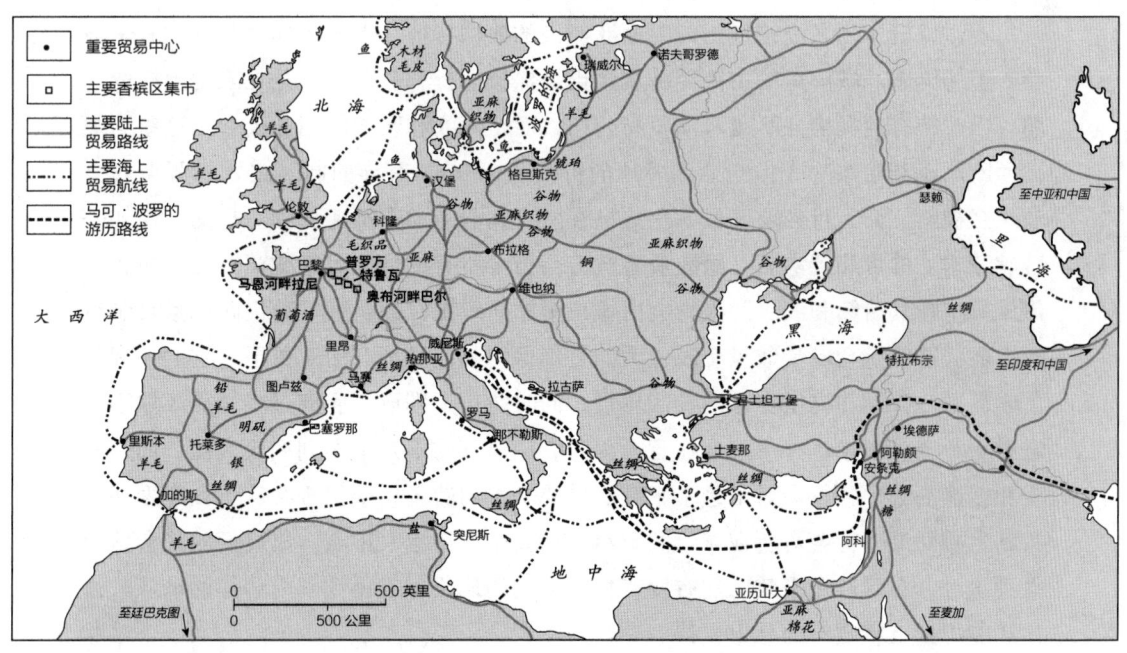

地图 11 欧洲与中东的贸易联系

品。英国起初只是一个原毛出口国,而到中世纪后期它已可以产出部分工业制成品用于交换。法国北部和低地国家的大型集市将欧洲各地的商人齐聚一堂。商业同盟建立起来:为了鼓励贸易发展,德国北部和斯堪的纳维亚半岛南部的多座城市结成了"汉萨同盟"。在意大利人的推动下,银行逐渐普及,促成了西欧大部分地区的跨区域商业交易。银行家(包括很多犹太商人)可以借钱给国王和教皇,因而备受重视。中世纪贸易和银行业的发展成为西方文明资本主义的起源。意大利和德国的银行家巨头和汉萨同盟中的远途商人都表现出了明确的资本主义倾向,因为他们为了获得超额利润,甘愿拿出大笔金钱资助商业冒险活动。

但是从世界范围来看,这种商业精神并非前所未有。欧洲商人的冒险精神和财富实力仍然逊于穆斯林商人。西欧社会对商人的认可程度也不及伊斯兰和印度社会。但西欧的商业活动却是一派蓬勃发展的势头。由于政府不够强势,经济职能也不够健全,西欧商人比其他国家的商人享有更多的自主权。这一点在很多新兴城市中表现得尤为明显,这些城市都由商业联盟主导。各国君主鼓励城市发展,以抗衡地主贵族的权重望崇;在中世纪后期及之后的岁月里,商人和国王的关系成了当时典型的盟友关系。但是除了向商人征税和向他们借贷之外,王室政府并不会过多插手贸易活动。商人们甚至制定了专属的商业法典,交由城市法庭严格执行。由此可见,正在崛起的商人阶层在欧洲社会独立发挥着非比寻常的强大作用,尽管其实力或冒险精神并不突出。基督教也不再为人们追求利润而忧心忡忡。

不过,资本主义尚未成为此时西欧经济的典型特征。大多数佃农和领主并未被卷入市场体制。城市里的主流经济观念也是保护同行利益,而不是无限度地攫取利润。当时特有的机构并不是跨国贸易公司,而是商人和匠人的同业公会。这些组织在西欧属于新生事物,但与亚洲多地的**行会**(guilds)有异曲同工之处:强调安全和相互控制。商人行会要确保各个成员在所有商业活动中都能分到一杯羹。比如一艘满载羊毛的货船到港后,服装业者行会会指示所有成员同时来购买羊毛,防止任何成员垄断其后续利润。匠人行会由城市里的纺织工、面包师、珠宝匠或家具制造者组成。这些行会成员数量有限,为的是确保所有成员都有活儿可干。它们还规范了学徒制,为学徒提供良好的技能培训,同时防止个别成员雇佣过多学徒谋取不义之财。行会对新技术并不怎么在意,因为它们追求的不是个人利润最大化,而是安全和普遍平等。各行会对工艺水平有严格要求,消费者无须担心会从不良商家那里买到劣质商品。行会对所在城市的政治和社会生活有重大影响,成员们的社会地位得到认可,有时还在市政府拥有发言权。它们的地位不仅得到国内法律的确认,往往还能得到王室政府的鼎力支持。

虽然各行会依然固守传统和安全为上的老观念,中世纪欧洲的制造业水平和经

> **解答问题** 人口增长
>
> 显著的人口增长一直都是世界历史前进的动力,不过偶尔它也会成为阻力。在后古典时期,不少地区的人口容量都达到历史峰值,直到 19 世纪才被打破。比如当时埃及人口约 500 万,该数字直到 1800 年后才被超越。中东人口在阿拉伯人对外征服早期小幅增加,后来由于土壤耗竭和高额赋税而逐渐下降。
>
> 后古典时期的中国和西欧人口显著增长,但在此之前双方都经历了人口下降,这要归因于瘟疫传播和古典帝国崩塌后出现的政治动荡。唐朝治国有方,不仅实现了经济增长,还在南方开辟了新的粮食产区,从而刺激了人口膨胀。欧洲也实现了人口增长,主要因为人们在法国北部和德国通过砍伐森林开辟出许多新的良田,使用带轮重犁耕地提高了粮食产量。
>
> 但是人口增长很快(到 11 世纪)就衍生出了一些问题,需要想法解决。日耳曼人迫于人口压力将定居点向东迁移,他们砍林造田,导致中东欧的斯拉夫人和其他民族流离失所,极大地改变了当地的定居模式。人口增长还迫使少数人背井离乡前往城市谋生;领主不得不放宽了农奴制的限制,激励佃农加大农业生产,并将产品销往城市。
>
> 然而到了 14 世纪,人口增长引发的问题已经到了无法解决的地步,在欧洲更是如此。农业发展裹足不前,人口规模逐步缩减。之后新一轮疫病在中国和欧洲重现,导致两地人口损失近半。但是它们在不到两百年的时间里就又恢复活力,这是一种史无前例的快速复苏,表明后古典时期人口增长带来的农业经济变革为未来注入了前进的动力。
>
> **重点问题** 人口增长在什么时候能带来创新?什么时候又会过犹不及?后古典时期的社会采取了哪些主要手段来应对人口快速增长?

商手段还是进步不小。在铁器和纺织品制造方面,当时的西欧虽说不及亚洲,但也正在奋力追赶。在某些领域,比如钟表制造(这反映了精湛的工艺和分秒不差的时间观念)和为宏伟的教堂钟铸造大型金属件上,欧洲匠人展现出了世界一流的工艺水平。此外也有一些制造业活动超出了行会的控制范围,这主要表现在低地国家和意大利部分地区,当地工人群体受雇于开拓市场的资本家,利用简单设备在自己家里工作。

中世纪后期有一个不争的事实就是,西欧经济和社会中同时存在着多种相互矛盾的群体和理念。商业和资本主义元素与慢节奏的乡村经济生活并行不悖，城市商会的保护主义大行其道。总人口中的大多数还是佃农，其中有少数人离开乡村去了城市，他们觉得城市生活更加刺激，尽管这里也有更大的生存风险和更高的传染病发生率。个别财力雄厚的资本家开始崭露头角，但大多数人还是按照不同的经济观念各行其是。在此期间，乡村农奴的生存状况有所改善。总的来说，它既不是一个死气沉沉的静态社会，也不是现代商业社会的早期范本。它只是保留着自己独特的韵味风情和矛盾冲突——而这也正是几百年经济和社会变迁积淀下来的成果。

5. 女性与家庭生活

中世纪的社会和经济生活日趋复杂，由此产生的最后一个影响就是，与其他农业社会相似，女性受到了新的束缚。当然，女性仍然在家庭中扮演着重要角色。基督教倡导男女灵魂平等，重视建造女修道院——这是女性除去嫁人外的另一个归宿，也是西欧女性生存状况的与众不同之处。人们敬仰圣母玛利亚等女性宗教人物，使女性在文化领域享有一定声望，淡化了《圣经》对夏娃是人类罪恶之源的描述。从某些方面来看，西方女性的地位高于穆斯林女性：前者可以和男子一同出席宗教场合（但不可以主持宗教仪式），也不会被束缚在家里。但是中世纪女性在家庭中的发言权还是有所下降。城市女性是地方商业活动的重要参与者，甚至是某些手工艺行会的负责人，但她们在以男性为首的组织中处处受到羁绊。中世纪晚期的文学风潮宣扬女性是男性的附庸，为女性设定了更多的家庭角色，鼓吹温顺贤良是女性的宿命。父系制度似乎变得愈加牢不可破。

6. 中世纪后期的紧张局势

中世纪欧洲社会的发展在十二三世纪达到顶峰。1300年前后，它开始出现停滞和衰落的征兆，并持续了近150年时间。这并不代表西方文明就崩溃了，更不是同期伊斯兰文明遭遇的长期衰退。西欧只是暂时陷入了困境，但是这些难题也促使西欧褪去了中世纪的外衣，宛如蛇在蜕皮后重获新生，它将以一副崭新的面貌走向15世纪中叶。

事例：14世纪早期，中世纪欧洲的人口数量已经明显超出了它的经济承载力。

饥荒周期性发生，粮食危机一再上演，导致饿殍遍地。后来，一场大规模疫情席卷城乡，大批人口死亡。发生在 14 世纪晚期的这场"黑死病"（腺鼠疫）夺走了欧洲四分之一以上人口的生命。此类事件造成的人口锐减既是经济乱象的写照，也是其原因。

事例：14 世纪，地主贵族的功能开始变得模糊不清。这些贵族是中世纪社会的统治阶层，他们长期控制着大部分土地，手握武装力量。如今，他们的作战能力遭到了质疑。随着职业军人队伍不断壮大，尤其是弓弩和加农炮等新式武器投入使用，传统作战方式逐渐变得不合时宜。但是贵族阶层并不甘心就这样退出历史舞台，他们将自己盛大而隆重的生活场景呈现在世人面前，其中的亮点就是展现作战技巧的格斗比赛。此外，宫廷爱情诗（描写骑士和名媛贵妇的爱情）成为当时的新热点，反映了人们对高雅文化的兴趣。谦谦君子、彬彬有礼（对待女性尤为如此）的骑士精神深得人心。这也是上层社会加强个人修养的结果。在早些时候，中国和穆斯林的贵族阶层也出现了类似转变。但要说到此时发生在西欧的这些变化，一些精心策划的骑士晋封仪式显得半间不界，甚至显得迂腐可笑——这标志着中世纪的价值观正在失去凝聚力，而全新的信仰体系则尚未出现。

事例：教会和政府之间的角力在 1300 年后发生了决定性变化，这一角力是中世纪欧洲社会的特征。法国国王控制罗马教廷长达几十年，甚至将教廷从罗马迁至法国一座小城；此后对教廷控制权的争夺战愈演愈烈。教皇最终还是回到了罗马，但是教会实力已经明显被削弱，而且对西欧宗教事务的控制也大不如先。教会领导人为了争权勾心斗角，已将精神信仰抛诸脑后。不过，基督教本身并未因此败落。事实上，新宗教团体的出现唤醒了普通民众的信仰热情。某些敬拜活动从教会机构中分离出来。结果就是从 14 世纪开始出现了一批宗教改革团体，其先行者在英国和波希米亚等地传播福音，他们反对教会的阶层结构，主张个人与上帝直接交流。

事例：中世纪欧洲在学术乃至艺术道路上步履蹒跚。意大利神学家阿奎那创作了不少佳作，但后来的唯理主义者开始在一些琐碎的问题上争执不下，比如一根大头针的针尖上可以容纳多少天使跳舞。神职人员对学术追求变得口轻舌薄，他们甚至宣称阿奎那的一些著作是异端邪说。艺术家越来越热衷用写实手法描绘自然，表明他们开始偏离中世纪艺术标准。中世纪的某些艺术类型变得陈腐平庸；比如出现了"火焰哥特式"建筑风格，它着重表现纷繁复杂的细节——这是才思枯竭的象征。

事例：十四五世纪，由于出现了新的经济问题，加上宗教改革派的掀风鼓浪，社会暴动层出不穷。佃农和城镇居民一起加入斗争行列，反抗领主或行会会长的控制。他们往往高喊口号，要求获得更多平等。一位参与农民起义的英国人高喊：

"人类之初，亚当耕田，夏娃织布，何来贵族？"[1] 在意大利的佛罗伦萨，手工匠人于 1378 年发起了一场暴动，随后出现了一个短暂的民主政府。虽然这些胜利果实难以维持，但它们开启的这股反抗风潮在接下来的几个世纪里却是反复上演。佃农要求领主给予他们更多自由，放宽农奴制的限制，底层手工匠人则要求行会一视同仁。这些群体往往会诉诸暴力。一位英国人记录下了佃农袭击庄园领主的场景：

> 这是一群赤手空拳的暴徒，他们手无寸铁，也不穿盔甲，然而凡是进入他们视线的绅士都会遭到劫掠或残杀，已婚妇女和少女则会遭受奸淫施暴，其可耻行径与禽兽无异。

民众起义传统自中世纪欧洲衰落开始一直绵延不绝，最终重塑了西欧的政治和社会关系。民众起义是中世纪的最后一个标记，它表明当时的社会和经济结构已经不合时宜。

7. 通往现代之路

后古典时期不仅复兴了部分古典地中海文明传统，还为西欧文明确立了诸多经久不衰的特征。事实上，很多历史学家都认为，西欧文明的内核直到后古典时期才得以形成。

西欧文明的定义在一定程度上是基于共同的基督教信仰，包括政教分离这一重要原则。尽管基督教发生了变化，而且西欧天主教自中世纪后走向衰落，但是共同的学术遗产得到了保留。政府受宗教制约也是西欧政权的一大特色。

推崇契约和协商的封建制度形成了欧洲的政治传统。欧洲在中世纪时建立了议会制，尽管其形式不同于现代议会，但它表明人们意识到需要通过立法去制约行政权力。虽然在后来的政治实践中西欧并没能一直保持立法和行政之间的平衡，但它始终尝试不辍。

西欧社会从后古典时期打下根基后就显露出了好战这一倾向，它对提升战争效率的技术尤为热衷。很多人都认为尚武好战是西欧文明的特有性格，所以它在后来面对更广阔的世界时依然不改本色。

---

1 出自 1381 年农民起义领袖约翰·鲍尔之口。

在后古典时期，西欧商人日渐活跃，但西欧的贸易水平并不突出，或与伊斯兰、印度、中国和非洲持平，或不及这些竞争对手。不过相比其他地区，西欧商人很少被政治左右，这主要是因为封建政府过于软弱。在这一大背景下，后来的西欧商业活动也很少受到政府干预。

后古典时期西欧文明的很多方面都带有时代的局限性：以宗教艺术为例，尽管它仍是博物馆中的珍藏，但它早已不是如今西欧艺术的主题。不过，至少在上述四个方面（进一步分析还会有更多方面），后古典时期为后来的西方社会（包括欧洲和其他易受西欧影响的地区）开创了重要先例。

延伸阅读

Julia Smith, *Europe After Rome* (2005); Peter N. Stearns, *Western Civilization in World History* (2003); Richard Landes, ed., *The Apocalyptic Year 1000* (2003); Richard F. Gyug, *Medieval Cultures in Contact* (2003); Charles Freeman, *The Closing of the Western Mind: The Rise of Faith and the Fall of Reason* (2003); Christopher Dyer, *An Age of Transition? Economy and Society in England in the Later Middle Ages* (2005); John H. Arnold, *Belief and Unbelief in Medieval Europe* (2005); Paul Maurice Clogan, ed., *Studies in Medieval and Renaissance Culture: Reengaging History* (2005); Roger French, *Medicine Before Science: The Rational and Learned Doctor from the Middle Ages to the Enlightenment* (2003); Lawrence Besserman, ed., *Sacred and Secular in Medieval and Early Modern Cultures: New Essays* (2006); Chiara Frugoni, *A Day in a Medieval City* (2005); Rosalynn Voaden, Diane Wolfthal, *Framing the Family: Narrative and Representation in the Medieval and Early Modern Periods* (2005); Georges Duby, *Art and Society in the Middle Ages* (2000); Tom Chippey, ed., *Appropriating the Middle Ages: Scholarship, Politics, Fraud* (2001); B. Tierney, *The Middle Ages* (1978); Allison Lassieur, *The Middle Ages: An Interactive History Adventure* (2009); Michael D. Bailey, *Battling Demons: Witchcraft, Heresy, and Reform in the Late Middle Ages* (2003). 对中世纪社会的深刻洞察（含原始资料）：E. Leroy-Ladurie, *Montaillou: The Promised Land of Error* (1979)。具体课题研究：J. R. Strayer, *On the Medieval Origins of the Modern State* (1972); C. Brooke, *The 12th Century Renaissance* (1970); H. Rashdall, *The Universities of Europe in the Middle Ages* (1936); H. Berman, *Law and Revolution: The Formation of the Western Legal Tradition* (1983); R. Bridenthal, C. Koonz, *Becoming Visible: Women in European History* (1977); N. Pevsner, *An Outline of European Architecture* (1963)。

中世纪的经济：J. Gimpel, *The Medieval Machine: The Industrial Revolution of the Middle Ages* (1977); David Landes, *Revolution in Time: Clocks and the Making of the Modern World* (1985)。社会历史：P. Ariès, G. Duby, eds., *A History of Private Life,* Vol. 2 (1984); Barbara Hanawalt, *The Ties That Bound: Peasant Families in Medieval England* (1986); M. M. Postan, *Essays on Medieval Agriculture* (2008)。

David Herlihy, *Medieval Households* (1985); Sandy Bardsley, *Women's Roles in the Middle Ages* (2007); J. Chapelot, R. Fossier, *The Village and House in the Middle Ages* (1985); J. Kirshner, S. F. Wemple, eds., *Women of the Medieval World* (1985). 大众宗教：C. Bynum, *Jesus as Mother: Studies in the Spirituality of the High Middle Ages* (1982); L. Little, *Religious Poverty and the Profit Economy in Medieval Europe* (1978)。

第13章
中国的影响与东亚文明的传播

在后古典时期的跨地区贸易网中，以中国为首的东亚是不可或缺的重要成员。丝绸和瓷器等中国产品深受阿拉伯商人喜爱；中国人自己也在加强对外贸易联系，尤其是与东南亚地区之间的贸易联系。虽然就贸易范围的广度而言中国人不及阿拉伯人，但他们不仅是商业领域的重要参与者，还积极参与文化交流。

尽管伊斯兰网络比中国构建的关系网要大得多，但是后古典时期的东亚依然凭借自身实力取得了许多重大发展成就。比如在这段时期，日本形成了本民族的重要特征，中国和朝鲜的一些具体技术创新影响到了整个世界。宗教改革的重要作用也不容小觑，但其过程可以说是一波三折。中国人曾在中亚地区与阿拉伯人兵戎相见，接触到了皈依伊斯兰教的突厥人，部分当地中国人还接受了伊斯兰信仰，但总的来说中国并没有被伊斯兰化。后古典时期让中国做出回应的重大外来影响只有一个，那就是深入民心的佛教。中国人还将佛教传播到了东亚其他地方，佛教在那里变得根深蒂固，其地位甚至超过了佛教在中国的地位。

对中国来说，它的后古典时期实则开始于6世纪：中国不断改朝换代，汉朝灭亡引发的长期社会动荡终于平息（6世纪末）。日本从500年左右开始引进中国的技术，包括汉字，逐渐发展成为东亚文明的前哨站；但是从更大的范围来看，中国始终在这几百年里一马当先，令日本望尘莫及。

东亚后古典时期的终结盘根错节如织如编。1279年，蒙古入侵者推翻了中国的宋朝，但仅仅过了90年它就被赶出中国，可谓是中国历史的转折点。日本免遭蒙古吞并，事后日本开始反思它对中国的模仿：中国被蒙古征服而日本则没有，那岂不是说日本社会才是佼佼者？到了14世纪和15世纪早期，不少东亚社会都萌生了变革意识，尽管它们变革的原因各不相同。

> **重点问题** 后古典时期的中国重现了古典时期的很多基本特征,对此我们有以下几个主要问题:首先,为什么中国文明具有如此强的连续性?其次,哪些方面发生了变化,或者说后古典时期的中国与汉朝时期有何不同?最后,放眼广大东亚地区(包括朝鲜和日本),这些社会都曾在一定程度上模仿过中国,它们是否由此而成为东亚共同文明的一部分?

1. 中国的政治与文化

中国文明并非新生文明,而且在 6 世纪后的几个世纪里也没有发生重大变化,它的重要特征已是耳熟能详,所以这里也就无须赘述。6 世纪时,屡遭游牧民族进犯的中国恢复元气,南北朝轮换交替,重整并彰显了国家的政治结构。隋朝始建于 589 年,它是中国在后古典时期建立的第一个王朝。在短短几十年的统治期间,隋朝强化了中央集权,修缮了长城,发动了新一轮军事征服,将领土疆域扩大到越南和台湾岛,同时向西逼近突厥人聚居的中亚地区。最终,各地民众不堪忍受繁重的税赋,发动起义推翻了隋朝,唐朝随即登上历史舞台。汉唐两朝被认为是中国古代两大高光时代。

唐朝继续推行扩张政策。它征服了中亚的突厥人领地,迫使突厥人西迁,为他们后来入侵中东埋下了伏笔。唐朝将越南和朝鲜设为藩属国(保护国),推广了中国的政治体制。当时的日本还要向唐朝进贡。可以说,此时的中国人已经控制了整个东亚。但是 751 年,唐朝军队在与阿拉伯人的怛罗斯之战中惨败,唐朝在中亚的影响力被严重削弱,越来越多的中亚人选择皈依伊斯兰教。不过,这些结果当时并未马上就显现出来。

在多位杰出帝王的统治下,包括中国历史上唯一的女皇武则天在内,唐朝重振中央集权。和前朝(尤其是秦汉两朝)一样,唐朝中央政府也在削弱地方割据势力,废除了他们的征税权,转而直接向农户征税。朝廷要求自由农民服兵役,极大地提升了朝廷的威望和对百姓生活的影响。政府还组织了全面而准确的人口和财产普查,在此基础上确定公平而可靠的税率。为了执行这些新措施,朝廷增设了很多官职,恢复了科举考试,按政治、哲学和文学素养选拔人才。和以往一样,科举制度令不少有才之士脱颖而出(尽管他们大都来自上层社会),同时加强了帝国内部的文化统一。唐朝的官僚制度更加完备周详。由于贵族身份色彩淡化,学者型官员更受青睐,所以科举考试也变得更加严格,教育比出身更重要。德高望重的官员甚至援引儒家经典或历史范例指正皇帝的错误。

唐朝延续了前朝传统,其政府职能涉及各个领域,包括规范贸易、修建道路、开挖运河、完善司法和加强防御。朝廷设立了新的监察机关,即"御史台",负责"整肃纲纪,察举百官"。

唐朝统治后期开展了一场大规模的灭佛运动,因为佛教被视为颠覆政权的潜在威胁。唐朝初年佛教曾备受帝王推崇,到头来却被视为危及统治的外来宗教遭到朝廷抵制,这主要是因为佛教"弃家绝养""背君叛父",从不主动教化人们去服从政府。数百座佛寺被夷为平地,上千座佛像被砸得粉碎。尽管佛教仍是中国重要的少数教派,但它的发展势头却是戛然而止。相比汉朝,唐朝皇帝更加清楚地认识到他们有义务去规范臣民的信仰,确保他们效忠政府。

自8世纪末开始,唐朝走向衰落,朝廷无所作为。盛唐时期人口快速增长,更是加剧了此时此刻的贫困状态,可用耕地成为紧缺资源。朝廷直接向农民征税的政策迫使农民转投地主寻求庇护,并激发了多场大规模农民起义。中亚游牧民族频频发动入侵。陷入内乱不能自拔的唐朝终于在906年画下句点。但是这种混乱局面并没有持续太久,因为集权统治的传统根深蒂固。某个王朝或许会山河破碎,官僚制国家本身却是坚不可摧。

宋朝这个全新王朝于960年登上政治舞台。皇帝"杯酒释兵权",收回了地方军事将领手中的权力,劝导他们弃武从文。宋朝没能收复唐朝的所有领土,中国北方仍然被游牧民族控制,其中还有些蒙古人。宋朝开国皇帝赵匡胤早年曾是一位镇守北方的将军,他意识到同时歼灭所有敌人不啻白日说梦,所以选择了与北方游牧武装并存不悖。但是他提出了一套高明的策略:控制富庶的南方地区;他还将中国的影响力渗透到了印度支那半岛。虽然战事不断,宋朝的经济形势却是一片大好,国家税收充足,推行严格的中央集权制度。商业和城市生活水平显著提高,人们的消费意识快速提升。农业产品丰盈,煤铁产量大增,刺激了人口增长和城市扩张。各种消费品广泛普及,包括过去专属于上层人士的一些奢侈品。中国境内的贸易越来越活跃,对印度和中东的商品出口越来越多。宋朝减轻了农业税,但提高了商业税,所以大规模农民起义才能沉寂百年。

然而宋朝也躲不开衰落的命运,部分原因在于它没能彻底消灭盘踞北方的游牧武装。尽管经济繁荣,甚至出现了大型制造业部门,但是政府施政无能,引发财政危机。一位皇帝支持自上而下进行改革,以缓解农民背负的沉重压力,但是朝中那些位高权重的保守派官员却是明里暗里百般阻挠,最终这场改革半途而废。游牧民族(以蒙古人为主)的入侵势头愈发难以遏制。1279年,蒙古大军在新任统帅的

北宋画家郭熙的绢本水墨画《树色平远图》。

带领下一举推翻了宋朝（南宋）。

隋唐宋三朝是中国文化大放光彩的时代。儒学仍是主流哲学。面对佛教的挑战，中国儒学家开始思考更广泛的哲学问题。南宋哲学家朱熹（1120—1200）是其中的代表人物，他将某些佛教主题与正统儒家观念相结合，探讨宇宙的本质和基本模式，以及人们熟知的伦理和政治忠诚问题。朱熹非常重视家规，提出小家依靠慈父治家，治国从治家开始。他向世人展示了如何依循新方向坚持儒学传统。他拓宽了儒学的思考范围，参加了关于哲学基本问题（此前一直是佛学家关注的范畴）的辩论［鹅湖之会］，还提出了"静坐"。朱熹的《四书章句集注》成为中国古代儒家经典之一，也是几百年来与《论语》《五经》齐名的必学书目。他一方面肯定儒学的基本伦理观，提倡道德训诫和自我约束，另一方面又深化了中国哲学传统，将其延伸至佛学领域，通过静坐实现心与理的统一，为哲学研究打开了新思路。不过，朱熹的思想成果也有不足之处。从哲学到历史，朱熹的研究范围之广令人慨叹，但他提出了人生而有知的先验论，这不利于深入探究，并会束人手脚，箍人头脑。佛教和道教依然是最重要的两大宗教。传入中国的佛教以大乘佛教为主，后者又衍生出很多宗派，其中最著名的是主张冥想和修心的"禅宗"（它在英语中写作"Zen"，这是一个日语的音译词，因为最早将 Zen 引入西方的是日本人）。中国的佛教徒对来世并不看重，他们笃信禅定，将辛勤劳动和关爱众生视为可贵的修行。道教则继续广泛传播，因为人们相信道教有治病救人的奇效。

用通俗文化来诠释佛教（这主要发生在唐朝的灭佛运动前）推动着中国文学和艺术不断向前发展，尤其是艺术。中国雕刻师仿照印度风格塑造佛像。印度佛塔（宝塔）这种全新的建筑形式被引入中国，又从中国传到了日本和泰国等亚洲其他国家。佛教画家不仅描绘宗教场景，还对自然景物也萌生了兴趣。甚至是在中国佛教走向衰落之后，自然主题依然热度不减。中国画家在勾勒自然景物时崇尚朴素的表达、精巧的构思和淡雅的色彩。宋徽宗要求画师们做到："以不仿前人而物之情态形色俱若自然，笔韵高简为工。"自然界的渺小一物，哪怕只是一根竹枝，在画家笔下都可以代表整个宇宙。

唐宋两朝的其他艺术形式也是多姿多彩，很多艺术家声名鹊起，不再是默默无闻的手工匠人。瓷器设计更加巧夺天工。皇帝命人修建富丽堂皇的宫殿和古朴典雅的宝塔。宝塔顶部加盖琉璃瓦，飞檐翘角，抵御风雨。城市建筑本身堪称艺术品。城市规划合理，呈棋盘状格局。唐都长安呈长方形，四周筑有城墙，容纳约100万人口。居民区以"坊"划分，一条中央大道直通皇城。

总之，中国艺术集合了日臻成熟的技术和整齐有序的规划，传达了人们对大自然的热爱——这是受道教和佛教思想熏陶的结果。中国艺术展现了文明的多样性，有传承，更有创新。

在文学方面，汇编经典和撰写历史的传统模式与新的创作形式相得益彰。在诗歌领域，五言诗和七言诗逐渐风靡，涌现出一大批受到道教和儒家思想熏陶渐染的诗人。唐朝诗人李白（701—762）"十五游神仙"，一生深受道教思想影响，创作了大量畅饮美酒的佳作；据传他醉酒后下水捉月，结果溺水而死。诗歌这种艺术形式深受唐宋两朝文人墨客的喜爱，他们写下了数万首诗篇，其主题丰富多彩，有的宣扬儒家道德观，有的歌颂大自然之美。很多诗句的字里行间都隐含着一丝淡淡的哀愁，比如北宋文学家苏轼在《读孟郊诗二首》中这样写道：

> 人生如朝露，日夜火消膏。
> 何苦将两耳，听此寒虫号。
> 不如且置之，饮我玉色醪。

此外，宋朝统治期间还兴起了城市文学，这主要指的是话本故事和各种演出。

中国的科学发展依然活力十足。地图绘制和天文观测得到朝廷资助。化学研究继续向前推进，生物学家对利用植物和矿物制药有了新的认识。法医学专著《洗冤集录》的出现标志中国人成为世界上首个开创刑侦科学的民族。多部类书（百科全书）将数学和磁学等领域的科学知识逐一收录。和以往一样，中国人不追求空泛的科学理论，而是注重精准而实用的观测结果。通过不断研究和成果汇编，中国科学家对物质世界的真实运行规律了如指掌。

科学与技术紧密结合是中国固有的传统。中国在科学领域的地位依然无法撼动。科学家通过实验发现了控制虫害的新手段。工程师建造了世界上第一座浮桥、第一座运河水闸和第一套碾磨谷物的齿轮传动系统。磁针罗盘成为中国航海事业的得力助手。算盘被用于交易结算。中国人发明的独轮手推车看似简单，但却领先其他社会好几百年，它极大地推动了农业和建筑业的发展。唐朝兴起的瓷器制造更是成为一个全新的艺术和生产门类。

唐宋两朝最重要的发明是火药和印刷术。火药最初用于制造烟花爆竹，在宋朝时被用于军事，后来衍生出了地雷和手榴弹等武器。印刷术（首先传入朝鲜）主要是为了传播正确无误的重要典籍，比如佛经。7世纪，中国出现了雕版印刷术的雏形：先把雕好的石板刷上墨，然后将白纸覆在板上。不久后中国人又学会了木刻版印刷术。10世纪中叶（北宋），所有经典著作都有了印刷版，各个类型的书籍一应俱全。纸币和纸牌也是印刷术的产物。不过，印刷术和火药直到15世纪才通过中亚和中东传入西方。

2. 中国的经济与社会

中国的政治和文化成就要归功于大好的经济形势。在众多新发明的直接刺激下，农业和制造业的产量双双提高。朝廷主要以扩建交通网为手段鼓励经济发展。中国人的组织能力超然不群，他们为粮食、丝绸和其他产品设定了计量标准，这项创举对征税和经商都大有裨益。

中国在唐宋时期蓬勃发展，一跃成为世界上最繁荣的农业社会。而繁荣的后果就是帝国人口增长了三倍。北宋时期虽说领土范围收缩不少，但中国人口总量却是突破了1亿大关。

中国农业的发展要归功于新水稻品种（生长期短）的引入和肥料用量的增加。茶叶和棉花等经济作物的产量也大幅提高。食品加工、制陶、造船和造纸等制造业部门都取得了技术突破。大型钢铁行业也在不断发展（首先将煤烧制成焦炭，然后将焦炭填进鼓风炉中炼铁）。铁器主要用于制造武器、农耕和建筑工具。不论从技术还是产量来看，中国制造业的实力都居于世界领先地位。

农业和制造业的发展也带动了商业扩张。700年至1200年，中国经历了某种程度的商业革命。集市和商铺在各个城市纷纷涌现。在中国历史上，商业都会首次取代城区成为政治中心的首选地。运河将种植小麦的北方和种植水稻的南方连为一体，推动了全国贸易发展。个体商户数量激增，商帮（即"行会"）负责协调成员之间的关系，同时辅助银行业和长途贸易的发展。货币使用范围迅速扩大，纸币于1023年首次发行，当时称为"交子"。

中国的对外贸易也日渐红火，尽管海上贸易仍被穆斯林商人垄断，他们将中国商品转销至其他地方，甚至远至东非。中国的直接贸易对象主要是朝鲜和日本。但是到了宋朝，中国商人开始在远洋贸易中大展拳脚。总体来看，中国在1300年之前是世界上商业化程度最高的社会，其制造业也最为发达。中国出口制成品，进口廉价原材料（包括马匹、皮革和宝石），中国的经济实力由此可见一斑。

中国取得了骄人的经济成就，但它依然是一个农业经济体。有学者提出，这个时候的中国其实完全可以打破这一基本经济形态，只要它利用充足的自然资源、精湛的技术和丰厚的财富开展一场工业革命。然而，至少有三个因素遏制了中国的前进步伐。首先，人口增速一再超出可用资源的供应能力，经济发展速度难以提升，更不可能发生巨变成为新经济体。社会稳定带来的人口增长导致人均耕地减少，人们的主要目标是维持生计，而不是大力变革。其次，政府官员思想保守僵化，他们希望增加税收，但又不支持开创性的商业冒险。政府税收和监管往往成为经济增长的绊脚石。最后，传统观念根深蒂固。中国社会提倡的是考取功名、步入仕途。商人不管身家几何都得不到尊重，导致很多商人放弃扩大经营，而是把钱用来买官，与学者、官僚和地主一道跻身精英阶层。但不管怎么说，中国还是世界经济领袖，其制造业表现尤为突出。很多女性也加入劳动力大军，她们主要从事纺织工作。宋朝政府鼓励发展远洋贸易，为的是增加税收。九座沿海城市设立了管理对外贸易的市舶司，它们维护修缮港口设施，"以来远人，通远货"，为商业往来提供便利。到1150年，中国已经造出了当时世界上技术含量最高的海船，配有指南针导航，定期出航东南亚和印度洋，直抵波斯湾。

经济变革也带动了社会变革。新兴城市如雨后春笋般涌现，城市文化应运而生。大批城市休闲场所与日俱增，比如妓院、瓦舍（戏院）和赌坊，供少数富人玩乐。官僚地主阶层仍然享有最高特权，其中很多人都住在城市，他们对落后的乡村生活不屑一顾。上层社会一改尚武好战之风，开始追求充满仪式感的生活方式和高情逸态的休闲活动。

在城市里，我们今天常说的消费主义之风在上层人士中蔓延开来。富人们热切地追求珍馐佳肴和华装丽服。在该时期之前，品茶只是少数人的专享；中国虽盛产丝绸，但北方的富人大都穿着粗麻衣服；如今这一切在唐朝都发生了翻天覆地的变化。茶和糖（后者进口自东南亚）以及相关仪式和用具受到富人的追捧。南宋

南宋画家阎次于创作于 12 世纪晚期的《山村归骑图》。

诗人吴自牧在《梦粱录》中写道："盖人家每日不可阙者，柴米油盐酱醋茶。"后宫嫔妃的着装风格也发生了变化，引领了一股时尚潮流。唐明皇的宠妃杨玉环偏爱胡服，在她的影响下，洋溢着异域风情的大唐时尚风靡全国。贵族女子佩戴的一款高帽子（帷帽）传到了欧洲，在法国宫廷被叫作"汉宁帽"（Hennin，一种圆锥形的高顶帽子）。中国富商开始从时尚潮流中发掘商机。在杭州这样的城市，商铺里摆放着消遣娱乐的各式新奇玩意。意大利旅行家马可·波罗称杭州是"世界上最美丽华贵之城"，只是他的描述未免流于肤浅：

> 这座城里的人们在工作、交易之余，除了想和自己的妻子或情人在舟中或街车上甘酒嗜音、动心娱目之外，别无所思……他们脑子里和心中唯一惦念的就是夜月花朝和消遣玩乐。

但是中国并没有形成一个追求物质和新潮流的全面消费型社会，因为这些追求有违儒家提出的造福天下主张和清晰的社会等级划分。儒家思想并不仇富，但反对铺张扬厉和标新立异。唐朝晚期，皇帝专门颁布律令确立了着装规范，严禁奇装异

《清明上河图》展现了中国大城市（北宋都城东京，今河南开封）的文化面貌。

服。引领潮流的某些人士甚至被处死，以警示人们在追求新意时不要失了分寸。

中国普通百姓并不觉得生活节奏有明显改变，甚至在采用了新的农作物和新式农具之后也是如此。乡下生活一如往昔。但是随着城市发展，城市里的穷人阶层（无产阶级）也在逐渐壮大，他们收到的私人或政府救济根本微不足道。

唐朝女性的社会地位有所下降，这对一个繁华盛世来说不免有几分讽刺意味。长期以来，中国人的家庭生活一直受制于严苛的父系制度。在上层社会的家庭中（尤其是在城市里），女性变得更加无足轻重，俨然成了家里的摆设。官员和商人可以纳妾。上层社会开始流行给女性裹小脚：在女孩子年幼时，将她们脚拇趾以外的四趾掰断屈于足底，用绷带缠紧。这种做法会使女子终身蹇跛，但是小巧秀美的双脚和轻盈婀娜的步态可以衬托出女性优雅的体态美。宋朝时期女性的生存境况略有改善，有些人投身商海，有些人获得了受教育机会。但即使受人尊敬的女性也不得随意参与公共事务，父系制度依然牢不可破。

中国的社会发展取得了不俗的成就，但其总体表现要逊于同期经济和文化领域的积极变化。社会基本价值观并没有改变，人们格外珍惜安稳平和的生活。对大部分中国人来说，至少是对中国文明的领路人来说，他们很满意当下的平衡局面：

一面是物阜民丰的经济和高雅的兴趣爱好，一面是一脉相承的政治和学术传统，二者并行不悖。久而久之，中国上层人士开始思考如何保护本民族的深厚传统不被外力破坏。

3. 朝鲜、越南和日本文明

在唐宋两朝，借助强大的国力和显赫的声望，中国文明向东亚其他地方快速传播。朝鲜和越南将中国汉字与当地语言结合，首次创造出本民族的书面语。中国的艺术风格、科举制度和儒学被这些地区尽数吸收，它们还从中国引入了佛教。7至9世纪，中国对朝鲜的影响达到顶峰，在这段时期，朝鲜统治者借鉴中国的城市规划，引进儒家思想，模仿中国的艺术风格。朝鲜的经济实力不及中国，但它广招劳工（实质上是奴隶）采矿，将开采出的原材料销往国外。几百年来朝鲜贵族和百姓都笃信佛教，但是百姓却饱受贵族欺压。进入14世纪后，一场农民起义将李氏王朝（李朝）推上历史舞台，但它很快就又恢复了贵族统治。李氏家族的统治一直延续到20世纪。李朝尊儒排佛，精英和平民的阶层划分泾渭分明。宫廷周边地区（主要指新都汉城周边）的佛教法事活动被儒家典礼所取代。

与朝鲜类似，中国对越南上层社会的影响同样超越了对普通民众的影响。平民百姓的文化更接近东南亚地区，比如热衷斗鸡。越南人对中国的影响持矛盾态度：他们一方面仰慕中国的成就，另一方面又不满于自身被中国控制。长期被中国控制使越南统治者意识到，为了自保他们需要模仿中国的某些优势，于是他们开始大量借鉴中国的官僚制度和农耕技术。唐朝灭亡后，越南趁乱获得独立并开始向南扩张。与朝鲜不同，越南很少存在大一统王朝，连年内战令它疲于应对。

第三个进入中国文明圈的地区是日本。相比朝鲜和越南，日本在许多重要方面保留了自身更多特征，部分原因在于它是一个岛国，从未被中国完全控制。因此，日本创造了一个与众不同的东亚文明体，虽与中国渊源颇深，但其鲜明特色也足以令它在世界上一枝独秀。

5世纪前后，日本被中国的成就所吸引。它提出了一种中国前所未见的选择性借鉴模式。这种模式成为日本国民的集体记忆，故在后来受到西方影响时日本同样如法炮制。自6世纪起日本开始积极学习先进文化——中国文化，但它也格外注意保留本民族传统，这一点突出表现在它最终没有采纳中国的社会和政治结构。

早在接触到中国的影响之前，日本就已经建立起了强大的地方政权。神道教崇拜自然万物（各地建有祭祀用的神社），奉天皇为神的后裔。农业蓬勃发展，水稻是主要农作物。主要岛屿上山峦起伏，加剧了政治分裂，阻滞了交流沟通。神道教的仪式（由祠官主持）比较简单，参拜者可以祈福并向神祇献祭。该宗教提倡圣洁清净的仪式，反对以游戏和饮酒为乐的民间节日。尽管受到外来影响，神道教和地方政权依然长期存在，并与外来影响相安无事。正因为如此，日本的儒家和佛教弟子，以及近年来活跃的商界领袖，可以集新颖的价值观与古老的神道教传统于一身。

日本从600年左右开始热切地模仿中国。前往中国的日本留学生和使节对中国的经济和政治成就赞叹不已。604年，日本圣德太子颁布了《十七条宪法》，确立了中央集权和官僚制度，尊崇佛教和儒学。日本引入了中国的建筑风格、城市规划和汉字。在日本政府的组织下，日本与中国开展定期交流。这个如巨人般伟大的邻国为日本带来了丰富无穷的知识和艺术品。日本开始采用中国历法。日本吸收中国文化的一个明显后果就是日本女性地位下降。日本人的家庭关系向来紧密，并允许女性在公开场合和工作场所发挥重要作用。然而儒家观念认为女不如男，受其影响，日本女性的角色也被限定为操持家务和生儿育女，尽管日本人没有像中国人那样过分剥夺女性的权利。日本还借鉴了中国的艺术创作。宫廷庆典中也加入了中国风格的舞蹈和音乐，后者时至今日仍是日本某些地方传统文化的基础。

如前所述，日本并没有事无巨细地模仿中国，部分原因在于日本经济仍比较落后，商业化程度不及中国。集权化的官僚体系没能取代地方贵族地主。在政治领域，中国模式很快就失去了吸引力。日本贵族对中国文化青睐有加，但却坚决与中国的政治模式划清界限。实际上，随着唐朝没落破亡，中国模式一度变得黯淡无光。日本建立的中央集权制度最终也只是昙花一现。天皇虽然没有被彻底废除，但他俨然成了一个宗教形象，不再是握有实权的政治首脑，真正掌握实权的是地方军事领袖。

到800年时日本已经建立起成熟的封建制度，它与同期的西欧封建社会非常相像。各地豪强贵族将当地地主招致麾下，用军事和司法保护换取后者的财力和兵力支持。这样一来就形成了一座权力金字塔，最底层是广大农民。大领主，即"大名"（daimyo），出资雇佣职业军人，即"武士"（samurai）。这套封建制度标志着中央集权统治的倒退。它为日本各岛带来了频繁的战乱，穷兵黩武之风盛行一时。1051年至1088年，大规模战事不断爆发且在接下来的几百年里依然如此。然而，日本封建制度却和中国儒家观念结合到了一起。日本武士恪守荣誉和勇敢的准则，违者要切腹自杀。此外，日本武士具有一定的文学造诣，他们或创作诗歌，或执行重要仪式，比如茶道。从这方面来看，日本封建主与生活粗鄙的欧洲领主形成鲜明对比。东西方的封建制度还存在其他一些显著差别。受儒家思想影响，日本封建领主认为好政府需要臣民的绝对忠诚，因此日本没有出现制约大名权力的机构——类似欧洲封建社会的议会。在日本人看来，个人的可敬行为、小领主忠心耿耿、大名和仆人相互照应，这几个要素就能形成一个好政府。日本封建制度的另一大特征就是强大的集体凝聚力，而西欧依靠的则是人与人之间的契约关系。日本与西欧之间的区别（在今天已转化为企业之间的差异）有力地说明了，一个文明社会如何保留自身特征并适应岁月变迁。

1185年之后，日本在封建制度的基础上构建了一个更加强大的政府。一个名为源氏的贵族家族控制了整个日本，并设立幕府（中央权力机构）。从官方的表述来看，每位幕府将军都是隶属于天皇的重要官员，而事实上他们才是国家的真正统治者，地方大名都要对他们效忠。天皇将全国土地分封给忠心耿耿的将军，将无形的忠诚转化为有效的国家政体。镰仓幕府得名于都城镰仓，它是日本幕府政权的肇始，其统治一直持续到1333年，这段时期是日本难得的和平时光。镰仓幕府的强大实力主要表现在它挫败了蒙古人的两次入侵企图。在发动第一次入侵时，蒙古人集结了当时世界上最庞大的海上远征力量，足有14万人之多。但是一场突如其来

这幅水墨绘卷名为《三条殿夜讨卷》，又名《三条殿之火》，描绘了13世纪后期镰仓时代发生在两大武士集团之间的一场争斗，因发生在平治元年，故名"平治之乱"。

的台风摧毁了蒙古人的舰船，这股"神风"令日本人刻骨铭心，他们相信日本是一个受到神明庇佑的国家。

到镰仓时代末期，日本政权成为一个集合中国和地方元素的独特混合体，包括儒学倡导的忠诚和礼仪、精湛的军事技能（骑术、箭术和剑术），以及对大名的绝对拥护。中国官僚文化在当时没能发挥显著作用。当时主要的政治关系指的是领袖与追随者之间的关系，这是封建制度的准则。时至今日，日本政府、企业家和工人

讨论历史：后古典文明的定义

作为人类组织形式的文明在世界范围内传播，加上后古典时期地中海地区的分裂，从而衍生出更多的文明。与此同时，向邻国模仿借鉴的机会也是越来越多。这种情况为"文明"的定义提出了难题：究竟是把某些模仿者归入广义的文明范畴，还是将其作为单独的文明体？

日本对中国的模仿将两个国家紧密地联系在了一起。很多历史学家提出，中国的实力和文明范例为广义上的东亚文明打上了深刻的烙印。日本借鉴中国汉字创造了本国文字，从中国引入了佛教。日本艺术（如绘画和园艺）与中国艺术有异曲同工之处。日本吸收了中国的社会和家庭观，但没有直接模仿某些具体做法，比如缠足。在后古典时期，甚至在后来的岁月里，日本一直深受中国儒家思想的影响。日本人特别讲究社交礼仪，言行举止彬彬有礼。两国的共同特征构建了一个更加宏大的共同文化框架。

日本对中国进行了不完全的模仿，同时保留了本国特色，即使抛开这两点不谈，日本也不同于中国。两国的模仿行为本身就不同，因为中国从来没有像日本这样借鉴外来文明。最显著的差别表现在日本封建社会形成的政治和军事传统与中国大相径庭。日本曾尝试模仿中国的政权结构但以失败告终，其结果深刻地影响了日本的历史进程。

定义日本文明：它究竟是一个独立文明还是东亚文明的一部分，并非只是一个抽象的历史问题。如今中日韩三国已经打造出一个紧密的经济圈，既然如此，姑且不论各自不同的历史经历，是否可以说一个更加宏大的东亚文明已经超越了其中的个体文明，正在影响整个世界？当然，如果考虑相互模仿的话，社会凝聚力的定义就不再是一个局限于东亚的基本问题，而是还涉及俄罗斯和撒哈拉以南非洲等重要地区。文明的接触与重叠何时能够凌驾于重要的地区差异之上？这个问题关乎后古典时期至今的世界史分类和比较，如何解答，难度极大。

之间的紧密联系仍然带有封建时代的印记。在镰仓时代，幕府将军设立了多个机构监督幕政，确保集团内部忠诚。集体统治这一传统（不依赖个人或纯粹的官僚制）依然深刻地影响着日本社会，而也正因为如此，日本形成了卓越的集体领导艺术，并在当代实现了经济飞腾。

4. 日本的文化、社会与经济

日本经济在封建体制内和镰仓幕府时代稳步发展。虽然内战屡屡爆发，但却并未遏制经济发展势头。农业收成越来越好。贵族阶层意识到管理好农业发展有多么重要，村官也向普通农民积极灌输这一理念。相比大多数耕地面积差不多的国家，日本农业供养的人口要多得多，而这则得益于日本完备的水稻灌溉系统。

各个岛屿之间建立起了贸易联系。到 12 世纪时，贸易城市遍布日本全境。制造业部门增加，以冶金、造纸、制陶和纺织为主。日本仍然是从中国进口大部分奢侈品（比如丝绸），但它已经可以出口部分制成品作为交换。贸易和制造业的扩张也刺激了城镇人口和商人数量的快速增加。与中国一样，日本社会主要分为贵族地主和农民两大阶层，封建制度更是强化了这种等级差别。日本还保留着少数奴隶，他们只能从事一些低三下四的工作。雄心勃勃的商人们利用中国发明的设备在大海上乘风破浪，商人群体的崛起动摇了农业社会的根基。日本虽说没有从官方立场赞誉过作为中产阶级的商人，但也没有像中国精英人士那样将他们贬低为唯利是图之辈。

在模仿中国政治和社会结构的同时，日本借鉴更多的还是中国的文化。日本引入中国汉字的初衷是为了标记口语的不同语音，后来在汉字的基础上创立了本国的书写系统。中国人偏爱诗歌这种文学形式，日本人也是如此，尽管镰仓时代的日本作家也创作了不少小说和冒险故事。700 年左右，日本文人编纂了一部诗集《万叶集》，里面收录了 4,500 多首诗歌，称为"和歌"。和歌讲究形式，这一特点在短歌上表现得尤为明显。短歌有 5 句，共 31 个音节，按 5—7—5—7—7 的顺序排列。日本诗人常用双关语传情达意，比如短语"Senkata naku"的字面意思是"没什么要做的"，"naku"表示否定，但也有"哭泣"之意，诗人用这个词同时表达了徒劳和悲伤两层意思。和中国诗歌一样，和歌的具体形式也不尽相同，但二者都讲求词句优美、技巧精湛，以及略带几分忧伤的意境。

比如一位诗人为悼念亡妻写下的这首和歌：

> 突闻噩耗，她已离去，
> 她的离去 ——
> 如绿叶被秋日染黄，
> 如白天被夕阳吞噬，
> 如皓月被云层掩盖，
> 唉！伊人已逝！但我们的灵魂，
> 将如海藻般紧紧缠绕！[1]

和中国一样，城市发展也为日本的演出剧目注入了新的文学元素，剧院蓬勃发展。颇有象征意味的"能剧"风靡一时，它以舞蹈动作展现诗歌意境，在后来的发展中它又融入了杂技和滑稽戏。

除了具体形式上的差异，日本文学并没有单纯模仿中国风格。日本人热衷创作战争故事，这是二者的显著不同。但是日本文学和中国文学风格的高度相似性也为日本人的生活平添了许多复杂性。就政治关系和军事热情而言，日本大名和武士明显有别于中国封建主和军人，但他们都爱好诗歌和戏剧，甚至直接参与创作。

日本艺术同样源自中国。佛寺一般呈宝塔结构，有些还是出自中国建筑师之手。全国各地开始建造佛像。很多佛教画家和雕塑家不仅创作表现精神极乐的寺庙装饰画，还创作地狱绘（用恐怖场景警示世人）。除了宗教主题，日本画家也热衷描绘自然景观，他们用粗犷的线条勾勒山峰、瀑布和森林。园艺和插花同为日本和中国的重要艺术形式。在闲庭深院小巧精致的花园里，人们会匠心独具地安置假山、池塘、人工岛和人造桥。

这段时期的日本文化并不包括缜密的哲学思辨或重要的科学研究。从这方面来说，日本缺失了中国学术生活的某些重要内容。儒家伦理观和仪式感深入人心。很多日本人同时信仰佛教和神道教，他们从神道教的仪式中找寻心灵慰藉，从佛事活动中探寻救赎之路。佛教学者绘声绘色地描述地狱之恐怖，天国之美妙。上至天皇，下至平民百姓，都是佛教的追随者。每当发生政治冲突，人们的宗教热情就会更加高涨。日本人的混合宗教观与中国大不相同，它不仅包含佛教元素，还支持宗教集会，渲染救赎论，从而凸显了日本佛教的与众不同。

镰仓幕府于1333年倒台，日本社会的发展戛然而止，新一轮内战随即爆发。日本文化停滞不前，直到下个世纪才有所突破。然而，日本人已经缔造了一个独树

1　日本民间流传着一个关于"海藻球"的爱情传说。相传古时候一对山盟海誓的青年男女跳湖殉情，后来魂魄化成海藻球在湖底延续着他们的爱情。此后绿色的海藻球就成了坚贞爱情的象征。

人物传略：千代野

不论从表面上来看，还是从客观情况来看，日本的父系制度在中国的影响下都在进一步深化。日本女性的财产权和继承权被日侵月夺，逐步削弱，尽管没有像中国女性那样被逼迫缠足。在后古典时期的日本，某些上层社会的女性可以选择婚姻之外的另外两种生活方式。首先是写作。由于受中国影响太深（女性难得有受教育机会），所以既受过教育又会写作的日本女性能过上相对自由的生活。日本女作家紫式部（978—1016）创作了世界上最早的长篇小说《源氏物语》。

另一种生活方式就是皈依佛门。比如13世纪的日本尼师千代野，由她担任住持的寺庙和禅宗道场在15座以上。千代野出身贵族，后出家求佛，得到大觉禅师（受幕府执政之邀赴日传法的首位中国禅师）指点，晚年继承了大觉禅师的衣钵。佛教对女性的态度比较矛盾，担心她们亵渎佛门圣洁。但是女性的精神追求还是得到了认可，因此寺庙准许她们出家为尼从而摆脱婚姻，千代野本人就是这方面最具代表性的受益者。有些男性禅宗大师还曾就此问题发表过重要论述，比如著名的道元禅师曾说："高贵者中必有女子。男女皆有机会参悟《佛经》并摆脱幻象……男女皆具备生命的四大元素（土、水、火、风）……莫要浪费时间对性别优劣进行无果之争。"

千代野。

一帜的东亚文明，它将中国形式与当地宗教、政治和社会传统融会贯通，但是日本社会中蕴含的矛盾元素却是远远超出了中国——从长远来看，这或许也正是日本创造力的来源。

除了培育本民族的文化，日本人并没有像其他新生文明那样尝试对外征服。这种状态直到 16 世纪才被打破。日本企图征服朝鲜，但是功败垂成。从逻辑上分析，日本其实可以凭借日臻成熟的航海技术攻打菲律宾，甚至北美洲。但在此时，深受中国影响的日本似乎觉得对外扩张没什么意义。和中国人一样，日本人认为本民族文明才是货真价实的文明，所以他们并不打算过于偏离自身轨道。除此之外，日本的海上贸易规模确实有所扩大，但它的舰船实力还是逊于穆斯林，也不及后来迎头赶上的信仰基督教的欧洲人。

5. 自信的东亚

日本人和中国人一样只关注自身发展。他们甚至认为自己肩负着特殊的使命。看到中国被蒙古人统治，日本发现自己是它所认识的唯一真正文明。因此，日本人开始标榜自身的优越性。这份自信成了日本文化的一部分，甚至在 20 世纪日本大肆模仿西方社会时，自信依然是日本人的特质。但讽刺的是，在长达几个世纪的时间里，这种心理反而限制了日本扩大自己的世界影响力，因为日本人和中国人关心的都是国内发展，他们并不渴望将对外交流最大化。在这方面，东亚文明的内敛型文化与中东和欧洲的扩张型文化可谓泾渭分明。

6. 通往现代之路

后古典时期是中国文明成形的重要时期。中国的对外贸易更加活跃，为后世中国商业的发展建立了关系纽带，开创了先例。重要城市传统（甚至包括一定程度上的消费主义）形成的动力仍在影响着今天的中国。官僚传统和官员培养机制被重新确立，它也在当代中国再次出现，尽管具体形式不尽相同。

这段时期对日本来说意义更加重大。日本从中国引入的诸多文化元素（如绘画技巧和风格）依然是日本文化的印记。日本成功地模仿了它的伟大邻国而没有丧失民族特性，这无疑鼓励了日本在现代时期继续进行选择性的文化借鉴。这一先例（模仿中国）说明：在过去一百年左右的时间里，或者至少是近些年，为什么在应对外来影响时中国和日本的应对方式迥然相异。日本封建制度尤为看重集体忠诚，如今在日本的政治和商业行为中依然能够看到这一特征，所以日本和西方经济成就的具体层面并不相同。很显然，过去几个世纪里积累的经验继续回响在当今世界。一些评论家甚至认为，日本棒球手表现出的自律和团队忠诚就带有日本昔日武士道精神的深刻烙印——由此可见过去的影响是多么深远。

延伸阅读

Keith Pratt, *Everlasting Flower: A History of Korea* (2007); Bruce Cumings, *Korea's Place in the Sun: A Modern History* (2005); Roger Des Forges, John S. Major, *The Asian World, 600-1500* (2005); Martin Stuart-Fox, *A Short History of China and Southeast Asia: Tribute, Trade and Influence* (2003); Wang Ping, *Aching for Beauty: Footbinding in China* (2002); Charles Benn, *China's Golden Age: Everyday Life in the Tang Dynasty* (2004); S. A. M. Adshead, *T'ang China: The Rise of the East in World History* (2004); David R. Knechtges, Eugene Vance, eds., *Rhetoric and the Discourses of Power in Court Culture: China, Europe, and Japan* (2005); Charles D. Benn, *Daily Life in Traditional China: The Tang Dynasty* (2002); Tonia Eckfeld, *Imperial Tombs in Tang China, 618-907: The Politics of Paradise* (2005); Linda Walton, *Academics and Society in Southern Sung China* (1999); Heng Chye Kiang, *Cities of Aristocrats and Bureaucrats: The Development of Medieval Chinese Cityscapes* (1999); Justin J. Cornfield, *The History of Vietnam* (2008); Tansen Sen, *Buddhism, Diplomacy and Trade: The Realignment of Sino-Indian Relations, 600-1400* (2003)。

关于日本：William E. Deal, *Handbook to Life in Medieval and Early Modern Japan* (2007); Richard Bowring, *The Religious Traditions of Japan, 500-1600* (2005); Michael Adolphson, Edward Kamens, Stacie Matsumoto, eds., *Heian Japan, Centers and Peripheries* (2007)。关于朝鲜：Kang Jae-un, *The Land of Scholars: Two Thousand Years of Korean Confucianism* (2006)。

关于此阶段中国历史的具体特征（参见第 2 章的概况）：Arthur Wright, Denis Twitchett, eds., *Perspectives on the T'ang* (1973); Mark Elvin, *The Pattern of the Chinese Past* (1973); Jacques Gernet, *Daily Life in China on the Eve of the Mongol Invasion, 1250-1276* (1962); Patricia Ebrey, *The Inner Question: The Lives of Chinese Women in the Sung Period* (1993); J. Dardess, *Conquerors and Confucians: Aspects of Political Change in Late Yuan China* (1973)。关于中国的消费主义和消费主义的后续发展：Peter N. Stearns, *Consumerism in World History* (2002)。

第 14 章
美洲文明中心

在后古典时期及不久之后，与世界贸易网和传教区域遥遥相望的西半球终于迎来了两大文明中心的崛起：中美洲和安第斯山区。但是此时出现的文明并非这两个地方的新生事物。奥尔梅克人和其他民族早已打下稳固的政治基础，创立了一套让后人目炫历乱的宗教信仰，修建了祭祀用的大型建筑，并且开辟了广阔的农耕区和贸易区。

虽说美洲两大文明中心与亚非欧三大洲形成的国际关系网没有任何交集，但它却从反面衬托出这个国际网络的重要性。美洲在世界文明史上自成一体，甚至它自己的两大文明中心都互不知悉。从技术水平来看，美洲印第安文明明显落后于后古典时期的其他主要文明，它缺乏与外界的交流互动，也没有可用的驯养动物。当安第斯山区部落用美洲驼运送轻型货物时，中美洲人民还没有任何运货或拉犁的动物。此外，印第安人不会使用轮子劳动（轮子不过是孩子们的玩具），也不会制造铁器。但是这两大文明的农业发展程度较高，有能力养活当地庞大的人口。阿兹特克城的规模之宏大远远超出了当时的欧洲城市，乍见之下，就连初次踏上美洲大陆的西班牙入侵者都不禁心生敬畏。

独立发展的美洲文明令人赞叹，而且就某些方面来说，它与早期阶段的世界其他文明也有几分相似。但事实上，它更接近早期的埃及和美索不达米亚文明，与后古典时期的中国和中东伊斯兰文明相去较远。与欧亚轴心区域相比，美洲在宗教和技术方面存在巨大差异，因此当它被首次卷入世界关系网之后，这些差异引发了许多非同小可的问题。

需要指出的是，由于美洲几大文明都是独立发展而成，所以亚非欧三大洲的历史年表无法完全对应美洲文明：美洲文明的重大发展早于后古典时期，阿兹特克文明和印加文明在 1450 年至 16 世纪初达到顶峰；美洲历史的分水岭出现在 1500

第 14 章 美洲文明中心　261

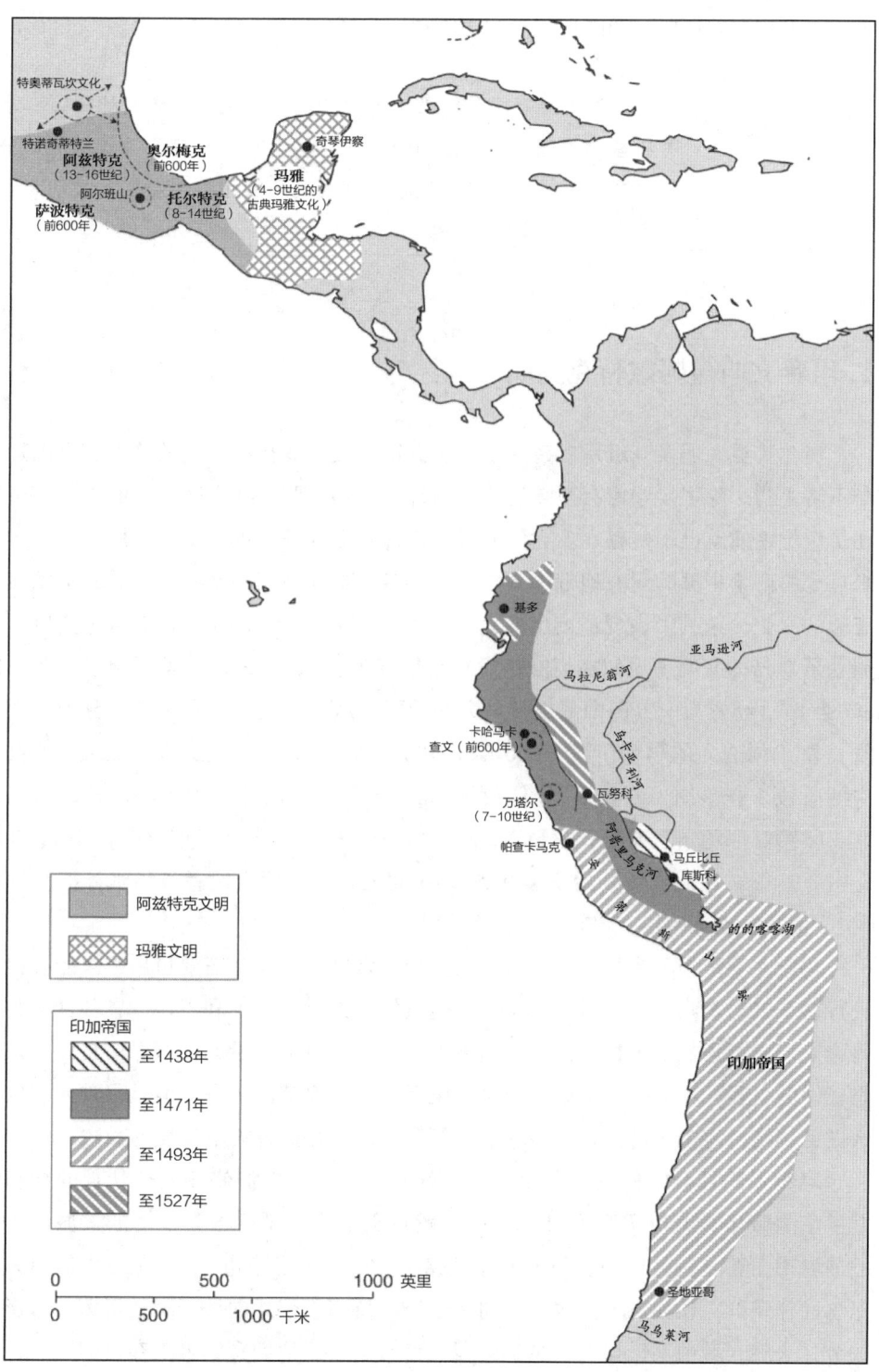

地图 12　被西班牙人征服前的美洲大陆

年，而不是为后古典时期画下句点的 1450 年。

> **重点问题** 中美洲和安第斯山区这两大文明中心差别显著。通过比较，二者的典型价值观和制度分别是什么？这两大文明都不具备亚非欧三大洲文明的标准特征，它们是如何走向繁荣的？与其他文明之间缺少交流给它们造成了哪些后果？

1. 玛雅文明与阿兹特克文明

奥尔梅克文明及其继承者建立了中美洲第一代农业社会，它的消失至今仍是一个不解之谜。除了一些留存至今的建筑遗址，能够证明这些文明存在的直接痕迹早在 7 世纪之前就已不复存在。它们的衰落或许是遥远的北方部落入侵所致，这些人来自今墨西哥中部的河谷地带。其中一些部落在早期文明的基础上建立起本民族更完善的文化，这其中表现最突出的就是**玛雅人**（Mayans），他们在 2 世纪前后初步创立了自己的文明（他们在当时仍靠狩猎采集为生），后来逐渐发展起了农业，到 600 年时已经成为中美洲中部规模最大的社群。从这时起，玛雅历史被分为三个阶段：富于创造力的早期阶段（600 年至 900 年左右），以今危地马拉北部为核心；中期阶段（衰落期）开始后，玛雅人向北迁至墨西哥的尤卡坦半岛，在此与其他北美印第安部落，主要是**托尔特克人**（Toltecs）相互融合；晚期阶段始于 1200 年左右，这个文化混合体开始积衰瓦解，16 世纪时西班牙入侵者将玛雅社群和抄本（文字记录）破坏殆尽，玛雅文明彻底终结。

玛雅文明植根于热带雨林，这里的土地异常肥沃，但却需要付出极大的心血来进行耕耘。动物和害虫不断破坏耕地、地表植被太过厚密不利于耕作，种种考验使玛雅人形成了强烈的多神信仰，他们祈求代表各种自然力量的神祇保佑自己。宗教祭祀中的自残和活人献祭为中美洲文明蒙上了一层血腥的色彩，但是玛雅人相信这么做可以维持宇宙运转。在身体各部位打洞穿环也是一种司空见惯的做法。

玛雅人的社会结构层次分明，与宗教密不可分。他们修建宏伟壮观的神庙和金字塔来致敬神祇。玛雅人没有建造一般意义上适合举行各类活动的大城市（他们的城市主要是宗教中心，但他们在道路交汇处开设了集市），而是热衷修建大型纪念性建筑群，比如奇琴伊察。祭司在这里主持宗教仪式向神祇献礼祈祷。每逢宗教节日来临，城中不论男女老少都会积极参与其中，他们穿起鲜艳夺目的服装，跳起精心编排的舞蹈。祭祀过程中还有游戏项目，同样是为了表达对神祇的崇敬。有

第 14 章 美洲文明中心　263

墨西哥坎昆的玛雅金字塔。此处是玛雅古城奇琴伊察（它在时间上可以追溯至 300 年）的所在地，当地有多座金字塔和华丽宫殿的遗迹。

种球戏是两队球员各自占据长方形场地一侧，力争将球撞入高悬在墙壁上作为球门的小石圈内。胜利者将有幸成为献给神的祭品，但想要得分着实不易，大部分比赛都以平局收场。政治机构往往由祭司控制，他们还成立了秘密组织，维护自己的权威和神秘性。

　　科学研究以服务宗教为主要目的。玛雅人在宗教中心修建了多座大型建筑，其中就有天文观测台，他们依据精密的天文观测制定了一套详细的历法，这被公认为玛雅文明的最高成就。此时的玛雅人已经形成了清晰的时间观念，遥遥领先于同时期的其他民族。玛雅历法主要用于协调宗教祭祀和农耕时间。玛雅人根据历法将纪年元年推算到了几十万年以前，他们认为时间没有起始，并预言地球在未来将会遭遇几次劫难。在研究历法的过程中，玛雅人用了不到两个小时就精准地计算出了一年有多少天；他们还掌握了先进的数学知识——玛雅文明是独立提出"零"这一概念的三大早期文明之一。

　　宗教也是各种艺术形式的首要主题。巍然矗立的金字塔只有祭司才有资格登临其顶；每每看到它们，仿佛就能让人感受到远在天际的神祇的神秘召唤，同时感慨那些登上金字塔与神沟通的人是多么了不起。玛雅人塑造了很多神祇雕像，通常

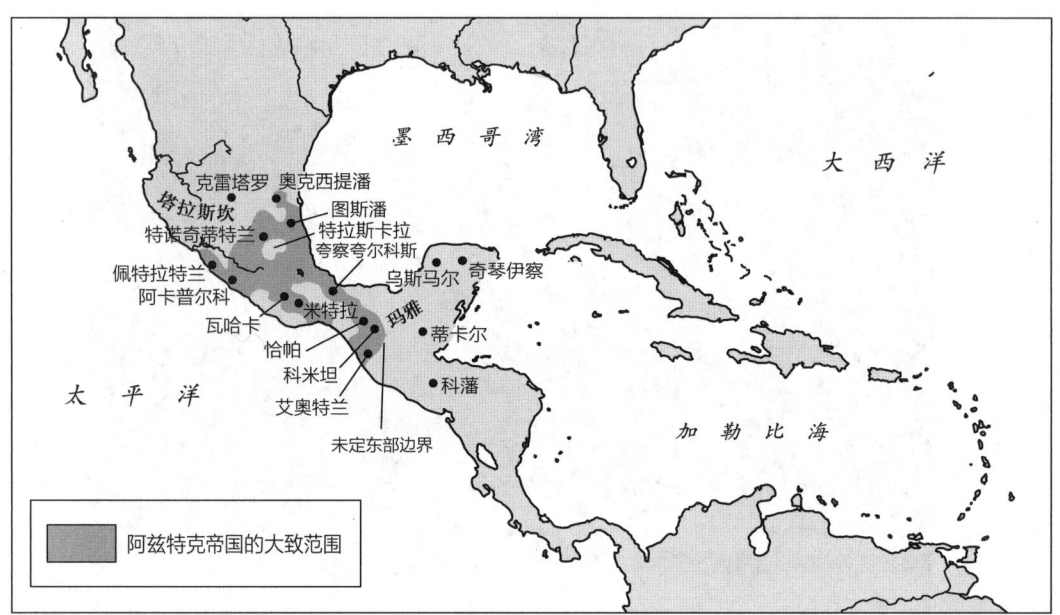

地图13 阿兹特克文明和玛雅文明

都是一些半神半动物的造型，表现美洲豹的凶猛和作为猫科动物的优雅；还有一些女性形象的雕像，表现玛雅人对心地仁慈的生育女神的感激之情。玛雅人还发明了象形文字，用来装饰神庙、编写抄本和标记时间。

玛雅人生活在一个等级制社会。上层人士想方设法使自己的样貌有别于普通人。他们用一种专用夹板将自己孩子的头骨压扁，这种扁平头形可以保持终身，彰显他们的尊贵身份。

玛雅文明的很多特征至今仍是不解之谜。如今的莽莽丛林曾是当时的宗教中心。现存的零星抄本屈指可数，因为狂热的西班牙人几乎摧毁了玛雅文化的所有痕迹，他们急于将这批异教徒改造成基督徒。虽然古典玛雅文明几乎消失殆尽，但在尤卡坦半岛还是留下了不少玛雅—托尔特克文化遗迹。受托尔特克人影响，玛雅人开始用活人祭祀，被献祭的主要是战俘。世俗首领的权力越来越大。其他印第安部落的入侵为玛雅文明的衰落埋下了隐患，他们在13世纪劫掠了奇琴伊察这个伟大的文明中心。后来玛雅人另建了一座都城，城墙总长8千米，但在1460年左右它被农民起义军捣毁。这时候的玛雅文明已是名存实亡，当1699年西班牙入侵者占领最后一处据点时，玛雅文明正式宣告离场。

玛雅人的技术水平较为落后，他们不会制造铁器和使用轮子，也不会修建拱墙（建筑物的承重墙），因此玛雅文化的发展主要归功于大批劳动力。与此同时，那些大型宗教活动（主要是在纪念性建筑上举行的祭祀仪式）也需要投入大量人力。这或许能够解释为什么面对外来入侵玛雅人不堪一击，而且他们的艺术和政治成就在达到顶峰后一落千丈，明显不同于大部分亚洲和地中海文明起起落落的发展历程。美洲文明迅速衰落或许还与玛雅人遇到的农耕困境有关。他们不使用金属工具，也很少使用肥料，因此很难保持土壤养分，控制野草滋生，扩大耕种面积。现在有专家提出：土壤耗竭或水源短缺——这常被称为"玛雅大干旱"——是导致玛雅文明消失的罪魁祸首。但是准确原因目前尚无定论。我们唯一知道的是玛雅人的村庄保留至今，但它们的社会制度和领导体制早已支离破碎，无处可寻。

2. 阿兹特克帝国

阿兹特克人（Aztecs）在1350年之前从北美洲进入了墨西哥中央河谷地带。他们赶走了散居各地的托尔特克人，将阿兹特克帝国的领土范围延伸至中美洲其他地方。他们在特斯科科湖周边的沼泽地带建起了一座新城作为首都，修建了桥梁和堤道组成的交通网，支撑着伟大文明中心特诺奇蒂特兰的发荣滋长。这座古城当时有10万居民，这里岁稔年丰，是当时世界上人口最稠密的地区之一。阿兹特克帝国总体来看就像一座军事要塞，作为统治者的武士允许附属阶层（包括玛雅人）管理地方，只要他们能按时上缴黄金和奴隶。阿兹特克人崇拜战神和自然神，他们的信仰与当地流行的宗教一拍即合。阿兹特克人热衷艺术创作，他们还修建了不少致敬神祇的金字塔型建筑。

阿兹特克帝国气势磅礴。特诺奇蒂特兰是西班牙人兴建的墨西哥城的前身，这里分布着众多华丽的宫殿、神庙和雕像。世界上最密集的农业养育着墨西哥中部高原近2,000万人口。贸易范围广大，集市繁华，人头攒动，政府还利用商人充当间谍。中美洲与印第安社群（今美国西南部）建立了广泛的贸易联系。从文化方面来看，阿兹特克人汲取了早期的玛雅—托尔特克文明成就。更值得一提的是，他们依靠大批奴隶和上文提及的地方进贡来维持奢华生活。阿兹特克人的巨大财富和宏伟建筑震慑住了首批抵达美洲的西班牙人，他们甚至惊呼阿兹特克人的城市胜过了罗马和君士坦丁堡；但是阿兹特克帝国除了武力之外，并无任何手段可以捍卫自身政权。中央集权政府由号称君权神授的君主领导，帝国内部暴乱频发。

为了表示对神祇的崇敬，阿兹特克人扩大了活人献祭的规模。他们曾在一座宏伟的金字塔上杀死了至少2万人充当祭品。阿兹特克人相信神祇牺牲自己幻化成了

> ## 讨论历史：不同文明的相互接触
>
> 　　在 1492 年之前美洲与亚非欧三洲社会没有任何有效接触，这一现象引发了不少问题。首先，重点必须放在"有效"两个字上。有确凿证据表明维京人曾经到过北美洲，波利尼西亚船队极有可能抵达了南美洲。其他理论提出美洲人曾与腓尼基人或非洲人打过交道。东南亚和美洲艺术风格的相似性令人费解，进而也引发了多种猜想。由于缺少充分的史料佐证，很多谜团迄今无法解开。但我们可以肯定的是，在哥伦布到来之前，美洲人民并没有从外来人员那里得知亚非欧三洲普遍使用的技术或驯养动物的方法。他们也不曾经历过疫病的大肆传播，所以当地居民根本没有机会形成免疫力。虽然缺乏与外界之间的交流，但这并不妨碍美洲人民早在 1492 年之前就取得了许多巨大的成就，因而也就无须对外界影响作出许多离奇的解释。但是当美洲最终接触到其他文明时，这些成就显得极为重要。这种认识比探讨哥伦布大发现之前那些互不相干的航行更重要。
>
> 　　另外一个问题：为什么美洲各文明中心没能建立起有规律的内部联系？美洲内部其实也有一定程度的文明传播，比如玉米栽培知识的推广。只是这种传播很有限，中美洲人民已经会使用弓箭等武器，也发明了文字，但这些成果并没有向南美洲全面传播。有种理论似乎很有道理，它提出：美洲文明从北向南传播在理论上是可行的，但却很难转变为现实，因为这样做必须穿过多个不同的气候带。相比之下，东西向的文明传播范例就有很多，比如亚洲和欧洲内部各社会之间的接触。为什么某些传播模式没能出现？解答这个问题着实很有挑战。

太阳，因此需要人类的鲜血做食粮，他们的献祭行为就是为了重演这一幕。经济发展需要稳定的劳动力，宗教活动也需要源源不断的牺牲者（主要是战俘）。这是中美洲历史上一段岌岌可危的时光，阿兹特克人民没有理由去敬重残暴的统治者。事实上，很多美洲印第安人最初都很欢迎西班牙人，希望后者能将他们从暴政中解救出来。讽刺的是，阿兹特克人在西班牙入侵者面前不堪一击，这一方面是因为其自身武器落后，他们既没有火枪，也没有任何铁制武器；另一方面则是因为他们对自身统治的未来也不抱信心。尽管是以当地早期的伟大文明为根基，但是阿兹特克帝国丝毫没有展现出超越时代的影响力。

3. 印加帝国

在玛雅文明和阿兹特克文明大放异彩的几个世纪里，美洲印第安文明正在悄然崛起——安第斯山区（今秘鲁和玻利维亚）即将成为美洲第二大独立文明中心。

中美洲的早期社群已经打下了重要基础：农耕村落早在公元前2500年就已出现，人们种植当地的马铃薯，还学会了种植玉米（源自北美洲）。到公元前1200年，当地出现了大型文明中心，如秘鲁高原上的查文德万塔尔。**查文文化**（Chavin culture）包括复杂的多神教信仰和当地广为流传的艺术形式。但到公元前300年，查文文化已是日就衰败，其他城邦纷纷崛起，城市中心增多，战事连绵不断，有些城邦控制了大片领土。当地最有实力的**印加**（Inca）城邦脱颖而出，最终崛起为印加帝国，成为安第斯文化和政治传统的继任者之一。

印加人最初聚居在一片很小的区域（今秘鲁），后来向周边文明社群扩张，逐渐学会了更加复杂的政治和艺术形式。到15世纪晚期，印加帝国的范围已经从厄瓜多尔延伸至智利中部，成为当时美洲最庞大的政体。帝国的道路网覆盖了山岭地区，总长超过1.6万千米。长跑者沿着这些道路跑步传递消息，既有牢记于心的口信（印加人没有文字），还有"奇普"（quipu，结绳语）记录的信息——人们用打好结的彩色绳子计数或记事。印加人是帝国的统治阶级，他们的领袖被尊称为**萨帕·印加**（Sapa Inca），意为"独一无二的君主"。萨帕·印加推行独裁统治，他们干涉人们的婚姻和人口流动，控制帝国的所有产品。换言之，劳动人民受到政府的严密监控。人们用美洲驼运送货物相互交换，手工匠人换取粮食，农民换取衣物。当时还不存在以货币为媒介的交易，政府要求各地自给自足。各级商品

这是一座属于印加文明的大型瓶状陶土建筑，上面绘有彩色的数字和几何装饰图案。

交换（从山区到河谷）都在同一个区域内，每个地方生产最适合当地条件的产品，然后与其他地方互通有无。

人们制造出了青铜工具，黄金和白银将皇宫装饰得富丽堂皇。在对待被征服民族的教育问题上，那些精英分子的教育受到政府管控，确保他们忠于政府。如有叛乱发生，一律武力镇压，之后则会将那些怨愤不已的民众进行重新安置，防止他们日后再生事端。

印加人的统治远没有阿兹特克人那么残暴不仁，他们对当地人的信仰和宗教非常宽容；印加人崇拜太阳神，他们认为自己是太阳神的后裔。印加人的宗教谱系里还有多位男神和女神。他们和古埃及人一样把死者制成木乃伊，为他们的来世生活做好准备。

到1400年前后，印加帝国已经实现了不同凡响的领土扩张。由于没有文字，人们很难将重要事件或信息记录下来，所以印加人对地方首领须臾不可少之。然而被征服民族则难免心生不平，而且落后的技术水平也限制了帝国的经济和政治持续发展。所以还在西班牙人入侵之前印加文明就已经走上了下坡路，而且在西班牙人的火炮面前，印加人的作战方式和武器装备根本不值一提。

4. 安第斯山区与中美洲社会

美洲这两大文明中心在很多方面都可谓大相径庭。中美洲注重科学和数学研究，安第斯山区的文化成就则更加突出。但这两大文明中心都流行多神教崇拜，艺术场景都充满暴力色彩。出于宗教和政治需求，这两大地区都对劳动力严加控制，而且不断发起对外征服。两地的政治体制不同，农业生产模式也不同（但两地都种植玉米）。马铃薯原本是安第斯山区的重要农作物，直到被西班牙人征服后才开始广泛传布。在印加帝国和阿兹特克帝国被推翻后，这两大文明中心留给后人的遗产（主要指通俗文化和乡村生活方式）引发了人们的思考。

5. 太平洋及大洋洲地区

其他地区同样远离后古典时期飞速发展的亚非欧三洲文明，它们在这几百年里也发生了重大变化。**波利尼西亚人**（Polynesian）开始向夏威夷岛大规模迁徙或者在新西兰定居。他们在新定居点沿用了新石器时代的技术，采用当地食材，同时从外部引进某些动物。和中美洲一样,甘处下流的物质技术被一成不变的社会制度所遮覆。祭司属于权贵阶层,战乱一再爆发。波利尼西亚人原本过着与世隔绝的生活,直到18世纪遭遇到欧洲人,后者带来了疾病,征服了原住民,如同美洲印第安人早前的惨痛经历。至此,作为重大历史议题的孤立文明终于走到了尽头。

6. 通往现代之路

曾经辉煌一时的玛雅文明和印加文明都没能给美洲留下多少文明遗产,这里面有其自身局限性的原因,但主要原因还是16世纪开始的欧洲人大征服。不幸的是,欧洲人不仅带来了摧枯拉朽般的炮火,还有美洲原住民根本无力招架的各种疾病;80%染病的印第安人因为得不到有效救治而全身腐烂致死。从官方宗教和政治体制来看,在欧洲人征服后崛起的美洲文明与早期文明模式并没有什么关联。即使没有欧洲人介入,美洲人民凭借先进技术也可以实现文明传播或多元发展。当印加文明衰落时,不少地方(包括今哥伦比亚)正在孕育更先进的新文化。在北美洲,很多印第安部落仍然坚持狩猎采集传统,间或从事季节性农耕,但是定居农业还是从更先进的墨西哥文明中心传到了西南部,而且传到了大西洋沿岸。普韦布洛印第安人是中美洲文明的代表,他们凭借刀耕火种的农耕方式在密西西比和新英格兰地区站稳了脚跟。某些民族结成了松散的政治联盟,比如东部大湖区的五支易洛魁部落,他们原本有可能建立一个强大的政权,但是欧洲人带来的炮火和疫病扼杀了所有的希望。

然而,即使不考虑南北美洲现存的印第安部落(他们仍然保留着自己的语言和传统),从某些重要方面来看,美洲印第安文明还是为后世留下了一些余响。美洲印第安文明与当今时代存在两大明显联系:首先,历经几百年时间发展起来的农业(它们集中在中美洲和安第斯山区),为世界各地大范围迁徙的人们送去了营养食粮。玉米、南瓜和马铃薯极大地改变了美洲的欧洲定居者、非洲人、亚洲人和其他欧洲人的饮食结构和生活品质,这些食物都是印加人、玛雅人和他们的先辈培育出来的。十六七世纪,美洲重要粮食作物的传播是推动世界历史发展的重要因素。

其次,透过表象看本质,美洲印第安文明同样有着深厚的根基,即使在被欧洲人征服后,印第安社群仍然长期保留着自己的重要特征。因而在中美洲和安第斯山区,在基督教成为正统宗教的大背景下,美洲印第安人继续坚持自己的古老宗教信仰。公共节日和一些秘密仪式将传统舞蹈、游戏和其他娱乐形式续存至今。更重要的是，很多美洲印第安部落会在几何形陶器、珠宝和色彩绚丽的服饰上画上特定图案，这些图案成为融合西班牙和美洲印第安特色的新文明的重要特征。最后，进入21世纪后，这些地区的美洲印第安人依然保留着当地特有的习俗、经济和政治模式。印第安人村落（主要在中美洲）还是一副传统模样，基督教堂和政府大楼不过是为早期建筑和集市广场锦上添花而已。

很多村庄的农业生产依然实行公有制，这一制度曾是伟大的美洲印第安文明的支柱。在安第斯山区，村民的土地一般都是共同所有而非私有，主要生产人们最需要的粮食作物。长期以来，这些传统村庄根本不了解先进的市场体制，也不懂得操奇计赢。很多原住民人口在很长时间里一直反对全盘接受欧洲征服者的习惯和制度。欧洲人和美洲印第安人由此形成了一种在官方政府和宗教约束下特有的、有时让人感觉不太舒服的融合方式，即拉丁美洲文化；拉丁美洲文化在本质上既不是纯粹的美洲印第安人文化，也不是纯粹的欧洲文化。那些延续下来的传统在后来同样引发了冲突，比如在最近几十年里，传统经济观念遭遇更多直接挑战，远超西班牙人最初征服和管理所造成的挑战。拉丁美洲的大部分人口都是印第安人，这些地方以前也是文明社会，农业基础高度发达，正因为如此，仅仅把拉丁美洲通俗文化看作是一个融合了欧洲和美洲印第安传统的新文化，未免太过简单。这种论调忽略了一个事实：美洲印第安文明的政府机构悉数被毁，征服者和被征服者的话语权并不平等。但是一些重要的通俗文化形式一直留存至今，它们与新出现的或西班牙人及其后人引进的文化同时并存，继续影响着如今的墨西哥、秘鲁和玻利维亚（玻利维亚在2006年选出了史上首位印第安人总统），以及其他拉丁美洲国家的人民。

延伸阅读

Robert Sharer, *The Ancient Maya* (2006); Adam Herring, *Art and Writing in the Maya Cities* (2005); Michael D. Coe, *The Maya* (2005); Peter G. Tsouras, *Montezuma: Warlord of the Aztecs* (2005); Prudence M. Rice, *Maya Political Science: Time, Astronomy and the Cosmos* (2004); David Carey, *Engendering Mayan History* (2006); Karen Vieira Powers, *Women in the Crucible of Conquest: The Gendered Genesis of Spanish American Society, 1500-1600* (2005); Frances F. Berdan, *The Aztecs of Central Mexico: An Imperial Society* (2005); David Carrasco et al., *Montezuma's Mexico: Visions of the Aztec World* (2003); Michael E. Moseley, *The Incas and Their Ancestors: The Archaeology of Peru* (2001); Rosemary A. Joyce, *Gender and Power in Prehispanic Mesoamerica* (2000); Michael E. Smith, Marilyn A. Masson, *The Ancient Civilizations of Mesoamerica: A Reader* (2000); Stuart Stirling, *The Last Conquistador* (1999); Catherine Julien, *Reading Inca History* (2000); Hugh Thomson, *The White Rock: An Exploration of the Inca Heartland* (2003); Ian Graham, *Alfred Maudslay and the Maya: A Biography* (2002).

关于美洲的印第安文明：Charles C. Mann, *1491: New Revelations of the Americas Before Columbus* (2005); John M. D. Pohl et al., *The Aztec Pantheon and the Art of Empire* (2010); J. Eric Thompson, *Mexico Before Cortez-an Account of the Daily Life, Religion and Ritual of the Aztecs and Kindred Peoples* (2007); Ignacio Bernard, *Mexico Before Cortez: Art, History, Legend* (1975); M. D. Coe, *Mexico* (1984); Frances Berdan, *The Aztecs of Central Mexico: An Imperial Society* (1982); Doris Sommer, *Cultural Agency in the Americas* (2006); M. P. Weaver, *The Aztec, Maya and Their Predecessors* (1981); Eric R. Wolf, ed., *The Valley of Mexico: Studies in Pre-Hispanic Ecology and Society* (1976); Inga Clendinnen, *The Aztecs* (1991)。

关于印加文明：Brian S. Bauer, *Ancient Cuzco: Heartland of the Inca* (2004); Titu Cusi Yupanqui, *An Inca Account of the Conquest of Peru* (Ralph Bauer 英译) (2005); David Cahill, ed., *New World, First Nations: Native Peoples of Mesoamerica and the Andes Under Colonial Rule* (2006); John Murra, *The Economic Organization of the Inca State* (1980); Irene Silverblatt, *Moon, Sun, and Witches: Gender Ideologies and Class in Inca and Colonial Peru* (1987); John V. Murra, Nathan Wachtel, Jacques Revel, eds., *Anthropological History of Andean Politics* (1986)。

第 15 章
蒙古人的短暂兴起与后古典文明的终结

本章关注的是 1250 年至 1450 年世界格局发生的巨变，比如阿拉伯人丧失领导地位，一个以亚非欧三洲为核心的全新国际关系网正式崛起。各文明之间的接触不断增加，但是美洲仍然处于孤立状态。东亚和西欧的跨地区交往日益密切。非洲受到的影响较小，部分原因在于它要经由中东这个中转地与外界联系。除了这些社会变革，多项关键技术也取得突破，为日后发展奠定了基础。到 1450 年，各文明之间建立了新的平衡，这时的世界已经不是两百年前的模样。

当后古典时期临近结束时，主流文明呈现出迥然不同的社会和文化发展趋势，这一点并不意外。西欧农民摆脱了农奴制的桎梏，获得了一定自由，而在中东，地主则向农民提出了新的要求。罗斯早在蒙古人入侵之前就已低迷不振，日本和西欧的发展势头则更加强劲。然而亚非欧三洲的某些趋势还是大致相同，尽管它们承载着不同的文化。比如贵族阶层不再崇尚武力，转而追求高雅文化。随着农业社会剩余产品的增加，女性地位继续下降，她们俨然成了家里的摆设。世界主流宗教的地位愈发牢固。此外，跨地区贸易网在后古典时期得到强化，很多重大事件引发的变革为后古典时期的终结埋下了伏笔，同时也为重燃生机的新阶段吹响了序曲。第一个重大事件就是阿拉伯帝国政治实力日渐衰落，中东文化和经济渐趋萎缩。在构建国际网络的过程中，阿拉伯人曾经发挥过强有力的领导作用，因此他们的困境必然会辐射到阿拉伯世界以外的地方。非洲贸易本身依然活力充沛，但也难免会受到阿拉伯社会转折的拖累，因为非洲商人与阿拉伯商人交往最密。另一起更加严重的事件更是放大了阿拉伯力量衰落的影响，那就是蒙古人对亚洲和东欧的快速征服。

> **重点问题** 蒙古人过去常被视为凶狠残暴的入侵者,而如今大多数世界史学家则主要关注他们统治期间富有建设性的一面,比如他们促成了各文明之间的新联系。哪种判断是正确的?为什么会出现这种两极化的观点?蒙古帝国灭亡引发了哪些后果?在蒙古人称霸期间(1200—1400),世界发生了哪些变化?

1. 蒙古帝国

这段时期蒙古人的对外征服是此类大规模征服的最后一幕,它标志着游牧武装战胜了农业社会的政权,为东亚、南亚、中东和罗斯带来了翻天覆地的变化。不仅如此,他们还扩大了国际网络,促成了全新的交流活动,刺激各文明参与更大范围的跨地区互动。

蒙古游牧部落曾一度盘踞在中国北方边境。他们精于骑射,可以踩着铁马镫在策马狂奔时轻松地引弓射箭;由农民组成的步兵武装根本不是他们的对手。蒙古军队由各部族构成,其首领都是骁勇善战的勇士。**蒙古人**(Mongols)形成了一个精锐的战斗单元,他们训练有素,能够保持整齐的骑行阵容。蒙古骑兵最终达到了5万至7万人。他们的作战方法灵活多变:避免与大部队正面冲突,组织精准伏击,切断对方补给路线。

蒙古伟大的征服者成吉思汗(意为"世界的统治者")大约生于1162年。他面临的首要任务就是统一各蒙古部落。成吉思汗原名铁木真,"成吉思汗"这一尊号是在1206年蒙古统一战争结束后确立的。成吉思汗是位杰出军事将领并有治国之才,他命人创建蒙古族文字以改善官僚体系的运作。13世纪早期,成吉思汗率军远征西辽;他还征服了亚洲中南部的突厥王国。每次征服都为蒙古人积金累玉,便于他们招兵买马。成吉思汗的继任者横扫中东,推翻了阿拔斯哈里发政权。1260年,埃及军队在今以色列大败蒙军,将后者逼退到波斯境内,蒙古人在波斯开始了长达几十年的统治。蒙古大军占领了罗斯全境,将势力范围推进到东欧小国,他们原本可以继续向西扩张,但是帝国内部的政治危机成了他们前进的绊脚石。

1279年,蒙古人推翻了南宋王朝。成吉思汗的孙子忽必烈(他是蒙古最伟大的帝王)以中国为据点向东南亚和印度发起进攻,但对印度的进攻遭到德里苏丹国的强力阻截。他还试图从海上攻打印度尼西亚和日本,最终都功亏一篑。蒙古人第一次远征日本被台风挫败,日本人将这场台风称为"神风",他们相信神明在保佑日本。尽管遭遇上述挫折，蒙古人到 1300 年已经称霸欧亚文明的大部分地区，蒙古帝国的领土大约延伸了 9,600 千米。

　　蒙古人统治时期是一段杰出人物挥洒个性的非凡时期。多位蒙古皇帝皈依了佛教或伊斯兰教。忽必烈在中国建立元朝，成为豪情万丈的一代帝王。为了维护统治，忽必烈保留了中国的官僚体制，但是任命了很多"色目人"或外国人担任朝廷要职，包括突厥人等穆斯林，甚至还有一些欧洲人。不被信任的中国人只能担任低品级官职。元朝法律严苛，禁止百姓集会或夜晚出行，民怨不断滋生。忽必烈在统治中国的几十年里做了前朝不曾有过的尝试：全面对外开放。来访的外国人中就有意大利人马可·波罗，以及他的父亲和叔父，他们横穿亚洲大陆终于来到中国，并留在元朝当官任职。深受忽必烈赏识的马可·波罗有机会走访中国各地，详细了解中国的风土人情。但他毕竟是一个欧洲人，有些问题还是让他困惑不解，比如他想不明白为什么煤炭可以炼铁。《马可·波罗游记》广为流传，为欧洲人打开了认识东方文明的一扇窗户。哥伦布在寻找通往亚洲的直达航路时，随身所带为数不多的物品中就有这本游记。

　　蒙古帝国的统治如昙花一现，发生在不同地域的人民起义动摇了蒙古人的统治根基，王位之争则影响了蒙古人的内部统一。1368 年，汉人最终将蒙古人逐出关外，赶往草原，并自此之后产生了一种强烈的民族优越感。蒙古人对中东的影响转瞬即逝，因为突厥人很快就异军突起。蒙古人带给印度的直接影响更是微乎其微，但是到了 16 世纪早期，蒙古人和突厥人组成的军队攻入印度，成立了另外一个伟大的穆斯林帝国，控制了这座次大陆的大部分领土。相比之下，蒙古人为罗斯历史打上了深刻的烙印：既使罗斯经济和文化双双倒退，又使罗斯仿效蒙古对外征服的野心日渐膨胀。1480 年罗斯完全摆脱蒙古人的统治，从此走上了一条意义重大的扩张之路。

　　蒙古人称霸世界不过是世界历史上的一个小片段，但它却在某些方面留下深刻印记。蒙古人开辟了畅行无阻、安全无虞的陆上通道，保障人员出行；对外来者宽容相待，积极向他们学习。陆路贸易和人员出行以中国西部为起点，经由中亚抵达波斯和中东，这当然算不上新创举，因为丝绸之路早在古典时期就已形成。丝绸之路贸易主要指区域贸易，即商人将货物运至中转站，当地商人接续将货物向前传递，跨越了不同政治边界和游牧民族的领地。但是这种模式在蒙古人统治期间发生了新变化。蒙古帝国幅员辽阔，知识和产品在欧亚不同文明之间四散传播，其范围之广史无前例。尤为重要的是，中国一大批重要发明开始一路西传。蒙古人促成的技术传播令西欧受益匪浅，原本偏居一隅落后无比的西欧凭借亚洲的技术和扩张领土的勃勃野心在日后成功崛起。而且由于蒙古人的存在，西欧不受外部势力控

人物传略：察必皇后

察必是大蒙古国可汗忽必烈（1260—1294年在位）的皇后。察必是一位德才兼备的重要历史人物。在父权制社会，女性一般都是借助丈夫的地位获得权力（在地方层面也是如此）。察必经常向忽必烈建言献策，协助他对付觊觎大汗之位的同胞兄弟，在政府高官中推广佛学思想。察必建议忽必烈厚待亡国的中国皇帝，她提出仁政才能令中国百姓对蒙古人心悦诚服。忽必烈原本打算将都城周边的一处农场改建成牧马场，但在察必的规劝下放弃了。此外，察必和其他蒙古女性都没有遵从中国传统对女性的限制，她们既不理会儒家为女性制定的行为规范，也不接受缠足。她们自由出入公共场合，与丈夫一道骑马打猎，或者结伴出行。但是这些蒙古女性并没有改变中国男尊女卑的性别关系。

13世纪元朝开国皇帝忽必烈之妻察必皇后。

重点问题 在后古典时期，伟大女性的历史作用是否也受到明显制约？能否说伟人对改变社会发展方向作用有限？

制——虽然这是一个无心插柳的结果。在一个世纪的时间里，东欧和亚洲的主要文明不是在对外入侵，就是在遭受入侵，要么就是已经沦为外族统治。此时的西欧社会则在享受亚洲的文明果实，既没有入侵之虞，也没有分心之事。正因为如此，15世纪晚期的西欧在世界舞台上绽放出了无与伦比的活力。

蒙古人还改变了作战模式。他们教会了突厥人和欧洲人使用火药。15世纪早期，突厥人和欧洲人开始在战场上使用加农炮，收效显著。

各大洲之间的联系造成了新一轮疫病传播，这是后古典时期结束之际欧亚商贸往来增加的负面后果。这场瘟疫（黑死病）于14世纪早期爆发，有人猜测它源自中国，但更可信的说法是始于里海周边的中亚地区。黑死病的传播速度快得惊人，这也从侧面印证了贸易联系的范围之广和程度之深。黑死病菌的寄主可能就是驼兽身上的跳蚤。黑死病在 14 世纪中期传入中东，1340 年前后到达北非港口，再从这里向意大利港口快速扩散（1347—1350），然后进入西欧其他地区。它是整个人类史上死亡人数最多的世界性传染病之一，中国部分地区、中东和欧洲的死亡率超过了四分之一。就后果而言，能与这场国际浩劫相提并论的只有古典时期末期的那场瘟疫和后来欧洲人带给美洲和太平洋诸岛的疾病。

蒙古人的统治当然也是有始有终，他们的势力范围逐渐向中亚部分地区收缩。蒙古人的大规模后撤导致亚洲和东欧大片领土被重新分配，各地刚形成不久的稳定局面再次被打破。各独立文明重新阐明自己的身份属性，跨区域交流的壁垒重又树起，人们外出远行不再能得到有效的安全保障，盗抢活动猖獗一时。随着各独立文明相继复兴，不同地区之间的交流也受到了重重阻隔，比如欧洲与中国之间的往来就止步不前。陆路通行更加困难，人们开始把视线转向海上航线。然而，关于新技术、新产品和贸易路线的知识已经无法被逆转。跨地区贸易网急待重建。

2. 中国和西欧跻身世界强国之列

蒙古帝国衰落为那些依赖亚非欧洲际贸易的很多国家埋下了隐忧：谁来构建新的联系网？

中东做出的反应固然重要，但却相当有限。阿拉伯人没能像当初那样主导构建全新的交往模式。在蒙古帝国败落之际，伊斯兰帝国重新崛起，但它们一心只想着征服，而不是拓展贸易。突厥移民和入侵军缔造了一个重要的新国家。1453 年突厥人攻陷君士坦丁堡，取代拜占庭帝国占领了巴尔干地区。他们以这里为据点推进到了中东和北非，对这片区域进行了重新整合。突厥人的成功崛起引发了附加效应，这主要是指战战兢兢的欧洲人开始加倍努力开辟新的贸易航路，以绕过伊斯兰腹地。

面对蒙古帝国灭亡后留下的权力真空，中国采取了更加全面而且是史无前例的应对举措——尽管为时不长。**明朝**建立，中国社会迎来了难得的稳定局面，但是它展现出了历届王朝少有的对外扩张姿态。在赶跑蒙古人后，中国人探索外部世界的意识似乎突然觉醒，就好比独立后的罗斯后来走上征服之路，只不过后者的影响更为久远。明朝开国皇帝将蒙古人逼退到了中国北方，扩大了王朝版图。明朝重新确立了对藩属国的管控，和唐朝一样接受朝鲜和越南的朝贡。15 世纪早期，明朝推出了一项罕见的新政策：朝廷斥巨资远航南亚拓展贸易。1405 年，穆斯林航

讨论历史：至 1450 年全球变革的原因

世界局势在 15 世纪之前发生了日异月殊的变化。西欧尽管在很多方面依然落后，但它正在努力崛起——这段漫长时期一直持续到了 19 世纪。引发这场全球变革的关键原因是什么？以下是几种比较有代表性的观点。

很多解释都把焦点放在了欧洲的各种特征上面。基督教信仰本身富于传教精神。历经封建战争的生死历练，欧洲人对作战早已习惯成自然，并认识到一定要比对手争取更多优势如山压卵。文艺复兴这场新文化运动让欧洲人更加相信奋斗的力量，也让他们将重心从宗教理想转移到世俗生活之上（见 16 章）。

也有观点将原因归结为其他社会（不包括欧洲）的传统主义。意大利经济历史学家卡洛·奇波拉在描述欧洲扩张时曾以中国为例，他指出中国拒绝仿效欧洲技术革新，担心创新会威胁现有社会结构，比如高高在上的士大夫阶层和贬低商贾的儒家思想。在这些方面，欧洲是一个与众不同的存在。

还有论点提出，世界局势的转变几乎是在不经意间给西欧提供了难得的机遇。在蒙古人统治时期，西欧有机会模仿中国的技术，而且免于遭到入侵（不同于东欧和中东的处境）。蒙古帝国灭亡后，陆路国际贸易被设置了重重壁垒，迫使各国把视线转向海洋——这是西欧收到的第二大利好。西欧之所以寻求改变，并不是文化特性所致，而是迫于经济压力。欧洲人喜爱亚洲的香料等产品，可又没有合适的商品用来交换，所以他们需要寻找黄金来源。西欧还担心自己过于依赖穆斯林商人（奥斯曼帝国成立，表明穆斯林的政治实力得到复苏），所以要寻找替代陆上交通的海上航路。这种观点认为欧洲崛起的首要原因是各国力量均势的变化，而不是欧洲自身的特质，也不是亚洲出现的权力真空。

重点问题 上述哪种观点最有道理？能否把这些观点融为一体？

海家郑和首次奉命率领舰队出使印度，这支舰队由 62 艘船组成，搭载了 2.8 万人。在后来的多次远航中，郑和的船队还抵达了中东和非洲东海岸，船员们用中国瓷器和铜钱换取当地商品。明朝水师在鼎盛期曾有 2,700 艘巡船，400 艘战船，以及多艘远洋船。九艘巨型"宝船"堪称当时世界上最大的舰船，能装载出海一年所需的粮食，船上还有专门种菜的容器。从规模、补给能力和导航设备（改良后的罗盘）来看，这批宝船都是当时世界上最先进的舰船，高比广厦，帆蠹云海，它们穿过印度洋、波斯湾和红海与南亚和中东各地建立了常规贸易往来。

历史学家曾探讨过这些远洋航行的原因。明朝并没有对外征服之心,中国军队在东南亚与当地人发生的几次交火纯属偶然(主要是为了反击海盗)。发展贸易可能只是一种间接动机。更可信的原因是明朝皇帝期望扩大朝贡体系,当时这一体系已经将越南和日本等邻国纳入其中。中国收到了很多外来贡品,当非洲的长颈鹿运抵京城时,"臣民集观,欣喜倍万",皇帝本人也是"龙颜大悦"。明朝的远航活动要归功于宋朝建立的贸易模式。

如果中国能将这项壮举持续下去,那么世界历史的轨迹必定会被改写,因为同期欧洲的小规模远航(至非洲西海岸)根本无法与中国相提并论。郑和七下西洋依托的是强大的商业和军事实力。然而,1433年,明朝皇帝突然下诏终止远航。因为远洋航行的成本太高,明朝要抗击蒙古人、迁都北京并修建豪华宫殿,还要重修长城,这些都需要大笔资金。此外,儒家思想中轻视商贾的观念也有抬头之势。明朝退出航海领域给了西欧可乘之机,到15世纪中期时,世界已经进入西欧人领衔的"大航海时代"。

西欧确实具备一定实力,这也是它开展史无前例大探险的基石,尽管它在后古典时期处于落后地位。它有精明的商人、蓬勃发展的冶铁工业、积极传播福音的基督教、对外扩张的军事传统,还有许多内部纷争,这些都驱使各国商人和君主勇于尝试海外探险,获取财富。但是西欧人也有不少顾虑:突厥人刚刚建立的奥斯曼帝国让他们忧心忡忡;上层人士钟爱亚洲的奢侈品和香料,但欧洲的经济实力又无法满足。在后古典时期,这类商品主要被穆斯林控制,欧洲商人只能在地中海商圈活动。此时此刻他们迫切需要有更多的直接渠道,以摆脱穆斯林这个中间商。此外,欧洲无法满足亚洲人的商品需求,它只能供应锡器、羊毛和盐,然而最稀缺的交换媒介其实是黄金。欧洲没有黄金产地,而欧洲人又需要丰富的金矿资源,这也是他们开辟新航路的原因之一。最终到15世纪时,欧洲人不仅吸收了那些传到他们那里的技术,还对它们做了技术改进,就这样他们有了加农炮、火药、罗盘,还有设计更为精良的航船。

其实欧洲人早在后古典时期就在尝试探索通往亚洲的航路并寻找金矿。早在1291年,一支船队离开意大利港口城市热那亚进入大西洋,准备一路向西航向印度,但最后却是不知所终。进入14世纪,意大利水手抵达了大西洋群岛,包括加纳利群岛、马德拉群岛,可能还有亚速尔群岛。他们在当地建起了蔗糖种植园,引进非洲奴隶做工——由此为起点,欧洲人很快就开始了在世界范围内贩卖人口的勾当。

西班牙人的船队曾沿大西洋航行,最远到达非洲西北海岸。只不过他们的航行范围较为有限,因为小型桨帆船其实是参与地中海贸易的商船,并不适合远洋航行。但是到了 15 世纪欧洲人已经可以驾驭着改造后的圆船穿行大西洋，他们跟阿拉伯人学会了用罗盘导航，阿拉伯人则是师从中国人。航海图和其他航海设备更加完善。西欧已经准备好在海上大显身手，一展宏图。

3. 转折阶段结束：从后古典时期到现代早期

1450 年时的世界与三百年前大不相同。阿拉伯人头上"全球文明开创者"的光环已经消失不见。美洲几大帝国踉跄前行。蒙古人大征服的遗留影响依然存在——尤其是在中亚、罗斯和印度，只是蒙古人再也不是曾经的霸主。新生代强国正在崛起，积极争夺国际影响力。主流宗教的影响力不可小觑，但它们已经不是世界历史的核心主题。除了中国等连续传承的文明之外，跨地区联系一如既往地重要，这才是最显著的"恒量"。亚非欧三洲大部分地区结成了一个稳定的联系网，这是后古典时期对世界历史的最突出贡献。在后古典时期结束后，这个网络将被重组扩大，第一次将整个世界纳入其中。

蒙古人称雄的这段岁月为世界网络中的不同地区留下了不同的影响。罗斯处于蒙古人的直接统治之下。免遭蒙古人征服的日本树立起民族自信。蒙古铁骑进入中东后，本就动荡不定的地区形势进一步恶化。各文明之间的接触让西欧获益良多，并且把握住了新机遇。在撒哈拉以南非洲，跨地区交流继续进行（蒙古首领佩戴的皮帽子就是用东非的猴皮制成），但是没有与蒙古人直接接触，也没有遭遇后者的威胁。相比世界网络中的其他地区，撒哈拉以南非洲保持了难得的稳定局面。当蒙古帝国灭亡后，这些差异将对下一个阶段的国际交往产生显著影响。

4. 通往现代之路

世界各国深刻地意识到跨地区贸易和交流的重要性——这是后古典时期转折阶段（蒙古人统治时期）为世界留下的最重要遗产。在该阶段后期，中国决意减少对外交流，但并未退出世界网络，毕竟它仍是世界贸易不可或缺的一员。全球商业发展步伐非但没有减慢，反而还在加速前行，因为其他国家竞相参与其中。在蒙古人统治时期，欧洲人有机会掌握了亚洲的技术，开始在世界网络中积极表现，这也意味着世界网络将要被重新定义。

延伸阅读

Lynn A. Struve ed., *Time, Temporality, and Imperial Transition: East Asia from Ming to Qing* (2005); Gerard Chaliand, *Nomadic Empires: From Mongolia to the Danube* (2004); Jean-Paul Roux, *Genghis Khan and the Mongol Empire* (2003); Stephen Turnbull, *Genghis Khan & the Mongol Conquests, 1190-1400* (2004); Paul D. Buell, *Historical Dictionary of the Mongol World Empire* (2003); Sarah Schneewind, *Community Schools and the State in Ming China* (2006); Frances Wood, *The Silk Road: Two Thousand Years in the Heart of Asia* (2002); Peter C. Perdue, *China Marches West: The Qing Conquest of Central Eurasia* (2005); Stephen G. Haw, *Marco Polo's China: A Venetian in the Realm of Khubilai Khan* (2006); David R. Knechtges, Eugene Vance, eds., *Rhetoric and the Discourses of Power in Court Culture: China, Europe, and Japan* (2005); Jack Weatherford, *Genghis Khan and the Making of the Modern World* (2004); George Lane, *Daily Life in the Mongol Empire* (2006); William W. Fitzhugh et al., *Genghis Khan and the Mongol Empire* (2009); David M. Robinson, *Empire's Twilight: Northeast Asia Under the Mongols* (2009); David Wang Der-wei, Shang Wei, eds., *Dynastic Crisis and Cultural Innovation: From the Late Ming to the Late Qing and Beyond* (2005); Thomas Allsen, *Culture and Conquest in Mongol Eurasia* (2001); Linda Komaroff, *The Legacy of Genghis Khan: Courtly Art and Culture in Western Asia* (2002); Bat-Orchid Bold, *Mongol Nomadic Society: A Reconstruction of the Medieval History of Mongolia* (2001); Uradyn E. Bulag, *Mongols at China's Edge: History and the Politics of National Unity* (2002).

蒙古扩张和黑死病传播之间的关系：Ole J. Benedictow, *The Black Death 1346-1353: The Complete History* (2004)。国际交往：Jerry H. Bentley, *Old World Encounters: Cross-Cultural Contacts and Exchanges in Pre-Modern Times* (1993); J. L. Abu-Lughod, *Before European Hegemony: The World System A. D. 1250-1350* (1989)。

第三部分　回顾
后古典时期（500—1450）

联系交往与身份认同

在后古典时期，跨地区交往变得愈加重要，地区身份认同成为重点议题。在相互影响乃至直接模仿的过程中，越来越多的国家调整了早前互不相干的发展模式。后古典时期是一个重要转折点，在此期间，本土观念和全球观念之间的平衡发生了改变。

后古典时期的两大重要趋势影响了亚非欧三洲的所有主要社会，并对构建身份认同产生了重大影响。在全新的宗教版图中，佛教、基督教和伊斯兰教成为超越地区和民族的三大宗教。宗教赋予了人们新的身份，但却并未掩盖地方特色。随着贸易联系增多，各国人民（主要是精英阶层）越来越依赖外来商品，甚至还包括一些流行时尚，但他们的根基依然是本土身份认同，如何平衡这两个方面之间的关系成为一个日益突出的问题。这段时期的另一大趋势指的是某些国家对其他文明的模仿（这与宗教传播和贸易联系相关）。该趋势也影响了身份认同，尤其是那些模仿型社会，它们主要分布在亚洲东南部和东北部，欧洲北部、东部和西部，以及撒哈拉以南非洲。

当然，并不是所有的联系交往都会严重影响身份认同。比如欧洲人对亚洲香料的喜爱并没有改变欧洲人的身份属性，它只是表明一贯崇尚武力的欧洲贵族被消费风潮所吸引，强硬作风有所收敛。

但是到了后古典时期末，世界各国之间的矛盾上升到了一个真实可测的新水平。在主流宗教的传播过程中，人们的身份认同向外部影响妥协。虽然中东和北非的种族和语言依然丰富多样，但是越来越多的当地人不仅成了穆斯林，还被同化为阿拉伯人。当然，各地的宗教皈依情况也不尽相同。大部分波斯人成了穆斯林，琐罗亚斯德教开始凋零磨灭，然而波斯语依然是一门独立语言，波斯的具象派艺术传统得到了传承。非洲西部也存在类似情况，到访过西非的阿拉伯人发现：当地的精英群体已经成了虔诚的穆斯林，但却还是身穿当地特色服饰，女性的行为习惯也依然如初。时至今日，在中亚某些山区生活的穆斯林既信仰伊斯兰教，也崇拜自然神。斯堪的纳维亚人皈依了基督教，但却仍然保留着当地传统，比如他们会在夏至庆祝活动中烧毁大松树，在白昼最长的这一天向太阳献礼。以上这些行为都是折中产物，表明在日益增加的文化融合过程中，人们在选择宗教信仰的同时也可以保留自己的地方身份。

模仿其他文明也明显对国民身份认同构成了一种挑战。7世纪时曾有多位日本领导人希望日本尽可能中国化，但是这一目标并没有实现；我们在前几章也提到过：即使日本人和中国人越来越相似，日本人的民族特征也不会消失，这尤其表现在高雅文化和政治方面。与上述文化融合相比，这类融合包括了不同文化之间更加微妙的平衡。

欧洲人对中东爱恨交织，这也是身份认同问题的表现。欧洲人非常欣赏中东的商品和思想成果，因此他们大量借鉴阿拉伯文化。但是基督教徒对伊斯兰教却是没有半点好感，视其为伪宗教，坚持认为欧洲人和阿拉伯人是两个泾渭分明的民族。事实上，在谈及模仿中东文明这个话题时，欧洲人往往轻描淡写，坚称自己是基督徒。

身份认同和联系交往之间的矛盾在后古典时期日趋复杂，导致了一个历史上从未出现过的后果：坚持身份属性与宽容不同文化分道扬镳。唐朝统治时期，中国人最初对佛教欣然接受，但到后期则开始摆脱佛教影响，重新确立自己的身份特性。在穆斯林统治下的西班牙，基督徒和穆斯林开创了一种新颖的和平相处模式，但后来基督徒发起十字军东征"重新征服"了西班牙，表明基督徒和穆斯林在本质上依然水火不容。

WORLD HISTORY IN BRIEF
Major Patterns of
Change and Continuity

世界简史

变迁与延续的主要模式

［美］彼得·N. 斯特恩斯（Peter N. Stearns） 著

杨兰鋆 译

下册

8th Edition
第 8 版

北京大学出版社
PEKING UNIVERSITY PRESS

目录

World History in Brief

第四部分 ▶ **新世界经济（1450—1750）**

第 16 章　西欧与世界：地理大发现、殖民和贸易 ... 289
1. 探险及贸易模式 ... 290
2. 融入世界经济 ... 296
3. 非洲 ... 298
4. 拉丁美洲的殖民统治：新文明的诞生 ... 304
5. 拉丁美洲文明 ... 307
6. 北美洲的西欧文明 ... 312
7. 北美洲和南美洲：造成差异的原因 ... 314
8. 回顾世界经济 ... 315
9. 通往现代之路 ... 317

第 17 章　现代早期西欧文明的转变 ... 321
1. 现代早期西欧的发展模式 ... 322
2. 政治体制及思想 ... 330
3. 西欧文化百花齐放 ... 332
4. 经济和社会生活的变革 ... 337

5. 现代早期的西欧：各种趋势紧密相连 ... 342
6. 通往现代之路 ... 343

第 18 章　俄国崛起 ... 346
1. 现代早期俄国的发展模式 ... 347
2. 西方化及其局限性 ... 349
3. 俄国的政治体制 ... 353
4. 俄国的文化 ... 354
5. 俄国的经济与社会 ... 356
6. 世界首次西方化尝试 ... 359
7. 通往现代之路 ... 360

第 19 章　伊斯兰帝国 ... 362
1. 奥斯曼帝国的扩张 ... 363
2. 奥斯曼帝国的新问题 ... 369
3. 来自萨非帝国的挑战 ... 370
4. 莫卧儿帝国：入侵、整合及衰落 ... 371
5. 西欧入侵莫卧儿帝国 ... 375
6. 亚洲帝国的崛起与衰落 ... 377
7. 通往现代之路 ... 378

第 20 章　东亚：政治及贸易的重大发展趋势 ... 380
1. 中国：王朝复兴 ... 381
2. 文化和社会发展的新问题 ... 384
3. 日本"锁国令"的由来 ... 387
4. 东亚的发展活力与矛盾 ... 392
5. 通往现代之路 ... 393

第四部分 回顾

新世界经济（1450—1750）... 395

第五部分 ▶ 世界第一次工业化（1750—1914）

第 21 章 西方社会：第一次工业革命（1780—1914）... 402

1. 工业化模式 ... 403
2. 工业化起因 ... 404
3. 工业化效应 ... 407
4. 大革命时代（1789—1848）... 409
5. 大革命成果 ... 411
6. 后革命时代及民族主义（1848—1871）... 413
7. "社会问题"（1871—1914）... 414
8. 工业革命时期的西方政体 ... 416
9. 工业时代的西方文化 ... 419
10. 工业社会 ... 422
11. 工业化的收获与压力 ... 426
12. 通往现代之路 ... 427

第 22 章 世界经济与西方帝国主义：非洲和南亚 ... 430

1. 帝国主义产生的原因：动机和方式 ... 432
2. 欧洲列强瓜分印度和东南亚 ... 436
3. 欧洲列强瓜分非洲 ... 442
4. 殖民地之间的对比 ... 445
5. 通往现代之路 ... 447

第 23 章　定居殖民社会：开拓边疆 ... 449
1. 美国 ... 450
2. 新兴定居殖民社会 ... 452
3. 定居殖民社会的特征 ... 456
4. 通往现代之路 ... 456

第 24 章　拉丁美洲文明的发展 ... 458
1. 独立战争 ... 459
2. 巩固时期 ... 463
3. 19 世纪晚期：独裁、移民和西方干涉 ... 464
4. 政治体制和价值观 ... 467
5. 文化与艺术 ... 470
6. 经济与社会 ... 472
7. 矛盾与创造性 ... 476
8. 通往现代之路 ... 476

第 25 章　帝国主义时期的中东和中国 ... 479
1. 埃及现代化的努力 ... 480
2. 奥斯曼帝国的衰落 ... 481
3. 民族主义兴起 ... 484
4. 中国抵御西方列强 ... 486
5. 深入变革的必要性 ... 492
6. 通往现代之路 ... 493

第 26 章　俄国和日本：西方之外的工业革命 ... 495
1. 俄国保守主义与西方化并行不悖 ... 496
2. 俄国工业革命的开端 ... 497
3. 俄国革命的基础 ... 499
4. 东欧文化 ... 502

5. 日本开放对外贸易 ... 504
6. 日本工业革命：回应西方 ... 506
7. 日本工业革命的文化和经济后果 ... 509
8. 日本参与国际事务 ... 510
9. 现代化的压力 ... 510
10. 通往现代之路 ... 512

第五部分　回顾
漫长的 19 世纪画上句点 ... 514

第六部分　当代世界（1914 年至今）

第 27 章　当代西方国家 ... 529
1. 西方发展模式（1914—1945）... 529
2. 西方发展模式（1945 年至今）... 533
3. 西方在 20 世纪的政治体制 ... 537
4. 当代西方文化 ... 539
5. 经济与社会 ... 542
6. 后工业化时代？ ... 548
7. 通往现代之路 ... 549

第 28 章　苏联与东欧 ... 552
1. 俄国十月革命 ... 553
2. 苏联在 1923 年后的发展模式 ... 556
3. 苏联的政治体制 ... 560
4. 苏联文化 ... 562
5. 经济与社会 ... 563
6. 东欧剧变 ... 566

7. 苏联解体 ... 567

8. 动乱再起 ... 568

9. 东欧的传统与变革 ... 569

10. 比较分析：俄罗斯与西方 ... 570

11. 通往现代之路 ... 571

第29章 20世纪至21世纪早期的东亚 ... 574

1. 文明对决：革命与战争 ... 575

2. 日本恢复稳定 ... 579

3. 中国局势动荡与持续革命 ... 580

4. 临近20世纪尾声的东亚 ... 582

5. "日本有限公司" ... 583

6. 环太平洋地区 ... 587

7. 共产党领导下的中国 ... 587

8. 东亚与世界 ... 590

9. 通往现代之路 ... 591

第30章 印度与东南亚 ... 593

1. 民族主义兴起 ... 593

2. 甘地领导的非暴力不合作运动 ... 595

3. 东南亚的民族独立运动 ... 598

4. 第二次世界大战后的去殖民化运动 ... 599

5. 独立后的东南亚 ... 600

6. 印度与巴基斯坦 ... 603

7. 印度与中国 ... 609

8. 通往现代之路 ... 609

第31章 当代中东文明 ... 612

1. 奥斯曼帝国被取代 ... 613

2. 阿拉伯民族独立运动 ... 615

3. 国家的新角色 ... 619

4. 原教旨主义崛起 ... 621

5. 中东文化与社会 ... 626

6. 冲突不断的地区 ... 630

7. 通往现代之路 ... 630

第 32 章　当代拉丁美洲 ... 633

1. 20 世纪的拉丁美洲 ... 634

2. 墨西哥大革命及其影响（1910 年至 20 世纪 20 年代）... 635

3. 经济大萧条的影响（20 世纪 30 年代至 50 年代）... 637

4. 革命与回应（20 世纪 50 年代至 90 年代）... 639

5. 拉丁美洲的文化 ... 644

6. 经济与社会 ... 646

7. 迈上世界舞台？... 649

8. 通往现代之路 ... 650

第 33 章　撒哈拉以南非洲：从殖民地到新国家 ... 652

1. 民族主义崛起（1918—1950）... 653

2. 走向独立 ... 657

3. 新生国家面临挑战 ... 658

4. 非洲政治 ... 661

5. 非洲文化 ... 664

6. 经济与社会 ... 668

7. "新非洲"的定义 ... 671

8. 通往现代之路 ... 672

第 34 章　21 世纪至今的当代世界历史主题 ... 674

1. 后冷战时代 ... 675

2. 全球工业化 ... 681
3. 全球化 ... 682
4. 全球变暖与环境恶化 ... 689
5. 推广民主制度 ... 691
6. 民族主义与宗教浪潮 ... 692
7. 发展趋势预测 ... 694
8. 通往现代之路 ... 695

第六部分　回顾
当代世界 ... 699

第四部分

新世界经济

（1450—1750）

现代早期（1450—1750）

在 1450 年之后的三个世纪里，若干显著发展成就改变了世界历史架构。标题中的"现代早期"可以从两个层面来理解："现代"部分构成了我们熟知的当今世界的面貌；"早期"部分则与现代格格不入，需要在未来的岁月里接受重大变革的重塑。

在现代早期刚开始的半个多世纪里，拜占庭帝国灭亡，新生的奥斯曼帝国（囊括中东大部及欧洲东南部和北非部分地区）崛起，罗斯摆脱蒙古人统治获得独立；欧洲成为环球航行的主角，其标志性事件是 1490 年前后"发现"美洲大陆，绕过非洲南端直达印度。这些事件促使欧洲人采用全新的船型设计方案，改良导航设备，熟练使用加农炮和战舰。

这段时期的结束并非某个单一事件所致。然而到 18 世纪晚期，欧洲几乎成了世界经济的主导力量，而非只是一个重要参与者。欧洲引领的世界第一次工业革命促成了这场转变并将其继续向前推进，而这场工业革命的直接诱因则是英国在 1770 年左右发明了蒸汽机。

有三大主题贯穿现代早期。首先，美洲被全面卷入全球经济体系（澳洲、太平洋及大洋洲地区在本阶段末期开始参与全球经济）。其次，跨地区贸易进一步深化，美洲和世界其他地方开展了一系列生物交换，史称**哥伦布大交换**（Columbian Exchange）。美洲食物（主要是玉米和马铃薯）传播到了其他许多地区；反过来，亚非欧三洲的动物、疾病和人口（包括很多非洲奴隶）也被带到了美洲。新旧两个世界的生态体系由此发生改变。美洲和非洲人口遭到严重破坏，这一影响延续了很长时间。在美洲及后来的太平洋诸岛，大批原住民染病而死，他们的土地被外来征服者和定居者侵占。长远来看，哥伦布大交换带来了丰富多样的农产品，提升了全球粮食供应数量，刺激各地人口快速增长——这一增长首先出现在亚洲，接着是欧洲，之后则扩散到世界上更多地区。

跨地区贸易增加产生了诸多影响。一些学者将现代早期的发展定义为**前全球化时期**（proto-globalization），这一术语准确地表现了快速增加的国际交往与更多当代模式之间的直接关联。尽管依照现代标准早期阶段的船舶航行速度很慢，但

第四部分 新世界经济（1450—1750） 285

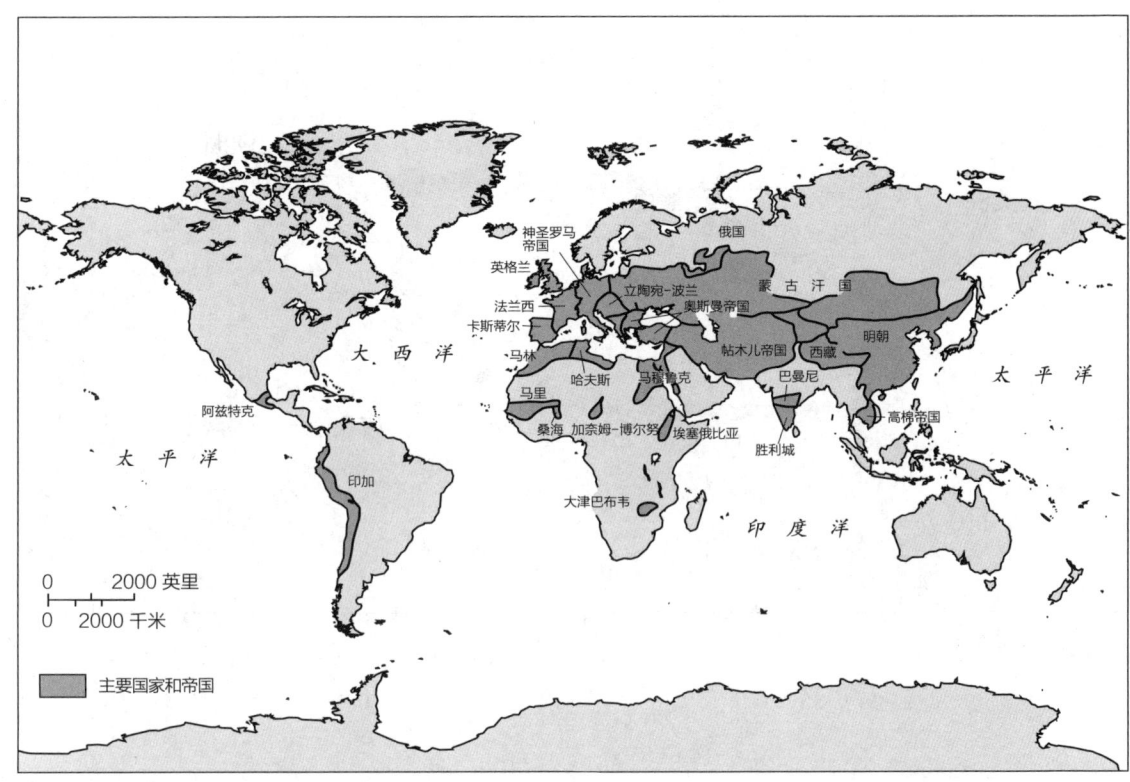

地图 14　1400 年前后转型中的后古典世界

在当时它们的船帆和导航设备已经很大地缩短了穿越浩瀚海洋（如印度洋）的时间。相应地，全球贸易中的商品种类也日渐丰富。作为消费必需品的蔗糖开启了全球商品贸易的先河。很多国家也热衷银器进口。贸易路线发生改变：大西洋成为主航路，地中海商圈的重要性开始下降。最重要的是，贸易水平的提升加剧了全球不平等。个别西欧国家开始主导世界贸易中的某些领域，赚取了超乎寻常的高额利润。中国等其他国家也收获不少；不只是在欧洲，就是在很多亚洲国家，商人和金钱也备受重视。不过也有不少国家沦为全球贸易体系中的弱者，比如拉丁美洲和加勒比海地区的国家。这些依附性国家不得不参与世界贸易，但却始终处于劣势地位。

最后，这一时期的第三大主题是，火药和其他军事资源铸造出了一批新帝国。这段时期的帝国创建过程格外引人注目，彰显出焕然一新的政治和军事实力。欧洲五大国先后缔造了海上帝国，首先是葡萄牙和西班牙，接着是英国、荷兰和法国。它们的属地遍布加勒比海地区和美洲，以及亚非两洲的众多港口和岛屿。但是现代

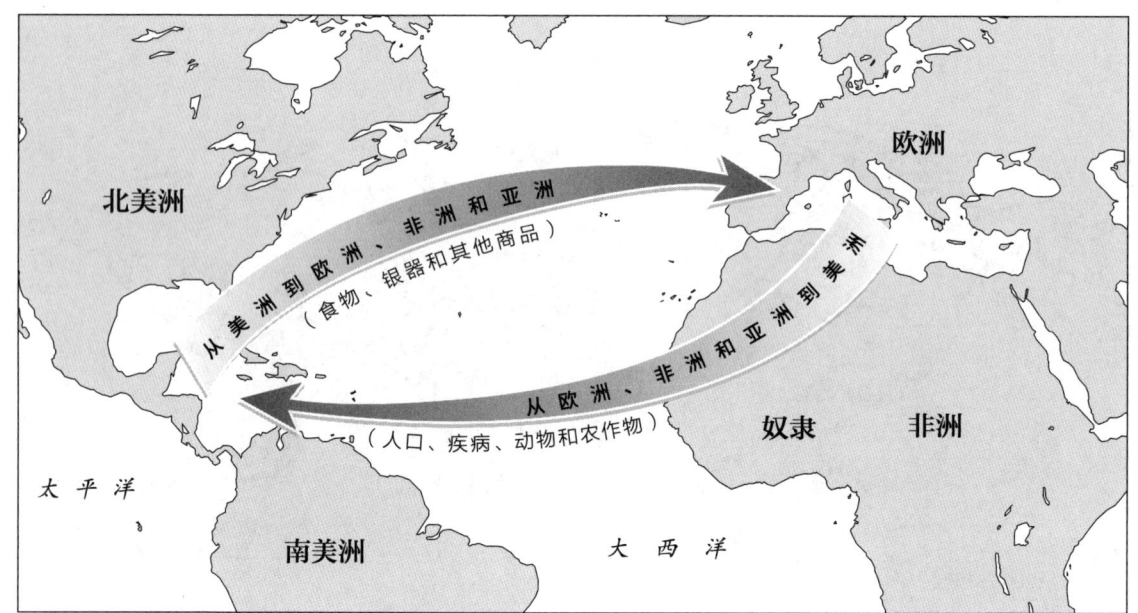

地图 15　哥伦布大交换

早期的上半叶还涌现出不少陆地帝国，它们和欧洲的海洋帝国平分秋色。这些陆地帝国包括实现了史无前例扩张的沙俄帝国、复兴了中东政治实力的奥斯曼帝国、印度历史上伟大的莫卧儿帝国、波斯人打造的萨非帝国，当然还有已经存在的中国明朝。中亚新帝国的崛起逐渐缩小了游牧民族的活动范围，这是亚欧两洲历史上发生的重大变革。

当然，这三大主题相互关联。生物交换和人口增长影响贸易发展，反之亦然。所有新帝国都不得不针对它们在国际贸易中所处的地位制定相关政策，有些帝国则是直接建立在全球贸易的基础之上。

在现代早期，各国都取得了重大发展成就，但清晰的全球文化变革脉络尚未出现。除了火炮和航海设备，还没有出现全球范围的技术浪潮。很多历史学家提出了现代早期全球变化的另一个显著特征：劳动力稀缺压力倍增。很多国家，包括那些依赖新型奴隶劳动力的国家都高度重视生产，它既是化解人口增长压力的渠道，也是商人、地主和全球贸易参与者赚取利润的手段。其结果就是有更多童工遭到剥削，人们长期从事繁重的生产劳作，工作节奏加快，很难有时间参与传统休闲活动或排解压力。这些都是隐藏于重大事件表面之下人类经历的主要变革。

第 16 至 20 章分别探讨世界经济的转型，西欧和俄国的内部变迁，亚洲新生帝国及亚洲在世界贸易中的作用，日本政治的重大发展。世界各地以不同的方式参与到重要的变革洪流中，这在人类历史上尚属首次。

全球联系

联系交往构成了现代早期阶段的历史框架。其中最引人注目的是欧洲人打造的跨大西洋和太平洋贸易联系。将美洲纳入全球网络对美洲和世界其他地方都具有重大意义：哥伦布大交换带来的影响展现了海上联系的速度和重要性。在哥伦布发现美洲大陆后的一百年里，中国和非洲已经学会种植美洲农作物。在菲律宾群岛，中国人在与欧洲商人打交道时了解到了美洲农作物，当时西班牙人正在这里试种玉米和马铃薯，希望增加当地粮食产量。欧洲人花了很长时间才决定引入这些新作物，因为他们对《圣经》中不曾提及的食粮心存疑虑。最受瞩目的事件应该是葡萄牙航海家麦哲伦的环球航行（1519—1521），它体现了全球网络的全新本质和速度，而非只具有象征意义。

这段时期还出现了其他或新或旧的联系形式。俄国开始对外扩张，首次将中亚和东北亚部分地区纳入更大范围的贸易圈。中国继续与东南亚积极开展贸易。日本则变得比过去更加自我封闭，但它并未中断与朝鲜和中国之间的常规联系。

非洲在很早之前就开始参与跨地区贸易。东非和中东之间的贸易关系继续发展，双方买卖的商品中还有奴隶。欧洲人开始在非洲东岸开展贸易活动。然而在西非，欧洲人主导的奴隶贸易显著改变了早期贸易路线，贸易商首选的是跨大西洋新航线，人们不再需要长途跋涉穿越撒哈拉的茫茫沙海。

除了贸易和人口流动之外，还有其他形式的联系交往。欧洲的天主教神父远赴世界各地传教。他们主要在拉丁美洲和加勒比海地区活动，但在亚洲多地也吸引了不少信徒，甚至从根本上改变了菲律宾的宗教格局。到18世纪时，同样的文化传播（传教活动）促成了欧洲和美洲之间的科学交流。与此同时，文化交流也为俄国和西欧之间搭建起新的联系。从全球范围来看，现代早期的核心特征可以被概括为诸多全新发展模式，而非传教活动和宗教皈依，后两者是后古典时期的主题。

联系交往还触发了战争，这主要是由欧洲列强的野心所致。七年战争（1756—1763）堪称真正的第一次世界大战。交战双方主要是英法两国，但其他国家和参战团体也被卷入其中。这是一场欧洲列强在北美洲和印度等广大地域和海域争夺殖民地的战争。战争结局改变了三大洲的格局，欧洲列强重新瓜分了它们在印度和美洲的领土和诸多岛屿。一纸《巴黎条约》宣告战争结束，表明欧洲发动的这场世界冲突有了最终结果：英国从法国手中得到了加拿大，从西班牙手中得到了佛罗里达，并霸占了法国在非洲西岸的领土；法英两国重新瓜分了它们在印度的领土范围，为英国占领这个印度次大陆国家埋下了伏笔。法国收回了西印度群岛上几座盛产蔗糖的重要岛屿，它们的经济价值比加拿大可要高得多；它把路易斯安那让给了西班牙，作为后者失去佛罗里达的补偿。显然，这种解决方式并未撼动整个世界。但是在这之前还从未有哪个条约能触及如此广泛的领土，也没有哪个国家像欧洲列强这般理直气壮地去处置别国领土。

第 16 章
西欧与世界：
地理大发现、殖民和贸易

为什么某一个文明能从世界上形形色色的文明中脱颖而出，获得新的实力和重要地位？这个问题并不比文明为何会衰落容易作答。以西欧为例，它在 1450 年后逐渐在世界舞台上扮演起重要角色，而此时的西欧文明从总体来看还存在各种不足：政局分裂，内战不断，社会严重动荡，总人口较少——这种种情形更能说明这个问题有多么难以回答。在几百年的时间里，它如何攫取了世界上广阔海域和富饶土地的实际控制权？

这个问题的答案包括两重因素：首先是可以直接衡量的物质因素，其次是源自文化和观念的无形因素。就物质层面来说，当西欧在 15 世纪开始进行精心策划的大西洋探险时，它的技术水平日益精进。尽管就整体技术水平而言西欧还算不上遥遥领先，但它正在朝着这个方向快速发展。而且相比撒哈拉以南非洲和美洲印第安文明，西欧的制造业和农耕技术明显优越得多。就具体技术而言，西欧的造船和航海技术处于较高水平，而且还在不断进步，到 16 世纪时已经超越东亚；更何况西欧还改良了罗盘和其他导航装置。西欧在研制高级火炮方面更是处于世界领先水平，它借鉴中国人发明的火药铸造出当时标准下令人惊叹的武器，就是在许多欧洲人眼里这些武器也是恐怖至极，他们有理由惧怕本国军队和海军的新破坏力。进入 20 世纪后，西欧的武器装备水平仍旧优于其他文明；就是时至今日，西欧武器的技术含量也依然位居世界前列。因而关于西欧如何崛起这一问题，有人给出了一个略显笼统但又不无道理的解释：西欧凭借的是战略战术和威慑能力所代表的技术优势。

然而，高精尖武器和其他技术优势并不能代表一切。欧洲面临的一些问题，包括与亚洲的贸易失衡和对穆斯林实力的恐慌，促使西欧领导人开始筹划专门的应对措施。东亚没有凭借技术优势拓展势力范围，而西欧则要利用文化、创新和物质手段实现崛起。早期文明留给世界的影响大大超出了其自身范围,以古典印度文明和后来的伊斯兰文化为例,二者都展现出积极进取的商业精神,而西欧则从后古典文明遗产中继承了这种精神。西欧宗教人士热切地想要把基督教的真理传达给非信徒,甚至为此不惜动用武力。贸易和基督教在西欧的崛起之路上互为援手。在后古典时期末期,欧洲出现了一场崭新的思想解放运动(见第17章)。这场变革被称为"文艺复兴",它鼓励人们追求世俗人生的乐趣,树立信心,张扬个性,反对权威。可以肯定地说,欧洲人首次横渡大西洋的地理大发现出现在文艺复兴时期绝非偶然,这是欧洲人渴求成就和知识的必然结果。葡萄牙航海家亨利王子对未知领域的狂热追求和哥伦布式的冒险精神都与文艺复兴提倡的探求精神不谋而合。最后,西欧各国开始角逐它们在新世界的一席之地,尽管欧洲内部依然陷于分裂。各国王室迅速启动全面竞争,它们争先恐后地组织航海探险和开拓殖民地。

地理大发现和早期殖民阶段充分展示了西欧的实力和勇气。这段时期还改变了世界历史的某些重要模式,而这也就意味着我们不能只站在欧洲人的立场上去评价问题,而是还要考虑到那些受其影响的文明。西欧文明的影响范围从美洲延伸到了东亚:欧洲人到达美洲后,当地的文化根基很快就被动摇,一些地方创建了新文明,另一些地方则直接引用西欧文明;然而,欧洲人的活动几乎没有改变东亚未来几百年的发展模式。除了这两个极端事例之外,其他文明也受到西欧影响:非洲某些地区在与欧洲人打交道后发生了重大变化,多数地方则依然如故;西欧在印度和中东的影响日益加深,但并未打破当地早期形成的传统;西欧的遥遥领先更是刺激了俄国对权力的渴望。

> **重点问题** 西欧崛起的原因是什么,对世界其他地区造成了哪些不同影响?西欧和它主导下的世界经济对非洲、拉丁美洲和亚洲的影响有何不同?如何定义各地区在世界经济中的优势和劣势?世界经济对不同地区的政治和劳工制度产生了哪些影响?大西洋奴隶贸易与传统奴隶贸易有何不同?拉丁美洲出现的新文明有哪些特征?

1. 探险及贸易模式

当西欧人开始起航去探索更广阔的世界时,他们对自己要去的地方其实所知甚少。人们讨论的焦点都是地球到底有多大。可以肯定的是,斯堪的纳维亚半岛的维京探险者在10世纪就已穿过大西洋到达了格陵兰岛,之后抵达了北美洲,他们将

讨论历史：现代早期的刻板印象

现代早期阶段展示了一幅幅形象生动但却不够准确的图像，世界历史学家很难将它们一一辨明。不过，这些图像中也蕴含着几分真相。因此人们一直都在讨论该如何去伪存真，但至今都无定论。

解读这些图像的最大挑战就是确定西欧在这段时期的地位。很多美国高中历史在概述现代早期以前的世界历史时还是比较准确的，但一涉及 1450 年之后的世界历史，关注焦点几乎全是西欧的霸权和成就；仿佛在暗示世界其他地方缺乏独立性（沦为殖民地），没有资格被重视，若非重新开始与西欧交流往来它们将继续黯淡下去。

然而，实际情况并非如此；事实上，亚洲大部分地区和非洲部分地区在 17 世纪及之后的岁月里始终保持着较高的独立性。亚洲依然是世界制造业中的佼佼者，至少在 1700 年之前是如此。西欧的所作所为并未对这些地区产生重大影响。正确的做法是把现代早期的世界史分解为若干发展中心，它们中的每一个都很重要。

不过，西欧的经济和军事发展速度确实比其他地区要快得多。西欧内部发生的变化更加深刻，而且它最终带来的全球影响也超越了其他大多数国家。因而我们要讨论的话题是：在分析全球变化时兼顾现代早期，不要把这个阶段的历史看作就是讲述西欧及其全球活动的故事。

人们常爱用"孤立""衰落"来形容现代早期阶段的中国，实则这种认识并不正确。从某些方面来看，中国从世界贸易中的获利超过了西欧，表明中国仍在积极参与交流往来。所以给它贴上"孤立主义"的标签大错特错。不过中国商人确实没有像欧洲人那样大胆投身全球探险活动，他们对是否要开辟更多的联系渠道犹豫不决。他们没有注意到西欧的收获其实要归功于它的模仿行为，尤其是模仿其他文明的技术 —— 20 世纪的中国领导人指出，中国在这段时期的确错失了发展良机。所以我们要讨论的话题是：承认一个文明的独特地位，同时对它真实的孤立状态不做过多揣测。

与上述事例类似，奥斯曼帝国和莫卧儿帝国分别为中东和印度开创了新的发展格局，这是人们对这两大帝国的中肯评价。但它们在初期展现出的强大活力最终戛然而止；到 18 世纪时，莫卧儿帝国开始衰落，而在欧洲人眼中，奥斯曼帝国正在变得日益腐化和软弱。人们总是动不动就想起这些帝国的堕落，而习惯性地忘记它们取得的成就。因此我们要讨论的话题是，公平地看待这些文明，以免过快得出下面这样的结论：西欧的成功是以牺牲亚洲为代价而获得的。

此地称作"文兰"（Vinland）。但他们很快就灰心泄气，铩羽而归，部分原因在于他们遭遇到了当地的印第安武士，后者凭借手中的优势武器将他们赶了出来。

正如我们所知，西班牙和意大利在中世纪后期组织进行了多次大西洋航行，但都没有取得多少具体成果。新技术的应用（主要指从亚洲引进的导航设备）和自身面临的问题（需要连通亚洲的直达航路，需要黄金换取它青睐的亚洲产品），驱使西欧在15世纪启动了安排得更有条理的航海活动。

葡萄牙帝国

葡萄牙人的海上探险始于面积不大的葡萄牙王国。那时葡萄牙统治者刚刚赶走穆斯林，但是来自北非的威胁依然存在。这一外部威胁与对黄金的渴求和驱逐占领军这些因素交织在一起，促使葡萄牙人在15世纪尝试征服非洲。葡萄牙统治者陶醉于激动人心的地理大发现、对伊斯兰世界的报复，以及对财富的渴望——非洲等地遍布黄金的传说在欧洲广为人知。这并非只是一个贪婪与否的问题，事实上，缺少黄金已经严重影响到欧洲与亚洲的贸易。航海家亨利王子派遣船队开展了多次沿非洲海岸的航行，发现了多处群岛，包括亚速尔群岛。从1434年开始，葡萄牙人把主要精力放在沿非洲海岸南下的探险上，每次航行都能创造新纪录。他们带回了奴隶，继续讲述着黄金的传说，只是他们自己还没有找到。

15世纪后期，葡萄牙船队到达了非洲西南端的好望角附近，打算找寻印度和非洲东海岸（传说中的黄金产地）。他们在1488年的航行中驶过了好望角，但身心俱疲的水手们还没到达印度就强烈要求返航。在1492年哥伦布为西班牙人发现了美洲大陆之后，葡萄牙人决定加倍努力，希望不要在与西班牙的新一轮竞争中败下阵来。1497年，达·伽马率领四条帆船启程，在一位东非穆斯林领航员的协助下抵达了印度。葡萄牙人误以为印度人也信仰基督教，还把印度教神庙错当成基督教堂。当地的穆斯林商人很不友善，因为他们长期垄断该地区的贸易，不希望有人插手其中；尽管如此，葡萄牙人还是带回了少许香料。

成功发现印度后，葡萄牙开始年年组织船队进行印度洋远航。达·伽马一行再次踏上印度土地，这一次他们全副武装，荷枪实弹。他杀死了多名印度人，胁迫印度加入他们的贸易圈。在另一起远征活动中，葡萄牙船队偏离航道，偶然发现了巴西，宣称巴西归葡萄牙所有。凭借日益丰富的航海经验，葡萄牙人和西班牙人已经可以在南大西洋和印度洋上做到游刃有余。葡萄牙开始在非洲海岸和印度修筑要塞——这是葡萄牙殖民地（东非的莫桑比克和印度的果阿邦）的前身。1514年，葡萄牙人到达了盛产香料的印度尼西亚群岛和中国。1542年，葡萄牙船

第 16 章 西欧与世界：地理大发现、殖民和贸易　293

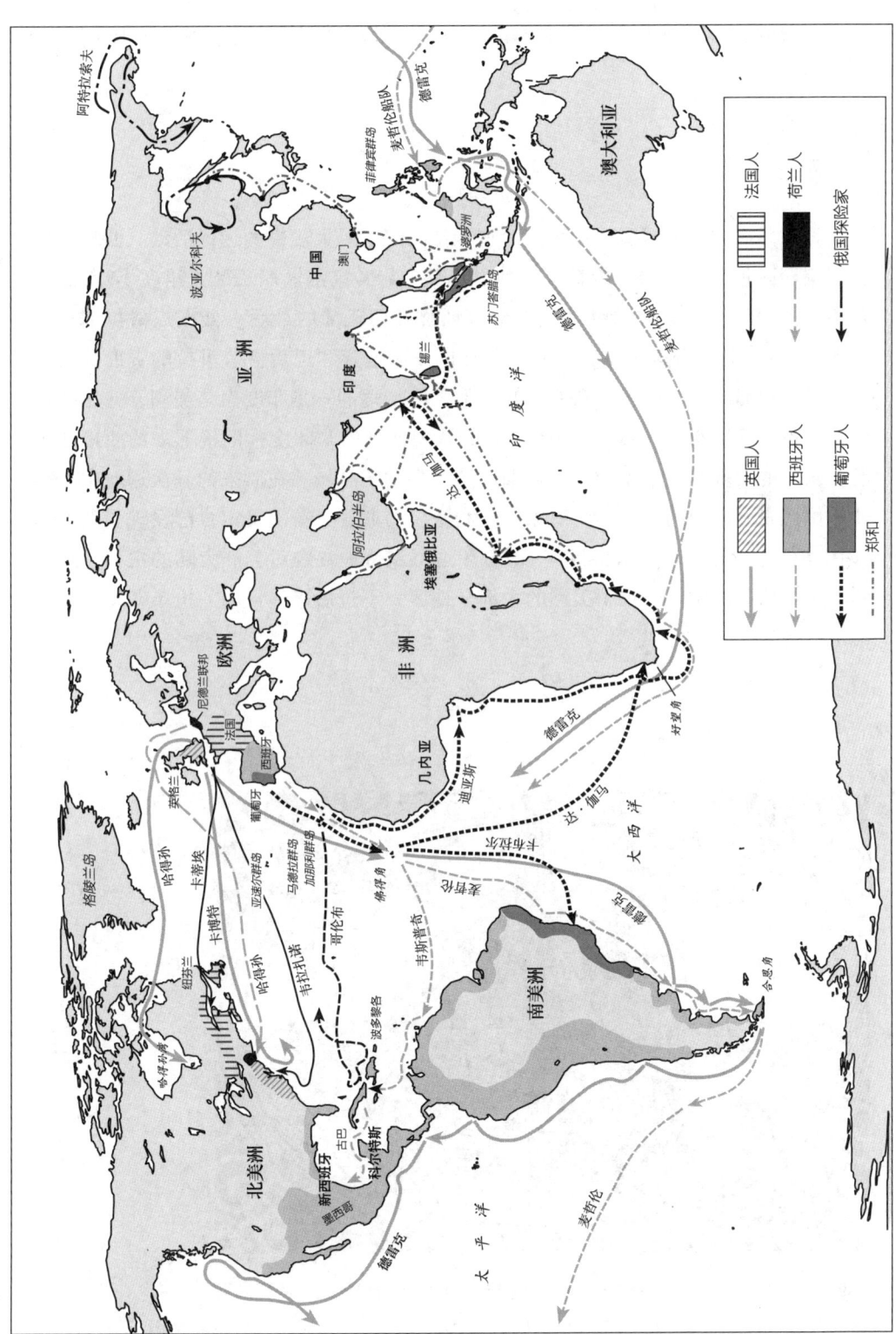

地图 16　十五六世纪的地理大发现

队抵达日本，传教士开始在当地传播基督教，并在随后几十年里成功地吸引了不少信徒。

西班牙帝国

葡萄牙启动海上探险后不久，西班牙便组织了更大规模的远征活动。西班牙也是刚刚摆脱穆斯林统治，传教热情和财富欲望异常高涨。西班牙人早在14世纪就开始了大西洋航行。1492年（这一年穆斯林在西班牙的最后一处据点格拉纳达被攻占），意大利航海家哥伦布得到西班牙国王斐迪南和王后伊莎贝拉的资助，代表西班牙率领船队西行印度。众所周知，他最终抵达的不是印度而是美洲，并错把当地土著称为"印第安人"。尽管他至死都认为他到的是印度，但接下来的西班牙远航证明，他发现了一个欧洲人和亚洲人从未到过的区域。在后来的一次远航中，另外一位代表西班牙的意大利航海家亚美利哥·韦斯普奇首次确定自己发现了新大陆（南美洲），并称其为"新世界"。西班牙迫不及待地宣告对美洲大陆的主权，在得到教皇承认后占领了今拉丁美洲的大部分地区，不过后来签订的一份条约将巴西划给了葡萄牙。

西欧扩张时期的造船技术。麦哲伦的探险船队由五艘帆船组成，最后只剩下"维多利亚"号（如图），它在1522年完成了首次环球航行。

最后，1519年，一支由葡萄牙人麦哲伦率领的西班牙远征队启程向西驶去，沿南美洲海岸南下，横渡了太平洋，历尽千辛万苦终于在1521年到达了印度尼西亚群岛，随后返回西班牙，完成了人类历史上首次环球航行。在这次航行的基础上（船员们曾到过菲律宾群岛），西班牙人后来于1571年占领了菲律宾，直到1898年菲律宾始得独立。

葡萄牙是首轮航海探险的赢家，它占领了非洲很多地方和印度的果阿邦，租借了中国的澳门港，一度与日本建立了通商关系，最后占领了巴西。菲律宾、太平洋诸岛和美洲大部分领土则归西班牙所有（教皇"有权"将尚未被基督教统治者占领的土地判给某个国家）。16世纪，西班牙向墨西哥和南美洲派兵，企图征服美洲大陆。西班牙占领了北美洲的佛罗里达，从墨西哥向北进军，最终攻陷了加利福尼亚和如今美国西南部的其他地区。

荷兰帝国、法兰西帝国和大英帝国

16世纪后期，北欧成为进一步海上探险的引领者。这一方面是因为西葡两国忙于控制它们的新殖民地，另一方面则是因为北欧人（主要是荷兰人和英国人）改良了远洋船只设计，造出了更轻快的帆船，超过了他们的天主教对手。1588年，在与西班牙的战争中，英国海军最终在恶劣天气的帮助下击溃了规模庞大的西班牙"无敌舰队"。在这之后，英国和荷兰成为争夺海上霸权的主角，法国偶尔也会一显身手。

1534年，法国探险家率先横渡大西洋抵达加拿大东海岸，并把这一带称为"新法兰西"。17世纪，法国的航海活动开始增多，各路远征队从加拿大进入北美洲五大湖区，然后进入密西西比河谷。

从1497年的一场短暂探险活动开始（一位代表英国的意大利航海家发现了加拿大东部沿海的纽芬兰岛），英国逐渐将注意力转向北美洲。英国人多次尝试开辟一条通往印度的西北通道，但却一无所获；事实上，他们在16世纪取得的成就不过是发现了加拿大东北部的哈得孙湾。英国正式的海上探险始于17世纪，其标志性事件是在北美洲东海岸建立了殖民地。

在摆脱西班牙统治实现独立后，荷兰迅速成为与葡萄牙在东南亚的争霸对手。荷兰向东南亚海域派出大批海员和舰船，在17世纪早期将葡萄牙人赶出了印度尼西亚群岛。荷兰航海家曾到过澳洲西海岸，但没有继续深入探索。最后，在即将进入17世纪中叶时，荷兰在非洲最南端建立了定居点，主要作为中继站方便荷兰商船继续驶向东印度群岛。

英荷两国的探险和贸易活动都得到了王室资助,但它们的远洋航行主要由私人商队发起,这一点与西葡两国不同,与法国也略有差别。荷兰、英国和法国授权成立了大型特权贸易公司,比如荷兰的**东印度公司**（East India Company）,英国也有一家东印度公司。这些公司在限定区域内从事垄断贸易（只同宗主国贸易）,但不受宗主国监管。因此这些通过聚集商业资本和在大商业中积累巨额财富而形成的半私有化公司,长期以来在殖民地享有如同政府般的独立地位。荷兰东印度公司一度控制了中国的台湾岛;在18世纪大部分时间里,英国东印度公司在印度部分地区也扮演着类似角色。不同于早期中东、印度和非洲的跨地区贸易,这些新公司不是建立在亲族关系的基础上,从这个层面来说,它们的出现标志着国际资本主义迈上了新台阶。

2. 融入世界经济

到16世纪时,西欧人已经控制了世界大部分海域。他们不仅在大西洋上畅行无阻,还经常穿越浩瀚无垠的太平洋——世界史上第一次出现如此大规模的海上活动。欧洲人没有取代亚洲各国在中日两国海域的所有海事活动,也没有完全垄断印度洋贸易;东非穆斯林商人依然像从前一样忙于自己的生意。但是穆斯林和印度商人都将重心转向了本土商品,而且他们都不掌握主要航路的控制权。最终,在地中海,随着欧洲势力持续增长,西班牙人在1571年打响了勒班陀海战,西班牙海军重创奥斯曼舰队。尽管奥斯曼帝国后来也打赢了几场战役,但它还是无法有效地抗衡欧洲的海军实力。此时的欧洲各国成了彼此间最强劲的对手。从这时起直到20世纪中叶,欧洲内部一直战事不断。到16世纪时,欧洲人甚至将亚洲某地的商品船运至亚洲另一地贩卖,利用转手贸易牟取暴利。世界贸易及其扩张主要掌握在西欧人手中。

进入18世纪,西欧已经成为海上霸主;相比本国或别国过去的状况,此时的西欧已是今非昔比。然而,海上强国也有它做不到的事情,西欧人仅在少数情况下才能深入内陆,远离不断改进的舰炮的保护范围。但美洲是个例外,西班牙人全面控制了这片大陆,英国和葡萄牙则占领了其中某些重要地区。在其他地区,西欧的殖民地主要包括岛屿（最大成就莫过于控制了印度尼西亚大部分岛屿）和零星分布的港口城市。在非洲,西欧的影响力超过了其在亚洲多数地区,但即便如此它在1800年前也只是控制了非洲沿海一带。在中东和东欧,西欧与它们保持着密切的贸易关系,但没能占领它们半点领土。在东亚,在西欧文明带来的短暂冲击过后,它一直将西欧的影响控制在最低水平。

由此可见,西欧确实影响了美洲之外的主要文明,但还不足以主导它们的发展进程。接下来几章,我们将探讨西欧的影响和局限性。以印度为例,到18世纪时欧洲人已经控制了它的若干沿海城市,但这些成就根本不足挂齿,因为穆斯林创建的莫卧儿帝国依然统治着大部分印度人口。

西欧人喜欢把这段时期称为"西欧大航海时代",但我们切莫夸大这段时期对世界历史的意义。西欧展现出了自身的全新实力是没错,但在1750年这一世界历史的转折点到来之前,它并未成为世界舞台上的绝对主角。

从世界贸易中斩获利润

不管怎样,西欧开始着手打造一个全新的世界经济体系;它在其中占得很大优势,并影响了世界其他地区的经济活动。从美洲、非洲乃至亚洲攫取的利润帮助西欧快速致富。欧洲人始终没有找到他们梦寐以求的黄金宝藏,但他们控制了"新世界"的大量银矿资源。在欧洲内部,西班牙是首批白银财富的获利者,但是北欧银行家和商人很快便迎头赶上,他们的收获甚至更多。控制了贵金属的供应来源和海运路线后,西欧首次扭转了世界贸易格局。南亚的香料和茶叶开始供应日益扩大的欧洲市场,贸易平衡不再取决于商品的稀缺性,而是取决于西欧人的购买力,这主要表现为他们手中的"新世界"银币。

16世纪,随着人们对白银的认识逐步加深,白银的流通速度迅速提高。欧洲人在美洲开采银矿(主要是在安第斯山区的波托西矿山),他们很快就改进了冶炼技术,提高了白银产量。欧洲人用白银换取亚洲商品,为中国等地输入了大量白银。事实上,西欧扮演的是美洲贸易和亚洲贸易的中间人(这是现代早期世界经济蓬勃发展的重要原因),而不是一个彰显其强大经济实力的角色。源源不断的白银经过西欧控制的澳门港流入中国内地;16世纪末,明政府要求人们用白银交税。有段时间日本白银产量大增,从而也将它与世界贸易联系在了一起,直到1600年后它开始推行锁国政策。白银贸易的广泛程度和结果表明了世界经济的范围,也推动了世界经济的快速变革。

经济分化

随着欧洲人将部分财富用于改善本国制造业,17世纪时的欧洲已经可以向世界市场出口更多的制成品,如枪炮、布料和金属器皿,而不只是贵金属。然而,欧洲政府和欧洲大型贸易公司推行的政策加剧了经济分化。十七八世纪重商主义甚嚣尘上，受其影响，欧洲人不遗余力地垄断制造业部门，让世界其他地区专门从事农业生产或采矿。到18世纪，很多地方向西欧市场出口廉价原材料和食品，换取工艺更复杂的高价加工产品。俄国和波兰的粮食，非洲的奴隶，美洲的蔗糖、白银和烟草等这些产品所需工序较少，价格自然低于西欧制成品。全球经济由此形成：大部分地区向西欧供应廉价劳动力生产的商品，西欧则用自己的货船将本国的高价产品外销，这就是世界经济分化（贫富差距）的开端，其影响一直延续至今。

经济分化的影响进一步加深。基本用工制度越来越取决于一国在世界经济中所处的地位。西欧需要灵活的用工制度，好为日益扩大的制造业提供充足的劳动力，因此西欧出台了一套雇佣劳动制度，但雇工的工资很低。那些生产原材料的地区，尤其是那些因疫病传播造成人工短缺的地区主要依靠强制劳动，比如奴隶制或大范围的农奴制，目的是把非技术工种的成本压低。性别与就业也有关系。在很多地方，男性从事的生产活动一般面向海外市场，女性则服务于国内消费行业。男性奴隶是奴隶贩子的首选，被卖到美洲的非洲奴隶中有三分之二都是男性，从而造成了非洲的一夫多妻现象，因为这里的女性人口严重过剩。

然而，这不过是西方主导的全球经济的开局。新贸易模式还没有严重影响大多数人的生活。相比欧洲在国际社会上的经济地位，深刻影响中国人的反而是欧洲贸易商带来的新食物，以及美洲的种子和块茎。尽管欧洲的经济影响力超出了欧洲船队的探险范围，但事实上，中国在世界经济领域中的表现依然可圈可点；大部分亚洲人、俄国人和非洲人，甚至很多美洲印第安人并未加入出口型生产行业。除了欧洲带来的直接影响，我们还需要考虑另外一个因素，即1450年至1800年间世界主要文明的发展。

但是欧洲在现代早期就已将其影响力渗透到了以下三大地区，显著地改变了它们的历史发展模式。撒哈拉以南非洲、西属美洲地区（即拉丁美洲）以及北美洲的发展揭示了西欧对它们的影响程度，同时表明一个正在崛起的"新世界"经济即将重塑各国的政治、文化和个人生活。

3. 非洲

骄傲的西欧人一直认为：没有他们，非洲就不会有真正的历史。当然，这根本是无稽之谈；事实上，早在欧洲人横渡大西洋之前，非洲文化就达到了相当高的水平；不仅如此，直到进入19世纪之后很长一段时间，非洲的发展都没有受到欧洲干扰。不过欧洲确实深刻地影响了非洲不少地区，这与非洲社会在1500年后呈现出的多样化发展趋势有关。

多重因素限制了欧洲对非洲的探索。交通障碍是欧洲人和非洲人面临的共同难题；他们很难从沿海地区深入内陆，因为中途要穿越莽莽丛林。不仅如此，非洲的主要河流无法通航，短途或长途航行都会受阻。当地疾病也沉重地打击了欧洲人，非洲人对热带疾病已经免疫，可是欧洲人则没有。最重要的因素是，19世纪之前，大部分非洲王国的政治实力足以阻截欧洲人。16世纪晚期桑海帝国灭亡，标志着伟大的非洲王国彻底走入历史；非洲南部没有哪个王国能媲美早前的津巴布韦。但是地方小国纷纷崛起，有些是老牌王国，有些是新生国家。这就意味着，在大多数情况下，欧洲人只能小心翼翼地与非洲首领谈判，献上价值不菲的商品换取当地产品。欧洲人占领非洲领土的情况很少发生。

一位荷兰代表描述了他觐见西非贝宁王国奥巴[1]的情形（荷兰在17世纪与西非贸易往来密切，取代葡萄牙独占了西非的贸易）：

> 我向奥巴问候致意，当时还有几位高官在场。奥巴端坐在象牙宝座上，上方是一顶印度丝绸华盖。他四十岁上下，神采奕奕。我遵照习俗站在离他9米开外的位置。但我很想看清他的样貌，于是请求他允许我站得近些。他竟然笑着同意了。

华丽的宫殿让这位荷兰人目眩神迷，他感叹道："这里的宫殿足有阿姆斯特丹交易所那么大……木质壁柱上镶满了黄铜饰板，描绘着王国的赫赫战绩。"

但是欧洲人的到来确实改变了非洲。葡萄牙人和随后赶来的其他欧洲人（主要是法国人）采用租赁或与当地统治者达成默契的方式，在非洲西海岸建造起要塞和城市定居点。在此基础上，欧洲人改变了西非的贸易模式。他们在非洲发现了不少有价值的商品，如布料和铁器，但他们最感兴趣的还是黄金、象牙和奴隶。他们发现非洲商人和政客非常善于讨价还价，不过欧洲人也有拿得出手的交换物：布料、铁制工具，以及最重要的滑膛枪。进口欧洲商品导致非洲本土工艺品产量下降，严重扰乱了当地经济。武器进口也为非洲带来了变化。欧洲各国经常联手对付非洲王国，双方的火力对比直接就能改变战争走向。这些贸易活动增加了西非的对外联

---

[1] 在贝宁文化中，国王被称作奥巴（Oba）。

系，将其引入由欧洲主导的世界经济网中，不再依赖穿越撒哈拉沙漠至北非的传统贸易通道。西欧在沿海地区设立的商站影响了城市里的非洲人，吸引少数人皈依了基督教。

奴隶贸易

大西洋奴隶贸易始于16世纪（并在1650年后愈演愈烈），这对西非产生了深远影响。荷兰、英国，尤其是法国的船长到西非购买黑奴，再将其贩卖至北美和南美殖民地，以及西印度群岛。奴隶制并不是第一次出现在非洲，此前这里的很多王国都有奴役战俘的惯例。但是欧洲人对奴隶的需求改变了人们对传统奴隶制的认知。从1500年到19世纪奴隶贸易结束，多达1,200万非洲人被贩卖为奴。这是人类历史上规模最大也是最残忍的强制性人口迁移，它为西非各地带来了一场深重的灾难。人口快速流失，青壮年劳动力严重短缺，传统经济难以为继。尽管如此，也有一些西非国家借助奴隶贸易大发不义之财，至少是获取了短期利润。非洲本地的中间人（奴隶贩子）抓捕奴隶，然后将其卖给欧洲商船水手换取枪支、黄金和其他商品。丰族人在18世纪建立了达荷美王国，这是西非少有的一个中央集权制国家；它将所有与欧洲人的交易都限定在一个地点，尽可能减少欧洲人与非洲内陆居民之间的接触。这个国家小心谨慎地管理着奴隶贸易，从中征税，控制武器和弹药进口。

由此可见，大规模奴隶贸易对西非的影响比较复杂；欧洲人无疑是获利者（他们在付完非洲中间人的酬劳后还有大笔剩余，这是西欧商业财富不断增加的原因之一），但西非很多地方也开始依赖奴隶贸易发展本国经济。然而相比长期无法修复的破坏，任何利益都显得微不足道。整个19世纪非洲国家的人口出生率远低于其他大多数国家，其中一个原因就是人口流失。经济增速减缓，但很难说如果没有奴隶贸易西非又会是怎样一番情形。此外，西非各王国之间也是剑拔弩张、混乱无序，因为一些国家想要争抢奴隶，另外一些国家则武力抵抗，防备劫掠。这种不安定状态并非恒久不变，解决之道在于当事国如何协商。事实上，有些西非王国有意置身事外，不参与奴隶贸易。但毋庸置疑，持续两百多年的奴隶贸易对西非历史造成了严重影响。

黑人一旦被抓获就将面临严酷的奴役生活和非人的待遇，这已经是一个不争的事实：

> 奴隶们被从内陆赶到这里时，所有人都会被关进海滩附近一处专门搭建

的棚子（监牢）。欧洲人来接手他们时，他们会被带到一处宽敞的平地，随船外科医生会检查他们全身每个部位……身体健康者站在一边，其余人站在另一边。这些不合格的奴隶被称为"马隆"（Maroons），他们或是年龄超过35岁，或是嘴唇、眼睛、牙齿有缺陷，或是肤色较浅……至于那些合格的奴隶，会有人用火红的烙铁在他们胸口烙上法国、英国或荷兰公司的标志，这样每个国家就不会混淆它们的财产。

一般情况下，奴隶被抓一周后就要开始跨大西洋航行了。他们将要在条件恶劣的船舱中体验一段极为恐怖的旅程，一船奴隶往往途中死亡过半，而幸存者得到的奖赏就是终其一生在异国他乡充当苦力。

奴隶贸易还严重破坏了西非海岸的安哥拉，它逐渐沦为葡萄牙人殖民地。葡萄

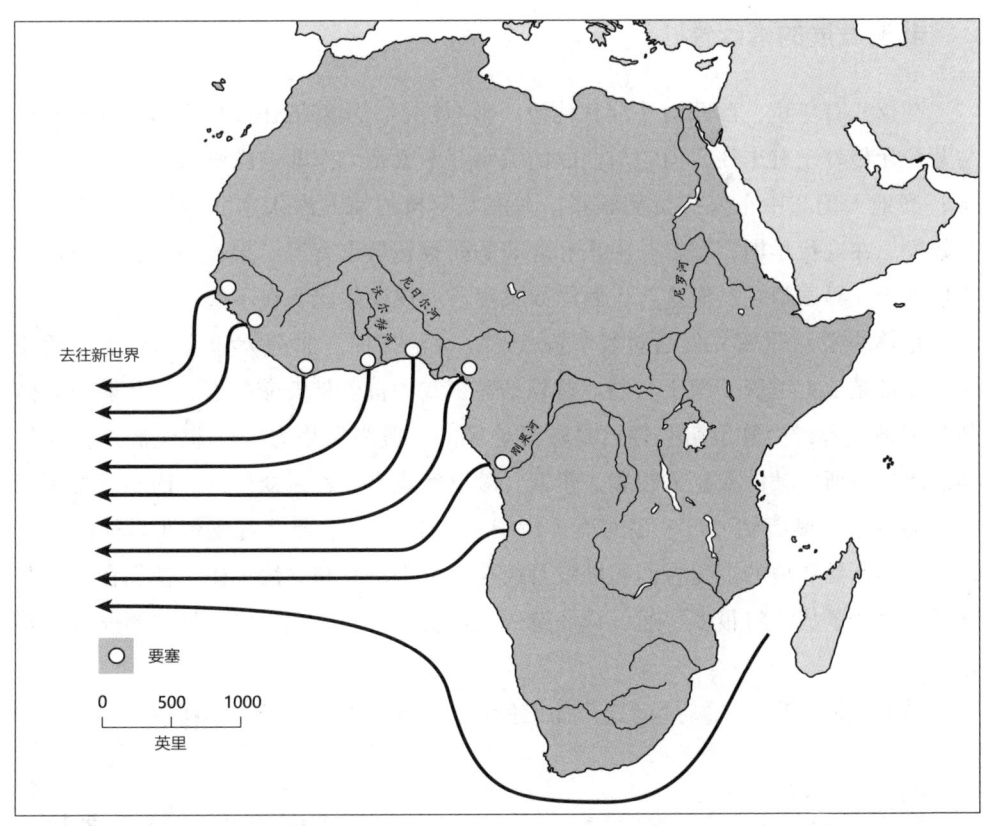

地图 17　18世纪的奴隶贸易模式

牙人起初只专注于贵金属贸易，后来也开始掳掠奴隶将其贩卖到巴西。葡萄牙人收买当地酋长，彻底占领了安哥拉，致使当地局势在长达数百年间一直动荡不安。安哥拉以北的部分国家（包括今尼日利亚）从欧洲人那里得到了贩卖奴隶的一定经济补偿，相比之下，安哥拉则是一个十足的受害者。

欧洲的海上探险对南非也造成了深刻影响。1652年，荷兰在好望角开拓了一小块殖民地，为它前往亚洲的船队提供补给。不久，布尔人[1]脱离了荷兰人的控制，他们分散而居，在一处非洲人口较少的地方经营大型农场。布尔人与当地狩猎部落发生了冲突，俘虏了一批黑人充当奴隶。1770年之后，布尔人与班图族农民的接触不断增多，双方为争夺当地控制权展开了旷日持久的斗争，留给南非的影响至今仍未消散。

1450年至1800年间，欧洲对非洲历史造成了深重影响，但总的来说这种影响是地方性的。它催生出了南非和安哥拉的发展新动力，打破了西非的经济和政治秩序，但并未将早前模式全盘推翻。

非洲发展的延续性

在这几百年里，西欧对非洲其他地区影响较小。埃塞俄比亚虽说信仰基督教且与葡萄牙传教士有来往，但它与西欧的关系并不紧密。东非与欧洲人几乎不存在交集；当地人仍与中东保持贸易联系，非洲和阿拉伯商人深入东非腹地寻找农产品和奴隶。在现代早期，东非与中东和北非的奴隶贸易也有所扩大，约有300万东非黑奴被贩往异国他乡，但这与大西洋奴隶贸易的规模相比实在不值一提。

总体来看，非洲文化面貌基本没变。在政治方面，非洲大陆大部分地区的政治实体都是地方王国，国王与当地首领结盟，宣称自己是天命君主。多数非洲人仍然是多神教者，尽管伊斯兰教已是苏丹地区的一股强大势力。18世纪后期，苏丹地区皈依伊斯兰教的人越来越多，伊斯兰教已经成为一种大众信仰，而不再是精英人士的专享。奥斯曼·丹·福迪奥（1754—1818）等学者反对宽容非教徒的传统政策。奥斯曼和他的追随者们积极投身伊斯兰学术研究和立法工作，他们在苏丹西部发起多场圣战，将很多普通民众改造成了穆斯林，同时催生出一批体制完善的新国家。

与此同时，班图人持续南迁。如前所述，此举引发了与荷兰定居者（布尔人）

---

[1] "布尔人"（Boers，荷兰语"农民"的意思）指的是17至19世纪移民南非的荷兰人的后裔，现已改称"阿非利坎人"（Afrikaners）。

人物传略：奥拉达·艾奎亚诺

能将自己的为奴经历写成回忆录的非洲人屈指可数，奥拉达·艾奎亚诺（Olaudah Euqiano）就是其中之一。1745年，艾奎亚诺出生在尼日利亚一个名叫伊思赛克的小村庄，他的主家是一户富庶的奴隶主家庭。他在 11 岁那年被奴隶贩子绑架卖到了拉丁美洲的巴巴多斯岛，后来又辗转到了北美洲的弗吉尼亚。他最终从一户贵格会[1]主人那里赎回了自由，并于 1767 年去了英国。此时的艾奎亚诺已是能读会写，见多识广。他积极投身废奴运动，并于 1788 年出版了回忆录抨击奴隶制。艾奎亚诺讲述了他和妹妹被猎奴队五花大绑塞进麻袋，当时他的内心有多么绝望，后来兄妹二人被迫天各一方。他还描绘了欧洲船主的冷酷嘴脸，比绑架他的奴隶贩子有过之而无不及。他和一群素不相识的人被关押在污秽不堪的船舱里一起备受煎熬，而且不知道这段炼狱般的可怕旅程将要把他们带往何处，可能这辈子都再也回不了家。尽管有些历史学家质疑艾奎亚诺讲述的故事是否全是他的亲身经历，但他的回忆录的确是首批讲述奴隶经历的著作之一，也是大西洋两岸风起云涌的废奴运动的重要组成部分。

奥拉达·艾奎亚诺。

重点问题 在 18 世纪的欧洲，哪些反奴隶制的论述直击奴隶制的本质？

---

1 "贵格会"（Quakers）又名教友派或公谊会，兴起于 17 世纪中期的英国及其美洲殖民地，其特点是没有成文教义，而是直接依靠圣灵的启示指导信徒的宗教和社会生活，始终带有神秘主义色彩。

之间的冲突。大约到1800年，班图人的领地上出现了人口爆炸，他们开始组建一个更有凝聚力的政治实体。

最后要说的是，非洲人的经济生活受到了欧洲贸易的深刻影响（至少在某些重要地区是这样），但是非洲大陆的整体经济形态或技术水平并未大幅改变。欧洲人为非洲带来了"新世界"的玉米种子，非洲农民开始种起了玉米，后来还成了他们的主食。然而由于奴隶贸易造成大批育龄男性人口流失，食物改善也就没能有效地刺激非洲人口增长；事实上，非洲人口占世界总人口的比例确实下降了。

总之，1450年至1800年间的非洲发生了巨大的变化。有些变化从根本上来说是欧洲人造成的，有些变化则是非洲在与欧洲往来过程中做出的回应，还有伊斯兰教或班图人迁徙导致的特殊变化。没有哪种单一力量能够撼动这块大陆上的多个地区；抛开表面现象不说，非洲仍然保留了大部分重要传统（政治、艺术和信仰）和社会结构。

4. 拉丁美洲的殖民统治：新文明的诞生

欧洲对美洲的影响远远超过了对非洲的影响：从16世纪初到17世纪，欧洲人改变了美洲的基本格局，塑造了一个崭新的拉丁美洲文明，并在北美东部沿海建立殖民地扩大西欧文明的影响。当地原住民缺少铁制武器，对外来疾病没有抵抗力，险遭灭顶之灾，而非洲就没有经历这番遭遇。非洲长期保持独立，美洲大陆则逐渐沦为欧洲的殖民地。当然，也正是在殖民过程中美洲逐渐成为世界历史的重要组成部分，跟随欧洲一起融入正在崛起的、由欧洲人制定规则的世界经济中。

政府结构

在完成了对中美洲、南美洲和西印度群岛的探险之后，西班牙从16世纪初开始了对这些地区的全面征服。他们的主要目标是传教和黄金。西班牙人相信这块新大陆蕴藏着巨大的财富：当地人（如阿兹特克人）的锦衣绣服和各种神秘莫测的景象激起了他们的征服欲。西班牙是最有权势的天主教国家，再加上后来耶稣会的推波助澜，西班牙人打算为天主教吸收更多信徒。西班牙远征队控制了西印度群岛上的一些重要岛屿，比如他们在1512年占领了古巴。不久之后，西班牙人埃尔南·科尔特斯率领一支小型军队从阿兹特克人手里夺下了墨西哥。印第安人在中美洲的零星抵抗活动一直持续至17世纪后期，但到1550年西班牙人几乎占

地图 18　18 世纪时的拉丁美洲

领了整个美洲。此时西班牙帝国已经将其势力范围延伸到了今美国南部和西南部的部分地区。

西班牙人从巴拿马殖民地向南美洲推进,轻而易举地占领了南美大陆的北部,征服了如同一盘散沙的美洲印第安部落。1531年,西班牙远征军入侵印加帝国,这里是传说中的藏宝地。虽然在攻占秘鲁(印加帝国首府位于秘鲁的库斯科)时发生了一场激战,但西班牙殖民军头领皮萨罗最终获胜。他们以此为据点,沿安第斯山脉继续扩张,发现了亚马孙河谷和玻利维亚的银矿。西班牙远征队也进入了阿根廷,并于1536年在布宜诺斯艾利斯建立定居点,不过阿根廷直到16世纪末才真正成为西属殖民地。西班牙人开始在当地养牛并从事其他农业活动,逐渐打消了一夜暴富的念头。17世纪早期,葡萄牙人从巴西沿海的小块殖民地向内陆逼近,最后控制了巴西大片内陆领土。

西欧在17世纪基本实现了对拉丁美洲的全面征服,而且速度快得惊人。但这并不是一场配合默契、计划周详的大冒险。像皮萨罗征服秘鲁等很多远征活动都是冒险家或商人发起的。这些行动规模较小,事实上,就连西班牙皇室资助的远征探

佛罗里达州港口城市圣奥古斯丁,它建于1565年,是美国最古老的城市。建立它的目的是防范加勒比海盗,保障运送白银的西班牙船队顺利返航。

险也不过如此。那么,它们又是如何轻而易举地征服如此庞大的领土的呢?

技术优势当然是一个关键因素,美洲印第安人缺少的不只是火枪和加农炮,还有马匹和各式金属武器。欧洲人还利用印第安部落之间的内战和矛盾对其进行分化,从中渔翁得利。科尔特斯在第一时间就同反阿兹特克人的印第安部落结为同盟。在皮萨罗来到秘鲁之前,内战就已削弱了印加帝国的实力。欧洲人还善用阴谋诡计:西班牙领队首先与印加、阿兹特克或其他地方酋长达成协议,然后一有机会就撕毁协议,再将此前盟友置于死地。但是,欧洲人最初对南美洲的控制并不彻底。很多村落在几十年里都不曾见过一个西班牙人或葡萄牙人;很多印第安部落酋长都享有充分的自治权,前提是宣誓效忠新殖民政府。

然而,西班牙人用了一百年多一点的时间就摧毁了盛极一时的美洲印第安文明,推翻了他们的政权,消灭了他们的正统文化。为其助一臂之力的不仅有所谓的使命感(将"文明"强加给非基督教民族),还有他们自身带来的疾病,尤其是天花。长期与世隔绝的印第安人根本无力抵抗这些如同洪水猛兽般的灾难。后来瘟疫爆发,有如古典时期末和后古典时期肆虐欧亚大陆的黑死病,只是后果更加严重。不足百年,90%的墨西哥人便染病而死;西印度群岛上的人口更是近乎灭绝。如前所述,北美和南美80%的印第安人都死于这场瘟疫,而欧洲人则是越来越多,试图填补由此造成的人口空缺。

5. 拉丁美洲文明

西班牙人和葡萄牙人在完成征服后定居下来,开始在这片广袤的殖民地上打造全新的政治、宗教和经济体制。因此,十七八世纪这段时间本质上是拉丁美洲文明的形成期,这个新文明既与欧洲紧密相连,又保持了自身很多重要特色。

从政治层面来看,这个新文明要接受外来殖民政府的统治:其背后分别是西班牙王室和葡萄牙王室。在殖民政府任职的全是土生土长的欧洲人,他们构成了显赫的官僚阶层。西班牙先后设立了两个重要省份,即"**总督区**"(viceroyalties),分别是墨西哥总督区[1]和秘鲁总督区。后来随着广大的南美殖民地被进一步划分,

---

1 准确的名称应该是"新西班牙总督区",首府设在墨西哥城,管辖新西班牙(今墨西哥)、新加利西亚、中美洲及加勒比海诸岛等地。秘鲁总督区的首府设在利马,统治整个西属南美。

又设立了哥伦比亚总督区和阿根廷总督区[1]。理论上，殖民政府推行的是高度集权统治。可是殖民地领土实在是太大了，中央集权式统治很难落到实处，而这也就意味着教区领袖、庄园主和村民拥有相当大的自由活动空间。拉丁美洲长久以来便一直存在这样的矛盾：威权政府看似强大无比，但它始终受到地方势力、村庄和种植园等政治单元的掣肘。

表面上的中央集权和事实上的松散统治这对矛盾造成了两大后果：一是欧洲人意识到必须强化政府权力，这是拉丁美洲社会面临的主要问题。到18世纪，西班牙殖民政府想方设法扩大权力，而且直到进入19世纪和20世纪，它都一直在改善执政效力。二是集权统治——尽管只是形式上的中央集权，但它确实阻止了人们广泛参与新社会的管理，因为本土居民被禁止参与政府活动。18世纪后期，西班牙进一步提高了在殖民当局任职的条件限制：被任命者必须在西班牙出生，这激起了**克里奥尔人**（Creoles，在新大陆出生但双亲是西班牙人的白种人）的强烈不满。

宗教与艺术

从文化层面来看，新社会最突出的特征就是：狂热的天主教徒广泛散播基督教信仰。相比西葡两国政府，耶稣会和其他传教团体的影响范围更广，他们积极深入到普通人中间，竭力打破原生宗教的影响，确立基督教的地位。很多美洲印第安人部落都不为所动，但变化却在悄然发生。教会学校是地方教会网络的组成部分，在它的影响下，加上欧洲人对印第安文化的破坏，很快就初见成效。征服者的威权和成就令传教士显得更有信服力。而且他们带来的是一种更为温和的宗教，能够给予普通人更多的关怀，不同于南美洲和中美洲印第安人的宗教。印第安人反对废除多种宗教仪式，甚至转为秘密活动，但不少人都欢迎取消活人祭祀、废除祭司特权。宗教融合事例比比皆是。很多印第安人将古老的男神和女神与基督教圣徒混为一谈，这不仅有助于他们迅速转换信仰，还形成了一种生机勃勃、独具特色的宗教艺术。

欧洲人试图向当地输入更多欧洲文化。西班牙人修建了巴洛克式大教堂，采用欧洲建筑风格打造公共建筑，在岛上兴建城市，践行西班牙人对城市生活的传统追

---

[1] 准确的名称分别是"新格拉纳达总督区"（以波哥大为首府，辖地相当于今哥伦比亚、委内瑞拉和厄瓜多尔）和"拉普拉塔总督区"（以布宜诺斯艾利斯为首府，辖地相当于今阿根廷、乌拉圭、巴拉圭和玻利维亚等地）。

求（这一点是受罗马人和阿拉伯人影响）。中央广场建有大教堂、政府大楼和监狱，网状街道从中央广场向四周延伸。然而，西欧的艺术文化在这片土地上并没有取得突破。就艺术表现力而言，西班牙宗教绘画还不及受基督教影响的印第安人或麦士蒂索人的创作。文学作品寥寥无几，因为西班牙殖民当局只许个别市中心开设印刷厂。美洲印第安人的艺术传统依然存在，其载体就是瓷器和纺织品。虽然这些算不上高雅艺术，但却确保了拉丁美洲文化的多样性，对未来具有重要意义。除了与天主教相关的文化内容，拉丁美洲文化整体上还处于形成阶段，但它已经展现出不同于纯粹欧洲模式的特殊性。

巴洛克风格的圣弗朗西斯科教堂，位于巴西巴伊亚州萨尔瓦多城。葡萄牙人在南美洲修建的建筑多采用巴洛克风格。

经济与社会结构

拉丁美洲在发展初期同时存在两种经济形态。一种是村落或小镇经济，参与者多是美洲印第安人和**麦士蒂索人**（mestizos，西班牙人和印第安人的混血后裔）。他们种植玉米等粮食作物，主要是为了满足当地需求。印第安村民的经济生活（包括土地公有制）基本没有遭到破坏。西班牙人确实摧毁了印第安社会的重要制度，但并没有将印第安文化破坏殆尽。

除了满足当地需求的村镇经济之外，拉丁美洲还存在出口型经济，其主要受益者当然是西班牙人和葡萄牙人。出口型经济还包括采矿业，它主要集中在安第斯山区，到1650年时这里已经为欧洲人提供了1.6万吨白银。

在市场经济的刺激下，西班牙人或克里奥尔人建立起占据大片土地的种植园。西班牙人并没有奴役很多美洲印第安人，这一方面是因为后者激烈反抗，另一方面则是因为天主教领袖反对这项政策，希望这批新教徒能够得到保护。由于大批印第安人死于欧洲人带来的疾病，闲置土地被麦士蒂索人或西班牙人据为己有，这种强占行为得到了殖民当局的认可。首批登陆的西班牙征服者原本可以成为封建贵族，但是殖民当局为了维护集权统治反对他们这么做，仅有少数地区是例外。

很多由土地分封或强占形成的种植园都面临劳动力短缺这一难题，但殖民当局直接分配印第安劳动力的做法并未奏效。印第安人口缩减造成劳动力紧张，种植园主想方设法招募工人，于是便出现了控制劳动力的早期制度：**监护征赋制**（encomienda），即西班牙王室授予西班牙人或克里奥尔人特定数量的印第安人。但该制度并非只限于种植园，它也为安第斯山区的银矿和汞矿提供了部分劳动力。殖民当局曾向一座大型矿山每年分配1.3万名工人，创下了当时的劳工分配纪录。当地更常见的经济实体是若干印第安村庄组成的**大种植园**（hacienda）。这些村庄是给予西班牙人（一般都是早期征服者）的赏赐。村民向种植园主上缴商品并提供劳役。经过一两代人的时间，大种植园已经有效地控制了村民的土地，类似欧洲早期严苛的农奴制；地主为村民提供一定程度的人身保护和司法保障，后者则以实物抵扣并将人身自由交付地主。种植园主有时会雇佣廉价印第安人或麦士蒂索人，诱骗他们背负债务，严禁他们逃离，想要自由就得支付一笔巨额赎金。这项剥夺农民自由的举措解决了劳动力短缺和错失市场机遇这两大困境。

一般来说，大种植园和其他形式的庄园并不直接生产出口商品。但它们生产的谷物和肉制品确实销往了矿区、人口渐增的港口城市，以及墨西哥城等总督区首府。就这样，拉丁美洲形成了一种生机勃勃的市场农业，它的基础则是被地主严格控制的廉价劳工或奴隶。

西印度群岛和南美部分地区（主要指巴西）的种植园农业则有所不同。这些地区种植的农作物，如烟草和蔗糖（尤其是蔗糖）主要销往欧洲。这些种植园购买了上万名非洲黑奴，引进黑奴的最初原因是疫病传播造成当地劳动力紧缺。拉丁美洲和加勒比海地区的非洲黑奴数量是北美洲的三倍。西属和葡属美洲殖民地，以及英法荷三国瓜分的西印度群岛都出现了奴隶制。这种以奴隶制为基础的经济规模之大可谓前所未见，它是欧洲人追求商业机遇和构建新型全球经济的产物。

由此一来，拉丁美洲经济也就变得越来越依赖世界市场，它要为世界市场供应农产品和矿产品；专业化的商品农业带动了矿业和政治中心的发展。制造业规模较小，主要是为了满足本地需求；技术含量高的加工产品和手工艺品都来自欧洲。为什么突然闯入的欧洲人能够打造出一种依附型经济？拉丁美洲这个例子最能说明问题。

上述经济模式形成了清晰的阶层划分，这种划分又被种族差异所强化。相比占据北美洲的英国殖民者，西班牙人和葡萄牙人还不算是顽固的种族主义者。即便如此，拉丁美洲社会还是出现了分裂：一方面是占人口少数的政客、矿主和地主，另一方面则是占人口多数的贫苦劳工。欧洲本土出生的西班牙人和葡萄牙人或当地出生的克里奥尔人属于特权阶层，美洲印第安人、黑人和人数最多的麦士蒂索人则属于平民阶层。此外还存在一个人数较少的中间群体，包括本地商人和店铺老板。几乎所有对欧贸易都由欧洲人在运作。

殖民统治和经济变革必然会改变两性关系。欧洲殖民政府并不支持跨种族通婚，但大部分殖民者和买来的奴隶都是男性，他们不得不与美洲印第安女性结合。印第安人的家庭秩序被打乱，麦士蒂索人的数量迅速增加。非洲黑奴未经主人允许不能结婚（如在巴西），结果形成了其他两性关系模式。

除了依靠本地农作物，拉丁美洲还从欧洲进口农作物和动物（水稻、小麦、牛、羊），从而扩大了农业产业，刺激了人口增长。18世纪的拉丁美洲经济日益繁荣，在此期间很多克里奥尔人都发家致富。但不满情绪也在悄然滋长。西班牙人和葡萄牙人推行的政策就是为了让拉丁美洲人民屈服，18世纪时两国的开明君主加

人物传略：索尔·胡安娜

在前现代时期的墨西哥，索尔·胡安娜·伊内斯·德·拉·克鲁兹（1651—1695）是凭借智慧和虔诚而出名的知名女性之一。她既是一位作家、诗人和音乐家，也是一位社会思想家。她曾在墨西哥城总督官邸担任侍从女官，深得侯爵夫人的欢心。当时很多人尝试在新生的拉丁美洲文明中创建一个以天主教信仰为导向的欧式文化，胡安娜就是其中的代表人物。和很多早前的基督教思想家一样，在宗教先贤的感召下，她最终也放弃了广泛的兴趣爱好，潜心于纯粹的神学研究。

索尔·胡安娜。

重点问题 在现代早期，为什么宗教能让女性有机会在世界历史上占有一席之地？相比大多数既有文明，美洲殖民地的社会条件是否有利于女性成为公众人物？

强了对殖民地的专制统治。殖民当局对拉丁美洲贸易征收重税，将贸易活动限定在少数几个特定港口和几家特许公司，禁止拉丁美洲与更发达的北欧[1]经济体（尤其是英国）来往，导致非法贸易屡禁不止。遭受各种限制且无资格参与政务，这让拉丁美洲人民愤恨难平。很多克里奥尔人在欧洲游历时被启蒙运动提出的新政治理论所鼓舞。哥伦比亚和其他总督区首府掀起了学术热潮，人们探讨科学发现和改革主张。这些学术活动主要集中在城市，由克里奥尔人主导。这些看似波澜不惊的学术活动与广泛的民怨相结合，为一系列独立战争奠定了基础。1789年，海地爆发了首场大规模黑奴起义。从1808年到1820年，独立战争席卷整个拉丁美洲。

到18世纪，拉丁美洲正在形成自己的文明，其根基包括一直延承的美洲印第安文化传统，欧洲人带来的政治、文化和技术影响，以及殖民地特殊的经济和政治条件。拉丁美洲文明严重依赖欧洲模式，但它并不等同于欧洲文明。种族多样化、奴隶制、种植园制度、出口型经济，以及结合了天主教信仰的通俗文化，使得拉丁美洲文明自成一格；另外还有一点，殖民政府号称全面集权统治而实则无法有效控制地方势力。拉丁美洲这个新文明蕴含了重大的变化。崭新的文化成果、日益繁荣的内部经济，以及克里奥尔人积极借鉴欧洲启蒙思想，全都展现了属于18世纪的创新精神。从另一个层面来看，一直持续到18世纪末的安第斯山区印第安人民起义也具有类似特征：起义军领袖依据印加文明传统提出了新的政治诉求。

6. 北美洲的西欧文明

法属北美殖民地包括加拿大和密西西比河一带，这片区域范围很广，但是法国人并没有对其进行严格管控，他们把重要定居点都建在了加拿大。法国人更重视他们在西印度群岛的殖民地，那里为欧洲市场创造了丰厚的利润。法国人在北美不过是做些皮毛生意，主要目的是利用北美抗衡日益壮大的英国。

英国在北美东岸的殖民地则是另一番景象。到18世纪时，这里已有300万欧洲人定居，还有一大批被贩卖至此的非洲黑奴。英国在北美洲南部殖民地发展了种植园经济，依靠奴隶生产水稻、蔗糖、烟草和染料；这与西印度群岛和巴西的情况非常相似。如同西班牙在拉丁美洲的殖民统治，英国对北美殖民地也设置了种种限制：任命总督，制定高额税率；打压当地制造业，因为英国要保护本国制成品

---

[1] 此处的"北欧"指的是位于西班牙和葡萄牙北部的欧洲国家，英国和荷兰仍是西欧国家。

在殖民地的市场，所以它只许当地生产廉价原材料和食物。

然而，英属北美殖民地要比拉丁美洲更接近西欧文明。它有自己的议会负责提出政治议案，地方乡镇政府积极履行自治管理职责。尽管受到英国政府的种种限制，殖民地的制造业经济还是取得了长足进步，北美人民开设了多家贸易公司并组织商船运输。西欧人并不热衷北美产品，他们感兴趣的是拉丁美洲和西印度群岛的产品。北美洲南部殖民地主要依靠奴隶生产烟草和棉花，这是两大重要出口产品。南方种植园主从欧洲进口昂贵的手工艺品。北美洲的依附型经济与拉丁美洲非常相似。但在现代早期，新英格兰和大西洋中部殖民地缺乏吸引世界市场的自然资源，只有毛皮和木材。正因为如此，这些殖民地可以自由发展地方特色农业和贸易，包括商船运输，以及建立在家族企业和雇佣劳动力基础上的制造业。1760年左右英国通过颁布新规和加征新税等手段想要深化北美经济的依赖性，但是此时强行控制殖民地为时已晚。殖民地经济虽说不如西欧发达，但也形成了相似的经济形态，还有持续高涨的商业热情。

北美殖民者与欧洲保持着密切的学术交流。鉴于英国的关系，北美人民有机会参与英国的政治和科学团体；英国是西欧最有活力的政治和科学中心之一。18世纪英国皇家学会的众多科学发现都要归功于百余名北美科学家，北美知识分子组成的讨论团体非常活跃。北美民众的识字率很高，他们有能力参与欧洲人创立的学术事业。相比之下，西欧刚刚形成的学术浪潮并没有将拉丁美洲卷入其中，因为在宗主国西班牙发生的启蒙运动反响平平。

因而英属和少部分法属北美殖民地不能算作独立文明，而是西欧文明的一部分。当然，这两者与西欧之间也存在一些重大差异。北美殖民地没有出现类似西欧社会的贵族统治，因此这里的商人地位更高，自耕农自由更多。以欧洲标准来看，殖民当局的统治能力较弱，其功能不过是进行防御并执行法律。北美人的家庭模式也有其自身特点。在北美这片富饶的土地上，十七八世纪的人口出生率超过了欧洲。在英属北美殖民地，父母对子女呵护有加，很少能看到用长布条紧紧包裹的幼儿。或许是因为陌生的周遭环境，家庭成为北美人稳固的情感纽带。不过这里最重要的特点还是奴隶制，尽管殖民者建立的奴隶制主要集中在北美南部地区，但它却深刻地影响了整个北美大陆，而且其影响在奴隶制被废除后依然存在。

北美民众意识到了自身的不同之处。他们缺少欧洲的精美艺术和伟大城市，直到18世纪时仍在模仿欧洲艺术。美洲人感到自己比欧洲人略有不足，但也庆幸自己更加自由（奴隶自然除外）、更加朝气蓬勃。但是模仿欧洲已经成为一种强大的习惯。事实上，英属北美殖民地与欧洲非常相像，从历史轨迹来看，它们像极了扩大后的西欧世界的一部分。西欧政治学说甚至成为殖民地人民起义的指导思想，

1776年英属北美殖民地宣布独立，政府的治国方针明显带有西欧政治色彩，尽管也有其自身一定的特性。

7. 北美洲和南美洲：造成差异的原因

从1450年到1800年，西欧对美洲的渗透产生了两大重要后果。首先，北美洲形成了一个结合自身特色的西欧式文明；其次，南美洲、中美洲和墨西哥出现了一个全新的拉丁美洲文明，它与西欧文明保持着密切的联系。就规模和经济影响力而言，拉丁美洲文明在现代早期世界史上的地位更加重要。

这两大后果有何不同？又为何不同？部分原因要归咎于西班牙和葡萄牙、英国和北欧这两大阵营之间的区别。西班牙笃信天主教，它在殖民地开展了狂热的传教

《特拉斯卡拉史志》绘本中的一幅图，描绘的是16世纪西班牙征服者联合美洲当地的特拉斯卡拉部落共同攻打一座阿兹特克神庙。

活动，但后来（尤其是在 1600 年之后）天主教逐渐与欧洲主流学术趋势格格不入。西班牙国内的商人阶层实力不济，导致拉丁美洲人民倾向于发展种植园经济，商业并不发达。西班牙试图加强对殖民地的集权统治，至少在理论上是这样，所以它限制当地民众广泛参与政治活动。此时的拉丁美洲文明还没有完全成形，但它的政治传统、经济模式和社会结构已经与其北方邻居迥然不同。

拉丁美洲各种族之间的关系也与英属北美殖民地不同。北美各地有大批印第安人死于疫病，而在拉丁美洲，由于人口基数大，这里还有为数不少的印第安人。北美印第安人尚未完全进入农业社会，所以他们在被迫迁徙时更易轻装简行。在北美洲最终形成的文化和社会结构中，印第安人只是个小角色，而在拉丁美洲（主要指中美洲和安第斯山区），庞大的印第安群体继续影响着地方价值观和劳动力构成。人数不断增多的麦士蒂索人更是加剧了美洲内部的差异性——英国人种族观念极深，所以英属北美殖民地不存在这个群体。拉丁美洲文明的形成源于西欧文明与印第安民族和社会形态的融合，当地还有数量更多的非洲黑奴。在北美洲，西欧价值观的影响随处可见，压制了美洲印第安人和非洲黑奴这些经常受虐待或被隔离的少数群体。

在这些早期差异的基础上，拉丁美洲与后来独立的美国和加拿大走上了各不相同的发展道路。可以肯定的是，美洲人民几乎是同时发起了争取民族独立的斗争。北美殖民地打响了独立战争的第一枪，备受鼓舞的拉丁美洲大部分地区纷纷效仿。但这些战争却是带来了不同的结果，即这些新生国家有着不同的政治特点和经济基础，比如刚成立不久的美国迅速投身西欧工业化浪潮，拉丁美洲则依然在世界经济中处于从属地位。

8. 回顾世界经济

和人类历史上所有重大发展结果一样，世界经济的形成也是有利有弊。它加剧了不同文明之间的经济不平等。以拉丁美洲和非洲主要地区为例，它们在世界经济中的作用就是提供廉价或免费劳动力生产的未经加工的商品，所以从总体来看它们是世界经济中的失败者，尽管这些社会中也有一些人在与欧洲人交易的过程中大发横财。而且世界经济的不平等似乎是永恒的。只有英属北美殖民地（它在 18 世纪时还处于依附型经济的边缘）赢得独立，成为西欧主导下的世界经济的一部分。

世界经济在传播商业资本主义的过程中也释放出了一种新的盈利动机。这种动机不仅促成了大规模的探险活动，还支持持续不断的技术创新——这是降低成本

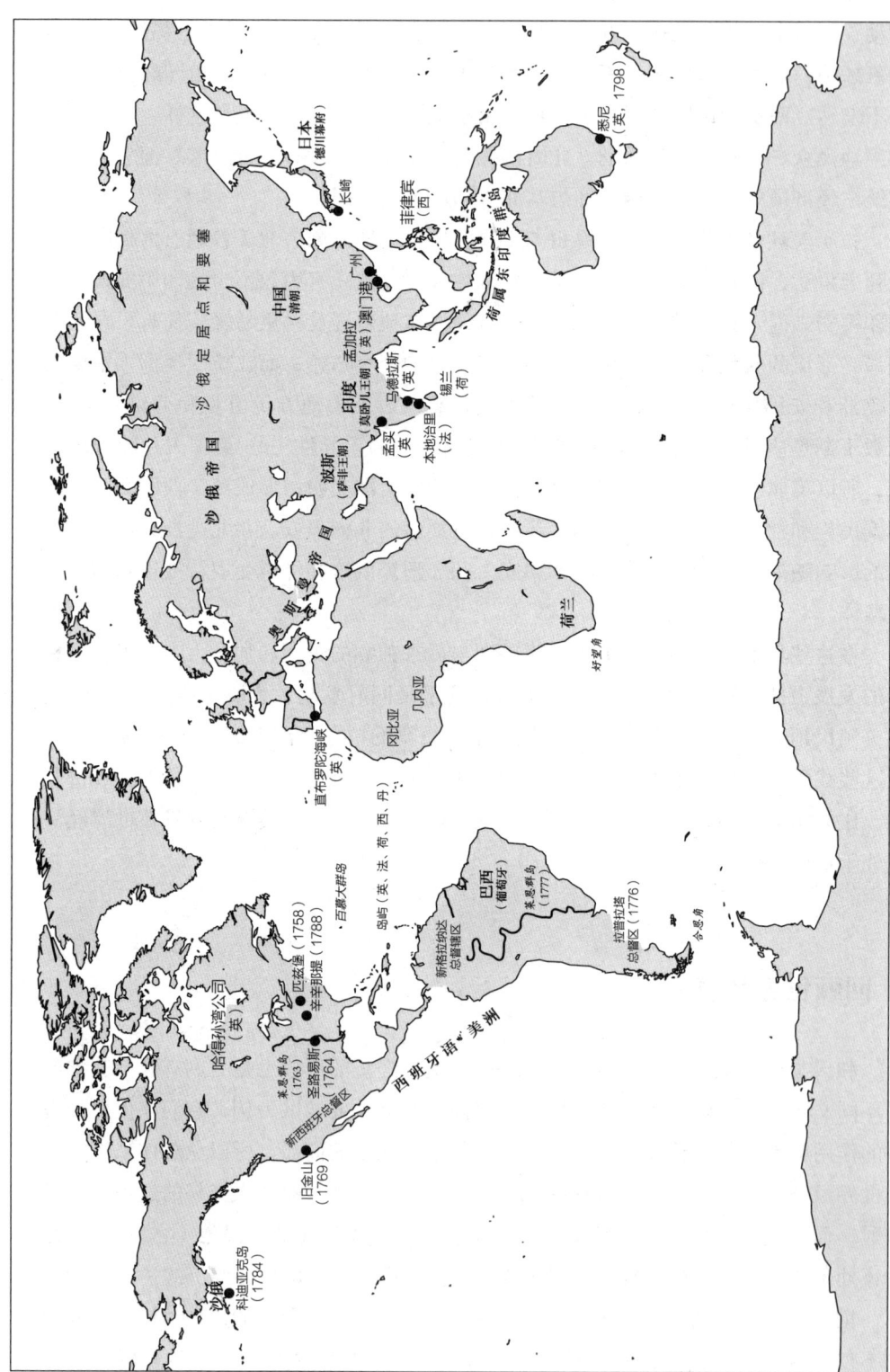

地图19 1763年时的世界

提高产量的另一种手段。在利润的驱使下，人们利用在世界贸易中积累的资本，大幅革新生产方式，进而产生了超出西欧范围的巨大利润。

不过在这一切发生之前，其他文明虽说没有完全卷入世界经济但已受到冲击，它们不得不重新定义自己与西欧和新贸易模式的关系。以中国和中东为例，它们对商业资本主义并不陌生，只是此前从未如此大范围地接触过。凭借早期形成的经济和技术实力、强大的政治结构和特殊的价值观，亚洲和东欧大部分地区在18世纪加入到了世界经济中，但它们依然坚守自身立场；它们只是参与者，并没有被世界经济吞噬。但不管怎样，即使这些文明追求的是其他目标，它们也面临着变革的可能。

包括美洲在内的世界经济对环境也产生了重大影响。为了增加产量和提高利润，欧洲人急于把某地的农作物移植到更多地区，美洲的大片森林遭到砍伐，被开辟为农田种植甘蔗等农作物。新引进的动物（如马）对美洲环境造成了破坏。西班牙人在菲律宾积极尝试种植美洲的玉米和马铃薯，并将它们由这里传播到亚洲其他地方。

9. 通往现代之路

现代早期重塑的世界经济与当今世界之间存在三种联系。首先是现代早期发生的诸多重大事件，只不过它们的影响已经消隐不见。"哥伦布大交换"重创美洲人口，严重破坏了当地原住民社会，为大批移民和混血后裔的生活扫清了障碍。不过它所带来的各种后果早就被我们消化吸收：美洲人口从18世纪初开始回升。日本在19世纪中叶废止"锁国令"，虽然其少数残余影响依然存在（与其他工业化国家不同，日本不欢迎外来移民），但是这一早期政策的主要影响早已湮灭于历史长河。

其次是已经结束但为历史打上深刻烙印的事件。奴隶贸易早已废除，但它所造成的灾难性后果依然若隐若现。美洲大陆上的非裔民众不会忘记奴隶制。事实上，备受奴役的过往仍在影响他们的社会地位，种族主义始终阴魂不散。过去十五年来曾有两位美国总统参观过黑奴贸易在非洲的起点站，他们都对美国奴役非洲人民的暴行深表歉意——这清楚地表明人们仍需努力抚平历史的伤痕。而且美洲印第安人仍然受到少数及多数族群的不公对待。

最后是更加直接的联系。现代早期形成的大西洋贸易至今仍很重要。它最显著的特征就是持续性，即五个世纪之前形成的不平等经济关系一直持续至今，难怪有人说这种持续是一种悲剧。西方（包括北美洲）依然主导世界贸易，尽管它学会了与其他国家进行一定限度的利益分享。从某种程度上来说，西方是永久的受益者。专注原材料生产并依靠廉价劳动力的经济体仍然依附于接收原材料的经济体，前者很难摆脱从属地位，尽管也不是不可能。以拉丁美洲的安第斯山区为例，它的现状就与现代早期形成的全球经济联系有直接关系，那里的民众生活贫困，无法有效控制本国经济。尽管现代早期发生的一切都已化为云烟，但它们依然实实在在地影响着当今世界。

延伸阅读

Martha Keber, *Seas of Gold, Seas of Cotton* (2002); Cathy Matson, *The Economy of Early America: Historical Perspectives & New Directions* (2006); Stephen J. Hornsby, *British Atlantic, American Frontier: Spaces of Power in Early Modern British America* (2005); Harry H. Johnston, *A History of the Colonization of Africa by Alien Races* (2011); Michael D. Bordo, Alan M. Taylor, Jeffrey G. Williamson, *Globalization in Historical Perspective* (2003); Londa Schiebinger, Claudia Swan, eds., *Colonial Botany: Science, Commerce, and Politics in the Early Modern World* (2005); Willian Jankowiak, Daniel Bradburd, eds., *Drugs, Labor, and Colonial Expansion* (2003); Sanjay Subrahmanyam, *The Career and Legend of Vasco da Gama* (1997); Merry Wiesner Hanks, *Christianity and Sexuality in the Early Modern World* (2000). 世界史研究：Kenneth Pomeranz, *The Great Divergence: China, Europe, and the Making of the Modern World Economy* (2000)。

关于西欧的探险和扩张：C. M. Cippolla, *Guns, Sails, and Empires* (1985), J. H. Parry, *The Discovery of South America* (1979)。近期重要著作：Alan K. Smith, *Creating a World Economy: Merchant Capital Colonization and World Trade, 1400-1825* (1991); Michael Person, *Port Cities and Intruders: The Swahili Coast, India, and Portugal in the Early Modern Era* (1998); James Tracy, ed., *The Rise of Merchant Empires* (1990), *The Political Economy of Merchant Empires* (1991); C. R. Boxer, *Four Centuries of Portuguese Expansion* (1969); W. Dorn, *The Competition for Empire* (1963); Alfred Grosby, *The Columbian Exchange: Biological and Cultural Consequences of 1492* (1972); C. A. Bayh, *Indian Society and the Making of the British Empire* (1988); D. K. Fieldhouse, *The Colonial Empires* (1971); J. H. Elliott, *The Old World and the New, 1492-1650* (1970); J. K. Thornton, *Africa and the Africans in the Making of the Atlantic World, 1400-1800* (1997)。

关于拉丁美洲：Christopher Schmidt-Nowara, John M. Nieto-Phillips, eds., *Interpreting Spanish Colonialism: Empires, Nations, and Legends* (2005); Susan Kellog, *Weaving the Past: A History of Latin America's Indigenous Women from the Prehispanic Period to the Present* (2005); Geoffrey Baker, Tess Knighton, *Music and Urban Society in Colonial Latin America* (2011); John Fisher, *Bourbon Peru 1750-1824* (2003); Stanley J. Stein, Barbara H. Stein, *Silver, Trade, and War: Spain and the America in the Making of Early Modern Europe* (2000); James Lockhart, Stuart B. Schwartz, *Early Latin America* (1982); Lyle N. Macalister, *Spain and Portugal in the New World* (1984); Eric Williams, *Capitalism and Slavery* (1964); Andrew B. Fisher, Matthew David O'Hara, *Imperial Subjects: Race and Identity in Colonial Latin America* (2009); A. Lavin, ed., *Sexuality and Marriage in Colonial Latin America* (1989); John H. Elliott, *Empires of the Atlantic World: Britain and Spain in America 1492-1830* (2007); Antonio Barrera-Osorio, *Experiencing Nature: The Spanish American Empire and the Early Scientific Revolution* (2006)。

关于奴隶制：David K. O'Rourke, *How America's First Settlers Invented Chattel Slavery: Dehumanizing Native Americans and Africans with Language, Laws, Guns, and Religion* (2005); Peter H. Wood, *Strange New Land: Africans in Colonial America* (2003); David Eltis et al., eds., *Slavery in the Development of the Americas* (2004); Robert Blackburn, *The Making of New World Slavery* (1997); O.

Patterson, *Slavery and Social Death: A Comparative Study* (1982); D. B. Davis, *Slavery and Human Progress* (1984)。关于奴隶贸易：Marcus Rediker, *The Slave Ship: A Human Story* (2007); James Rawley, *The Transatlantic Slave Trade* (1981); Roger Anstey, *The Atlantic Slave Trade and British Abolition* (1975); Paul Lovejoy, *Transformations in Slavery: A History of Slavery in Africa* (1983); Patrick Manning, *Slavery and African Life* (1990); Joseph Miller, *Way of Death* (1989)。其他重要课题（包括地理大发现和相互往来）：Alfred W. Crosby, Jr., *Columbian Exchange: Biological and Cultural Consequence of 1492* (2003); David Abulafia, *The Discovery of Mankind: Atlantic Encounters in the Age of Columbus* (2008); John E. Kicza, *Resilient Cultures: America's Native Peoples Confront European Colonization, 1500-1800* (2003); Nancy Farriss, *Maya Society Under Colonial Rule* (1984); Louisa Schell Hoberman, Susan Migden Socolow, eds., *Cities and Society in Colonial Latin America* (1986); Stuart Schwartz, *Sugar Plantations and the Formation of Brazilian Society* (1985)。

关于西欧、亚洲和非洲：Paul Bohannan, Philip Curtin, *Africa and Africans,* 3rd ed. (1988); Martin Hall, *The Changing Past: Farmers, Kings, and Traders in Southern Africa* (1987); Leonard Thompson, *A History of South Africa* (1990); A. Hyma, *The Dutch in the Far East: A History of the Dutch Commercial and Colonial Empire* (1492); S. D. Pen, *The French in India* (1958); K. N. N. Chaudori, *Trade and Civilization in the Indian Ocean* (1985)。关于新世界经济：Immanuel Wallerstein, *The Modern World System*（共两卷）(1980)。原始材料：P. Curtin, *Africa Remembered: Narratives by West Africans from the Era of the Slave Trade* (1967)。关于北美殖民地：Jack Greene, J. R. Pole, eds., *Colonial British America: Essays on the New History of the Early Modern Era* (1984); Paul Ahluwalia, *White and Deadly: Sugar and Colonialism* (1999)。

第 17 章
现代早期西欧文明的转变

西欧在现代早期的发展反映了它在世界经济中的收获,即金钱和权力双丰收。西欧的世界地位为其内部发展注入了动力,反过来,其内部发展又影响了它的全球活动。西欧在现代早期发生了多方面变化。概言之,从 1450 年到 1750 年,西欧的世界地位、政治和社会结构,以及文化生活都发生了重大变化,比如封建制度被国家君主制取代,商业化有了长足进步,农奴制向雇佣劳动转变,传统大众信仰走向衰落,科学研究蓬勃发展。

从 1450 年到 1750 年,西欧社会经历了一系列深刻转变。每个百年都至少会发生一件大事。15 世纪,意大利揭开了**文艺复兴**(Renaissance)的序幕,不久它便扩及北欧。16 世纪,新教改革掩盖了文艺复兴的后续影响,打破了基督教在西欧的大一统局面,随即发生了**天主教改革**(Catholic Reformation)。政治动乱虽是 17 世纪上半叶的主要内容,但带来更深刻变化的却是**科学革命**(Scientific Revolution),它是人类文明史上最彻底的一次学术转型。最后是 18 世纪上半叶发生的**启蒙运动**(Enlightenment),它运用科学革命的指导原则提出了全新的政治和社会学说,以及关于人性本质的新认识。

启蒙运动思想家们认为中世纪是一段令人颇为尴尬的岁月,相比他们所处的这个更加完善的世界,中世纪显得遥远偏陋,保守落后。但是这种观点未免太过极端,如此贬低中世纪的成就显然有失公允;事实上,中世纪文明就蕴藏在人们的政治、学术和经济生活中。但不管怎么说,这表明西欧文明已经具备足够的实力成为新的焦点。

这段时期的各种变化相互交织,很难从整体上辨明它们的一致方向。这一转型既非整齐划一也非恰到好处:不同的运动叠加在一起,比如文艺复兴和宗教改革。有些事件与早期观念息息相关,比如宗教改革,其根源可以追溯至天主教一统天下的中世纪，但结果却是与中世纪背道而驰。在了解具体事件的同时也要留意观察总体趋势。各种运动的具体原因各有不同，但都强化了欧洲王室的集权统治。西欧的学术和艺术领域变化尤著，最终导致人们与宗教渐行渐远，树立起理性、科学的世界观。这种发展趋势是渐进的，也是复杂的，往往并不完整，但是它们成就了西欧历史上一段活力四射的时期。

西欧的经济和社会生活同样在这段时期发生了根本变革。经济和社会发展与智识革命同等重要，而且比政治变革更重要。西欧经济的商业化水平之高前所未有，技术水平更是首次领先世界。欧洲人的家庭规模发生了不同寻常的变化，家庭开始在西欧人的某些生活领域发挥重要作用。

树立正确的指导思想很重要。比如，一些欧洲国家在变革后建立了更高效的中央政府，目的是赶超中国等其他地区。技术创新确实重要，但它的引领者往往是商人，因为他们千方百计想要创造可以媲美印度或中国的成就。另一方面，科学革命则指明了新的发展方向。欧洲的变革很快就将对其他文明构成挑战，迫使它们想出对策追赶西欧。

> **重点问题** 具体事件（如宗教改革）与现代早期西欧整体发生的巨变有何关联？抓住具体事件并了解其特点很重要，但同时也不要忘了放眼全局。为什么短短几百年西欧就发生了翻天覆地的变化？最后，除了变化，哪些方面延续不变？1750年时的西欧文明保留了哪些早期特征？

1. 现代早期西欧的发展模式

意大利文艺复兴

1400年左右，意大利成为西欧历史的焦点。意大利从未被中世纪的黑暗所吞没，这里所说的黑暗主要指封建制度。这块半岛由若干城邦组成，它们的统治者或是国王，或是贵族议会或商人理事会，或是军事独裁者。很多城邦都与地中海其他地区保持着广泛的贸易和文化联系。在与拜占庭等地的交流过程中，意大利知识分子再次燃起了对希腊和拉丁文学的热情。与此同时，随着商业财富不断增加，佛罗伦萨和威尼斯等城市开始运用新颖的艺术风格去展现那些激动人心的成就。

在商业与学术和艺术活动三合一的基础上，文艺复兴运动于1300年左右在意

波提切利的《维纳斯的诞生》表现了意大利文艺复兴时期的古典主题和风格。

大利悄然兴起。这是一场高举文学和艺术大旗的思想文化运动。但丁、彼特拉克和薄伽丘被誉为"文学三杰",他们用意大利语或传统拉丁语写作,世俗生活成为他们的创作主题,而这样的主题在以往的中世纪很少见。彼特拉克创作了思念意中人劳拉的十四行诗,其他诗篇则抒发了他成功攀登高峰后的满腔豪情——这代表着人们开始大胆表现个人主义、成就感和自豪感。薄伽丘绘声绘色地讲述着一个个爱与欲的世俗故事,尽管他在后来改弦更张,潜心宗教事务[1],但他的早期作品确实为人喜闻乐见。在艺术领域,画家乔托开创了写实画风,在他的笔下,平面景物再现出立体空间的效果。作家和画家借鉴古典风格,用文字或线条去表现男神、女神和人物场景,刻板的基督教主题被弃之一旁,他们的作品体现出越来越浓的现实主义色彩。

　　从未有哪个时代像意大利文艺复兴这样涌出如此多的文化巨匠。建筑师们不再固守哥特式风格,转而打造古典风格的教堂和公共建筑。达·芬奇将写实人

---

[1] 作者此处的表述(professing his devotion to religious faith)欠准确。薄伽丘对宗教神学和教会持批判态度,他不过是在 1340 年后作为特使去意大利其他城邦和教廷执行外交使命,在晚年潜心钻研古典文化。

物绘画推向新高度，并留下了多篇医学解剖图手稿。米开朗琪罗的雕塑作品，借助线条的力量和完美的细节，生动地展现了人体之美。总之，从 14 世纪到 16 世纪早期，意大利文艺复兴运动中的艺术家着重刻画人文主题——学术和艺术创作都围绕"人"这个核心主题。这份人文情怀还扩散到了音乐领域：合唱团歌唱爱情、美酒和美丽的大自然。文艺复兴运动掀起了对人类历史的研究热潮，历史学家们以全新的眼光批判审视过去的研究成果，向教会传统发起挑战，包括教皇至高无上的权威。

就连政治理论也感染到了文艺复兴运动带来的新气息。1500 年前后，佛罗伦萨的政治思想家尼科洛·马基雅维利在《君主论》中论述了统治者该如何夺权和维权：不惜动用残暴手段，想法转移公众视线。马基雅维利的著作结合了当时意大利的政治思想，以及希腊和罗马的政论经典，是具有典型文艺复兴特色的集大成之作。

北欧文艺复兴

意大利文艺复兴之所以成就斐然，部分原因在于它不像欧洲大部分地区那样背负中世纪的政治枷锁。意大利文艺复兴如火如荼之际，英法两国正饱受百年战争之苦。但到 15 世纪晚期，主要君主制国家的实力得到增强。法国和西班牙对孱弱的意大利城邦虎视眈眈，它们在 1490 年后打响了争夺意大利的战争。意大利的贸易量开始下滑，商业利润从地中海转到了大西洋商圈——法国、西班牙和英国很快就将掌控大西洋贸易航线。

文艺复兴的浪潮在其发源地意大利逐渐退去，但在 1450 年左右它开始向北传播。北欧艺术家直接模仿意大利人的新主题和新风格。古典风格的宫殿受到北欧统治者的热烈追捧，法国国王弗朗索瓦一世等标榜自己是艺术的保护人。北欧人文作家见识了用拉丁语和希腊语写就的文学和哲学著作，他们很快便开始用自己的母语进行创作。在印刷术的帮助下，他们的书稿得以出版发行。与意大利作家不同，荷兰的伊拉斯谟等北欧人文作家创作了更多宗教题材的作品，但他们同样关心世俗生活，提倡简洁纯粹的文风。在 16 世纪文艺复兴精神高涨的那段时间，英国剧作家莎士比亚和法国小说家拉伯雷创作了各种描写世俗主题的作品，着重表现人的激情和伤痛。莎士比亚、拉伯雷和西班牙小说家塞万提斯的作品代表了其各自国家新的文学传统。

北欧文艺复兴还产生了政治影响。在文艺复兴时代，在尽显夸张华丽之风的宫廷里，各国君主大肆举办典礼仪式，竭力扩张权力。弗朗索瓦一世控制了法国天主教会。英国都铎王朝的几位君主，尤其是亨利八世和伊丽莎白一世都是铁腕治国。他们支持发展贸易公司和殖民地企业，甚至还颁布了专门对付穷人的法律。文艺复兴期间，各国君主对征服战争变得更感兴趣。英格兰经历了旷日持久的战争终于征服了爱尔兰。法国入侵意大利并构建起同盟体系共同对抗西班牙和神圣罗马帝国——二者长期被同一个哈布斯堡家族王朝统治。弗朗索瓦一世曾与奥斯曼帝国苏丹短暂结盟；尽管这种同盟关系缺乏实际意义，但却表明政治利益已经凌驾于基督教和伊斯兰教之间的固有矛盾之上。

宗教改革

欧洲文艺复兴带来的政治和经济变革很快就被卷入了下一场重大变革的大潮中，那就是宗教改革。1517年，德国修士马丁·路德印发《关于赎罪券效能的辩论》，即"九十五条论纲"。他尤其批判了一位教皇特使关于"赎罪券"的言论——向教会支付相应费用就能获得救赎。在路德看来，赎罪券本身就是彻头彻尾的罪恶；根据他对《圣经》的解读，救赎只能依靠信仰，工作不能实现救赎，金钱更行不通。文艺复兴时期的教皇大肆搜刮钱财建造富丽堂皇的教廷。路德的抗议行动遭到教廷打压，他开始向传统的天主教圣礼和至高无上的教皇发起挑战。

路德的立场赢得广泛支持。不少基督徒都认为天主教会已是腐朽透顶，它的很多做法毫无意义。身为德国人的路德引用原始文献（如《圣经》）公然反对教廷统治，部分文艺复兴知识分子对他的这一做法表示欢迎。个别统治者也很欣赏这一有助于扩大王权的"路德主义"，他们可以指挥路德教会而不必遭受仍然大权在握的教皇的干涉。有些普通人则把路德主义视为一种机遇，可以让他们高喊反对贫穷、反对地主的口号——尽管路德本人从不赞成发动人民起义。在路德坚定对抗天主教打压的过程中，路德主义在德国广为传播，还传到了斯堪的纳维亚半岛。

天主教大一统的局面一朝被破，其他新教派系纷纷涌现。英格兰的亨利八世创立了英国圣公会，即英国国教，主要原因是他为了休妻（因为没有生出皇子）另娶新后而与罗马教皇反目（亨利的妻子是教皇的姨母，教皇不可能同意他休妻）。亨利八世共娶了六位妻子，其中两位被他处决。亨利本人被路德派[1]的主张所吸引，他的儿子和女儿（日后的伊丽莎白一世）都是新教徒，所以英国圣公会的教义越来

1　路德派（Lutheran church）是新教主要宗派之一，也是最早的新教教派，以马丁·路德的宗教思想为依据。因其强调"因信称义"的教义，故亦称"信义宗"。

越接近新教，同时保持独立地位，即不归教皇管理。法国人让·加尔文[1]协助创立的加尔文派[2]影响尤大。该教派以瑞士日内瓦为基地，主张"救赎预定论"，即上帝已经选定了要拯救的人，所以不管人们怎么努力，哪怕举办圣餐仪式也无法获得上帝垂怜。那些被上帝选中的人有义务督促他人遵守道德规范，学习《圣经》。加尔文派牧师是道德卫士和上帝福音的传播者，而不是圣餐仪式的执行者。他们和其他新教牧师一样可以结婚。加尔文派允许平信徒（没有圣职的普通信徒）参与地方教会管理，积极推广大众教育，使更多人可以直接阅读《圣经》（新教团体已将其译为当地方言）。加尔文派主要流传于瑞士、德国、法国、荷兰、英格兰和苏格兰，它在法国是一个很有实力的少数教派。

天主教已经无力恢复以往的统一局面，但从1550年左右开始它依然向**新教**发起了反击。教会会议不仅谴责新教教义，试图匡谬正俗，还向教皇传达了对多元宗教格局的深切担忧。此时出现了一个名为**耶稣会**（Jesuits）的天主教修会，它积极参与政治、教育和传教活动，巩固天主教在意大利和西班牙的国教地位，夺回了被新教占领的部分地区（如匈牙利），标志着天主教复兴运动的开始。

宗教战争

新教各派别的崛起在欧洲引发了一场旷日持久的宗教战争。16世纪后期，法国是新教和天主教对峙的主战场，这场斗争一直延续到1598年，最后以天主教对新教做出重大让步而告终。宗教冲突还在德意志王国反复上演，其间举行了多次谈判，提出将德意志分裂为天主教和新教两大教区。1618年，为了捍卫宗教信仰，德意志和其他欧洲国家打响了"三十年战争"。西班牙王室自诩为天主教信仰的第一捍卫者，选择支持同派教友；瑞典则出兵支持新教阵营。这场惨烈的战争使德意志的经济实力和人口规模倒退了几十年。战争削弱了西班牙的国力，它被迫接受德意志的宗教分治。宗教分歧还点燃了尼德兰联邦和西班牙帝国之间的战火，前者最终赢得独立，建立荷兰共和国。进入16世纪，英国的宗教冲突蓄势待发，直到女王伊丽莎白一世强令英国国教推行宽容政策，紧张局势才有所缓解；但在1640年左右教派冲突再起并于1642年升级为内战，交战双方是加尔文主义者和天主教支持者。最终英国国教复辟，但对其他新教派系更加宽容。英国内战于1660年正式结束，但最终解决方案（包括有限的宗教宽容政策在内）直到"光荣革命"后才得以达成。

1　Jean Calvin（让·加尔文）在英语中写作 John Calvin（约翰·加尔文）。
2　加尔文派（Calvinism）亦称"归正宗"或"长老会"，是新教的三个原始宗派之一。

新教传播福音：加尔文在日内瓦教会布道，谴责贪得无厌者和强盗。

总的来说，在 16 世纪的大部分时间里，西欧政局和宗教历史都被这场宗教革命所主导，然而到了 17 世纪上半叶，它所造成的影响已被欧洲消化殆尽。捍卫宗教信仰的德意志"三十年战争"俨然是各国王室之间的较量。法国在这场战争中支持新教，为的就是打压对手西班牙。尽管新教和复辟后的天主教改变了欧洲的宗教版图、社会和经济生活，但基督教的派系斗争再也没能干扰欧洲发展进程。1650 年西欧天主教彻底分裂，宗教改革在无意间带来的影响开始在人们的工作和家庭生活中隐约闪现。

在此背景下，17 世纪的西欧将焦点转向文化和政治。在文化领域，科学新发现层出不穷，其最高成就当属牛顿发现万有引力定律。科学家们了解了引力的作用机制；确定了地球不是宇宙中心，而是围绕太阳公转；发现了人体血液循环原理。最重要的是他们学会了如何运用科学方法：提出合理假设，通过观察或实验进行实证检验，最后将其概括为理论或规律。17 世纪的科学革命要比文艺复兴更有意义，因为它促成了西欧学术研究的根本转型。

绝对君主制

与此同时，西欧主要王室的组织能力也有所增强。西班牙的辉煌逐渐褪色：它曾历时百年捍卫天主教的荣誉，它曾是欧洲在"新世界"开辟殖民地的主力军；法国崛起为欧洲的"领头羊"。17世纪，法国王室彻底击溃封建残余政治势力。从1614年开始，法国国王不再召开三级会议[1]。路易十六是这段时期法国最伟大的君主，他废止了对新教的宽容政策。任何群体都没有资格限制国王的权力。这项政治制度被称为"绝对君主制"，它在路易十六统治期间逐渐得到完善。路易十六称自己为"太阳王"，是艺术的保护人。他命人修建极尽奢华的宫殿，贵族们争相取悦王室，而不是在其所属行省培植个人势力。军事管理有所改善，国王的顾问团建议加固要塞，还设计了为前线士兵输送补给的方案。路易十六设立了军人医院，甚至为军人制订了养老计划。绝对君主制意味着加强对经济的控制，这主要是为了保证国家有更高的税收。国家鼓励出口，同时规范国内制造业发展。

很多国家都开始效仿**绝对主义**（absolutism）。值得一提的是，中欧各王国也开始奉行绝对主义路线。普鲁士原本只是德意志东部一个落后的地方邦国，此时它开始加强政府行政、扩充军队，逐渐在众多邦国中脱颖而出。哈布斯堡王朝仍然坚称自己是神圣罗马帝国的统治者，并在奥地利也建立了绝对君主制。在赶走了占领匈牙利的奥斯曼帝国军队之后，哈布斯堡王朝于1700年将匈牙利收入囊中。

绝对君主制的明确目标之一就是发动战争。路易十六发动多场大战，扩大了法国的北部和东部边界。其他欧洲强国，包括英国、荷兰以及德意志的若干邦国，开始联手遏制路易十六的扩张野心。法英两国在18世纪多次交战，但其主战场却是在两国的北美和印度殖民地。普鲁士和奥地利之间也爆发了战争，获胜的普鲁士拿下更多重要领土。各君主制国家和它们的同盟不停地应战，以防某个欧洲强国独霸一方。

绝对君主制一直延续到了18世纪。由于战争消耗和路易十六定下的繁重税收，法国君主制的实力已是大不如前。但是除了众多改革运动之外，并没有出现新的政治制度将其取代。相比之下，普鲁士政府则是大有作为。以腓特烈大帝为代表的普鲁士历代君主改进农业生产，扩大教育范围，捍卫绝对君主制的权威，重视军队建设。腓特烈大帝这种类型的统治者致力改革，对新颖的政治思想持开放态度，他们称自己为"开明君主"而不是绝对君主，尽管二者相去无几。

1　三级会议是法国中世纪的等级代表会议。参加者是教士（第一等级）、贵族（第二等级）和市民（第三等级）三个等级的代表。从1614年到路易十六统治时期，三级会议中断了175年。

议会君主制

不论开明与否，绝对君主制都不是十七八世纪欧洲的唯一政体。英国和荷兰的**议会君主制**明显借鉴了后古典文明传统，即利用某种形式的会议制约王权。16 世纪的英国由都铎王朝统治，强硬派君主限制了议会权力但并未将其废除。进入 17 世纪后，几位弱势国王企图绕开议会颁布税收政策，结果引发议会派联合清教徒向保皇派宣战。在 17 世纪 40 年代开始的英国内战期间，国王查理一世被处决，克伦威尔将军一度独揽大权。1660 年专制的斯图亚特王朝复辟，妄图再次削弱议会权力并恢复天主教。这引发了"光荣革命"（1688—1689），并彻底消灭了专制王权。在议会的授权下，举行了新国王的加冕仪式并确立如下原则：议会是英国最高权力机关；未经议会同意，国王不得推迟法律实施，不得征税，不得在和平时期维持常备军；议会定期举行，无须国王召集。英国议会的构成基本延续了中世纪传统，即上院议员实行世袭制，下院议员由少数选民选举产生。继"光荣革命"之后，议员选举往往违背原则，贿选现象屡见不鲜。但是议会权威不容置疑，再无君主享有绝对权力，尽管纵观整个 18 世纪英国国王依然手握实权。

由此可见，西欧文明在因宗教观念不同而分裂之后，也曾一度因为政治制度不同而分裂。绝对君主制的统治不受议会牵制，政府官僚队伍和职能均超过了英格兰政府（1700 年苏格兰王国与英格兰王国正式合并为大不列颠王国）。然而，绝对君主制在某些方面不及议会君主制灵活，前者依赖卓有才干的统治者（不一定是嫡子继承），一旦他们主导的战争失利或征收重税，就会失去民心。例如，18 世纪的法国民怨沸腾，最终酿成 1789 年大革命。经过这场革命的洗礼，西欧社会的政治统一性得到增强。此时的绝对君主制和议会君主制已是泾渭分明，但它们都是西欧政治传统不断进化的重要成果。

宗教战争引发的动荡逐渐风平浪静，从 1600 年左右到 1750 年前后，新政治制度的发展和此起彼伏的军事冲突成为西欧历史最鲜明的特征。但讽刺的是，内部分裂反而驱使欧洲对外施加影响。天主教和新教已经不满足于在欧洲内部明争暗斗，它们将传教士派往亚洲和美洲。主要君主制国家还开辟了海外战场。普鲁士和哈布斯堡王朝的战场仅限于欧洲，但到 18 世纪时，英法两国正跃跃欲试，准备发动一场世界大战。1756 年，七年战争（1756—1763）正式打响；严格来说，这是西欧君主制时期的最后一场战争；结果，普鲁士打败了与其争霸的奥地利，而英法两国的战场则遍及三大洲。在此前早些时候，英荷、英西、法西这些国家为争夺领土和制海权而战，已经在世界各地建立了许多新殖民地。看似仅限于西欧内部的冲突，正在改变整个世界历史的轨迹。

2. 政治体制及思想

在现代早期，欧洲政治的主要发展趋势表现为民族国家的权力和效力增强。文艺复兴时期，各国君主在华丽的宫廷举行奢华铺张的庆典，资助艺术创作。文艺复兴热潮削弱了宗教对政权的控制；罗马教廷原本只是一个宗教机构，但在文艺复兴时期它大肆敛财、收集艺术品，俨然一副世俗政府的做派。除了意大利各城邦，文艺复兴时期的其他国家并未组建新政府；尽管如此，政府的立场和动向还是发生了转变。

宗教改革在削弱教会实力的同时则增强了政府权力。在主要信仰天主教的国家，如法国和西班牙，国王威信更高，因为宗教改革迫使天主教廷寻求君主支持。耶稣会顾问在服务教会之余还要协助世俗统治者扩大权力基础。在新教阵营，路德派的国王和诸侯以及英国国王（英国国教领袖）可以直接控制教会。

1600年前的欧洲国家仍然保留着重要的政治传统，尤其是贵族阶层依然手握大权。在很多教会争端中（如法国的宗教战争），部分贵族与新教徒联手制衡君主制。17世纪60年代法国再度上演贵族叛乱（此时路易十六还是个孩子），但这是最后一次尝试。英国内战期间，小土地贵族加入议会派反对国王，大土地贵族则成为保皇派中坚力量。但是贵族的政治权力最终已是强弩之末。很多地主跟不上经济变革步伐，他们的维生之道就是保住自己在政府中的职位。不断改进的枪炮使得贵族在军事领域无所适从，尽管军队统帅依旧出自其列。即使不考虑赋予地主更多权力的英国议会，贵族作为一支政治力量也绝无可能就此偃旗息鼓。但在大多数君主制国家，权力的天平已经明显在向国王倾斜。

随着王室实力增强，各国官僚体系变得更加健全。法国国王开始任命普通官员担任行省执政官，他们负责管理地方法庭，监督道路和其他公共工程，审查收税。很多官员都是出身中产阶级，这有助于限制贵族专权。军队建设逐步完善，各国君主拥有了西欧历史上人数最多也是最可靠的部队。这些军人不仅能上阵杀敌，还能戡平安内。17世纪的各国君主普遍推行新措施，比如为士兵提供制服，这标志着军队日趋职业化。

政府职能

政府职能范围明显扩大。在十七八世纪的大部分时间里，重商主义理论始终占据主导地位，它认为国家应该为经济发展创造基础条件，从而增加税收，确保其他国家不会抢占先机。英国、荷兰和绝对君主制国家都推行重商主义。它们对进口

瑞典一处夏日公寓，修剪整齐的大树、精心维护的草坪和一座景观水池装点着公寓前方宽敞的庭院。它建于18世纪末，体现了法国古典主义建筑风格。

商品征税，鼓励商船运营，积极开拓殖民地。一些国家开设了工厂扶持民族工业发展，同时减少进口外国工业产品。18世纪，腓特烈大帝等开明君主引进农作物新品种和新式农耕方法，努力刺激人口增长（这是军队规模的重要保证）。为了发展民族经济，很多国家取缔了国内贸易壁垒。政府出资修建多条道路。西欧政治思想对政府职能的定义进一步延伸。虽然各国发展经济主要是为了提升军力和国际竞争力，但也有一些统治者开始认识到：促进国家繁荣其实是政府应尽的义务。

在现代早期，随着王权和政府职能日益得到强化，主要西欧国家的执政能力（调动资源和控制广大领土的能力）越来越接近世界领先水平。当然，它们采取的有些措施不过是复制其他地区（如中国）早就有的先进施政手段，而且西欧国家的统治范围远不及当时伟大帝国的领土规模。但是它们对各民族的管理卓然有效，这一点要好于那些民族构成比较复杂的亚洲国家。人民对君主的忠诚，以及些许的身份认同（这两点在确立国教时表现得尤为明显）是君主制的后盾。到17世纪时，法国和西班牙之间的边界有了实质性的意义，两国人民再也不能随意越境，双方的语言差异也是越来越大。总之，这段时期是西欧各国加强政府建设、提高组织水平的重要阶段。虽然普通百姓与政府之间缺乏直接沟通渠道，但他们的抗议活动就是在向政府发声：我们遇到困难时，政府不能坐视不理。

政治思想

在现代早期,限制王权扩张的做法遭到了思想界的抨击:政治理论已经成为西欧文化的重要表现方式。肯定有少数理论家支持绝对君主制。马基雅维利直言不讳地赞扬"原动力"(为达目的不择手段);"君权神授派"认为君主的权力由上帝直接赐予,因此他只需对上帝负责。其他文明则认为国王或皇帝本人就是神,不过这种区别并没有什么实际意义。

然而,君权神授论并不是西欧在现代早期的主流政治思想。马基雅维利在他的长篇著述中提出了议会对制衡君主权力的重要意义。从文艺复兴时代开始,思想家们援引雅典和罗马共和国的典型事例来证明代表制的重要性,即传达民意、约束君权。加尔文派作家迫切希望捍卫他们的"真正"信仰免遭政府迫害,他们借鉴了地方教会的自治经验,在此基础上提出了限制王权和政府权力的理论。最了不起的政治理论诞生于结束内战后的英国。哲学家约翰·洛克提出:基本的政治权力掌握在人民手中,当政府背叛人民时,革命不但是一种权利,也是一种义务。洛克认为:生命权、自由权和财产权是上天赋予人的最基本权利,政府是为了保护人权而设立的。这些主张在18世纪得到法国等多国启蒙作家的热情拥护,其中有些人提出效仿英国建立议会制度;他们甚至还起草了正式宪法,规定了如何保障个人权利和限制王权。

换言之,由于传统限制逐渐失效,很多国家的王权显著膨胀,于是思想家们提出了新的限制手段。在这场思想运动中,英国的政府结构是一个重要的参考模板,但理论本身其实更加重要。很多法国人认为绝对君主制不合时宜。不少思想主张进一步得到完善——它们或是关于上层人士构成的议会上院,或是关于普通人的政治权利;而且普通人也开始接受限制王权的主张。在英国内战期间及1760年前后,英国的群众运动方兴未艾,要求赋予百姓直接陈述政见的权利。

因而,随着政府权力扩张,人们提出政府权力应该受到控制和限制;这套新政治思想具有重大意义,它重申了人们所认识的西欧政治传统。

3. 西欧文化百花齐放

文艺复兴运动令古典文学风格和艺术价值观再现生机,它所倡导的人文主义思想成为西欧文化的重要新内容。艺术家一改往日服务宗教的创作目的,把审美焦点转向其他方面。从某种程度上来说,宗教改革和天主教复辟与文艺复兴精神背道而驰。新教教堂散布西欧各地，内部装饰简单朴素，跟华美壮观的天主教堂形成鲜明对比，因为新教徒认为他们应该专注于权威的上帝，纷繁的装饰会让人心神不宁。教会音乐也是西欧文化的重头戏。路德本人谱写了不少耳熟能详、激动人心的教会音乐。尽管宗教冲突不断蔓延，但文艺复兴精神依然激励着艺术创作。比如莎士比亚的政治剧和人文悲喜剧与宗教毫无瓜葛。后来进入17世纪，古典艺术和文学风格再次焕发生机。以拉辛为代表的法国伟大剧作家借用古典主题直抒胸臆。建筑和绘画也不乏古典风格的图案和场景，不过此时也出现了新式的巴洛克建筑风格。

文艺复兴和宗教改革各自的侧重点可谓南辕北辙，但都引发了根本变革，即重要的新文化价值观，其中之一就是个人主义。文艺复兴作家重视个人能力。"文艺复兴人"这一概念就传达了这样的信念：有才干者能在多个领域脱颖而出，他们理应为自己的成就感到自豪。宗教改革的指导理论则是把上帝权威凌驾于个人能力之上。但宗教改革派作家指出，个人与上帝直接相连，无须牧师中转，也无须举行圣餐礼。新教一方面对其追随者的道德和信仰提出严格要求，另一方面也鼓励他们思考自己与上帝的关系。

最后，人们对世俗生活的兴趣明显提升。文艺复兴作家在作品中加入了人文主题，尽管大多数作家的创作重点仍然不离宗教。宗教改革时期，纯粹的世俗乐趣遭到顽固派神学家的大肆抨击。然而宗教改革打破了天主教的大一统局面，宗教纷争接连不断，人们不由得质疑教会是否真如中世纪思想家或宗教改革家宣称的那么重要。16世纪晚期，以法国蒙田为代表的作家提出，宽容与和平远比捍卫唯一真理更重要。西欧天主教长期把单一信仰视为根本立足点，但这并不是宗教社会的本质，比如大部分亚洲文明一直存在多元宗教信仰，它们对待宗教也更加宽容。不过，西欧基督徒自罗马帝国时代以来一直狂热地追求唯一真理，认为其他选项大错特错，如在危墙之下。早期新教领袖也持相同看法，加尔文派甚至将异教徒处死。但事实上，宗教统一性的瓦解挑战了西欧宗教传统，所以世俗观念的兴起也是必然之势。

文艺复兴和宗教改革也让更多的人开始向正统思想靠拢，其人数之多超越历史过往。文艺复兴时期的知识分子积极推广教育，但是这些教育主要面向精英阶层。他们希望上层人士重新认识古典文学和哲学，他们为上层人士制定的教育标准在西欧一直沿用至今。同样是在文艺复兴时期，西欧印刷业有所发展并采用了活字印刷。纸张也在此时得到普及，西欧人早在13世纪就模仿阿拉伯人建造了第一家造纸厂。德国人古登堡是首位发明活字印刷术的欧洲人，《圣经》是他的首批印刷品。到15世纪末，西欧印刷厂已经印制了各类文艺复兴作品。后来在宗教改革期间，受过教育的人们通过印刷品认识到了那些困扰西欧宗教领袖的神学争论。尽管大多数人此时仍是目不识丁，但文盲率正在快速下降，尤其是在新教徒群体中，能读会写的人们可以尽情地琢磨各式各样的风格和观点。

科学

然而，西欧文化在 17 世纪出现真正分裂的主要原因还是科学革命。重要的艺术工作仍在继续。围绕新教和天主教进行的神学研究也没有丝毫懈怠。布道辞和宗教宣传册是当时发行最广的出版物。换言之，西欧文化依然丰富多彩，有时甚至还会针锋相对。但不管怎么说，科学已经崛起成为最重要的单一文化主题。

科学革命的内容包括物理学、天文学、生物学和化学领域的新知识，以及观测天体和微生物的新仪器。科学革命与古老智慧渐行渐远。科学家们证实流行千年的地心说是错的，揭示了古老知识的明显缺陷。人们对这些新发现震惊不已，毕竟那些古老的智慧早已深入人心。在天主教会的逼迫下，伽利略不得不放弃他的日心说。但是人们越来越认可通过实验和批判思考来获取知识。法国数学家笛卡儿大胆提出要重新审视过去的智慧，不能因为某个理论历史悠久就推定它是正确的。怀疑主义成为当时先锋知识分子的思想利器；到 17 世纪 80 年代，作家们将怀疑论直指宗教，因为他们试图否定奇迹说和其他基督教主张。

西欧科学革命的基础是中世纪后期开始的科学观察和实验，光学等方面的研究著作，以及对阿拉伯人科学成就的大量借鉴。科学新发现贯穿西欧 16 世纪。波兰神父哥白尼利用天文观测和数学计算提出了"太阳中心说"，证明泛希腊化时代的地心说是错的。临近 1600 年时，从意大利到斯堪的纳维亚，天文观测蔚然成风，哥白尼学说也在此时得到承认。科学家还提出了行星运行的新规律。伽利略等科学家通过观察和实验进行力学研究，开始提出关于重力影响的理论；伽利略在实验中推翻了亚里士多德提出的"重物比轻物下落速度快"的结论——这无疑是对传统智慧的又一重击。科学家们开始从新发现中探寻真理。

尽管这类工作主要是推进了物理学知识的发展，但是生物学研究方面也取得了重大进步。科学家们利用精密仪器和缜密观察更准确地认识了人体解剖学。英国人威廉·哈维发现了人体血液循环的规律。还有科学家致力于研究气体运动规律。到 17 世纪中叶，西欧对物质世界的研究堪称名副其实的知识大爆炸。在此过程中，很多知识分子开始挑战固有认知，即尊重传统是获得知识的最佳方式，他们认为实验才是通向真理的更可靠途径。

科学革命也将理性主义贯穿于科学之中，理性主义曾经指引了希腊哲学和中世纪的经院哲学。它是西方学术领域中的重要一环，即使在巨大的变革中也不例外。

大部分科学家都认为他们不仅能否定前人的理论和发现新的数据，还能用数学公式来表达自然界的普遍规律，展现人类理性与宇宙秩序之间的相关性。17世纪晚期，牛顿的力学结论将人类长久以来的探寻推向顶峰。牛顿提出了地球上和整个宇宙的三大运动定律：一切物体在不受外力的情况下，总保持静止或匀速直线运动状态；物体运动的加速度与物体所受外力成正比，加速度方向与合外力方向相同；物体间力的作用是相互的。牛顿还提出了万有引力定律，解释了为什么行星能保持在轨运动，为什么物体的下落速度是恒定的。这些定律都可以用数学公式来表达，也就是说，牛顿等物理学家不仅贡献了科学结论，还丰富了数学知识，尤其是微积分。

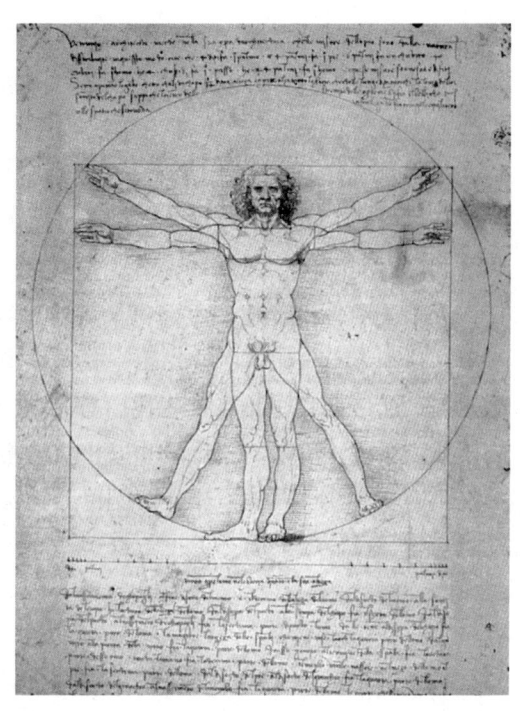

达·芬奇的人体解剖素描，表明文艺复兴时期的艺术创作往往能反映如火如荼的科学革命。

到1700年，西欧已经完成了名副其实的知识革命，并确立了其他任何文明都不曾设想的核心科学方法。16世纪晚期过后，科学在西欧历史上的地位已是举足轻重；人们不禁要问：为什么是西欧？其他文明难道没有伟大的科学成就吗？拜占庭帝国继承了泛希腊化时代的科学财富，但没有继续突破，也没有带动东欧科学发展。在印度和中东，重要的科学研究受制于狭隘的宗教观，而且在关键时刻被动荡的政局所左右。而西欧人则在与阿拉伯人和印度人的交往过程中学到了他们的研究成果和理论，甚至在现代早期也是如此。中国也是一个典型，中国人的先验论传统由来已久。但与西欧不同，中国并不了解外部世界的科学发现，它的学术追求少了希腊和阿拉伯文明的刺激。中国人偏爱思考伦理知识，而不是深究自然。宋朝理学家朱熹提出重视知识，这原本可以鼓励人们尝试科学探索，但却受制于儒家传统对个人价值观的要求。中国的科学研究方法也不同于西欧，中国有一套完备的先验论体系，也就是说，中国人没有进行大规模的理性尝试，从而无法总结出自然界的一般规律。因此尽管中国人掌握了大量的生物和物理数据，但却从未形成这样的总体观念，即科学是理解宇宙的钥匙。西欧科学包括了科普和基本发现。关于科学新发现的消息在受教育人群中广泛传播。科学家们组建起专门学会推广自己的研究成果。不少商人和专业人士也开始钻研科学，他们发现了新的动植物物种，默默地参与知识传播。科普手册则解释了科学定律，推广了这样的认识：知识在进步，理性（而非信仰）才是了解物质世界运行规律的钥匙。

随着时间的推移，科学成果不断累积，宗教在学术领域的重要性不断下移。对任何一个文明来说，唯理主义科学观对思维习惯的影响比以往任何时候都要明显。学术领袖渐渐不再相信古典知识是获得真理的基本途径，唯理主义开始带动知识推陈出新。学者和科学推广者提出，理性主义还另有裨益。比如17世纪的英国人弗朗西斯·培根，他是实验科学和近代归纳法的创始人，他认为更深入的发现可以带动技术进步，造福人类，让生活变得更轻松，也更有价值。

启蒙运动

这些科学思想在18世纪进一步得到深化。科学工作仍在有条不紊地向前推进：化学家们识别了氧的多种作用，生物学家们对动植物分类做出重大贡献，研究人类大脑活动的心理学逐渐成形。

其他重要成就包括科学家运用科学革命的指导原则去探究人类的本质和关系。法国是启蒙运动的中心，但是启蒙思想家们却是活跃在欧洲各地，他们普及科学知识，抨击错误的宗教信仰和迷信思想。他们还在政治学和经济学专著中提出了一系列社会科学理论，其基本主张就是理性准则适用于社会行为和身体行为，有助于理解全世界的人类行为模式。苏格兰哲学家亚当·斯密在其经典著作《国富论》中明确了经济学原理，指出"利己心"是人类行为的出发点，人与人之间的相互竞争可以推动经济发展，无须政府干预。这一铿锵有力的自由主义论调表明，个人动因（而非政府干预）是经济进步的原动力。斯密的作品也被视为社会科学的开山之作，它提出可以对人类的一般行为模式展开理性分析。

启蒙思想家们相信人性本善，人皆有理性。知识进步让他们相信人类有可能取得更大成就。优秀的孩子是教育出来的，老派的体罚手段被嗤之以鼻。犯法者如果受到更加人性化的惩戒，或许能将他们改造为对社会有用之人；传统酷刑不是被取代，就是被判为非法。人身自由可以提高政治生活质量。国家不应强行统一民众宗教信仰，而应重视百姓需求。事实上，启蒙运动并未提出某个单一政治理论。很多作家被开明专制思想所吸引，相信统治者锐意改革就能引领社会进步。还有人提出应该颁布宪法并组建议会。但他们都同意政治生活是可以改革的，如同生活中的其他方面，只需合理评估并坚定对人性本善的信念。18世纪八九十年代已是启蒙运动晚期，此时出现了空想社会主义思潮，思想家们提出改革财产法，保障公民的平等权和女性权益，肯定女性也可以参与政治活动并从法律改革中受益。

现代西方发生的很多大事都可以从启蒙运动中找到思想根源。启蒙运动为从自由主义到社会主义的现代政治运动打下了根基。它关注的是世俗生活，而非宗教事务。它在社会科学基础上总结出的理性主义方法论依然适用于如今的西欧学术界。它丰富并发展了人文主义思想。从根本上来说，启蒙运动的成就是将"科学革命"精神扩及人文社会领域，为现代西方学术研究确立了框架。当然，后来也发生了不少变化。大部分西方人都已不再用启蒙时代的思维方式思考问题，尽管如此，启蒙运动提出的很多问题和根本方法还是一直延续至今。简单来说，1680年左右到1750年是西方社会现代思考方式的形成时间。

启蒙运动的基本理念自是无法让所有人都心悦诚服，但其中一些基本思想却是广为流布。众多基督教作家猛烈抨击启蒙思想并赢得不少支持。但无论如何，启蒙运动都是一场惠及大众的思想解放运动。知名作家的作品销量不俗，作家本人也获得了物质回报，比如倡导人类自由、反对教会统治的法国作家伏尔泰。从贵族人士到城里的手工匠人，他们或多或少都听说了启蒙运动的主张。法国百科全书派和后来的英国百科全书派将人们在启蒙运动中掌握的所有知识编纂成书，重点关注自然科学、社会科学和技术进步。从本质上来说，启蒙运动是一场泛西方运动，它在法国、英国、意大利、德国和斯堪的纳维亚半岛，以及英属北美殖民地都可谓是一石激起千层浪。从这一点来看，它完全可以媲美早期的基督教传播，二者都为西方文明构建了一个共同的文化框架。

4. 经济和社会生活的变革

商业扩张

在现代早期，文化上发生的重大变革和商业稳步扩张改变了西欧人民的生活。城市里热闹喧嚣的交易场面令文艺复兴领袖引以为豪。宗教改革思想家也开始支持贸易发展。在路德派和加尔文派的影响下，人们逐渐放弃了对商人的固有成见，即商人不过是些唯利是图之辈。由于普通人可以直接与上帝沟通，他们的日常生活和工作不再被视为背离宗教目标。当然上帝还是被置于首位，某人经商成功证明他得到了上帝的庇佑。不是所有新教徒都是狂热的商人；同理，也不是所有天主教徒都排斥经商。但是新教传播与日渐高涨的商业热情之间确实存在一定关联。最后，权力扩大后的各国王室鼓励商人结成强大的贸易联盟。在政府的支持下出现了一些大型商业公司，它们与俄国、印度、东南亚和美洲做起了生意。

新世界（主要指西属拉丁美洲殖民地）的黄金白银也刺激了西欧商业发展。这些贵金属引发了16世纪的欧洲价格革命。在货币供应量增加的同时，食品和制成品的生产速度却没跟上，结果引发了通货膨胀。在价格上涨的刺激下，商人们尝试

> **解答问题** 如何化解亚洲优势？
>
> 欧洲探险家和贸易商走遍了世界上很多地方，他们见识了主要亚洲国家（如中国和印度）的制造业水平，领略了当地大城市的恢宏气势。他们希望利用新的贸易联系有所突破，但也意识到他们在很多方面毫无优势。
>
> 为了缩小与亚洲经济实力的差距，欧洲人提出了多套应对策略。他们往往选择运用武力，也就是炮舰来弥补他们的贸易劣势。达·伽马就是这么做的，他在第二次前往印度时用武力强占了沿海贸易据点。其次，欧洲人蔑视亚洲文化。不少欧洲旅行家曾深深仰慕亚洲文明，但在亲身抵达亚洲后他们的态度随即发生转变，他们发现亚洲技术停滞不前（这里面也有他们的想象成分）。欧洲人形容中国人拘泥传统（这一评价难免夸大其词），而他们则勇于试错尝新，这就是欧洲人优越感的由来。
>
> 在现代早期的大部分时间里，欧洲人把拉丁美洲开采出的白银向外输出，购买他们觊觎的亚洲香料和制成品。这也是欧洲人采取的一种重要应对策略，改善了单纯交易欧洲商品的不利形势。
>
> 最后，竞争对手的存在刺激了欧洲制造业的发展。印度出产的印花棉布色彩绚丽、价格低廉，素为欧洲人所喜爱。欧洲贸易公司大量引进印度棉布以满足国内庞大的消费需求，并从中获取高额利润。久而久之，欧洲商人开始在国内开设纺织厂，试图赶超印度棉布的产量。但相比印度手工业者的娴熟技艺和微薄工资，欧洲纺织业难与争雄。进入18世纪后，法国和英国引入相应技术实现了棉纺织业的机械化生产，由此得以抗衡印度产品的质量和价格优势。为了进一步强化自身竞争力，许多欧洲国家都对印度棉布征收高额关税，扶持欧洲本土纺织业——欧洲工业革命就是首先发生在纺织业。
>
> **重点问题** 在现代早期，亚洲哪些产业明显占优？欧洲人如何从世界经济中的分销商转变为生产商？欧洲人为了改变自身所处的不利经济地位不懈努力，他们的所作所为对现代早期的世界历史有何影响？

进行高风险投资，因为他们能够借到钱，而且预期还款时货币会贬值。资本家们发现，世界范围内的长途贸易可谓商机无限，比如亚洲香料价格不菲。从16世纪后期开始，波兰和俄国的粮食，美洲的毛皮、蔗糖和烟草的出口量飞速增长，但这些贸易都由西欧商人经手。

商业扩张的重心逐步向欧洲制造业转移。财富增加扩大了商品内需，同时刺激了外销型商品的生产。尽管大部分产品还是出自手工匠人之手，但在资本家的支持下，欧洲本土制造业大幅扩张。在这个体系之内，商人将原材料（主要是纺织用纤维）交给散居农村的工人，让他们利用简易机械设备将纤维织成布料，然后将产品收回再卖给有广大销路的商人。甚至是在手工业内部，商业扩张也拉开了业主和熟练工之间的差距：业主强制工人提高产量，很多工人就此沦为长期雇佣劳动力。他们制造的书籍、枪支和金属工具等产品广销海外。

在经济扩张的背景下，欧洲的技术水平不断提高。更先进的开采技术增加了煤铁产量。改良后的水车提高了粮食加工效率。纺织机械越来越精密，尽管还是手工操作。到17世纪时，欧洲大部分生产部门的技术水平已经位居世界前列，而且还在快速进步。18世纪早期，世界上第一台蒸汽机在英国诞生，用来驱动抽水机将矿井中的水抽出。1733年，英国人约翰·凯伊发明飞梭，用手抛掷的梭子（在弹簧的作用下）自动来回穿行；有了飞梭，一个人的工作量抵得上原先两个人，尽管织布机仍要靠人力带动。

农业领域的变革姗姗来迟。在商业扩张和城市发展的刺激下，越来越多的农民开始按照市场需求进行生产。17世纪晚期，荷兰农民尝试种植有助于恢复土壤肥力的新品种农作物，从而避免了休耕。荷兰国土面积小，却要供养庞大的人口；在此压力下，荷兰人学会了排干沼泽造田，修筑堤坝防范海潮。18世纪，欧洲人继续优化农业生产方式，创立协会，大力宣传关于新品种农作物和肥料以及新式播种机的知识。

不过，经济变革的影响也不应被夸大。在农业和制造业领域，大多数人依然沿用传统生产方式，而且他们完全有能力自给自足，无须过多依赖市场。商人群体规模有所扩大，但其社会地位并未明显提高。事实上，很多人仍然希望获得与他们自身经济实力相当的贵族地位，因为金钱本身并没有给他们带来足够的威望。但不管怎么说，西欧商业化的程度之深前所未有。启蒙思想家们批判贵族不过是一群无所事事之徒，他们赞扬辛勤工作、凭劳动获得报酬——这标志着社会价值观正在发生转变，甚至早于社会结构上发生的革命性变化。

消费主义

欧洲商业扩张的一个明显后果就是财富增加。16世纪80年代末,一位英国人在描述乡村生活时这样写道:"英国已经不再是我记忆中的模样,它在三个方面发生了不可思议的变化。"首先,越来越多的农民家里装上了烟囱,这意味着他们的屋子变得更大,也更暖和。其次,人们有了床和枕头,不用像过去那样睡草席了。最后,锡制餐具取代了木制餐具。随着时间推移,人们的生活水平还将继续提高。到17世纪早期,法国农民经常边吃饭边喝葡萄酒,说明人民生活更富裕了,市场上有更多的葡萄酒销售。同样是在17世纪早期,荷兰出现了一股争相求购郁金香的热潮,这是欧洲最早出现的大规模消费热潮之一。人们投资郁金香球茎,希望自己能在最短时间内培育出郁金香花来销售;他们还带动了郁金香绘画作品的热销。到1700年,西欧普通百姓已经消费得起咖啡、茶和糖——这些都是进口商品,需要到市场上采购,表明他们有了足够的购买力。相比其他地区的人们,此时的欧洲农民和工匠拥有更多实物财产,包括工具和家具。消费主义在18世纪继续深化,服装和家居摆设成为人们消费的热点。

阶级分化

然而,新增财富不可能被平均分配。西欧各国的发达程度高低不一。德意志遭受了三十年战争的打击,物质条件比较落后。西班牙也是如此,尽管它搜刮了大量殖民地财富,但其国内贸易却是平淡无奇;西班牙的黄金主要流入实力雄厚的商人之手,或被北欧(荷兰和英国)的银行持有。社会不平等不断加剧。作为社会核心群体的农民或佃农人数增多,他们可以把产品卖到城市集贸市场,以此提高生活水平。无产阶级规模壮大。脱贫成为西欧在17世纪面临的严峻问题。济贫院等社会机构向穷人提供救助,但由此出现的普遍后果却是令其遭到孤立。在财富增加的同时,贫困人口增多成为欧洲社会的另一大重要主题,也是至今困扰西欧人民的社会矛盾。

社会和经济变革也引得骚乱不断。行会业主的权力越来越大,引起熟练工人的不满,他们组建起工会来保护自身利益。文艺复兴时期爆发了西欧历史上第一次工人罢工。从中世纪晚期开始,民众暴乱就已司空见惯。农民起义周期性爆发,反抗地主的残酷剥削。在农村和城市,一旦粮食和面包供应紧缺,就会造成社会动荡。宗教改革引发的矛盾往往也伴有社会骚乱。16世纪90年代(即宗教战争结束后),法国多地爆发农民起义。他们袭击地主,因为是地主"让他们挨饿,侵犯他们的妻女,偷窃他们的牛,荒废他们的土地";他们还袭击收购他们产品的城市商人,因为后者"只想让穷人一无所有,他们就是靠剥夺穷人大发横财"。英国内战期间也不时发生民众骚乱,农民和城市工人组织起来要求享有政治权利和进行经济改革。这些起义构成了 1648 年前后席卷英国和意大利南部等地的严重叛乱。直至几十年后,反抗活动才逐渐平息,部分原因是人口增速放缓。总之,即使没有爆发连年战争,西欧历史上的现代早期也绝对不是什么和平岁月。

家庭模式变化

西欧的社会变革也包括家庭模式变化。十五六世纪,典型家庭结构发生转变,形成了"欧洲式"家庭,它与大多数农业社会的家庭面貌大不相同。原因很简单:首先,普通人直到二十七八才结婚。甚至还有相当多的普通人终身不婚。其次,人们希望保护家庭财产,儿女太多意味着索取太多。晚婚可以降低生育率,这样一来每户人家最多也就能有三四个孩子活过成年。尽管这种做法可以理解,但它需要年轻人的自我控制和家庭监督,毕竟青春期和婚姻(允许与异性发生性行为的时间)之间有一段很长的空白期。成年子女经常与年迈父母争吵,因为他们只能等到长辈去世或退休才能享有经济独立和婚姻自由。很多老人顾虑重重,他们不得不提前准备一份详细的赡养合同,写明他们把地产赠予子女后还能得到赡养。新的家庭模式增加了男女两性之间的互动。男性仍是法律规定的一家之主,但因家庭规模缩小,只剩下丈夫、妻子和孩子,男女两性之间的经济合作增多了。总的来说,新的家庭结构让欧洲避免了东亚和印度长期存在的人口过密问题。

在 17 世纪及其后时间,家庭结构变化提升了家庭生活质量。欧洲人开始享受与家人相伴的闲暇时光。家中饭菜比以往更为讲究,这虽说是财富增加的结果,但也跟人们的选择有关。女性成为家庭的代理人,安排全家人的社交活动,准备丰盛的一日三餐。女主人引导整个用餐仪式和聊天话题。这是西欧家庭生活的新面貌并一直延续至今。

人们越来越看重亲情。17 世纪的新教派作家强调"爱"是家庭生活的重要一环。正如一位英国牧师所说,"要用恒久不变的热情和激情去维护夫妻之爱"。人们逐渐把家庭视为幸福感的来源,这种观念在 18 世纪传到天主教地区,造成了重大变革。在宗教改革的带动下,家庭观念变化也是对社会经济环境快速变革做出的回应;家庭被视为舒适而可靠的避难所——时至今日,这仍是一个永恒的主题。最后,新的家庭环境也影响了子女教育方式。17 世纪晚期,很多作家提出养育孩子的最佳手段是关爱,而不是体罚。他们提出了具有革命性的想法,即父母应该给予孩子一定权利和保护，而不是固执地认为孩子必须接受父母强加的一切。不过这些变化对女性的影响并不明显。她们除了生儿育女之外还负责其他家庭活动，但参与其他事务的机会依然非常有限。在新教地区，由于废除了修道院制度，婚姻更是成为女性的首选。

总之，给女性带来的多重改变可谓相互矛盾。在家庭地位得到提高的同时，她们也被家庭束缚更深。她们很难在城里找到技术型工作，因为男性主导的行会不许女性加入。在欧洲社会的核心家庭里，男性和女性相互依赖固然有助于他们共商家事，但也常会引发争吵。有些女性获得了受教育机会，但宗教改革的指导思想认为只有父亲才有资格在家里朗读《圣经》，树立道德榜样。在动荡年代，比如英国内战期间，女性向议会请愿要求获得政治话语权，但遭到拒绝。就连那些高呼"自由"的启蒙运动思想家也对女性不理不睬，甚至嘲笑她们的学识水平。但上层社会的女性确实获得了一项特权，即为男性艺术家和哲学家举办"沙龙"；沙龙是文化和艺术人士的聚会。最后，强大的消费主义风潮要求女性着装要有魅力，似乎保持美丽是身为女性的特殊义务。

家庭生活以及宏观经济和社会结构的变化，表明社会的某些基本模式正在发生转变。日常生活的基本特征乃至人类情感（至少是情感表达方式）都出现了新形式。而且所有这一切都还有进一步改变的可能。例如，父母改变了对待子女的方式，不再经常打骂，而是给予更多关爱，这很可能会影响孩子成长期的性格形成。18世纪，西欧社会养育子女的方式进一步改变。父母用布条将幼儿紧紧裹起然后就可安心工作不用担心孩子受伤是以前的习惯做法，如今则是越发罕见。孩子们在成长过程中变得更加自由，感受到了父母更多的温情，不再遭受身体上的束缚。启蒙作家大力宣传这些变化，他们相信受到良好对待的孩子会成长为更健全之人。这些变化对西欧的成年人产生了潜移默化的影响。如果说孩子们在成长阶段就能享有更多自由，那么他们长大成人后是不是也就可以寻求更大的自由？

5. 现代早期的西欧：各种趋势紧密相连

西欧在现代早期的各种发展趋势并非相互独立，其中肯定有重叠之处。文艺复兴和宗教改革提出的部分思想都支持商业发展和经济扩张，尽管这种支持并非有意为之；经济变革还是启蒙运动某些重要价值观的催化剂。人们对企业、出版和政府官僚机构这些层次分明的组织越来越感兴趣。更多无形的价值观（如强烈的个人主义）、相关文化及宗教运动、资本主义运动和家族企业都把家庭视为个体之间的情感纽带，而不是经济机构。

另一方面，不同趋势产生了不同后果，很多重大转变都是快慢不一且各有侧重。不过，信仰和经济生活的变化加重了不同阶层人们的心理压力。这方面有一个典型事例，就是西欧多地出现的巫师大审判，它从 15 世纪末一直持续到 17 世纪中叶，最后还蔓延到美洲新英格兰地区（1692 年塞勒姆女巫审判案）。欧洲人长期笃信巫师和神秘力量，直到这几十年他们才意识到这是不祥之举；当时的巫师大审判将数百人定罪处死，还有数千名歇斯底里症患者被卷入其中。这股大范围出现的恐惧浪潮事起多因：对穷人的焦虑，很多被指控者都是底层百姓；新教和天主教分裂动摇了人们对宗教真理的信念，加重了人们的恐惧心理；女性和老人在家中的角色变化造成的不确定性（被指控的巫师基本都是女性，还有个别老年人，罪名是"魔鬼附体"）；还有生病时不知道该如何救治，是去请医生还是求助迷信？西欧正在形成一个全新的信仰体系，但其早期阶段却是让很多人心生惶恐、无所适从。

人们对巫师的恐慌源自对变革的深切担忧，因而巫师大审判的结束也就预示着全新世界观的广泛传播。越来越多的官员和普通人不再相信巫术是可以打破自然规律的真实存在。尽管还有人迷信巫师，而且 18 世纪仍有类似审判出现，但到 17 世纪 80 年代这股狂潮在大部分地区都已销声匿迹。在接下来的几十年里，启蒙思想逐渐传播（它没能普及到所有人，因为大部分人还是目不识丁），表明西欧人民的思想观念正在朝着共同的方向改变。

尽管存在种种矛盾和混乱，18 世纪的西欧已经成为一个独具特色的农业社会，与世界上其他伟大文明对比鲜明。它的特质主要源于 15 世纪末社会各层面发生的变化。西欧的商业水平和科学成就达到前所未有的高度，家庭结构变化导致人们重视财产控制，强化了个人主义心理。在此期间，西欧也在向世界其他地区施加影响，尽管与当时的伟大帝国相比西欧的政治体制在很多方面都不占优。很多地区正在消化西欧带给它们的影响（包括科学革命等重大事件），虽然由此产生的结果直到 19 世纪乃至 20 世纪始得显现，但有迹象表明，在现代早期的最后阶段，西欧已经与其他社会开启了新的互动。

6. 通往现代之路

现代西欧文明的很多特征都源于现代早期发生的各种转变。这段时期留下的最大遗产就是科学的重要地位得到确立，以及科学对其他学术领域和通俗文化的影响。此外稍微有点经济基础的人们都希望参与世界贸易并从中获利。另一项遗产是民族国家成为政治单元。民族国家的重要性往往被日益增加的跨国协作所掩盖，但它们依然影响着西欧社会。

18世纪的某些现象一直延续至今并得到强化。比如，人们认为爱情是婚姻的基础，教育可以塑造孩子的性格。现代消费主义产生于距今三百年前，虽然后世出现过消费井喷，但是仍未超出1750年定义的消费范围。

18世纪时人们对待穷人的态度与16世纪有所不同，但在西欧的发展过程中却是不时出现。不少人都认为穷人之所以贫困完全是自食其果，这种说法显然违背了当代西欧的社会政策，但它在日常生活中也确实一直都存在。

当然今后还会发生更多重大变化，因为1750年时的西欧并非今日西欧。例如，工业革命就是一个改变历史发展方向的重要事件。但是，这些变化都是在现代早期的价值观和制度基础上形成的。

延伸阅读

现代早期西欧社会的发展概况：Sheldon Watt, *A Social History of Western Europe, 1450-1720* (1984); John Merriman, *History of Modern European Civilization*（卷1）(1996); Charles Tilly, *Big Structures, Large Processes, Huge Comparisons* (1985)（分析重大变革）; Charles Tilly, ed., *The Formation of National States in Western Europe* (1975); Fernand Braudel, *Civilization and Capitalization*（共3卷）(1952); Thomas F. X. Nobel, *Western Civilization: Beyond Boundaries* (2008); Marvin Perry et al., *Western Civilization: Ideas, Politics and Society* (2008)。文艺复兴和宗教改革：J. F. New, *The Renaissance and Reformation: A Short History* (1977); Michael Burger, *The Shaping of Western Civilization: From Antiquity to Enlightenment* (2008); J. Atkinson, *Martin Luther and the Birth of Protestantism* (1981); J. H. Plumb, *The Italian Renaissance* (1986); O. Chadwick, *The Reformation* (1983); Steven Ozment, *The Age of Reform, 1520-1550* (1980); Hubert Jedin, John Dolan, eds., *Reformation and Counter Reformation* (1980)。重大科学变革：H. Butterfield, *Origins of Modern Science* (1965); A. R. Hall, *From Galileo to Newton, 1630-1720* (1982)。现代早期普通人生活和行为的转变：Peter Burke, *Popular Culture in Early Modern Europe* (1978); P. Stearns, ed., *The Other Side of Western Civilization*（卷2，第6版）(1999); Jeffrey Pilcher, *Food in World History* (2006); Merry Wiesner Hanks, *Women and Gender in Early Modern Europe* (1993); Robert Duplessis, *Transitions to Capitalism in Early Modern Europe* (1997)。

其他：Samuel Cohn, *The Black Death Transformed* (2002); Andrew Zega, *Palaces of the Sun King: Versailles, Trianon, Marly* (2002); Elizabeth Cohen, *Daily Life in Renaissance Italy* (2001); Alina Payne, *Antiquity and Its Interpreters* (2000); George L. Hersey, *Architecture and Geometry in the Age of the Baroque* (2000); John J. Hurt, *Louis XIV and the Parliaments: The Assertion of Royal Authority* (2002); Katherine A. Lynch, *Individuals, Families and Communities in Europe, 1200-1800: The Urban Foundations of Western Society* (2003); Charles R. Mack, *Looking at the Renaissance: Essays Toward a Contextual Appreciation* (2005); Julia Crick, Alexandra Walsham, eds., *The Uses of Script and Print, 1300-1700* (2004); Wilbur Applebaum, *The Scientific Revolution and the Foundations of Modern Science* (2005); Peter Robert Dear, *Revolutionizing the Sciences: European Knowledge and Its Ambitions, 1500-1700* (2001); Andrew Pettegree, *Reformation and the Culture of Persuasion* (2005); Ulinka Rublack, *Reformation Europe* (2005); David Bagchi, David C. Steinmetz, eds., *The Cambridge Companion to Reformation Theology* (2004); Peter A. Coclanis, ed., *The Atlantic Economy During the Seventeenth and Eighteenth Centuries: Organization, Operation, Practice and Personnel* (2005)。

第 18 章
俄国崛起

在现代早期，西欧崛起对东欧和中东欧的影响举足轻重，一如它对非洲和美洲的影响。东欧农奴与拉丁美洲种植园奴隶的处境几乎一模一样，18 世纪，波兰等东欧小国利用农奴生产廉价粮食并向西欧出口。相比之下，俄国的情况更为复杂，它的发展动力涉及多重因素，不只是因为它与西欧藕断丝连，更因为它本身就是一个伟大帝国。然而相比美洲原住民的无从选择，俄国统治者在模仿西欧的某些发展模式上则是有意为之。这股模仿之风在 16 世纪还是时断时续，进入 18 世纪则明显加速。尽管俄国抉择已定，但是各种矛盾依然难平；一方面，俄国在经济上依然深受西欧影响；另一方面，俄国在文化上却不愿亦步亦趋。总之，俄国与西欧的关系独一无二。

之所以会形成这种特殊关系，其中一个原因就是俄国从 15 世纪走上了扩张之路，本来与西欧并无多少关联。只不过它后来择要获取了多项西欧技术，作为扩张的辅助工具。

一个文明崛起的原因有哪些？这个问题可谓耳熟能详，但却仍旧很难回答。西欧文明扩张的基础是一种独具特色的多元文化，它孕育出了崇尚入侵和征服的民族精神，并有不断提高的技术水平相帮衬。俄国扩张的时间与西欧扩张的时间相重合，但其进程却与西欧截然不同。在赶走蒙古人之后，俄国人随即便踏上了征服之路，尽管其技术实力并无明显改观。

俄国对待扩张的某些看法与西欧不谋而合。二者都在效仿昔日的罗马帝国：当一个文明真正强大起来后，它该何去何从。二者都信奉基督教，或许是基督教信仰激励它们追求一个又一个胜利，只是俄国不像西欧那样热衷传教。然而俄国的技术水平长期落后于西欧，参照西欧标准它在进入 20 世纪之际仍是一个落后国家。它缺乏西欧的商业传统和经商能力；事实上，它在现代早期严重依赖西欧主导的贸易活动。从这些方面来看，现代早期的俄国与西欧判若云泥。

俄国人口规模庞大，而且还在逐渐增加。俄国地跨亚欧两洲，战略位置得天独厚，然而它的周围（除了北方）几乎没有天然屏障。这样的地缘位置使得俄国极易遭到入侵，比如被蒙古人征服；但也有利于它向外扩张，所以俄国当机立断效仿蒙古对外征服。俄国的自然资源储量丰富，但是气候条件多少限制了它的农业发展。俄国的铁矿石资源刺激了制造业和军工业发展。对西欧和亚洲的毛皮和木材出口则带动了俄国扩张。

俄国在现代早期建立了具有本国特色的社会和政治体制。在这之前几乎不存在所谓的俄国文明。如今在诸多早期文明成就的基础上，俄国文明变得更加充实。随着沙俄帝国崛起成为世界大帝国之一，俄国文明的重要性日益凸显。

> **重点问题** 俄国是现代早期最成功的陆上"火药帝国"。与奥斯曼帝国和莫卧儿帝国相比，沙俄帝国有哪些特点？从1450年到1750年，俄国经历了哪些变化？最后一个问题事关俄国与西欧的关系：俄国的哪些方面被西方化，哪些方面没有被西方化？为什么？

1. 现代早期俄国的发展模式

俄国崛起成为新生强国，其领土范围从最初的东欧和西亚不断扩大，但其先决条件是赶走蒙古人（鞑靼人）获得独立。蒙古人并没有重塑俄国的各项制度，只不过很多俄国人接受了蒙古人的服饰和社交习惯。大多数俄国人仍然信仰东正教，不接受蒙古人身份。地方公国依然掌控地方政局，尽管它们要向蒙古人的金帐汗国纳贡。从14世纪开始，莫斯科公国成为俄国解放事业的核心。莫斯科大公伊凡三世是留里克王朝的继承人，史称"伊凡大帝"，在他的领导下，俄国大片领土在1462年后被解放。伊凡三世组建了一支强大的军队，新政府从此高度重视军队建设。他将罗斯民族和东正教信仰合为一体（即宗教民族主义），为独立斗争引来更多支持。1480年，莫斯科公国推翻蒙古人统治，收复大片国土，西抵波兰边境，东至乌拉尔山脉。

伊凡三世统治期间，俄国人的帝国梦想初见端倪。伊凡三世迎娶了拜占庭末代皇帝的侄女，并借此宣称自己是所有东正教会的保护人，俄国是拜占庭帝国的继承者，即"第三罗马帝国"。伊凡为自己冠以"沙皇"（tsar，即"恺撒"）头衔，表明自己是"全罗斯君主"。继任沙皇伊凡四世史称"恐怖的伊凡"，他怀疑贵族谋反，严加打压，多名贵族被杀。然而，俄国的扩张步伐并未停歇。伊凡三世和伊凡四世鼓励农民迁往那些从蒙古等其他民族手中收复的地区，主要是南部的里海沿岸和东部的乌拉尔地区。俄国人在扩张的道路上与"哥萨克人"（Cossacks）组成的东斯拉夫军事武装结成了盟友，哥萨克人骁勇善战，尤其善于骑马作战；在他们的协助下，俄国人继续向南部里海沿岸推进。

尽管经济和文化在蒙古人统治期间遭受重创，俄国还是实现了领土扩张。整体而言，俄国就是个农业社会，昔日鲜活的城市景象和商业活动早被遗忘。贸易乏善可陈，制造业仅限于个别地方。俄国与中亚保持商业往来并创建了区域经济联系，但占主导地位的仍然是温饱型农业。不只是农民，就连地主的物质生活条件都很差。俄国人的文盲率超过了多数农业社会，艺术和文学创作停滞不前。在此背景下，俄国开始接收西欧的影响，包括西欧日益膨胀的商业实力。伊凡三世曾派外交使团前往主要西欧国家，一方面宣告俄国重获独立，另一方面则表示想加入西欧缔造的国际关系网。在伊凡四世统治期间，英国商人与俄国建立了贸易联系，向俄国出口制成品，换取后者的毛皮和原材料。不久之后，西欧商人就在莫斯科和其他大城市建立了贸易站点。

伊凡四世去世后，几位继承人相继死亡，留里克王朝绝嗣而终，造成了17世纪初的"混乱年代"。在这段时期，贵族们（波雅尔）争抢皇位；瑞典和波兰等邻国蚕食俄国领土。1613年，罗曼诺夫家族的米哈伊尔·罗曼诺夫被贵族议会推选为沙皇；该家族对俄国的统治一直延续到1917年十月革命。沙皇米哈伊尔赶走了外国入侵者，恢复了国家秩序。但在17世纪晚期之前，沙皇政权一直受到贵族的制约。尽管发生了不少波折，俄国的军事行动仍在继续；它战胜了波兰，吞并了乌克兰（包括基辅），帝国疆域从欧洲东南部延伸至奥斯曼帝国边镜。俄国人迁入这些新增领土定居，成为当地少数民族，俄语的使用范围逐渐扩大。

阿列克谢一世是罗曼诺夫家族的第二位沙皇，他废除贵族议会，恢复沙皇独裁，重新控制了东正教。阿列克谢一世不仅要巩固沙皇权威，还要进行宗教改革，因为在蒙古人统治期间出现了对教会的质疑。但是他的改革激怒了与宗教改革唱反调的"**旧礼仪派**"（Old Believers）。数千名旧礼仪派分子被流放西伯利亚或南部地区，他们拓展了俄国的殖民范围。阿列克谢一世还与西欧国家建立了文化与经济联系。

2. 西方化及其局限性

阿列克谢一世的儿子彼得一世（1689[1]—1725年在位）将其父亲的伟业向前更进一步，他在后世被称为彼得大帝。作为一国之主，他精力充沛、才智过人。彼得身材魁梧，身高超过两米。他热切期盼把伟大祖国的改革向前推进。他微服私访游历西欧，结交西欧盟友共同抵御欧洲的土耳其势力。他甚至在荷兰一家造船厂当过木匠，对西欧科学技术饶有兴致，后来在归国时带回了大批西欧技术人员。在政治方面，彼得坚挺沙皇专权，严厉镇压叛乱。在外交方面，俄国多次攻打奥斯曼帝国，尽管战果一般；后来击败瑞典，夺取波罗的海东岸大片领土，瑞典沦为二线国家。俄国拥有了波罗的海入海口（"瞭望欧洲的窗口"）和一个不冻港，从这时起俄国成为欧洲外交与军事冲突的主要参与者。彼得按照他的设想对俄国进行了西方化改革。为了使俄国跻身西欧外交圈，彼得将首都从莫斯科迁至波罗的海沿岸的一座新城，并以他的名字命名为圣彼得堡。

在内政方面，彼得的改革重点是精简官僚和军事机构，强化以沙皇为首的中央集权。他改善军队编制和武器装备，在西欧顾问的指导下创建俄国海军。他下令设立军工厂和造船厂，不仅推动了军事改革，还带动了冶金行业发展——由此俄国不必再依赖西欧武器。他废除了波雅尔杜马（贵族议会），设立了直属沙皇的顾问职务，以及若干专业委员会。各省总督由中央直接任命。虽然镇级议会由选举产生，但享有最终决定权的是沙皇指派的治安官。沙皇是东正教的最高牧首，教会和主教公会都要听命于沙皇，按照沙皇指示运作宗教事务。政府编制了一系列皇家命令解释法律，并将这些法律颁行帝国。彼得还改革了税制，加重了普通农民背负的人头税。最后，行政官员要接受专业培训。彼得大力网罗优秀人才，不计出身。

彼得大帝力图打造一个强大的俄国，它的国力和军力应该与竞争对手和西欧对等国家不相上下。他还引入了其他改革内容，要求俄国人（尤其是贵族）学习西欧人民的行为举止。他颁布法令要求贵族刮掉胡子，改穿西式礼服。在盛大的典礼活动中，彼得大帝严禁贵族身穿蒙古长袍。上层社会女性可以有社交生活，像西欧女性一样去看戏观舞（芭蕾舞）。彼得取消了俄国人婚礼中的一项传统流程：新娘的父亲把一条鞭子转交新郎，象征新郎将成为新的一家之主。俄国人还从德国引入圣诞树，过起了圣诞节。这些改革并非只是粉饰门面，而更多是为了提升俄国人在西欧人眼中的形象，敦促贵族改掉陈规陋习。

---

[1] 彼得一世生于1672年，1682年继位，文中的1689年指的是彼得掌握实权发动改革的时间。

在这幅18世纪的漫画中,彼得大帝正在为一名东正教旧礼仪派信徒剪胡子,表明俄国人的仪表也要接受西方化改造。

这是一个精心选择的**西方化**(Westernization)过程。贵族的文化教育状况焕然一新(统治阶层的西方化巩固了沙皇政权),但平民百姓的生活状况却是一如既往。彼得大帝根本没想过废除农奴制转而建立西欧雇工制度,他对西欧的议会君主制毫无兴致,对西欧的经济模式也不想照搬。他借鉴的主要是与重工业和军需品有关的西欧技术。他对西方大规模的商人阶层不以为然,也不寻求在世界经济中一国独显。在西方化过程中,俄国加深了与西欧的经济联系,它用原材料和粮食换取西欧的技术和工艺品。在西欧企业主导的贸易活动中,俄国处于不平等地位。俄国的经济部门几乎全部偏离世界经济轨道,它的发展重心依然是农业及与中亚的有限贸易。俄国仍然与西欧对等国家迥然有异。

彼得大帝于1725年年初去世,在接下来的几十年里,沙皇政府软弱无力,军官争权夺利,他们推选上台的几位沙皇(包括女沙皇)多是无能之辈。1762年,彼得大帝小女儿伊丽莎白一世的外甥登上皇位,即彼得三世。这位沙皇智力有些迟钝,他的皇后德国公主索菲娅很快便接手政务。直到彼得三世死后,一直都是这位皇后独掌大权。索菲娅后来改名凯瑟琳(Catherine,俄语译作"叶卡捷琳娜"),史称叶卡捷琳娜大帝。她非常欣赏法国启蒙运动思想,设立了各种改革委员会,但收效甚微。其实她的目标和前几任著名沙皇一样,那就是强化中央集权,扩大俄国疆土。她镇压了一场声势浩大的农民起义,处决了起义军领袖叶梅利扬·普加乔夫。她以**普加乔夫起义**(Pugachev Rebellion)为借口强化了中央对地方的控制,同时确认了大部分土地为贵族所有。叶卡捷琳娜秉承彼得大帝遗志,继续向奥斯曼帝国宣战并取得重大胜利;她赢得的新领土包括黑海沿岸的克里米亚半岛。叶卡捷琳娜出兵干涉波兰内政,同奥地利和普鲁士达成分治协议,分别于1772、1793、1795年三次瓜分波兰(波兰就此丧失国家独立),俄国占领区的面积最大。叶卡捷琳娜还加快了对西伯利亚的征服，同时支持进一步探险，占领了阿拉斯加。俄国探险家沿着北美洲太平洋沿岸进入了今天的加利福尼亚北部。数万名拓荒者在西伯利亚各地安居。

到1796年叶卡捷琳娜去世时，俄国这三百多年的发展历程可谓突飞猛进。它完全清除了被外国统治的痕迹，建立了强大的中央政府；最重要的是，它是当时世界上陆地面积最大的帝国。

俄国规划了三条扩张路线。第一，向东进入辽阔的西伯利亚，这里曾生活着狩猎采集部落。俄国沿着这个方向扩张到了中国边界，双方在18世纪之前签订了划定边界的《尼布楚条约》。俄国对东亚的征服是一种蛮横的、强迫性的殖民行动；被"遣往西伯利亚"并不是在20世纪才出现，数千名东正教旧礼仪派信徒和其他异教徒很早就被流放至此。这里有未经耕作的新良田，不仅增加了国家资源，也令

人物传略：叶卡捷琳娜大帝

叶卡捷琳娜大帝（1762—1796年在位）是俄国历史上最重要的统治者之一，也是唯一被称为大帝的女沙皇。这位德国公主嫁给了智力不太健全的彼得三世，后来逐渐执掌政权。彼得三世死后，叶卡捷琳娜成了俄国沙皇。她继续推行西方化政策，这既符合她的出身背景，也继承了彼得大帝的遗志。右边这幅肖像绘制于1762年，女皇本人身着西欧风格的戎装，象征俄国的军事野心。叶卡捷琳娜捍卫俄国的特有传统，不希望她的独裁统治受到西欧影响，所以她提出的很多改革措施都只流于形式。她特意颁布法律，授权贵族恣意支配农奴。她在晚年禁止与西欧联系，禁止引入法国大革命期间煽动人心的西欧著作。除了她对俄国历史的影响（领土空前膨胀），叶卡捷琳娜本人也是一位个性鲜明的历史人物，生平充满传奇色彩，还传出不少风流韵事。除了贵族出身和皇室联姻之外，女性还需要哪些品质才能留名史册？

独揽大权的女性，叶卡捷琳娜大帝。

不少殖民者变得有势有钱。

第二，向南进入中亚。俄国的扩张范围直抵奥斯曼帝国边境。这个日益强大的竞争对手成了奥斯曼帝国的心头大患。俄国占领了中亚部分地区，统治了当地不同的民族，他们基本都是穆斯林。哥萨克人是俄国入侵中亚的推手，他们帮助俄国确立了统治地位，帮助罗斯民族在当地扎下了根。长期以来，欧洲和亚洲不断遭受的外部入侵都来自中亚，俄国人的到来彻底改写了中亚历史。

第三，沿波罗的海向西进入波兰。到1796年，俄国与普鲁士和哈布斯堡王朝治下的奥地利接壤；大部分东欧小国都被俄国吞并。这些国家生活着斯拉夫、日耳曼和犹太等各种少数民族。沙俄帝国成为欧洲外交圈的重要成员，在不同时期与斯堪的纳维亚半岛国家和中欧国家结盟，从海洋和陆地两个方向进一步向欧洲渗透。

俄国到1800年依然没有完成它的扩张大业，上述三个方向的扩张行动仍在继续。沙俄政府确立了一种清晰、有效、缜密的军事征服战略。一部分俄国人表现出了大无畏的开拓精神，他们一往直前，迁居那些条件恶劣的新领地，就像同期远赴北美洲定居的欧洲人。1800年后不久，一位名叫亚历克西·德·托克维尔的法国贵族针对新生美国的发展动力发表了自己的看法，他把美国的壮大同俄国这个"沉睡的巨人"相提并论，并预言这两大勇于开拓的国家终有一日会对世界事务产生重大影响，因为它们非常相似，都有旺盛的生命力。这是当时其他人远远没有预料到的，托克维尔的远见卓识令人钦佩。

讨论历史：俄国文明的性质

历史学家们仍在讨论将俄国融入世界历史的最佳方式。西方史学界的传统派提出，可以将15世纪后的俄国视为整个欧洲史的一部分。20世纪70年代，即冷战达到高峰之际，有位法国领导人说，俄国的欧洲属性与英国相差无几。但是俄国从来都不是完全意义上的西欧国家。十五六世纪，俄国请来了意大利艺术家和技术顾问，尽管如此，莫斯科的高端文化仍然充满拜占庭色彩；图书馆规模不大，里面全是关于拜占庭的书籍且多为宗教读物。俄国的社会结构与西欧截然不同。俄国还深受中亚影响，沙皇甚至自称"北方大汗"以强化自己对中亚民族的威慑力，当地人都是《古兰经》的忠诚信徒。长期以来，俄国一直参照中亚模式打造本国的官僚体制。由此可见，俄国文明是一个深受多重影响的混合文明，而且它还在与其他文明继续融合。抛开地缘因素不谈，想要判断俄国文明的欧洲属性，取决于我们参照哪些因素来断定一个社会的基本性质。

3. 俄国的政治体制

俄国实行的是专制制度，即沙皇领导下的中央集权统治。俄国的早期历史以拜占庭帝国为榜样，坚持东正教提出的政教合一传统，这为它的专制统治扎下根基；一方面有驱逐蒙古人的客观需要，另一方面又受到蒙古大汗强势作风的熏陶，俄国的专制色彩由此变得更加浓厚。强大的中央政府是俄国稳步扩张的后盾，反过来，领土扩张又巩固了沙皇政权。

可以肯定的是，沙皇既未做到与民同在，更未做到万民拥戴，尽管他们口口声声说自己是人民的"小父亲"。有段时间，新占领土并不归沙皇控制，而是掌握在桀骜不驯的哥萨克人手中。沙皇政府一步步收回了这些领土的管辖权。大部分农民都被贵族地主控制，尤其是在十七八世纪。他们根本无法接近皇宫向沙皇请愿，只能受制于地主直接操控的司法制度。在庄园内部，农民之间的关系由村政府管理，依据大家的共同传统解决土地争议等问题。地主和村政府的重要作用说明沙皇政府还是下放了部分权力，有点像拉丁美洲的做法，只不过俄国不是殖民地。然而此时沙俄帝国官僚机构的规模和职能都不及中国。

不管怎么说，俄国沙皇依然可以只手遮天；到18世纪时，没有哪个政府机构可以制衡沙皇。这一点与中国类似，但不同于西欧君主制；沙皇组建了一支秘密警察队伍，防范异端，监督官员。秘密警察最初由彼得大帝创立，之后一直保留到20世纪末，尽管在此期间它不断变换名称和职能。

沙皇与贵族（波雅尔）之间的特殊关系是维系沙皇大权的关键因素。蒙古统治末期，波雅尔占有大量土地，还享有世袭头衔。有迹象表明他们会违抗沙皇旨意。在"混乱年代"，贵族屡屡对抗沙皇；贵族享有一定的制度保障，大贵族杜马一度操控沙皇人选。但是俄国没有类似西欧的封建主义传统。不仅如此，俄国快速扩张领土，沙皇可以向新贵族分封土地，这批人对沙皇更加忠诚。这样一来也就形成了一个重要循环：军事扩张巩固了沙皇统治，沙皇受到鼓舞继续进行扩张。从伊凡三世开始，历任沙皇都会授命新老贵族担任国家军事统帅或政府官员，贵族不得发展自身政治力量。因此俄国的贵族制度明显不同于西欧，俄国贵族将自己视为政府权力的延伸，而不是一支反政府力量。后几任沙皇（如彼得一世）在提拔官员晋升贵族时，还会向他们积极灌输服务国家的理念。他们不得破坏社会结构，否则就是在破坏他们自己的贵族联盟。

从很多方面来看，沙皇权力的扩张类似西欧绝对君主制的崛起。事实上，彼得大帝刻意模仿普鲁士等国建立政府机构和组建军队的方法。与俄国的情况一样，西欧也在强化中央集权，削弱贵族权力。俄国的贵族杜马被解散，让人想起了法国多年不再召开三级会议。正是因为俄国和西欧政权存在表面上的相似性，沙皇（如叶卡捷琳娜大帝）才可以借鉴西欧启蒙运动提出的开明专制理论。但是，相似性并不能构成身份认同。西欧盛行的政教分离、封建制度和议会传统在俄国概不存在。这段时期的俄国也没能像西欧那样提出宪政理论，而且俄国统治者还不遗余力地审查包含西欧宪政思想的文学作品。从1789年开始，西欧人民在法国大革命的鼓舞下再次提出限制王权，而俄国则置身事外，无动于衷，这一点儿都不让人意外。

俄国的部分西方化改革巩固了帝国的专制传统，实属意料之中。彼得大帝和叶卡捷琳娜大帝推出了自上而下的改革。沙皇如愿以偿地将贵族掌控手中。没有一位西方君主敢盛气凌人地对待贵族，而傲慢的彼得大帝却能公开嘲弄波雅尔的传统装束。没有人敢强迫贵族接受教育，而彼得大帝却要求所有贵族和官员必须学习数学。这种强制性西方化：提高学校教育质量、降低文盲率和普及科学知识，确实改善了俄国的官场运作流程和文化。但显而易见的是，这项改革反映并强化了专制统治在俄国人政治生活中的特殊地位。

4. 俄国的文化

对大多数俄国人民来说，现代早期文化指的是东正教和口述文明传统：英雄史诗、丰富的音乐旋律和感悟人生无常的诙谐谚语。在东正教精心安排的祈祷和圣徒崇拜仪式中，普通俄国民众祈求一生顺遂、无病无灾或五谷丰登。这些文化形式是节日制度的核心内容（俄国的节日比西欧多），节日宴会和庆典为人们一成不变的乏味生活平添几分亮色。在现代早期，西欧通俗文化所经历的变化并没有在俄国上演。

赶走蒙古人后，俄国的文化传统得到复兴。15—17世纪，圣像画成为俄国美术的重要内容。俄国艺术家已经不满足于为圣徒和圣家庭（圣父、圣母和圣婴）绘制肖像画，他们开始描画更抽象、更复杂的宗教场景。在文学领域，由僧侣创作的叙述史和编年史再度流行。在莫斯科和基辅等中心城市，一座座教堂拔地而起。

纵观整个现代早期，俄国文化的突出特点就是矛盾：大众传统和精英审美之间的矛盾，西方化倾向和确立俄国特性之间的矛盾。在伊凡大帝和"恐怖的伊凡"统治期间，俄国聘请了意大利建筑师修建教堂和莫斯科的克里姆林宫——这座沙皇皇宫气势恢宏。这些建筑师并没有完全照搬西欧风格，而是将文艺复兴的古典风格与俄国建筑传统相结合，建造了华美的洋葱形圆顶建筑，这是俄国（及其他东欧国家）教堂的典型风格。

在彼得大帝和叶卡捷琳娜大帝统治期间，俄国的西方化改革大踏步前进。几乎所有波雅尔都是西欧文化的拥趸。18 世纪的很多俄国贵族只会说法语，有些人甚至完全不懂俄语。西欧绘画主题逐渐取代圣像画；芭蕾舞等文化形式受到热捧，后来更是成为俄国民族文化瑰宝。西欧式学校鼓励学生钻研科学和世俗哲学。圣彼得堡的公共建筑都是按照西欧古典风格精心设计而成。此时的俄国还在吸收西欧文化，而到 19 世纪时俄国人已经为西欧文学、科学和音乐事业做出了重大贡献。只不过 1800 年之前的俄国精英文化都是以模仿为主。

16 世纪早期画作《圣乔治与龙》，描绘了圣徒乔治勇斗恶龙的传说。

当然，并不是所有俄国人都欢迎西欧的影响。俄国农民乃至省级贵族基本上都对这些发展动向无动于衷。上层人士和平民百姓之间形成了一道文化鸿沟，这道鸿沟直到 20 世纪初期的俄国大革命时期才被打破。一些有文化的牧师和贵族反对西方化，他们高举守护"**俄国灵魂**"（Russian soul）的旗号。曾有人致信沙皇阿列克谢一世："您出钱供养着外国人，却吝于让您的臣民捍卫古老传统。"很多文化领袖也都反对这些新影响，他们大力宣扬"爱国主义"传统文化。

现代早期的俄国文化取得了重大进展：各艺术门类迸发活力，结合西欧风格的文学成果层出不穷。扫盲运动和教育事业继续向前推进，尽管受益者仅限于少数俄国人；真正融入西欧文化圈的俄国人寥寥无几。但是这些都还不足以表明俄国文化是一个完整文化。重燃的科学热情以及新颖的绘画和建筑风格对俄国文化界产生了重大影响，然而恒久不变的却是俄国在处理与西欧关系时的矛盾心理。总的来说，在民族艺术发展的停滞期过后，俄国文化领袖开始苦苦挣扎：既想模仿西欧，又渴望树立独一无二的、超越西欧的俄国文化。这种矛盾心态始终是俄国文化发展的特点，不论它以何种形式出现。

莫斯科画派的《圣母领报图》是俄国宗教绘画的代表作之一。

莫斯科红场上的圣巴西尔大教堂坐落在古老的基塔格勒城区西侧,它是俄罗斯历史最悠久的标志性建筑。

5. 俄国的经济与社会

俄国在西欧外交圈占据了一席之地并采纳了众多西欧文化形式,但是帝国的经济和社会却在朝着截然不同的方向发展。这是俄国文明如此与众不同的重要标志之一,尽管它与西欧保持着特殊联系。

在西欧经济日益商业化的同时,俄国仍是一个农业经济体,尽管它有冶铁行业并与中亚贸易往来较密。俄国经济发展成就不俗,但它依赖的是领土扩张带来的新增农业用地,以及对丰富矿产资源的有效利用。俄国的商人阶层规模很小。贵族把当地商人视为潜在对手,刻意打压。俄国与西欧之间的贸易量逐渐增多,但这些贸易都由英国人和荷兰人等西欧贸易商经手,他们集中在莫斯科和圣彼得堡;俄国商人只负责与亚洲的陆上贸易。俄国城市规模较小,城市人口在总人口中占比不到5%。

俄国农业主要满足本地消费；参与市场经济的农民为数甚少，接触货币交易者更是凤毛麟角。加工产品多由村中手工匠人制作，然后卖给不具备生产能力的需求方。奢侈品和复杂设备基本都从西欧进口。乡村生产生活使用的技术并未迅速变化。

不过俄国还是被卷入了世界经济的洪流之中，而且比拉丁美洲和撒哈拉以南非洲更有优势，尽管它的经济状况在蒙古人统治结束后相当落后。为了换取西欧商品和商业服务（包括商船运输），俄国最初向西欧供应毛皮和木材，北方森林广袤，木材取之不尽。后来到了18世纪，俄国开始向西欧出口粮食；早期的粮食主产地是乌克兰，那里沃野千里，随后波兰也加入其中。除此之外，彼得大帝任命政府官员协助管理不断壮大的采矿行业，大批俄国铁矿石销往西欧。政府出资兴修水利，确保水旱无虞；圣彼得堡港成为波罗的海重要港口，进一步推动了对西欧出口。

俄国政府扮演着商业资本家的角色，它负责组织矿产品出口，出资兴建军工厂和配套炼铁厂。从彼得大帝时代开始，沙皇政府的职能不断延伸，以保证俄国在与商业化程度更高的西欧打交道时不落下风。俄国政府负责调控经济发展，控制丰富的自然资源，避免俄国在世界经济中遭受无法挽回的损失。

俄国经济进步的关键因素是丧失人身自由的劳动力。俄国直到18世纪仍留有部分奴隶，他们主要是征服战争中的战俘。然而更重要的因素则是普遍存在的严苛农奴制。当西欧逐步取缔农奴制时，俄国和其他东欧国家的农奴制却是愈发僵化，牢不可破。东欧正是依靠这批廉价农奴生产粮食和矿产品来满足西欧日益增加的需求，同时在世界市场上占据一席之地。这些农奴大都是在耕种土地，不过他们中也有小部分被政府下放铁矿和冶炼厂去做劳工。

俄国农奴制在早期阶段被不断强化，是国内政治和经济问题使然。随着时间的推移，俄国加重了对农奴的剥削，因为它要融入世界经济，要将廉价农产品销往西欧。由此俄国不仅与其他东欧地区，而且与美洲一样面临来自世界市场的压力，后者依赖奴隶和失去自由的佃农劳动。

讽刺的是，在被蒙古人征服之前，俄国农民基本上都是自由人，他们的法律地位甚至高于西欧农民。而在蒙古人被赶走后，越来越多的俄国农民却是深陷债务，一旦无力偿还也就只能被贵族地主奴役。从16世纪开始，俄国政府一步步巩固农奴制。从本质上来看，政府支持农奴制为的是换取贵族效忠。随着帝国疆域扩大，农奴制也蔓延到了新增领土（当地从未有过农奴制）。到1800年，一半俄国农民都成了为地主服役的农奴，而另一半农民中的大多数人也要对政府履行类似义务。俄国政府在17世纪出台了多部法律限制农奴迁徙。《1649年法典》从法律上确立了农奴制度，规定农奴身份世代相传。

在庄园里劳作的农奴要向地主交税、接受盘问，甚至像普通财物一样被倒手转卖。农民的收入水平不尽相同，村政府负责管理村民，但大部分人都是穷困潦倒、目不识丁。随着时间推移，法律中对农奴的限制更是有增无减。叶卡捷琳娜大帝支持建立示范村庄（推行开明农奴制），但也正是在她统治期间，地主对农奴的管制到了事无巨细的地步。《1785年法典》允许地主对犯有重罪或谋反的农奴严刑拷问。农奴制传播到了新领地，贵族享有的权利也相应增加。为了得到贵族效忠，叶卡捷琳娜大帝向贵族授权，将全国超过一半的百姓交由他们控制，这是俄国农奴制的重要政治基础。

俄国农奴主要在庄园和矿山劳作，他们要用劳役来抵偿自己所欠债务（不许用现金或实物抵债）；可是他们还要缴纳高额税赋，而且税率不断提高，因为政府要增加财政收入。通过劳役来还债，这是农奴制的经济意义。至于那些佃农，他们要将每年收成的十分之一上交地主或政府。正是这些人的辛勤劳动，保证了俄国的粮食出口、矿山和工厂的正常生产。

俄国特殊的社会和经济制度在很多方面都行之有效。它创造的收入足以支撑政府扩充和领土扩张；它为上层贵族带来了富裕生活和熠熠生辉的西欧文化；它催生出大批谦逊低调的绅士——他们反感皇室的西式做派，但又不得不效忠沙皇才能保住自身地位。该制度刺激了俄国人口大幅增长。俄国人口在18世纪增长近两倍达到3,600万，这与领土扩张有一定关联，但主要原因还是自然增长。对于一个良田不多、气候严酷的帝国来说，这样的人口增长可谓成就不菲。俄国直到进入20世纪仍在频繁发生饥荒和疫病，毕竟总体来看它的土地荒凉贫瘠。但是俄国在经济上取得的进步不容否认。

然而，俄国农奴制存在重大局限性。提高农业生产水平动力不足，耕种方式依然原始粗放。佃农生产积极性不高，因为不论生产多少剩余产品，都不属于他们。西欧在18世纪取得的成就令俄国地主受到启发，他们成立农业协会，相互交流农作物新品种和新式耕种方法，但能大幅提高产量的实际工作却是做得很少。农奴制根深蒂固，似乎无须改变。在18世纪，地主向政府施压，要求出台措施打压佃农经营的家庭作坊和商品买卖，他们担心富裕起来的佃农不再百依百顺。因此，俄国国内的商业或消费导向型生产并未与日俱增，这一点与西欧不同。

最重要的是，农奴制引燃了星星之火，农民起义此起彼伏。俄国农民基本都忠于沙皇，虽然天高沙皇远；但是他们仇恨地主，认为是地主强占了本应属于自己的土地。农民起义军烧毁庄园账簿，直接强占土地，有时还会戕杀地主和官员。普加乔夫起义是18世纪规模最大的一场农民起义，创下300万人参与的最高纪录，在被镇压之前起义者已经夺取俄国三分之一的土地。后来发生的暴动和骚乱一直持续到19世纪。俄国农民并不只是共有一种不满情绪（对地主同仇敌忾），他们还通过村政府和互助传统紧密联系在一起。他们维持着稳固的家庭关系，家人之外的其他亲属也被包括在内；因此他们的家庭网络要比西欧更大，而且也不像西欧那样过于强调核心家庭。农民团体和家庭纽带成为他们采取行动的政治基础，虽然他们从来都不是强大的地主阶级或国家军队的对手，但他们也不会甘心永远受人欺负。

毫不奇怪，到19世纪早期，俄国的"农民问题"已经成为一个严重问题，不可小觑。不管是参照西欧标准，还是从俄国自身经济发展和维持政治稳定的角度来看，形势都已昭然若揭：需要为丧失自由的俄国百姓做些什么。而同样不足为奇的是，对于那些处于百姓对立面的权势人物或压迫者来说，却是很难决定该做些什么。

6. 世界首次西方化尝试

从彼得大帝时代开始，俄国成为世界上首个尝试部分"西方化"改革的非西欧文明。俄国的地理位置接近西欧，二者的宗教同宗同源。俄国早在被蒙古统治期间就意识到自身落后，自愧弗如，希望把西欧模式当作部分补救方案。俄国统治者采取了自上而下的西方化改革；其他国家也曾有过这种尝试，而且至今也仍有国家在进行这种尝试。俄国人希望采用关键的西欧模式对俄国社会做一定修补，使其有能力抗衡西欧的军事实力。因此，俄国政府将改革重点放在了官员培训、军队组织和武器装备上。但是国内有人提出这些措施远远不够，俄国人还应该模仿西欧文化，甚至学习西欧人的言行举止，改掉那些让人看轻的粗鄙言行；鉴于此，俄国上层人士开始注重着装打扮和艺术修养。

然而，西方化意味着俄国自身付出的努力是有限的。它旨在强化具有俄国特色的专制统治，而非全面引进西欧政治文化，而且绝对不可以改变广大民众的信仰。俄国领导人并不希望全盘西化——后来建立的其他社会对西方化改革也是抱持这样的态度。到18世纪末，一些西化较深、持有异见的知识分子强烈要求革故鼎新，但其他知识分子则希望捍卫神圣的俄国传统。

总之，西方化这股浪潮刺激了沙俄帝国的总体发展。尽管变革的范围和力度都很有限，但是考虑到俄国有着庞大的领土、人口和资源，已经足以确保它在世界外交舞台大有作为，挑战中东欧小国以及亚洲的中国和奥斯曼帝国。单从经济角度来讲，在西欧主导的世界经济体系中，俄国所处的地位并不比拉丁美洲优越太多；双方在世界贸易中都不占优，有限的成绩都要归功于丧失自由的劳动力。然而在军事和政治领域则是另一番情形，俄国已经崛起成为世界史上伟大的陆上帝国之一。

7. 通往现代之路

与西欧一样，俄国很多方面的特征都是形成于现代早期。一个多民族的庞大帝国为现代俄国的领土范围奠定了基础，尽管沙俄帝国的疆域在19世纪还将进一步扩大。俄罗斯在20世纪90年代的时候失去了部分重要地区，但它依然是世界上领土面积最大的国家之一，而且也是现代早期崛起的火药帝国中最成功的——至少是存在时间最长的帝国。

专制统治是俄国另一大重要遗产，它在后古典时期和蒙古统治时期就已初露端倪。沙皇早被推翻，不复再现，他们成了现代革命浪潮的牺牲品。但是某些重要理念，如强势政府和社会维稳，仍然影响着今日俄罗斯的政治，影响着领导人的决策和人民的期望。

如今人们仍在讨论俄罗斯和西方的关系。在这个问题上，俄罗斯人分成了两大阵营：一部分人倾向于接受西方模式和标准，另一部分人则坚持捍卫俄罗斯的独特性。这种内部矛盾在多个方面影响着俄国人的生活。虽然讨论的焦点已经转移到俄罗斯是否应该接受西方的消费模式或民主政治上，但是基本论点和矛盾仍然可以追溯至彼得大帝开启的那场西方化改革。

延伸阅读

关于现代早期的俄国历史：T. Riha, ed., *Readings in Russian Civilization,* Vol. 2: *Imperial Russia 1700-1917* (1969); Basil Dmytryshyn, *Imperial Russia: A Sourcebook, 1700-1917* (1967)。俄国历史概况：N. Riasanovsky, *A History of Russia*（第四版）(1993); Marshall Poe, *The Russian Moment in World History* (2006); Otto Hoetzsch, *The Evolution of Russia* (1966); Greta Bucher, *Daily Life in Imperial Russia* (2008)。特定历史主题：H. Kohn, *The Mind of Modern Russia* (1955); M. Raeff, *Peter the Great, Reformer or Revolutionary?* (1963); H. Rogger, *National Consciousness in Eighteenth Century Russia* (1963); A. Kahan, *The Knout and the Plowshare: Economic History of Russia in the 18th Century* (1985)。比较研究代表作：Peter Kolchin, *Unfree Labor: American Slavery and Russian Serfdom* (1987)。

其他作品：Lindsey Hughes, *Peter the Great and the West: New Perspectives* (2001); Paul Bushkovich, *Peter the Great: The Struggle for Power* (2007); Michael Khodarkovsky, *Russia's Steppe Frontier: The Making of a Colonial Empire, 1500-1800* (2002); Alexander Chubarov, *The Fragile Empire: A History of Imperial Russia* (1999); Geoffrey Hosking, *Russia: People and Empire* (1997); Lee A. Farrow, *Between Clan and Crown: The Struggle to Define Noble Property Rights in Imperial Russia* (2004); Brian Landers, *Empires Apart: A History of Russian and American Imperialism* (2011); Bruce W. Menning, David Schimmelpenninck van der Oye, eds., *Reforming the Tsar's Army: Military Innovation in Imperial Russia from Peter the Great to the Revolution* (2004); John Paxton, *Leaders of Russia and the Soviet Union: From the Romanov Dynasty to Vladimir Putin* (2004); Richard Stites, *Serfdom, Society, and the Arts in Imperial Russia: The Pleasure and the Power* (2006); Mark Cruse, Hilde Hoogenboom, *The Memoirs of Catherine the Great* (2005); Isabel Madariaga, *Russia in the Age of Catherine the Great* (2002); Ernest A Zitser, *The Transfigured Kingdom: Sacred Parody and Charismatic Authority at the Court of Peter the Great* (2004); James Cracraft, *The Revolution of Peter the Great* (2003); Nicholas V. Riasanovsky, *Russian Identities: A Historical Survey* (2005); Valerie A. Kivelson, Robert H. Greene, eds., *Orthodox Russia: Belief and Practice Under the Tsars* (2003); Valerie Ann Kievlson, Joan Neuberger, *Picturing Russia: Explorations in Visual Culture* (2008); James Cracraft, Daniel Rowland, eds., *Architectures of Russian Identity: 1500 to the Present* (2003)。

第 19 章
伊斯兰帝国

现代早期见证了两个伟大伊斯兰国家的崛起：奥斯曼帝国占据了中东和巴尔干大部分地区，莫卧儿帝国统治着印度大部分地区。当时还有一个规模较小的伊斯兰帝国，即萨非帝国，它为今日伊朗烙下了深刻的印记。奥斯曼帝国和莫卧儿帝国为其所在地区注入了新的影响，包括强大的政治和军事实力。这两大帝国和俄国一样在现代早期开疆辟土，确立了新的国界。它们和俄国一样有着多样的语言、种族和宗教派别。这两大帝国在这段时期都没有尝试西方化，甚至连选择性的西方化都没有。莫卧儿帝国在其早先时候对西欧文化持宽容态度，但却从未有过任何模仿意愿；西欧国家在 18 世纪入侵印度，主要是为了进行军事征服和经济剥削。奥斯曼帝国统治者则明确表示不会借鉴西欧文明，仅有个别统治者例外。

在现代早期的大部分时间里，这两大伊斯兰帝国都是沿着各自的发展轨迹继续前进，它们带来的重大变化与西欧或与世界经济几乎没有什么关联。与东亚相比，它们与西欧的联系逐渐增多，而也正因为如此，从 17 世纪末到 18 世纪初西欧开始影响它们的内部发展。

1450 年后，中东和印度的发展演变主要围绕两大新生帝国展开：一个是土耳其人在中东缔造的奥斯曼帝国；另一个是有突厥血统的蒙古征服者建立的印度莫卧儿帝国，它统治着大部分印度教徒。第三个伊斯兰帝国（萨非帝国）也是外来入侵者建立的。穆斯林帝国为它们的亚洲领土带来了政治统一和军事团结。奥斯曼帝国扭转了阿拉伯哈里发帝国留下的衰败局面。在莫卧儿帝国早期，印度实现了史无前例的政治统一。长久以来，这两大帝国的繁华城市和多元经济令到访的欧洲人艳羡不已。

奥斯曼帝国和莫卧儿帝国都遇到了一些重大挑战，尤其是后者。莫卧儿帝国代表的是少数教派和外来政治势力。奥斯曼人尽管与占人口多数的阿拉伯人都信仰伊斯兰教，但却也是外来者，而且他们看不起政治军事实力都很弱的阿拉伯人。18世纪早期，莫卧儿帝国走向衰落，成为欧洲列强大规模渗透印度的好时机。奥斯曼帝国的情况则要更加复杂，原本它可以比罗马帝国存在得更久，但是它在18世纪出现了一系列新问题，同时还要应对新生势力并推行改革。

> **重点问题** 莫卧儿帝国和奥斯曼帝国为其所在地区做出了哪些长期贡献？这两大新生帝国如何管理其所在地区的不同种族和宗教？为什么莫卧儿帝国衰落得更快？

1. 奥斯曼帝国的扩张

奥斯曼帝国在现代早期之前的几百年里就已初现雏形，但其真正发展则始于1453年土耳其人攻占君士坦丁堡。突厥人曾一度从中亚故土迁入中东，效力于哈里发帝国的军队或担任政府顾问。通过这些交往联系，那些仍然留在中亚的突厥人接触到了伊斯兰信仰、城市文化和政府模式。

奥斯曼土耳其人，也就是欧洲人口中的"**奥斯曼人**"（Ottomans），是突厥人的一支，但却并不是最早介入中东事务的突厥人。他们是在蒙古帝国崛起后才进入中东的。大批移民占据了中东北部边缘区域（这是中东唯一的土耳其人聚居区），开始在当地务农。骁勇善战的奥斯曼土耳其领袖开始挑战阿拉伯人和拜占庭军队。奥斯曼人都是满腔热血的武士，他们既有伊斯兰信仰鼓舞士气，又有严明的军纪。到14世纪时，他们的领袖（自称"苏丹"）带领族人在安纳托利亚平原（今土耳其腹地）定居下来。第一位苏丹奥克汗组建了一支新军名为"**禁卫军**"（janissaries），目的是清剿欧洲东南部的拜占庭残余武装。到1400年，他已占领部分欧洲领土。奥斯曼人形容他们对基督教地区的征服是名副其实的十字军东征，14世纪90年代，他们占领了塞尔维亚、保加利亚和希腊。奥斯曼帝国成为阿拔斯哈里发帝国之后最强大的中东国家。

尽管如此，土耳其人斩获的最大战利品还是东罗马帝国首都君士坦丁堡。此前突厥人对它发动的好几轮攻势都以失败告终，后来在苏丹穆罕默德二世（被誉为"征服者"）的领导下，借助大型加农炮和纪律严明的军队，终于在1453年攻下了君士坦丁堡。土耳其人把这座帝都改造成了如今的穆斯林城市，并将其更名为伊斯坦布尔。不久，土耳其人又征服了阿拉伯人统治的叙利亚，控制了希腊群岛，以及拜占庭帝国在黑海附近的最后一块定居地。1517年，土耳其人大败埃及——这

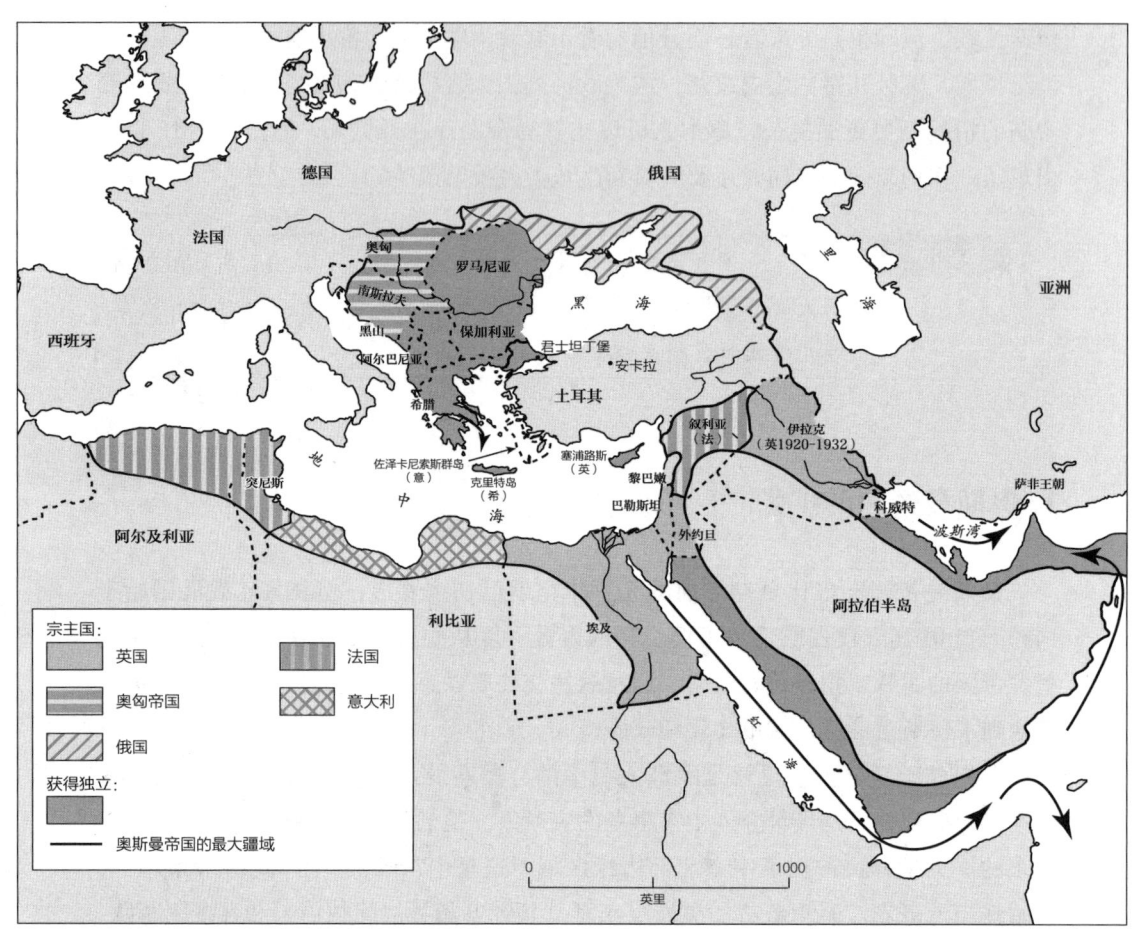

地图20　14—17世纪中叶奥斯曼帝国的扩张

是哈里发帝国倒台后仅存的阿拉伯王国。战胜埃及军队为土耳其人打开了通向北非的大门。奥斯曼帝国由此成为阿拉伯和拜占庭领土的主人，它是中东最大的帝国之一，也是迄今为止中东最后一次统一。

进入16世纪，奥斯曼帝国的征服活动仍在继续。历任苏丹征服了波斯部分地区以及阿拉伯半岛南部的大部分地区，并继续蚕食欧洲领土：他们攻陷了意大利的多座城市，并于1526年占领匈牙利。1529年，土耳其人包围了哈布斯堡王朝的都城维也纳，但最终落败。此外他们还占领了地中海诸岛。1571年，他们占领塞浦路斯岛后在当地建立了土耳其人定居点，与占人口多数的希腊人共处，但是双方之间时有摩擦，而且这种紧张形势一直持续至今。一些小规模的征服活动则一直延续至 1715 年，总体来说，奥斯曼帝国是 16 世纪末至 17 世纪初实至名归的强悍征服者。

此时的奥斯曼帝国已经囊括了欧洲东南部至多瑙河的所有地区。它还占领了克里米亚汗国，这里的主体民族是鞑靼人。奥斯曼帝国几乎将黑海周边地区全部占为己有。除了沙漠地区的阿拉伯人定居点，以及波斯萨非帝国的控制区，奥斯曼帝国已经占领了中东大部分土地；北非大部分地区也为其所控。对圣城麦加和麦地那的统治赋予奥斯曼帝国强大的宗教影响力，苏丹获得了"伊斯兰哈里发"的称号，表明了他们与穆斯林信仰的直接联系；苏丹还要求在清真寺的祈祷词中加入他们的名字。

奥斯曼帝国不仅是伊斯兰世界最重要的力量，还改写了欧洲历史。它控制了欧洲东南部的巴尔干地区，使其免于被西欧直接控制；少数巴尔干人民选择了皈依伊斯兰教。

奥斯曼帝国的成功取决于两个主要因素。首先，奥斯曼人从早期开始就高度重视军队建设和征服行动。和其他帝国一样，奥斯曼人严重依赖征服扩张，这样军队统帅可以得到更多领土，还可以抢掠战俘充当士兵。征服活动的停止往往预示着帝国陷入了困境。

其次，奥斯曼帝国的统治者对占领区的各族人民实行宽容政策。苏丹穆罕默德二世并没有废除希腊正教会，而是任命了一位新牧首独立管理希腊人的宗教事务。基督徒缴纳的人头税要比穆斯林高不少；在欧洲东南部省份，基督徒被迫服劳役，很多年轻人被征召入伍。总的来说，基督教在欧洲东南部的影响力依然强大，而且它在中东地区也有少数信徒，个别基督徒还在奥斯曼政府担任要职。犹太人也得到了宽容对待，表明土耳其人乐于接受这样一个多种族和多宗教的社会。不过，土耳其人对同为穆斯林的阿拉伯人态度不一，他们支持逊尼派而反对什叶派。但总的来说，不论是乌理玛学者还是普通信徒，阿拉伯穆斯林的信仰习惯并没有被打乱。很多奥斯曼苏丹都是虔诚的信徒，他们对宗教和文化的重视程度丝毫不亚于对军事的重视。

苏莱曼一世（1520—1566 年在位）是奥斯曼帝国最伟大的苏丹，他带领奥斯曼帝国走向巅峰。欧洲人称他为"苏莱曼大帝"，富丽堂皇的苏莱曼皇宫令他们啧啧称奇。苏莱曼因其公正严明的统治而被土耳其人尊为"立法者"。他本人并不好战（事实上，画像中的他总是显得忧国忧民），但还是推行了征服政策。正是在他任内，匈牙利王国和中东多地被征服，尤其是从波斯人手里抢占了今天的伊拉克。苏莱曼命人建造了一支大型地中海舰队，希望借此向信仰基督教的西欧发起挑战。他还加强了奥斯曼帝国对北非的控制（主要是阿尔及利亚），与意大利和西班牙争夺北非港口的控制权。晚年的苏莱曼不再为战事伤神，他开始专注于修建新的清真寺。然而他的个人生活并不幸福，为了取悦爱妻，他处死了自己的大儿子，把王位传给了一位不成器的儿子。

在苏莱曼统治时期，奥斯曼帝国的各项制度均告完善，构建了一个成功的政治体制；正是这一体制使得苏丹能够长期治理广阔而多样的领土。理论上，奥斯曼帝国是一个专制国家，帝国的所有财富和土地都归苏丹所有。按照西欧王国的标准来看，奥斯曼帝国每年征收的税种可谓名目繁多。名义上，苏丹享有全部权力，但他本人可以将权力下放给首席大臣大"华西尔"（wazir）。华西尔和其他高官一方面通过行贿受贿搜刮大量财富，另一方面则要设法对付竞争对手，同时还要面对随时会被苏丹撤职乃至处死的风险。

行省执政官被称作"帕夏"（pashas），他们要为自己的官位支付年费。据说一位开罗帕夏为了保住自己利润可观的职位，每年都要向大华西尔缴纳一笔数额不菲的酬金。在帕夏之下，城外大部分土地以封地形式分给土耳其人和其他穆斯林地主，他们负责管辖地的征税和执法。根据征兵或强制征募制度，每位地主都有义务向苏丹提供兵源。权力下放机制刺激了地方统治者和地主从管辖地榨取更多利益。贵族不是世袭制，因为全部土地都归苏丹所有。这项体制曾在实施初期帮助苏丹控制了地方官员，因为他们的任命由中央决定，但是这种短期治理权也驱使地方官在任内极尽剥削之能事。苏莱曼颁布了一套中央集权法典，到19世纪时它已成为适用于整个帝国的统一法律原则。

奥斯曼帝国沿用了早前阿拉伯人的做法，即选用奴隶充当士兵和政府官员，而且这一选用范围还在进一步扩大，来自基督教地区的奴隶可以担任华西尔之下的中央政府官员，这样做既不违背《古兰经》禁止奴役穆斯林的规定，也可以团结非穆斯林——在奥斯曼帝国成立后的二百年里，大部分人口都是非穆斯林。在政府任职的奴隶都受过良好教育，他们陪伴在苏丹皇子们的身边，依据品行和资历擢升提拔。这是一个农业社会做出的不同选择，它也不同于中国的官僚制和封建制，奥斯曼帝国由此成为16世纪治国水平最高的国家。

军队是维护帝国统一的重要力量。除了依靠地主征兵，苏莱曼等历任苏丹还直接掌控禁卫军，其成员主要来自欧洲东南部的基督教家庭，一人入伍可以充抵全家一年的奴隶税。这些年轻人小小年纪就被从家里带走，皈依伊斯兰教，然后被训练成骁勇善战的士兵。禁卫军的人数几乎从未超过1.5万人，因为苏丹也担心他们势力过大难以节制；即便如此，禁卫军叛乱也时有发生。禁卫军士兵不得结婚，因为他们只能忠于苏丹一人，苏丹则会给予他们丰厚的回报和其他好处。但是到了18世纪，禁卫军的斗志有所下降，转而干预起了国家内政，但他们还是为帝国做出了不少贡献。禁卫军训练有素，锐不可当，尤其是在对阵欧洲基督徒时更是所向披靡，土耳其人将这些战争比作圣战。

另一方面，奥斯曼帝国的海军实力则相对逊色。它在地中海东岸活动，但却无法从意大利和西班牙军队那里夺得对大部分地中海地区的控制权。奥斯曼帝国舰队在与葡萄牙争夺印度洋的较量中也以失利告终。奥斯曼帝国缺乏一支商业化的大型海军力量，因此限制了它的海上活动。它利用奴隶充当桨手，这些人对战争漠不关心，只求一逃了之。奥斯曼帝国舰队在苏莱曼时期曾经辉煌一时，但到后来却在1571年的勒班陀战役中输给了欧洲人。不过，奥斯曼帝国的海上军事活动仍在继续，它的舰队不仅部署在地中海东海岸（保护奥斯曼帝国的行省），还出现在帝国控制的北非部分地区。

即使在其鼎盛期，奥斯曼帝国也还是暴露出了某些重大缺陷。它控制着世界上最古老的商业经济体，但却没有大力扶持经济发展。随着地中海作为世界贸易中心的地位被逐步取代，奥斯曼帝国明显陷入不利境地。它投入大量的财力和物力来维持都城伊斯坦布尔的富丽繁华。大部分农活儿都交给了农奴，他们遭受贪婪地主和地方执政官的剥削。这种制度并不利于提高帝国的农业生产力。区域贸易主要由阿拉伯人、希腊人和犹太人承担，帝国能拥有繁荣的城市经济和强大的制造业都要归功于他们。奥斯曼帝国在世界经济中的地位开始下降。由于欧洲人发现从非洲海域起航可以直通亚洲，中东作为亚欧中转站的作用逐渐变得无足轻重。中东和欧洲之间的贸易由西欧人主导，西欧商人在伊斯坦布尔的势力范围越来越大。

奥斯曼帝国支持并鼓励宗教活动，但伊斯兰学者中的名宿一般都是阿拉伯人而不是土耳其人。修建清真寺和宫殿的工作让建筑师和工匠得以一展所长，他们主要沿用早期的阿拉伯风格，某些细节上则带有波斯特色。装饰艺术品大量涌现，比如色彩艳丽的地毯和精美的金属器皿。文学新作乏善可陈；阿拉伯诗歌继续发展，但和哈里发帝国晚期一样主要渲染宗教主题。阿拉伯中学和大学主要教授宗教思想和复杂的伊斯兰法律。埃及成为阿拉伯学者的文化中心，但大部分埃及作家都忙于整理古书，为其编写书评，或为古代穆斯林圣徒著书立传。阿拉伯文明曾盛极一时，但昔日丰富多彩的文化传统却是再未重现。16世纪，土耳其文学开始发展，苏丹鼓励学者撰写本国历史，颂扬领袖人物；土耳其诗人和歌词作者借鉴了波斯和阿拉伯韵文。很多土耳其作品都在讲述先知穆罕默德和托钵僧的生平，这强化了中东文化浓重的宗教倾向。

奥斯曼帝国女性的生活方式依然沿循中东传统。城市女性佩戴面纱，不得抛头露面。位高权重的男性多是妻妾成群。但是大家族里的女性也有一定的社交生活，并有权购买自己中意的商品。上层家庭中的男孩子在7岁以前要在内室抚养，母亲

蓝色清真寺得名于内部装饰的蓝色瓦片，它以巨型圆顶和六座叫拜塔为特征，其前身是苏丹艾哈迈德一世清真寺。

对他们潜移默化，影响深远。女性也有自己的财产，这是她们在家庭中获得话语权的重要条件。

不过，通俗文化方面的创新主要是为男性服务。最重要的变化当属咖啡消费。阿拉伯半岛南部在14世纪首次尝试种植咖啡树，这是一种从埃塞俄比亚引进的野生植物。苏菲派教徒在教派庆典中饮用咖啡，为的是在夜晚的仪式中保持清醒，由此喝咖啡逐渐流行起来。但到16世纪时，咖啡的社会功能进一步扩大，埃及和伊斯坦布尔建起了很多咖啡馆，成为阿拉伯和土耳其男人们的社交场所，就连研磨和烹煮咖啡的各种器皿也都广为流行。1560年，伊斯坦布尔的咖啡馆超过了六百家，其中有些配有考究的小花园，有些则极为简单质朴。阿拉伯商人、非洲和阿拉伯半岛南部的种植园主控制着咖啡贸易。

奥斯曼帝国也保留了一部分军事活动。土耳其领袖最看重本民族的军人品质，尽管他们参战的目的往往是为了捍卫宗教信仰或掠夺艺术品。土耳其人对乏味的政府文官工作毫无兴趣。担任大部分行政职位的不是土耳其人，而是东欧人（主要是斯拉夫人和希腊人）和犹太人。仅有个别华西尔是土耳其人。大部分有文化的官员都是欧洲人、信仰基督教的亚美尼亚人，以及犹太人。权力下放和强大的军事实力将整个帝国凝聚在一起，但是高额税率、强制劳动和征兵又招致民众强烈不满，欧洲东南部人民对土耳其人尤为厌恶。

尽管存在诸多不足，但至少在三百多年的时间里奥斯曼帝国可谓光彩夺目。奥斯曼人的成就可以媲美辉煌时期的罗马等军事帝国。到 21 世纪早期，现代土耳其人的力量不断壮大，为奥斯曼帝国的各种成就继续添砖加瓦。

2. 奥斯曼帝国的新问题

从 17 世纪晚期开始，奥斯曼帝国出现了一些新问题。苏莱曼之后的多位苏丹品行不端，生活腐化。很多苏丹在位时间较短，其中还有几位智力不足。他们沉迷声色，荒淫无度，后宫佳丽，多不胜数。后宫权谋和军人干政成为奥斯曼帝国的主旋律，这或许也是苏丹在政治上无所作为的原因。他们不时也会发起改革以强化中央集权、打击地方腐败官员，但都难有长效，仅能维持现状而已。宗教团体和地方机构组建法庭、提供救济、推广教育、建设公共工程，这也是奥斯曼帝国能够继续存在的原因。政府严格限制某些创新活动，以免煽动人们的反抗情绪。比如，18 世纪之前的奥斯曼帝国全面禁止印刷术。

在 17 世纪的大部分时间里，奥斯曼帝国牢牢地控制着它所占领的领土。它对北非（不包括埃及）的控制力日渐减弱，这在一定程度上是因为其海军实力下滑。北非各国变成了若干小公国，这是 19 世纪之前海盗活动猖獗的根源所在。然而，此时的西欧列强正忙于扩张殖民地，根本无意直接攻打奥斯曼帝国。

1683 年，奥斯曼帝国发起了最后一次征服行动——再次攻打维也纳。声势浩大的土耳其军队花了三个月时间包围了这座城市，但最后却是被日耳曼－波兰联军赶了回来。不久后，哈布斯堡王朝皇帝与俄国彼得大帝结成了一个松散的联盟，合力攻打奥斯曼人。奥地利军队将土耳其人赶出了匈牙利，令奥斯曼帝国蒙受了建国以来的最大挫折。从这时开始，奥斯曼人一直在欧洲东南部和中亚处于守势。18 世纪，俄国人将土耳其人赶出了黑海北岸，奥地利则占领了塞尔维亚的部分领土。

在 18 世纪，奥斯曼帝国的内政进一步恶化。中央对行省总督的控制力不断减弱，几位总督甚至组织叛乱对抗伊斯坦布尔。行省总督日趋腐化，手中权力成了他们大肆敛财的工具。税收起初受到中央政府的约束，此时则愈益沉重。民怨沸腾，但还没有爆发大规模起义。由于阿拉伯人的介入和穆斯林虔诚的宗教信仰，加之苏菲派神秘主义者的领导，民众抗议活动的影响力受到了限制，仅仅是表达了对现状的不满，而且人们关注的焦点也是宗教而不是政治。在帝国的南部边区，一个更加极端的伊斯兰分支教派发起了瓦哈比运动，反对奥斯曼帝国领导人推行的世俗政策。瓦哈比教派组建军队并在 18 世纪晚期一度从土耳其人手中夺取了麦加。

眼看帝国统治发生动摇，欧洲开始加强对中东的经济渗透。此前很早的时候，以法国人为首的欧洲贸易商就已得到苏丹特许，在帝国境内设立了不受帝国法律约束的商业殖民地。法国人、英国人和荷兰人活跃在伊斯坦布尔、叙利亚和埃及。西欧还向中东灌输自身文化影响，因为中东基督徒希望能与天主教会重新建立联系。基督徒开设的印刷厂可以印制阿拉伯语书籍——在1729年之前，土耳其人禁止面向穆斯林发行印刷品。

总的来说，土耳其政治领袖和阿拉伯文化领袖都对帝国的衰落手足无措，尽管政府官员已经意识到了衰落引发的具体问题。帝国政府直到1800年后才推行了成功的政治改革。穆斯林文化人士依然坚信他们比他们的欧洲邻居更优越。因此在1800年之前没有人试着将欧洲的科技著作译成阿拉伯语，穆斯林认为这些学术成果无关紧要。苏丹外聘了多名西欧医生（这确实有点讽刺，因为穆斯林的医学水平与西欧不相上下），却没有看到自身国家与西欧之间的更大差距。很多土耳其商人对西欧都很熟稔，但他们并未把西欧影响带回国内。伊斯兰法律和信仰这层文化外衣，再加上军队和官僚制度，继续保护着这个重要文明，而此时的西欧和俄国正对它虎视眈眈。

3. 来自萨非帝国的挑战

在现代早期的大部分时间里，在里海和波斯湾之间还存在着一个伊斯兰帝国，它用枪炮整合本国领土并与奥斯曼帝国长期竞争。萨非帝国起源于十四五世纪的突厥入侵者与波斯人联手建立的王朝。1501年，波斯人征服大不里士城，正式建立萨非帝国，获胜的军事首领称帝，即"沙阿"（shah）。帝国统治者都是狂热而虔诚的穆斯林，属于伊斯兰教什叶派。这成为他们与西面的奥斯曼人（坚定的逊尼派）不断爆发领土冲突的另一大理由。两大帝国之间的教派冲突时有发生。从1514年的查尔迪兰战役开始，奥斯曼人在与萨非帝国的较量中取得了一些决定性的胜利，但却始终无法消灭这个新对手。

萨非政府将军事和宗教手段结合到一起来维持统治，它还任命了多位波斯官员和宗教学者。在现代早期，萨非帝国统治下的大批伊朗人成了什叶派穆斯林，同周边的阿拉伯人和土耳其人区隔开来。帝国政府将波斯语定为官方语言，大力发展波斯艺术和建筑。18世纪早期，萨非帝国陷入教派冲突和民众叛乱，其所在地区出现权力真空，但是它的文化成就却是经久不衰。

讨论历史：枪炮及其影响

说起现代早期的世界历史，我们往往会把枪炮与欧洲人联系在一起。毫无疑问，枪炮对欧洲人的世界贸易和殖民活动功不可没，尤其是舰载火炮。枪炮对现代早期的欧洲史也具有重大意义，它们让封建战争和城堡等据点变得不堪一击。攻城炮将贵族城堡炸成废墟，迫使贵族另寻出路，极大地动摇了封建政治和封建伦理观。

不过，历史学家们开始更多地研究起枪炮在其他文化中的作用。火药由中国人发明，但是游牧民族很快就悟出其妙用。蒙古人崛起靠的是精湛的骑射本领而不是攻城炮，但他们却借助火炮攻陷了中国、罗斯公国和伊斯兰地区。奥斯曼帝国的禁卫军是炮兵部队，这是奥斯曼人扩张的推动力。巴布尔是印度**莫卧儿帝国**（Mughal empire）的开国皇帝，他也是利用加农炮帮他实现了建国伟业。在亚欧各大帝国的形成过程中，枪炮发挥了毋庸置疑的重要作用。其中一个重要后果就是游牧部落的入侵减少了。尽管蒙古人和其他游牧部落最初也擅长使用火炮，但从长远来看，发展军工和改良武器装备都离不开有大量税收打底，即依赖政府。这是现代早期游牧民族逐渐衰落的重要原因。

枪炮也使得陆上火药帝国的未来发展变得更加复杂。有了枪炮，无须有效沟通或实施行政手段就能实现领土扩张。在奥斯曼帝国和莫卧儿帝国，领土扩张的一个重要结果就是中央集权弱化和地方军事实力壮大，致使帝国国力衰微。西欧国家的国土面积更小，它们建立了有效的官僚制度和税收制度，成为俄国的选择性模仿对象，所以西欧和俄国比伊斯兰帝国拥有更多的竞争优势。最终枪炮打破了全球权力平衡，使之向欧洲倾斜——这个列强争霸的故事回到了我们更加熟悉的道路上。但是该过程中的复杂性需要引起注意：在14—17世纪这段转折期，枪炮和帝国之间的关系发生了变化。

4. 莫卧儿帝国：入侵、整合及衰落

15世纪的印度依然为地方割据反复出现这一问题所困扰。穆斯林建立的德里苏丹国一度控制了印度北部大部分地区，此时则不过是众多地方邦国之一；大部分地方邦国都由印度王公统治。

16世纪初的另一场入侵改变了印度局势，这也是蒙古大征服时代的最后绝唱。1526年，阿富汗部落首领巴布尔向印度宣战。巴布尔是一位有着突厥和蒙古血统的穆斯林，他率军翻过印度西北山口，这是入侵印度的传统通道，在四年时间内征

服了北部平原的大部分地区。

巴布尔的成功得益于印度政局分裂,地方邦国无法齐心协力共御外敌。但他并不是历史上常见的那种入侵者,他的目标不是劫掠,而是要为自己和子孙后代创立一个新帝国。他作战勇敢,杀伐果断,但也热爱园艺和诗歌,他在晚年写下的《回忆录》中抒发了自己对人类的悲悯之情。他爱惜书籍,总是从占领区的图书馆收集各种珍贵典籍。他把新帝国命名为"莫卧儿"(Mughal),它取自波斯语"Mongol";而巴布尔及其后人的财富也让人们灵感迸发,发明了英语词汇"mogul"(商业巨头)。莫卧儿帝国在早期确立了严肃的政治目标,它并不是一个贪慕虚荣的企业。为了巩固新王朝,巴布尔对印度教信徒宽容以待,而且他本人还曾仔细研究过印度教传统。

巴布尔真正的继承人是他的孙子阿克巴;由于他的儿子体弱多病,继位问题还曾引发短时混乱。1555年阿克巴正式登基,最初他只能控制巴布尔王朝的部分领土,后来他将莫卧儿帝国发展成为印度历史上最庞大的帝国之一,颇有昔日孔雀王朝的风采。阿克巴的傲人成就赢得了欧洲人的尊重,称其为"伟大的莫卧儿"。阿克巴勇猛异常,甚至到了蛮勇的地步。孩提时代的阿克巴就喜欢骑战象,他热衷打猎,曾只身一人剑劈猛虎。他还是一位出色的枪手(穆斯林把枪支带到了印度)。但是阿克巴也是一位有涵养的君主,他热衷收藏书籍,资助绘画和建筑事业。在他统治期间,帝国文化达到顶峰。阿克巴对印度教高度宽容,他娶了一位印度教公主,允许宫中印度教女性公开组织宗教活动,这堪称穆斯林君主的一项创举。他甚至还听过葡萄牙耶稣会教士布道(他们从印度西海岸进入他的领土),尽管他从未被基督教劝服。阿克巴曾有过一个不成熟的想法:将印度教和伊斯兰教整合成一个新宗教,但最终却是不了了之。

阿克巴王朝的统治基础是强大的军队和务实的政府。他的军队在鼎盛期曾达到14万人,其规模超过了当时欧洲强国的军队。不仅如此,他还建立了职能明确的官僚机构,设立专业部门分别处理财政、法律和军队事务。阿克巴政府的行政改革借鉴了阿富汗的经验,并由他的印度教宰相加以细化。他任命了十八位行省总督"苏巴达尔"(subahdars),负责主要区域的行政管理。统一了北印度之后,阿克巴开始征服南部的德干高原地区。阿克巴确立的法律制度比较温和,在他看来,某些印度教传统过于极端,因此他提出取消"萨蒂"(寡妇为丈夫殉葬),禁止童婚(将男女法定婚龄分别定为16岁和13岁)。阿克巴致力于统一帝国的语言,学者们结合不同语言发明了乌尔都语,又称印度斯坦语,作为官员的标准用语,最终在少数民族尤其是穆斯林中间传播开来。乌尔都语是一门吸收了波斯语、土耳其语和印地语词汇的混合语言。时至今日,乌尔都语与印地语和英语一道成为这个次大陆国家的三大语种；乌尔都语还是巴基斯坦的官方语言。

总之，阿克巴和他的大臣们建立了一套有效的征兵制度和基于地产的税收制度。这两项制度连同对行省官员的任命制成为印度沿用几百年的政治模板。阿克巴政府的高税收并没有阻碍北印度实现经济繁荣。穆斯林为印度带来了一个稳定的政府和各种新产品，比如纸张。尽管印度与西欧之间的航运日渐增多，但它与东南亚香料等产品的贸易依然热度不减。

莫卧儿帝国在阿克巴时代进入鼎盛期，但它还是在19世纪走向没落。阿克巴的几任继承者虽不及他出色，但都延续了他的征服政策；17世纪上半叶，在占领印度南部之后，帝国版图达到极盛。莫卧儿帝国继续支持艺术事业，涌现出不少肖像画家，他们吸纳了一些西欧艺术影响，比如帝王头上的光环。莫卧儿帝国的艺术风格独树一帜，有别于中东传统，比如与众不同的肖像画。在建筑方面，穆斯林风格的影响进一步扩大。在沙贾汉一世统治期间（1627—1658年在位），印度修建了伟大的泰姬陵。它的设计出自一位土耳其建筑师之手，它的建造耗时十四载，起初是为了纪念沙贾汉心爱的妻子，后来沙贾汉死后葬在爱妻身旁。在当今世界上最美建筑的评选中，泰姬陵经常位列第二或第三名。因而，在美术和建筑方面，莫卧儿帝国对印度艺术和文化做出了重大贡献，其意义不亚于乌尔都语的发明。欧洲天主教传教士来到印度后领略了印度文化之根深蒂固，他们没能改变印度人的信仰；在这方面，只有葡萄牙人占领的果阿邦是一个例外。很多传教士还接受了印度人的观念和作风。

印度经济的持续发展势头至少保持到了17世纪后期。欧洲贸易商蜂拥而入，抢购商品，包括色彩艳丽的棉布和其他制成品；他们用亚洲其他地方的香料等产品和美洲的白银作为交换。

到了17世纪中期，帝国统治开始动摇。沙贾汉放弃了对印度教徒的宽容之举。他依然允许印度教徒在政府任职并继续资助印度教诗人和音乐家，但却下令拆除很多印度教神庙。他派兵攻打东部的葡萄牙人定居点（加尔各答），但是庞大的印度军队却没能轻易拿下区区千人的葡萄牙士兵，因为后者武器精良，这也是未来西欧列强称霸印度的一个危险预兆。很多基督教堂被毁，数千名皈依基督教的印度人被杀。税率一提再提，为的是负担奢华宫廷的开销。赋税畸高迫使很多农民背井离乡，农村犯罪率快速攀升。

在沙贾汉的儿子奥朗则布统治期间，莫卧儿帝国内部的矛盾开始加剧。奥朗则布（1658—1707年在位）是帝国最后一位知名皇帝，他将父亲软禁陪都，篡权继位。奥朗则布确实采取过减税措施，但他却打着伊斯兰法的旗号打击大多数印度教信徒，破坏了更多的神庙，提高了印度教信徒的人头税。有意供职政府的印度人必

除了泰姬陵之外，恐怕再也找不出哪座建筑能够代表印度文明的灵魂。沙贾汉为纪念爱妻修建的这座陵墓优雅高贵，极富美学价值。陵墓的白色大理石上镶嵌着半宝石刻成的花朵和几何图案。沙贾汉夫妇的棺椁摆放在中央大厅，大厅的窗户和雕花大理石屏风为这座建筑平添了几分轻盈感和精致感。

须皈依伊斯兰教。在莫卧儿帝国统治的大部分时间里极少发生印度教信徒叛乱，如今却是屡见不鲜。这些反抗活动将南部的地方王公集结在了一起，他们在过去曾阻截过莫卧儿帝国征服德干地区。一位名叫希瓦吉的南部印度教领袖呼应印度人民的民族主义热情，在德干地区建立了一个新王国，奥朗则布对其发动军事打击想要将其制伏，但他直至逝世也未能如愿。

另一个重要的反抗运动中心位于印度西北部。为了对抗穆斯林的影响，印度在16世纪创建了一个名为锡克教的新宗教。锡克教与印度教紧密相关，其信徒自称是祖师（神的使者）的门徒。锡克教信仰吸收了印度教的仪式和观念，但它采取的手段甚为激进。锡克教摒弃了种姓制度，创建了军事兄弟会，致力于在世俗事务包括圣战中发挥更重要的作用。印度教宣扬的冥想逐渐被淡忘，尽管锡克教神庙还保留着很多印度教仪式，仍旧相信轮回转世。随着莫卧儿帝国走向没落，锡克教徒建立了自己的地方王国，其统治一直持续到1849年。头裹长巾的锡克教徒中不仅有勇猛的战士，还有商人和农民。从17世纪开始，他们作为印度重要的少数教派与人数更多的穆斯林共同生活在一起。

到奥朗则布去世时，印度已经分裂为三个主要国家：最大的莫卧儿帝国、新德干王国和锡克王国。南部地区还有很多小国，东海岸和西海岸则零星分布着欧洲人的定居点——葡萄牙人的果阿邦，英国人和法国人占据的港口城市。在莫卧儿帝国内部，印度教信徒和穆斯林屡生冲突。很多印度教信徒都创立了自己的社区，坚持执行他们的宗教仪式，为的是在这个他们无法融入的国家捍卫自己的身份。进入 18 世纪后，在奥朗则布继任者的统治下，莫卧儿政府变得更加保守，效率低下。不仅政治统治软弱无力，教育系统也备受打击，这要归咎于印度教徒遭到孤立，政府对此漠不关心，经济形势恶化。在帝国晚期，商人背负了沉重的税收负担，因为政府并不支持商业发展。就像十七八世纪的亚洲其他地区一样，印度的技术发展也是停滞不前。

总之，一个以光明灿烂前景开局的帝国开始迅速衰败。偏执和狭隘（不宽容）似乎是帝国覆灭的关键原因，而大部分印度教信徒也依然坚守自己的信仰不放。在这种情况下，莫卧儿统治者已是四面楚歌，难有作为。

5. 西欧入侵莫卧儿帝国

18 世纪的印度日渐衰弱并渐趋分裂，对欧洲来说，这可是干预印度千载难逢的大好时机。西欧商业公司开始深度介入印度政治事务，此乃它们维持稳定商业运营的必要之举。可以说，这是现代早期新世界经济给亚洲带来的最重大影响。欧洲列强（主要是英法两国）在争抢印度的过程中冲突不断，强化了它们干预印度的动机。欧洲士兵人数不多，但武器精良，这令他们在四分五裂的印度领土上所向无敌。

到 18 世纪时，葡萄牙在印度的地位已是微不足道；果阿殖民地依然存在，但是自从遭到莫卧儿帝国的打击后，葡萄牙人再无能力建造其他定居点。荷兰的影响力也在逐渐下降，因为荷兰人正忙于治理它在印尼群岛的重要据点。在 17 世纪，法英两国在这座次大陆上建造了一些小规模的据点，通过与地方王公讨价还价获得了对港口的控制权。英属东印度公司在加尔各答设立了一个商站，方便它获取恒河河谷的巨大财富。东印度公司对英国政府有很强的影响力，因此它得到了强大英国海军的护航，它的海运路线畅通无阻。相比之下，法国殖民者就缺少国内的有力支持，因为政府的注意力都在欧洲战场。法国人更热衷传教，英国人则一心谋求商业利润，对印度教传统不予理睬。

18 世纪中期，法英两国的印度之争愈演愈烈。双方都在拼命拉拢地方王公与自己结盟。1744年两国在印度爆发了正面冲突，此时正值英法七年战争期间。法国人与地方王公之间的紧密联系让英国官员提高了警惕。1756年，一位印度地方首领带兵收复了加尔各答，他下令把英军战俘囚禁在"黑洞"，这是英国人建来用作监狱的地下掩体，导致很多英国官兵窒息而死。这一行径令英国大为震怒。东印度公司的武装重新占领了加尔各答，它向地方王公行贿，夺取了更多法国在印度控制的领土。法国在印度的影响力遭受重创，英国决定趁机占领加尔各答的腹地孟加拉，尽管当时还没有明确的作战计划或意图。不久后，英国从荷兰人手里夺下了斯里兰卡岛（当时称为"锡兰"）。尽管英军人数较少，但他们的精良武器（包括野战火炮）在与印度统治者的较量中起了决定性作用。在这段时期，英国凭借强大的海军实力将其他欧洲国家远远甩在身后。因而从1764年开始，大英帝国在印度真正站稳了脚跟。除了印度尼西亚和美洲，印度也成为西方列强在1800年之前斩获的重要殖民地。

真正的英属印度历史始于18世纪晚期，当时英国政府开始积极插手印度政务，支持东印度公司这个准政府。事实上，在1800年之前，英国对这个次大陆国家的控制并不彻底。莫卧儿帝国的实力虽然大不如前，但它依然存在；锡克王国等地方王国也是如此。英国借助武力占领了更多领土，但它也乐于与地方王公合作，不干预他们的内部事务；然而，这种状态从1800年后发生了改变。

不过，英国在印度的商业活动，以及法国和荷兰的部分商业活动，早在印度变为殖民地之前就对它产生了重要影响。整个18世纪，印度逐渐被卷入西欧主导的世界贸易网络中。与印度尼西亚类似但不同于美洲，印度的制造业比较发达，农业根基扎实，人口数量庞大。欧洲商人急于攫取印度的财富，同时又担心印度制造业与本国制造业竞争。18世纪早期，英国开始对进口棉花加征高额关税。棉纺织业是印度的主要工业之一，但却是英国刚刚起步的新兴产业，通过限制印度棉布进入英国市场，伦敦有效地减少了印度在世界贸易中的机遇。英国商品（包括纺织品）大量倾销印度，数十万印度纺织工人被迫失业。反过来，印度则向英国出口黄金和农产品，比如茶叶；这些农产品都是出自商业庄园，由那里的低薪雇佣劳工负责打理。英国贸易中介对印度纺织品生产发号施令，规定工人薪资和工作条件，英属东印度公司更是收取印度黄金来抵付他们的管理成本。

这些经济剥削政策并不能代表英国对印度的最终态度。随着大英帝国在1800年后走向成熟（尤其是在1830年后），它与印度的单向型经济关系也逐渐发生好转。然而在19世纪早期，印度依然是欧洲的主要财富来源地之一。一位18世纪的印度人这样描述当时英国人对他们的剥削：

> 他们（英国人）对这个王国的百姓熟视无睹，毫不关心百姓死活，以至于在他们的统治之下，到处都能听到人们的抱怨，抱怨自己过着穷困潦倒的痛苦生活。

可以肯定的是，也有一些印度人欢迎英国人的统治，他们觉得这要好过残暴的穆斯林当权者。到1800年，一半印度领土仍然掌握在印度人手里（这主要指与英国殖民当局保持松散同盟关系的独立王国），他们并没有受到英国人的严重干扰。但是在以英国为首的欧洲影响下，盛极一时的莫卧儿帝国迅速衰落。印度教依然是信徒最多的教派，但它再也没有提出有分量的哲学和艺术论述。印度中学和大学教育死气沉沉。印度制造业停滞不前，阿克巴时代的经济繁荣一去不返。

印度社会的基本结构：家庭、村庄和种姓制度，仍然有效地管理着人们的日常生活。莫卧儿帝国留下的政治遗产就是印度教信徒和穆斯林关系的恶化，以及帝国自身的衰落。随着18世纪临近尾声，印度再次被外来势力征服。英国人依靠的是优越的军事技术，而不是人数优势——早前的穆斯林统治者也是如此。英国人关心的是商业利益，穆斯林在意的目标则是宗教。从很多方面来看，英国殖民统治进一步巩固了印度根深蒂固的传统：长期屈服于外部统治，坚决捍卫地方统治和宗教制度，但却始终无法找到一条有效的政治或军事出路。在1800年的时候，谁都无法预料英国人的统治能否最终推翻印度的上述传统。

6. 亚洲帝国的崛起与衰落

印度、波斯和中东都在现代早期建立了伟大的帝国，但是面对西欧文明的快速变革和扩张，这些盛极一时的帝国都没能阻止其所在地区的衰落。大部分普通人尤其是农民的处境都未发生明显改变。税率不断提高（贪得无厌的奥斯曼帝国行省总督一再增加税收），经济形势日渐恶化（这在印度表现得最为明显），但基本格局却是一如往昔。

上述现象与同期的中国很有几分相似之处，中国也追赶不上西欧的创新步伐。但是在中东，尤其是在波斯和印度，这种衰败局面要来得更快。没有一个穆斯林帝国敢提出一项严格的孤立政策，因此越来越多的欧洲商人开始进入这些地区。与中国不同，奥斯曼人没能与扩张中的沙俄帝国达成长久协议；这一方面是因为他们距离俄国腹地更近，另一方面则是因为俄国想要控制更多的温水港，同时与中东的东正教会建立直接联系。对穆斯林来说，他们并不愿意模仿西方，就像此前他们长期被讥讽为蛮族也不愿意模仿中国。

1700年后，这些帝国首次出现衰落迹象。英国蚕食了越来越多的印度领土，凸显了印度的软弱和西欧的野心。中东一样脆弱不堪。1798年，野心勃勃的法国司令官拿破仑率领一支海上远征军开进埃及，在短暂交火后就征服了该地区。这只不过是当时欧洲历史上的一段小插曲，拿破仑很快就返回法国去开拓更伟大的事业，结果法国舰队被英国海军完全摧毁。尽管如此，穆斯林还是被深深地震撼了：一支小小的欧洲武装竟然击败了奥斯曼帝国一个强大的行省。到1800年，西欧对土耳其人和阿拉伯人的威胁、西欧对印度人的统治成为这些帝国需要面对的首要问题，虽然这些重要的政治势力早在十六七世纪就已浮现。

7. 通往现代之路

莫卧儿帝国在19世纪早期灭亡，奥斯曼帝国于20世纪初终结。这两大帝国长久以来取得的的功绩值得被后世铭记，但是帝国衰落掩盖了它们的政治和军事成就。

莫卧儿帝国为现代（世界）留下了诸多影响：穆斯林在印度次大陆的稳固地位，乌尔都语成为新的通用语，以及一大批独具特色的艺术作品。很多典型印度风格的艺术形式都要归功于莫卧儿皇帝的保护，以及他们对各种艺术门类的支持；如今印度的很多传统美食也要追溯至莫卧儿帝国时代。

萨非帝国复兴并强化了波斯人的文化和政治认同感，其影响一直延续至今并为伊斯兰什叶派留下了一个强大的阵地。今日伊朗表现出的很多特征都与这些重要影响不无关联。

至于奥斯曼帝国留下的遗产，它将中东北部的突厥民族整合如一，并在巴尔干地区为穆斯林少数群体建立了定居点——在这里，各种传统和矛盾紧紧交织在一起，至今仍在引发暴力冲突。奥斯曼人的艺术和工艺传统流传至今；奥斯曼苏丹建造了传世建筑，主要是伟大的清真寺；当地的陶罐、精密金属设计和皮革加工依然带有奥斯曼风格，既表现了该地区的独特品位，也为当地的经济发展注入了活力。

延伸阅读

相关历史考察：Gulru Necipoglu, *The Age of Sinan: Architectural Culture in the Ottoman Empire* (2005); Donald Quataert, *Consumption Studies and the History of the Ottoman Empire* (2000); Rifa' at Ali Abou-El-Haj, *Formation of the Modern State: The Ottoman Empire Sixteenth to Eighteenth Centuries* (2005); Nabil Matar, *Turks, Moors & Englishmen in the Age of Discovery* (1999), *In the Lands of the Christians: Arabic Travel Writing in the Seventeenth Century* (2003); Colin Imber, *The Ottoman Empire, 1300-1650: The Structure of Power* (2002); Elisabeth Ozdalda, ed., *Late Ottoman Society: The Intellectual Legacy* (2005); Nancy Bisaha, *Creating East and West: Renaissance Hunanists and the Ottoman Turks* (2004); Daniel Goffman, *The Ottoman Empire and Early Modern Europe* (2002); Eunjeong Yi, *Guild Dynamics in Seventeenth-Century Istanbul: Fluidity and Leverage* (2004)。其他参考文献：Suraiya Faroqui, *The Ottoman Empire: A Short History* (2008); Madeline C. Zilfi, *Women and Slavery in the Late Ottoman Empire* (2010); Gábor Ágoston, *Guns for the Sultan: Military Power and the Weapons Industry in the Ottoman Empire* (2005), *The Ottoman Empire Sixteenth to Eighteenth Centuries* (2005)。

莫卧儿帝国：Catherine Asher, Cynthia Talbot, *India Before Europe* (2006); Farhat Hasa, *State and Locality in Mughal India: Power Relations in Western India, c. 1572-1730* (2004); Ruby Lal, *Domesticity and Power in the Early Mughal World* (2005); Michael Herbert Fisher, *Visions of Mughal India* (2007); Kalindi Kumari, *Status of Hindus in Mughal India* (2006); M. Athar Ali, *Mughal India: Studies in Polity, Ideas, Society and Culture* (2006); Daniel Goffman, *Britons on the Ottoman Empire* (1998); Asli Curakman, *From the "Terror of the Word" to the "Sick Man of Europe": European Images of Ottoman Empire and Society from the Sixteenth Century to the Nineteenth* (2002); Lynda Corrol, ed., *Historical Archaeology of the Ottoman Empire: Breaking New Ground* (2000)。

中东概况：L. S. Stavrianos, *The Ottoman Empire: Was It the Sick Man of Europe?* (1957)（对重大问题的解读）; Douglas E. Struesand, *Islamic Gunpowder Empires: Ottomans, Safavids, and Mughals* (2010); Stanford Shaw, *History of the Ottoman Empire and Modern Turkey, Vol. 1, 1280-1808* (1976); Peter F. Sugar, *Southeastern Europe Under Ottoman Rule, 1354-1804* (1977)。印度：M. Prawdin, *The Builders of the Mogul Empire* (1963); P. Spear, *Twilight of the Mughals* (1951)。莫卧儿帝国的文化发展：Gavin Hambly, *Mughal Cities* (1968)。伊斯兰世界概况：Ira Lapidus, *A History of Islamic Societies, 2nd ed.*, (2002)。

第 20 章
东亚：政治及贸易的重大发展趋势

在现代早期，东亚对西欧和新世界经济的回应与俄国大不相同；而且东亚的情况也有别于穆斯林帝国。中国、日本和朝鲜没有进行任何西方化尝试，尽管日本曾一度跃跃欲试。由于在地理位置上离西欧最远，加之其固有的文化属性（对外来影响有高度的选择性），东亚与亚洲其他地区判然有别。在这段时期，中日两国出现了不同的发展趋势。中国凭借其稳固的制造业基础深度融入世界经济。日本则置身世外，正在酝酿重大的文化和政治变革。

15 世纪后西欧主导下的全球联系逐渐深化，面对这一情形，中国和日本都采取了新的对策。在过去的半个多世纪里日本深受西欧影响并参与了白银贸易，但此时它却明确提出要闭关锁国。中国的决定则要复杂得多。宋朝和明朝早期雄心勃勃的远洋贸易早已一去不返。虽然中国商人依然活跃在菲律宾和东南亚一带，但也仅限于此。事实上，是世界贸易主动向中国靠近，而不是中国积极投身世界贸易。但不管怎样中国还是加入了世界贸易，并且回报丰厚，毕竟中国的丝绸等奢侈品世间罕比。中日两国并没有把西欧人统统拒之门外，但却认为他们无足轻重、可有可无。中日两国的上述政策在现代早期还是比较成功的，但到 18 世纪早期，随着西欧的技术创新不断加快，这种部分孤立政策也为两国的未来发展埋下了隐患。

> **重点问题** 现代早期的中国在世界经济中处于什么地位？中日两国对待西欧和世界经济的态度有何异同？日本在现代早期发生了哪些最重要的变化？

1. 中国：王朝复兴

蒙古人在中国的统治（1271—1368）不足百年，由于统治时间较短，所以没有在中国历史上留下太深的印记，汉族知识分子与统治阶级更是离心离德。事实上，元朝的存在再次证明了中国文化强大的同化能力。蒙古人的统治并未扼杀中国的经济活力，但是由于元朝末期黄河频繁泛滥，华北地区出现大面积灾荒，最终引燃了农民起义。1368年，起义军打败了蒙古人。起义军领袖朱元璋是农民出身，他率军占领了元都北京，定国号"大明"（"光明"之意），明朝统治一直持续到1644年。

明朝统治早期，朝廷组织了穿越印度洋的贸易远航，声势浩大，盛况空前，但到1433年这些远航戛然而止，理由是成本高于回报。从1000年左右开始，中国的远洋航行便日渐增多，成绩骄人，可是明朝后期政府却颁布"禁海令"，这一决定对中国在现代早期的发展造成诸多重大影响。不过明朝做此决定也是为了节省开支修建都城，防范蒙古人卷土重来。中国商人继续在东南亚一带广泛活动，并定居菲律宾、马来西亚和印度尼西亚，增加了当地的文化多样性；他们虽然人数不多，但对20世纪之前地方和区域贸易的发展却是功不可没。

在西欧人眼中，一个社会是否具备发展活力，要看它开拓新领土或发掘新贸易优势的能力，他们对中国的决定难以理解，认为这是衰落的先兆；事实上，中国退出远洋航行并未给自己带来严重负面影响。朝廷小心谨慎地处理与西欧的联系，只许西欧商人经澳门港与中国进行贸易。朝廷内部党争迭起，其程度比此前各朝都要严重，但是皇帝巩固了对帝国广阔疆土的控制。官僚制度运作良好，朝廷派出监察御史到各地巡视，防止地方官员贪腐。内陆经济持续发展。工业规模扩大，纺织品和陶瓷产量提高。与东南亚的持续贸易往来为港口城市带来巨大的财富。农业产量提升，人口稳步增加。中国的经济成就引人注目。中国商品广销海外，欧洲人从17世纪开始将瓷制餐具称为"china"，中国从世界贸易中赚取了更多的利润。中国成为新世界白银的最大流入地。明朝政府开始要求百姓用白银纳税。

中国历史学家将明朝的特点概括为"不越祖制的变革"。这句话总结了明朝在大航海时代结束后的发展情况。中国社会在早前构建起来的框架内继续运转。学术领域没有突破，社会结构没有调整，缙绅之士依然位居社会上层。不论是贸易扩张，还是东南亚城市涌现的华商群体，都没有改变既成的社会优先顺序。文化活动的重点是总结不断扩展的医学、农业和技术知识，传承戏剧和诗歌，传授儒家哲学思想。家庭结构依然稳固，男人是一家之主，人们要尊敬长辈，祭祀祖先，传宗接代。

17世纪初，明朝开始走向衰落。皇帝软弱无能，官员严重贪腐，加之大旱不断，疫情连连，民众流离失所，农民起义不断增多。叛军和流寇四下作乱，所过之地荡然一空。农民起义军攻入京城，明朝末代皇帝被迫自缢而亡。满族人趁着明朝内乱之际于1644年建立**清朝**，直至1911年灭亡，存在了近270年。清朝是中国历史上最后一个封建王朝。

和以往的新建王朝一样，清朝成立初期也是百废俱兴。虽然在汉族人眼中满族人就像蒙古人一样是异族，但是满族人组建了八旗军维护其政权。从总体来看，他们很快就形成了家族统治模式，但高度依赖官僚体制——担任政府要职的多是汉人，尤其是受过教育的学绅。皇帝本人也大力倡导儒学。和大多数早期王朝一样，满族人在建国后大力开疆辟土。他们将蒙古人逐至漠北，将帝国边境延伸至穆斯林控制的中亚，并获得了对西藏的有效管辖权。清朝出兵收回了台湾岛。最后，清朝皇帝还收到了越南和缅甸等邻国的朝贡。康熙帝（1662—1722年在位）主持的全面征服大获成功，这是他将满人的骁勇善战和汉人的运筹帷幄相结合的成果。康熙本人熟读儒家经典，支持文化领域百家争鸣，给予汉人士大夫以社会声望和仕途机会，后者对康熙帝推崇备至。

康熙帝和他的继任者都致力于强化中央集权，这也是中国早期王朝留下的另一项强大传统。政府扩充仕学院（培养未来官员的学堂），设立内务府管理官员、处理各级官员定期上报的奏折。朝廷还制定了惩治地方叛乱分子的专门法规（《大清律例》）。村长负责处置所辖村子中那些犯罪或躲债的村民。中国仍然是世界上管理最严密、集权化程度最高的国家。地方和中央政府的职能相互交织，并未像西方传统那样真正区分公利和私利。

在这段蓬勃发展的时期，清朝继续严格管理欧洲与中国之间

17世纪来华耶稣会传教士费迪南·韦尔比斯特（中文名南怀仁）。耶稣会士尊重中国文化，小心谨慎地进行传教工作。

的联系。康熙帝与扩张中的沙俄帝国签订了一份划界条约，双方同意以阿穆尔河（黑龙江）为两国边界。这份条约遏制了俄国向中国扩张，尽管俄国人仍在向东逼近西伯利亚。从16世纪开始，明朝政府便允许少数西欧耶稣会士进入中国传教，主要是因为他们带来了实用的科学和技术知识，还有高级钟表。这些传教士也在认真汲取中国文化，他们认可中国人的祖先崇拜并穿起了儒家服饰。但是进入18世纪后，清政府开始对中国本就为数不多的基督教徒施加限制。

允许葡萄牙人在澳门居住正是中国政府限制西欧的手段。尽管也有不少官员希望把葡萄牙人赶出去，但主流观点还是认为：让他们待在可以严格监管之地反而更安全。事实上，在一个固定区域控制他们比监控他们的公海活动要容易得多。一位总督这样说道：

> 我方军队只需驻守周边海域就可防范外来者。只要发现他们图谋不轨，我们就能将他们逼入绝境。如果放任他们进入公海，我们又该如何惩治那些外国作乱分子，如何制服他们，保护自己？

到1800年，中国与西欧的文化交流始终都是不温不火。这是因为中国对外商和传教士的活动有严格管制，加之中国人对本国实力高度自信。英国等西欧国家希望与中国加深贸易联系，但屡遭拒绝。1793年，英国使团出访清朝，一位使臣说清政府把他们当成来朝贡的低等国家对待。乾隆帝回绝了英国使团提出的开放更多通商口岸的要求，他写了一封长信给英王乔治三世，解释了中国不需要英国商品的缘由。

解答问题　如何管理粮食供应？

粮食供应算不上现代早期的新问题。但是各地人口增长，加之人口格局变化，迫使百姓向朝廷寻求保护以免受饥馑之苦，由此也就产生了一些新的矛盾和新的尝试。

法国从17世纪晚期开始频繁发生民众暴乱，原因就是粮食短缺和食品价格上涨。带头起事的人往往是义愤填膺的妇女，因为她们要负责全家人的吃饭问题。普通百姓认为商人巧取豪夺，政府应该严加管束。他们也反对所在地区的粮食出口，认为第一要务是让他们先填饱肚子。从道德层面来看，这些民众暴乱其实再正当不过。

中国一向都有人民起义的传统,因此朝廷总在想方设法避免粮食短缺。清政府也渴望证明自己的执政能力。18世纪早期,除了粮食买卖之外,朝廷开设粮仓储备粮食,春耕时向穷苦农民出借粮食,秋收时再收回。朝廷官员奉命将储备官粮运往饥荒之地。但是这些措施并没有阻止粮食危机引发的暴动。在1742—1743年间的粮食危机中,饥饿的农民抢夺了富裕地主和商人手中的粮食,他们指责这些人哄抬粮价挣黑心钱。18世纪晚期清朝的仓储制开始动摇,这是政府施政能力下降的另一个标志。很多地方官严重贪腐,无心也无力筹措充足的兵源供朝廷平息骚乱。

奥斯曼帝国政府主要向城市供应粮食,包括圣城麦加和麦地那。同样是到18世纪后期,政府职能开始失效。很多官员和军人都在私自贩粮谋利。政府颁布的控价令形同虚设。人民起义爆发,但被武力压服。

百姓和政府都希望解决粮食供应问题。周期性粮食歉收是农业经济的组成部分,但是城市扩张和人口增长给粮食问题造成了新压力。在很多时候,粮食问题都演变成了史无前例的政治问题。

重点问题 普通百姓希望政府如何解决粮食问题?在现代早期的中国和法国,为什么粮食问题会演变成政治问题?

2. 文化和社会发展的新问题

有清一朝,汉族传统文化受到推崇,中国的文学和哲学经典格外受到重视。18世纪,中国的文人墨客热衷收集文玩字画,评点古人作品,而不是追求风格和内容创新。人们做了大量文化工作;许多官僚和文人都在写诗作画,创作书法。但是他们的创作缺少新意,主题俗套,固守传统。哲学也是如此,学者们多在阐述古人思想,评注早期著作。因而相比之下,过去的中国人不仅尊重传统还多有新思,如今他们的创造力似乎枯竭了。

中国也没能实现重大技术突破。自从明朝早期改进了航海设备之后,明清两朝再未有过重大技术成果。中国对待欧洲精良武器的态度很能说明问题。十六七世纪,中国人制造的加农炮比之欧洲毫不逊色,尽管他们不是开创者。事实上,他们对自己不是开创者并不在意;他们对加农炮也不感兴趣,而是满足于组装落后武器,比如滑膛枪和手枪,他们相信自己的陆上防御能力足以遏制任何胆敢来犯的洋夷。中国在基础技术创新方面少有建树,但得益于朝廷支持和商人努力,并未影响

明朝画家沈周的题画诗。(载鹤携琴湖上归,白云红叶互交飞。侬家正在山深处,竹里书声半榻扉。)

中国经济。明末清初之际,中国的制造业、城市规模和国内贸易达到了前所未有的高度。产业门类齐全,国内市场广大,中国人直到 19 世纪都对西欧商品熟视无睹,西欧商人不得不搜寻其他产品来换取他们心仪的中国丝绸和瓷器。从事生产制造的大多是农村工匠,他们收入微薄,不利于发展资本主义经济。

新世界白银的涌入对中国社会有利有弊。早在 1600 年就有官员担心收入不平等变得愈发严重。有人写道:"百分之一为富,十分之九皆穷。穷人多,富人少,穷人要听富人话。白银主天,黄铜主地。"甚至连欧洲人都注意到白银涌入推高了中国的物价。在中国内部,儒学传统主义者对富人炫耀财富和穷人深陷贫困也是忧心忡忡。

从明朝末年开始,人口快速增长对中国构成了挑战。1600 年到 1800 年,中国人口翻番,从 1.5 亿人增加到 3 亿多人。长期以来,中国完善的农业经济和深厚的文化观念:多子多福,传宗接代,一直刺激着人口增长。以往很多朝代的衰落都与人口相关:人口增长,可用资源不堪重负,结果造成严重贫困。一般来说,一个朝代走向没落时的人口增速会与过去持平,但这一规律在明末清初并未出现。改

> ## 讨论历史：对比中国与西欧经济
>
> 1750 年时的西欧经济即将迎来大转型，即工业革命。反观中国则不然。大部分历史学家都认可中国制造业实力强大，它既有技术娴熟的工人，又有重要的自然资源。有些人试图夸大这种认识以免高估西欧的实力，他们说中国和西欧的差距微乎其微，甚至到 1800 年时都是这样。
>
> 其他历史学家则提出：西欧人高度重视技术变革，意欲主宰自然。他们指出，中国人太过保守，轻看商人价值观。17 世纪的欧洲旅行家说中国人墨守传统、蔑视技术革新，这与欧洲人的兴趣截然相反。（这时的欧洲人倾向于用技术实力来衡量其他社会的优劣，这令他们自我感觉良好，但也难免会有夸大其词之嫌。）
>
> 上述讨论也具有一定的现实意义。如今的中国正在加速实现工业化。一些历史学家将此视为重大变革，其他人则认为这不过是在利用新机械复兴传统制造业。
>
> **重点问题** 中国与西欧齐头并进？传统中国的工业化潜力不及西欧？这两种观点哪种更合理？

进后的农业技术足以供养庞大但贫穷的人口。欧洲商人和传教士带来的美洲农作物，尤其是玉米和甘薯，提高了中国的粮食产量，支撑着人口增长。水稻新品种比传统水稻生长周期短，也有助于增加粮食产量。由于粮食种植方面的变化，中国社会开始转型，即从一个人口总量经常超过资源总量的社会，转型为一个长期承受庞大人口压力的社会。尽管人均生活水平较高，但是人口压力和用白银缴税却是加重了穷人阶层中贫民的压力。

18 世纪末，社会动荡不定，经济遭到破坏，再加上政府增加税收的压力，激发了新一轮农民起义。

很多地区的农民结成了秘密社团。18 世纪 90 年代，白莲教发动起义，清政府付出沉重的代价才将其剿灭。与此同时，朝廷内部也显现出衰败迹象：满族武官品行败坏，贪慕虚荣；朝中文官腐化堕落，窃取国家财富。这种衰落迹象通常是社会动荡的序曲，最终将有一个新王朝取而代之。然而在现代早期即将结束时，中国的社会形势变得相当复杂。通俗文化领域发生了一些有意思的变化，比如在儒学家的规劝下，越来越多的农民懂得在生病时求医问药，而不是依赖法术和迷信，比如请萨满法师作法驱邪。这种观念上的转变有点类似同期的西欧，但与大多数农业社会不同，他们依然坚持古老的信仰。士大夫要求农民和城市居民统一信仰，即信奉相同的男神和女神。崇拜各类神明并为其修建庙宇的传统以及其他信仰体系从古典时期或更早时候便一直存在，朝廷一直想要引导人们把对国家的忠诚置于民间信仰之上。当然，1800年时，中国政府在管理与其他文化的关系上依然得心应手。所以欧洲对中国的影响和两百年前相比并无太大变化，欧洲贸易商也无力规避中国政府的监管。这种僵局直到1800年后才被打破，中国由此逐步陷入不利境地。

3. 日本"锁国令"的由来

1450年左右的日本社会结构没有中国那么稳固，所以它在现代早期经历的社会运动和基本变革都超过了中国也就不足为奇。但是日本人和中国人共有一种基本信念：外部世界是一个充满风险的低等场所，敬而远之才是上策。

日本只是间接受到蒙古人的入侵威胁。蒙古人两次攻占日本的企图都功亏一篑，令日本人信心倍增，他们觉得这是神明选择保佑他们这个民族而不是中国，后者此时正处于蒙古人的统治之下。但是战争防御令统治日本的**幕府**（shogun）付出了惨重的代价，导致1338年日本的封建等级制度瓦解。日本倒退回地方封建统治，由好战的大名和他们的武士支持者领导。中央政府机构（幕府）沦为傀儡。事实上，混乱、战争，还有不时发生的农民起义，一直持续到1573年。这段时期上演了一系列经典战役，成为后世电影取之不尽的素材；在此期间，武士的作战技术和荣誉感也在不断提升。

尽管政局混乱，日本经济却是继续向前发展。大名深知农业繁荣有利于增加税收，所以他们积极兴修水利，改进耕作技术。贸易持续发展，银行业务增多，货币流通范围扩大。大名监管贸易这一做法催生出政府与企业互相合作的贸易模式，其中很多方式一直沿用至今。

日本文化也在进步，出现了一些经久不衰的新文化形式。提倡冥想和热爱自然的禅宗成为主流佛教宗派，尽管其他佛教宗派依然存在，不少日本家庭的祭祀仪式也依然由神道教的祭司主持。禅宗也讲究仪式，但它重在表现至简之美和自我控制。茶道和插花是家庭和社会生活的重要内容。禅宗精神还影响了绘画风格，引导画家用质朴但富于戏剧性的手法表现自然。

在文学方面，冒险故事和诗歌创作成就斐然。1600年后不久，俳句这种新型诗歌流行开来，它是一种由17个字音组成的短诗，首句五音，次句七音，末句五音。俳句形式新颖，文字诙谐，并保留了东亚诗歌讲究音律的传统。创作俳句成为

圣方济各·沙勿略是耶稣会最早到东方宣教的传教士，这幅屏风画表现的是16世纪他和随行人员抵达日本的情景。它形象地刻画了日本人在看到这批外国人时的惊讶之情：这些远渡重洋而来的外邦人身着奇装异服，模样古怪。除了肤色不同（日本人对肤色格外敏感），所有人的面部特征都差不多，也许日本人觉得西方人的长相都千篇一律。

一种风靡日本上下的消遣活动。

然而到16世纪中期，封建战争、经济停滞和文化创作枯竭交织到了一起。封建制度已经无法带动日本社会运转。商人阶层崛起令日本社会变得更加复杂。佩刀武士经常沦为农民军的手下败将，如同欧洲的弓箭手最终淘汰了封建骑兵。1542年葡萄牙商人抵达日本海岸，起初很受日本人欢迎（日本人有过学习外国文明的经历）；但是他们的到来也激发了思想保守的文化和政治领袖，他们决心打造一个可以抵御外来入侵的强大政府。葡萄牙人带来的枪炮显然威胁到了日本武士的作战传统。很多地方大名设法与外国人结盟，获取他们的先进武器，结果在短时间内进一步加剧了社会动乱。不过从长远来看，引入枪炮有利于巩固中央集权。日本人很快就学会了制造滑膛枪，一成不变的封建制度开始被历史尘封。

16世纪末发生的几场残酷战争终结了日本的封建制度，大名丰臣秀吉成为胜者，初步统一日本。多位大名归顺后，丰臣秀吉重建了中央集权的幕府统治。所以日本的封建阶层依然存在，但他们要再次接受幕府监管。丰臣秀吉死后，德川家族的征夷大将军德川家康接管幕府，中央集权制度就此完成。历经两个世纪的内战之后，日本终于迎来了"大和平"。

新幕府开始重新评估日本与外部世界的关系。丰臣秀吉制定了对外入侵政策，以让好战的大名有用武之地。但是丰臣秀吉入侵朝鲜的图谋失败了，因为中国以保护属邦的名义出兵应援,迫使日本幕府将视线转回国内。

丰臣秀吉和早期的德川幕府开始关注西欧影响带来的问题。日本人起初欢迎与西欧交往,因为可以获得枪炮和航海技术,而且有些日本人对基督教福音也很感兴趣。日本人饶有兴致地学习外国经验并被基督教吸引——他们觉得基督教与西方成功的军事和贸易活动息息相关;16世纪晚期,在欧洲人聚居的日本港口城市,数千名日本人受洗成为天主教徒。但是幕府的新领导人对事态发展持批判态度。他们惧怕欧洲人的实力,认为凡是西欧宗教传播之地,西方的政治控制就会紧随而至。西班牙在菲律宾建立了军事前哨站以保障当地的传教活动,听闻此消息的丰臣秀吉更加忧心忡忡。1597年,丰臣秀吉下令禁止所有外国传教活动,并处死了九名外籍传教士和十七名日本皈依者。

西欧武器被视为是一种和基督教同样可怕的威胁。新的幕府领导人担心享有独立地位的大名获得西欧武器后对自己不利,因而提出由幕府控制枪炮,这样也可以捍卫武士的价值。基于这些方面的考虑,他们认为有必要限制对外贸易。

德川幕府全面摧毁了日本的天主教会,大幅削减了与西欧的贸易往来,只许荷兰商人进入日本——因为荷兰人是新教徒,日本人认为他们的野心和实力都比不上西班牙或葡萄牙天主教会。但荷兰贸易商只能在偏处一隅、受到严格管控的长崎港进行交易。就连中国商人也受到了监管。1635年,幕府下令禁止国民出海,身居海外的日本人不得回国。最后,幕府严禁建造大型远洋航船。日本几乎切断了与外界的所有联系,比中国政府的举措还要彻底。一个曾经热切模仿外国文明的国家此时

16世纪葡萄牙人抵达日本时的场景。

人物传略：丰臣秀吉

丰臣秀吉（1537—1598）是日本历史上一位杰出的军事领导人，他完成了16世纪早期开始的统一战争，压制了相互攻伐的地方大名，建立了有序的中央集权统治。丰臣秀吉出身农民家庭，他凭借自身军事才干逐渐掌权，后来又展现出更加了不起的外交斡旋智慧，联合多位大名于1590年建立了中央集权的幕府。丰臣秀吉与其生前身后的多数日本领导人都不同，他渴望取得更大的成就，他曾设想过征服中国乃至印度——他对这两个国家知之甚少，或许正是因为不了解才有此想法。丰臣秀吉发动了两场入侵朝鲜的战争，第二场战争在他去世后仍在继续。更重要的是，他下令限制欧洲商人和传教士在日本的影响。丰臣秀吉本打算传位给自己的儿子，后被德川家族夺权，他的海外扩张计划就此搁浅。但不管怎么说，他为改变日本的历史进程做出了重大贡献。就功绩和目标来看，丰臣秀吉与世界历史上其他出身寒微的伟大军事领袖有何不同？

这幅肖像画展现了丰臣秀吉作为武将的气魄和自信。

却决意后撤。欧洲的发展方式太陌生、太低劣，不能允许欧洲人恣意妄为。在经历了长时间的分崩离析之后，阻断外来影响是强化国民忠诚的一种有效手段。

锁国政策与军事技术管控相结合，致使外国商品无法进入日本。德川幕府刻意反对枪械使用，捍卫日本的社会结构。每年只许制造少许枪支——有段时间，全日本的枪支数量不超过九把。幕府限制印刷业发展，甚至比奥斯曼帝国的限制期都要久。日本完全不相信所谓的新技术就等同于好技术。

在"锁国令"下，日本继续构建有效的政治体制，发展民族文化，支持社会变革，同时保留古老的价值观。相比镰仓幕府依靠与大名的私人关系，德川幕府依靠的则是儒家思想指导下的高效官僚制度。武士贵族享有较高的社会地位，包括法律特权和特殊服饰，尽管当时已经无仗可打。武士价值观和军事培训仍然是武士道

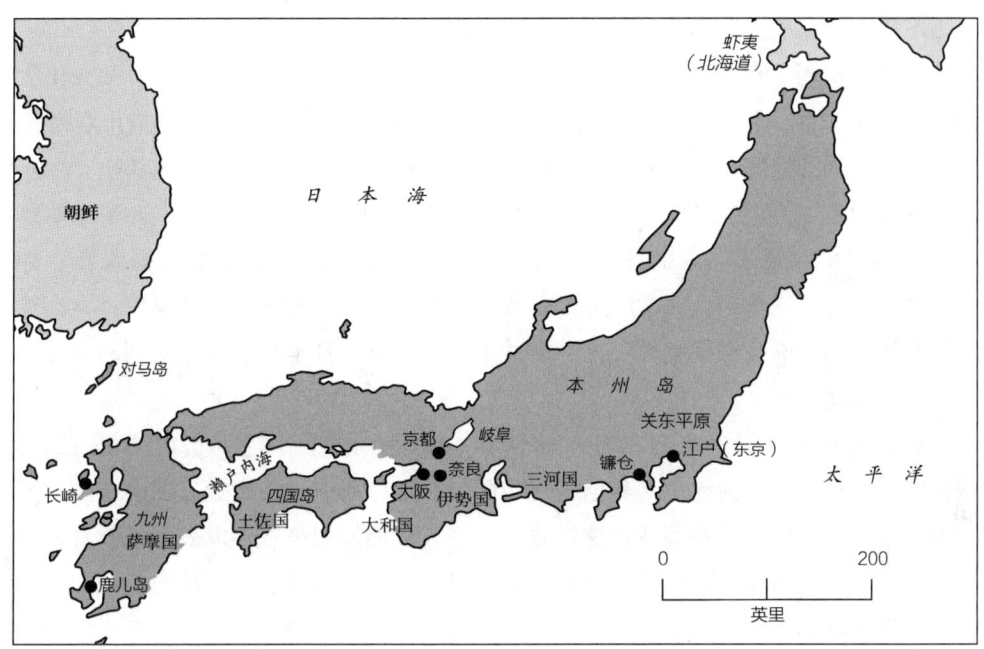

地图 21　16 世纪幕府时代的封建日本

精神的要求，但是位居社会上层的官僚已经认识到行政效率和培训的重要性。这段时间也是日本文化变革的重要时期，因为儒家思想和世俗观念逐渐主导了日本人的学术生活。在 19 世纪，儒学教育和读写教育迅速推广，带动新文化思潮广泛传播。日本人贯彻儒家思想的方式包括让更多人入学接受教育；日本还有不少佛教学校。由于学校教育得到普及，日本成年人的识字率达到了 25%，远高于西欧和北美之外的其他社会。

德川幕府时代的日本贸易活动主要限于国内贸易，但其商业活动依旧兴盛繁荣。政府支持商业发展但鄙视商人阶层。大型贸易商行纷纷涌现，它们在日本全境销售大米、纺织品、金属制品和酒水；有些大型家族企业至今依然存在。这是日本银行业发展和商业经验积累的关键时期。日本继续保持与中国和西欧（通过荷兰人中转）的贸易往来，甚至在 17 世纪其对外贸易量还有所增长。农业发展取得进步，农业技术水平超越亚洲其他社会。日本农民学会了农作物的专业化种植，熟练使用肥料，逐渐习惯了市场农业。尽管日本的经济增速在 1700 年后出现下滑，但它仍是当时世界上继西欧之后最先进的商业经济体。日本还取得了另一项发展成就：在 18 世纪有效地控制住了人口规模，这一点与中国不同。很多日本农民都会杀死不想要的孩子，尤其是女孩儿。

　　德川幕府时代的日本文艺呈现出一派生机勃勃的景象。幕府监管国民文化生活以防骚乱发生。俳句和独特风格的默剧继续流行。识字率提高，书籍出版逐渐普及。和中国的情况一样，城市扩张刺激了娱乐产业的蓬勃发展，都城江户（今东京）的人口到1700年已达百万之多。职业女艺人，即艺伎，为男性客人奉献歌舞表演。18世纪出现了名为歌舞伎（Kabuki）的新式戏剧，它比默剧更受欢迎；如今日本的歌舞伎剧场仍在照常营业。各种艺术形式和持续的锁国政策驱使日本高度重视本民族的特殊性和优越性，这一点并不让人惊讶，日本在此期间开创的文化民族主义一直盛行至今。

　　18世纪的日本已经崛起成为一个不寻常的多元化社会，它对待内部矛盾的态度比中国更加宽容。封建主义和儒家思想同时并存。幕府对待商业发展的态度并不积极，但这并未妨碍日本商业快速扩张。日本人提倡控制情感，发展世俗教育，但这并不影响人们对佛教的热忱。这些矛盾为日本社会的发展注入了动力，在"锁国令"下继续推动社会进步。

　　事实上，日本在18世纪略微放宽了锁国政策。部分日本人在长崎港与荷兰贸易商有了更广泛的接触。一些日本学者还学会了荷兰语，及时获悉西欧先进的军事技术和医学成果。这些变化为日本在19世纪全面接受西欧模式做好了铺垫。与此同时，已经有日本人意识到自己国家与西欧之间的差距，日本落后的科学和医学知识尤其令他们焦虑不安。

　　这些都是截至1800年时出现的问题。尽管日本各岛人口比较密集，但日本不像中国那样背负沉重的人口压力。日本的商业化农业造成了有地产的农民和无地产的雇佣劳动力之间的分化，后者对自身处境不满，常常组织暴动。总体来说，现代早期的重大发展造就了日本的实力，所以它才能以一种不同寻常的姿态应对它在19世纪面临的挑战（日本在19世纪废除了"锁国令"）。日本并没有像中国那样危机不断，但它也遇到了一些新问题，正是这些问题使日本易于接受更加激进的改革措施。

4. 东亚的发展活力与矛盾

　　1400年至1800年的东亚历史是一出交织着变革和传承的复杂剧目。变革指的是新王朝、新文化和新经济形式（日本是其代表）。同时还包括新问题，比如困扰中国的人口过剩。传统的影响力依然强大，比如日本的传统文化和民族认同感、中国的政治结构和社会观念。

在这几百年里，东亚社会有意识地与西欧的技术创新和军事组织保持距离，结果导致东亚文明在 1800 年后积贫积弱。对中国来说，这种选择显然是灾难性的，因此中国领导人在 1984 年表示：明清两朝的闭关锁国和近代拒绝对外交流的政策大错特错。

然而在现代早期，中国却是以自己的方式成功地融入了全球经济，日本的政治和文化变革也是收效显著，导致它们都忽视了未来可能出现的问题。

5. 通往现代之路

现代早期的若干发展趋势奠定了当代东亚的格局。人口快速增长最终迫使中国政府在 20 世纪末采取了严厉的计划生育政策。中国在 19 世纪末和 20 世纪初一度失去了世界制造业中心的地位，后来在 21 世纪初又得到恢复，一些政府官员认为这是回归传统常态。日本继续推崇儒家思想并大力推广儒学教育，这也是造成其后世俗主义和教育至上的原因。

1450 年至 1750 年，中日两国之间的差异也有所转变。后古典时期，两国之间的差异主要是指日本没有完全模仿其邻国中国。而在 1450 年后的三百年里，两国则是在人口、参与世界贸易和教育普及范围等问题上做出了不同选择。时至今日，中日两国仍有很多共同点，但是它们的政治和文化道路则多有不同。这些不同更多都是源于两国的近代史经历，包括 20 世纪日本侵华战争引发的持久敌对状态，但也有一些区别则要归因于两国在现代早期做出的不同选择。

延伸阅读

关于中国的资料合集：W. T. de Bary, ed., *Sources of Chinese Tradition*, 2nd ed. (2000)。对中国各省人民生活的深入观察：Jonathan Spence, *The Death of Woman Wang* (1979)。关于中国的宏观研究：Edward L. Dryer, *Zheng He: China and the Oceans in the Early Ming Dynasty 1405-1433* (2006); Catherine Jami, Peter M. Engelfriet, Gregory Blue, eds., *State-craft and Intellectual Renewal in Late Ming China: The Cross-Cultural Synthesis of Xu Guangqu* (2001); Mark Edward Lewis, *China Between Dynasties* (2009); Chun-shu Chang, *The Rise of Chinese Empire* (2007); J. D. Spence, J. E. Wills Jr., eds., *From Ming to Qing: Conquest, Religion and Continuity in Seventeenth Century China* (1979); Pei-kai Cheng, Michael Lestz, Jonathan D. Spence, eds., *The Search for Modern China: A Documentary Collection* (1999); Albert Chan, *The Glory and Fall of the Ming Dynasty* (1982); Roy Huang, *1587: A Year of No Significance; The Ming Dynasty in Decline* (1981); Lynn A. Struve, ed., *The Qing Formation in World-Historical Time* (2004); Jonathan Spence, *The Memory Palace of Matteo Ricci* (1944), *The Search for Modern China* (1990)。

关于日本：Constantine Nomikos Vaporis, *Tour of Duty: Samurai, Military Service in Edo, and the Culture of Early Modern Japan* (2008); Lee Butler, *Emperor and Aristocracy in Japan, 1467-1680* (2002); Jean-Pierre Lehman, *The Image of Japan: From Feudal Isolation to World Power* (2010); H. D. Harootunian, *Toward Restoration: The Growth of Political Consciousness in Tokugawa Japan* (1970); E. O. Reischauer, *Japan: The Study of a Nation*, 3rd ed. (1981); Noel Perrin, *Giving Up the Gun* (1979)（关于幕府时期的武器和贸易政策）。德川幕府时期农民的生存境况：H. Bix, *Peasant Protest in Japan, 1590-1884* (1986)。

近期研究作品：Anthony Reid, *Sojourners and Settlers: Histories of Southeast Asia and the Chinese* (2001); Paul Varley, *Japanese Culture* (2001); Kenneth Pomeranz, *The Great Divergence: China, Europe, and the Making of the Modern World Economy* (2000); Zvi Ben-Dor Benite, *The Dao of Muhammad: A Cultural History of Muslims in Late Imperial China* (2005); Sarah Schneewind, *Community Schools and the State in Ming China* (2006); D. E. Mungello, *The Great Encounter of China and the West, 1500-1800* (2005); Peter C. Perdue, *China Marches West: The Qing Conquest of Central Eurasia* (2005); Roger V. Des Forges, *Cultural Centrality and Political Change in Chinese History: Northeast Henan in the Fall of the Ming* (2003); Michael Marmé, *Suzhou: Where the Goods of All the Provinces Converge* (2005); Michael Szonyi, *Practicing Kinship: Lineage and Descent in Late Imperial China* (2002); Kurt Singer, ed., *The Life of Ancient Japan: Selected Contemporary Texts Illustrating Social Life and Ideals Before the Era of Seclusion* (2002); William E. Deal, *Handbook to Life in Medieval and Early Modern Japan* (2006); Bert Edstrom, ed., *Turning Points in Japanese History* (2002)。

第四部分　回顾
新世界经济（1450—1750）

联系交往与身份认同

　　对世界历史中的联系交往和身份认同而言，现代早期是一段引人入胜的章节。各文明之间的交往模式加速改变。更多社会比以往更强烈地受到世界贸易的影响，它们中自然是有盈有亏。在全球联系日渐强化的过程中，各国也在努力保持民族身份认同，这也是难以辨明这段时期真正具有全球性影响的文化趋势的原因之一。

　　新兴陆上帝国扩张引发的问题过去也曾出现过。新统治者能在多大程度上整合他的领地？我们先由中亚说起。奥斯曼帝国征服了阿拉伯人的领土，令他们处于陌生的外族人统治之下。印度的莫卧儿帝国成了印度教信徒的隐忧，尤其是当统治者不再推行宗教宽容政策之后。萨非帝国的崛起强化了波斯人或伊朗人的身份属性。沙俄帝国吸纳了新的少数民族，其中有些民族（大多是穆斯林）保持了原有身份。但是处于俄国统治下的乌克兰人的处境又如何？乌克兰人和俄国人有着相似的宗教和语言，这两个民族能否形成广义上的俄国人身份？

　　其他地方也出现了广义上的身份认同问题：美洲印第安人的身份受到了欧洲人和基督教传教士的深刻影响。欧洲人不仅推行新的宗教信仰，还改造了原住民的性别关系标准，比如他们认为美洲印第安妇女过于独立，她们应该对丈夫言听计从。这个例子表现了联系交往引发的重大转变。然而在其他历史阶段，土著居民则设法保持了自己的身份属性。尤其是在拉丁美洲，印第安人将传统艺术形式和基督教信仰合二为一并维持着传统的村社结构。久而久之便出现了一个融合欧洲和土著影响的新拉丁美洲文化，非洲人对此也有不少贡献。

　　由于模仿其他文化的缘故，俄国的西方化过程就是修正民族身份的过程。俄国统治者小心翼翼地选择要模仿的对象，同时保留传统身份的重要特征，包括东正教在内。普通民众受外来影响较小，面临的身份挑战也较小。就连精英阶层也很快便认识到，抵制某些西方影响至关重要，应该保持尽可能纯粹的罗斯身份。这在俄国内部引发了关于身份认同和西方化的辩论，并以各种形式一直延续至今。

但是更多关于身份转化的事例表明，在国家贸易联系大幅增加的情况下，很多社会拒绝改变自己的传统身份。日本就是这方面一个明显的例子，它认为外部联系过多会破坏自身的政治和文化独立性。日本领导人把菲律宾视为前车之鉴：菲律宾被西班牙控制，受到天主教的广泛影响。日本人还非常在意他们的社会身份：政府之所以不支持使用枪炮，首要目的就是想要捍卫武士的价值和社会威望。但是日本也没有拒绝所有联系，后来还在18世纪放宽了锁国政策，因为它意识到西欧的科学和医学知识或许有用。但是在大部分时间里，日本相对孤立的立场始终坚定不移：身份认同比大范围互动更重要。

中国做出了不同的选择。朝廷支持对外贸易，很多中国人从中赚取了大笔财富。长途贸易都掌握在外国人手里，中国商人主要活跃在东南亚一带并定居于此。中国统治者认为新的商业联系不会破坏中国特有的文化传统。他们甚至欢迎少数基督教传教使团前来中国（部分原因是想获取欧洲的技术装备），很多传教士也接受了中国的传统习惯。但是到了18世纪，中国统治者对外国人的宽容态度开始发生转变，这表明他们对身份认同有所顾虑，虽然皈依基督教的中国人依然寥寥无几。

和中国统治者一样，莫卧儿皇帝起初也对外来影响持开放态度，后来则变得不再宽容。奥斯曼帝国在很多方面都展现出了国际风范，与其他社会联系广泛，但它同样限制文化输入，这也是印刷业在当地长期处于停滞状态的原因。

就连西欧也对过去的选择性模仿失去了兴趣。尽管如此，欧洲人对世界其他地区的认识却是变得比以往更加全面。他们进口亚洲的产品和动物，尤其是中国的瓷器和印度的棉布。中东人对喝咖啡情有独钟，咖啡馆在十七八世纪蔚然成风。但是很多欧洲人觉得没有学习其他社会的必要。他们视大部分非欧洲人为异类、下等人或异教徒。欧洲人过去曾对灿烂的伊斯兰科学和哲学成就推崇备至，如今却是兴趣全无；欧洲学者曾经如饥似渴地借鉴穆斯林文化，如今他们则羞于承认这一点。换言之，独立的身份认同感占了上风。

在现代早期，最大限度保持身份认同的客观条件并不稳定。一边是贸易日益增长，一边是坚守对文化差异的自豪感，想要在这二者之间找到平衡委实不易。但是各国通行的做法却是很有意思，它们企图鱼与熊掌兼得：在确保利润的同时限制交往带来的影响；就是在今天，这种做法也依然随处可见。

第五部分

世界第一次工业化

(1750—1914)

引言：工业化的全球影响

1750年后的一个半世纪通常被称为"漫长的19世纪"，这段时期由**工业革命**主导，这是人类历史上又一场重大变革。这场革命并非一蹴而就，但它最终导致农业和农业劳动力地位下降，凸显了制造业和相关贸易的重要性。在新技术的推波助澜之下，工业革命重塑了生产、交通和通信环节。它弱化了家庭和工作之间的联系，为家庭重新定义，并为家庭成员设定新角色。这场转型延续至今，它的重要意义堪比早期由狩猎采集经济向农业经济过渡。

和公元前9000年后的农业革命一样，工业革命为人们的居住地和生产方式带来了翻天覆地的变化；它逐渐改变（而非彻底颠覆）了家庭结构和性别关系，重新定义了童年的目的。和农业革命一样，工业革命增加了基本物质需求之外的剩余产品。工业经济供养的全球人口数量超过了农业经济，同时提高了很多人的消费标准，培养了大批专业人士——从新的政府公务员到人数创历史之最的专业演艺人员。这些后果首次出现在工业革命的发源地西欧，最终影响了整个世界，扩大了不同地区之间的经济差距。

漫长的19世纪是从两个方面来定义的，首先是工业革命，其次是工业化首先集中在西欧和北美。其他地区也深受工业革命影响，因为它从一开始就注定是一场全球变革，但是这些地区被迫专注于粮食和原材料生产，它们要么忍受农业经济与工业经济之间不断扩大的差距，要么努力追赶工业化国家，或者二者同时兼有。

在这段时期，西欧主导的工业革命产生了两大重要影响，这两者都转化为新的力量源泉。首先是军事实力。18世纪90年代，西欧军队凭借新优势超越了竞争对手，包括伟大的亚洲文明和非洲文明。更多移动火炮和连发步枪等武器被投入战场；美国人发明了可互换零件，大规模制造武器的能力突飞猛进。在19世纪，相比那些还未被西欧控制的大多数社会，西欧军队的实力遥遥领先，可谓超群绝伦。用蒸汽轮船和火车运送士兵提高了军队的机动作战能力和补给能力，士兵们可以轻松地渡河登陆，越洋过海。最终，所有主要社会都不得不设法应对焕然一新的军事格局。

其次是世界经济。欧洲快速发展的工厂制造业取代了很多传统产业。军事实力为欧洲商人鸣锣开道，这是贸易本身所做不到的。到19世纪后期，西方以外的大部分地区主要负责为西方生产粮食、原材料和廉价工艺品，同时进口西方的制成品。各国争抢植物油、咖啡和铜器等商品，推升了价格，压低了工资，西方与非工业经济体之间的贫富差距进一步拉大。1800年，墨西哥人均收入是美国公民的三分之二，这一比例到1900年降为三分之一，反映了美国工业经济的繁荣和墨西哥农业经济的贫穷。

世界经济转型也造成了环境恶化。西方工业中心的周边地区出现了水污染和空气污染，这都是工厂烟尘、城市废物和化学物质排放造成的。直到19世纪后期才有国家推出新的环境治理措施，比如城市排污制度，着手解决这些问题。西方以外的其他地区也面临类似情况。从非洲到拉丁美洲，迫于提高咖啡、棉花和橡胶产量的压力，大片森林被肆意砍伐，造成了严重的水土流失。

工业革命早期的全球劳工制度也发生了变化。很多西方国家的工人生活更苦，工时更长，风险更高，直到19世纪后期这一情况才有所改善。从世界范围来看，最引人注目的变化就是废奴运动：废除奴隶制和农奴制——这两大传统用工方式发生了历史性的转变。促成这场转变的一个原因是其他社会接受了新的西欧人文主义思想，另一个原因则是全球人口增长，廉价劳动力来源大增。随着奴隶制消亡，移民填补了用工空白，他们的薪酬往往很低。来自中国和印度等地的一百多万人被运至东南亚、加勒比和夏威夷，成为当地的合同工，这种新型用工方式是为了满足对廉价劳动力的持续需求。劳动力解放事业的推广固然重要，但它无法遏制全球经济不平等的深化，因为世界经济是由西欧工业化驱动的。

世界军事和经济优势在这段时期向西方转移，几乎改变了19世纪的所有地区，但每个社会应对这场转变的方式则不尽相同。非工业化国家有着各自的传统，它们与西方打交道的方式也各有不同；从沦为殖民地到推行改革争取独立，每个国家都有属于自己的19世纪历史，尽管它们处于相同的大背景下。各地出现了针对西方列强的新形式反抗运动。这些反抗运动通常都会借用宗教象征物，结合传统价值观和改革目标，对日益深化的西方殖民和懦弱无能的本国政府表达不满。民族主义运动是一种更加新颖的应对方式，它以其人（西方人）之道还治其人（西方人）之身（尽管招致西方镇压），并试图平衡传统与变革之间的关系。讽刺的是，**民族主**

义源自欧洲本土,后来逐渐传至亚洲和拉丁美洲。

第五部分这六章首先探讨西方的变化,然后探讨西方帝国主义引发的快速发展和转型,并简要介绍西欧在重点地区建立的殖民定居社会。中国和奥斯曼帝国这两大文明遭致外来干预,但在本质上仍是独立国家。同样保持独立的还有俄国和日本,它们更加成功地化解了西方及其工业化带来的挑战。最后一章描述了19世纪末的各种矛盾,它们最终演化为第一次世界大战;而这场战争也为始于1750年的这段长风破浪的历史时期画下了句点。

表2 1650年至1850年世界及各洲人口(估算)
(单位:百万人)

大陆	1650年	1750年	1800年	1850年
非洲	100	95	90	95
亚洲(不含俄国)	327	475	597	741
拉丁美洲	12	11	19	33
北美	1	1	6	26
欧洲(含俄国亚洲部分)	103	144	192	274
大洋洲	2	2	2	2
世界总计	545	728	906	1171

来源:丹尼斯·朗,《人口与社会》(纽约:麦格劳-希尔集团,1990年),第13页。

全球联系

在漫长的19世纪,新技术把整个世界拉近了。随着19世纪30年代出现蒸汽轮船和电报,新闻和商品以前所未有的数量和速度传遍全球。到了19世纪后半叶,铁路将好几个大洲连为一体,当然也带来了染丝之变。在技术发展的同时,西方也发现了其他连通世界的重要捷径,其中最著名的莫过于苏伊士运河和之后的巴拿马运河。1900年以前从未有过如此自由的货物流通，从某些方面来说甚至比今天还要自由。这也就难怪很多历史学家都把19世纪后半叶视为全球化的开元伊始。

西欧帝国凭借技术实力也构建了新的文化联系。欧洲列强主要把殖民地视为经济来源，不愿带给殖民地太多改变，但它们还是在大部分殖民地引入了相同的模式。例如，到19世纪末，西欧殖民当局出资修建了新的公共医疗设施（目的是维护自身利益），减少了全世界城市的共同病源。日本等国迫切希望通过改革捍卫国家独立，它们很快就对这些西欧模式群起效尤，很多拉丁美洲政府也是如法炮制。

经济和政治组织反映并深化了上述联系。欧美大型实业公司开始在其他国家设立分公司，旨在增加利润，削减运输成本。美国胜家缝纫机公司（SSMC）俄国分公司是19世纪末俄国最大的企业之一。西欧跨国公司同样积极地在原材料和食品来源地建立分公司。

在此期间形成了两种新型政治联系。首先，西欧各国在1850年后支持签订促进贸易的国际条约。比如，历史上首次出现了协调世界各地邮件送达的"万国邮政联盟"。这些创新都由西欧发起，后来推广到全世界。其次，新型非政府组织努力扩大自己的全球影响力和受众范围。废奴运动起初集中在西欧，后来逐渐波及其他地方。19世纪80年代出现了若干国际女权组织，它们同样由西欧人主导，后来在亚洲和拉丁美洲也陆续有人加入。具有相同发展历程的国际社会主义运动更是在全世界遍地开花。

最后，通俗文化也形成了全球联系。在欧洲及美洲殖民者和商人的推动下，某些体育项目在19世纪后期赢得举世瞩目。拉丁美洲等地组建了足球队，19世纪80年代的日本则成立了棒球队。

这段时期变革的广度和深度都不可小觑，但也不应夸大它的效果。即使处于全球工业化的新竞争环境中，很多社会依然保持着传统生产方式。比如在东京和上海等地，西式百货商店如雨后春笋般出现，但是当地人对它们的存在大都无动于衷，他们还是选择本地生产的服装和家具。国际政治运动也不可能主导地区政治模式。换言之，地区复杂性（不论新旧）就是对这段新时期全球化趋势的回应。

第 21 章
西方社会：第一次工业革命
(1780—1914)

工业革命是西方在19世纪经历的最重要事件。工业化进程还伴随着一系列相关的新政治运动，尤其是1789年的法国大革命。科学和艺术新成果是这段时期经济和政治以外的第三大创新。这三大创新相互影响互为依存，西方面貌焕然一新，其他地区也是电照风行。

工业革命改变了农业社会，其意义不亚于新石器时代革命改变了狩猎采集经济。在经济和技术相互震荡的过程中，西欧和北美多国爆发了各种革命，建立了新政体。工业化和政治变革显著地改变了文化生活和基本社会关系，包括等级结构、家庭角色、人们的家居和办公场所。西方在这场剧变中并没有切断与传统的联系，事实上，它不得不重塑这些保留下来的传统。

本章的主题是西方自身的变革，包括变革的原因（源自西方的早期发展成就），以及它带来的全球影响。在工业化进程中，西方利用现代早期的社会和文化发展潮流，以及它从世界贸易中积累的资本，力图打造一个世界历史上从未有过的社会类型。

> **重点问题** 西方发生的各项重大变化之间有何关联？自由主义和民主制等新政治思想是否与工业化一拍即合？艺术领域的新趋势与机械时代是亲密无间还是水火不容？这些重大变化对包括家庭生活在内的日常生活产生了哪些影响？

1. 工业化模式

一般来说，当我们研究某个文明的重大历史时期时，我们都会把重点放在政治或文化发展方面。可以这样说，在某个历史时期，新政治组织的重要性会超过其他方面；而在其他时期，新宗教、科学创新或民众观念的转变则是重点。就19世纪的欧洲来说，应该首先研究它的经济和技术变革，之后再考虑其他方面，而其经济变革首先指的就是工业化。

本质上，工业革命包括技术和动力源方面的根本转变。所有的生产原本都是依靠人力和畜力作为动力，工业革命用化石燃料替代人力和畜力，首先出现了烧煤驱动的蒸汽发动机，后来又出现了电传动内燃机车。动力源的革命性变化催生出新式生产设备，使电能应用于制造业（后又用于其他生产活动），减少了对人力的依赖。纺织机用蒸汽带动齿轮传动，把纤维纺成线或纱。飞梭也适应了蒸汽驱动的纺织机。动力机械（锤打和轧制设备）还应用于冶金业。尽管纺织业、冶金业和煤炭开采是工业革命早期最受重视的行业，但是发动机也被用于蔗糖精炼、印刷和其他加工流程。机械制造业的崛起带来了新式生产工具，比如发动机、织布机和印刷机。美国人发明了可互换零件（首先用于制造步枪），这有力地带动了机械制造业的发展。

通信和交通领域也是立竿见影。电报、蒸汽轮船和铁路全是19世纪早期的发

1834年西欧一家棉纺厂的织布机。

明成果，信息和商品流通因之变得更加快捷。这些发明是西方主导世界事务的重要工具。

农业领域也有创新，尤其是1850年后出现了新式收割机和播种机，以及柴油拖拉机。科学农耕方式也带来了人造肥料、新的种子和家畜。技术发展也惠及办公场所和家庭，人们用上了打字机、点钞机、缝纫机和冰箱，这些重大变革同样集中在19世纪后期。此时新式设备和动力源几乎令所有行业都改头换面。

自从工业革命启动后，技术变革就成了家常便饭。不断有新设备取代旧设备。到19世纪晚期，美国已是技术创新的领头羊；动力织布机实现了自动化，一名织工可以操作至少16台织布机，而在几十年前每名工人只能操作一两台机器。从19世纪50年代开始，冶金业也顺利转型，新建高炉的铁矿石冶炼能力飞速提高，可以自动补料将铁转化成钢。煤炭开采行业尚未达到现代化水平，但已出现输送矿石的机车和矿坑中使用的切削设备。显而易见，工业革命带来的不只是某项方法的变革，而是一波又一波的创新浪潮。

随着革命性的发明创造不断涌现，经济实体也是日异月殊。制造业逐渐向工厂集中，不再依赖小作坊。有了蒸汽驱动设备，工人必须守在机器跟前进行操作。即使不是技术要求，大批工人集中工作也有不少好处，比如工作纪律更加严明，专业化程度得到提升。金融产品体系也变得日益庞杂。新设备和新工厂都需要追加投资，银行担当起向产业注资的重要责任。尤其是在1850年后，企业开始向众多投资者出售股份。大型公司在产业经济中举足轻重。甚至在销售领域，小商铺也面临着来自百货商场和邮购零售商的竞争压力。由此可见，经济实体的根本特点就是集中化、官僚化和非人格化。

2. 工业化起因

工业革命发源于英国，1780年时它已拥有包括蒸汽机在内的若干重大发明。其他国家争相效仿，并贡献了自己的发明创造；到19世纪20年代，大部分西欧国家和刚建国的美国也进入了工业革命的早期阶段。事实上，19世纪的美国和德国都在奋力赶超英国，尤其是在煤铁生产上面。所以说第一次工业革命是一场泛西方化运动，它展现出的地域差异也仅限于西方内部。

西欧在世界经济中的地位为工业革命创造了有利条件。欧洲国家从包括奴隶贸易在内的殖民地贸易中攫得滚滚利润。商人们也在殖民地看到了加工产品的商机，从而驱使他们发明低成本的新式生产方式。他们已经有了与繁荣的亚洲制造业大国竞争的先例；在早期工业化过后，西欧凭借机械生产开始向印度纺织品和中国瓷器生产发起挑战。西欧在世界贸易中所占的优势地位足以说明，为什么它能首先开启工业化，为什么它能在工业领域长期独占鳌头。

工业革命的内在原因极其复杂，正因为如此，很多社会想要完成工业化进程都是难乎其难。西欧工业革命的原因包括人口大幅增长，很多工人别无选择，只能去工厂做工；某些富于新想法和商业眼光的实业家积极尝试带有风险的变革。物质资源和资本也是西欧成为工业化先驱的优势条件。

工业化源于西欧社会在18世纪80年代之前出现的诸多发展趋势。新技术与科学崛起息息相关。瓦特发明了世界上第一台有实用价值的蒸汽机，他本人与格拉斯哥大学的科学家紧密合作。进入19世纪，经济和科学的关系愈发密切，在大学任教的化学家研究新染料、化肥和炸药。广而言之，科学的崛起坚定了人们对变革和控制自然的信念，指引着众多制造业发明家，即使他们没有专门学过正统科学。

工业化还需要资金投入和冒险精神。西欧的殖民贸易经历培养了商人们大胆开拓的精神，如今他们又凭借这股精神投身于制造业。殖民贸易、早期农业改进成果和国内制造业的收益累积了大量的资本，可以投资购买新设备。出现了新型企业，它们通过成立合资公司或向银行贷款的方式调用资本开设工厂或修筑铁路。工业化还需要有利的自然资源，尤其是煤炭和铁矿石。欧洲部分地区和北美洲的煤铁资源储量丰富，早在铁路诞生前就通过水路（内河和运河）向外输出。

科学进步、冒险和革新的精神、充裕的资本，以及人口大幅增长，促成了西欧工业革命。从18世纪早期开始西欧人口大幅攀升，还未到19世纪，所有西欧国家的人口增长率就已从50%上升到100%。促成这场人口革命的原因包括相对和平的局势和疫病的暂时消退，最主要的是从美洲引入的新粮食作物。欧洲人起初对引入新作物犹豫不决，但到1700年他们一改常态，最明显的表现就是马铃薯飞上了百姓人家的餐桌。引入新粮食作物后，西欧的农业产量提高，人口死亡率下降，更多孩子能够活到成年，然后结婚生子。此前从未有哪个文明的人口增长达到西欧这样的爆炸式增长。但是人口增长带来的压力也是随之而来，很多人被迫离乡背井进城做工，商人不得不尝试风险投资以养活更多家人。这场人口革命，连同其他因素，成为西欧工业革命发生的契机。

除了人口压力外，还有消费主义风潮的影响。英国等很多国家的人们开始寻找新的消遣方式和身份认同感，比如购买时尚服装和家居用品。商家学会了用新颖的广告和销售技巧来吸引消费者。这些新市场（连同作为直销市场的殖民地）令制造商坚定了产品创新的决心。

在某些西方国家，全面工业化还需政治变革助上一臂之力。一般来说，工业化

讨论历史：消费主义与工业化

直到十五年前左右，历史学家们才认为他们完全理解了西方工业化与消费社会形成之间的关系：工业化是一种重要的新型生产体制，而消费社会则表示商品消费极大地影响着经济和个人目标的确定。工业化首先出现，唯有商品产量达到一定水平之后，人们才有时间和金钱去追求大规模消费。

但是近年来的重大发现表明，英国等国早在18世纪就进入了新型消费社会的早期阶段。当时出现了诸多新商铺，广告促销也是司空见惯，普通人开始热衷购买商品，尤其是服饰和家居产品。消费水平提升是引发工业化的原因之一，工业化又将消费主义推升到新阶段。然而历史学家们仍在讨论：为什么消费主义的出现早于生产水平的提高？其中一个原因就是，人们想要从世界市场上获得自己心仪的产品，比如蔗糖或亚洲纺织品。此外，社会结构的变化也早于工业化，各阶层之间的界限模糊不定，人们需要穿戴个性服装来标明自己的身份。人们的宗教热情冷却也是原因之一。但是确切原因仍有待进一步的历史研究加以确认。

高度依赖私人资本家，他们积极建设新工厂和办公场所。事实上，政府也在这一过程中发挥了一定作用。美国政府划拨免费土地用于修建铁路网，法德两国政府直接出资修筑铁路。与此同时，政府也不得不放弃某些传统做法为工业化铺路。比如它不再扶持行会（行会阻碍了技术创新和劳动力自由流动），也不再维护奴隶制。法国和英国的政治革命以及美国内战将支持工业化的政府推向前台，政府官员开始认识到工业化的好处。虽然美国政坛依然为各种问题争执不休，比如奴隶制引发的道德讨论，但关键问题在于如何组织经济运行。北方州坚持采用自由的雇佣劳动力，有利于进行快速的技术革新。在1861年至1865年的内战中，工业实力是北方州取胜的关键。内战结束后，美国大力推动工业化进程。

当然，工业化的发展也并非一帆风顺，即使在其诞生地西欧也不例外。很多人都拒绝接受工业化对他们生活习惯的改变，以及它推出的物质主义新型价值观。还需要有一系列复杂的理由，包括人口增长和现代思想观念的普及，才能使新发明和新组织形式为更多人接受。

3. 工业化效应

　　工业化的经济效应并没有因为工厂制度建立和新设备投入使用而结束。工业化带来了新财富。有了机械设备，每名工人的生产效率迅速提高。1800 年，一名纺纱工利用蒸汽驱动的织布机可以纺出相当于一百名工人手工纺出的丝线。但是并非所有行业的产量都实现了大幅增长，而且产生的财富也没有被平均分配。依照世界标准来看，已经步入富裕国家行列的西欧变得更加富足。财富增加显著提高了人们的生活水平，同时激励人们进一步改善自己的生活。到 19 世纪后期，消费群体进一步扩大，因为工厂在持续提高产量。广告业的发展推动了新大众传媒的发展。人们纷纷加入购物大军行列。当时的社会上甚至出现了"偷窃癖"这种不良现象，而这也从另一面反映了人们对消费品的痴迷。

　　农作物新品种的引入提高了农业产量，进而推动了工业化，而工业化反过来又改进了农耕技术。工厂和城市扩张需要大幅增加粮食供应。农民必须提高人均粮食产量，这样才能有更多人离开农场去其他地方生活和工作。新设备、肥料和科学技术扩大了市场农业的覆盖范围。越来越多的欧洲农民都在想方设法扩大耕地面积，雇佣没有土地的劳动力，以便抓住巨大的市场机遇。尽管他们这些人依然保持着村社传统，但却是比过去更加积极地增加产量、赚取利润。还有些农民专门从事乳制品或蔬菜生产供应城市，然后采购更多加工产品。最后，19 世纪后期出现了蒸汽轮船、罐装食品和冰箱，西欧人开始从其他地区进口食品。他们最初从东欧进口粮食，后来把目光转向了美国、加拿大、澳大利亚和阿根廷的高产商业化农场（技术变革带来的农作物产量远远超过人力时代），同时还进口肉制品。工业化减少了西方的农业人口，同时也改变了那些仍然留在农场上的人们的经济生活。

　　工业化还对管理能力和信息处理能力提出了新要求。早期工厂规模较小，多是家庭式运营。后来工厂规模不断扩大，人员层级日趋复杂，其中有监管工人的总监，还有销售人员、秘书和档案员。随着大型百货商场日益普及、企业管理层得到确立，白领工作者的队伍不断壮大，到 1870 年，白领职员的增速甚至超过了工人。白领职员和工人一样都是高度专业化，需要严格遵守企业规章制度，事实上，设计它们的初衷就是为了实现生产力最大化。

　　工业化的另一个结果就是城市快速发展，尤其是那些位于交通枢纽、煤田周边，或是银行业和政治中心的大城市。工业革命期间，几十万人（年轻人居多）迫于人口压力离乡进城，希望找到收入更高的新工作。到 1850 年，英国有一半人口生活在城市，这是一种史无前例的现象。到 1900 年左右，德国、法国和美国的城市化水平也达到同样高度。城市快速发展让既有的城区结构和政府管理不堪重负。

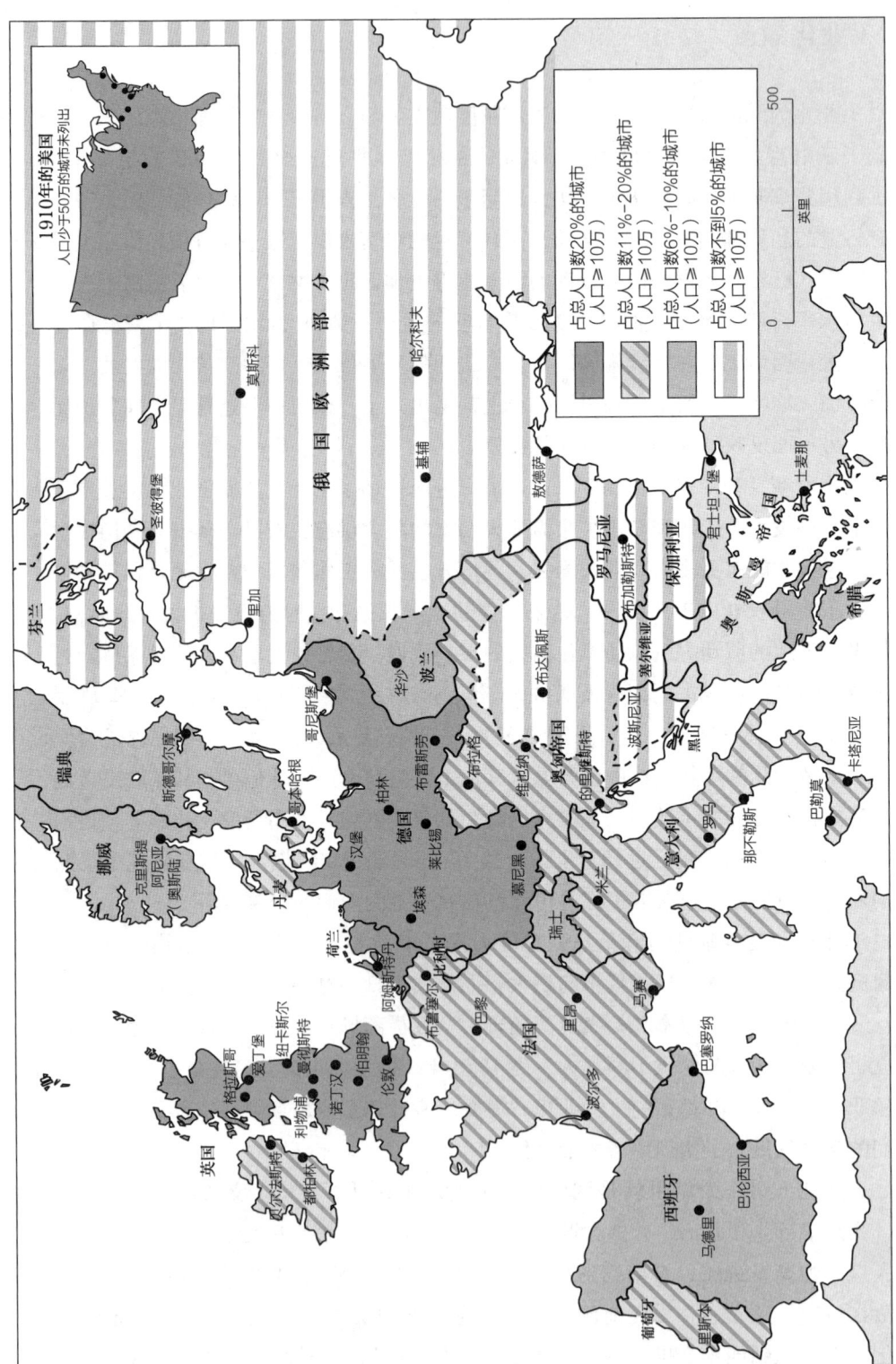

地图 22　1910 年欧洲工业化

在工业化初期，很多城市的住房和卫生条件非常恶劣。但是随着工业财富不断增加，城市条件逐渐改善。到1850年，西欧城市最不堪的一页已经成为历史，因为城市开始处理污水、修整街道、检查食品质量和住房条件、修建公园等多种休闲设施。能否适应城市化是整个工业化进程的一个重要方面。

与城市化紧密相关的就是医疗卫生条件变化。在农业社会推行西方式的大规模城市化有些强人所难，一方面是因为粮食供应紧张，另一方面则是因为城市向来是滋生疾病的温床。事实上，在19世纪前三分之二的时间里，城市医疗是西欧面临的一个严峻问题，因为贫困和卫生条件差，城市里的死亡率居高不下。但在1880年之后，城市医疗卫生条件有了明显改善，这要归功于城市管理水平提高，尤其是污水处理设施投入使用，市民用上了洁净水；细菌致病理论则丰富了人们的医学知识。儿童死亡率大幅下降，过去有近30%的儿童活不到成年，而到1900年，这一比例已经跌破20%，而且还在快速下降。这是工业革命带来的财富、技术和组织能力的另一大重要用途。

工业革命（主要指技术和经济组织的转型）对人们的居住地、健康状况、物质条件和工作类型都有深远影响。工业化引发的转型既非一蹴而就，也非整齐划一。早期工厂规模较小，由总监和经理运营的大型工厂直到19世纪后期才正式出现。工业革命开始后，仍然有很多群体坚持传统作业方式。工匠们仍在制作奢侈品，甚至建造住房等必需品；进城务工的女性一般都在从事家佣等传统工作。虽然变革往往都是循序渐进，而且节奏不一，但它仍是西方在工业化时代的主要特征。迫于压力，就连工匠也不得不把工作效率放在首位而不再追求别出心裁、独具匠心，因为大批新建工厂削弱了他们的重要性。到1900年，大部分西方人已经摆脱了祖辈们在1780年的工作，而且他们的居住地点不一样，休闲方式也不一样。1780年，人们一般都是在家里或离家不远的地方工作，而到了1900年，大多数人都是在外地工作。1780年，人们生病会服用传统草药，他们把医院看作是走投无路的穷人等死的地方；而到了1900年，很多西方人都会定期寻医问诊，他们认为很多老年健康问题完全可以避免。这是工业革命带来的人文关怀。

4. 大革命时代（1789—1848）

工业化就是一场潜移默化、往往平淡无奇的大型运动，它改变了1780年至1914年之间西方的社会面貌。尤其是在工业化早期，西方人并未明确意识到他们的生活正在改变。直到19世纪末才有人提出"工业革命"这一概念，而那时的西方早已经历了最根本的变革。在工业化过程中，许多观察家都是慧眼独具，他们更加关注那些激动人心的政治和学术创新，因为是它们促成了一系列看似源源不断的戏剧性事件。

大革命时代始于一系列政治革命，其源头可以追溯至1775年爆发的北美独立战争，战争的成果就是美国的诞生。北美人民受到启蒙运动自由政治主张的鼓舞，他们不满英国对北美贸易和政治自治的种种限制，于是掀起了现代时期第一场民族独立斗争。美国实行宪政联邦共和制，采用普选制（仅限于白人成年男子）。美国凭借与西欧之间的紧密联系对西欧工业化了如指掌，西欧对美投资带动了美国经济变革和扩张，蜂拥而入的欧洲移民则为美国提供了必要的劳动力数量。

美国独立战争鼓舞了1789年席卷法国的革命运动。这一伟大事件因非由一：绝对君主制逐渐失效，启蒙思想鼓舞人心，人口增长引发民怨和混乱，商业崛起早于全面工业化。与世界各地的革命斗争相比，法国大革命是第一场因为变革压力冲破传统政治和社会结构而爆发的革命斗争。尽管法国大革命没有取得完全意义上的成功，但它改变了法国和西欧其他大多数国家的政治和法律体制，这些国家不是被法国征服就是主动模仿法国。

法国的绝对君主制千疮百孔，行将就木，抱残守缺，无心改革，法国人民对此忍无可忍。很多法国人都憎恨教会和贵族专权独断。人口压力更是加重了这种不满，同时启蒙思想大受欢迎。这时候的法国还没有发生工业化，但很多佃农和工匠团体已经对商人和富农高涨的商业精神怒不可遏；他们认为革命不仅可以打击新政权，还能恢复传统价值观。这种复杂局势在1789年升至顶点，当时国王路易十六遇到财政困难，不得不召开三级会议（这一源自中世纪的会议已有175年没有召开）。深受启蒙思想鼓舞的商人和专业人士不愿沦为单独的第三等级，也不希望教士和贵族成为掌权的第一等级和第二等级。法国各地佃农站出来反对庄园制度的残留影响。西欧历史上伟大的现代政治革命已是山雨欲来风满楼。

法国大革命历经数个阶段。温和派革命领袖花了两年时间建立起立宪君主制：保护出版、宗教信仰和集会自由，削弱教会权力，废除农奴制和行会，由此撼动了传统社会结构的支柱。政府将很多贵族庄园重新划分，农民成为土地的主人。《1791年宪法》提出所有法国人在法律面前人人平等，反对传统观念，即不同群体享有不同的世袭权利。法国成立了议会，但只有富人才有投票权（这是中产阶级统治的明显特征），金钱成为凭证，取代了权利与生俱来的贵族统治。然而这场革命逐渐走向极端，部分原因在于它遭到了法国内部反对势力和外部君主制国家的抵制。很多贵族和其他反对者在略带夸张的所谓"恐怖统治"（1793—1794）时期被处死；激进派处决了国王路易十六，宣布建立共和制。中央政府权力得到扩大，超越了传统地方势力,所有成年男子都有选举权。这场革命激进阶段的最重要结果就是组建了一支大型义务兵部队(既然所有公民人人平等,那么大家都有义务服兵役),帮助革命人士占领了德国西部的新领土、低地国家等其他地区。法国大革命将革命理念传到了西欧更多地方。

法国大革命的激进阶段很快就被扭转。1799年,军事独裁者拿破仑上台执政。在接下来的十五年里,拿破仑四处征战,企图建立一个欧洲帝国。在法国国内,拿破仑确立了大革命时代的法律,设立高等院校为政府培养人才。拿破仑的对外征服削弱了庄园制度,将法律面前人人平等的理念散播西欧各地。大革命时代以及拿破仑统治期间的战争也在很大范围内激发了民族主义意识。刚刚得到政治权利的法国人对自己法国公民的身份欣喜若狂;而德国人和西班牙人在被拿破仑的入侵激怒后,则激发了他们反抗法国的民族主义情绪。这股民族主义浪潮也助力欧洲各国君主大力镇压危险的革命分子。英国一直与法国势不两立,奥地利和普鲁士也反对拿破仑。沙俄帝国当时已经深深地介入西欧事务之中,它经过权衡加入了反法同盟,对最后歼灭拿破仑大军居功厥伟。1812年,拿破仑率军入侵俄国,最终一败涂地。俄军连连后撤,法军一路追击,结果受困于俄国的冰天雪地,遭受灭顶之灾。这场战争显示了俄国的军队建设和规模自蒙古人走后发生了重大变化。反法联军最后大败法国,将拿破仑流放孤岛,他的辉煌人生就此黯然收场。战胜国召开了一场备受瞩目的外交聚会,即维也纳会议,重新划分四分五裂的欧洲版图。

5. 大革命成果

法国大革命时代对西欧及其他地区的影响错综复杂。对于法国及其邻国来说,很多重大变革给它们留下了难以磨灭的印记。法律面前人人平等的原则永久地削弱了贵族享有的地位及特权。农奴制和行会体制被瓦解。其他革命思想虽然饱受争议但并未随风消散,比如宗教自由和出版自由的思想得以保留。接下来几十年里零星爆发的小规模斗争,就是为了实现这些革命追求。

从更广的范围来看,法国和新生美国所发表的信念产生了更加全面的影响。法国《人权宣言》提出天赋人权,美国《独立宣言》则提出人人都享有生命权、自由权和追求幸福的权利。这些革命思想连同法律面前人人平等的主张和共和制理念,在西欧和北美之外的地方将会备受关注。它们对19世纪早期拉丁美洲的影响更是非同小可。但它们的广泛影响还需要时间去体现,因为它们也遭到俄国等很多国家的抵制,而且西方的帝国主义行径长期掩盖了它的革命理想。时至今日,人们仍在不时探讨大革命时代的重要权利。换言之，西欧大革命时代留下的影响经久难息，但其结果纷繁复杂，往往后发迟至。

就是在西欧自身内部，在1815年后的三十年里，欧洲被保守派控制，他们试图将大革命释放出的各种力量釜底抽薪，绝其本根。法国君主制复辟，废除了大革命期间颁行的部分法律。与反革命联手的天主教会在法国等地重新掌权，然而它既没能收回在大革命中失去的大部分资产，也无法重启它在法国大革命和拿破仑战争之前发布的教令。例如，维也纳会议没有恢复意大利和德意志被瓜分的邦国，激发了两国人民渴望国家全面统一的民族主义热情。与此同时，法国等地的自由派则希望恢复大革命中取得的成果，比如宪法、议会、广泛的选举权和全面的宗教自由。少数社会主义人士打着维护经济平等的旗号煽动抗议活动。因此，西欧被周期性发生的骚乱活动所困扰。保守派领袖以俄国沙皇、哈布斯堡王室及其能干的首相梅特涅亲王为首，试图压制人民起义，但却一无所获。1820年以后，西班牙、意大利部分地区和希腊相继爆发民族主义革命，希腊摆脱奥斯曼帝国统治获得独立。1830年，革命之火继续燃烧，法国成立了新的君主立宪政体，为国内营造了一种更加自由和独立的氛围；比利时也建立了君主立宪制，并承诺给予国民更多自由权利；其他地方的形势同样动荡不定。1848年，最后一波革命浪潮席卷欧洲多地，摧毁了德意志和奥地利的庄园制度，鼓舞了意大利和德意志的民族主义者（虽然他们还没有实现国家统一），彻底推翻了法国君主制。

也有少数西欧国家没有被这股革命浪潮波及。英国的保守派势力强大，他们反对法国大革命，但英国已经建立了议会制。英国人民举行抗议的目的是谋求政治和社会自由。1832年，英国议会通过一项改革法案，大多数中产阶级获得了选举权；其他改革分别是为了落实全面的宗教宽容政策，规范女工和童工的劳动时间和条件，授权市政府改善市容市貌。英国的政治环境在没有发生革命的情况下变得越来越自由。斯堪的纳维亚各国政府增加了议会权力，扩大了选民范围。美国在独立战争结束后建立了宪政联邦共和制，在《权利法案》中提出保护个人自由，但其国内要求政治变革的压力依然存在；后来在19世纪30年代，即（美国第七任总统）"杰克逊时代"，美国推行了无记名投票和扩大选举权的改革。

1848年人民起义是西欧大革命时代的尾声。此后西欧各国再未发生重大政治革命。保障食品供应、预防饥荒、增强警力和各种政治革新为西欧大革命画下了句点。表面来看，1848年革命在政治上以失败告终。自由派领袖渴望拥有新权力并组建议会，他们担心日益壮大的城市群众提出诉求。城市工人承受着人口拥挤和早期工业化震荡带来的压力，他们寻求经济改革；一部分人认为**社会主义**（socialism）可以实现经济平等，并为之不懈奋斗。社会主义者提出了财产和生产

1848年柏林起义。历经持续数月的游行、谈判和街头冲突之后,革命派组建了自由内阁,同意实行立宪君主制。他们按照约定邀请国王威廉四世接受德意志皇帝的名号——国王在早前假意向革命派投降,但他拒绝"拾取沟渠上的皇冠"。威廉四世认为他的权力是上帝所赐,而非被统治者给他的恩惠。国王和改革派在立宪君主制上的巨大分歧是19世纪中期欧洲的一道裂痕,代表了贵族统治和民主政府之间的鸿沟。

资料的集体所有制,要求政府打击资本主义所有制和资本主义价值观。很多国家的革命阵营因为民族主义倾向而四分五裂。以德意志的民族主义者为例,他们的首要目标是国家统一,而不是推行自由化政治改革。在这种分裂的形势下,传统君主制复辟,匈牙利和意大利的革命者遭到迫害。在法国,拿破仑的侄子(路易·拿破仑)当选法兰西第二共和国总统,不久后建立了法兰西第二帝国。不论是新成立的政权还是复辟政权,它们都在继续动用警力镇压政治骚乱。

6. 后革命时代及民族主义(1848—1871)

1848年后发生的故事并非只有政治迫害。革命彻底废除了庄园制,佃农重获自由。西欧大部分地区的农民都成了自耕农;贵族依然是权势阶层,但其实力大不如前。政府领导人也学会了妥协，认为这是防范新一轮革命的必要之举。他们颁行宪法，赋予议会更多权力，扩大选民范围。很多自由派人士都对这些变革心满意足，保守派也慢慢适应了这些变化。两位手段灵活的保守派领袖满足了民族主义者的愿望：加富尔伯爵是意大利北部一位邦国领导人，他从1859年开始带领意大利人民抗击奥地利帝国统治，最后统一了整个半岛；普鲁士首相俾斯麦发动了三场对外战争（1864—1870），统一了德意志。在最后的普法战争中，法国皇帝路易·拿破仑被俘，法兰西第三共和国成立。

1870年至1871年间意大利和德意志先后实现国家统一，西欧政治和外交格局上发生的变化令大多数温和派民族主义者欣慰不已。新生国家和哈布斯堡王朝统治下的奥匈帝国颁布宪法切实保障个人自由（包括宗教自由），授予议会掌管批准预算的实权。德意志还确立了男性公民普选制，但其投票制度相当复杂。刚刚诞生的法兰西第三共和国也确立了男性普选权。这些重大进步和其他国家的持续改革，比如英国在1867年和1884年分两次扩大了选民范围（大多数英国男性公民都获得了选举权），看上去足以令多数西欧人民感到满意，有关政治体制的基本问题不再是他们关心的头等大事。

同样是在这段时间，美国在内战结束后解决了基本的政体问题。保留联邦并废除奴隶制既没有弥合美国内部的政治分裂，也没有解决少数黑人群体继续受歧视的问题。与欧洲情况一样，政治变革往往带有保守色彩。例如，德意志议会享有了更多的权力，但掌握国家主权的是国王，国王负责任命主要大臣；美国名义上废除了奴隶制，但在完成战后重建时又提出了针对黑人公民的新式管理手段。但无论如何，这些变革减少了国内摩擦，结束了整个西欧的革命浪潮，同时也解决了政治和法律方面长期悬而未决的难题。

1871年之前的西方政局经历了若干发展阶段：首先是由法国大革命和拿破仑对外战争引起的大范围革命和动荡（1789—1815），其次是保守派与自由派之争（1815—1848），最后则是灵活保守派主持下的整合阶段（1849—1871）。第三个阶段中爆发了多场流血冲突和惨烈的美国内战，这是验证工业化武器巨大杀伤力的首场战争。事实上，俾斯麦在谈到创建新国家时曾直言不讳：德意志的统一靠的是"血和铁"。

7. "社会问题"（1871—1914）

1871年至1914年间，西方各国专注于保护早前的收获和妥协成果。西方世界内部没有发生重大战争，但它们在世界各地却是竞相争抢殖民地。德意志统一和美国南北整合改变了西方力量平衡，制造了新矛盾，将这些大国置于风口浪尖之上。其中一个结果就是形成了新的外交同盟体系：德国出于自身安全考虑与奥地利和意大利结盟；法国迫切希望收复在1871年普法战争中失去的领土，先后与俄国和英国结盟。19世纪末，西方几大强国之间的外交角力成为世界关注的焦点，最终引爆了1914年那场史无前例的世界大战。

19世纪最后几十年里，西方国家内政上的重大发展表现在两个方面。各国政府采取更加明确的措施应对工业社会中的压力和问题，并为此增设了许多新职能。很多国家效仿德国在和平时期依然维持义务兵役制。大多数国家都延长了义务教育年限。中央政府或州府（如美国）承担起了新职能，比如监察工厂的生产条件和设定住房标准等。很多国家向穷人提供医疗救助，最终导致在19世纪80年代，以俾斯麦领导的德国为首的许多国家通过了社会保险法，公民因为疾病、事故或年老而陷入经济困境，可以得到国家提供的保障。

政府职能扩大，部分原因在于新出现的政治压力——这也是国内政治发展的第二项重要内容。马克思在1847年至1870年间提出了社会主义理论。1871年之后，世界各地都出现了受到马克思理论鼓舞的社会主义政党。社会主义党派要求推行重大改革，保护工人阶级利益；它们的目标是建立一个不同于资本主义的、能够实现经济平等的制度。有些人提出要发动革命来达成上述目标，但事实上西方大部分社会主义人士都希望在现有的政治体制内通过获得多数选票来赢得权力。完善的组织和广泛的诉求使社会主义政党成为德国实力最强大的单一政党，也是英法美三国在第一次世界大战前除自由党和保守党外的第三大重要党派。

社会主义和政府新职能的出现引发了所谓的"社会问题"：如何解决贫困并回应工人阶级的诉求？这是19世纪最后几十年间最重要的内政议题。针对该议题的政治立场充斥着年复一年的议会换届选举或总统大选，毕竟选举是政治常态。因此在经历了以政府"形式"为首要议题的早期阶段之后，西方政治的焦点转移到了关于政府"职能"的讨论上，包括政府在社会重塑或防止社会重塑方面的作用，以及政府在国际事务中的作用——后者的紧迫性日甚一日，因为西方国家正处于紧张的外交对抗态势之中，而且它们已经集结好了军队和弹药。一些观察人士认为：社会问题上的分歧促使西方政府寻求外交手段统一各国立场，导致它们没有发现新的不安定因素。

19世纪最后几十年发生的另一大转变是军事竞争愈演愈烈。随着西方国家建立或扩大海外帝国，它们不断增加军费开支，在和平时期依然维持庞大的陆军和海军队伍。比如在1900年后不久，英德两国争相建造当时世界上最大的战舰，在此过程中政府与工业经济形成了一种新的联系。眼瞅着一个强大的德国快速崛起，不同国家之间的竞争态势不断蔓延。面对此起彼伏的危机，各国领导人主要忙于处理外交和军事问题。大众传媒为各国竞争推波助澜，营造紧张刺激的冲突氛围，很可能会驱使国家领导人在争夺霸权的道路上采取新的冒险行动。19世纪70年代至90年代，西方分裂为两大阵营：一方是德国、哈布斯堡君主国和意大利组成的"同盟国"，另一方则是法英俄三国组成的"协约国"。这两大阵营都属于防御性质，但它们发生冲突的可能性却是十有八九，因而双方都在暗中积极备战。西方一直以在战争和扩张中的作用来定义国家，而随着现代军事技术发展，战争和扩张的功能已经有了新的含义。

8. 工业革命时期的西方政体

西方社会在大革命时代提出了制衡君主权力的要求，不免让人回想起西方文明的早期政治传统。然而这一传统观念被新的政治意识形态和工业社会的诉求所改造，促生了一个新型政府，迥异于绝对君主制下的政府结构。自由派领袖要求保障个人权利和选举产生的议会；在此基础上，报纸、宗教团体乃至工会都得到了新的权利。面对民众施加的压力和咄咄逼人的激进派领导人，自由派提出建立民主选举制。

民族主义是另一支新生力量，它源于民选政府的革命信念，以及人们对法国入侵的愤怒反应。民族主义者提出国家应该奉行单一基础文化，即"民族"文化，它可以弥合社会内部少数民族之间的差异，同时树立有别于其他国家的明显特征。民族国家大致成形，但要打造出一种性格鲜明的民族文化却是关山难越；而一个国家若是拥有占主导地位的语言、文学和历史，它们将会形成一股强大的合力——这首先出现在欧洲，后来蔓延到世界其他地区。民族主义者可以要求人民忠于对当前领土范围享有主权的国家（如革命中的法国），或者要求民族文化统一并促使其在政治中得到体现（如德国）。在欧洲，民族主义成为国与国之间长期军事和经济竞争的温床，但最终则是提升了国家实力。

经过几十年的革命和改革，在自由派和民众的压力下，多数西方国家都建立了新政体。到19世纪70年代，西方国家普遍成立了建立在广泛选民基础上的议会，由它负责立法并监督行政机构。君主制不是被废除（如法国），就是其力量大不如先。天主教和新教的政治活动受到极大限制，大多数政府都认为自己不应再承担重要的宗教职能。西方各国政府设定的自由目标程度不等，认识到这一点非常重要；

以德国新政府为例，它在政治结构和意识形态上的自由度就明显不及法英美三国。很多国家还出现了抵制自由价值观的政治运动，旨在捍卫君主制和贵族制的古老传统。但不管怎么说，除了程度不一和出现一些反对声浪，自由价值观令19世纪的西方政治改头换面，相比十七八世纪，自由政体成为主要西方国家的政治共性。

　　自由制度发展的一个重要结果就是现代政党兴起，其特点就是集合议会成员并组织竞选活动。在美国，两大主要政党都拥护自由这一目标，尽管它们总是在美国历史上的重要时刻僵持不下，比如双方在废奴问题上针锋相对。在多数欧洲国家，自由派政党要与更多保守势力互相竞争。到19世纪70年代，大部分保守党都已将民族主义诉求加入党纲，并借助这股新生力量鼓吹富国强兵。民族主义也从工业化带来的混乱中汲取了力量。随着人们离开村庄进城谋生，他们要面对新的忠诚对象；他们被国家成就所吸引，这有助于塑造他们的民族主义意识。最终，尤其是在1870年后，社会主义党派冉冉升起，成为大部分西方国家政治版图中的新元素。社会主义者小心提防民族主义，同时又认为**自由主义**太过狭隘，尽管他们基本认可议会制的重要性。社会主义者要求为劳工阶层立法，他们的革命言论经常令自由派和保守派忧心不已。虽然到1914年时社会主义者还无法获得重要政府职位，但是他们凭借日益壮大的实力促成了解决重大社会问题的新立法。

　　西方政治不仅包括新政体，还有多党制，即支持各式各样的政见。这些政见被统称为"某某主义"，比如自由主义、社会主义、民族主义和保守主义；它们共同存在，但龃龉不断。有些政治家质疑议会制能否管好它所释放出来的所有力量。但大部分群体都接受议会制的运作：赢得足够选票，然后出台他们构想的施政措施。选举权的持续变化引发了更多问题。20世纪的西方国家经历了如火如荼的女权运动，旨在为女性争取选举权；虽然这是留待未来要解决的问题，但美国已有多州"女性"获得了选举权，斯堪的纳维亚各国政府也在1900年后允许女性参加选举。人们要通过平等的选举权为自己争取权利，这是"基本政治权利取决于人民自己"这一想法的重要扩展。

　　随着新宪政体制和政党的出现，现代西方政府开始承担更多重要职责，并为此增设了专门机构负责执行。某些过时的政府职能被废除或削弱，比如支持单一国教和贵族特权。在1848年之后，各国政府也不再支持行会等组织制定的工作规章。但是政府的新增职能远远超过了被废除的陈旧职能，19世纪公务员的数量和政府预算稳步增长就是证明，只是偶有例外。

　　西方国家如今清楚地认识到鼓励经济发展事关重大。有些国家利用关税保护本国的特殊行业。所有国家都支持扩建铁路和运河网络。政府也承担起大众教育的重任。19世纪70年代，所有西方国家都开设了小学和中学，规定入学年龄不得晚

人物传略：玛丽·沃尔斯通克拉夫特

玛丽·沃尔斯通克拉夫特（1759—1797）是世界女权运动的先驱之一。她在《为女权辩护》（1792）一书中援引了如火如荼的法国大革命提出的女权思想，开启了英国（她的故乡）的现代女权运动，该运动后来扩散到了整个西方世界。

沃尔斯通克拉夫特的父亲是位商人，他经常对妻子拳脚相加，并将继承的遗产挥霍一空。她从很早就开始反对社会强加给女性的种种桎梏，并在早期作品中抨击社会限制女性的工作机会。她在伦敦结交了一批激进分子，不仅如此，她本人也是过着非传统的另类生活：她的两个女儿都是私生子。她在小女儿出生后不久便去世了，而这个孩子就是《弗兰肯斯坦》的作者玛丽·雪莱。鉴于沃尔斯通克拉夫特离经叛道的生活方式，后来的女权主义者都羞于将她视为榜样，直到她逝世一百年后这一情况才有所改观。是什么样的个性和社会力量造就了当时如此激进的生活作风和人生观？

这是约翰·奥佩为沃尔斯通克拉夫特绘制的肖像，这位了不起的女性显得有几分悲伤。此时的沃尔斯通克拉夫特可能正怀着她的第二个孩子。

于12岁。学校教授实用的经济技能，对提高农业和制造业的生产力功不可没。学校利用民族文学和历史在所有公民中树立新共识，还极大地提升了国民对国家的忠诚。大众教育是一种新生事物，1900年时西方人口的识字率高达80%到90%，可谓史无前例。政府取代教会成为主要教育者，同样是前所未有的新现象。政府还通过全民征兵制与公民产生了新联系。英美两国只在战时征兵，即便如此它们的军队也是规模空前。法德两国大部分男性公民都服过兵役，他们在第一时间感受到了现代国家的强大，坚定了爱国忠心。最后，正如我们所知，政府开始为所有公民提供医疗和福利保障。西方各国政府新增了多项福利职能，比如针对工作条件和消费者权利进行立法，修建下水道和其他公共卫生设施，制定社会保险计划。

为了满足这些新需求，西方国家不仅增设官僚机构，还广招人才。很多国家的高中专门培养日后的政府官员。19世纪70年代，所有西方国家都仿效中国科举制推出了公务员考试。尽管高层官员大多来自贵族阶层、富商家庭或专业团体，但对普通人而言，只要他们学问扎实并通过考核，同样有机会进入政府部门任职。

到1914年，西方国家已经崛起，但是在这其中也蕴含着一些有意思的矛盾。在自由派掌权的国家，政府权力受到权利法案和议会的制约。而政府职能和官僚机构的扩大往往又归功于自由派的支持。从重要层面来看，矛盾表现在人们重申了过去关于政府模棱两可的论述。而这也反映出这样一个事实：不同政治团体对政府应该扮演何种角色持有不同看法。关于政府权限及对政府权限的限制这一矛盾，一直影响着20世纪的西方历史。

9. 工业时代的西方文化

19世纪的西方文坛百花齐放。多位小说家声名鹊起，比如英国的狄更斯和奥斯汀，美国的霍桑和梅尔维尔，法国的巴尔扎克和左拉。诗歌和戏剧的影响略显黯淡，但不管怎么说，这段时期的文艺作品数不胜数，各种创作风格花样翻新。比如以田园风光为主题的印象派绘画，在19世纪最后一二十年里，印象派画家挑战传统表达方式，他们用帆布作画，舍弃眼中的浮华表象，追求内心的质朴感受，着重传达景物的内在韵味。

工业化社会创造了更多的财富，自然也孕育出了更多的文化表现形式。新财富被用来修建新设施，包括教堂、公共建筑、美术馆和实验室。人们利用工业技术发明了X射线仪器和观测效果更佳的望远镜等设备，直接推动了科学发展。新财富还被用来资助大批艺术家，尽管他们中有不少人终其一生都是穷困潦倒。照相机的发明和光学发现深刻地影响了艺术风格，比如**印象主义**，它不同于照片的平铺直叙，画家要根据自己的视觉观察来表达微妙的色彩变化。识字率提高和财富增加为作家群体的崛起创造了条件，狄更斯等人的小说直接在报上连载，他们的读者都是中产阶级，计字付酬的方式催生出冗长乏味的写作风格。

宗教对学术活动的主导作用每况愈下。教会的政治影响力也是大不如前，但基督教信仰在19世纪依然重要。西方社会建造了很多新教堂，继续资助大量传教工作。在美国，宗教依然大有作为，因为宗教复兴和移民为主体的教会在很大程度上塑造了美国文化。在欧洲，宗教已经沦为一支民间力量，民族主义和社会主义互相争抢自己的支持者；尽管如此，基督教依然有其固定的追随者。但是作为一种正统文化力量，它的影响力还不及启蒙运动时期。此时已经很少有主流作家再对上帝的本质或神学要义感兴趣。

有两股重要力量重塑了西欧学术传统：首先，人们继续按照启蒙运动提出的理性和科学传统开展研究工作；其次，艺术家们掷地有声地提出新风格对追索生命的意义至关重要，它是科学思维方式之外的另一种选择。

正如我们所见，政治理论仍然带有启蒙运动的遗风余韵。自由派作家修正了启蒙运动的主张。他们不再争论天赋人权，转而探讨有实际意义的问题。但他们仍然坚持某些传统信仰：人人皆有理性，教育价值连城，科学和工业进步要持之以恒。大多数社会主义者仍然坚持启蒙思想。马克思是19世纪最杰出的理论家，他没有拘泥于理性思考，而是利用历史知识创建了伟大的马克思主义理论体系。马克思提出：谁掌握了现有技术或生产资料，谁就能改变历史；统治者和被统治者之间的较量形成了阶级斗争。在现代社会，中产阶级从贵族手中夺得权力，但却催生出一个新的对立阶层，即缺少财产的无产阶级或工人阶级。无产阶级将不断发展壮大，革命是必然之势。一旦无产阶级革命发生，他们将建立一个启蒙运动倡导的乌托邦式国家。如果每个人都理智地考虑自己的利益，国家就会衰亡；商品将按需分配；一旦资产阶级被彻底消灭，阶级斗争也将不复存在。客观地说，大多数社会主义理论家都同意自由派的主张：人类具有基本的善念和理性，物质进步、教育和科学事业非常重要。

除了自由主义和社会主义理论，理性主义传统也是薪尽火传，它成为贯穿科学研究始终的指导方针。事实上，自从科学家们研究出了新肥料和新疗法之后，科学与实际生产生活便紧密交融。从理论成果来说，每个科学领域都取得了进步。最伟大的成就当属达尔文提出的进化论。通过缜密细致的观察，达尔文提出：所有生物都是历经适者生存的竞争才进化到现在的形态。从科学角度出发可以将生物进化解释为生物随时间不断发展演变的过程，一些动植物种类灭绝了，另外一些则从早期形态进化成现在的模样。达尔文的进化论撼动了基督教信仰的根基，即上帝造人，随后发生的激辩削弱了宗教对人们思想的控制。达尔文的自然观比牛顿的自然法则要复杂得多：自然界通过优胜劣汰的自然选择斗争在运转。达尔文的研究肯定了科学家可以推动知识进步的思想，他的理论也与认识自然规律可以取得进步这一思想相吻合。其他科学领域取得的成绩包括医学中的细菌理论、物理学中的电力和磁场理论，以及应用化学中的各种创新。

观察、实验和理性主义理论三位一体，社会科学研究也在向前推移。人们做了大量工作，编辑整理关于人口、经济发展和健康问题的统计数据。关于人类境况的经验知识之丰富多样亘古未有。从理论层面来看，主流经济学家试图解释经济周期和贫穷的原因；社会心理学家则关注群体行为。临近19世纪尾声，维也纳的外科医生弗洛伊德开始研究人类在无意识状态下的行为，他认为人类多数行为都是因冲动而起，但理性思考可以缓解心理问题。和其他很多科学家一样，社会科学家结合动物的本能行为和人的无意识行为来探究自然和人类的本质，深化了启蒙科学家提出的传统理论。但他们还是沿用了标准的科学研究方法，提出人类行为可以被合理分类，而他们中的大多数人也都坚信人类理性终将获胜，人类在经济、科学或个人生活中的得体行为就是明证。

19世纪的文艺界则是别有洞天。很多小说家用写实手法描述各种社会问题，相信他们的作品能助改革一臂之力。如前所见，科学发现引起了艺术家的注意。从**浪漫**主义开始，很多艺术家将情感（而非理性）当作解开生活谜团的钥匙。他们刻画人类内心的渴望，甚至是内心的疯狂，而不是冷静的反思。他们刻意背离传统西方艺术标准，宣称他们可以自由决定是否沿用传统的戏剧或诗歌创作手法。1850年左右浪漫主义热潮开始退去，新生代艺术家继承了这股创作激情，对抗直陈式的表达方式。主流诗人不再坚持传统节奏和韵律，转而创作带有浓郁个人色彩的抽象诗篇。画家和雕塑家追求的是意象艺术，19世纪后期的作曲家采用了与传统音乐相差甚远的无调性音阶。一些艺术家的口头禅就是"为艺术而艺术"，即艺术有自己的目标，与社会无关。其他艺术家和哲学家则反对彻底的理性主义，他们看重的是人类冲动或人类意志的力量。不少艺术家受到非洲艺术和东亚艺术风格的启发，表明西方也像其他地区一样被全球化波及。

理性主义者与非理性主义者之间的区别是西方文化中出现的一道新裂痕，他们与实体机构的关系也有所不同。19世纪末，大部分科学家和社会学家都在大学或科研机构工作。西方国家的大学自中世纪末期走上下坡路，如今则得到复兴，成为培养社会精英的大型研究中心。大学这种教育模式首先出现在德国，紧接着传入法国、美国和英国少数地区。但是艺术家却是不在任何机构工作。受人尊敬的中产阶级观察家将艺术家称为"波希米亚人"，因为艺术家的生活漂泊不定。大城市成为艺术家的才墨之薮，巴黎的艺术家群体最为耀眼。大部分艺术家的资助人都偏爱古老风格，尤其是在绘画和音乐方面。但是现代艺术仍在继续发展，它缺乏明确的标准，对普通人的审美和传统嗤之以鼻，彰显了现代西方文化的重要特征，也揭示了在伟大的经济变革时代，西方文化不会固守传统。个人主义和世俗主义不仅刺激了商业竞争，也渗透到了文化领域，驱使许多艺术家挖掘其他创作主题，以超越普通价值观、科学研究模式和工业环境自身的丑陋面貌。

10. 工业社会

工业化对西方国家社会面貌的影响至关重要。工业化与革命年代推出的法律变革相结合，催生出了新的社会结构。财产、收入和受教育水平开始决定人们的社会地位。出身背景、法律特权或地产等以前的衡量标准渐渐冰解云散。在这个新的社会结构中，富裕的商业高管和专业人士获得更多特权，取代了贵族和传统商人家庭。在美国，贵族阶层从未曾有，内战严重地削弱了南方种植园主的实力，中产阶级成为社会群体的主力军。在大多数欧洲国家，贵族仍在文化和政治领域扮演重要角色，但已不再居于社会金字塔的顶端。中产阶级文化包笼万象，包括信仰科学、注重教育、风度翩翩、谈吐不俗、克己复礼、严于律己，它逐渐成为社会的主基调。中产阶级人数增多，商业规模扩大，专业人才（工程、法律和医药行业）涌现。这些领域要求从业人员掌握某项专业技能，人们必须学过专业知识或参加过相关培训并取得执业资格。

现代西方社会的第二大阶级就是城市工人，尤其是在工厂上班的工人。这个群体的规模远远超出中产阶级，他们收入微薄，身无余财。他们并不认可所有的中产阶级价值观，但在中产阶级借助书报等大众传媒和学校进行的强力宣传下，还是受

讨论历史：工业社会中的女性

对于西方工业社会女性的处境，历史学家们依然各持己见。例如，历史学家们起初认为法律限制女性的工作时间体现了人文关怀，但女权主义历史学家则认为这类法律影响了女性就业，凸显了男性养家糊口的重要性。女性应该在性生活问题上保持矜持，但这样做的负面影响在于，任何体面的女性都不应该表现出性需求。

还有关于女性地位的争议。女性被排除在城市劳动力之外，尤其是在结婚生子之后。但是她们在家里得到了更多的尊重和权利。女性是"道德典范"，她们的忠贞不渝比男性的卑微欲求更加高贵。接受教育并未能让女性享有平等地位，但却逐渐消除了男女两性在知识水平上的差距。

甚至是在19世纪后期兴起的女权运动这一议题上，历史学家们也没有得出一致结论。这些争议仅仅是源于新生和既有的不平等？还是反映出女性拥有了新的文化地位或其他收获，比如家庭规模缩小？19世纪究竟是新型父权制的胜利，还是女性解放运动中的一个关键阶段（尽管这个阶段非常复杂）？

到了潜移默化的影响。

即使不考虑位于社会顶端的残余贵族势力，也不是每个人都可以跻身工业社会的中产阶级或工人阶级。工匠们恪守传统，有些国家的工匠甚至想要恢复行会制度；工匠与新兴工人阶级的融合历时弥久，而且并非浑然一体。农村人口依然庞大，延续着佃农传统和农业社会的鲜明特征。但是在农村，佃农和富农（后者有土地，可以雇佣佃农）之间的分化开始扩大，同时还出现了人数众多的无地劳动者。

随着白领阶层异军突起，现代西方的社会结构变得更加复杂。秘书和电话接线员等白领没有多少财产。尽管他们需要有一定的教育背景才能胜任工作，但他们并不属于专业人士。白领的着装风格和价值观都与中产阶级保持一致。他们总想着有朝一日自己或自己的孩子也能跻身管理层或专业人士行列，尽管这种想法多数时候都是煎水作冰。

工业化深刻地影响了家庭生活。家庭成员职责逐渐发生变化。随着工作场所转移到家庭之外，家庭不再是主要生产中心。但是家庭也获得或强化了其他功能。家庭成为消费单元，大部分采购都是为了家人，新的工作分工解放了某些家庭成员（主要是家庭主妇），他们不再自己动手制造所需产品，因而有了更多时间去购物。人们的休闲时光主要是与家人相伴。人们利用假期与家人团聚，不再忙于社区事务。家庭出游日渐流行，中产阶级首开先河，后来工人阶级也开始为家人安排近处一日游。亲人要为彼此提供情感慰藉，他们理应相互关爱。中产阶级认为家庭就是抵御外界压力的避风港，工人阶级的家庭观同样如此。男女恋爱变得越来越浪漫；人们更加重视性生活的质量，至少工人阶层是这么想的。但讽刺的是，人们对幸福情感的追求却导致离婚率攀升，美国人的离婚率更是遥遥领先。随着家庭在经济活动中的地位下降，解除有名无实的婚姻关系也就有了更多的可能性或必要性。

家庭功能的变化严重影响到了家庭成员的地位。男性养家糊口的责任越来越重，他们的主要任务就是赚钱养家。已婚妇女基本上不算是真正的劳动力，中产阶级家庭的大部分未婚女性也不工作。中产阶级家庭观认为：女性的义务就是培养家庭成员的文化修养和道德品质。女性由此担负了新的重要职责，即养育子女和操持家务，但参与公共活动的机会微乎其微，因为女性享有的政治权利远不及男性。工业化引发了人们对女性地位的争论。女性在社会上得到了更多尊重，而且她们在学习过程中比男性进步更快，尽管起步较晚。而在工人阶级家庭，女性是重要劳动力，她们做工为佣，后来还有人当上文员或公立学校的教师。不过在日常活动中，已婚女性要和男性保持更大的距离。女权运动的兴起旨在为女性争取更多权利和机会，反映出西方家庭里存在的种种不正常现象。

父母对待子女的态度也发生了变化。大多数中产家庭父母都期望孩子能学有所成，而不是打工挣钱。与之相反的是工人家庭的孩子，他们是早期工厂的重要劳动力，固守传统观念的父母依然认为孩子应该早早做工补贴家用。但是所有阶层的人们都抨击童工在工厂的工作条件，尤其是安全事故频发；事实上，随着更多高端机械设备投入使用，童工已经不像早期那么有价值了。义务教育的兴起也将大部分年幼的孩子从劳动力大军中解放出来。然而直到1914年时美国还存在大批青少年劳动力，尽管美国已经普及了高中教育，就连工人家庭的孩子也能入学。父母更加重视培养孩子的学习能力。他们给予孩子更多情感关怀，希望这种关心和亲情能够抵消他们养育孩子的经济压力。与此同时，父母在孩子们生活中的重要性则下降了，因为孩子们在学校里找到了更多志同道合的同伴，由此导致19世纪末出现了隔代文化。对于在工业化西方社会成长起来的孩子来说，他们的经历与传统农业社会的孩子千差万别，但他们的生活同样没有看上去那么容易。

  工业化对家庭的最后影响表现为人口结构改变。所谓"人口转型"指的是西方国家曾在18世纪出现过人口爆炸，之后出生率迅速降低。早在1790年，美国和法国的人口出生率就开始逐步下降。中产阶级是这场人口转型的引领者。中产阶级文化强调节制性行为的重要性，而且中产阶级人士普遍晚婚。生育控制政策逐渐向工人和农民阶层推广；然而在新的人口机制下，穷人的家庭规模普遍超过了中产阶级家庭，与传统模式正好相反。但是如今养育孩子花费不菲，而且父母还要为孩子提供看护和培训，多子女家庭开始减少。到1914年，西方家庭平均只有三四个孩子。这时候的医学技术几乎杜绝了孩子早夭的现象，出生控制成为当务之急。大部分家庭都是靠节制夫妻生活来避孕，尽管当时新的避孕手段已经非常普遍，尤其是19世纪30年代发明了橡胶安全套；堕胎事件也呈上升势头。因而到1914年，西方已经确立了工业时代的人口机制：出生率降低，儿童死亡率下降，人均寿命延长。全新的人口格局给家庭生活和女性地位带来重大改变，哺育孩子不再像过去那般辛苦，也避免了节制夫妻生活引发的矛盾。新人口格局还产生了更广泛的后果：西方人口在下降，而其他地区的人口却在增长。

  尽管经历了上述变化，西方社会的家庭依然兴盛，它们有了新目标和新角色，渐渐抛弃了老派作风，但也保留着某些传统功能。变化本身多是潜移默化。新的家用设备让做家务轻松不少，女性把家里收拾得窗明几净、一尘不染，但她们做家务的时间却没有减少。虽然生育率出现下降，但是母亲受到了表彰，比如美国国会在1908年设立了母亲节。相比农业社会流传下来的其他传统机制，比如乡村、行会乃至教会，只有家庭表现最佳。但家庭确实发生了改变，西方人非常担心这一基本体制的稳定性，而且直到今天都是如此。

  在社会结构和家庭功能改变的同时，通俗文化也在工业化的影响下发生了变化。民众识字率提高，参与政治选举，财富增加——至少到1914年时大多数人的生活已经略微高出了温饱水平。越来越多的地方都开始重视发展教育、科学和技术；普通人和精英阶层在价值观上的差距到1914年时已经缩小。

工业化不断改变着技术和企业，因而从总体上对社会构成了压力。工作性质转变，工作体验恶化。在工业革命之前，大部分人的工作都是一种在家庭内部的社交行为，边工作、边聊天、边打盹。但在工厂和办公大楼出现后，不仅是工作场所从家里移到了外面，也意味着工作流程变得更加有章可循。店铺老板不许员工上班时间唱歌、闲聊或外出闲逛。工作节奏加快，在规定时间内就要做出成果。少数工头监管着人数更多的工人，工人只负责完成某项工艺环节，而不是制造出完整的产品。

人们很难把这些改变内化如一，很多人说他们至今都无法完全接受这些变化。在工业革命的早期阶段，尤其是在1850年之前，大众化的传统休闲方式快速没落，凸显了新工作形态的影响。很多节日消失不见。随着更多人迁入城市，社群纷纷解散，地方色彩浓厚的活动难以维持。中产阶级不赞同设置节日，认为这会扰乱社会秩序，纯属浪费时间；新组建的警务人员也不希望人们参与公共集会，因为这会给他们多添许多麻烦。中产阶级的休闲活动包括家庭读书会或钢琴表演这些有实用价值的活动，它们可以在展现文化成就的同时培养孩子们的才艺。很多工人都对这

西欧中产阶级举办的优雅而体面的休闲活动。

种实用主义的休闲方式熟视无睹，但他们也没有多少其他选择。他们最喜欢去小酒吧打发时间（中产阶级曾发起戒酒运动但毫无效果），在这里重温他们昔日的社交生活。

很多工人也反对他们生活中发生的变化。工人阶级展开了几十年的抗争，要求恢复传统工作价值，手工匠人是抗议的主力军。工人们还想办法去缓和工业化对他们生活的冲击，他们经常旷工或跳槽，令监工大为光火。但随着时间推移，工人们已经能够心平气和地接受工具主义的概念；他们认识到没必要掌控工作质量或劳动条件，只要收入够多，他们可以接受工作限制。换言之，工作成了获取其他东西的手段。1850年后，工人阶级变得更加组织有序，发起了一次次抗议活动，他们不再企图控制工作本身，而是要求缩短工时，增加收入。工人们开始期盼新的经济利益，而不是紧抓陈旧观念不放。

在此期间，新型休闲场所纷纷涌现。西方国家在1870年后修建了大批公共阅览室、歌舞剧院、专业和业余运动场馆，满足不同社会群体的需求。这些新休闲设施高度商业化，表明了消费型社会的发展程度。体育运动培养了人们在工作场所中的纪律性，因为人们学会了团队合作，懂得服从每项现代体育运动的规定；体育成绩也成为未来军人的体能标准。然而，不论在当时还是现在，一直都有批评家抨击新体育文化只顾娱乐身心；鉴于工业时代有限的工作量，他们质疑那些名目繁多的休闲活动是否真的行之有效。但是不论成效几何，大众休闲都是一项独具特色的现代事业，是工业化孕育出的新文化的重要组成部分。某些体育项目在世界各地流行开来，比如首先在工业化英国出现的英式足球，其传播速度甚至超过了工业化本身。

11. 工业化的收获与压力

从1900年开始世界进入到一个新纪元，多家西方报纸都在发文回顾百年过往，评价它是一个令人满意的时代：医疗条件改善，财富增加，政治生活更加自由，教育普及程度提高；这些成就无不证明人们的生活质量更上层楼，而且还在变得更好。这些变化是实实在在的，但到1900年人们已经习以为常，他们追求进步的信心更加坚定。西方社会只有少数人是首次面对工业化的城市生活，比如刚在美国落脚的新移民。

这些变化带来的不只是肉眼可见的进步，还有内在无形的压力，现在依然如此。比如贵族出身的德国上将、天主教会的主教和老派的新英格兰学者，他们都对进步持有不同看法，他们认为在变化中失去的价值观要比物质收获更加宝贵。但是也有人对进步持积极态度，很多工人（尤其是那些在现有工作中看不到意义的人）和那些不满于进步成果的女权主义者，他们憧憬着有朝一日可以实现自己的愿望或理想。

西方社会的内部压力也影响到了西方的世界地位。工业化为西方社会注入了新动力，西方就此实现了对世界前所未有的全面控制。帝国主义扩张不仅展现了西方的商业成就，也反映了贵族官员和基督教传教士希望开辟新域，一展抱负，尽管西方国家的国内形势已是险象环生。

而从另一面来看，从中国到拉丁美洲，尽管有识之士为民族文化感到骄傲，但是他们也意识到：不想沦为西方殖民地，就必须借鉴工业社会的某些成果。他们面对的关键问题是哪些西方模式是必须而且可以模仿的：军事技术和军队建设，广泛的经济革命，西方式政体，艺术风格，还是女性地位的变化（这是工业化的必然结果）？建设新工厂能否带来实质变化？组建议会和扩大选举权是否势在必行？1789年至1914年之间的这段历程深刻地改变了作为世界主要文明之一的西方文明，也打造了一个供其他文明思考的复杂发展模式。

12. 通往现代之路

漫长的19世纪在扩大了西方社会某些特征的同时也引入了其他特征，这倒是不奇怪，毕竟重大发展不过是一两个世纪之前的事情。现代早期出现的若干趋势：重视科学发展，消费主义蔚然成风，传播到了其他地方。构建议会政体的理想在法国大革命和自由主义思潮中得到复兴并广泛传播。

新趋势还包括对艺术本质和目标的重新定义——现代艺术表现出的抽象风格继续影响着西方人的生活。另一个趋势是政教分离，这是一个经常引发争议的渐进式过程。到了漫长的19世纪末期，女权运动已经成为西方人生活中一种长期存在的事物。

工业革命造就了很多自己的特征，包括人们欣然接受不断出现的技术变革。其中的两大特征更是增添了西方社会的复杂性：首先，工业社会的很多特征最早出现在西方，然后迅速传入其他社会，比如大众教育的构想。西方率先提出孩子应该上学而不是工作，政府应该强制推行义务教育（直到1914年后西方才全面落实），但很多其他国家直到近几年才做出类似决定。如今西方人的童年与其他社会还有什么不同？其次，有些特征深刻地改变了西方和其他地区人们的生活，人们甚至直到今天还在进行调整。例如，工业社会中的女性应该扮演什么角色？西方给出的第一个答案就是女性可以接受教育并拥有一定权利，但是必须待在家里照顾好家人的衣食住行，满足家人的情感需求；西方在近几年给出的第二个答案则是女性应该出去工作，同时兼顾家庭，或者任选其一。关于这个问题的讨论仍在继续。

工业革命极大地改变了人类的生存境况。西方社会首先感受到了这些变化，并做出了明确的回应；但总的来看这是一个全球化的过程，西方和大部分其他地区都是参与者。

延伸阅读

David S. Mason, *Revolutionary Europe, 1789-1989: Liberty, Equality, Solidarity* (2005); Peter Fritzsche, *Stranded in the Present: Modern Time and the Melancholy of History* (2004); Shirley Roessel, Reny Miklos, *Europe, 1715-1919: From Enlightenment to World War* (2003); Lynn Abrams, *The Making of Modern Woman: Europe 1789-1919* (2002); Rachel G. Fuchs, Victoria E. Thompson, *Women in Nineteenth-Century Europe* (2005); Brenda Stalcup, ed., *The Industrial Revolution* (2002); Robert Marks, *The Origins of the Modern World: A Global and Ecological Narrative* (2002); Joel Mokyr, *The British Industrial Revolution* (1999); Carolyn Tuttle, *Hard at Work in Factories and Mines: The Economics of China Labor During the British Industrial Revolution* (1999); E. J. Hobsbawm, Chris Wrigley, *Industry and Empire: The Birth of the Industrial Revolution* (1999).

对工业化早期的深度研究：Phyllis Deane, *The First Industrial Revolution* (1980)（关于英国）; E. J. Hobsbawm, *The Age of Revolution: Europe 1789-1848* (1962)（关于整个欧洲）; Peter N. Stearns, *The Industrial Revolution in World History*（第四版）(2012); Neil Morris, *The Industrial Revolution* (2010)。对比研究：R. Bin Wong, *China Transformed: Historical Change and the Limits of European Experience* (1997)。18世纪末至20世纪初的欧洲历史概况：Peter N. Stearns, Herrick Chapman, *European Society in Upheaval: Social History Since 1750*（第三版）(1992)。解释性研究：Barrington Moore, *Social Origins of Dictatorship and Democracy* (1966)。工业化变革的具体层面：L. Tilly, J. Scott, *Women, Work and Family* (1978); Sylvia Jenkins Cook, *Working Women, Literary Ladies* (2008); F. D. Scott, *Emigration and Immigration* (1963); E. P. Thompson, *The Making of the English Working Class* (1963)。政治史上的重大发展：R. R. Palmer, *The Age of Democratic Revolution: A Political History of Europe and America, 1760-1800* (1964)。文本研究：John Merriman, *Modern European Civilization*（第二卷）(1996); Harvey Graff, ed. *Literacy and Social Development in the West* (1982); Albert Lindemann, *History of European Socialism* (1983); Thorstein Veblen, *Imperial Germany and the Industrial Revolution* (2006); David Kaiser, *Politics and War: European Conflict from Philip II to Hitler* (1990); Robin W. Winks, Joan Neuberger, *Europe and the Making of Modernity, 1815-1914* (2005); Steven King, Geoffrey Timmins, *Making Sense of the Industrial Revolution* (2001)。

第 22 章
世界经济与西方帝国主义：非洲和南亚

在欧洲工业化和美国工业实力与日俱增的背景下，世界经济变革已成必然之势。工业化国家的商人富于冒险精神，他们在全世界寻找市场和原材料。经济全球化的洪流势不可挡，每个国家都无法置身事外。早前奉行孤立政策的经济体（如日本）被迫与西方建立贸易往来。有些经济体（如拉丁美洲）一直都是西方的原材料来源地，现在则被迫增加出口量。

世界经济范围稳步扩大。速度更快的新型船运方式功不可没，过去长达数月的跨海航行现在缩短至一到两周。在此期间，各大洲的铁路线延至内陆。快捷通信手段（电报及后来发明的电话和无线电）将商业等信息传遍全球，信息量之大前所未有，跨国贸易水平快速提升。19 世纪 30 年代，很多实业公司都开始在世界各主要城市设立分公司。

随着贸易量大幅增加，世界经济的性质也有所变化。工业革命之后，西方有能力生产更多的制成品去销售，包括工厂设备、机车和轮船。西方早就在向其他国家出口制成品，但如今它的制造能力发生了革命性变化，产量骤增，它急需为产品找寻合适的市场。这并非只是一个西方获利的问题；很多传统制造体系纷纷被淘汰，因为无论量价它们都难与争锋。1850 年之后，欧洲和北美还有资本输出的需求。早期工业化积累的资本需要有利可图的投资渠道；尽管本国经济也提供了投资机会，但却无法阻止资本家们在工业化程度低的地方寻找一本万利的投资机会。美国西部的发展（包括铁路网快速扩大）在很大程度上要归功于英法两国的投资，还有一部分重要投资则流向了回报率更高的拉丁美洲、非洲和亚洲。西方对俄国的投资也在迅速增加。

西欧一方面在寻找工业品和资本的出口机遇，另一方面则需要持续增加进口。此时发生了一项重大变化：奴隶再也不是不可或缺的必需品。在英国的大力推动下，跨大西洋奴隶贸易从 1807 年开始被逐渐废除，到 1834 年，大英帝国殖民地上的所有奴隶全部获得自由；在接下来的几十年里，美洲和其他地方也陆续取缔了奴隶制。

但是廉价劳动力依然至关重要。非工业化社会加大了食品出口，因为欧洲城市化和财富增加需要引进更多主食（如小麦和牛肉）和特色产品（咖啡和蔗糖）。西方国家对原材料需求旺盛，比如修建交通设施和休闲设施需要更多橡胶，而橡胶树只能在热带地区种植。随着钢铁产量增加，某些稀缺合金价值连城，而像铜等金属和化学品也要从西方以外的地区采购。

对外贸易量达到新水平，西方与其他大多数文明之间的差距迥隔霄壤。在西方商人和资本的刺激下，其他地区的生产商也对世界经济的影响有了切肤之感。比如大批拉丁美洲农民放弃传统乡村农业，改种咖啡树或大麻（用来制绳）。西方资本流入全球的矿业、交通设施和市场化农业，数百万人直接投身国际经济。另一个明显变化则表现为，西方的商业压力咄咄逼人，世界各地无一幸免。

由于野心不断膨胀以及连发步枪等新式武器的发明，欧洲人开启了新一轮全面的**帝国主义**浪潮，强化了西方主导下的全球经济的影响。从太平洋诸岛到非洲内陆，西欧国家和美国霸占了大片领土。它们更加严格地控制早前占领的殖民地（主要在印度和东南亚）；为了满足经济需求，欧洲人凭借军事实力和组织手段不再局限于在港口城市活动，也不再依靠与内陆地方政府的松散联盟。西方帝国的扩张及其扩张性质的改变主要表现在三个非西方地区：撒哈拉以南非洲、印度和东南亚。但到 1900 年时，殖民统治造成的威胁和西方扩张对世界经济的影响已经波及所有国家。如何应对强大的西方和它塑造的西方式社会？这个问题逐渐凸显出来。

本章分析新帝国主义及其直接控制的大部分地区，后续几章将探讨其他文明到 1900 年时采取的不同应对措施——这是现代世界历史的共同主题。

> **重点问题** 欧洲帝国主义兴起的原因是什么？这是本章首要回答的问题，但其他微妙的问题同样重要。世界各地采取了哪些措施应对欧洲的压力，为什么它们采取的方式各有不同？主要殖民地之间有哪些明显区别，比如说非洲和印度？它们分别进行了哪些抵抗与合作？

1. 帝国主义产生的原因：动机和方式

18世纪末期，西欧帝国主义的势力范围囊括了南北美洲（除了刚刚独立的美国）、印度（此时尚未完全沦为英国殖民地）、印度尼西亚群岛，以及一些零星的港口城市（主要在撒哈拉以南非洲）。1800年后的拉丁美洲独立战争推翻了西欧的殖民统治，尽管拉丁美洲文明从未与西欧经济建立密切关系。

到1900年，西方帝国的势力范围包括截至1800年的占领区（不含拉丁美洲）；东南亚大部分大陆地区，比如法国占领了印度支那（包括今越南、老挝和柬埔寨），英国占领了马来半岛，掌握了泰国和缅甸的实际控制权；非洲大陆全境（仅有少数地区例外，最有名的就是为保持了独立而自豪的埃塞俄比亚王国）；澳大利亚和新西兰；太平洋诸岛被英法德美四国瓜分。西方国家还侵占了中国沿海地区，在阿拉伯半岛东海岸拥有一些产业，对波斯、阿富汗和奥斯曼帝国部分地区进行持续渗透。北非地区已经或即将沦为殖民地。英国骄傲地宣称自己是一个"日不落帝国"，因为它的殖民地遍布世界各地。总而言之，在西方人眼中，世界就是西方的地盘。能在如此短的时间内征服如此辽阔的领土，这是一种史无前例的历史现象。

这幅木版画描绘的是1889年德军在坦桑尼亚与当地潘加尼原住民交战的场景。

讨论历史：废除奴隶制的原因

1833 年，英国议会在探讨殖民地废奴问题时，殖民地大臣解释说废奴符合"当今时代的自由精神和人性关怀"。一个多世纪过去了，历史学家们对这个理由都表示赞同。为了顺应人道主义思想潮流，英国、法国和美国北部陆续废除了延续几百年的奴隶制。

1944 年，一位来自西印度群岛的历史学家埃里克·威廉斯提出了一个完全不同的激进结论。他说废奴并非出于人文关怀，而是经济利益的内在驱动。当时英国和其他国家的工业资本家已经成为世界经济领袖，奴隶贸易的吸引力逐渐弱化。迫使奴隶主转攻为守的原因不是理想主义，而是单纯的物质主义。

近年来，大卫·戴维斯和西摩·德雷舍等历史学家的研究令废奴问题变得更加复杂。德雷舍认为，抛开奴隶制本身不说，奴隶经济仍然有利可图，所以废除奴隶制的原因不是单纯的物质主义。戴维斯则认为，工业资本家需要捍卫雇工制度，这是一种强加给欧洲工人的高强度工作制度。不仅如此，他们还要转移工人的注意力，让工人忽视自身困境，所以工业资本家才会大肆抨击奴隶制。

物质利己主义（而非人文主义）的结论再次占了上风，但是这种分析非常复杂。德雷舍更支持人文主义，但也指出工匠和其他受工业经济威胁的人们赞成废奴是为了彰显自己的高尚人格。目前，历史学家们正在努力把上述历史变革中新出现的人文主义主张与资本主义经济中的重大变革结合在一起。

在解释历史变革的问题上，除了理想主义和物质利己主义之外，还有哪些争论？

此外还有两种值得注意的现象。首先，纵观 18 世纪，当美洲各国开展废奴运动时，世界人口正在快速增长，这也使得从亚洲和欧洲引进劳动力取代奴隶易如反掌。其次，尽管奴隶制被逐渐废止，但取而代之的劳工制度也带有一定的强制性色彩。比如，移民劳工受到契约合同的限制。公司门店可能会诱导工人陷入债务，无法合法离职或调换工作。这类做法一直延续至今。

上述两种现象对理想主义和物质主义之争有何影响？

西方的帝国概念在 19 世纪也有所改变。早期殖民地主要被当作市场前哨站。出于传播基督教的目的，天主教传教团体帮助欧洲人扩大了在拉丁美洲和菲律宾的控制范围。相较于这种通行的殖民模式，英国在北美东岸的殖民地是个重要特例。在新世界之外的殖民地，西方对当地的控制比较有限，只是为了满足贸易需求。大约在 1800 年后，这种主导思想迅速改变。贸易本身已经无法满足发展市场化农业、拓展交通网络和投资渠道的需要。重新定义后的世界经济要求西方在世界各地的渗透无孔不入。欧洲人和北美人的文化优越感也是越来越强。新教徒追随天主教徒展开了传教活动。总的来看，西方人树立了明确的使命感：将文明传播给世界人民——当然，这是西方定义的"文明"。英国诗人拉迪亚德·吉卜林说西方人普遍认为自己的道德观和政治观更高级，因此他们认为自己担负着改造世界其他地区（劣等种族）的责任，即"白人的负担"。传教士不仅带来了基督教信仰，还有西方人的着装风格、教育方式和医疗知识。西方派来的企业管理者认为那些"本土"方式一无可取，他们教导非西方人该如何做工、如何管厂。殖民政府还修正了婚嫁习俗、种姓制度和部落政治。无论新旧殖民地，如今的欧洲帝国主义都意味着有效执政和大范围监管。

为什么西方帝国主义会转而向更多地区渗透？西方尖端技术可谓重中之重，尽管殖民者还采用了其他手段，比如收买被占领区的少数民族和其他群体。欧洲人之所以能够称霸非洲，很大程度上就是得益于蒸汽机驱动的舰船，有了它们，他们可以驶过以往根本无法通行的非洲河流，深入到非洲人自己都不曾涉足的内陆地区。蒸汽机驱动的铁船也是欧洲人打开中国国门的利器。当非洲人和亚洲人学会使用西方老式来复枪时，西方人的武器装备还在不断增加。到19世纪晚期，西方士兵已经配备了连发步枪，无须专门更换弹夹，从而掌握了明显的作战优势。另一项重大发明则是机关枪。后来就任英国首相的温斯顿·丘吉尔曾描述过1898年南苏丹上尼罗河州的一场战争，当时一小队英国士兵携带二十挺第一代机关枪对阵四万名穆斯林士兵：

> （英国）士兵沉着冷静地朝对方开火，他们既不紧张，也不兴奋，因为距离敌军较远，而且指挥官小心谨慎。他们专注于战争过程，奋力迎战……在平原的另一边，子弹穿透了血肉之躯，击碎了骨头……伴随着铿锵作响的金属声、炸裂的弹片和飞溅的尘土，勇猛的（敌军）士兵仍在顽强抵抗——他们痛不欲生，万念俱灰，苟延残喘。

最终，英国以牺牲48名士兵的代价歼灭了1.1万名穆斯林，征服了这片他们从未听说过的领土——苏丹。

先进的技术和医学知识是西方的重要优势，尤其是在非洲，它们可以保障西方人不得热带疾病，但这无法解释新帝国主义的动机。工业革命带来的成果，包括先进的技术、有效的组织、更好的医疗条件和识字率提高，增强了西方人的优越感，他们觉得自己担负着统治世界的权利和义务。这种优越感与基督徒对自身信仰的自信——从十字军东征开始的征服活动就是证明——结合在了一起。经济动机也是重要原因之一。欧洲人不仅需要市场和原材料，还急于稳定国内不断变化的经济形势。就连自信满满的美国企业家也在从殖民地或中美洲半殖民地寻找稳定的市场和原材料供应。很多人都认为，对扩张型经济来说，单靠国内销售和供应无济于事。他们希望帝国主义能够鼓舞普通人并转移其视线以防参与抗议活动。事实上，帝国主义的征服行动确实激起了欧美普通人的极大热情，新兴大众媒体也在利用煽动性的新闻头条推波助澜。

西方的某些群体被工业化浪潮甩在了后面，但他们在帝国殖民地找到了慰藉。贵族们在本国越来越无所适从，但是他们在殖民当局任职，获得了贵族特权，过上了优渥的生活，统治着当地原住民。天主教传教士在劝导异教徒皈依基督教的过程中成就满满，因为西欧的天主教正在逐渐衰落。个体冒险家厌倦了企业官僚式的管理作风，在异国他乡追逐名利让他们激情澎湃。从很多方面来看，帝国主义展现了工业化引发的社会矛盾，以及工业革命缔造的巨大实力。

帝国主义争夺战最直接的诱因是西方各国的不同诉求和竞争。民族主义的忠诚思想鼓动了一些探险家和冒险家，比如德国人卡尔·彼得斯声称坦噶尼喀（坦桑尼亚的一部分）为德国所有，他想要为祖国争取应有的大国地位，但他的举动起初并未得到德国政府支持。欧洲政府打着爱国旗号干预他国事务，它们要保护传教士和企业家不受欺辱，否则就是对国家尊严的践踏。总之，沙文主义思潮刺激新国家争抢帝国主义荣誉，迫使老国家通过扩张捍卫既有领土。英国占领了包括埃及在内的若干新殖民地，同时保护既有殖民地，防范潜在对手。法国在北非搜寻更多领土，为的是保护它的首个北非殖民地阿尔及利亚。在新晋帝国主义国家中，意大利占领了北非的重要领土，比利时夺取了广大的刚果地区，大展拳脚的德国不仅在非洲建立了两个重要殖民地，还控制了中国部分地区和若干太平洋沿岸国家。其实也可以把美国列入这份名单，美国在理论上应该反对帝国主义，这一方面是因为它长期以来一直关注西进扩张，另一方面则是因为它也有过充当殖民地的经历，但它还是侵占了太平洋沿岸许多地区，包括菲律宾，以及西印度群岛中的若干岛屿，其中最有名的就是波多黎各。帝国主义新势力的崛起点燃了法国的扩张欲望，它在1871年后开始抢占殖民地，以补偿它在普法战争中失去的领土。各种征服压力在1870年后愈发凸显，为了国家安全和民族荣誉，各国更加笃定要尽快拿下每一寸可能占领的土地。讽刺的是，这种肆无忌惮的竞争逐渐激化了欧洲各国的矛盾，到头来，争抢领土的战火在1900年后烧到了它们自己的家门口。

2. 欧洲列强瓜分印度和东南亚

欧洲新帝国主义重点征服那些有着重要民族传统的人口密集之地。换言之，欧洲新殖民主义控制着数百万其他民族，但遭遇到了当地人的顽强抵抗——当地人想要捍卫自己的民族价值观。来新殖民地定居的欧洲人主要是政府官员、企业家、牧师、医生和教师，很少有平民百姓。一些意大利人迁居北非部分地区，有些欧洲人在东非肥沃的农田地带建立了定居点，成为少数特权群体，但这些都是个例。

欧洲帝国主义在亚洲的使命宣告完成：英国征服印度并开始向泰国和缅甸渗透，法国占领印度支那，但它们并不打算将这些殖民地纳入西欧文明圈。西欧传教士在印度和东南亚收获寥寥，仅有少数当地人皈依基督教——这印证了传统文化的力量。但不管怎么说，新帝国主义确实意义深远。英国殖民者对印度的影响远远大于过去的外族统治，包括不久前灭亡的莫卧儿帝国。事实上，英属印度与荷属东印度群岛是19世纪帝国主义的理想殖民目标。但这些殖民地同样发起了顽强抗争，它们在古老文化观念的基础上缔造了新文明。正因为如此，英国对印度的

这幅木版画中刻画的场景是：1877年1月，英国维多利亚女王在德里杜巴广场加冕成为印度女皇。

殖民时间并不长，短于早期外来入侵者占领的时间，这表明英国殖民当局从来都不是真正的印度政府，也揭示出印度政治传统的重要变化，即它对外国入侵者已经忍无可忍。

印度

19 世纪上半叶，英国完成了对印度的征服，随后开始积极干预印度内政。印度的统治者从东印度公司变为英国殖民政府，英国官员也不再像过去那样尊重印度文化。他们要对印度进行西方化改造。因此，英国殖民当局颁布法令禁止童婚和寡妇殉葬；皈依基督教的印度教信徒可以在殖民政府任职。

在 19 世纪的大部分时间里，英国殖民统治对印度政治产生了重大影响。整个次大陆完全统一是印度历史的重大进步。英国给予个别地区较高的自治权，地方王公可以继续控制地方政府，但要接受英国顾问的监督；殖民当局在印度全境推行统一律法（以英国判例为依据）。殖民政府的规模逐渐扩大，效率更高。殖民当局直接征收的土地价值税取代了先前的地方税。英国人认为他们设定的税率一视同仁，再公平不过；但事实上，直接征税造成税收增加（因为它绕开了地方贵族和乡绅，他们会根据人们的承受能力制定税率），这是招致印度人不满的一个重要原因，他们不习惯在没有中间保护人的情况下直接跟政府打交道。殖民当局还确立了公务员考试制度。在 1864 年之前，殖民政府高官全部是英国人，后来也基本如此，但是高种姓印度教信徒可以担任底层官员，这让他们有机会了解西欧的施政理念。

英国统治还带来了重大文化影响。尽管皈依基督教的印度人寥寥无几，但西方传教活动的压力迫使印度教领袖重新审视自己的教派活动。他们开始弱化对次级神的崇拜（普通人则依然保持这种习惯），着重表现印度教教义中的一神论元素。这种应对措施有些类似早前他们对待穆斯林的态度。他们试图使印度教传统适应外来新领导层的标准。

英国推行的学校制度对印度文化的影响更加显著，它拯救了自莫卧儿帝国后期一路下滑的印度教育。英国出资建造了高中和大学，主要传授西方价值观。一位英国自由派人士说道："我们的伟大目标不是教授印度教知识，而是实用知识。"这意味着重点教学科目是科学技术和以欧洲为主的现代史。学校教师用英语授课，表明英语已经成为高种姓印度教信徒和穆斯林领袖的第二语言。

发展印度经济也是英国的主要目标。19 世纪 50 年代，英国人开始修建铁路，引进电报。这些新设施强化了英国人对这片广大领土的行政管理和军事控制，同时也带动了当地经济繁荣。1853 年，英国驻印度总督这样说道：

> 铁路系统……一定会像企业一样很快发挥带动作用……西欧各国四通八达的先进通信网络带来的社会进步，也将在这里出现。

到 1900 年，印度的铁路里程超过 4.2 万千米，印度还新修了多条公路和运河。英国人还改进了印度的农耕方式，印度工业也仿照西方模式取得了进步。这座次大陆国家不再只是一个仅供剥削的殖民地，它的巨大经济潜力即将爆发。

从社会方面来看，英国人试图改变种姓制度。英国殖民当局把不同种姓的印度人关在同一个牢房，允许他们一起乘坐火车，低种姓人可以向英国人主持的法院控

解答问题　铁路

始于 19 世纪初的大范围铁路建设旨在解决若干问题。铁路最显著的优势就是降低了重型货物的长途运输成本。铁路成了向工厂供应煤炭的重要运输方式。亚洲和拉丁美洲建起了多条铁路，它们将内陆的食品和原材料运至沿海，使这些经济体全面融入世界贸易之中。非洲铁路网的长度和密度都很有限，但也发挥了同样的作用。铁路还具备军事用途，保障了兵力和物资补给；印度铁路发挥了重大作用，帮助英军镇压了当地叛乱。

并非所有人都赞同铁路有助于解决问题。有人不希望与全球经济联系过密。还有人担心它会带来新的危险。1876 年，上海一家英国公司私自修建了一条短途铁路线通向外港，招致清政府的强烈反对（尤其是在发生了有人被火车碾死的严重事故后），两江总督奉命收购了这条铁路，派人将其拆毁，然后将铁轨等器材运往台湾一处海滩任其腐蚀锈烂。厄瓜多尔的铁路项目（连接海岸和山区）也引发了抗议，但是被一位强势的自由派领袖镇压。英国人在印度修建铁路的情况则恰恰相反。印度传统根深蒂固，将各种姓人聚在一起的火车肯定会遭到抵制，然而英国人的这一担心并未变为现实，因为印度人早就盼着乘坐火车出行。总的来看，不管是否遭到抵制，世界各地都开始兴修铁路，铁路网的覆盖面取决于资金是否充裕，是否得到政府支持。并非所有铁路都能如愿以偿地解决问题，比如厄瓜多尔的铁路项目就没有实现政府和外国投资者鼓吹的目标，但它们切实推动了市场经济发展，提高了军队的机动能力，促进了某些地区的民族融合。

重点问题　为什么 19 世纪的很多民族都将铁路视为一种威胁？为什么美国和印度的铁路网比非洲铁路网的范围大得多？

告高种姓人。英国人还采取了一些比较谨慎的措施以求改善印度女性的处境。但这些措施在短期内带来的最显著效果却是：由于削减了传统制造业的工作机会，反而加重了女性的经济负担。这些调整并未能得到人们的真正理解，因为西方人认为体面的女性是不应该工作的。英国人鄙视印度陋习，推出了立竿见影的改革，正如英国观察家所说，"任何行为习惯都不及印度人玩弄女性恶劣"。英国殖民官抨击印度杀害女婴和寡妇殉葬的习俗，得到了部分印度改革人士的响应。殖民当局修改了印度教的婚姻法，允许寡妇再婚。这些主张一直激励着印度改革家，包括后来出现的民族主义者。

英国人的存在产生了多重后果。殖民政府推行的很多措施并没有触及基层民众，他们还是目不识丁，固守传统家规和宗教惯例。大部分地区依然保留着种姓制度。但是从另一方面来看，部分印度人，尤其是受过高等教育的那些人则非常欢迎英国人带来的改变。"现代印度教育之父"罗姆·莫罕·罗易抨击传统教育，赞扬英国人建立了"更加自由而开明的教育制度，教授数学、自然哲学、化学、解剖学等实用科目"。

印度人民也进行了一些重要的抵抗。英国殖民当局直接征税的做法令很多印度人不满，他们怀念过去依靠地方贵族非正式庇护的日子。英国人对种姓制度的抨击激怒了高种姓印度人，很多低种姓人也更喜欢传统的阶层划分，如今高种姓人对待他们的方式让他们觉得有辱人格。印度教信徒和穆斯林对基督徒的传教活动心存顾虑，普遍敌视新学校。英国人优先任用印度教信徒担任公职的做法令穆斯林感到不悦，他们觉得自己就像一个受到排挤的少数教派，与过去几百年来所处的地位落差太大。流言四起，夹杂着印度人对英国影响力的惧怕和愤恨。比如有印度人散布消息说：殖民官不仅允许寡妇违背印度教教义去再婚，而且还强迫她们这么做。就这样，传统势力利用各种手段激化人民对西方殖民政府的仇恨。

这些不满情绪引发了19世纪反抗西方帝国主义的一场伟大起义：1857年印度兵变。这场起义的发起者是英国殖民军中约二十万印度雇佣兵，他们要对付驻扎在印度的1.6万名英军士兵。很多印度士兵都来自高种姓家庭，他们痛恨英国殖民官不肯加饷。欧洲人吃牛肉的习惯让他们极为反感，他们坚持执行传统宗教仪式，英国人则拒绝为他们提供场地和设施。这场暴动的导火索是子弹润滑油。当时英军刚刚引进了来复枪，他们用动物油脂做子弹润滑油。印度士兵听说润滑油是牛油，穆斯林则以为是猪油——这是对这两大教派的极大侮辱。起义者一度控制了德里和印度中北部大部分地区，屠杀了许多英国家庭。英国人在1858年镇压了兵变，其中一个有利条件就是大部分印度平民没有参与其中。

为了应对此类挑战，英国人决定尝试有限分权，允许印度人在地方政府任职；

他们还设立了立法会议（咨询机构）。就这样，一部分印度人第一次体验到了议会工作。英国人提出所有印度国民，不分肤色或宗教，都有机会得到任何工作岗位或政府公职；尽管印度人要花很长时间才能超阶越次，但是他们的境遇确实出幽迁乔。担任公务员的印度人逐渐增多。英国人也加强了对印度各邦的集中管理，提倡用英语授课，尝试新的社会改革，包括废除奴隶制（印度自从古典时期以来并没有建立广泛的奴隶制）。换言之，英国在不采取强势镇压的情况下加大了改造殖民地的力度，西方化给印度带来的压力逐渐加深。

19世纪后期，印度经济开始朝着新方向发展。经济利益激励种植园主和佃农种植销往世界市场的农作物。比如在美国内战期间，美国南部的棉花种植遭遇重创，印度趁机增加棉花产量填补了市场空白。印度建起了纺织厂和冶炼厂，由印度企业家直接管理，设备则从英国进口。贾姆谢特吉·塔塔来自孟买一个富人之家，他被誉为"印度工业之父"；1886年，他在孟加拉西部开设了一家大型钢铁厂，周边有印度储量最大的煤矿和铁矿资源。印度仍然依赖进口机械，但其本国钢铁工业刚刚步入20世纪时就实现了产品出口。不过，印度的工业发展主要还是局限于本国内部，并未出现全面的工业革命。

然而，印度的经济转型是把双刃剑。英国人推出了多种提高粮食产量的措施，包括出资兴修水利以缓解周期性的旱灾，结果庞大的印度人口进一步膨胀。殖民当局引进了西方的医疗体制，包括接种疫苗和卫生改革，同样刺激了人口增长。居高不下的出生率（这与印度人养儿防老的传统心理有很大关系）继续攀升，死亡率则出现下降，人口不断增长使得经济发展的成效大打折扣。印度的传统制造业无力与英国本土工厂竞争，导致数万名工人失业；印度的人均收入并没有增加。

很多印度传统人士依然反对英国人的所作所为。与此同时，受过教育的印度人结成了新的反抗势力：印度国民大会党（简称国大党），他们不仅关心自己的民族身份认同，还在西方政治和教育观念的影响下开始反对这种有违民主的外国统治。印度报业迅速发展，积极传达人们的政治态度。1885年，国大党召开首次会议，与会代表主要是担任各级公职的印度教信徒和穆斯林。它的早期诉求比较温和，主要是为印度人在英国殖民政府中争取更多机会。在此基础上，民族主义思潮开始在知识分子群体中蔓延。它加强了印度人对国家的归属感，超越了种姓、地域和宗教界限。民族主义思想鼓舞印度人追求政治自由和文化独立，摆脱西方影响。连续召开多届的国大党会议成了发出改革呼声的重要平台。它不仅关注印度人的公职和英国的经济控制，还希望印度凭借自身实力跻身工业化国家行列。1910年，一位议员说道："印度一直被英国当成它的种植园，英国财阀把印度原材料装上他们的货船运回国内，加工成纺织品……然后再由英国商人转运回来卖给印度。"这是对西方主导下的世界经济的控诉，是20世纪很多国家的共同心声。

印度民族主义是对欧洲人（尤其是英国人）政治信仰的模仿，同时也保留了印度特质。印度民族主义领袖选择了一种包容性的民族主义，包容不同宗教、种族和社会团体，这不同于德国狭隘的雅利安民族主义。但是他们没有给出确切的民族主义定义，因为他们亟待解决的问题是削弱英国人的控制。

在1900年之前，印度民族主义运动并未危及英国的殖民统治。当时摆在殖民者面前更加严峻的社会问题是屡屡爆发的农民起义，农民反对税收或普查，视后者为殖民当局提高税率的阴谋；或是高喊捍卫宗教传统的教徒暴乱，很多英国殖民政府官员遭到暗杀。

1900年时的印度并没有被西方化，但是它已经发生了实质性改变，原因包括英国人推行的措施和印度领导人自己的关切——尤其是在教育、民族主义政治和工业管理方面。由于印度教的复兴，对传统艺术和文学风格的积极借鉴，印度人的文化生活变得比以往更加丰富多彩。与此同时，印度领袖人物和普通百姓之间也出现了思想上的差距：高种姓人群熟知西欧思想和印度民族主义现状，广大民众则依然敬畏传统，他们认为像新的税制和廉价劳工制度这些变化，都是英国人或印度当权者强加给他们的。

东南亚

东南亚的发展情况与印度大致相同，就像长期以来的那样。地方割据的政治局面依然存在，因为不同的国家被不同的欧洲列强控制。当地宗教版图没有发生重大改变，只有少数东南亚居民皈依了基督教，主要是在法属印度支那。荷兰在印度尼西亚修建了铁路，为精英人士开设了用荷兰语授课的学校，扩大了官僚队伍，确立了新税制。殖民政府出台了新法律，对种植园主雇佣当地劳动力的行为进行了规范（当地劳工在大种植园劳作，主要生产出口型产品）。种植园起初控制佃农充当劳力，后来从1870年起则建立了雇佣劳动制度。

尤其是在19世纪后期，越来越多的东南亚农民被卷入市场经济，他们成为雇佣工，负责生产香料、茶叶和橡胶等面向世界市场的产品。这些商品通常售价较低，表明雇佣劳动制度的基础就是低工资。

与印度的情况一样，东南亚的殖民政府也开始引入西方行政管理手段。官员们收集普查数据。地方领导人（包括村长）的自治权受到削弱。新组建的警察队伍打击犯罪和地方动乱。和印度一样，管理效率提高和农耕技术进步刺激了人口增长，对可用耕地造成了压力。

传统人士对欧洲人强加的很多政令非常不满,但在1900年之前却是很少发生有组织的反抗活动。事实上,这里的民族主义运动发展非常缓慢;不过在1900年后不久,印度尼西亚的公务员开始要求获得与荷兰官员一样的平等地位;一些地区爆发了农民起义,要求获得土地,反对现行税制;印度尼西亚还出现了伊斯兰教复兴运动。但同样与印度情况相似,反对欧洲殖民统治的大规模斗争浪潮将在未来才会出现。

3. 欧洲列强瓜分非洲

直到19世纪60年代后,新一轮西方渗透才真正控制撒哈拉以南非洲。在19世纪的大部分时间里,非洲基本上仍是沿循旧路,偶有创新,但其经济变革却是日异月殊,非常显著。在撒哈拉沙漠以南的非洲北部,伊斯兰教利用传教活动和18世纪后期开始的圣战继续东渐西被。斯瓦希里语文学(反映伊斯兰文化的非洲书面语)开始初展头角。19世纪后期,西方帝国主义入侵刺激了伊斯兰教的进一步传播,人们把它视为一种条理清晰、完全不带西方色彩的重要宗教。在此之前,伊斯兰教每到一处都会抨击非洲人民的文化传统,斥其为迷信,就像几个世纪前一神论对西方和中东民间信仰的冲击。这是一段困难重重但又振奋人心的过程,它重新定义了非洲文明,但最终还是受到了西方帝国主义的影响。

非洲经济遭遇明显挑战。跨大西洋奴隶贸易终结后,全球贸易骤然失衡。非洲再不能像过去那样轻而易举地获得枪支等外来加工商品。许多非洲领导人和商人开始尝试替代性商品出口,比如压榨并提取花生油或椰子油。为此他们征用大批奴隶充当廉价劳动力。女性的生存状况非常恶劣,更多女性沦为奴隶。这些做法表明:帝国主义经济严重影响到劳动者的生活条件,即使奴隶制已被废除。

非洲的上述发展再次引起欧洲人的觊觎。一些欧洲人打着"根除奴隶制"的旗号开始干预非洲事务。而他们的首要目的则是深入非洲腹地谋取利润,毕竟奴隶买卖已无暴利可言。

在西非,英法两国早在帝国主义势力扎根之前就陆续占领了新的港口城市。比如英国夺取了重要城市拉各斯(今尼日利亚首都),法国控制了塞内加尔的达喀尔。在欧洲人控制的港口城市,少数非洲人皈依基督教,接触到了西方价值观。有些人开始思考非洲国家的发展能否沿用西方的自由政治路线,尽管这一构想在今天看来也是黄粱一梦。最后,美国和英属西印度群岛释放的奴隶在西非土地上建立了两个小国:利比亚和塞拉利昂。这些自由奴隶中的精英人士成为领导层——他们深受美英两国政府运作模式的影响；这是西方对非洲的又一大影响。

南非的变化尤为显著。自从英国在拿破仑战争期间从荷兰人手中夺下开普殖民地，大批（荷裔）布尔人便开始向南非内陆迁徙。19世纪30年代，布尔农民与非洲武装多次交战，逐步扩大了他们的定居点。在此期间，北部的班图部落正饱受人口增长的压力，他们建立了若干牢固的地方王国，延续了仪式感非常强的君权神授传统。其中位于纳塔尔（今南非的纳塔尔省）的祖鲁国建立了组织有序的军队；在19世纪80年代末以前，祖鲁人为保卫国土一直在与其他班图王国和布尔人进行着不屈不挠的斗争。

总之，直到进入19世纪后期，撒哈拉以南非洲的大部分地区仍然保持着地方割据局面，地方统治者宣称自己享有天授君权，坚持传统宗教信仰。欧洲殖民地零散分布，农产品出口与日俱进，伊斯兰教成为某些地区的新势力。从另一方面来看，当时还没有出现大范围的技术革新或政治转型。

后来出现了新一轮帝国主义入侵，西欧国家在1870年后大举入侵非洲文明。很多欧洲领导人和非洲人都对这波入侵浪潮感到费解。1891年，英国外交大臣感叹道："我不知道为何它会突如其来，但它就是发生了。"是的，它的确发生了。到1900年，英国通过征服和谈判在西非建立起一个包括尼日利亚在内的庞大的殖民帝国：从南部的南非向北延伸到埃及，囊括了今苏丹、肯尼亚、乌干达、赞比亚和津巴布韦。英国人还征服了开普殖民地北部的布尔人共和国，通过残酷的第二次布尔战争（1899—1902）建立了统一的南非联邦，由少数欧洲人进行统治。法国开展了自西向东的征服活动，从它的殖民地塞内加尔开始，控制了撒哈拉以南大部分领土。比利时占领了刚果，德国拥有了坦噶尼喀和非洲西南部，葡萄牙则加强了对安哥拉和莫桑比克的控制。

这些新帝国无不是经过硝云弹雨始得建立。英法两国军队在撒哈拉沙漠以南地带与穆斯林军队展开了誓死对决（如同丘吉尔描述的上尼罗河州战争）。英法两国直到19世纪90年代末才完全征服这片地区，因为穆斯林虽然装备落后，但是号令如山，强大的圣战精神鼓舞他们勇往直前。德国人在他们的两个非洲殖民地同样遭遇顽强抵抗，为了歼灭起义军，他们屠杀了数万名非洲人。在比利时的刚果殖民地，在矿山劳动的非洲人必须完成指定的工作量，否则就会遭到毒打，甚至被打死；他们的孩子被当成人质，逼迫他们加班加点。欧洲人要干涉非洲就要打破当地习俗，欧洲列强输出它们的宗教信仰，或破坏当地的宗教象征和代表天赋君权的圣物。比如在西非，英国殖民总督妄图抢夺阿散蒂王国的金凳子（它被阿散蒂人视为至高无上的王权标志）献给维多利亚女王，结果挑起了阿散蒂人的反抗斗争。

西欧对非洲的新殖民统治产生了明显后果，尽管殖民当局并未推翻非洲人的所有习俗。和印度的情况一样，西欧设立的机构不过是当地正常运转的众多机构之一。此外，1914年后的西欧无暇顾及它的非洲殖民地，直到第一次世界大战结束后才恢复它在非洲的影响。不同帝国主义国家在各自殖民地上奉行的政策各不相同。比如，法国人希望非洲精英人士接受西式教育；英国人则致力于在当地普及基础教育和医疗，他们并不想看到当地出现新的精英阶层。到1914年，非洲大陆上的不同政治分区出现了多条重要发展路线。

第一个后果就是新政治单元。非洲向来都是四分五裂，如今却被欧洲人拆分成若干殖民省份——这是欧洲人把握时机争抢殖民地的结果。没有一处殖民地有先例可寻；长期以来，它们之间的较量仅仅是不同部落、语言和宗教团体之争。在英国人统治南非期间，一些地方王国依然存在，埃塞俄比亚王国更是始终保持独立并于1896年大败意大利入侵者。但是非洲文明版图已被完全改写，非洲人认为这是欧洲人蓄意为之。殖民政府强制推行西方的财产法和卫生规定，在新领地上部署警力。1914年时在殖民政府任职的非洲人寥若晨星。

欧洲人带来的文化影响起初比较有限。密集的传教活动在很多地区确实吸引了少数非洲人皈依基督教，非洲宗教文化变得更加复杂多样。但是大部分非洲人仍是多神教者或穆斯林（后者集中在北非）。有些人将基督教和传统信仰混融为一，就拿皈依基督教的巫医来说，他们一面向其他神灵祈求今生平安，一面又求耶稣保佑来世无忧。少数受过教育的非洲人已经掌握了一门欧洲语言，而且越来越熟悉西方

人物传略：约翰·曼萨·萨尔巴

欧洲帝国主义为非洲新一代领导人制造了重重压力。约翰·曼萨·萨尔巴（1865—1910）选择的道路是利用西方标准来捍卫非洲人的权利。萨尔巴来自黄金海岸（今加纳）的芳蒂部落。他学识渊博，通晓英国法律，是首位出席英国法庭的非洲律师。萨尔巴引用英国宪法条款指出英国人无权统治黄金海岸，而且他们还在不断违反早已确立的非洲法律。他强烈呼吁非洲知识分子承担更多责任，捍卫非洲的传统公共美德。他深入研究习惯法，在1906年完成了多卷册的《芳蒂民族宪法》。他还创立多个组织，旨在保护非洲人传统的土地所有权。在他的不懈努力下，非洲人的土地业权在1898年被写入英国人颁布的律法。萨尔巴在两个世界工作，是非洲领导人的早期典范，他致力于将西方的手段和非洲人的目标相结合。比起反抗帝国主义的公然暴力运动，这种方式是否更加有效？

的科学和某些政治思想。

欧洲人带来的经济影响比文化影响更为深刻。新统治者对殖民地敲骨吸髓,想要榨取最多利润。少数白人定居者霸占良田沃土,在南非形成的一套剥削体制如今也被应用到了东非。殖民政府推出新税制,迫使大批非洲人前往欧洲人的种植园和矿山工作,目的就是为了挣钱交税;在此之前他们主要依靠物物贸易。殖民官有时还会直接征用非洲劳工,为了逼迫他们完成工作量,对其鞭笞毒打,甚至断肢。总体来看,矿山和种植园的劳动条件非常严苛,而非洲人最后到手的工钱则是九牛一毛。欧洲人改善了港口设施、通信和交通系统,但却很少修建铁路,因为非洲的地形条件比印度或东南亚不利得多。新建的医疗设施带来一定好处,治愈了传统的热带病,刺激非洲人口开始增长。尽管如此,到1900年,甚至是其后很长时间,欧洲人控制非洲的主要目的还是进行经济掠夺;他们盘剥非洲人的血汗劳动,将其生产的食品和矿产品(刚果的铜、南非的黄金和钻石)运到西方市场。

大部分非洲人并没有直接受到殖民当局的牵制,因为乡村农业千年不变,乡村制度依然如故;而且在辽阔的非洲大陆上,欧洲人很难与大多数非洲人直接打交道,在这方面欧洲的科学技术和通信手段也派不上用场。与此同时,为了推行霸权主义,欧洲殖民者压制了非洲人民的抵抗运动,到1914年,血腥的镇压重创了非洲民族主义运动和其他反帝斗争。

4. 殖民地之间的对比

很多社会的被殖民经历都如出一辙。外国统治下的各殖民地面临着某些共同问题,比如它们都屈从于工业化欧洲主导的经济体系。但不同殖民地采取的应对策略却是不尽相同,具体情况取决于它们之前的文化和制度,以及欧洲政策的变化。

印度有自己的主要宗教和屡遭外族统治的过往经历,它的文化调整能力强于非洲,所以皈依基督教的人数也少于非洲。印度文明对西方控制的适应期更长,而非洲则是突然被西方征服,紧接着当地人口便遭受重创。到1900年,撒哈拉以南非洲的传统价值观受到严重冲击,尤其是在基督教传教士异常活跃的地区。印度从1800年左右就开始遭遇西方最原始的经济剥削。而在非洲,欧洲人对资源和劳动力的掠夺从19世纪80年代才开始增加。欧洲列强之间的相互竞争也影响了非洲,而此时的印度则没有出现类似问题。欧洲人强烈的种族优越感影响了他们的殖民政策,非洲受到的影响明显比印度严重。这些差异影响了各殖民地在19世纪的发展历程,以及后来当它们有机会实现民族独立时它们所做的选择。

欧洲帝国主义造成了世界性影响，虽然从客观上来说并不完全是威胁。世界各文明之间的力量平衡已是今非昔比，这不仅是因为欧洲控制了印度、东南亚和非洲这些主要文明，还因为西方社会延伸到了北美洲（包括美国西部边疆和加拿大），以及澳大利亚和新西兰。

在印度和东南亚，以及后来的非洲，欧洲人的统治引发了变革和适应这一重要问题。新的西方统治——包括新的政治边界和高水平的商业化——有效地管理着当地政务，带来了许多重大创新。这些殖民地显然不会变成西方社会，因为它们的传统文化根深蒂固，人口和领土相当庞大；欧洲人希望改造这些被他们视为劣等种族的原住民，认为他们的下一代应该由更智慧的西方人来调教，结果拖慢了西方化过程。欧洲人的存在使殖民地人民有机会直接向西方学习，南亚正在成长的领导人（包括后来的非洲领导人）开始决定借鉴哪些模式、拒绝哪些模式。他们接受了民族主义思想，视其为争取民族独立的手段，这一点在印度表现得相当明显。除了民族主义，这些领袖人物还被其他西方模式吸引，但其他人只想恢复帝国主义之前的社会传统，不过他们至少可以暂时结盟，共同实现民族独立的热望。帝国主义显然遭到了抵制，殖民与反殖民的较量一直贯穿20世纪的大部分时间。

不管怎么说，帝国主义确实颠覆了传统的经济、社会和文化模式。独立后的印度和非洲都不可能再回归帝国主义到来之前的生活方式。帝国主义还造成了新的政治问题：早前的政治单元是该合二为一还是分而划之？殖民者压榨当地劳动力，把殖民地带入西方主导的世界市场，该过程为殖民地带来了一定的经济效益，比如交通条件改善、农耕方式进步。人口增长是非洲和南亚经济发展面临的新挑战。医学领域的进步虽然有限，比如接种疫苗、排干湿地（控制蚊虫）和其他疾病控制手段，但是影响巨大，而此时的西方人口增长正在减速。1914年的印度、尼日利亚和印度尼西亚领导人都在思考如何应对西方统治这一重大问题。帝国主义引发了有关政治、经济和文化的广泛思考，其影响甚至超过了民族独立斗争（这是20世纪及其后的世界历史主题）。

很多类似问题还影响到了那些没有彻底沦为殖民地的国家，比如中国和奥斯曼帝国，以及刚刚摆脱殖民统治获得自由的拉丁美洲。帝国主义直接统治能否解决人口增长、世界经济失衡和新政治矛盾等问题？以特点最为鲜明的印度为例，它在短时间内受到了西方的强力统治，而中国也遭受了西方的掠夺但却没有从西方影响中受益，我们是否可以据此得出结论说印度比中国更有优势？19世纪的帝国主义入侵浪潮冲击了很多文明，它所产生的影响和激起的反应为这些地区——甚至是在它们赢得独立之后——创造了不同的发展条件。

5. 通往现代之路

欧洲帝国主义时代基本终结，去殖民化成为漫长的 19 世纪之后世界历史上的重大变革之一。就连帝国主义激起的仇恨也在岁月的冲刷下日渐淡化。对当代非洲和印度而言，它们都不愿去想是否应该报复自己从前的宗主国，它们对这段过往依然比较敏感。

帝国主义造成了一定程度的经济依赖，这种依赖至今仍然影响着大部分欧洲前殖民地。在这方面，非洲的情况尤为严重，因为它沦为欧洲殖民地的时间较晚。当地的廉价劳动力、矿产品和农产品统统成为欧洲人的掠夺对象。非洲至今都没能从被殖民的经历中恢复元气。

如前所述，帝国主义在漫长的 19 世纪为不同的殖民地带来了不同的影响。英国对印度的控制虽然严酷，但为印度留下了有用的铁路基础设施，并在一定程度上统一了印度，成为现代印度的基本版图，尽管这个版图没有完整保存下来。欧洲人对非洲的殖民统治打破了早前形成的政治格局。这些殖民地都成立了新国家，但是殖民时代不合理的国家划分也使得它们后来的政治生活犹如万缕千丝，纠缠不清。换言之，在如今这些国家的政治和经济状况中依然能够看到 19 世纪殖民时代的影子，尽管在这期间它们已经发生了很多变化。

延伸阅读

关于帝国主义：Tony Ballantyne, Antoinette Burton, eds., *Bodies in Contact: Rethinking Colonial Encounters in World History* (2005); Karl Hack, Tobias Rettig, eds., *Colonial Armies in Southeast Asia* (2006); Ronaly Hyam, *Britain's Imperial Century, 1818-1914; A Study of Empire and Expansion* (2002); Linda Cooley, *Captives: Britain, Empire and the World* (2004); Richard Koebner, *Helmut Schmidt, Imperialism: The Story and Significance of a Political World* (2010); Timothy Parsons, *The British Imperial Century, 1815-1914: A World History Perspective* (1999); Lester Alan, *Imperial Networks: Creating Identities in the 19th Century South Africa and Britain* (2001); Caroline Elkins, *Imperial Reckoning: The Untold Story of Britain's Gulag in Kenya* (2005); Michael Adas, *Machines as the Measure of Men* (1989)。关于具体领域和帝国霸权：W. Baumgart, *Imperialism: The Idea and Reality of British and French Colonial Expansion* (1982)。关于非洲：Colin Turnbull, *The Lonely African* (1971); A. Moorehead, *The White Nile* (1971); Woodruff D. Smith, *The German Colonial Empire* (1978); Walter Rodney, *How Europe Underdeveloped Africa* (1982); C. A. Bayly, *Indian Society and the Making of the British Empire* (1988)。关于农民起义：J. Scott, *The Moral Economy of the Peasant: Rebellion and Subsistence in Southeast Asia* (1976)。关于女性的处境：Clare Midgley, ed., *Gender and Imperialism* (1998)。其他主题：Robert D. Grant, *Representations of British Emigration, Colonization and Settlement: Imagining Empire, 1800-1860* (2005); Derek R. Peterson, *Abolitionism and Imperialism in Britain, Africa and the Atlantic* (2010); Jyoti Bhusan das Gupta, *Science, Technology, Imperialism and War* (2007); Jennifer Pitts, *A Turn to Empire: The Rise of Imperial Liberalism in Britain and France* (2005); Alexeii Miller, Alfred J. Rieber, eds., *Imperial Rule* (2004); John Marriott, *The Other Empire: Metropolis, India, and Progress in the Colonial Imagination* (2003); James L. Hevia, *English Lessons: The Pedagogy of Imperialism in Nineteenth-Century China* (2003); Bern Hamm, Russell Smandych, eds., *Cultural Imperialism: Essays on the Political Economy of Cultural Domination* (2005); Arne Perras, *Carl Peters, German Imperialism, 1856-1918: A Political Biography* (2004); Shigeru Akita, ed., *Gentlemanly Capitalism, Imperialism, and Global History* (2002)。

第 23 章
定居殖民社会：开拓边疆

欧洲的经济和军事实力日益壮大，在此背景下，欧洲人口在 19 世纪的很长时间里一直稳定增长，对若干海外地区造成了特殊影响——当地居民多为欧洲移民并处于欧洲政治和文化的熏染之下。建国不久的美国、加拿大、澳大利亚和新西兰都是立足西欧传统之上，同时结合了原住民等其他民族的价值观，美国还受到非洲黑奴和人数不多但很重要的亚洲移民的影响。这些国家面临着欧洲早已不复存在的边疆开发问题；从这点来看，它们更接近同时期的俄国和拉丁美洲。从 1870 年左右开始，这些持续发展的国家逐渐成为世界历史的重要组成部分，它们的经济增长带动了农产品出口，而就美国来说其工业品出口量也呈上升趋势。

定居殖民社会（settler societies）在某些重要方面则与欧洲判然不同。它们不存在既有的贵族或佃农阶层。锐意创新、金钱至上的农民逐渐成为农业市场的领军人物。富饶的土地和面向欧洲的出口机遇推动商业化农业快速发展。这些社会在其初期不似欧洲社会富有四海，尽管其民众生活正在蒸蒸日上；它们严重依赖欧洲的资本输出。定居殖民者的文化创造力与欧洲人比可谓云龙井蛙，他们还要学习最基本的欧洲文化风格，不过当地文艺已在 19 世纪打磨成形（主要指美国）。这些定居殖民社会没有上演欧洲式的政治冲突，它们很早就确立了民主制，但其自身也存在一些具体政治问题，比如美国内战：交战双方是反对奴隶制的北方州和拥护奴隶制的南方州。

定居殖民社会延续了西欧在 19 世纪的很多发展趋势，比如自由主义、民族主义和社会主义（美国的社会主义运动一直状态低迷）。它们都经历了出生率下降的人口转型。家庭模式和女性地位被重新定义的方式也与西欧类似。西欧科学和浪漫主义衍生出的思潮在定居殖民社会牢牢扎根。美国更是凭借经济实力和政治独立，在 19 世纪 80 年代开始与西欧争抢殖民地，它占领了加勒比海地区的岛屿，控制了菲律宾和其他太平洋岛屿。

定居殖民社会与西欧的关系盘根错节,这在女权主义和女性权利问题上昭然在目。从19世纪中叶开始,女权运动席卷西欧并传至美国和澳大利亚。总体来看,定居殖民社会早于西欧向女性开放选举权,走在前列的是新西兰和美国西部数州,可能是边疆地区的自由风气使然,而且这里也少有传统桎梏。斯堪的纳维亚国家的女性也陆续获得选举权。从全球视角来看,定居殖民社会和西欧新教国家似乎是规行矩步。

除了人数和权利都在快速下滑的原住民,定居殖民社会的其他居民对西欧可谓爱恨交织。他们承认自身与西欧文明息息相关,甚至百般依赖,但他们也为自身与西欧文明的差异性感到骄傲,而且他们还承担着建立定居点和建设国家的重任。美国继续保持对欧洲外交争执置身事外的传统,但是自从1823年发表"**门罗主义**"以来,美国提出欧洲列强不应再插手西半球事务(尽管它也不是每次都能得遂其愿)。

在漫长的19世纪初期,定居殖民社会刚刚形成,比如英属北美殖民地,它们不过是世界贸易中的配角。北美独立战争被其他社会视为开路先锋,但是定居殖民社会对世界历史的切实影响直到1850年后才开始显现。此时加拿大、澳大利亚和新西兰的矿业或农业成为重要出口型产业,主要面向西欧;同时这些国家也开启了工业化。美国同时出口工农业产品。所有定居殖民社会继续吸引外来移民,后者蜂拥而至。美国开始染指全球外交事务。我们要解答的问题是:定居殖民社会在逐渐扩大自身全球影响力的过程中,仅仅是巩固了欧洲人开创的方式,还是加入了自己的重要创新?

> **重点问题** 首先,定居殖民社会是单一西欧文明的一部分,还是一个重要变体(鉴于边疆问题和人口多样性)?其次,比较这些定居殖民社会,主要定居殖民社会有哪些共同点?有些观察家认为加拿大和新西兰比澳大利亚和美国更加"欧洲化",事情是否真是这样?如果是,原因是什么?最后,西欧人与波利尼西亚人的接触产生了哪些主要后果?

1. 美国

独立战争结束后,美国于1789年确立了宪政联邦共和制。这个共和制国家开始踏上整合之路（中间曾被1812年至1815年的美英战争打断），同时向西部拓荒——1803年，这个新国家通过《路易斯安那购地案》从法国手里购得路易斯安那。民主选举制到19世纪20年代基本确立，主要面向自由白人男性公民。联邦制度削弱了中央权力，很多重大发展都由各州或企业发起。连接美国中西部与东部海岸的伊利运河就由纽约州出资修建而成。但是联邦政府在西进运动中发挥了重要作用，而且在19世纪40年代的美墨战争中逼迫墨西哥割让了得克萨斯州。在这个联邦国家内部，北方州与南方州之间的摩擦不断升级，最终引爆了美国内战，即南北战争。

美国文化在内战打响前就已成形，新英格兰地区涌现出多位知名作家和思想家，以及少数画家和音乐家。内战之前还出现了新一轮欧洲移民潮，他们主要来自爱尔兰和德国，为美国多元化的人口构成再添一笔。

北方州赢得内战，开启了新一轮的整合。针对南方州的其他改革（除了取缔奴隶制）到1877年不了了之，因为美国历史上接连出现的数任总统均是庸碌无为，两大主要政党之间的界限渐趋模糊。西进运动仍在继续，美国人与印第安人冲突不断。工业化进程悄然加速，愤怒的工人组建工会，发起罢工，偶尔还会暗杀政治人物。南欧和东欧的移民潮补充了美国工业发展急需的劳动力。到1914年，美国城市人口中的很大一部分都是来自南方州的非裔美国人。

美国融入了世界经济，从19世纪70年代开始，它已不再只是一个棉花来源地或投资目的地。美国不仅出口大量农产品，还在海外开办工业实体。多家美国公司都在欧洲和俄国开设了分公司，这其中就包括胜家缝纫机有限公司和国际收割机公司。内战结束后，美国武器制造商开始对外出口，刚刚开放国门的日本也成了它们的客户。尽管美国人仍要从欧洲引进某些技术（比如化学品制造技术），但他们也做出了重要创新——美国是世界上最先广泛使用电力的国家。美国人取得的更了不起的成就是开创了人力资源管理机制，他们借鉴民主制度，提出了管理大批员工的新方法。美国工业工程师率先提出"标准工时"概念，旨在加快工作流程；后来引入的流水线生产方式在1900年后向其他工业国家广泛传播。

19世纪90年代，美国开始和西欧帝国主义国家一起争抢殖民地。美国占领了加勒比海地区，包括从西班牙手中夺取的波多黎各岛。菲律宾也沦为美国殖民地。美国还插手古巴和中美洲事务，支持巴拿马（原属于哥伦比亚）独立，为的是控制巴拿马运河。1898年美国吞并夏威夷，这是美国传教士和种植园主几十年来不断渗透和蚕食结出的"恶之花"。

美国的外交扩张不仅表现为争夺霸权，还表现为它积极插手其他国际问题；比如美国总统老罗斯福协调俄日两国结束战争（1904—1905），为双方在美国举行

> ### 讨论历史：例外主义
>
> 　　一个多世纪以来，大部分美国史研究都在突出表现美国社会的独特性，即不同于欧洲历史常态（或与其他任何社会都不同）的"例外"。**美国例外主义**（American exceptionalism）指的是美国民主程度高、社会流动性强、政治分裂少。但"例外论"也带有负面含义：美国种族问题极为严重、对工厂工人极其苛刻。例外主义当然是一种比较性论述，尽管很多历史学家并没有将他们的观察结果加以对比。是否应该把美国视为一个单独文明？如果是，又该如何解释美国与西欧有着相似的工业化时间和模式、人口转型和女权运动？是否应该把美国视为西方文明的特殊一员？如果是，又该如何解释其暴力事件发生率居高不下（从18世纪末至今一直高于欧洲水平）和反政府力量异常活跃？这些比较问题背后的深层原因至今都未得到解决。
>
> 　　放眼宏大的世界历史，关于美国例外主义的持续讨论也引发了一些其他问题。如果说美国与欧洲不同，那么它与澳大利亚或拉丁美洲这样的边境社会又有哪些相似之处？美国在世界上的作用举足轻重（尤其是在20世纪），它与早前欧洲强国（比如英国）的作为是否不同？如果不同，不同之处又表现在哪些方面？最后，美国逐渐成长为工业化强国，西欧则变得越来越民主，那么美国与西欧是更加不同还是更加相似？

了停战会议。美国在国际上的文化影响并不突出，虽然芝加哥在1900年后建造的摩天大楼集艺术魅力和技术实力于一身。一些美国艺术家和科学家远赴欧洲，其中不乏杰出的创造者和思想家，但就美国文化的总体表现来看，它在第一次世界大战之前基本上是一个模仿者。1900年后，美国逐渐开始引领消费潮流，美国家居产品远销欧洲和日本；美国的棒球比赛更是风靡拉丁美洲和部分东亚国家。

2. 新兴定居殖民社会

　　在美国扩张的同时，加拿大、澳大利亚和新西兰同样在接收欧洲移民，它们组建起议会（立法机关），大力发展商业经济，融入了西方文明圈。和美国一样，这些新兴国家也是主要以欧洲为榜样，学习它的文化风格和一流学术成果。它们还借鉴了西欧其他模式，比如家庭结构、女性地位、普及大众教育和文化。不同于美国的是，这些国家仍是大英帝国的组成部分，但享有较高的自治权。

英国通过18世纪与法国的七年战争从其手中夺取了加拿大，后者在北美独立战争后留在了大英帝国体制内。法国天主教移民与英国统治者和定居者之间的宗教争执是困扰加拿大的一道顽疾，在19世纪早期还曾因此暴乱频发。为了避免重蹈覆辙（失去美国这个殖民地），英国人在1839年后向加拿大授予更多自治权。加拿大建立了自己的议会，自行颁布法律，但仍接受大英帝国的庇护。自治制度起初主要适用于安大略省，后来逐渐被其他省份接受，形成了延续至今的加拿大联邦制度。法国一直对失去加拿大耿耿于怀，魁北克省的存在令它稍稍找到些心理平衡。魁北克是一个特殊省份，当地多数人口都是法国人。19世纪50年代开始的大规模铁路建设吸引人们迁往加拿大西部地区，在这片广袤的平原上发展矿业和商业农业。19世纪最后几十年里，加拿大和美国都接收了大批南欧和东欧移民（东欧人居多），他们被当地快速发展的商业和高收入所吸引而来。

英国对澳大利亚的殖民统治始于1788年，当时运送犯人的英国船队抵达澳大利亚，准备在悉尼建造一个罪犯流放地。当地的唯一居民就是土著人，他们以狩猎采集为生，根本无力阻止欧洲人在此定居和探险。欧洲人带来的疾病和枪炮害得不

这幅木版画描绘的是两名澳大利亚土著用回力镖和长矛打猎。

少土著人死于非命。到 1840 年，澳大利亚土地上的欧洲居民多达 14 万人，他们主要从事绵羊养殖，为英国工业供应羊毛。英国向澳大利亚流放罪犯的制度于 1853 年宣告终止，此后的大部分定居者都是自由移民。1851 年，澳大利亚发现金矿的消息吸引了大批移民，短短十年，澳大利亚人口便超过百万。和加拿大一样，澳大利亚的主要省份也享有较高的自治权，澳大利亚建立了多党制和议会制。1901 年 1 月

人物传略：宏基·希卡

新西兰最有名的毛利族武士大概非宏基·希卡（Hongi Hika）莫属。据说他生于 1772 年左右，来自新西兰北部的纳普希族部落，他的侄子是部落酋长。"Hongi"不仅有"味道"的意思，它还是毛利人贴鼻问候语的派生词。宏基·希卡几乎是凭一己之力就改变了毛利人的战争性质。

宏基·希卡在成长过程中与英国传教士托马斯·肯德尔结下深厚友谊。肯德尔相信宏基·希卡已经皈依了基督教，于是邀请他去英格兰。肯德尔希望宏基·希卡协助他将《圣经》译成毛利语。但是宏基·希卡也有自己的打算，他希望欧洲之旅能让他得到武器，帮他打赢部落战争。就这样，宏基·希卡于 1820 年踏上了前往大不列颠的漫长旅程。不出所料，宏基·希卡纹满图腾的面孔让他在英格兰引起了不小的骚动。他没有得到他梦寐以求的武器，但却收获了英王乔治四世赏赐的很多纪念品。后来在返回新西兰的途中，宏基·希卡在悉尼短暂逗留，他突发奇想，用这些纪念品换来了步枪和弹药。

宏基·希卡。

回到新西兰后，宏基·希卡已经学会了使用这些武器，他带领族人打赢了与敌对部落的多场战争。一时间，其他部落也都渴望得到宏基部落手中的现代武器。宏基·希卡的英格兰之旅开启了毛利人奔赴欧洲获取武器的浪潮。但他们没有用来交换的物品（宏基·希卡是用英王赠予的礼物才换来了武器），只好用保留下来的人类头骨换取现代武器。1828 年，宏基·希卡在一场战役中死于枪伤。

1日，澳大利亚宣布成为一个联邦国家。这时的澳大利亚工业化成就显著，社会党发展壮大，出台了有重大意义的福利法案。

荷兰人早在17世纪就发现了新西兰；1770年，英国委派人员对新西兰进行考察，结果大失所望，但到1814年后它对这片土地却是另眼相看。当地波利尼西亚狩猎采集部落中的**毛利人**把他们的政治生活安排得井然有序。从1814年到19世纪40年代，很多毛利人在欧洲传教士的劝导下皈依了基督教。英国政府担心法国人觊觎这片土地，遂在1840年宣布正式接管新西兰，从而吸引了大批欧洲移民。新西兰定居者主要以农业为生（包括绵羊养殖），农产品首先销往澳大利亚（当地有参与淘金热潮的大批人口），其次是英国。与加拿大和澳大利亚一样，新西兰也建立了议会制度，成为大英帝国的自治领，但不受母国干预。

新西兰是定居殖民社会中的特例，因为当地原住民（毛利人）是重要的社会成员。18世纪90年代，英国人在新西兰海岸建立的早期定居点打破了当地人的生活秩序，一些毛利人开始卖淫或酗酒。枪械的使用令毛利人的传统战争祸结兵连。外来疾病造成的影响更加严重，到19世纪40年代，新西兰北部人口减少七成。但毛利人生存了下来，他们开始用新式西方农具耕田和养牛（还有向欧洲人购买的其他动物）。19世纪50年代，大批英国农民涌入新西兰，与当地人争抢土地，引发多场战争。19世纪六七十年代，毛利人掀起了狂热的新宗教运动，目的就是赶走入侵者。当时有人预言说毛利人将会土崩瓦解，但是他们学会了用英国法律捍卫自己的土地，并且接受了西方教育。所以大英帝国内才会有这样一个多种族人口共存的特殊定居殖民社会。

和美国一样，加拿大、新西兰和澳大利亚都有自己独特的民族特征和民族问题。但是相比美国，这些新兴国家更加依赖欧洲经济，尤其是英国经济。工业化并没有取代商业化农业和采矿业的重要地位，就连澳大利亚也是如此，因此它们仍然与欧洲往来密切。从这时起，这些国家开始借鉴西方文明的基本模式，包括政治体制和主要的休闲活动。自由主义、社会主义、现代艺术和科学教育是西方文明在1900年后的主流趋势，它们也逐渐成为这些重要新生国家的普遍特征。

这些地区，连同美国和拉丁美洲部分地区（主要是巴西和阿根廷），在19世纪接收了欧洲的新一轮移民。欧洲人口增速从1800年后开始下滑，但其人口总量却是在原有基数上继续增长，因为很多孩子已经长大成人，有了自己的孩子。事实上，欧洲人口占世界人口总量的比例直到20世纪才超过亚洲；正是因为欧洲的人口输出，那些遥远的地区才能建立起西方社会。

3. 定居殖民社会的特征

西欧之所以能在北美大部分地区、澳大利亚和新西兰建立定居殖民社会,主要是因为当地人口本就不多,而且西欧人携带的疾病又重创了当地原住民。比如夏威夷人口从 50 万骤减至 1850 年的 8 万人,就是外来疾病所致。而在当地人口较多的那些地区,西欧的影响和移民给它们带来了不同后果。定居殖民社会的扩散展现了西欧工业化的新能量。有了轮船和火车,辽阔的土地上很快就能聚起大批移民,他们与西欧故土辅车相依。西欧扩张揭示了西欧价值观和制度的影响力,殖民者有意引进欧洲普遍的发展模式,上到议会,下到妇女儿童的生活标准。

4. 通往现代之路

漫长的 19 世纪是定居殖民社会的形成阶段。很多加拿大人认为,他们与美国这个南部邻居之间长期存在的差别就是源于这一时期:加拿大人与英国的联系更密,他们像英国人一样内敛含蓄;美国人则更加外向张扬。加拿大和美国一样开展了西进运动,但是放荡不羁的美国牛仔丝毫没有感染他们北面的邻居。新西兰与澳大利亚之间也存在差异:新西兰比澳大利亚更贴近英国模式,尽管毛利人在新西兰的影响不可小觑;澳大利亚最初是英国的罪犯流放地,后来成为英联邦的忠实成员之一。从广义上来说,这段时期确立的重要经济模式一直延续至今,比如澳大利亚和加拿大这样的高收入经济体仍然重视农业发展和矿产品出口。

所有定居殖民社会的扩张都是建立在伤害原住民的基础之上(新西兰原住民遭受的伤害相对较小)。加拿大和澳大利亚一直都在讨论是否该为过去的剥削和暴行做些弥补,美国偶尔也会参与其中。20 世纪后期,定居殖民社会反复探讨要补偿过去的所作所为,澳大利亚和加拿大果断决定恢复原住民的部分权利,美国则始终迟疑不决。此外,美国还要处理奴隶制被废除后遗留的种族歧视问题。

到 1900 年,定居殖民社会开始研究:在经济联系和接收移民之外,它们应该以何种方式参与更加广泛的国际交往?而这也将是 20 世纪带给它们的机遇。

延伸阅读

关于美国历史：Gary Nash, Julie R. Jeffrey, *The American People: Creating a Nation and a Society* (1990); James Kirby Martin et al., *America and Its People*（第二版）(2001); Eugene D. Genovese, *Roll, Jordan, Roll: The World the Slaves Made* (1974); Thomas Cochran, *Frontiers of Change: Early Industrialization in America* (1981); Steven Mintz, Susan Kellog, *Domestic Revolutions: A Social History of American Family Life* (1998); Albert W. Niemi, *United States Economic History* (1987)。

关于加拿大、澳大利亚和新西兰：J. M. Bumstead, *A History of Canada* (1992); Alastair Davidson, *The Formation of the Australian State* (1991); Charles Wilson, *Australia, 1788-1988: The Creation of a Nation* (1988); Miles Fairburn, *The Ideal Society and Its Enemies: Foundations of Modern New Zealand Society, 1850-1900* (1990); John Gascoigne, Patricia Curthoys, *The Enlightenment and the Origins of European Australia* (2005); Annie Coombes, ed., *Rethinking Aeller Colonialism: History and Memory in Australia, Canada, New Zealand and South Africa* (2006)。

其他研究作品：Jonathan Glickstein, *American Exceptionalism, American Anxiety: Wages, Competition and Degraded Labor in Antebellum United States* (2002); William Barney, *A Companion to 19th Century America* (2001); Aziz Rana, *The Two Faces of American Freedom* (2010); Alyson Greiner, *Anglo-Celtic Australia: Colonial Immigration and Cultural Regionalism* (2002); Patricia Jalland, *Australian Ways of Life: A Social and Cultural History 1840-1914* (2002); David Armitage, Michael J. Braddick, *The British Atlantic World, 1500-1800* (2002); Thomas Benjamin, Timothy Hall, David Rutherford, eds., *The Atlantic World in the Age of Empires* (2001); Arnoldo De León, William Cronon, Howard R. Lamar, Martin Ridge, *Racial Frontiers: Africans, Chinese, and Mexicans in Western America, 1848-1890* (2002); Derek R. Peterson, *Abolitionism and Imperialism in Britain, Africa and the Atlantic* (2010); David J. Weber, Jesus F. de la Teja, Ross Frank, *Choice, Persuasion and Coercion: Social Control on Spain's North American Frontiers* (2005); Scott A. Silverstone, *Divided Union: The Politics of War in the Early American Republic* (2004); Robert E. May, *Manifest Destiny's Underworld: Filibustering in Antebellum America* (2002); Jyoti Bhusan das Gupta, *Science, Technology, Imperialism and War* (2007); Eric T. L. Love, *Race over Empire: Racism and U. S. Imperialism, 1865-1900* (2004); Douglas Seefeldt et al., eds., *Across the Continent: Jefferson, Lewis and Clark, and the Making of America* (2005); Amy S. Greenbert, *Manifest Manhood and the Antebellum American Empire* (2005); Richard Waterhouse, *The Vision Splendid: A Social and Cultural History of Rural Australia* (2005); David Chennells, *The Politics of Nationalism in Canada: Cultural Conflict Since 1760* (2001); Philippa Mein Smith, *A Concise History of New Zealand* (2005); Charles Lockhart, *The Roots of American Exceptionalism: History, Institutions and Culture* (2003); Thomas Bender, *A Nation Among Nations: America's Place in World History* (2006); Edward Davies, *United States in World History* (2006)。

第 24 章
拉丁美洲文明的发展

现代早期的拉丁美洲文明就是一个定居殖民型边疆社会。但是奴隶制和种植园经济，西班牙和葡萄牙的长期殖民统治，以及在世界经济中所处的从属地位，造就了拉丁美洲与众不同的历史经历。它依然带有定居殖民社会的特征：开拓边疆（比如阿根廷的部分地区）和接收大量移民。但是由于很多地方的人口以原住民和麦士蒂索人为主，加之经济依赖性又过强，拉丁美洲与澳大利亚和美国等地区可谓天壤悬隔。

1810年后，拉丁美洲国家加入大西洋革命的浪潮中，纷纷赢得民族独立。随着时间推移，拉丁美洲文明从整体上确立了它的属性。在政治和文化方面，拉丁美洲领导人采纳了很多西欧模式和观念，同时也保留了拉丁美洲文明的鲜明特征——这些鲜明特征源于种族多样性、殖民地经历，以及基于半殖民地经济基础之上的社会结构。由此形成了一种独树一帜的混合文明，从19世纪一直延续至今。

在19世纪，拉丁美洲面临的重大挑战之一就是**新国家**纷纷建立，而且它没有先例可循。这些新国家必然要面对的问题就是划定国界、组建一个正常运行的领导层（以前缺少表达政见的机会）。世袭统治在拉丁美洲毫无意义，因为这里本就不存在原生的统治家族。早前美洲印第安人的管理体制悉数被毁，西班牙和葡萄牙的殖民时代也是风吹云散。在新领导层建立起来之后，这些国家还要确立法律制度，确保公民忠于国家。这些任务都很艰巨，是毋庸置疑的政治难题，但是新生的拉丁美洲国家在19世纪却是将其破竹而解。

> **重点问题** 首先要解答一个最突出的问题，如何看待拉丁美洲的政治独立与它的从属型经济地位？第二个问题与文化有关：在漫长的19世纪拉丁美洲形成了自己的文化，其重要特征是什么？它是否能让拉丁美洲人民找到身份认同感？

1. 独立战争

拉丁美洲19世纪的历史始于摆脱西班牙殖民统治的独立战争。1810年，拉丁美洲各地陆续爆发人民起义，直到1826年所有地区真正获得独立。接下来三十年是一段整合期，新生国家在不断角力之后基本划定国界，其国内政治体制也大致成形。在这段时期，大部分拉丁美洲国家都陷入经济困境，因为独立战争打破了先前的贸易模式，税收资源消耗大半。意识到下面这一点很重要：拉丁美洲国家是在极其艰苦的经济条件下开国建制，物质匮乏为民怨和动荡埋下了隐患。1850年后，在广泛的商业活动带动下，这些国家的经济条件有所改善，但商业发展也加重了底层民众的生活压力，而这些人都是重要的社会力量。奴隶制已经废除，但是少数富裕地主和商人与广大低收入者之间的贫富差距却在拉大。到19世纪末期，政治动荡依然未定，但并未干扰已经确立的发展路线。拉丁美洲在19世纪末遭遇了外部压力，主要是以美国为首的西方列强的干预，以及来自南欧的大批移民。

独立战争无疑是拉丁美洲在19世纪经历的头等大事，它的爆发事出多因。比如，榜样作用：美国通过独立战争成功建国，证明欧洲殖民统治并非坚不可摧；1789年的法国大革命推广了自由主义和民族主义思想。拉丁美洲领导人（主要是克里奥尔人，他们有学识，有财富）密切留意西方世界的当下变化，各种成功先例和广泛传播的启蒙思想也在鼓舞着他们。

法国大革命和后来的拿破仑战争为拉丁美洲领导人提供了机遇。西班牙王室已经无所作为，它先是忙于应付占领北部边境的拿破仑军团，接着又忙于镇压本土革命起义。拿破仑大军进入西班牙后建立了政权，一度控制了大部分西班牙领土。这个昙花一现的政权和被软禁的西班牙国王斐迪南都没有时间和资源来守护其西属拉美殖民地。1815年，斐迪南重新夺回王位，但此时拉丁美洲独立战争已经打响。1820年，西班牙再度爆发革命，领导革命的是对王室不满的军人（他们将要被派往殖民地镇压叛乱），西班牙政府焦头烂额，只能放任拉丁美洲独立战争走向胜利。

除了成功先例和历史机遇，民怨深重也是拉丁美洲独立战争的催化剂。很多地区的殖民经济依靠的都是普遍存在的奴隶制，奴隶人口在 18 世纪后期不断增长。面对恶劣的物质条件和残酷的管理方式，很多奴隶忍无可忍，只能伺机逃跑；到 1800 年，委内瑞拉四分之一以上的黑奴都有逃亡经历，他们逃往丛林和山区，在当地的自治社群中隐身不见。18 世纪的加勒比历史就是一部奴隶暴动史。1796 年，在法属西印度群岛上的海地岛，一位名叫图桑·卢维杜尔的黑人领袖宣布海地独立[1]。卢维杜尔深受法国大革命思想鼓舞，他抓住了法国忙于对外战争和国内革命的有利时机，不仅废除了海地的奴隶制，还成立了新世界第一个黑人共和国。然而在整个 19 世纪及之后的时间里，由于西印度群岛上的大部分岛屿仍然受制于西班牙、法国、英国和荷兰，海地独立这一事件并未其应若响，尽管它们在 19 世纪中期废除了奴隶制。1800 年左右的奴隶起义是加勒比海地区和拉丁美洲打响独立战争的重要原因，这一点与美国不同。

美洲印第安人和麦士蒂索人同样怨声载道。很多人迫不得已在种植园里辛苦劳作，听任克里奥尔人、西班牙官员或教会差遣；其他人则成为银矿工人。劳工制度异常苛刻，工人几乎没有人身自由。迫于生计压力，工人们只能购买二手商品，他们连消费选择都没有。1770 年左右，美洲印第安人和在种植园劳作的麦士蒂索人发起暴动，革命浪潮从秘鲁一直蔓延到哥伦比亚。叛乱活动针对的是种植园制度和西班牙殖民当局的高额税制。这些活动最初取得了一定成效，但最终还是不敌西班牙人的武力镇压和阴谋诡计。然而，不管怎么说，经此一役，拉丁美洲人民驱逐西班牙殖民者、争取自由的决心却是更加坚定不移。

拉丁美洲社会的另一股势力也对现状不满。受启蒙思想影响的克里奥尔人遭到殖民政府的排挤。他们在 18 世纪早期还是殖民政府中的活跃分子，但到 1750 年后，西班牙殖民官员全是西班牙本土出生的人。这些官员对克里奥尔人鄙夷不屑，使后者更加悲愤填膺。克里奥尔商人和专业人士对西班牙的税制和经济限制也颇有微词，因为这妨碍了他们与西欧其他富裕国家的合法贸易往来。和美国的情况一样，殖民政府为了保障宗主国的利益，在不与民众协商的情况下擅自制定了各种过度限制措施，结果激发了人民起义。克里奥尔人带领拉丁美洲人民走上独立战争之路，汇入大西洋革命的洪流之中，但是他们对关键社会问题做出了明确的调整。美洲印第安人、奴隶和麦士蒂索人的不满并不是直接动力，部分原因在于他们的反抗活动遭到血腥镇压。拉丁美洲独立战争并不是单纯意义上的人民起义，因为它还提

---

1 原文的时间欠准确，卢维杜尔于 1796 年担任圣多明各总督，他在 1801 年颁布了海地宪法和独立宣言，宣布海地是一个独立国家并废除奴隶制。

出了对社会和政治体制的诉求。后来建立的拉丁美洲政权在一定程度上改善了经济状况，比如墨西哥等国废除了奴隶制，打击了种植园制度，但是拉丁美洲在殖民时期形成的社会制度，也就是克里奥尔人与麦士蒂索人、美洲印第安人和黑人劳工之间的两极分化，仍是纹丝不动。

1810年，加拉加斯市议会讨论是否效忠西班牙的拿破仑政权，结果群起而攻并号召其他市议会也这么做，这标志着委内瑞拉打响了独立战争的第一枪。逃脱拿破仑控制的西班牙国王费迪南对该决定非常不满，尽管从理论上说委内瑞拉针对的是西班牙的敌人法国。费迪南宣布委内瑞拉新政权是非法政权，下令处死领导人——实际上他已无权下令。委内瑞拉新政府立即组建起自己的军队并宣布独立，参照美国宪法和法国《人权宣言》起草了本国宪法。1812年，西班牙殖民军试图推翻这个新政权，但是他们对早期革命领导人的残酷迫害，反而使得委内瑞拉人民斗志昂扬。西蒙·玻利瓦尔开始领导北方的独立运动，他出身富裕的克里奥尔家庭，曾在西班牙军队受训，深受启蒙思想影响。人们经常把他与美国的华盛顿相提并论，尽管二人完全不同。战事经年累月，旷日持久。玻利瓦尔组建了一支爱国军，其中很多人曾在英国、爱尔兰和德国军队中服役，还有克里奥尔民族主义者和部分美洲印第安人。1819年，玻利瓦尔率领的爱国军击败了西班牙殖民军，他宣布成立"大哥伦比亚共和国"，将委内瑞拉和哥伦比亚统而为一。西班牙曾想收复这个国家，但是受阻于1820年本土爆发的革命。玻利瓦尔还率军解放了厄瓜多尔，后者由此成为大哥伦比亚的厄瓜多尔省。

1810年，南美洲的独立运动也是风起云涌。阿根廷人民在首都布宜诺斯艾利斯成立了一个由强势自由派领导人主持的临时政府。德·圣马丁将军也是克里奥尔人，他组建了一支军队。这支军队后来组建起正式的阿根廷政府，并支援智利实现了独立。西班牙在1815年后试图收复失地，但同样以失败告终。圣马丁后来率军解放了秘鲁。

最后一轮独立运动发生在墨西哥和中美洲。1810年，两位牧师米格尔·伊达尔戈和何塞·莫雷洛斯领导下层民众，也就是说西班牙语的美洲印第安人和麦士蒂索人，反抗种植园制度。有些印第安人甚至提议建立一个阿兹特克式的政府。面对下层民众的叛乱，墨西哥的克里奥尔人决定继续效忠西班牙，这种局面一直持续到1820年。但西班牙政府软弱无力，这令克里奥尔人中的精英分子坚信他们应该自主命运，这样面对社会动荡才不至于无能为力。因此他们支持墨西哥独立，希望建立君主制，推选某位欧洲王公担任国王。由于理想人选一时难觅，一位墨西哥保守派人士在1822年加冕称帝。这是克里奥尔地主迈出的具有决定意义的一步，维护了其精英阶层的地位，但却严重制约了自由运动的社会影响。墨西哥的抉择成为其

人物传略：西蒙·玻利瓦尔

西蒙·玻利瓦尔（1783—1830）或许是拉丁美洲独立运动中最知名也是最受尊敬的革命领袖。人们经常把他和华盛顿相提并论。他们两个人都出身上层社会家庭。玻利瓦尔是克里奥尔人，家境殷实；他曾当过军官，在欧洲学术思想的影响下对民族自由和共和政治兴致浓厚。凭借满腔热忱和军人素养，玻利瓦尔成为1810年加拉加斯独立运动的领导人。他动员起社会各阶层民众投身独立运动，在1817年至1822年间率领爱国军打赢了西班牙殖民军，解放了委内瑞拉、哥伦比亚和厄瓜多尔。但是治理"大哥伦比亚"这个新国家却是难乎其难，后来它分裂成若干小国。理想破灭让玻利瓦尔痛苦莫名。他说道："美洲是无法管理的，革命斗士的努力付诸东流。"但是他的信念始终坚定如初，他拒绝人民尊他为国王（这一点很像华盛顿）。为什么像玻利瓦尔这样的英雄人物更容易动员国民为民族独立而战，但在胜利后却无法治理新国家？

伟大的自由斗士西蒙·玻利瓦尔。

他拉丁美洲国家政治模式的先兆：精英人士认为强人统治泰山可倚，以之对抗下层民众的激进之举。

墨西哥以南的中美洲独立运动在早期也是高举自由主义大旗。这场革命以危地马拉为中心，它于1823年宣告结束，成立了中美洲联邦共和国[1]并颁布了宪法（以美国宪法为蓝本）。

巴西是拉丁美洲最后一个获得独立的重要国家，而且没有发生战争。拿破仑占领葡萄牙后，葡萄牙国王逃亡巴西，直到1815年回国，而王储佩德罗则选择留在巴西并成为巴西摄政王。后来葡萄牙企图恢复它对巴西的殖民统治，遭到佩德罗

---

1 中美洲联邦共和国（1823—1838）是危地马拉、萨尔瓦多、洪都拉斯、尼加拉瓜和哥斯达黎加组成的联邦国家。

抵制，当时他已经在里约热内卢建立了政府。佩德罗加入到这场反殖民运动中并于 1822 年宣告巴西独立，他本人加冕称帝，史称佩德罗一世。

到 1825 年，所有拉丁美洲国家基本都摆脱了殖民统治，欧洲人仅在南美洲东北沿岸一带和中美洲某个地方保留小块领地。尽管西印度群岛仍然掌握在欧洲人手里，但是自由主义的种子已经散播到世界各地。

2. 巩固时期

密集的自由解放运动过后迎来了整合期。1825 年至 1850 年，最早成立的九个拉丁美洲国家分道扬镳。玻利瓦尔憧憬着所有政权能够结成一个政治联盟，但这却是空中楼阁，因为各国独立运动的领袖意见不一：有人想要建立君主制，有人则支持自由共和制。类似的争论和个人的争名逐利导致这批最早独立的国家四分五裂。1830 年，大哥伦比亚共和国解体，一分为三：哥伦比亚、委内瑞拉和厄瓜多尔。玻利维亚和秘鲁的短暂同盟也是功亏一篑，因为阿根廷和智利都不希望自己身边出现一个强大的邻国。中美洲联邦共和国在 1840 年分解成五个国家。最后，一些新国家的边境地区冲突频发。

整合时期的各国内部也是时局动荡。大部分国家的政府都由自由派控制，他们提倡自由贸易和联邦制度，但他们的政策有些好高骛远。关于建立中央集权制还是联邦制的争论很快便甚嚣尘上。比如墨西哥就在这两种制度之间举棋不定，桑塔·安纳个性鲜明，出身戎武，他在不同阶段做出了相互矛盾的选择。自由派统治者支持议会制并维护宗教自由，保守势力则希望保护教会和上层人士。1830 年至 1870 年，大部分国家都是保守派上台执政。很多新政府的施政处处受阻，因为克里奥尔人缺少从政经验。过去的西班牙统治者总是把克里奥尔人排除在殖民政府之外，只让他们在市议会任职，因此主持大局的克里奥尔人并不懂得如何运筹帷幄。在这种情况下，曾领导独立战争的军队将领起到了中流砥柱之用。他们有权力基础和组织能力，尤其是得到地主阶级的大力支持，因为地主希望对农民骚乱进行武力镇压。但是派系斗争也对军队为害不浅，政变不断，暴乱频繁。比如 19 世纪的玻利维亚发生了 60 起暴乱和政变，委内瑞拉则发生了 52 起。执政经验不足，军人干政，领导层对政治目标莫衷一是，这是大部分拉丁美洲国家政局动荡的本源所在。巴西在结束了佩德罗皇帝及其儿子的稳定统治之后于 1889 年宣布建立共和制，但没过多久自由派、保守派和部队军官之间就开始明争暗斗，攘权夺利。

尽管动荡不定，争执不断，但是到 1850 年，很多新政府还是设置了若干重要部门，在西班牙法律的基础上编写了新法典，修建了学校以及港口设施等多项公共工程。然而几乎没有哪个国家建立起高效的官僚体制，贪污腐败在拉丁美洲政坛更是屡见不鲜。但是军人干政弥补了文官政府的软弱，军队和警察是维护社会秩序的重要保障，而良好的社会秩序也是克里奥尔地主和教会管理者的目标。

虽然政局动荡在1850年后仍未平息，但是初期整合完成确实带来了一些改变。不少国家在历经早期的争执后建立了强权政府，推行更加强有力的政策。比如，1840年的智利已经解决了关于政治体制的重大问题，几任总统皆大有作为；政府大力普及教育，扩大了议会选民范围，击退了向南部拓荒的美洲印第安人。各国相继废除奴隶制，尽管巴西直到1888年才将其废除。

比国内政治整合更引人注目的是各国在外交领域的表现。很多拉丁美洲国家互为竞争对手，经常发生边界争端。19世纪20年代，英国支持乌拉圭建国，作为阿根廷和巴西之间的缓冲区。不过，拉丁美洲的版图在1850年后安如泰山。仅有的几次重大变化都系美国一手策划：美墨战争过后，墨西哥向美国割让大片领土（得克萨斯、今美国西南部和加利福尼亚）；1898年的美西战争过后，古巴建国；后来在美国的干涉下，巴拿马脱离哥伦比亚宣布独立。19世纪后期的拉丁美洲历史俨然就是一部战争史。19世纪60年代，巴拉圭与阿根廷、巴西和乌拉圭开战，战况惨烈；19世纪70年代，智利对安第斯山区的邻国挑起战端，占领了玻利维亚和秘鲁的部分领土。但总的来说，拉丁美洲没有爆发重大冲突，比同期的西欧要和平得多。拉丁美洲各国的军政府忙于对内推行高压政策，忽略了外国对它们的经济剥削。

3. 19世纪晚期：独裁、移民和西方干涉

任何单一模式都无法概括19世纪晚期拉丁美洲的发展态势，但有一个共同趋势却是显而易见，即倾向于强人统治。以委内瑞拉为例，这个国家在1870年后历经三届政府，领导人都是清一色的独裁者，其中表现最佳者是安东尼奥·布兰科。墨西哥的政府更迭同样令人眼花缭乱，最后也是选择了独裁统治。桑塔·安纳下台后，墨西哥进入了一段自由派执政时期，领导人是美洲印第安人贝尼托·胡亚雷斯。胡亚雷斯削弱了教会对国家政务的影响，普及了世俗教育，削弱了地主实力，但他没有履行最初向美洲印第安支持者作出的承诺：严厉打击地主。即便如此，胡亚雷斯的举措还是招致保守势力腹诽心谤，他们向法国求援。19世纪60年代的法国一心想在美洲建立一个新帝国，此时恰值美国被内战撕裂，所以法国协助一位

奥地利大公当上了墨西哥皇帝。但是后来法军撤退，自由派民兵逮捕了这位倒霉的大公并将其处决。胡亚雷斯回到墨西哥，推出了一系列重大的开明改革。但是在他死后，继任的波菲里奥·迪亚斯又恢复了强人统治（1876—1911年在位）。迪亚斯采取激进手段削减政治权利，派人暗杀反对派代表。就连哥伦比亚这个难得的议会制国家也在1900年后短暂推行过强权统治。

政权不断更迭、倾向于强人统治，这仅仅是拉丁美洲历史在19世纪后期的主要趋势之一。历经几十年保守派统治后，大多数国家都迎来了自由派掌权。自由派领导人竭力推动经济发展，创造更自由的优质贸易环境，但他们推行的政策却是钳锢更甚。相比之下，反而是多位独裁者推出了较为自由的政策。拉丁美洲各国政府都会定期举行选举，但却严格限制投票权，有些历史学家形容这是"寡头民主制"。

1870年后商业迅猛发展是19世纪末的第三大主题。种植园农业范围得到扩大，因为拉丁美洲领导人希望向欧洲市场出口牛肉和咖啡。大规模开采活动得到复苏——墨西哥掀起了淘银热，安第斯山区成为铜矿开采和其他产品的生产基地。拉丁美洲的经济扩张得益于外国投资，以及各国政府扩建交通网，将公路和铁路线向内陆延伸。

新一波移民浪潮成为很多地区商业复苏的顶梁支柱。多国政府大力支持接收外来移民，它们认为美洲印第安人和黑人劳动力永远掌握不了现代社会所需要的工作技能。阿根廷宪法明确规定"联邦政府鼓励欧洲移民"；到1895年，阿根廷四分之三的成年人都是外来人口，这远远超出了美国的移民比例。19世纪80年代，废除奴隶制后的阿根廷和巴西迫切需要新劳动力。拉丁美洲的自由奴隶不像在美国那样处处令人齿冷。跨种族婚姻增多，黑人和麦士蒂索人增加了种族多样性，但社会还是对黑人和美洲印第安人下眼相看，存在严重偏见。在这样的背景下，就业形势对外来移民更为有利，很多地区的黑人工作难觅。南欧国家的人口压力达到峰值之时，拉丁美洲国家接收的移民数量也创下了新高。虽然来自英国和德国的部分移民带来了资本和组织技能，但大多数移民都来自意大利、西班牙和葡萄牙。另有少部分来自中国和日本等亚洲国家的移民。移民为经济扩张和城市快速发展提供了劳动力，并为种植园农业创造了新的消费市场。很多外来定居者主动融入拉丁美洲民众的生活，有些人还与美洲印第安人或麦士蒂索人结婚成亲。移民带来了社会主义等欧洲思想，但是总的来看他们很快就被当地观念所同化，毕竟当地人和他们一样都信仰天主教。移民为拉丁美洲带来了许多重大变化，但却没有颠覆既有的政治或文化模式。

与西方列强的纠葛是拉丁美洲在19世纪末面临的严重问题。拉丁美洲在整合阶段也没能免受西方干涉；西方企业对拉丁美洲经济生活的影响至关重大。主宰海上航线的英国阻断了大西洋奴隶贸易。法国曾对拉丁美洲动武（英国偶尔也会如此），英国和美国表面上都宣称反对干预拉丁美洲事务，但美国却在1830年至1860年以武力手段吞并了墨西哥的得克萨斯等领土。

外国干涉从19世纪70年代开始呈上升趋势。为了吸引西方投资，拉丁美洲政府外债累累。英国和法国舰船频繁骚扰拉美国家港口，逼迫其推行财政改革。美国企业的影响更加显著。多家北美公司带着强烈的民族主义和帝国主义情结收购了拉丁美洲国家的大片土地和矿区，要求美国政府提供军事和外交庇护，对抗当地改革

人物传略：贝尼托·胡亚雷斯

世界历史上曾出现过个别出身寒微但位居高位并左右事态发展的杰出人物，贝尼托·胡亚雷斯（1806—1872）就是其中之一。胡亚雷斯是墨西哥的印第安人，年轻时苦读法律，后来当上一州之长。他是一位热忱的自由派，希望削弱教会和军队特权，推动经济变革。在19世纪50年代的自由派暴动之后，胡亚雷斯当选墨西哥总统，启动全面改革，包括出售教会地产。他还支持出台土地改革法案：将印第安人传统的土地公有制变为私有制，同时发展现代化的独立农业；然而实际情况却是，很多土地都落入投机分子之手，越来越多的人失去土地。保守势力将胡亚雷斯

墨西哥改革家贝尼托·胡亚雷斯。

赶下了台，拥护一位得到法国支持的奥地利大公担任墨西哥皇帝——他是胡亚雷斯在墨西哥独立运动中讨伐的对象。后来胡亚雷斯再次就任总统，但是变得有些专制，以免之前的社会动荡再次重演。1872年，胡亚雷斯去世。人品高尚、志向远大的胡亚雷斯成为墨西哥的国家象征。但他留下的政治遗产比他预想的要更加复杂。继胡亚雷斯之后，强权者上台，墨西哥经济开始增长，但胡亚雷斯承诺的社会改革却是变得更加虚无缥缈。为什么像胡亚雷斯这样满腔热情的政治领袖往往没有办法拯救自己的国民？

运动。美国曾与智利等国有过严重冲突,但它对墨西哥和中美洲国家影响至深。通过美西战争,美国夺下了西班牙控制的波多黎各岛,将古巴变为自己的保护国。修建巴拿马运河并协助巴拿马脱离哥伦比亚宣布独立,这都是美国一手策划。1900年后不久,美国对中美洲和西印度群岛上那些政局动荡的国家制定了军事干预政策,旨在维护其在当地的商业利益。如何与西方国家(主要是美国)打交道,被所有拉丁美洲国家列为政府的第一要务。

19世纪尤其是该世纪中叶后发生的各种事件,缔造了拉丁美洲文明内部若干各具特色的国家。几个南美大国:阿根廷、乌拉圭、智利和巴西,在19世纪末引领了拉丁美洲的经济繁荣。它们对发展商业的态度最为积极,对移民的态度也最为开放。以阿根廷为首的一些国家对本国内部的欧洲氛围深感自豪。布宜诺斯艾利斯优雅华丽的街道深得巴黎神韵,法国和英国风格的店铺主要接待上等人士。尽管巴西有大批黑人和美洲印第安人,但是几个南美国家欧洲人口的比例超过了整个拉丁美洲。19世纪末,阿根廷等国的工业化飞速发展,超过了整个拉丁美洲的工业化水平。

第二类国家指的是安第斯山区的玻利维亚、秘鲁和厄瓜多尔。这些国家拥有人数最多但也是最贫困的美洲印第安人口。这些国家政局动荡和军人统治的情况,比起拉丁美洲的整体状况不遑多让。

墨西哥、中美洲、哥伦比亚和委内瑞拉都有庞大的印第安人口,但它们的主要人口仍是麦士蒂索人。这些国家或地区在19世纪末同样经历了商业和工业扩张。它们最容易受到帝国主义压力的影响,而这也是它们制定外交和经济政策时的主要考量因素。

拉丁美洲存在严重的地方主义。拉丁美洲各国在获得独立后表现出了相似的发展态势,地方主义就是其中之一,它与普遍的政治和文化发展模式紧密交织在一起。

4. 政治体制和价值观

混乱的拉丁美洲政局在外国人,尤其是美国人眼中可谓声名狼藉。暴力事件层出不穷,新旧政府接连倒台,令美国人对拉丁美洲政坛嗤之以鼻,因为稳定和共同的基本价值观是美国人政治生活的鲜明标志,至少是在造成重大破坏的内战之后。然而,拉丁美洲政治无疑也有其自身特点,其政体受到的影响因素显然不同于同期西方国家。

自从国家独立之日起，自由派和保守派就成为活跃在拉丁美洲政坛上的两大阵营。其实在1900年之前，有些地区还出现了知识分子领导的小规模社会主义运动，只是没有产生太大的政治影响力。拉丁美洲国家的自由派深受西方自由人士的影响，他们主张建立名副其实的议会制政府，颁布宪法，保障公民权利，削弱天主教会的实力。他们重视发展经济，偶尔还会推出有限的社会或土地改革，积极推广教育。但从另一方面来看，他们并不热衷社会改革，经常无视或打压佃农和印第安人的诉求，事实上他们保护的是精英阶层的经济利益。1870年之后，他们开始支持强权政府，因为后者能够推动经济发展并约束民众行为——自由派对民众的某些作为不胜其烦。

保守派在早期倾向于建立君主制，不相信议会。他们直接支持占主导地位的地主阶级，不像自由派那样关心工商业发展。他们坚定不移地捍卫天主教会的权力——天主教会仍然可以左右教育事业，而且其手中还掌握着大笔财富和地产。

讨论历史：拉丁美洲文明是否属于西方文明？

近年来，很多研究拉丁美洲的历史学家（其中以美国人居多）在互联网上辩论是否应该把拉丁美洲归为"非西方"文明。有人提出拉丁美洲是西方文明的一部分，毕竟二者在语言、文学和艺术方面存在很多共同点。19世纪，除了西欧、北美、澳大利亚和新西兰，政治自由主义只在拉丁美洲得到广泛支持。

然而，其他拉丁美洲裔历史学家却不赞同这种看法。他们认为拉丁美洲的某些元素确实带有西方特色，比如布宜诺斯艾利斯这样的城市，或中产阶级这样的社会群体；但其他关键成分则不然，比如（阿根廷北部）图库曼这样的城市或穷人阶层。哥斯达黎加人觉得自己是西方人，但安第斯高原那些说盖丘亚语的土著人可不这么想。大部分参与辩论的历史学家都认为，这个问题的真正答案并不在于确定拉丁美洲的西方属性，而是要规避使用"西方"这个词。在这些历史学家看来，这个词语本身就暗含某种优越感，而且它无法反映任何社会的真实面貌。他们还批评了很多历史学家的习惯做法，即把很多其他文明统统打上"非西方"这一标签，好像在说它们的显著特征就是"不含西方色彩"。最后，他们提出拉丁美洲文明是一个结合了多方面影响的综合文明——可是其他文明（包括西欧文明）也是综合性的。有意思的是，关于社会和经济特征的广泛探讨并未掀起多少波澜。这场辩论以文化为主，即人们是否同意将拉丁美洲视为西方文明。

拉丁美洲各国政局不稳的原因要归咎于保守派和自由派之争。二者之间的分歧一日没有得到彻底解决，政权更迭也就一日不可避免，比如19世纪末的哥伦比亚和委内瑞拉。总体来看，在自由派上台执政的19世纪70年代，拉丁美洲政局显得更加平稳——人们经常把这段时期与20世纪末大获全胜的拉丁美洲民主政权相提并论。自由派虽然没有得到民众广泛支持，但他们坚持保护商业利益，是逐渐壮大的城市中产阶级的后盾，支持企业扩大规模和修缮市区建筑（带有欧洲风格），改善公共医疗卫生条件，打击卖淫和其他形式的犯罪活动。

在自由派和保守派不断发生摩擦的过程中，多位强势人物走马上任。考迪罗制度源于西班牙语中的"领袖"一词，指的就是拉丁美洲特有的独裁制度。**考迪罗**（Caudillos），即独裁者，更加偏向教会和地主组成的保守阵营，偶尔也会替自由派发声。他们的策略就是动用武力打破保守与自由之争。有些考迪罗也会推行改革，比如削减教会特权、推动经济发展。有些保守的考迪罗还赢得民众热情支持，因为他们不像自由派那样抨击印第安人或麦士蒂索人的传统，并拨款兴建公共工程。但是所有的考迪罗政府都离不开武力。他们将政治抗议定性为非法活动，监督学校教育，审查报纸出版，设置监狱、警察和行刑队。毫无疑问，这其中也不乏一些为自己和亲友谋利的腐败分子。比如墨西哥末代考迪罗迪亚斯，他不仅残害政敌，还允许地主和美国投资者接管墨西哥的大片土地，他自己则趁机从中收取大笔回扣。迪亚斯政府出卖了墨西哥近20%的土地，其中大部分都是印第安人和麦士蒂索人的土地。

19世纪的拉丁美洲政府与普通百姓几无联系——除了压榨他们。自由派并不是热忱的民主人士，他们不相信美洲印第安人和黑人。自由派颁布的宪法扩大了选民范围，但真正推崇民主制度的自由人士屈指可数。因此，拉丁美洲在这段时间很少出现群众性质的政治活动。事实上，从某些方面来看，自由派还不如保守派关心百姓利益，所以他们并不怎么得民心。自由派提倡的是私有产权、理性行为和严苛的用工制度；他们抨击传统，这其中当然也包括民众的宗教信仰。自由派考迪罗残酷镇压城市工人参与的早期工会运动。其他考迪罗为自己设计了政治象征物，大力修建公共工程，因而深得民心。1850年以前，早期的阿根廷考迪罗曼努埃尔·德·罗萨斯深得人心，他请求教会为政府祈祷，命人在公开场合张贴自己的海报，摆放红玫瑰——这是罗萨斯政府的标志（Rosas在西班牙语中的意思是"玫瑰"）。在长达几十年的整合期，在罗萨斯和其他考迪罗的影响下，精英阶层和普通群众树立了民族意识，虽然依照西方标准来看这其中带有很重的压迫色彩。有组织的政治力量和零散的群众运动这对矛盾，是拉丁美洲在19世纪形成的若干传统之一，至今它仍在影响拉丁美洲政局。

19世纪的多数拉丁美洲政府都没有太大作为,就连考迪罗掌权时期也是如此。政府不善于管理地主或外国公司,有时甚至无法有效地打击流窜作案的犯罪分子。在此背景下,自由派在1870年后提出:政府应该在经济发展中发挥更大的作用,应该由政府来推动教育事业并管理印第安人。

5. 文化与艺术

天主教会依然是贯穿拉丁美洲文明的重要文化纽带之一。教会除了履行政治职能,还负责管理学校和救助穷人的慈善机构。宗教仪式和教堂本身不仅是拉丁美洲人民(几乎涵盖所有社会阶层和种族)的心灵归宿,也为他们带来了美学享受。在同期西方社会,集学术和文化功能于一身的宗教正饱受抨击,但拉丁美洲人民对此却是无动于衷,只有当地的自由派对教会机构口诛笔伐。欧洲人对达尔文进化论等学说的辩论确实动摇了基督教信仰,但在拉丁美洲却是反响平平。事实上,拉丁

布宜诺斯艾利斯的五月广场尽显欧洲风情。

美洲文化界（包括精英人士在内）对科学兴味索然。虽然大多数拉丁美洲国家到 1850 年时已经建立了大学，开设了科学和医学课程，但是科学在拉丁美洲的地位远不如西方，而且它对普通文化的贡献也是寥寥无几。

除宗教影响外，拉丁美洲文化的形成还跟阶级结构有关。拉丁美洲人口被划分为两个泾渭分明的阶层：受过教育的群体和目不识丁的广大百姓。部分拉丁美洲国家开展了大规模的扫盲运动——主要是南部地区国家和墨西哥（比如胡亚雷斯政府）。阿根廷人的识字率从 1876 年的 22% 迅速提升至 1895 年的 50%，位居拉丁美洲国家之首。在这些重大成就和经济繁荣的基础上，19 世纪后期的拉丁美洲文化活动更加丰富多彩。但若按照西方标准来看，大部分严肃学术活动的受众人数其实都不足挂齿。

西方文化潮流深深影响了拉丁美洲文化，尤其是在南部地区。这个时期的拉丁美洲还没有形成自己的建筑风格，因为那些重要建筑的出资人一心想要复制巴黎或马德里的建筑。画家和作家不厌其烦地按照欧洲风格绘制肖像、撰写小说，满足有钱受众的热切愿望。就连在本土接受教育的知识分子都对欧洲文化的新动向，尤其是法国文化翘首以盼，他们并不打算塑造一个完全独立的拉丁美洲文化。

但是拉丁美洲的正统文化（以文学为主）还是形成了自己的独特风格。诗歌是文学之重。有很多诗人在大学任教，与西方相比，拉丁美洲文学作品中最富表现力的就是诗歌。不少令人印象深刻的诗篇都出自女作家之手。很多诗人和小说家创作了不少浪漫主义风格的作品，展现了拉丁美洲文明内部的流行话题和人们的关切，比如边疆风貌、美洲印第安人和奴隶的生活。很多思想激进的作家都会借助文学作品鞭策政府推行社会改革。除了这些作家的不俗表现，历史学家和民俗学家则在讲述拉丁美洲别具一格的历史经历和丰富多样的种族构成。拉丁美洲作家致力于展现民众的精神世界，他们中既有保守派，也有激进派。19 世纪 90 年代，乌拉圭小说家恩里克·罗多的思想在西语国家

这是一尊怀抱小耶稣的圣母玛利亚圣像，它伫立在墨西哥米却肯州莫雷里亚市的拉斯罗萨斯教堂。

广为流传，他的作品着重表现拉丁美洲文明独有的美好品质，反衬出以美国为代表的西方文化的物质主义取向和平庸无奇。

在正统文化发展的同时，拉丁美洲的流行艺术领域仍是一派大好形势。印第安纺织工和制陶工在他们的产品中加入传统主题、图案和鲜亮的色彩。在各个节日乃至基督教庆典活动中，印第安人和非裔拉丁美洲人民都会跳起无比热情的民间舞蹈。乐手们用西班牙乐器（如吉他）演奏流行舞曲，并加入节奏欢快的探戈和桑巴曲风，而不是传统的印第安人和非洲人的旋律和节奏——拉丁美洲的音乐风格在后来还影响了西方流行文化。

总之，尽管存在普遍贫穷、文盲率高、政治镇压频繁等局限性，但是活力四射的文化生活还是吸引了拉丁美洲社会各阶层人士都参与其中。如同他们的政治追求一样，拉丁美洲人民致力于打造一种特有的混合文明：将西方风格和他们自己的习俗及价值观融为一体。艺术表现力是日臻成熟的拉丁美洲文明的一个重要特质。

6. 经济与社会

经济与社会模式是拉丁美洲与西欧和美国之间最清晰的分界线，也是拉丁美洲政治和文化与众不同的原因所在。总的来看，拉丁美洲经济体中发展势头强劲的部门都是作为西方的供应商起家的；在19世纪的大部分时间里，拉丁美洲制造业发展缓慢，其产品不过就是农村小作坊加工的布料和其他供本地消费的简易产品。从殖民时代开始，拉丁美洲的大型出口企业专门为西方主导的世界市场供应产品；独立之后的拉丁美洲国家并未改变它们的经济定位，这也是巴西等少数国家长期保留奴隶制的原因。进入19世纪后期，很多地区积极开展商业活动，拉丁美洲国家对西方市场和廉价劳动力的依赖越来越深。

19世纪上半叶并没有给拉丁美洲经济带来什么利好消息。独立战争破坏了早前的经济活动。由于这些新生政权几乎都没有推行重大土地改革，所以大部分商业生产仍被大种植园控制；由于局势动荡，与西班牙的贸易被中断，拉丁美洲社会一片混乱。墨西哥和委内瑞拉等国废除了奴隶制，结果切断了廉价劳动力的主要来源，一时间难以填补，同时政府为了供养军队也加重了税收。很多国家在不考虑早前经济范围的情况下就划定边界，致使银矿资源丰富的玻利维亚和秘鲁从农田肥沃的阿根廷平原中分离出来。更严重的后果是贵金属产量下滑，尤其是在安第斯山区，导致拉丁美洲出口量下滑——贵金属是拉丁美洲的主要出口产品。与此同时，独立后的拉丁美洲国家对外开放，西方工业品大量涌入，如布料和工具，当地供应商受到严重冲击。城市工人经济状况下滑，农村制造业几乎陷入绝境。

如前所见，拉丁美洲的经济形势到 1850 年时已有所好转。不过也有例外，比如迪亚斯统治下的墨西哥，虽然经济在进步，民众的贫困状况却是愈发严重。大种植园主（其中有些还是外国人）变本加厉地压榨印第安人和麦士蒂索人。很多拉丁美洲国家着重发展个别经济作物或特色矿产品，以抢占出口市场。古巴和部分中美洲国家主要生产蔗糖。巴西主产咖啡，1889 年巴西咖啡占世界咖啡总产量的 56%，这一比例在 1904 年更是上升至 76%。阿根廷大型农场的牛肉和小麦向多国出口；智利主要生产铜和硝酸盐，玻利维亚则盛产锡。在美国投资和大量外企的带动下，1900 年后的墨西哥成为石油生产大国。但是这种以食品和原材料为主的生产模式非常脆弱，不堪一击。拉丁美洲快速增加产量的同时也是危机四伏：大量外来产品涌入，压低了本国产品的价格和总收入。以巴西为例，它在 1900 年左右遭遇咖啡价格骤降。很多国家砍林造田，种植非本地农作物（比如咖啡树），对当地环境贻害无穷。

拉丁美洲国家急需外资发展本国经济，它们需要铁路把出口产品运至港口，再装船运往海外市场。修建铁路主要是为了满足外国资本的要求。历史证明，铁路工人是拉丁美洲劳工中最激进的群体。

与此同时，对西方加工产品的需求则在快速增长。拉丁美洲社会的上层人士渴望也能拥有欧洲的奢侈品——他们从贸易、采矿或种植园产业中发家致富。他们的生活方式带动了拉丁美洲出口企业的成长。政府计划扩建铁路和港口，也需要从美国和欧洲引进设备。因为出口量低于进口量，拉丁美洲国家的外债逐渐增加。各国政府债台高筑，招致西方强力介入，虽然最终避免了经济破产，但却并未从根本上解决经济失衡问题。

外国干预使拉丁美洲的经济形势变得根牙盘错。在这段时期，英国是拉丁美洲国家的最大投资方，其次是美国和其他西方国家。当地利润丰厚的种植园和产业基本都归外商所有。在迪亚斯时代，外企收购了墨西哥大片土地；在哥伦比亚和智利，外企控制了大部分铁路、银行和矿山。迫于西方投资的压力，拉丁美洲各国政府不得不尽力保护外国人财产。这些外国人剥夺了勤勤恳恳的本土商人全面发展的机会，因为高级管理岗位全被外国人占据，而且这些外国人还将当地急需的利润全部转回母国。

不管怎么说，19世纪后期的拉丁美洲经济确实取得了进步（姑且不论是不是被外国控制），但也加重了底层人民的压力。拉丁美洲对世界经济的依赖由来已久，而且和乡村农业同时存在。19世纪80年代，很多印第安人和麦士蒂索人操持的乡村农场足够养活当地人口。他们按照传统时令安排农活儿，举办节日活动，平日里还经常把酒言欢载歌载舞。但是在19世纪最后一二十年里，这种生存模式很快就被拉丁美洲经济的商业化进程所吞没。各个地区的大种植园占据了更多的土地。习惯了集体所有制的印第安人被迫把土地卖给个体业主。以墨西哥为例，1894年的一项法律规定：如果一块土地没有合法业权，这块土地就会被宣布为空地等待销售，而印第安人根本就没有所谓的业权，他们一直以来都是沿袭传统惯例，而不是现代明文规定的财产权。在自由派掌权的哥伦比亚等国家，政府急于推动经济发展，不断举行土地拍卖，事实上破坏了不具备土地产权的很多传统乡村。其他拥有土地的农民不是被狡猾的投机商蒙骗，就是被怂恿背上债务。有些新种植园占据了几千乃至几百万英亩的土地；墨西哥一家种植园的面积足有整个西弗吉尼亚州那么大。

流离失所的农民遭受了更多的屈辱。走投无路之下，他们只能在大种植园里劳作，工资微薄，但更多时候他们只能收到实物形式的报酬；他们就这样终身负债。这种变相的农奴制广泛传播，因为工人在还清欠债之前不得离开土地，而他们根本就不可能赚到足够的钱去还债。此外，急功近利的种植园主想方设法压榨工人。他们取消了传统节日，认为这是浪费时间。这与欧美国家产业工人的早期经历若出一轨，表明一场真正的商业革命正在进行中。但是跟西方工人相比，拉丁美洲农民更加没有人身自由，也更加贫困，因为拉丁美洲经济在世界市场上处于弱势地位，它唯一可用的手段就是剥削劳动力。虽然新设备有可能替代廉价劳动力，但是设备投入严重滞后。很多种植园主和矿主也在想方设法提高产量（与原先贪图安逸、对管理满不在乎的作风大相径庭），但克里奥尔人、外国人和地主与广大穷苦百姓之间的贫富差距却是越来越大。

最终，很多农民被迫离开故土前往新兴城市找寻出路，他们要在这里与新来的欧洲移民竞争工作机会。城市里出现了一大批没有财产、生活凄苦的穷人，他们在郊区搭建的破败贫民窟与市中心地带上等人的别墅区形成鲜明对比。由于工业化进展缓慢，这些初来城市的人们很难在工厂谋到工作。巴西等国在外资和欧洲移民的帮助下发展起了食品加工、纺织和冶金产业。可是这些行业的雇工人数并不多，因为西方制成品在不断挤占拉丁美洲国家的市场份额。各国政府财政拮据，无力推行福利计划，因此城市穷人越聚越多，随意搭建的棚户区也是纵横参错。

在新的重压之下，拉丁美洲百姓并未沉默以终。在城市组建工会不太容易，因为人们普遍生活困苦，思想混乱，而且政府的强势镇压也使反抗运动难上加难。但从19世纪80年代开始，农民起义变得日渐普遍，他们想要夺取土地，摆脱掉利欲熏心的工厂主制定的工作规章；事实上，很多地方的抗议活动甚至一直延续至今。农民起义并不常发生，因为它们会遭到严厉镇压，受到法律严惩。但历史证明，农民起义难以根除。墨西哥、玻利维亚和哥伦比亚每隔十或二十年就会发生一起大规模农民起义。不少地方的农村还出现了土匪帮派，他们招募流民；这些人得到了众多普通人的默默支持，认为他们不过是在表达对地主的不满和仇恨。久而久之，拉丁美洲各国的暴力事件便呈上升势头。事实上，很多缺乏中央政府有效管理的地方仍是一片蛮荒地带。因此很多农民决定在这些地方亲手展开报复行动。暴力事件增多反映了被剥夺土地的农民的满腔愤恨——拉丁美洲的生产和贸易正是建立在这些廉价劳动力的血汗之上。

在提高产品出口量的同时，拉丁美洲国家遭受的环境压力也在增加。玻利维亚和巴西的矿业开采和甘蔗种植占据了大片林地。自从18世纪后期引入非洲的咖啡树，巴西东南部地区就开始种植咖啡，咖啡种植区域的不断扩大加重了环境负担。19世纪，超过3万平方千米的森林被一砍而光，开辟出的空地被用来种咖啡树；铁路扩建和城市扩张使得林地面积进一步缩小。环境恶化的主要后果是水土流失——尤其是在种满咖啡树的山坡上。很多动植物的栖息地都遭到破坏，失去了家园。可是在20世纪30年代以前这些变化并未引起重视，甚至是到了21世纪早期，拉丁美洲国家也没有拿出有效的治理方案。

19世纪末的拉丁美洲出现了一个怪现象：一方面，它在经历快速变革；另一方面，它在世界市场上又不堪一击。很多经济部门都掌握在外国人手里。各国都以农业和矿业为重，工业化进程步履蹒跚。城市在扩张，但缺乏强大的制造业基础。社会结构一成不变：大种植园主位居最高层，广大农民和没有财产的工人处于最底层，少数中产阶级居于中间。奴隶制已被废除，但随之而来的却是贫困和准农奴制，深陷其中的不仅有黑人，还有印第安人、麦士蒂索人和众多外来移民。家庭结构也是一副老样子，男性依然是一家之主。很多底层女性也加入劳动力大军，她们在种植园或城市工作，但不论是在哪个社会领域，她们在事实上和法律上的地位都低于男性。

7. 矛盾与创造性

从 19 世纪末开始，拉丁美洲国家的各种社会矛盾催生出很多独裁政府，教会担负起多种职能。在迪亚斯的暴政下，印第安人和麦士蒂索人对自己遭受的残酷剥削忍无可忍，1900 年的墨西哥已经走到了革命的边缘。多数拉丁美洲国家都有很长时间没有发生真正意义上的革命，除了偶尔的抗议活动，因为军队和教会——有时还有外国势力——联手压制社会骚乱，避免局势升级。艺术家和知识分子在他们的作品中替广大民众倾诉心声，帮助拉丁美洲人民树立起一种不同于西方价值观的精神身份。拉丁美洲文明是在各种困境和西方的强力监护下形成的，它展现出了一系列问题和自己的特性：拉丁美洲国家是集快速经济变革与丰富传统于一身的新生国家。

8. 通往现代之路

现今的拉丁美洲建立在漫长的 19 世纪确立起的各种模式之上。部分地区的经济依附状况有所缓解，但是抗争仍在继续，即使在那些相对独立的地区也是如此。当时形成的某些典型的政治模式，包括政权更迭和考迪罗制度，已经被一届又一届的民主政府所取代，不过拉丁美洲民主制的稳定性还有待观察。结合了西方风格与地方特色的拉丁美洲高端文化则一直延续至今。20 世纪末期，一些拉丁美洲作家担心新一轮全球挑战会影响拉丁美洲人民的身份认同（它交织着西班牙人、葡萄牙人、印第安人和非洲人的文化背景），他们的顾虑反映出这个全新身份属性的牢固程度。

拉丁美洲文明在处理种族问题上所采取的独特而复杂的方式也是延续至今。与美国不同，拉丁美洲国家不赞同将白人和非白人断然两分；它们划分出了更多层级。但拉丁美洲文明在19世纪的通行做法是歧视深肤色群体（多为印第安人），他们受到了明显的不公平对待，比如他们的经济收入还比不上美国非裔人口的平均收入。

另一项传统也被保留下来，尽管人们对它看法不一。在赢得独立后，拉丁美洲国家决定不再参与领土扩张或在世界上挑起是非，尽管它们中有个别国家爆发了激烈的地区冲突。各国建立的军队一直保持至今，但这主要是为了维护国内治安。哥斯达黎加是个特例，它在20世纪50年代废除了军队。时至今日，拉丁美洲文明对军事冒险主义的压制令人称道。

延伸阅读

重要作品：Mark Thurner, Andrés Guerrero, eds. *After Spanish Rule: Postcolonial Predicaments of the Americas* (2003); John Charles Chasteen, *Americanos: Latin America's Struggle for Independence* (2008); Walter Mignolo, *The Idea of Latin America* (2004); Sylvia Chant, *Gender in Latin America* (2003); Guillermo M. Yeatts, *The Roots of Poverty in Latin America* (2005); David Bushnell, ed., *El Libertador: Writings of Simón Bolívar* (2003); Paul Hart, *Bitter Harvest: The Social Transformation of Morelos, Mexico, and the Origins of the Zapatista Revolution, 1840-1910* (2005); Eric Van Young, *The Other Rebellion* (2001); Ivan Jaksic, *Andres Bello: Scholarship and Nation-Building in 19th Century Latin America* (2001); David Lambert, *White Creole Culture, Politics and Identity During the Age of Abolition* (2005); David Eltis, *The Rise of African Slavery in the Americas* (2000); John Lynch, *Simon Bolivar: A Life* (2007); Carlos Forment, *Democracy in Latin America, 1760-1900* (2003); Douglass Sullivan-Gonzalez, *Piety, Power and Politics: Religion and Nation Formation in Guatemala, 1821-1871* (1998)。

来源汇集：B. Keen, *Readings in Latin American Civilization* (1955); Sarah C. Chambers, John Charles Chasteen, *Latin American Independence: An Anthology of Sources* (2010)。对相关学术研究的探讨：T. Skidmore, P. Smith, *Modern Latin America* (1984)（局限于对某国或某地的个案研究）; David Bushnell, Neil Macauley, *The Emergence of Latin America in the Nineteenth Century* (1994); Fernando Henrique Cardoso, Enzo Faletto, *Dependency and Development in Latin America* (1979)（对拉丁美洲的经济附庸地位提出了不同看法）。关于政治发展模式：Tulio Halperin Donhi, *The Aftermath of Revolution in Latin America* (1973); John Lynch, *Simon Bolivar: A Life* (2007); Claudia Veliz, *The Centralist Tradition in Latin America* (1980)。关于海地革命：Laurent Dubois, John D. Garrigus, *Slave Revolution in the Caribbean, 1789-1804: A Brief History with Documents* (2006)。重要议题：E. Bradford Burns, *Poverty or Progress: Latin America in the Nineteenth Century* (1973); Herbert Klein, *Bolivia* (1982); June Nash, Helen Safa, eds., *Sex and Class in Latin America* (1980); Charles Berquist, *Labor in Latin America* (1986)。

第 25 章
帝国主义时期的中东和中国

就像赢得独立的拉丁美洲各国，19世纪的中国和奥斯曼帝国也保持了独立地位，然而西方列强却是步步紧逼，犹如泰山压顶。两国面临着不同于拉丁美洲国家的新压力。所谓的"新"与两国引以为傲的传统息息相关，导致它们在应对西方压力时患得患失，进退两难。从某些方面来看，这两个国家有点类似西方的直辖殖民地，但就本质而言它们依然自主独立。

伊斯兰教中东和儒教中国是两个截然不同的文明，但在面对19世纪迅速发展的世界经济和西方帝国主义威胁时，它们的表现却有几分相似之处。中东和中国都没有完全沦为西方殖民地，这一方面是因为本国政府实力尚存，另一方面则是因为西方列强相互暗中较劲，针锋相对，没有一个帝国主义国家能独占上风。因而两国处境与南亚和撒哈拉以南非洲不同：南亚和撒哈拉以南非洲的部分领土被侵占，并有继续被蚕食之虞。但是，中东和中国（尤其是后者）面对19世纪的世界大变局迟疑不决，就此失去回旋余地。两国发生的变化严重滞后。中国统治者思想僵化且对外邦人傲慢不逊，穆斯林对西方人也是不屑一顾，两国都没有及时进行调整。然而到了19世纪末期，两国都涌现出一股要求彻底改革的新势力，目的是与西方齐头并进，甚至在某些方面还能远胜一筹。这种改革观为两国在20世纪更加积极主动的发展势头定下了基调。

进入20世纪，中国和中东依然像19世纪那样在夹缝中求生存：一边是完全沦为帝国主义殖民地的国家（如印度），一边是寻求激进应对措施的国家。中东的改革措施没能改变奥斯曼帝国灭亡的结局，但为日后的土耳其政权打下了根基。中国原本需要几十年时间才能从19世纪的衰败中恢复元气，但在1890年左右一群中国学生走出国门学习国际先进经验，他们将成为影响中国未来的重要力量。讽刺的是，中国的近邻日本却是做出了最成功的示范：快速适应新的全球架构。这意味着有着共同传统的中日两国就此渐行渐远。

> **重点问题** 西方和世界经济对中国和奥斯曼帝国造成了哪些新压力？以下是关于原因和比较分析的问题。为什么这两个国家迟迟未能提出有效的应对策略？为什么奥斯曼帝国的改革措施更加有效，表现在哪些方面？比较中国和日本，为什么两国的回应截然不同？将中国与英属印度殖民地进行对比：有些历史学家提出，印度虽然沦为殖民地，但它遭受的剥削不如中国严重，因为后者同时被多个帝国主义国家入侵。这种比较是否合理？应该如何评估这种入侵的破坏程度或它带来的建设性影响？

1. 埃及现代化的努力

19世纪伊始，中东的开局犹如旭日东升，但到最后却是以失败告终。1789年拿破仑大军占领埃及，令奥斯曼帝国大吃一惊。后来法军被赶出埃及，一位名叫穆罕默德·阿里的奥斯曼军官成了埃及的统治者，奥斯曼人再也没能收回这个重要行省。穆罕默德·阿里占领了毗邻埃及的阿拉伯半岛，但他的征服行动遭到奥斯曼人和英军的联手堵截，英国不希望这片区域出现任何一个强国，唯恐它通往印度的重要航线受到威胁。

埃及总督穆罕默德·阿里提出按照西欧模式进行现代化改革，他代表了首批提出西方化改革的非西方领导人，而且还是中东地区的领导人。与彼得大帝不同，阿里本人从未去过西欧，但他仰慕西方成就，意识到埃及必须掌握西方某些成就才有可能屹立不倒。在他的支持下，大批西欧顾问来到埃及协助发展教育、技术、科学和军事，这其中尤以法国人居多。

阿里认为埃及需要改变传统的经济模式。他无法全面推行工业化，但他改进了农耕技术，尤其是扩大了埃及的棉花出口。地主阶层对创新向无兴趣，他们的力量被削弱。阿里创办了出版业，支持学者将西方科技专著译成阿拉伯语。他不仅聘请西欧教师，还将很多阿拉伯人送往国外深造。法语成为埃及知识分子的第二大语言。虽然取得了这么多成就，但阿里还是无法打破埃及社会的传统桎梏，突破西欧主导下的世界经济的制约。埃及对出口创汇的依赖度越来越高，比如它向西欧市场销售棉花，同时又必须与其他棉花生产国（包括北美洲南部和印度）竞争，而埃及棉花的售价也并不总是占优。出口收入往往不足以购买阿里梦寐以求的西方机械和武器，所以阿里政府不得不向西方银行借债。这是 19 世纪至 20 世纪很多国家反复上演的一出讽刺悲剧：政府推行现代化改革，采购新式武器和生产机械，修建公共建筑和城市休闲设施，这些创新原本是为了巩固国家独立，结果偏偏在经济停滞期消耗了大量资金，为了继续发展，各国不得不举债。这样一来也就给了外国银行可乘之机，它们以保护贷款为名监控埃及内政。总之，阿里确实改变了埃及，但西方也强化了对埃及的控制。1849 年阿里赍志而没，直到弥留之际他还在为自己壮志未酬伤怀不已。但是阿里为后人树立了榜样，毕竟西方化改革远比一个政权的成功复兴更为重要。

2. 奥斯曼帝国的衰落

中东大部分地区都不为阿里的改革所动。奥斯曼帝国并未因时制宜积极应对日益强大的西方压力和既成事实的埃及独立。奥斯曼苏丹反而加强了对广大领土的集中控制，打算提高税收。苏丹马哈茂德二世（1808—1839 年在位）解散了腐败的禁卫军。这支武装由国家供养，养尊处优，早就丧失了战斗力和精气神，成了政治阴谋分子。马哈茂德二世组建了一支单独的现代化炮兵部队，配备了一台欧洲加农炮，从而创立了一支足以媲美西欧军队编制和技术的新军团。

然而，这些改革既不足以复兴衰落中的奥斯曼帝国，也不足以遏制西方对中东的渗透。19 世纪上半叶，奥斯曼帝国失去了若干重要行省。不只有埃及（1914 年之前在名义上并未脱离奥斯曼帝国），还有北非的阿尔及利亚、突尼斯和利比亚（首都的黎波里），尽管这些地区从未真正融入奥斯曼帝国。北非海盗猖獗一时，为了打击他们的嚣张气焰，欧洲和美国发兵攻打了的黎波里海港。1830 年，法国公然占领阿尔及利亚，成为第一个占领北非领土的欧洲国家。在阿拉伯半岛，当地居民在宗教信仰的鼓舞下起兵反抗奥斯曼帝国统治，虽然得到了穆罕默德·阿里的援助，但还是功亏一篑。最后，奥斯曼帝国控制下的欧洲行省越来越动荡不安，当地民众受到法国大革命提出的自由主义和民族主义思想的感染。1820 年，希腊爆发了声势浩大的独立战争，在西欧非正式的支持下于十年后宣布独立。民族主义运动还蔓延到了罗马尼亚和塞尔维亚，从而加重了奥斯曼帝国的压力。

19 世纪上半叶，西欧对中东的经济影响继续深化。在奥斯曼帝国领土范围之外的阿拉伯半岛东岸，英国建立了多个保护国以打击海盗。伦敦开辟了印度和阿拉伯半岛东岸之间的轮渡航线；19 世纪 30 年代，英法两国负责运营穿越地中海抵达埃及和奥斯曼领土的轮渡航线。西欧就这样逐渐控制了中东的船运和外贸。英国公司甚至还操控了奥斯曼帝国境内部分内河运输。西欧在经济上步步蚕食，帝国财政收入每况愈下，因为它不得向外国公司征税。换言之，鉴于其自身在世界经济中的地位，奥斯曼帝国在政治上很难转圜应对。

最后，崛起中的沙俄帝国也在向其施压，它是奥斯曼帝国的传统竞争对手。19世纪上半叶，两国多次交手，奥斯曼帝国损失了不少领土。沙俄帝国原本可以扩地更广，但是遭到英法两国联手干涉；英法两国想要维护它们在中东的既得利益，担心俄国人在中东取得主导地位。克里米亚战争（1854—1856）之所以爆发，就是因为英法两国反对沙俄在地中海地区进一步扩张，这场战争以俄国战败告终。后来俄土战争（1877—1878）爆发，在西欧的干预下，奥斯曼帝国免遭解体，但它还是失去了部分领土。

此时的奥斯曼帝国已是病入膏肓，随时都有沦为外部势力傀儡的风险。它之所以没有被全面瓜分，主要是因为欧洲人和俄国人对领土划分方案意见不一，双方都担心对方得到过多好处。中东对欧洲来说太重要了，后者不能容忍非洲利益均沾的局面在中东上演；然而，全面战争又容易两败俱伤，所以奥斯曼帝国才能一直维持到1918年。几任苏丹相继实施改革。他们颁布了宪法，效仿西方执政模式，但实际上帝国上下的官员们依然可以为所欲为。奥斯曼帝国直到1908年才废除奴隶制，比其他地区都晚。重大军事改革主要是响应武装部队内部的变革诉求。很多奥斯曼军官被送到欧洲受训，政府还请来欧洲顾问（主要是德国人）帮助提高作战技术，对军队进行现代化管理。但奥斯曼军队的实力依然孱弱，武器装备也相对落后，因为军事改革受制于松散的政权结构和农业经济。不论是税收还是军队士气，都不足以为奥斯曼帝国注入新的活力。

不过，奥斯曼帝国也确实有所变化。这其中要数1839年至1876年的**坦志麦特改革**（Tanzimat reform，Tanzimat在土耳其语中的意思就是"改革/改良"）最为重要。这项改革提出强化中央集权，对法律和教育进行世俗化改造，目的是实现对奥斯曼政府和社会的部分西方化改革。所有臣民，不论有何宗教信仰，在法律面前一律平等。政府参照《拿破仑法典》修订了刑法和商业法。伊斯兰法也被纳入帝国新法典。1876年，奥斯曼帝国颁布首部宪法，提出组建议会；随着改革派主要领导人相继去世，这场尝试逐渐偃旗息鼓。除了政府自身变化，这场改革浪潮也带动了现代新闻业和其他事业的发展。

但是，改革的总体效果毕竟有限。土地改革反而强化了大地主对佃农的控制。比如巴尔干地区周期性发生的佃农暴动统统遭到镇压，这不仅形成了一种让人压抑的氛围，还激起了欧洲人的不满。奥斯曼帝国在1876年之后变得更加专制，宗教地位得到提升，改革陷入低谷。

由此一来，奥斯曼帝国只能继续看着自己的外围领土被西方蚕食，继续忍受西方的经济渗透。巴尔干地区的民族起义得到沙俄和个别西欧国家的支持；19 世纪 70 年代末，塞尔维亚和罗马尼亚这些小国宣布独立，个别更小的国家并入了希腊。在巴尔干人民的继续抗争之下，保加利亚也赢得独立。到 1914 年，奥斯曼帝国已经丧失了其大部分欧洲领土，仅剩下包括伊斯坦布尔在内的少许领土。

西欧列强对北非的直接征服行动仍在继续，当然这片地区很早之前就被奥斯曼人据为己有。1869 年，一家法国公司开凿了一条运河，贯通苏伊士地峡——这条狭长的地带连接了北非和中东。苏伊士运河开通后，欧洲船队从地中海出发，驶过苏伊士运河和红海就可直接进入印度洋，再也不用绕道非洲（最南端的好望角），从而节省了大量时间。埃及凭借新的战略位置提升了国家地位。英国开始插手埃及事务，如同它捍卫自己在印度的利益一样，主要是为了防止法国对埃及施加影响。埃及向英国银行大量举债就是初露端倪。英国买下了苏伊士运河的控股权，在 19 世纪 80 年代将埃及变为自己的保护国，埃及统治者沦为有名无实的国家首脑。作为对英国这一举措的回应，法国控制了突尼斯。进入 1900 年后不久，意大利占领利比亚，法国侵占摩洛哥，北非所有伊斯兰国家全部落入欧洲人之手。

在奥斯曼帝国东面，英俄两国代表瓜分了波斯王国，英国仍然直接控制着阿拉

开凿苏伊士运河。

伯半岛东岸若干小国。欧洲在奥斯曼帝国内部的经济影响力越来越大。在本国政府的支持下,德国企业修建了一条连接柏林和巴格达的大铁路。法国和英国商人大量采购奢侈品。土耳其本土建起了多家地毯加工厂,它们引进西方生产机械,淘汰大批传统手工业者,为的是提高产量,满足日益增长的欧美市场。土耳其地毯和其他家居用品在19世纪后期深受西方中产阶级家庭喜爱。虽然部分土耳其人和阿拉伯人(他们是工厂主或西方公司的中间商)积累了经验和财富,但新兴产业还是高度依赖廉价劳动力,而且它们的基本发展方向都由西方商人决定,中东人民自己根本没有发言权。此时的奥斯曼帝国腹背受敌,西方的殖民地、咄咄逼人的巴尔干新生国家和野心勃勃的沙俄帝国环伺其周;它已经不再是自己国土上的主人。

3. 民族主义兴起

奥斯曼帝国政府无力应对局势变化,但还是有若干重大事件重塑了20世纪的中东历史。阿拉伯世界兴起了一股强大的民族主义浪潮,其矛头直指欧洲帝国主义和奥斯曼帝国。土耳其一些年轻军官掀起了一场现代化运动。还有些活动则助长了人们对伊斯兰教的狂热崇拜。

与印度相比,中东的民族主义缺少一个清晰的宏观轮廓,尽管奥斯曼帝国政府鼓励人们忠君爱国。中东的民族主义更像是一种特殊主义,即它局限于某个更小的地区(比如埃及),某个民族—语言群体(比如土耳其人)。

阿拉伯民族主义在埃及的发展势头一时无两,因为阿里是中东首位主动借鉴欧洲影响和成功范例的领导人。事实上,埃及人比一般阿拉伯人更看重民族主义,广义上的中东民族主义和完整的民族主义表述直到20世纪早期才出现。很多受过教育的埃及人继承了阿里的目标,即建立现代国家和经济,仿效西方发展路线,但他们也为埃及的独立而自豪,这也是西欧民族主义思想影响的结果。与印度类似,民族主义也是中东的新生力量,它要求人们忠于当下世俗政府和某个具体民族,而不是广义上的阿拉伯人或穆斯林。民族主义在刚出现时并没有多少追随者,广大佃农对它更是了无兴趣,但它一直坚持追求两大目标:民族独立和政治变革。临近19世纪中叶,埃及政府怯懦畏葸,债台高筑,民族主义反对派日渐增多。英国接管埃及更是激怒了埃及人民。英国管理埃及的财政,资助兴修铁路和尼罗河上游的阿斯旺大坝。英国还废除了奴隶制,扩建了学校。但这些改革并没有冷却埃及人的民族主义热情。埃及民族主义者反对外来势力控制本国经济,他们认为这妨碍了埃及全面工业化。埃及人缺少政治权利,殖民官员傲慢无礼,这都令他们愤懑不已。城市居民能在第一时间察觉外国人在他们国家的特权地位和奢华生活并对此极为不满,民族主义者对此也深有同感。

北非其他地方也出现了民族主义思潮,这是阿拉伯人对西方殖民政权做出的回应。以突尼斯为例,法国人在当地修建了港口设施、铁路、电报和电话系统;新建了学校和医院。但他们并不支持突尼斯本地工业发展,而且为了谨慎起见他们还控制了突尼斯的大部分出口贸易。一部分法国定居者占据了突尼斯的膏腴之地。这些现实情况,再加上法国和突尼斯的文化鸿沟,足以激发突尼斯人的民族情感。和埃及一样,1900年以前的北非民族主义主要表现为政治集会和报上谩骂——这是阿拉伯人新体验到的政治经历。民族主义暴动鲜有发生。但毋庸置疑,一股新生的政治力量正在从这个古老的地区崛起。

阿拉伯人的民族主义运动也蔓延到了奥斯曼帝国。多位阿拉伯行省总督(包括麦加总督)都受到了民族主义思想的鼓动,到1900年,他们对苏丹的忠诚开始动摇。1913年,阿拉伯民族主义人士在波斯会面讨论伊拉克的独立问题。

其他形式的民族主义运动也开始粉墨登场。19世纪后期,欧洲人中的犹太人发起了锡安主义运动,即犹太复国主义运动,以应对欧洲人的爱国主义诉求和他们对犹太人的不公正对待。犹太复国主义者提出:犹太人应在巴勒斯坦重建家园,到1914年时已有许多犹太人涌入此地。当时这股定居潮并未产生多大政治后果,但它却严重地影响了当地的未来局势。

民族主义运动继续向北深入,进入奥斯曼帝国腹地。从19世纪早期开始的重要改革浪潮为土耳其民族主义运动奠定了基础。尽管奥斯曼人的治国能力大不如前,但他们还是为土耳其本土带来了一些改变。奥斯曼苏丹果断解散禁卫军,加强军队实力,将土耳其军官送往西欧受训。政府借鉴西欧模式改革大学教育,在土耳其开创了新的邮政服务和铁路运输。这些变革意义重大,但也激使人们提出更多要求。穆斯林领袖与主张西方化的精英人士冰炭难容,苏丹阿卜杜勒·哈米德在1878年后重又确立专制统治。在此背景下,1900年左右,一批年轻军官开始推动苏丹政府改革和国家的现代化改革。这些人被称为"青年土耳其党人"(Young Turks),他们追求的是类似《1876年宪法》允诺的政治权利(时任苏丹很快就撤销了这部宪法),希望结束政治贪腐局面,推出强大的外交政策。他们还要求限制欧洲人在本国的经济活动。正如一位青年土耳其党人所说:"我们沿着欧洲人开辟的道路前进……直至(效仿西方)不接受外国干预。"青年土耳其党人参与了多起试图推翻苏丹政府的暴力事件,但在初期他们并未取得成功。

长久以来,青年土耳其党人发起这场运动的目标一直令人费解:他们究竟是想复兴帝国,还是想在土耳其成立一个现代民族国家?他们总在说帝国如何如何,但运动又主要依靠土耳其人的民族自豪感和武装力量,说明这场运动实际上是一场狭隘的民族主义运动。但无论如何,在奥斯曼帝国土崩瓦解后,这场运动成为现代土耳其建国的基础。

1914 年的中东承受着双重压力,一面是帝国主义和奥斯曼帝国的桎梏,一面是带有现代色彩的民族主义运动。后者成为中东地区重要的新成分,不仅标志着欧洲的巨大影响,还象征着中东人民追求独立的强烈愿望。民族主义并不是中东的原生力量。将某地区分解成若干独立国家这一想法——大部分阿拉伯民族主义者在探讨伊拉克、埃及或突尼斯的问题时都曾萌生过这种念头——与中东过去的地方主义有些相像,但它违背了伊斯兰教义或奥斯曼人的传统。然而,这些民族主义者并不担心这些过往先例。他们追求的不仅是独立,更是一个全新的社会,不管他们对这个新社会的定义有多么含混不清。他们支持的是一个倾向于改革的伊斯兰教,他们对本地区传统的社会结构和教育体制明示不满。他们憧憬的新政体不仅有独立地位,还包括议会和选举权。很多人都承认:西方是他们的榜样,更是他们的敌人。

中东大多数人口都是佃农,他们对这些新思潮无动于衷。他们依然笃信伊斯兰教,学习伊斯兰教法,执行《古兰经》规定的仪式。有些人参与到了新经济活动中,比如地毯加工厂或棉花种植园,但大部分人还是坚持传统生产方式,严重依赖乡村制度。中东女性的生活也没有发生太大改变,根据伊斯兰教法,她们在大家族里还是孤立无援。就连上层社会女性也没有机会接触西方思想,因为殖民政府并不打算改变伊斯兰教徒的基本生活状态。个别穆斯林领袖提出伊斯兰教应该适应现代生活,利用伊斯兰教统一整个中东文明,进而对抗西方压力和民族主义运动。伊斯兰教带有深厚的传统色彩,但它也并非一成不变。北非出现了很多打着宗教旗号反抗欧洲人的暴力活动,穆斯林坚信他们的宗教秀出无双,这一坚定的信仰足以限制基督教徒在当地的传教活动。

4. 中国抵御西方列强

18 世纪末的清政府依旧奉行孤立政策(此举固可让人自满,但却背离现实),而且其孤立程度超过了蒙古人统治下的元朝,当时的欧洲旅行家可以在中国辽阔的国土上自由行走。此时的中国经济仍在维持自给自足状态,仅有少量出口,为的是换取黄金。清政府虽说已经过了鼎盛期,但它还能靠着徒有其表的官僚制度维持运转。

然而仅仅过了40年，一场帝国主义战争便不期而至，当时欧洲人对这场战争视而不见；之后清政府被迫开放口岸与西方通商，接受西方文化输出，甚至还要接受西方驻军——这清楚地揭示了衰落中的大清帝国与工业化西方强国之间新的权力平衡。

从19世纪20年代开始，西方商人迫切希望进入中国这一大市场，获取中国的工艺品。财富增加刺激了西方对中国花瓶、瓷器和其他工艺品的需求。但是同期的清政府却是日渐衰微，虽然这是中国历史上常有的一幕，但此时恰值抵御西方压力的关键时刻。19世纪早期，各地民众起义层出不穷，部分原因在于西方对中国的干涉加深。19世纪50年代爆发了一场声势浩大的农民起义，即**太平天国运动**。起义军领袖自称是基督耶稣的兄弟，这场起义传达了农民的传统诉求（减税和分地），并推出了新的改革，比如禁止女性缠足。面对几十万人的起义大军，清政府着实无力镇压。更广泛的原因还包括人口快速增加给农民造成的压力；而在此期间，清政府则是毫无作为。朝廷官员甚至无法顺利征税，清军素质不断下降。这就导致镇压或防范人民起义难上加难。清政府与太平军交战数年，最后不得不请求西方支援。清政府还被迫请求地方团练出手相助，但是这些配备了新武器的团练经常跟朝廷作对，从而助长了叛乱活动和盗抢行为。太平天国运动令中国付出了惨重的代价：两千多万人丧生，对社会经济造成的严重破坏在战后许多年都无法修复。

1840年至1842年，孱弱的清政府和贪婪的西方（英国）之间首次开战，即第一次鸦片战争。印度的英国商人一直在向中国出口鸦片，因为他们找不到可以吸引中国市场的其他产品。比如中国人对西方工厂制造的纺织品毫无兴趣，因为中国的传统制造业有足够的生产能力。就这样，鸦片成了重要的交换物，西方用鸦片交换

这幅19世纪的线雕版画表现的是1841年鸦片战争期间，英国东印度公司的商船开炮炸毁了清政府的帆船。

中国商品，节省了昂贵的黄金。但是清政府反对鸦片贸易。中国人从来没有吸食鸦片的传统，鸦片的危害更是人尽皆知，而且清政府依然把英国代表当成烦人的番邦使者。清政府派人销毁了广州港的所有鸦片，其间还与英国水手起了冲突，随后清政府下令禁止当地的对英贸易。战争随即爆发，英国人封锁了整个广州港；清政府无力抵抗，因为海军实力落后，而英国在工业革命后就有了蒸汽船，可以开进中国内河，向上游驶入内陆。清政府最终战败求和，开放广州港和上海港对英通商，同时割让香港岛给英国。

鸦片战争失利沉重地打击了清政府，他们将会长久铭记这场败局，并且不会忘记英国人竟然为了出口一种能让中国人上瘾的物质而发动战争。但不管这一回忆有多么苦涩，清政府都没能阻止西方继续渗透。不久之后，法国和美国也效法英国要求与中国通商。到 1850 年，中国很多港口城市都成了外国殖民地。1856 年爆发了第二次鸦片战争，清政府再次战败，被迫开放更多口岸，给予西方人更多贸易权利，甚至允许西方传教士进入内陆传教。为了迫使清政府尽快接受议和条件，英法联军攻入北京，咸丰帝仓皇逃离。

与此同时，西方列强也在向缅甸和越南这些国家施加影响，或直接将其占为殖民地，借此向中国施压，因为这些国家长期以来都在向中国朝贡。中国正在失去它长久以来掌控的地区主导地位，但是中国的精英阶层却不认可这一事实。

这些早期的帝国主义入侵并没有改变清朝的基本施政方针。中国统治阶层依然认为传统方式才是最好的，在他们眼中，西方的胜利不过是中国历史暂时遇挫，和过去遭受的短时入侵并无两样。因此他们没有采取任何新措施，比如模仿西方发展模式或赶超西方。但是以英法两国为首的西方国家已经认识到大清帝国不堪一击，它的基本国力与奥斯曼帝国相差无几，任何一个拥有出色海军队伍的现代国家都能轻而易举地将其制服。但讽刺的是，直到 19 世纪中叶清政府还是对学习西方军事技术不以为然，甚至还不如开始觉醒的奥斯曼帝国。政府官员认为技术索然无味，对工程人员看不上眼，视其为下等人。中国儒家思想一向重传统、重文化，轻军事、轻商业，再加上此时清政府软弱无能，导致中国既没有创新意愿，也没有创新能力。

但是抛开政府层面，中国社会正在悄然生变。人口继续增长，农民对土地求之不得。有一小部分农民甚至背井离乡去海外谋生——出洋务工在中国历史上实属罕见；他们被美国和部分拉丁美洲国家的铁路公司或种植园主雇佣。但是人员外流对国内的持续动荡并无实质影响。在此期间，西方影响还波及了其他中国人。西方传教士劝服少数中国人皈依基督教，推广了西方生活方式。更重要的是，西方在通商口岸的商业活动促进了当地经济发展。口岸地区的人口和财富迅速增加，

A STREET IN HONG KONG.

图中是一座建于 19 世纪末的香港教堂，欧洲人尽可能地把他们的社会风貌移植中国。这个时期西欧在中国的传教活动与早前耶稣会的传教（参见第 20 章）有何不同？

刺激周边乡村发展市场农业和制造业，甚至还有人开办机械化工厂。个别中国商人掌握了西方企业管理经验，激发了他们的创业热情。一些企业家和皈依基督教的普通人远赴海外历练，还有些人进入外国大学深造；但是相比长达几个世纪的孤立隔绝，这些人员流动实在微不足道。

西方列强并不打算直接占领中国，毕竟这个任务太过艰巨，而且也没这个必要，因为它们已经打入了中国市场。它们甚至协助清政府镇压了太平天国起义；西方希望软弱的清政府继续存在，以免出现兵戈扰攘，八方风雨，不利于其从中渔利。19 世纪后期，农民为争取土地和减税频频发动暴乱，官场贪污成风，清政府越来越依赖欧洲国家的庇护，尤其是英国。朝廷聘请西方顾问帮助提升军队实力，提高税收效率——在官僚传统最为悠久的帝国出现这样的局面，真是让人大跌眼镜。聘请西方顾问这件事表明清政府意识到，事情已经到了不变则亡的地步。也有官员对西方武器产生浓厚兴趣，正如启蒙思想家魏源提出的"师夷长技以制夷"。但是清政府并没有进行大刀阔斧的改革。事实上，在 1864 年彻底粉碎太平天国运动后，清政府就又重回旧路，大力恢复帝王权威和儒家传统。19 世纪 70 年代，朝廷甚至命人拆毁了一条西方人擅自修建的铁路线，目的就是为了捍卫传统做派。类似举动表明清政府坚决抵制西方化，但它并没有采取必要手段将西方人赶出国门。此外，

> ## 讨论历史：19世纪——中国历史发展的停滞期
>
> 　　从文化角度解读历史的关键就是理解文化对历史或潮流的带动作用。文化原因确实存在，但却很难衡量。19世纪的中国就是这方面的一个典型例子。历史学家们总在争论以下三大因素孰轻孰重：第一，中国文化的本质，尤其是儒家思想，它一直都是一股重要力量，但也形成了中国人的弱点，使他们在史无前例的变化面前无所适从。第二，中国政治腐败，局势恶化，换言之，主要内部问题并非文化问题。第三，外来干预的性质和破坏力，这里面当然包括西方扩大鸦片贸易对中国造成的压力。
>
> 　　毫无疑问，中国并不愿意模仿西方，除了传统成就带来的自豪感，历史学家和后来的中国领导人都认为儒家传统（中国文化的核心）也难辞其咎。面对现代西方的压力，深受儒家思想熏陶的中国人表现出了两个方面的弱点：推崇传统、反对创新；重视文学、轻视科学。中国官员对西方模式的抵制也反映了儒家价值观的影响。
>
> 　　但是其他信奉儒学的国家，尤其是日本则认为，修正儒家思想并将宝贵的儒学理论用于变革完全可行。解绑传统束缚，减少对科学的反感，同时督促国民忠于集体，懂得服从，重视教育，一个社会就可以在一个强大的基础上实现成功变革。这个基础或许不同于西方，但却同样奏效。
>
> 　　像中国这样过于重视文化未免有些本末倒置。当然，这一文化中也夹杂着其他成分，比如长久以来对外国人的反感（日本亦然，尽管它在过去有意借鉴中国经验并取得巨大成功）。除了文化，另一个重要原因就是西方暴戾恣睢，比如强推鸦片贸易，实在不值得模仿。此外还要考虑到清政府正处于无所作为的阶段：王朝日益没落，人口压力倍增。从文化角度（主要指儒家思想）解读中国在19世纪的举步维艰，需要综合考量当时格外复杂的社会背景。

复兴传统文化也未能有效解决国内问题，比如朝廷官员日益腐化，地方官员肆意妄为。经济局势有所改观，部分原因是西方在港口城市的影响，然而中国制造业还是依靠传统手工劳动。中国一面从欧美进口机纺丝线，一面坚持手工纺织。部分中国银行家和商人在港口城市开办企业，虽然收益可观，但其经营模式还是比较僵化。中国的茶叶和工艺品仍在出口西方，但生产规模较小，无法和印度或东南亚的大型种植园相提并论。中国正在慢慢靠近世界经济的新秩序。

事实上，中国面对的是一种前所未有的局面。除了佛教带来的灵感之外，中国人把其他外来影响一概视为雕虫小技，根本无法媲美中国长盛不衰的优秀传统。但是，包括日本、印度乃至奥斯曼帝国在内的大多数其他文明都曾有选择性地借鉴西方经验。中国政治向以恪守传统为重，防止冲突发生；它并不适合推动改革。朝廷官员也觉得采用新式高效的西方模式可谓庸人自扰，他们认为官员才干取决于知书达礼和维稳调和的能力。西方主导下的贸易体现了无限扩张和急功近利的价值观，与中国传统背道而驰，尽管中国商人在过去也是积极进取。儒家圣贤教导中国人要"知足常乐"，这与资本主义精神更是相背而行。除了这些文化隔阂，清王朝越来越软弱无能，再加上人口快速增长造成的沉重压力，导致政府收回了本应投放在其他问题上的资源和注意力。因此在 19 世纪的大部分时间里，中国发展缓慢，不仅落后于西方和日本，甚至还不如英属印度殖民地和奥斯曼帝国。

身处 19 世纪的世界历史格局，一成不变很可能会招致列强入侵。法国在 19 世纪 50 年代征服印度支那，就是对中国骄傲自大的沉重打击，毕竟越南一直是中国的藩属国。1860 年，再次开始扩张的沙俄帝国占领了中国北方的部分领土。

然而，更沉重的打击当属中日甲午战争（1894—1895）。这场战争由朝鲜发生的一场叛乱引起。中日两国同时出兵镇压，因为中国一直将朝鲜视为自己的藩属国，而正处于快速工业化阶段的日本则想借机扩大地盘。而且两国也都想要阻止俄国对朝鲜展开入侵行动。日本向中国挑起战争并凭借现代化的海军轻松取胜，这让日本之外的所有国家震惊不已。中国不得不放弃朝鲜，同时将台湾岛和辽东半岛割让给日本。后来在西方列强的出面干预下，日本将辽东半岛归还中国，因为西方列强不希望日本向中国本土渗透。中国俨然成了一个外强中干的大国，竟连一个弹丸小国都对付不了。这种局面，加之对日本的防范和西方内部的竞争（大部分非洲领土此时都已沦为西方殖民地），西方列强迫切需要寻找一个新的猎场——而中国就是它们接下来要瓜分的目标。

到 1900 年，中国已经与法国、德国、英国和俄国签订了一系列新条约，允许它们长期租用中国的重要港口及周边地区。虽然这并非公然吞并，但与吞并并无两样，因为西方各国已经划定了各自的租界。俄国更是直接占领中国北方许多领土。西方国家以这些租界为基地继续扩大自身的商业影响，它们修建铁路网，组织通往中国内陆地区的内河运输。

最后，清政府终于提出了具有决定意义的反制措施。1898 年夏，年轻的光绪帝下令变法（史称"戊戌变法"），内容涉及军事、铁路和教育等领域。但是百日过后，光绪帝的母亲慈禧太后就发动政变废除了这些改革，并处决了领导这场西方化运动的多位有识之士。慈禧太后相信中国还可以走自己的老路，不必理会外国人的存在。她曾暗中支持"义和团"，该组织打着"扶清灭洋"的旗号，烧毁了一些教堂，并到处毁坏铁路等洋物。**义和团运动**失败之后，西方逼迫清政府给予外国人更多特权，他们在中国境内的活动不受中国司法管辖。后来慈禧太后本人也

大上海帝国公馆。

下令实行"新政",打造西式军事制度,改革朝廷官员选拔机制。

1900年后不久,行将就木的清政府已经无力控制困扰它的三股力量:内部的国力衰微和人口增长、外部西方列强的重重施压,以及中国人中间冒出的改革生力军——他们了解西方,主张借鉴某些西方模式对国家进行现代化改造。从1896年开始,大批学子远赴日本和欧美,学习中国严重缺乏的知识:新技术、新科学和新的组织手段。在此过程中,他们接触到了许多新颖的政治思想,包括民族主义、自由主义、社会主义和民主制度。但在要把中国改造成什么样子上,他们并没有达成一致意见。有些改革人士提出对西方进行有限模仿,仅限于器物层面;另一些人则主张建立议会制度,重新定位女性的社会角色,抨击儒家传统。但不管怎么说,他们都认同变革是大势所趋,而且随着时间推移,越来越多的人都倾向于推翻现行政权。海外留学生、教会学校的学生,还有那些被西方科学和文学译著深深触动的学生团结在了一起。但是开启改革大门的努力却是以失败告终,腐朽的封建制度显然容不下改革这一洪水猛兽。

5. 深入变革的必要性

1900年的中国正处于革命的边缘,它面临的局势比奥斯曼帝国还要严峻。相比中东,中国的人口压力更大,由此也激发了更多的内乱;中国的少数知识分子刚刚受到西方思想的洗礼,改革热情高涨,而中东的主导文化则依然是伊斯兰教。

两大帝国政府都软弱无能，都遭遇了西方列强和沙俄帝国的粗暴干涉。这种内外交织、八方拉扯的局势太不稳定，根本无法维持。1911年中国爆发辛亥革命，清政府被推翻，随后建立了资产阶级共和国——世界上最古老的帝国就此终结。奥斯曼帝国则在第一次世界大战后灭亡，中东的政治凝聚力碎成一地。这两大帝国的终局都是内部变化与外部压力之间矛盾激化的结果，这在19世纪的最后几十年里表现得尤为明显。

6. 通往现代之路

对中国和中东而言，这段时期最刻骨铭心的记忆就是在西方压力下屡屡受挫的羞辱。进入20世纪后，中国领导人背负的重大使命就是扭转世界对中国积贫积弱的认知，只是他们对具体路线有不同看法。中东领导人，尤其是新一代土耳其民族主义者也是怀揣同样的目标。这两大文明都有引以为傲的传统，但在近百年间却都表现得懦弱无能。战斗的号角声终于吹响：在19世纪后期苟延残喘的两大政权在1900年之后都被推翻。

漫长的19世纪还催生出一批改造这些地区的新势力。土耳其、阿拉伯和犹太民族主义者是塑造当代中东局势的重要力量，他们的政治规划（和分化）都与19世纪的历史有很大关联。1900年左右，一批满腔热忱的中国学子远赴海外，他们的后人成为现代中国的建设者；时至当下，在历经百年波折之后，这个伟大的国家终于重新回到了世界舞台的中央。

延伸阅读

关于中国：David G. Atwill, *The Chinese Sultanate: Islam, Ethnicity, and the Panthay Rebellion in Southwest China, 1856-1873* (2005); Chun-shu Chang, *The Rise of the Chinese Empire* (2007); Erik Mueggler, *The Age of Wild Ghosts: Memory, Violence, and Place in Southwest China* (2001); Peter Harrington, *Peking 1900: The Boxer Rebellion* (2005)。

关于奥斯曼帝国：Iris Agmon, *Family & Court: Legal Culture and Modernity in Late Ottoman Palestine* (2006); Huri Islamoglu-Inan, ed., *The Ottoman Empire and the World Economy* (2004); Jakub J. Grygiel, *Great Powers and Geopolitical Change* (2006); Donald Quataert, *Ottoman Manufacturing in the Age of the Industrial Revolution* (2002); Maya Jasanoff, *Edge of Empire: Lives, Culture, and Conquest in the East, 1750-1850* (2005); Elisabeth Ozdalga, *Late Ottoman Society: The Intellectual Legacy* (2005); Madeline C. Zilfi, *Women and Slavery in the Late Ottoman Empire* (2010); Levy Avigdor, ed., *Jews, Turks, Ottomans: A Shared History, Fifteenth Through the Twentieth Century* (2002)。

关于中东：W. R. Polk, R. L. Chambers, eds., *Beginnings of Modernization in the Middle East: The Nineteenth Century* (1968); Juan Cole, *Napoleon's Egypt: Invading the Middle East* (2007); Alan Palmer, *The Decline and Fall of the Ottoman Empire* (1992); M. G. S. Hodgson, *The Venture of Islam* (1971)。对中国历史的简要考察：M. Gasster, *China's Struggle to Modernize* (1983); Gilbert Rozman, *The Modernization of China* (1981); Jonathan Spence, *The Search for Modern China* (1999); Ssu-yu Teng, J. K. Fairbank, *China's Response to the West: A Documentary Survey, 1839-1923* (1954)。

其他相关著作：S. A. Smith, *Revolution and the People in Russia and China: A Comparative History* (2008); Pamela Kyle Crossely, *The Manchus* (2002); Timothy Brook, Bob Tadashi Wakabayashi, eds., *Opium Regimes: China, Britain, and Japan, 1839-1952* (2000); Jonathan D. Spence, *God's Chinese Son* (1996); Fatma Gocek, ed., *Social Constructions of Nationalism in the Middle East* (2002); Joseph Tse-Hei Lee, *The Bible and the Gun: Christianity and South China, 1860-1900* (2003); Efraim Karsh, *Islamic Imperialism: A History* (2007); R. K. Schoppa, *Revolution and Its Past: Identities and Change in Modern Chinese History* (2002); Michael Axworthy, *The Sword of Persia: Nader Shah, from Tribal Warrior to Conquering Tyrant* (2006); Ann Chamberlain, *A History of Women's Seclusion in the Middle East: The Veil in the Looking Glass* (2006); James Onley, *The Arabian Frontier of the British Raj: Merchants, Rulers, and the British in the 19th Century Gulf* (2007)。

第 26 章
俄国和日本：西方之外的工业革命

放眼西方或定居殖民社会之外的世界，俄国和日本从 19 世纪末也启动了工业革命以应对西方挑战。西方并没有完全掌控这两个国家的经济。参照西方标准俄国依然是一个落后国家，俄国领导人逐渐看清了这一事实并为之痛心疾首。1900 年后的俄国经济在贸易、技术和资本上依然傍人篱落，仰西方人之鼻息，直至 1917 年大革命后这一局面始得扭转。虽然经济落后，但俄国在过去几百年里也证明了自己实力不俗，而且在整个 19 世纪依然如此。它的扩张脚步从未停歇——尽管不时遭遇西方抵制，并在 19 世纪末打响了与日本的战争。俄国占领了中亚和远东地区，它的强大影响力还蔓延到了欧洲东南部若干新生小国。最后，俄国领导人开始规划仿照西方实施工业化。俄国并不打算将自己西方化，而是尝试调整发展模式，以期达到工业社会的要求；1890 年时的俄国已经处于工业革命的早期阶段。

日本的回应姿态更加引人注目。1850 年前后日本仍在闭关锁国，但遭到西方施压，要求其打开国门；日本领导人迅速调整政治和社会体制，启动工业化和军事改革，为日本在不久之后崛起为亚洲强国打下了基础。与过去相比，此时的日本将其近邻中国甩在了身后，尽管两国的文化和艺术传统有很多异曲同工之处。日本一度对西方亦步亦趋，因为长期隔绝令它一时无法分辨哪些措施能有效提升自身经济和军事实力，哪些措施则是可有可无。日本和俄国一样都没有被西方化，两国发展历程的一个重要特征就是有能力推行工业化，同时又没有丧失本国特质。

俄国和日本是首批加入工业革命的"后来者"，之所以这样说，是因为当它们踏上工业化道路时西方已经遥遥领先。两国的工业革命包括了西方不曾出现的因素。缺少资本来源限制了重大投资，两国都不具备西方优势，即殖民地资源和商业财富。它们不得不学习那些陌生的技术。迟来者的工业革命意味着政府必须承担更多责任（这与西方不同），即通过税收积聚稀缺资源，指导制造业者采用外国技术。

至少俄国和日本是这样做的，毕竟两国的政治结构也适合政府发挥主导作用。姗姗来迟的工业革命给本国人民造成了更大的压力，因为他们遭遇了远多于西方的突发变化；即使不考虑其他因素，创新本身也足以引发多重矛盾。

虽然日俄两国都有能力积极学习西方，并在迟来的工业革命中表现出了相同特点，但是它们在某些重要方面依然存在很大差异。俄国在努力改变，但是由于改变得不够快，导致革命氛围日益浓厚，最终酿成了 1905 年资产阶级民主革命。日本没有爆发真正意义上的革命，但是 1860 年左右的严重内斗迫使政府开启了一场自上而下的改革，史称"明治维新"。不仅如此，日本大刀阔斧地矫正传统政策，比俄国更加激进；它不仅快速推进工业化，还提出了咄咄逼人的外交政策，这是日本此前历届政府绝无仅有之举。

到 1914 年，俄国和日本还没有全面完成工业化，它们仍与西方存在几十年的差距。然而，19 世纪的创举对两国都有重要意义。两国的工业化还影响了其他国家，向世界其他地区的人们证明：学习西方经济模式不仅能带来改变，还能遏制西方帝国主义。

> **重点问题** 为什么俄国和日本能够成功地应对西方或世界经济的挑战？两国有哪些共同点？当然两国也有区别：二者的改革过程有何不同？为什么在 1914 年前俄国首先爆发革命，而日本国内则安然无事？

1. 俄国保守主义与西方化并行不悖

19 世纪上半叶，俄国的文化和社会鲜有变化。同期的西欧正在饱尝暴乱和矛盾之苦，而这一切似乎都不会发生在俄国，俄国领导人对此很是引以为傲。在大败拿破仑军团之后，俄国俨然把自己当成了维护欧洲旧秩序的卫士之一。1815 年的维也纳会议确定波兰王国由俄国沙皇统治，更是助长了俄国长期以来的扩张热情。沙皇亚历山大一世对自由思想饶有兴趣，他推出了一些改革措施，主要是为了培养政府人才。但是专制统治和严苛的农奴制并未受到明显触动。

1825 年 12 月（俄历），一批受到西方思想影响的俄国军官发动了一场小规模起义，希望改变他们的国家。虽然"十二月党人起义"很快就被镇压，但它令新沙皇尼古拉一世的立场变得更加保守。他开始大力打压政敌，并为此扩大了秘密警察队伍；严格监管新闻出版和学校。那些批判沙俄政府的人士基本上都流亡海外，比如巴黎和伦敦，他们对俄国本土的影响微乎其微。1830 年至 1831 年，尼古拉一世残酷地镇压了波兰民族起义，领导起义的是一些波兰天主教徒和自由贵族，他们对波兰被俄国统治感到不满。尼古拉一世还干涉了1848年的匈牙利革命：1849年，匈牙利宣布脱离奥地利帝国独立，尼古拉一世向匈牙利派兵，试图帮助哈布斯堡皇室收回匈牙利。几乎遍及西欧的起义和骚乱并未触及俄国本土。

俄国局势看似平静，事实上它的技术和经济实力远远落后西欧。面对西欧的工业化浪潮，俄国选择的是提高农奴工作量，帮助种粮庄园增加粮食出口量。个别工厂偶尔也会采用西方设备。但是总的来看，俄国的制造业和运输方式并无明显改观。俄国在本质上仍是一个压榨非自由劳动力的农业社会。俄国贵族已经看到了西欧强大的发展动力，他们掩盖这些差距的方式是积极吸收西欧的文化风格，紧跟西欧人的服装、舞蹈和绘画潮流，然而共同的文化潮流并不能弥合俄国与西欧在经济和社会方面的差距。

19世纪50年代中期爆发了克里米亚战争，这场战争规模不大，但俄国方面却是伤亡惨重，由此凸显出俄国与西欧的差距。俄国继续蚕食奥斯曼帝国的中亚领土，坚持老派的外交作风。但是活跃在中东地区的英法两国成了俄国的新对手。1853年，尼古拉一世对奥斯曼帝国开战，西欧国家站在了苏丹一边。凭借工业化的先发优势，西欧为奥斯曼帝国提供了精良的武器和快捷的运输，长途奔袭的西欧联军完全压制住了在自家后院作战的俄军，不过双方都是创巨痛深。这场战争沉重打击了一向对本国军事实力引以为傲的沙俄政权。

克里米亚战争掀开了19世纪俄国历史上最重要的一页，即农奴大解放。一些贵族地主不再相信农奴制这种劳工制度还能创造最大利润。农民为争取土地和自由不断发动起义，令统治阶层忧心忡忡。尽管普加乔夫大起义被彻底粉碎，但自此之后农民起义就成了俄国历史的阵痛。一些上层人士被自由主义和人文主义思想触动，认识到农奴制本身就是个错误。更重要的是，包括新沙皇亚历山大二世在内的统治阶层也希望摆脱束缚俄国发展的社会制度，向西欧看齐。确保劳动者可以自由前往城市和工厂工作，这是保证经济活力的前提条件。奴役劳动已经成为阻碍俄国改良生产方式（包括农业生产）的绊脚石。总之，以上种种因素都表明俄国需要自上而下开展一场不完全的革命。

2. 俄国工业革命的开端

俄国农奴大解放几乎与美国废除奴隶制同步，但又略早于巴西废除奴隶制。这些决定背后的动机并无二致，包括人道主义和对自由劳动力的需求。严苛的农奴制和奴隶制一样都不适合一个国家的经济发展需求，不利于这个国家融入现代世界贸易之中。

从某种程度上来说，相比美洲获得自由的奴隶，1861年获得解放的俄国农奴得到了更多的实惠。虽然俄国贵族仍然控制部分土地（包括最好的土地），但是农奴们分得了大部分土地，而那些收获自由的美洲奴隶则是除了自由一无所有。不过由于俄国政府在解放农奴的同时格外注意保护贵族权力，尤其是沙皇专制，所以从全国范围来看，农奴并没有获得新的政治权利。他们还是无法离开村庄，除非还清地款（这是对贵族的补偿）。因此大部分佃农还是无法随意走动或售卖土地，仅有少数人能够自由流动。在高额土地赎金和政府税收的压力下，大部分佃农依然生活凄苦。解放农奴确实带来了些许变化，比如城市劳动力规模有所壮大。然而它既未引发农业生产力变革，大多数佃农还是沿用传统方式耕种他们的小块土地，也没有消除民怨，事实上农民起义反而变得更加普遍，因为有限的变革无法带给他们更加光明的未来。

19世纪六七十年代，亚历山大二世继续推行改革。他设立了地方自治委员会，简称"地方自治会"，负责管理道路和学校等设施。部分群体（主要是医生和律师等中产阶级）在地方自治会体验了全新的从政经历，但他们无法影响中央决策，因为沙皇享有绝对权力，控制着庞大的官僚体系。亚历山大二世颁布了带有自由主义色彩的法典，创建了新法庭。改革家对军队进行了现代化改革，依据军功或组织变动来提升军衔。政府还扩大了征兵范围，很多佃农在服兵役的过程中学会了认字等新技能。

这些改革措施与解放农奴本身同等重要。它们借鉴了某些西方理念，比如新法典废止了残酷刑罚，推行法律面前人人平等。然而这些改革的目的并不是建立一个西方式社会：它们既没有撼动贵族制的根基，也没有修正政治专权。俄国的这些改革足以启动工业化，但却并不足以为经济震荡创造稳定的社会基础。政治动乱和农民起义逐渐增多，招致政府无情的镇压。

俄国从19世纪70年代开启了大规模铁路建设。西伯利亚大铁路成为一条重要纽带，将俄国的欧洲部分与太平洋地区连为一体；这条铁路直到1916年才正式竣工，堪称俄国铁路事业的巅峰之作。铁路将俄国丰富的煤铁资源运送到消费地——南北向的内河运输在这方面无能为力。铁路还能帮助俄国出口粮食积累资本，然后购买西欧的机械设备。铁路建设带动了现代煤炭和冶金业的发展，尽管关键设备仍要从西欧进口，但是政府已经在竭尽所能地鼓励本土产业发展。到80年代，俄国铁路网比1860年扩大了近四倍，现代工厂如雨后春笋般出现在莫斯科、圣彼得堡和波兰的部分城市，城市工人阶级也在日渐壮大。

不过，俄国的工业化也遭到了反对。相比穷困的工厂工人（事实证明他们更易受到革命思想的鼓动），一些俄国领袖人物担心这股西方力量会搅乱社会局势。但工业化还是符合俄国人追赶西欧的普遍愿望，同时也有助于俄国向中亚和中国北部扩张，因为铁路提高了俄军大规模转移的效率，并使俄国掌握了领先很多亚洲国家的技术实力。可惜的是，专制统治令俄国工业化美中不足。铁路建设由政府负责，很多工厂都由政府运营，某些部门的工业化也要接受政府监管。

维特伯爵是一位热忱的现代化经济改革家，他于1892年至1903年间出任俄国财政部长。在他的主持下，俄国政府制定了高关税以保护本国新兴产业，完善了银行系统，鼓励西欧人在俄国投资建厂并输出先进技术。正如维特伯爵所说："外资的流入……是我国工业为国民快速供应大量廉价产品的唯一途径。"到1900年，近一半俄国工业企业都由外国人开办，其中大部分也由外国人经营，主要是英国、德国和法国的实业家。维特伯爵和其他官员都信心满满，认为政府调控可以约束这些外国人循规蹈矩，而不是将俄国变为帝国主义的新跑马场；总的来说，他们的看法还是有道理的。1900年的俄国已经跃升为世界第四大钢铁生产国，其石油生产和精炼仅次于美国位居世界第二，其纺织业也取得了巨大的成就。俄国经济长期以来的落后面貌终于有了改观。

但这只是工业革命的早期阶段。俄国在当时的世界地位主要取决于它的辽阔国土、人口和丰富的自然资源，而不是全面机械化。俄国农业发展水平仍然低下，因为佃农既没有生产资料，也没有改进生产方式的积极性。不过人们的识字率提高了，佃农的生活习惯开始改变，比如在城市生活方式的影响下，男女恋爱更加自由，还可以发生性行为。但农耕方式依然落后，并拖累了城市发展，加重了周期性饥荒造成的危害。很多俄国工厂的规模都很庞大，其平均规模位居世界首位；城市工匠在印刷等行业立足已稳。城市里的劳动力队伍迅速壮大，但仍是少数群体，而且很多工人还是无法认同新的工作观念。俄国也没有形成实力雄厚的商人阶层。政府管控和外国投资引导下的工业化并没有刺激中产阶级崛起。尽管俄国国内也有一些积极进取的企业家、商人和专业人士，但是俄国工业化并没能像西欧那样孕育出一个特点鲜明、信心十足的中产阶级。总之，俄国工业化带有许多实验性质，而且它所依循的是一条具有本国特色的发展路线。

3. 俄国革命的基础

早期工业化激化了俄国社会的内部矛盾。佃农的不满情绪日益积聚，尽管这

19世纪末的俄国农村，几名佃农正站在路边。为什么农奴制被废除后佃农的生活还是如此凄苦？

个群体并不是一支固定不变的力量。饥荒往往容易诱发人民起义。佃农本就对贵族庄园、土地赎金和税收深恶痛绝，人口快速增加导致土地资源更加紧张，更进一步加重了他们的压力。工厂规模不断扩大，超高强度的工作和微不足道的收入也引起了工人不满，其中很多人都来自农村，本就满腹怨言。除了这两大底层群体，很多受过教育的俄国人（包括部分贵族）也赞同发动一场革命性质的变革。虽然目标和动机各不相同，但他们普遍都想得到政治自由，同时捍卫不同于西欧的俄国特色文化——他们认为西欧文化不过是一种表现物质主义的炫富文化，已经无药可救。上层社会的激进分子宣称集体主义精神植根于俄国人的灵魂，这是建立平等社会的基础，不会出现西欧资本主义社会的不公正现象。很多激进分子都是主张取缔政府的无政府主义者。无政府主义并未在西方出现，但俄国的无政府主义者却是一支强大的反对力量，他们极力对抗顽固的沙皇专制统治。很多无政府主义者还采用极端暴力手段，制造了当代世界最早的大规模恐怖活动。由于缺乏表达政见的渠道，暗杀或投掷炸弹的恐怖活动俨然成了一种重要宣泄手段。不过，无政府主义者制造恐怖活动似乎只是为了追求短期的破坏效应，而不是着眼于未来的政治目标。无政府主义领袖巴枯宁这样说道：

> 我们的唯一计划就是全面破坏。我们需要一场全国性的农民起义。我们绝不参与制定任何改善生活水平的计划；这些不过是徒劳无功的理论工作而已。破坏是一项艰巨的任务，需要我们倾注全力，我们不相信终有一天我们会有创新的力量和知识，那是自欺欺人。

不出所料，接二连三的恐怖活动反而坚定了沙皇政权的决心，即政治改革到此为止,由此导致 19 世纪晚期的俄国政治形势陷入恶性循环。

19 世纪 70 年代末,亚历山大二世撤销了改革,担心变革升级会导致局势失控。政府加强了对报纸和政治会议的审查,很多异见者都身陷囹圄,被流放西伯利亚。1881 年,亚历山大二世被恐怖分子安放的炸弹炸死,继任沙皇一面继续推进工业化,一面反对深化政治改革。新的镇压措施还指向了少数民族,因为保守的民族主义者仇视国内的少数民族和西欧影响,他们大肆鼓吹俄国本土价值观。波兰人和其他族群受到严格监视,越来越多的犹太人遭到迫害,他们不是人被处决,就是财产被查没,结果大批俄国犹太人逃亡海外。不仅如此,19 世纪晚期的沙皇政府还强制少数民族接受俄国文化和语言,甚至动用武力逼迫犹太人的子女皈依基督教,禁止波兰人等少数民族在公开场合使用自己的母语。作为回应,很多少数族群的民族主义者组建了地下秘密组织,与猖狂的无政府主义者联手抵制沙皇政权,尽管他们采用的手段不合法。

最后一波政治思潮出现在 19 世纪 90 年代。多名激进派领袖人物被西欧正在传播的马克思主义学说所吸引,他们的教育背景与无政府主义者相似。他们成立了马克思主义小组,这些小组多为地下组织;目的是发动一场计划周详的无产阶级革命。尽管马克思主义运动规模较小,但是它的思想得到城市产业工人的大力拥护,他们痛恨工业化初期工厂的严苛生产条件,痛恨工会活动都被视为非法活动。

1905 年俄国革命期间,在拉脱维亚首都里加,几名路人接受盘查。

到 1900 年，俄国社会矛盾加剧，革命蓄势待发。尽管要求变革的各种力量并不统一，而且大规模警力部署和武力镇压有效地控制了多数起义活动，但是各种力量结合在一起的强大合力已是势不可挡。农民对空洞的政治理念并不关心，无政府主义者在过去几十年里蛊惑人心的主张已被遗忘。事实上，马克思主义者和无政府主义者彼此都无好感，毕竟他们的手段和目标相去甚远。人数较少的中产阶级希望获得政治话语权，但不希望出现全面社会动荡；他们是俄国社会复杂棋盘上的另一枚旗子。1905 年，俄国资产阶级民主革命爆发；革命的直接导火索是俄国在不久前的对日战争中意外惨败（俄国在中国北部和朝鲜的扩张被日本遏制）。战争失利激起了城市工人的大规模罢工和一连串农民暴动。为了消除危机，沙皇政权进一步放宽了对后农奴时代农村的限制，允许佃农自由买卖土地、处理土地赎金和治理村庄。沙皇政府几经推迟终于成立了国家杜马（议会），试图取悦中产阶级，结果被新一轮镇压行动打乱，杜马形同虚设。这场角力没有赢家，马克思主义者一无所获，革命前景更加黯淡。不久之后，俄国便投身第一次世界大战，希望占领更多领土并转移国内压力。但是它赌输了，它在 1917 年迎来了世界历史上的伟大革命之一——十月革命。

4. 东欧文化

19 世纪后期，很多东欧小国的发展模式都与俄国大同小异。罗马尼亚、保加利亚和塞尔维亚摆脱奥斯曼帝国控制成为新生的独立国家，它们解放了农奴，但是并未消除对农奴的很多限制，比如大部分土地仍归贵族所有。它们仿效西欧成立了议会，但只是徒有虚名，因为议会手中权力有限，而且还是基于有限选举权之上。大部分东欧小国的工业化程度都赶不上俄国，它们仍然严重依赖向西欧市场出口农产品。

尽管存在诸多经济难题和政治矛盾，东欧（包括俄国）的文化事业却是蒸蒸日上，这也可以看作是它们对西欧工业化的一种回应。它们借用了很多西欧艺术风格。俄国和其他东欧国家的小说家和散文家将浪漫主义风格和民族情怀融为一体；托尔斯泰、屠格涅夫和陀思妥耶夫斯基等俄国作家的小说受到史无前例的追捧。柴可夫斯基等作曲家在音乐旋律中加入了许多浪漫元素。西欧现代艺术潮流在东欧也有追随者：1900 年后的俄国艺术家创作了抽象画和无调音乐。19 世纪后期，东欧知识分子积极投身科学事业。俄国生理学家伊万·巴甫洛夫的条件反射实验解释了人类无意识行为的产生原因。

东欧文化活动在很多方面越来越接近西欧，这种情形可以追溯至彼得大帝时代。随着工业化继续向前推进，俄国吸收了西欧政治思潮（如马克思主义）。如果不考虑它的特殊政治制度，俄国本可轻松融入西欧文化圈，正如它在很多问题上与西欧外交圈并行不悖。

但是东欧文化界对西欧的态度可谓函矢相攻。不少知识分子非常仰慕西欧文化，但其他人仅仅是借用部分西欧风格来评价俄国或斯拉夫特有的民族精神。很多小说家和政治保守人士都在共同找寻民族灵魂——他们相信民族灵魂应该被歌颂而不能被西欧影响湮灭无闻。东欧化的浪漫主义鼓舞了文化与政治民族主义，它

讨论历史：革命的前提条件

历史学家们曾探讨过俄国革命爆发的时机：既然革命已成必然，那么它将在何时发生？比如1917年十月革命，我们知道它的部分诱因是第一次世界大战带来的更多苦难和困惑。但有学者认为这场革命早就注定，至少可以追溯至1905年——当年的资产阶级民主革命并未带来实质性改变。

必然性本身就是个难题，因为无法定性，只能说可能性较高。革命必然性取决于若干因素。沙皇政府越来越无所作为，它以僵化手段维护专制统治、贵族权力和东正教会，招致中产阶级（人数不多但在不断壮大）、工人阶级和庞大佃农群体的不满，但他们又没有合法的抗议渠道。俄国民粹运动和如火如荼的马克思主义运动（规模小但组织有序）提出了其他政治主张。政府软弱无能、各种革命思想不断汇聚，以及庞大而多元化的社会基础，形成了暴力活动的温床，因为民众没有合适的表达途径——以上都是革命必然性的构成要素。

从另一方面来说，我们都知道大型革命很难预测。如果没有第一次世界大战带来的挑战，如果国内条件不成熟，那么1917年大革命之火或许就不会被点燃。在早期工业化阵痛后的十年里，如果有更多改革措施惠及佃农，让他们提高农业产能，把握市场农业的发展机遇，也许后来的一切就不会发生。这项关于俄国革命必然性的讨论固然尖锐，但还是无法得出确切结论。

这项讨论还可以延伸至比较研究领域。面临文化和社会压力的日本就没有发生大革命。日本政府比沙俄政府更有作为，明治维新约束了贵族统治，其他社会群体得到了发声机会。日本的文化凝聚力更强大，外交政策也比同期的俄国更成功。如果对一个国家发生革命的原因进行反向解读，是否就是另一个国家未发生革命的原因？

要展现俄国人、乌克兰人或塞尔维亚人的荣耀。以俄国为中心的泛斯拉夫运动兴起（俄国自称是欧洲斯拉夫人的领袖），号召斯拉夫人团结一致，抵御崇拜物质主义和个人主义的西欧。

此外，以佃农为主的东欧普通百姓还是紧抓古老传统不放，比如东正教，这一点与西欧不同，也不同于本国接受部分西方化改造的上层人士。通俗文化随识字率提高而发生了变化，城市化水平继续提高，服兵役的人数也在增加，但是东西欧的通俗文化并未融为一体。事实上，西欧的影响力（包括外国资本家的权力）日益加深激化了东欧人民的不满情绪，成为他们在第一次世界大战期间和结束后的革命诉求。

1900年时的俄国和东欧大部分国家已经成了一个兼有传统和变革的特殊混合体。专制统治理念依旧根深蒂固，但是遭到众多反对——反对者要求进行彻底革命，而不是自由派改革。扩张领土的传统依然势不可挡，尽管受到西欧和日本的钳制。泛斯拉夫情结激励着俄国人对欧洲东南部施加影响。农奴大解放和早期工业化促成了大规模的社会变革，但在本质上东欧社会还是农业社会，而且在很多方面都要比西欧更传统。最后，很多人依然对西欧价值观毁誉参楷。东欧知识分子对整个欧洲的艺术和科学事业做出了重大贡献，但是社会各阶层，上至精英人士下到普通百姓，都高度重视保留本民族特征，拒绝全面西方化。总之，步入工业时代的东欧有着自己的变革模式。这一模式很快就将诱发一场带有东欧特色的革命。

5. 日本开放对外贸易

19世纪50年代，日本遭受的西方压力比俄国更为深重，但它选择的回应方式是开放贸易，避免全面战争。经过五六十年代的激烈讨论，日本政府的回应比俄国更加直接，而且总的来看其效果可谓立竿见影。虽然经历了漫长的锁国时期，日本却比俄国更加从容地迎接了工业革命带来的挑战。日本市场经济的覆盖面很广，农业也包括在内；民众识字率快速提高。然而在19世纪最后几十年里，日本不得不改造原有体制，政府压力随之加重。其结果便是，1900年的日本既不同于纯粹的西方模式，也不同于矛盾重重的俄国社会。

表面上，19世纪上半叶的日本并未发生明显变化。幕府统治依然稳固，尽管有迹象表明它的施政能力有所退步。幕府统治依靠的是中央集权与地方大名的联盟。幕府鼓励企业发展，建立了中央银行。儒家思想是日本文化的重要组成部分，越来越多的日本国民在学校接受儒学教育。传统风格的美术和戏剧仍然深受欢迎。少数学校开设了西方科学课程（日本人与西方科学的渊源要追溯至18世纪在长崎港与荷兰商人的贸易往来），但是日本人并没有取得技术突破。虽然农业生产力较高，农村制造业发展势头良好，但日本经济还是陷入停滞，主要因为农民为抗议恶劣的生存条件频频发动起义。然而不管怎么说，都没有理由断言日本正处在重大变革的边缘，除非这场变革是由外力强加的。

1854年，日本人第一次见到美国舰队司令佩里的"黑船"（铁甲军舰）。

1853年，美国舰队司令马修·佩里率领舰队抵达东京附近的江户湾，以武力威胁日本开国通商。1854年，回国后的佩里被授命出任美国驻日理事；日本开放两处港口对美通商。英国、俄国和荷兰很快就也争取到了类似权利。与中国的情况一样，在日本生活的西方人由本国驻日代表管辖，不受日本法律约束。不久后他们又得到了其他特权，其间发生了若干起小规模军事冲突。主流西方国家要求通商权（这是扩张型世界经济的需要），以及在日本海域的捕鱼权。几十年来它们一直限制日本政府决定本国关税。步步紧逼的俄国也对日本造成一定压力；俄国的向东扩张（争夺北太平洋群岛）引发了与日本之间的几场小冲突。

部分日本人对本国严格的孤立政策越来越不满。更岌岌可危的是，此时的日本难与西方海军分庭抗衡，不得不对西方国家唯命是从。但是很多日本领导人，包括担心西方影响力的保守派在内，则希望强化本国政权，将国家的未来掌握在自己手中。在利益的驱动下，他们绕开幕府将军直接向天皇请愿。长期被当作宗教象征的天皇开始掌握实权。

19世纪60年代，日本武士与幕府之间爆发了一场政治危机。该事件因袭击外国人造成一名英国官员被杀而起，随后西方海军炮轰日本城防要塞。1866年，日本爆发了名副其实的内战，武士使用的是美国内战中的剩余武器，在西方强大武器的威慑下，日本贵族最终不得不低头屈服。武士击败了幕府军队，也击碎了很多日本人自视甚高的民族优越感；正如一位作家所说，与西方的技术、科学和人文法律相比，日本不过是个半文明国家。

这场各方角力的危机于1868年结束，新天皇睦仁继位，成立明治政府（Meiji，意为"开明统治")。睦仁天皇在部分武士领袖的支持下镇压了幕府军,逐渐大得民心,建都江户(今东京)。这场危机引发的后续效应改变了日本的基本政治结构——日本的政治改革比俄国从 1861 年开始的改革更加深刻。明治政府开启了长达三十年的快速变革(史称"明治维新"),由主要大臣组织实施,旨在并驱争先、追赶西方,并在这一日新月异、危机四伏的大环境下保持国家独立。

日本之所以能够开展大刀阔斧的改革,关键在于中央集权得到强化。明治政府领导人废除封建制度,地主将土地所有权交还国家。中央政府各部门快速调整,直接掌控国家政策。诸位大臣着手推行进一步改革,日本社会正处在被政府重新塑造的过程中。这种重塑既没有令国民质疑国家的独立性,也没有动摇他们对优越民族文化的信念。明治时代早期,一位日本官员在访问美国白宫时写下了一首心高气傲的小诗,反映了日本国民的普遍心理:

> 我堂堂大日本帝国多荣耀,
> 竟遭汝等蛮夷狂徒之轻蔑!

6. 日本工业革命:回应西方

日本一方面做出迅速调整,另一方面则坚信本国的价值观和制度,这或许能够说明为什么日本在西方的重压下并未发生彻底革命和全盘西化。日本领导人有意将经济政治变革与现行制度和观念绑定在一起。

明治维新时期的改革围绕几大目标展开。仿效德国组建现代新式陆军,推行义务兵役制。加强官员培训,老一辈各位将军被新人取代。按照西方标准配备武器,在西方顾问的指导下组建现代海军。政府还很快引入了西方的公共卫生管理措施,促进了人口增长。

从 1872 年开始,日本的大众教育迅速普及,不论男女都享有初等义务教育机会。攻读大学的精英学子一般主修科学,不少人还远赴海外研读技术学科。日本人很快就把科学观加入民族文化之中。其他文化变革涉及范围更广。为了不被西方人嗤笑——这一点在世界历史上变得越来越重要——日本政府在 1900 年左右颁布了禁止同性恋的法律,要求男女着装明显有别。

日本的改革还包括深入的政治变革。日本以德国宪法为蓝本,于 1890 年颁行了《大日本帝国宪法》,即《明治宪法》。日本设立了国会,下设众议院和参议院,只有有财产的男性才有投票权;天皇权力至高无上。国会一展身手的权力范围并

> **解答问题**　**保持身份认同**
>
> 　　1868年日本决定打开国门并模仿西方的制度和观念，这将是一场严峻的挑战。当然，日本早就有过模仿他国的经验，而且没有丧失自身民族特性，所以它首先认为这场冒险值得一试（相比没有类似经验的国家，日本更有优势）。但模仿西方也存在重大风险，比如波及范围太广，冲淡日本人珍视的价值观，模糊他们的身份定位。
>
> 　　其实在19世纪70年代时，国与国之间的界限还不是十分清晰。教育领域被西方教学标准主导，日本政府聘请外国专家前来指导本国改革。很多消费者对牙膏等西方产品情有独钟。从这个时候起，就有很多保守人士担心国民生活方式有消失之虞。
>
> 　　19世纪80年代，日本政府开始着手解决这个问题，但没有像某些国家那样脱离全球经济和外交体系（直到21世纪初，有些国家仍在回避全球体系）。日本大力推广西方科技标准，但不采纳西方的政治形式和观念。学校重视培养学生的集体主义和爱国精神。崇拜天皇也是一项重要传统。即便如此，从历史角度来看这种解决办法也算得上是一种新生事物（发明传统节日是19世纪后期世界历史的重要内容，比如美国在19世纪60年代设立了感恩节，展现全国人民的团结一心）。
>
> 　　这种解决办法奏效了，日本人依然对外国模式津津乐道，比如19世纪80年代美国的棒球运动风靡日本，但并未失去国民身份认同，而是依然保持着独树一帜的社会价值观。在后来的事态发展中，日本人不断修正具体解决方式（在第二次世界大战结束后不再崇拜天皇），同时又不影响在全球化过程中保持民族身份认同。
>
> **重点问题**　为什么身份认同问题会成为现代世界历史的普遍问题？与其他国家相比，日本在这方面是不是做得更为成功？

不大，因为天皇有权任命内阁总理大臣并控制基本国策。日本政坛还出现了争取选票的若干党派。此时的日本政治将集权制的天皇统治和有限代表制相挂钩，造就了富商和贵族主导下的寡头政治，他们左右天皇并在幕后操纵国会。这种精英统治更类似早前的政治合作而非党派竞争，也符合日本人服从上层权威的传统。这是日本价值观与西方制度相结合的典型例子。

　　总之，改革就意味着工业化，日本政府在工业化过程中表现得要比沙俄政府更加积极主动。政府出面新设立了多家银行，扶持不断扩大的贸易活动，为产业发展

1890年日本召开首届国会。

提供资金。国有铁路贯穿全境，蒸汽快船连起各岛。日本依然严重依赖家庭或小作坊生产——尤其是丝绸等出口量很大的商品，但这并未妨碍工厂建设。市场农业稳步发展，新生产方法的运用提高了日本农作物产量，供养持续增加的城市人口。

日本政府不仅建造了交通设施和银行系统，还主导了煤矿、船坞和冶炼厂的运营。日本人缺少资金，也不熟悉新技术，因此政府必须发挥领导作用。政府还要监督外聘来的很多顾问。1870年，日本设立了产业省，它负责制定全面经济政策，管理具体产业部门；产业省迅速成为日本几大重要政府部门之一。私营企业也是表现不俗。以纺织业为例，龙头企业一般都是掌握在私营企业家手里，而他们中的很多人都出身商人世家。政府在其他行业设立并出资扶持的公司后来都出售给了私企，令后者获益匪浅。政府机构和私企（尤其是大型企业）紧密合作，从一开始起就是日本新经济的标志。

尽管日本大型企业发展迅速，但早期工业化还是依赖对工人尤其是女工的压榨。乡村人口过剩，数万名农村女性被父亲或丈夫卖给工厂做工，她们主要在丝绸制造业工作。日本的丝绸制造业是政府主导下的劳动密集型产业，随着日本超越中国成为奢侈品（丝绸）生产大国，该行业成为创造外汇的重要力量。工人遭受剥削是工业化早期的普遍特征，但是日本和俄国工人受剥削的程度更加严重，因为两国都在竭力追赶西方。

7. 日本工业革命的文化和经济后果

与西方的早前经历一样，工业化也改变了日本既有的社会结构。只有少数贵族和武士跻身成功企业家行列。日本社会出现了一个新的精英阶层，包括传统商人家庭和不同背景的专业人才（其中还有旧日的农民）——杰出企业家首次被纳入精英群体，并位居社会金字塔的顶端。普通百姓中间也出现了一股新势力：人数众多但没有财产的城市工人。农民和工人赚取微薄工资，还要缴纳高额税金，因为日本需要廉价劳动力与西方企业竞争，并要为追加投资积累资本。新生精英阶层没有仿效西方商业巨头的奢华生活，他们对低于西方的利润率心满意足，但坚持要求保留自身权利。到1900年，日本不仅有工会，还有底层民众组成的党派，只不过这些党派发展缓慢，因为它们发起的激进社会主义运动往往被判为非法活动。

在现代化过程中，日本人还模仿起了西方时尚。他们改换了西方人的发型，此前日本男人一直留着武士头（周围剃光，中间顶髻），这表明在整个现代世界历史的进程中，人们的发型也受到了西方影响。西方卫生标准逐渐普及，日本人特别喜欢购买牙刷和专利药品。日本人采用了西方历法和公制计量法。皈依基督教的日本人寥寥无几，说明日本人尽管追逐西方流行文化，但也格外重视保留自己的价值观。日本希望获得西方的实用技术，然后把这些技术与独一无二的民族精神融为一体。

在此背景下，19世纪70年代，日本教育领域首次掀起了仿照西方模式办学的热潮，并聘请了几百名欧美教师；进入80年代，日本开始重申集体忠诚，抨击过度的个人主义。科学观念改变了日本文化，但是日益浓厚的民族主义氛围导致日本民众重拾他们的传统信念：日本人的凝聚力独树一帜。

日本人的家庭生活依然保持传统面貌，没有被西方习俗改变。事实上，史无前例的人口增长迫使更多日本人离开土地，外出谋生，由此打破了家庭结构；更为罕见的是，很多女性也不得不进厂做工。但日本人还是希望女性在家里对男性言听计从。政府颁布的新法律提倡一夫一妻制，但很多上层人士依然妻妾成群。西方女性的社会地位在日本难以接受。日本官员在访问美国时看到当地盛气凌人的女性大为震惊，他们写道："这里的人们对女性就像日本人对父母一样恭敬。"日本人讲究礼仪，他们与更加开放、玩世不恭的西方作风（尤其是美国人的作风）格格不入。"这个国家的风俗习惯太过粗鄙"，另一位到访美国的日本武士这样说道。日本人生活的其他基本特征（包括饮食）没有受到西方影响。日本人的宗教观也是自成特色。佛教固然重要，但其影响力却是一落千丈。学校更加重视科学教育，儒家思想受到冷落。但神道教则重新受到追捧——此时的神道教结合了民族主义色彩（日本人肩负着特殊使命），并赋予天皇新的宗教职能。

8. 日本参与国际事务

到1900年，日本的工业化成绩还不足以媲美西方水平，日本人对国家的独立地位忧心忡忡。经济变革及其衍生出的矛盾驱使日本调整对外政策。日本过去并不怎么热衷领土扩张（唯一的例外就是朝鲜半岛），然而它在90年代已经跻身帝国主义阵营。这么做的目的既是为了模仿西方，同时也是为了防范自己被西方蚕食。帝国对外侵略也在一定程度上缓和了国内矛盾，武士们得以在战场上大显身手，向全体国民展示民族主义成就。日本经济也需要市场和原材料。日本岛内缺乏一些重要原材料（包括煤炭和石油），对外扩张的压力不言而喻。

日本和中国争夺朝鲜半岛的控制权，结果大败中国，在对外入侵的道路上出手得卢。日本证实了它的强大国力远超其他亚洲国家。迫于西方压力，日本放弃了清政府割让的辽东半岛；但它认为这是一种奇耻大辱，于是谋划攻打俄国，对这个距离最近的欧洲国家还以颜色。1902年日本与英国结盟，标志日本成为西方主导的世界外交体系中的平等成员。另一方面，日本也急于遏制俄国向东亚扩张——当时俄国的西伯利亚大铁路正在不断东延。两国对彼此的一些举动都是互有不满：俄国侵占中国东北，日本控制朝鲜。1904年，**俄日战争**爆发，日本凭借强大的海军实力轻松获胜。1910年，日本全面吞并朝鲜；这时的日本不但是现代工业强国，还是帝国主义阵营的生力军。

随着全面控制朝鲜，日本开始借机进口廉价产品，包括食品、原材料和初级加工品，同时出口本国工业产品，以这种方式提升日本在世界贸易中的地位。正是因为连连得手，日本在后来入侵东亚和东南亚时才会表现得更加肆无忌惮。

9. 现代化的压力

到1900年，日本已经取得了不可思议的成就。它先后战胜中俄两大帝国，令日本以外的观察家大感意外。毋庸置疑，日本的快速转型堪称独一无二的壮举，就像它在近几十年跃居世界上最发达的工业国行列。而且日本也没有俄国和西方多数国家都有的那种经历，即日本在工业化准备阶段没有发生严重的国内革命。

然而，这项成就也令日本付出了不少代价，尽管它保留了日本早期文化和政治的重要特征。许多保守人士厌恶有些日本人追逐西方潮流。正是有了他们的介入，日本女性的家庭主妇地位一仍其旧，而她们本应是改革的受益者。隔代分歧普遍存在：老年人坚守传统，年轻人则偏爱西方文化；这对日本这样一个以长者为尊的国家造成不少纷扰。各种矛盾加大了社会压力，民众的期望超过了生活水平的提高。在日益扩大的城市里，生活空间狭小，人民生活困苦，像极了西方早期的贫民窟。离婚率攀升是日本面临的另一项压力——1900年日本的离婚率高居世界首位。

有些矛盾转化成了政治角力，尽管当时实行的仍是有限投票制。为了争夺决策权，国会各党派与天皇任命的内阁大臣冲突不断。政府不得不将国会频繁解散，重新选举，由国会多数党组阁。

另一个矛盾点出现在学术领域。很多日本学者模仿西方的哲学和文学风格，但其他知识分子则坚持传统创作方式，他们对日本人在这个变化的世界中失去自我失望不已。有些人希望政府更加西方化；更多人则担心就业问题，因为大学毕业生的数量超过了日本经济的承载力。还有一个隐含的矛盾，即人们的困惑：日本不再是传统意义上的日本，可是它也没有变成西方，那它到底是什么？因此一些学者形容日本正在走向"无法复原的精神崩溃"。

为了消除社会和文化方面的不安定感，日本领导人要求国民效忠国家和崇拜天皇并大获成功。日本政府大力推广日本人善服从、重和谐的美德，而这也正是西方所缺乏的。日本教科书中这样写道：

> 家庭制度是我们国家的基础；国家就是一个大家庭，帝国主义大家庭则是我们的总部。所有日本国民都要尊奉天皇的血脉，就像子女爱戴尊敬他们的父母……忠孝两全才是我大日本国体的真正本质。

对日本来说，民族主义并不算是一个全新事物；事实上，民族主义在1900年时的西方和其他地区已是司空见惯。日本民族主义形成的基础是传统的优越感、凝聚力和服从性，以及快速变革引发的矛盾。相比其他地区，日本民族主义的根基更为深厚，至少它的作用比较特殊：让日本民众相信他们为履行国家使命（在这个充满敌意的世界维护独立和尊严）所做的牺牲和奋斗都是正确的。正是这种民族主义心理，加之政府对不同政见者的武力镇压，日本既没有爆发革命，也没有出现1848年左右西方工业化早期的社会动荡。

基于自身传统，日本有能力启动快速变革而无须发动革命来废除当前制度或化解现代化带来的矛盾。因此，1900年时的日本已经成为一个充满活力的新生代强国，一个独具特色的工业化社会。在这半个多世纪的时间里，没有哪个国家能够媲美日本取得的成就。

10. 通往现代之路

漫长的19世纪（主要是最后几十年）留下了两大遗产，它们集中体现在近代的俄国和日本身上。首先，两国的工业化姗姗来迟，但都取得巨大的成功。其次，凭借19世纪末的改革成果，两国在进入21世纪后仍然保持大国地位。日本的成就更加令人瞩目，它在2006年以前的很多年中都是世界第二大工业经济体。

事实上，日本在1900年之前一直在不断进行自我调整：一方面，它积极参与全球事务，打开国门向外界学习；另一方面，它又注意保持自身民族特性。但是随着日本的全球影响力开始增强，这种平衡关系逐渐被打破，不过其中很多元素依然存在。俄国与日本不同：俄国在1900年之前的改革不如日本彻底，导致它在后来发起的变革更加激进，从而弱化了它与19世纪的联系。

延伸阅读

日本史考察：John H. Sagers, *Origins of Japanese Wealth and Power: Reconciling Confucianism and Capitalism, 1830-1885* (2006); Masayuki Tanimoto, *The Role of Tradition in Japan's Industrialization: Another Path to Industrialization* (2006); Andrew Gordon, *A Modern History of Japan: From Tokugawa Times to the Present* (2003); Donald Keene, *Emperor of Japan: Meiji and His World, 1852-1912* (2002); Midiso Hane, *Peasants, Rebels, Women and Outcastes: The Underside of Modern Japan*（第二版）(2003); Thomas C. Smith, *Native Sources of Japanese Industrialization, 1750-1920* (1988); Marius B. Jansen, *The Making of Modern Japan* (2000); Morris Low, ed., *Building a Modern Japan: Science, Technology, and Medicine in the Meiji Era and Beyond* (2005)。

俄国：Anthony J. Heywood, Jonathan D. Smele, *The Russian Revolution of 1905: Centenary Perspectives* (2005); W. Bruce Lincoln, *The Conquest of a Continent: Siberia and the Russians* (2007); Michael Khodarkovsky, *Russia's Steppe Frontier: The Making of a Colonial Empire, 1500-1800* (2002); John P. LeDonne, *The Grand Strategy of the Russian Empire, 1650-1831* (2004)。

迟到的工业化：A. Gerschenkron, *Economic Backwardness in Historical Perspective: A Book of Essays* (1962)。俄国改革和经济变革：W. Blackwell, *The Industrialization of Russia*（第二版）(1982); Frank W. Thackeray, *Events That Changed Russia Since 1855* (2007); Jerome Blum, *Lord and Peasant in Russia from the Ninth to the Nineteenth Century* (1961); Michael Confino, *Russia Before the "Radiant Age"* (2001)。俄国社会和文化发展：Victoria Bonnel, ed., *The Russian Worker: Life and Labor Under the Tsarist Regime* (1983); Barbara Engel, *Mothers and Daughters: Women of the Intelligentsia in Nineteenth-Century Russia* (1983); Jeffery Brooks, *When Russia Learned to Read: Literacy and Popular Culture* (1987)。

日本：R. Dore, ed., *Aspects of Social Change in Modern Japan* (1967)（从现代化角度审视19世纪的日本）; Peter N. Stearns, *Starting School: The Rise of Modern Education in France, the United States, and Japan* (1997)（比较研究）; J. C. Abegglen, *The Japanese Factory: Aspects of Its Social Organization*（修订版）(1985); Hugh Patrick, ed., *Japanese Industrialization and Its Social Consequences* (1973); Andrew Gordon, *The Evolution of Labor Relations in Japan* (1985); R. H. Myers, M. R. Beattie, eds., *The Japanese Colonial Empire, 1895-1945* (1984); E. O. Reischauser, *Japan, the Story of a Nation* (1981); Rudra Sil, *Managing Modernity: Work, Community and Authority in Late-Industrializing Japan and Russia* (2002)。

第一次世界大战：James Joll, *Origins of World War I* (1980); K. Robbins, *The First World War* (1984); Eric Hobsbawm, *The Age of Extremes: A History of the World, 1914-1991* (1996); Hew Strachan, *The Outbreak of the First World War* (2004); Janet S. K. Watson, *Fighting Different Wars: Experience, Memory and the First World War in Britain* (2004); Gail Braybon, ed., *Evidence, History and the Great War: Historians and the Impact of 1914-1918* (2004); Richard F. Hamilton, Holger H. Herwig, eds., *The Origins of World War I* (2003); Annika Mombauer, *The Origins of the First World War: Controversies and Consensus* (2002)。

第五部分 回顾
漫长的19世纪画上句点

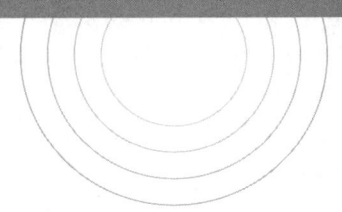

交往联系与身份认同

日俄两国的发展预示着变革的开始,这场变革将改变并最终取代19世纪世界历史的基本框架。当然,若干重大主题依然保留了下来,尤其是工业化和日益紧密的全球联系;日本在19世纪末加入全球化浪潮之中。但是这些变化也意味着西方不再主导工业化过程,尽管该过程将一直延续到21世纪早期。日本开始思考与西方展开军事较量、争夺霸权,这是另一个新变化。俄国人民的反抗运动最终升级为1917年十月革命,由此导致另一场重大变革:传统政治和社会制度被推翻,比如君主制(沙皇制)和土地贵族制。在20世纪早期的中国和其他社会,动荡不定的局势表明:农业社会的长期发展模式(如君主制)即将寿终正寝。

第一次世界大战为漫长的19世纪画上了句点。1914年,第一次世界大战在欧洲打响,以英法俄三国为首的协约国对阵德国和奥匈帝国领导的同盟国;无情的战火很快便吞没中东部分地区,并波及亚非两洲。这场惨烈的战争历时四年,造成超千万人丧生和难以计数的经济损失,颠覆了很多国家的外交政策和政治体制。

引爆这场战争的是巴尔干地区,这里刚刚脱离奥斯曼帝国控制的新生国家提出了更多诉求。一位塞尔维亚民族主义者刺杀了一位哈布斯堡家族成员(奥匈帝国王储),抗议奥地利镇压塞尔维亚的民族主义运动。德国支持奥地利对塞尔维亚宣战;俄国人则持反对立场,他们要捍卫斯拉夫人的团结;法国和英国(后者有些不情不愿)站在了俄国一边。一场席卷欧洲的战争就此打响。但是引发战争的并非只是刻板的联盟关系,其他原因还包括军备竞赛(主要是德英两国之间),它反映了欧洲力量均势变化;工业巨头为销售武器四处煽风点火;以及新的社会矛盾(工人罢工和女权主义运动),部分欧洲领导人希望战争激发爱国热情,转移民众注意,他们完全没有想到一场现代战争的代价是多么惨重。最后还有帝国主义争霸的原因：欧洲国家习惯竞争，但现在已经没有可以轻易霸占的领土，只好把竞争转回欧洲本土。换言之，战争的根本原因还要追溯至各国在19世纪的发展趋势，此时它们已经完全失控。由于广泛的全球联系，战火很快就从欧洲烧到其他地区：奥斯曼帝国支持德国，日本攻打德属亚洲殖民地，希望有所斩获；有些战事还挑起了非洲殖民军之间的冲突；非洲和印度雇佣兵被直接派往欧洲战场；主要定居殖民社会（如美国）驰援英国和法国，美国的世界地位大大提升。

毫不奇怪，四年战争造成了难以修复的后果：奥斯曼帝国和奥地利帝国瓦解，德国割地赔款，这是对旧政体的沉重打击。俄国人用十月革命直接表明了他们对战争的态度。战后的中东分裂为若干小国，有些国家一度被英国或法国控制。日本并不满意它的战争收益，企图进一步入侵东亚大陆。总之，第一次世界大战重创了西欧的经济和军事实力，由于两大阵营均有不小的损耗，所以它们当时还没有完全意识到这一点。人口和资源损失更是加剧了欧洲内部矛盾，为后来的第二次世界大战埋下隐患；美国和日本这些新兴经济体则抢占了原先的欧洲市场。西欧称霸世界曾是漫长的19世纪的重要内容，如今它的这一能力已被严重削弱。

第六部分

当代世界

（1914年至今）

引言：世界历史的新时期和战争的作用

20世纪开启了世界历史的新阶段，这几乎可谓是所有人的共识，但要确定它的时代主题却是难乎其难。我们还是以重大事件为依据，因为它们改变了历史进程和民众思想，只是我们很难选出具有持久影响的头等大事。事实上，为一个重要的新时期下定义可谓千头万绪，因为我们可能还处在新主流趋势形成的早期阶段，但我们可以轻而易举地说出那些已经成为过去式的时代主题。20世纪至今这段时期可以分为三大阶段：1914年至1945年（世界大战和经济大萧条时期），1945年至20世纪80年代末（冷战和去殖民化时期），1991年至今。那么这三个时间段的共同主题又是什么呢？

历史学家通常会将某个转折性事件定为一个新时期的开始。1914年爆发的第一次世界大战是一个明确的分界线。它是民族主义运动和帝国主义列强矛盾激化的产物，工业化在这里面起到了推波助澜的作用。就严重性、全球影响及对大国关系的重塑作用而言，第一次世界大战是一个承上启下的事件：它结束了一个时期，同时又为下一个时期的新主题奠定了基调。

从1910年开始的若干重大革命也为全新的历史时期做好了铺垫，比如第一次世界大战之前中国和墨西哥的民族独立斗争以及俄国革命。这些革命给相关国家带来了翻天覆地的变化。而从更大的层面来说，它们也推动了历史进程：传统政体（君主制或帝国主义制度）被新政体取而代之，上层土地贵族长期以来的主导地位出现松动。

20世纪早期发生的标志性事件是20世纪与漫长的19世纪的明确分野，当然这两个历史时期之间也有一些紧密联系。西方在世界舞台上的政治、军事乃至经济影响力略有下滑，其他国家的重要性则逐渐上升。历史悠久的农业社会的存在方式（包括君主制和贵族制）被新的政体形式和社会制度取代。第一次世界大战结束后，很多主要国家的女性获得了选举权，改变了以父系制为基础的性别关系。从这一点来看，世界历史的新时期不仅取代了漫长的19世纪的首要主题（包括西方占据主导地位），还改变了农业社会的更多特征。

一段新时期的开始往往伴随着某些趋势的衰落和某些趋势的兴起。这个特殊转折期的不同之处就在于新的时代主题还没有完全显现，就连到了 21 世纪早期也是如此。比如说，西方在 19 世纪称霸世界的局面已经不复存在，但能长期维持的全球力量均势也还不够明朗。君主制几乎在所有国家都退出了历史舞台，仅存的少数君主制国家也只是把君主当成象征性的国家元首，但是对于应该用哪种政体形式取代它，全球并未达成共识。由于第一次世界大战和革命运动引发的新的紧迫问题，当代世界历史还在不断进行调整。

战争的作用

这段世界历史的新时期在很大程度上是由重大战争塑造而成，包括第一次世界大战、第二次世界大战，以及紧随其后的冷战。每场战争都是一起重大事件。与早前发生的任何冲突都不同，这三起重大事件波及世界各国，因而造成了全球影响。理解当代历史的一个重要环节就是要了解这三场大动乱，评估它们对世界主要地区产生的影响。

第一次世界大战

1914 年夏，奥匈帝国王储遇刺身亡（枪手是塞尔维亚秘密组织成员），一连串事件接踵而至。奥地利坚持要惩罚塞尔维亚；德国支持它的盟友奥地利；俄国担心再次受挫，于是和同属斯拉夫人的塞尔维亚人并肩而立；法国与俄国结盟共同对抗奥地利和德国，不愿被卷入战争的英国后来与法俄两国组成了协约国。

德国本想速战速决，解决法国后一心对付俄国，但当德军穿过比利时突入法国北部后却被困其中，就此与法英联军展开了一场旷日持久的堑壕战。双方士兵藏身堑壕，躲避对方猛烈的炮火。战事陷入血腥的僵持之中，很短时间内就造成数十万人死伤。这场工业化战争展现了史无前例的破坏力。坦克和毒气相继登场，甚至还有飞机空袭，结果残垣断壁，满目疮痍。潜艇参战后更是将战场扩大到了海上。

在欧洲其他战线上，奥地利对阵塞尔维亚，后来又对抗意大利，后者于 1915

年加入协约国,希望瓜分更多领土。德军与俄军的战线越拉越长,同样死伤惨重。

第一次世界大战并不仅仅是一场军事冲突。欧洲各国政府接管了国内的大型经济部门,调配劳动力和消费品,确保战争物资生产最大化。各国政府还不断加大宣传力度,动员民众为国参战。

在僵持了三年之后,协约国终于在1917年开始掌握主动权。俄军惨败引退,恰值国内爆发十月革命,俄国随即退出第一次世界大战。同年,美国加入西线战场驰援英法两国,因为美国与德国海上冲突不断(美国商船接连被击沉)。德国逐步撤军,并于1918年冬签署停火协议;奥地利帝国则在攻打意大利失败后分崩离析。

战火早已蔓延到了欧洲战场以外的地方,这一方面是因为欧洲各国的殖民地遍布世界各地,另一方面则是因为以奥斯曼帝国和日本为首的其他国家企图浑水摸鱼,在战争中分一杯羹。

德属非洲殖民地上发生了多场小规模战斗。更值得一提的是,英国(尤其是法国)征召数千名非洲士兵奔赴欧洲,他们在那里见识了现代战争,接触到了民族主义思想。英国还将大批印度雇佣兵派往中东;英国承诺给予印度更大的自治权,但在战争结束后却绝口不提,这再次激起了印度人的民族主义情绪。

这场战争对中东造成巨大影响,主要是因为奥斯曼帝国参战,而且加入了德国主导的同盟国。英国人将殖民地军队和澳大利亚等地士兵直接投入中东战场。英国人鼓动阿拉伯人的民族主义精神,希望他们帮助推翻奥斯曼帝国政府。同时英国人还向犹太人领袖承诺,同意他们战后在巴勒斯坦建立"民族家园"。这场战争不仅终结了奥斯曼帝国,也粉碎了统一中东的所有可能性,而这不仅是因为民族主义群体之间的较量,还因为法英两国在战后瓜分了中东不少领土,将中东变成了事实上的殖民地。

最后,东亚的日本也加入了协约国,它趁机抢占了德国在太平洋上所有的殖民地,并希望在日后的和平协议中分得更多好处。

第一次世界大战造成了世界历史上前所未有的毁灭性后果。人员伤亡巨大,英国有近100万士兵丧生,法国为130万,俄国为170万,德国为180万——总计造成一千多万人丧生,两千多万人受伤。经济损失高达数千亿美元,法国北部和塞尔维亚等地更是惨不忍睹。但是这些数据仅能展示历史的很小一部分。很多士兵遭受重度心理创伤，他们感到很难再回归旧日平静的生活；这其中有堑壕战的原因——"弹震症"就是源自这场战争，还有战友牺牲对他们造成的打击。普通百姓虽然没有遭受深重的心理伤害，但战争造成的物资紧缺令他们生活困苦，经常食不果腹。他们实在想不通：为何在一个不断进步的文明时代竟会发生这样一场战争。

最后，一纸不公平的和平方案（《凡尔赛和约》）恶化了战争本身造成的破坏性后果。战胜国在法国巴黎的凡尔赛宫筹划构建战后的世界体系。大多数国家的领导人都在竭力为本国争取更多利益，比如意大利提出瓜分中东殖民地，但没有得到通过；英法两国则是一心要制裁德国。美国总统威尔逊提出了一个理想主义方案，其中成立一个全新的国际议事机构（国际联盟）的想法被纳入《凡尔赛和约》；但是他的主张没能得到美国参议院的支持，致使美国后来不再参与巴黎和会，甚至没有加入国际联盟。德国部分领土被瓜分，还要向战胜国支付巨额赔款，它承担了所有战争罪责。深陷国内革命无法脱身的俄国也失去了部分领土；奥地利帝国分解为若干中东欧小国——这些小国国力不强，但是民族主义情绪高涨。在中东地区，英法两国趁奥斯曼帝国灭亡之际瓜分了阿拉伯人的大片领土，只不过这些领地被称作"国际联盟托管地"，而不是名义上的殖民地，其实这二者并无实质区别。土耳其民族主义者公然反抗欧洲列强，他们勇敢斗争，最后建立起一个独立的新国家：土耳其。从更广泛的层面来看，不断高涨的民族主义使得中东未来的发展趋势越发扑朔迷离。

事实上，没有一个国家对《凡尔赛和约》感到满意。法国仍对德国心有余悸，尽管德国战败，损失惨重。德国人对条约内容更是愤恨难平，俄国革命领袖对条约内容同样不满在心。意大利人和日本人收获寥寥，也是心有不甘。世界各地的民族主义运动风起云涌——早在1919年埃及就爆发了民族独立斗争。第一次世界大战冲击了整个世界，但是战后各国却没能将这一支离破碎的世界格局修复如初。

第二次世界大战

历史必然性是一个蕴含风险的概念，其实深谋远虑的领导人本有可能阻止大规模冲突再次爆发。第一次世界大战破坏了欧洲的经济秩序，为十年后的大萧条埋下了隐患，这场大萧条反过来又加剧了社会动荡，成为极右派政党上台执政的契机。不论是实力被削弱的国家（如英国），还是未受影响的国家（如美国），它们都没能创建一个稳定的局面。在经济危机的激化下，意大利和日本，尤其是德国民族主义者的愤怒情绪转化为新一轮军事行动。距离第一次世界大战结束不过二十年的时间，另一场世界大战便不期而至。

德国和日本是第二次世界大战的两个战争策源地，觊觎更多领土的意大利则是重要帮凶。从20世纪30年代早期开始，日本在军国主义的道路上越走越远，它对中国的轮番入侵全面升级为一场残酷的大东亚战争，之后继续向东南亚扩张。由于担心美国阻挠（比如禁止向日本供应废钢等重要原材料），日军于1941年偷袭美国海军基地珍珠港。在德国，希特勒自1933年上台后一步步突破《凡尔赛和约》的限制，妄图构建一个全新的德意志第三帝国（纳粹德国）。重新武装后的德军占领了捷克斯洛伐克的部分地区，1939年德国攻打波兰，标志着第二次世界大战爆发。德国先后与意大利和日本结盟，组成轴心国。正是德国袭击波兰才最终迫使英法两国对德宣战——两国之前一直奉行绥靖政策，希望维持欧洲和平。后来德国又出兵东进，将苏联拖入第二次世界大战。遭到日军偷袭后的美国正式参战，不断向欧洲和亚洲战场投放兵力。

战争初期的屡战屡胜令德国和日本兴奋不已，它们的战前准备要比对手更加充分。日本占领了中国大片领土，残杀了不计其数的中国平民。除了中国的台湾岛、菲律宾和越南，日本还占领了诸多太平洋岛屿，同时对东南亚其他地区虎视眈眈。德军迅速攻陷了波兰、挪威和低地国家，甚至还有法国（这简直令人难以置信）；意德联军占领了巴尔干地区的大片领土。德国还将战场扩大到了北非，打算把英国人赶出埃及。在亚洲、北非和欧洲的各大战场，不仅有陆地战，还有密集的空袭——大批平民沦为直接轰炸的目标。

欧洲战场不仅有国与国的战争，还有希特勒针对犹太人的残忍迫害。1942年，纳粹领导层制定了《最终解决方案》以解决所谓的"犹太人问题"，其中包括系统化的种族清洗，而不再只是迫害和囚禁。在随后的大屠杀中，1,200万人在集中营被害，其中光犹太人就多达600万，此外还有不同政见者、斯拉夫人和吉普赛人——这是人类历史上最惨绝人寰的暴行,纳粹罪行罄竹难书。

就战争本身而言,1942年是第二次世界大战的转折点。德军入侵苏联被证明是一个灾难性的错误——此前两国曾有过一段并不可靠的联盟关系。德军一路长驱直入,但却无法真正挫败苏联红军,双方陷入胶着状态;后来苏军发动反攻,将德军逼出东线战场。美国的加入为这场混战注入了新动力。盟军(英美联军)挺进北非,后来攻陷意大利,逐步逼退敌军。1944年,盟军大举攻入法国本土,并不断加大对德国的空袭力度。与此同时,苏联红军开始突入西线战场。1945年4月,盟军与苏军在德国易北河会师,不久之后希特勒服毒自尽。第二次世界大战中欧洲战场的战事宣告结束。

在美军的打击下,加之英澳等国的积极配合,日本在太平洋战场上节节败退。1944年,盟军已经逼近日本本土。1945年上半年,盟军对日本进行了大轰炸,向日本施压。同年8月,美军向日本投放了两颗原子弹,造成二十多万日本平民死伤。不久,日本宣布投降,美军随即进驻日本。

总之,有不可胜数的人在第二次世界大战中丧生。除了欧洲的犹太人,苏德两国的人员伤亡最为惨重。大规模轰炸摧毁了欧洲、日本和亚洲其他地区的基础设施,民众流离失所、穷困潦倒,战后重建任务异常艰巨。

这场战争重新设计了世界版图中的重要模块,但是战后并没有举行类似1919年巴黎和会那样的正式和平会议。苏联稳步向西推进共产主义制度,吸纳了不少小国;在此背景下,其他中东欧国家相继加入苏联这个大家庭。德国被拆分为东德和西德两个占领区。亚洲的战前格局暂时得到恢复,但很快就出现了反抗殖民统治的新压力。日军在第二次世界大战初期屡屡得手,凸显了西方列强对亚洲控制力的不足。战后的西方国家没有精力和资源再去压制新一轮民族主义运动。比如菲律宾早在1946年就获得独立。最后,英法美苏中五大战胜国主导成立了联合国,联合国有着全新的架构和远大的抱负,它取代了形同虚设的国际联盟。

冷战

第二次世界大战不和谐的收尾直接开启了冷战时代。1944年和1945年,同盟国领导人先后参加了德黑兰会议和雅尔塔会议，苏联和英美两国表达了各自不同的诉求，双方之间的分歧越来越大。苏联希望将中东欧国家连为一体，进而推广共产主义制度，保护自己免遭袭击。鉴于苏联对匈牙利和波兰等国的铁腕政策，英美两国领导人决心抵制苏联西扩；1946年，英国战时首相丘吉尔发表"铁幕演说"，将共产主义制度和西方民主制度之间的隔阂称为"铁幕"。西方国家违背早前计划，转而支持西德实现经济和政治复兴。1949年，以美国为首的西方国家成立了北大西洋公约组织（简称"北约"），防范潜在威胁；作为回应，苏联则与东欧国家成立了华沙条约组织（简称"华约"）。苏联在同年成功试爆第一颗原子弹，两大敌对阵营之间的军备竞赛愈演愈烈。

　　20世纪50年代，冷战中的欧洲局势一触即发，各国都在担心可能发生的核对抗。美苏双方的军事支出持续攀升。冷战角逐已经蔓延到了全世界，双方纷纷在亚洲、中东、非洲和拉丁美洲拉拢盟友，手段包括经济和军事援助，以及宣传攻势。那些重大地区战争：首先是朝鲜战争，后来是越南战争，实际上就是美国领导的西方阵营与苏联支持的共产主义阵营之间的较量，它们造成了大范围的破坏和人员伤亡。50年代的朝鲜战争以一份暗藏风险的解决方案结束，即朝鲜半岛一分为二：共产主义政权的北方（朝鲜）和美国支持的南方（韩国）。六七十年代的越南战争是共产主义取得的巨大胜利。这两场战争都造成了惨重的人员伤亡。除了地区冲突，还有重大危机，比如1962年的古巴导弹危机，当时苏联在这个共产主义新盟友的国土上部署了中程导弹，险些引爆核战，最后苏联做出妥协，恢复了脆弱的和平态势。以印度和埃及为首的许多国家希望抵制冷战造成的两极分化，它们组建了一个中立阵营或"第三世界"阵营，维护国家独立，与美苏双方保持良性关系。冷战期间的竞争和冲突有如世界大战迫在眉睫，它带来的全球影响直到80年代末才最终消除。

战争遗产

　　如果说第一次世界大战和20世纪早期的多场革命开启了世界历史的新时期，那么新一轮冲突（"热战"和"冷战"）则在继续塑造世界历史的基本特征。最显著的特征表现为西欧的世界地位在几场战争后被重新定义。两场世界大战严重削弱了西欧的军事实力，使其蒙受巨大的经济和人员损失，必然有损西欧对全球政治的影响。而就在西欧国际地位下降之际冷战爆发，领导两大对抗阵营的分别是美国和苏联，西欧的主导作用就此被美国取代。从长远来看，西欧的衰落不仅成全了美苏争霸，还使很多前殖民地有机会在世界舞台上一发新声。当冷战结束时，后欧洲时代的权力格局还没有完全形成。

两场世界大战和冷战提升了政府的作用。在第一次世界大战中，政府在经济和宣传方面所起到的新作用成为新型政府的典范，尤其是二三十年代的共产主义政权和法西斯政权。但是政府职能还延伸到了其他层面，以美国为例，美国政府拟定军费开支，承担更多经济管理职责。更广泛地说，战争对传统政府结构提出了挑战。第一次世界大战后的世界格局重新洗牌，主要帝国纷纷垮台，因为战争要求政治形式创新。由于各种压力和战争，政治变革浪潮成为当代世界历史的基本主题之一。

战争还引发了社会变革。对大规模军队和新技术的需求削弱了传统军事贵族的作用。战争期间的女性扮演着新角色：在工厂做工或在军中做些辅助工作；即使在冷战期间，两大敌对阵营也在思考女性的新定位，双方都提出了男女平等。与政治领域的情况一样，社会领域的主题同样也交织着其他因素，在过去的一个世纪里影响了很多国家。

战争为各种暴力活动埋下了隐患，这是至少到目前为止当代世界历史的另一大特征。现代战争的可怕性表现在它会衍生出暴力，比如纳粹对犹太人的迫害。就更大范围来看，尤其是从20世纪30年代开始，现代战争逐渐消除了军人和平民之间的界限，这是过去七十年来全球发展史的重要内容。重大战役中不计后果的空袭，各种冲突中士兵对平民的暴力之举，以及四处蔓延的恐怖活动，这些都是当代战争的遗产。具有强大破坏力的现代技术，战争激发的不同民族或种族之间的新仇旧恨，统统放大了战争的后果。第二次世界大战后期，英国首相丘吉尔曾反省同盟国对德国重点城市的狂轰滥炸："如果我们走得太远的话是否也会成为禽兽？"这个问题同样适用于反思此后发生的诸多事件。

权力格局反复变迁，政治和社会变革继续推进，新型暴力活动层出不穷，这些由战争引发的时代主题对重塑当代世界历史发挥了重要作用。

引发变革的其他因素

当代战争和军备竞赛固然重要，却也无法掩盖其他基本主题，后者对世界历史框架的定义同样重要。政治和社会变革不仅受战争影响，还与经济转型、革命意识和民族主义意识有关。君主制、贵族制和男尊女卑的性别关系遭到越来越多的挑战，这些挑战本身就值得关注（它们并不仅仅是战争的衍生物）。到2012年，在世界上大部分地区占主导地位的都是社会中上层人士（大企业家和高管人员），而不是贵族；君主制不再是掌握实权的政体；覆盖多国领土的帝国已经消失不见；基于父系制的性别不平等依然普遍存在，但已明显有所改观。

全球人口爆炸是决定当代历史发展的一个重要因素。全球人口在20世纪突破了60亿。这是公共卫生条件改善和食品供应充足的结果，而且它的积极因素大于战争带来的负面因素。到1970年，活过成年的人口超过了早夭人口，这在人类早期历史上是绝无可能发生的。高速的人口增长导致人满为患，加大了环境压力。新型移民模式应运而生：非洲、南亚、东南亚和拉丁美洲的人们离开故土前往富国谋生。城市化进程加快，因为人口膨胀令乡村和小农生活难以负荷。21世纪早期，全世界超过半数人口都居住在城市，印度、中国、拉丁美洲和中东都出现了人口超千万的大型城市中心。除了这些可以衡量的变化之外，人口增长还造成了其他压力，比如政治和文化领域的动荡。

最后，一系列新技术的运用显著提高了全球运输效率，尤其是沟通效率，当代世界历史逐渐成形。20世纪早期，人们可以收听广播，拨打国际长途电话；不久之后还实现了坐飞机出行。在最近的几十年里，卫星传输、国际手机漫游和互联网实现了世界历史上空前广泛的联系和文化交流。2000年，全球超过四分之一的人口可以在同一时段观看同一场赛事，比如世界杯足球赛。通信革命扩展了组织机构的业务能力，新跨国集团应运而生。

由于战争的影响和权力对比上发生的变化，社会和政治的重大变革，全球人口爆炸，技术和组织机构的全球化，当代世界历史已经被重新定义。当然，并不是每个人都能平等享用这些变化的成果。直至今天，世界上只有三分之一的人口才有机会使用互联网，很多地区的城乡生活依然存在巨大落差。

同样重要的是，不同地区在以不同方式应对并解读这些新主题。在讨论当代世界历史时，必须结合当今主要社会的不同传统，以及它们在 20 世纪发生的具体变化。接下来各章将介绍重点地区的发展历程，回顾历史，放眼当下。比较分析依然是重中之重：新形成的全球主题和地区主题之间的相互作用是当今世界发展的重要引擎。

毋庸置疑，基于 20 世纪基本变革形成的全球架构比以往任何时候都要重要。在这一全球架构中，具体地区之间的相互影响只是其中的部分内容，我们必须回到全球层面（最后一章）。21 世纪早期只是当代世界史的形成期，目前我们还无法确定有多少重大问题最终会得到解决：从性别关系到暴力事件。但我们可以确定很多传统模式已经消失，新全球主题引发的一系列问题已经成为世界各国面临的共同问题。

全球联系

在全新的通信和运输设施基础上，世界历史新时期的重要特征就是前所未有的国际联系。几乎所有国家都要应对一系列新联系。很多社会在 20 世纪头几十年内都是犹豫不决。苏联、德国、日本、美国和中国分别以不同的方式从全球政治或经济纠葛中抽身而出。20 世纪 70 年代，一个史无前例的全球化新格局全面展开，仅有个别国家还在坚决抵制。

新联系还包括我们熟悉的事项，例如传教士前往世界各地传教。20 世纪末，大批美国福音派传教士奔赴东欧和拉丁美洲传教。有了实现全球沟通的新通信设备，传统基督教和穆斯林传教团体也开始日渐活跃。在 20 世纪的大部分时间里，马克思主义者也在加强宣传，这个强大的政治信仰得到了更多团体的拥护。

学生交流在世界历史上并不是第一次出现，但是直到 20 世纪 20 年代它才开始大规模出现并逐渐形成一种普遍趋势。国际留学生成了欧美澳苏等国很多大学的生源保证。出现了新的长途移民方式，即很多亚洲人和非洲人来到了发达国家的工业中心。多样化的出行方式便于人们经常回家探亲，同时带回新的风俗习惯。第二次世界大战之后，国际旅游业快速发展，工业国家的人们外出旅游，前往拥有阳光和沙滩的热带旅游胜地，比如夏威夷、泰国和加勒比海地区。旅游产业的当地从业人员也提出了一些新办法，他们不相信外国人的经营方式。

商业组织有意培育新形式的全球联系。跨国企业在世界多地都设有分支机构，它们聘用世界各地的员工，同时又把产品销往世界各地。很多公司还销售文化产品。1919年之后，好莱坞电影开始得到美国产业扶持，主流电影公司在拉丁美洲、南非、黎巴嫩和澳大利亚等地设立了分公司。20世纪70年代，电影、电视剧和音乐等文化输出成为美国仅次于航空业的第二大产业。2004年，与生活方式有关的物品出口成为日本最大的出口品类。

新型政治组织也产生了全球影响。1945年之后，联合国及其下属专门机构开始推广人权和医疗的国际标准，敦促各国改善家庭护理模式。世界卫生组织要求个别国家改进疫情通报机制和隔离措施。国际非政府组织纷纷涌现，尤其是在1970年之后，它们向政府和企业施压，要求完善人权政策，包括妇女儿童的生存状况、工作条件和环境标准。

当然，很多事件本身就与全球化息息相关。20世纪的两场世界大战和冷战对世界上主要国家均有不同程度的影响，如此大范围的影响在世界历史上尚属首次。甚至就连自然灾害都开始带有全球化色彩。2004年年底的印尼大海啸就是由印度洋板块与亚欧板块交界处的地震所引发，世界各国积极参与救援行动或者主动提供人道主义援助。

第 27 章
当代西方国家

尽管 20 世纪世界历史的其中一个主题就是西方实力相对衰落,尤其是欧洲,但从很多方面来看西方文明仍是整个世界的引领者。21 世纪早期,西方和日本是全球最富裕的地区。西方艺术和流行文化对其他文明的影响,其他任何一个社会都无法企及。之所以说西方仍然具有重要影响,标志就是它成为"众矢之的":很多地区的人们都不喜欢西方影响,也不喜欢它对其自身传统价值观的威胁。

> **重点问题** 西方在世界大战期间遭遇的罕见困境给它带来了哪些重大变化?这些变化是否还在影响西方?结合 20 世纪的发展历程,如何最恰当地定义西方文明在 21 世纪早期的重要特征?美国和西欧是仍属于同一文明体系还是已经分道扬镳?

1. 西方发展模式(1914—1945)

想要弥合第一次世界大战留下的支离破碎的局面实在太难了,一千多万人丧生,经济损失更是难以估量。欧洲经济遭到毁灭性打击:海外投资血本无归,对这场破坏性战争投入太多导致国内债台高筑。这场战争和弊端重重的《凡尔赛和约》将为西方历史开启为期二十年的艰难岁月。20 世纪 20 年代,外交冲突有所缓解,德国努力改善自身一落千丈的地位,但国内的担心和不满情绪依然高涨。欧洲和美国的内政表现乏善可陈,几任总统都碌碌无为。德国建立了共和制,但却落入反民主势力之手。很多国家的共产主义运动成为培育社会主义政党的沃土,它们与苏俄政权有联系,是一支规模虽小但实力很强的革命力量。西方政坛中自由主义中间派的力量遭到削弱，昔日的自由主义者渐趋保守，不断阻挠实施重大社会改革。由于缺乏一个强势的权力核心，政府难有作为，甚至像英国这样有着强大议会传统的国家也不例外。

如果战后经济形势不是每况愈下，新出现的政治矛盾或许还有药可救。20世纪20年代，很多国家都在承受着严重通货膨胀的压力，背负着战争遗留的巨大债务，它们的世界霸权在战后被重新划分。直到1925年左右，西方经济增长才有所起色，美国工业更是欣欣向荣。

然而，好景不长，1929年美国发生了银行大挤兑，后来殃及整个西方世界，引发了全球经济衰退。这场经济大萧条事出多因。广大佃农和工人购买力太低，不足以刺激工业生产。农产品价格一落千丈，原因是农业生产过剩；机械化生产的粮食超出西方世界需求，限制了农民的购买力。在东欧非工业化国家和世界上很多地区，原材料价格快速下跌，因为产量增速超过了西方的需求量；这场危机也拉低了西方商品的销量。很多国家为了保护本国经济不断提高关税，这对已经出现的贸易困局可谓雪上加霜。归根结底，西方的生产能力大于需求能力。因此，投机性投资终成泡影，造成1929年的股市崩盘和银行破产。

随之而来的经济大萧条是现代史上最严重的经济灾难。数百万工人失去生计，有些国家的失业人数达到总劳动力的三分之一。工资大幅缩水，就连在岗员工都感到岌岌可危。生产能力一降再降，到1932年，德美等国三分之一的产能都闲置无用。20世纪30年代中期，大萧条最糟糕的阶段已经过去，但其残留影响一直延续到30年代末。大萧条是一场个人和社会的深刻悲剧。在很多西方国家，一旦丈夫或父亲失业，整个家庭有如天摧地塌；找不到工作的年轻人则会与人保持距离，茕茕孑立。从社会层面来看，大萧条再次引得民怨沸盈，有些人开始通过极端政治手段舒吭一鸣。

仅有个别西方政府提出了化解这场经济危机的建设性措施。斯堪的纳维亚各国政府增加财政支出，提高疾病和失业的社会保险水平——现代**福利国家**指日可待。美国总统小罗斯福在1933年力行"新政"，包括一系列社会保险措施，扩大政府开支，刺激经济发展。"新政"并没有根除痼疾，但却足以破解难局，避免了既有社会秩序承受重大的政治压力。然而英法两国在这场经济灾难面前却是软弱无能。两国领导人无所措手，而且还要面对党派之争——社会主义政党、保守主义政党和它们各自的极端派盟友相互角力；有效的解决方案似乎遥遥无期。

纳粹主义

对德国来说,大萧条的直接后果就是1933年法西斯政权显露头角。法西斯主义是第一次世界大战的时代产物。法西斯运动的倡导者以退役军人为主,他们抨击西方资本主义国家议会民主制软弱无力、贪污腐败肆行无忌、阶级斗争不断加剧。他们希望国富兵强,国家领导人作风强硬,推行有力的外交和军事政策来重振雄风。法西斯主义者对改善阶级对立的社会改革态度暧昧,但他们打击工会和社会主义党派的做法却是正中地主和商人的下怀,深得其心。1923年,意大利建立了世界上第一个法西斯政权。20世纪20年代,法西斯党派的出现令很多国家的政治走向扑朔迷离。但直到希特勒领导的德国国家社会主义工人党(纳粹党)独揽大权,法西斯运动才真正成为影响世界历史的主要力量。

希特勒迎合了德国民众的心理:对第一次世界大战的结果怀恨在心,对大萧条造成的重创愤懑不平。他向很多群体承诺要带领德国回归传统,所以赢得了很多工匠的选票,他们渴望复兴工业化之前的经济体制,比如行会。包括大企业家在内的中产阶级也被希特勒的主张吸引:坚决抵制社会主义和共产主义。希特勒本人从未在民主选举中获胜,但是他的党派在1932年的国会选举中赢得多数席位(这使他在来年成为内阁总理)。此时,在一个从未全面推行过自由主义政治的国家,

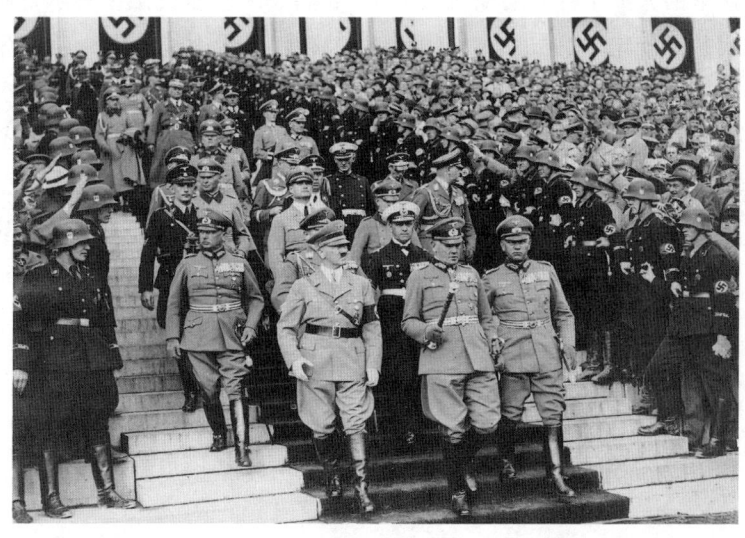

在德国纽伦堡纳粹党代会的会场外,纳粹党营造了一副宏大的造势场面,"暴风突击队"高举右手向元首希特勒致敬。

国会各党派畏首畏尾、龃龉不和（致使纳粹党有机可乘），对大萧条的后果来说更是雪上加霜。

　　一朝大权在握，希特勒立即着手建立集权政府——公民的所有活动几乎都在这个新型政府的股掌之间。希特勒明令取缔所有反对党派，对政府和军队进行大清洗，安插忠诚的纳粹党员担任公职和军职。他组建了一支名为"盖世太保"的秘密警察队伍，逮捕了数以万计的政敌。专门政府机构取代工会，安排全员就业（工资不高），落实各项福利，以此安抚工人。政府推出的经济规划恢复了生产水平，军工业是重中之重。希特勒利用长期不懈、精心设计的宣传攻势巩固政权，激化民族矛盾，不断迫害犹太人。希特勒对犹太人的憎恨由来已久，他把自身经历的诸多不幸都嫁祸于犹太人，污蔑犹太人推动了社会主义运动或大搞垄断资本主义——他认为这会削弱德国人的民族精神。反犹主义显然被当成了一种宣泄各种不满的口号。反犹活动对希特勒的事业无往不利，它有助于激发民族主义热情，转移民众对其他问题的注意力。对付犹太人的措施惨礉少恩，犹太人要在衣服上标注"Jude"（德语中的犹太人），他们的财产遭到搜查和侵占，大批犹太人被送进了集中营。1940年之后，希特勒的反犹政策变本加厉，他要对全欧洲的犹太人实施种族灭绝。在大屠杀中，600万犹太人在德国本土和其他占领区的集中营被杀。吉普赛人等其他民族和同性恋群体也成为被迫害的目标。

　　希特勒的所有政策都是在为战争厉兵秣马。他不仅想夺回德国在第一次世界大战后失去的领土，还想创建一个横跨欧洲的陆上帝国，尤其是要深入东欧（他认为这里的人都是低等的斯拉夫人）。希特勒一步步突破《凡尔赛和约》限制德国重新武装的规定。1936年，德国出面干涉西班牙内战，支持西班牙的法西斯势力。在不到两年的时间里，德国先是兵不血刃地吞并了奥地利，随后又侵占了捷克斯洛伐克的部分领土。其他欧洲列强对德国的连番举动坐视不理。在是否要对德国采取严厉外交政策的问题上，英法两国立场不一。1938年，英法两国领导人与希特勒在慕尼黑谈判，默许德国占领捷克斯洛伐克的部分领土，希望德国可以就此止步，但它们的姑息纵容反而刺激了希特勒的扩张野心。美国仍然奉行孤立主义政策；苏联对德国的举动忧心忡忡，但却被西欧阵营拒之门外，后者担心与苏联走近自身会受到共产主义的挟持。

第二次世界大战

　　1939年德国出兵攻打波兰，直到此时英法两国才被迫向德国宣战。第二次世界大战欧洲战场的战事正式打响。

战争引发了新一轮严重动荡：战争初期，德国军队在欧洲大陆势如破竹，无人可挡，但到后来遭到英苏两国联合打击又转攻为守，步步退缩，美国则在个别地区协助作战，尽管美国国内的反战声音一直不断。欧洲大陆再次遭受不计其数的生命和财产损失，大批难民逃亡他国，流离失所。战争结束后，欧洲版图再次重新划分，德国分裂为东德和西德。苏联控制了中东欧大部分国家，西方列强名义上是胜利者，但是没过多久，它们的海外殖民地就爆发了新的抗议活动。

2. 西方发展模式（1945年至今）

在很多观察家看来，西方世界（至少是传统欧洲板块）的未来到1950年还是一片渺茫，有些让人难以置信。如果说第一次世界大战造成了持续二十年的混乱不堪，那么第二次世界大战的结局岂不是更加愁云惨淡？然而，事实上，西方的经济和政治在1950年后的几十年里似乎生机再现；尽管不是顺水顺风，但是肯定要比两场大战之间的几十年更有建设性。

战后欧洲昔日的外交地位已是覆水难收。苏联和美国成了主导世界的两个超级大国。1949年，美国协同大多数西欧国家成立北约，抗衡苏联；美国利用北约在对苏问题上左右西欧国家。在此期间，由于在世界大战中遭受重创，加之世界各地的民族主义运动风起云涌，西欧的殖民地丧失大半，有时还在当地经过一番苦战。印度、东南亚和非洲各国先后独立。很多欧洲人难以接受国家衰落的现状，试图恢复旧日地位，但却大多徒劳无功。比如英法两国在1956年出兵埃及，打算夺回对苏伊士运河的控制权，但在埃及人民的奋勇抵抗和美苏的不断施压之下，最后只能撒手作罢。虽然美国成为西方价值观的全权代表，但是西欧外交地位下滑也非永久不变。去殖民化得到西欧民众的广泛支持，他们并不希望牺牲本土的政治稳定和经济增长来换取外在的影响力。事实上，西欧的文化和经济依然对其前殖民地国家影响深远。随着时间推移，主流欧洲强国开始与美国针锋相对。尽管双方的军事实力无法相提并论，但是法国等个别国家也敢于在关键时刻与美国大唱反调。

毋庸置疑，第二次世界大战之后，世界外交格局有了翻天之变，而且这种转变对西方有诸多不利。西方内部的权力平衡日渐向美国倾斜。列强争霸的时代落下帷幕后，西方减少了对亚洲和非洲的直接干预。在美苏冷战的大背景下，就连西方头号强国都无法为世界事务定调，因为它的对手与其实力相当。1949年，苏联第一颗原子弹试爆成功，标志几个世纪以来西方凌驾其他文明之上的军事优势不复存在，东欧国家的军事地位开始上升。面对现代武器的可怕破坏力和东西方之间的明争暗斗，很多西方人担心一场新战争势必会将世界大部分地区的文明摧毁殆尽。很多时候，人类似乎对外交进程的走向都是无能为力。

然而，1945年之后的西方世界却是偃革倒戈，沉烽静柝。冷战早期的冲突，尤其是德国东西分治一度引发战争恐慌。1948年至1949年，苏联全面封锁西柏林，它是西方在东德的一块飞地；美国则向当地大规模空投生活物资，最后苏联解封，美国停飞。但是西方多国都被卷入新的殖民战争。法国入侵越南，结果溃不成军，没能保住它在越南及周边地区的殖民统治；后来它又与阿尔及利亚展开长期斗争，最后仍是折戟沉沙。1950年，美国出兵朝鲜——这时的美国比西欧更乐于介入世界事务；后来在20世纪60年代，美国又插手越南；这两场战争的对手都是共产党军队。这些地区战争可谓是鼎铛有耳，但是西方内部的主要威胁已是日削月朘，至少在一段时间内西方是世界上拥有内部和平的文明之一。

西欧在1945年后开始打造自己的外交平台，开创了西方外交的新局面，并且得到了美国的鼓励。为了避免民族主义战争卷土重来，同时急于推动经济发展，主要西欧国家展开了经济合作。经过初步的产业政策协调，1958年，西德、法国、意大利、荷兰、比利时和卢森堡创立了欧洲经济共同体（简称"欧共体"），超越国界的全面交流正式展开。后来这个共同体还吸收了英国、爱尔兰、丹麦、希腊、西班牙和葡萄牙，尽管规模不断扩大，但是并没有成立单一政府。不过该组织确立了共同的政策和机构来指导经济关系，同时在一定程度上协调其他政策。现代欧洲史上的民族主义运动终于步入低潮。1993年，欧共体更名为**欧洲联盟**（即"欧盟"），提出统一关税和进一步融合，逐步推行单一货币，拥有任一欧盟国籍身份的人自动成为欧盟公民。1999年，欧盟内部的统一货币"欧元"诞生，更多国家开始与欧盟走近靠拢。2004年，中东欧十个候选国正式成为欧盟成员国。

经济和政治领域出现的新趋势尤为引人注目。值得称道的是，五六十年代这段时间扭转了两场世界大战之间持续二十年的经济大萧条。政治矛盾涣然冰释，经济发展突飞猛进。尽管也有几年低迷不振，但是西方经济并未衰退加深；大部分西方国家的年均经济增长率都达到了2%—8%。西方的人均繁荣指数远超其他大多数文明，与很多农业社会的财富差距不啻天渊。只有日本迎头赶上。西方国家的人们普遍过上了史无前例的富裕生活，私家车、冰箱和电视机成为一般人家的标配。美国人在更早之前就已发家致富，西德和法国这些发展势头强劲的西欧国家正在奋起直追。

第二次世界大战结束后，西方国家普遍实现了政府轮换，刺激了经济发展。在西欧，所有参与反纳粹斗争的人们都发誓要避免重蹈覆辙，要建立一个崭新的社会。古老贵族制的影响继续下滑。为了培养精英人才，政府大力支持高等教育发展，扩大了奖学金的申领范围，更多工人和农民家庭出身的孩子受益良多。大学教育更加侧重技术学科。肩负着新使命、来自不同教育背景的新生代管理人员为西方各领域注入了新活力。

在1945年之后的关键几年，西方社会打造出了新的政治制度。西德和意大利出台了严密规范的民主宪法，提出建立比以往更加稳固的议会制度。法国在结束多年的纳粹占领后恢复了议会制，但是法国政府在1958年的阿尔及利亚民族解放战争中表现得软弱无能；鉴于此，民族主义运动领导人戴高乐推出了一部新宪法，提出建立半总统半议会制——总统由民主选举产生，但握有实权，可以监管议会。西班牙、葡萄牙和希腊在70年代也确立了新的民主制度。民主制度和相对稳定的政局还要归因于激进的右翼党派遭到沉重打击，法西斯主义的丧心病狂和一败涂地令它们声名狼藉。大多数西方国家都有一个全力捍卫民主制度的强大保守党。就左翼政党而言，尽管少数国家依然有共产主义运动发生，但是在北美洲以外的地区，倡导改革的社会主义党派深得民心，它们同样捍卫民主进程和个人享有广泛自由。20世纪80年代，共产党的地位有所下降。西方的新政治格局多党林立，多个主要政党轮番上台，具体取决于它们对经济发展做出的贡献，但其基本面始终都是大部分团体服从于基本的政治流程。就连西欧的共产党也主要依靠选举活动，而不能采用激进的革命手段。

最后，西方的政治变化还表现在构建了覆盖面更广的福利制度。1945年至1948年，法国和意大利的联合政府（保守党、社会党和共产党共同执政）制定了新的福利项目，包括公费医疗保险，对多子女之家发放补贴，对工作环境加强监管。法国和其他国家还提出了更有条理的政府经济规划，指导战后经济复苏和后续工业发展。1945年至1951年，

1958年英国伦敦诺丁山发生种族骚乱，街道上一片狼藉。

英国在工党执政期间扩大了"福利国家"制度的覆盖范围；该制度的亮点表现在高度完善的社会化医疗体系，即政府从税收中划拨医疗费用；此外还有住房补贴等其他社会保障措施。其他西方国家也大都扩大了福利和经济规划的内容；加拿大推出了公费医疗保险计划。美国的福利项目少于大部分西欧国家，但就连它也在20世纪60年代提出了"伟大社会"方案，为穷人和老人提供医疗保险，完善社会保障制度，并通过了一系列少数民族和妇女权利保护法案。

20世纪60年代末，西方国家的学生抗议活动此起彼伏，同期的美国还出现了民权运动和城市黑人暴动，破坏了经济发展节奏和稳定的政治局面。美国大学生发起了反战示威游行，他们认为美国插手越南战争就是徒劳一场，而且明显违背道义。欧洲和美国的年轻人抨击西方社会的物质主义，他们想要追求更理想、更公正的目标。1968年的法国学生运动险些酿成一场革命。70年代早期，学生们得到了更多权利，政府推出了其他改革项目，加之警方暴力镇压的威慑，学生抗议活动逐渐偃旗息鼓。但是一些持续发酵的政治议题，包括**女权主**义和环境保护则贯穿整个70年代；这些问题可以算作是学生运动的衍生后果；一些西欧国家出现了恐怖活动，政治家和企业家遭到绑架或暗杀，引发了社会恐慌。在70年代，能源成本上升，西方国家的经济增速开始放缓。70年代末至80年代初，西方世界遭遇战后重建以来最严重的经济衰退。英国保守党和美国共和党分别成为两国的执政党，它们主张缩减福利国家的支出和覆盖面，刺激经济增长。在其他西方国家的政治浪潮中，新生代右翼政党和绿色政治组织（即"绿党"）脱颖而出。

20世纪90年代和21世纪早期，某些重大问题出现了加重的势头。全球经济竞争给了西方沉重一击。欧洲失业率攀升，达到或超过了12%，这是因为低技术含量的商品都来自其他国家。美国面临相同的压力，但是它提供了大批低薪岗位。此时的新发展趋势表现为西方的收入不平等不断高企，超过了其他工业社会。迫于财政压力，所有西方国家不得不重新规划福利支出——它们大都支持削减福利支出。美国福利制度的覆盖面小于大部分西方国家，它系统化地削减了对穷人的福利保障。

2008年后的大范围经济衰退使得局面急于星火。很多欧洲国家的福利制度已经入不敷出，它们不得不进一步削减支出，以缓解沉重的债务压力。欧盟自身的存在也是一时飘摇，因为各成员国为了应对危机各自为政。新崛起的美国右翼政治势力希望限制政府权力，"占领华尔街"运动表现了民众对日益严重的收入不平等强烈不满——美国的政治进程风谲云诡。

恐怖主义活动是又一难题。恐怖主义袭击通常没有明确目标，恐怖主义分子利用枪击或爆炸事件博人眼球。欧洲境内的某些恐怖主义活动可以追溯至20世纪60

年代的民众抗议，比如经常袭击商业人士的意大利黑社会组织"黑手党"。有些恐怖主义活动则源于民族主义情结，比如西班牙的巴斯克民族分离主义运动。爱尔兰民族主义者制造恐怖主义袭击是为了与英国争夺北爱尔兰的主权。美国一名狂热的右翼分子为了报复政府在俄克拉荷马市联邦大楼安装炸弹。进入 90 年代后，西方国家与某些伊斯兰国家的矛盾也激发了恐怖主义活动。在法国等欧洲国家，作为少数群体的穆斯林逐渐壮大，其中个别人会制造暴力事件或袭击犹太人，为的是报复西方国家插手中东事务。俄罗斯联邦的车臣叛军曾在莫斯科制造爆炸事件。2001 年 9 月 11 日，多名基地组织成员劫持了四架民航客机分别撞向纽约世贸中心和五角大楼。不久之后，印度尼西亚、西班牙和英国又接连遭遇恐怖主义袭击。国际社会更加坚定地动用警力和军队打击恐怖主义活动。

除了上述重大议题，相比粗野疯狂的二三十年代，1950 年后的西方社会很少发生创伤性事件。去殖民化在某些国家制造了一连串紧张局势；美国参与世界外交事务滋生出一系列新问题；60 年代末的学生运动以及 2008 年至 2012 年的经济衰退，表明不是所有人都能在富裕社会过上幸福生活。在战后的几十年里，迅速积累的财富使西方世界避免出现严重动乱，然而其他多数地区却是命运多舛。难道说战后这几十年的和谐不过是新暴风雨来临前的水月之幻？

3. 西方在 20 世纪的政治体制

1900 年之后，两大看似矛盾的主题贯穿西方政治发展历程。一方面，国家的力量不断增强；另一方面，民众笃信民主和自由价值观，这两大观念在 1945 年后更是益发深入人心。

两场世界大战展现了政府的强大作用。在英美等民主国家，政府加强经济调控，实施定量配给制，决定劳动力分配。政府宣传户告人晓，激励公民爱国之心，鼓励公民踊跃参军；渲染敌人之安忍残贼；加强报纸审查，利用新媒体（广播和电影）加强爱国宣传教育。纳粹德国的独裁政权凸显了战时政府的强大能量。纳粹主义的存在表明，在层层重压之下，一个主流西方社会完全有可能背离自由价值观，转而接纳这样一个政权：它的目标是毁灭所有对手，通过全民教育和宣传攻势来操纵民众心理。其他国家的专制政权，比如意大利法西斯政权和 1936 年后的西班牙法西斯政权（后者在第二次世界大战期间保持中立），也都运用了新式警察制度和宣传手段来诛锄异己。

更普遍的是政府权力悄然延伸，这主要表现为 1945 年后大部分西方国家推出

讨论历史：趋同现象

20 世纪 30 年代，法西斯主义和民主制度将西方世界撕为两半。然而到了 1945 年之后，欧洲各国之间却是变得越发相似（但并非完全一致）——这一现象被称为"趋同现象"。意大利等国恢复了工业增长。第二次世界大战的成果之一就是消除了德国的某些特质，比如极端保守的贵族阶层。民主制的传播就是一个明显的趋同过程。许多重要社会趋势也是如此，比如人口老龄化和女性地位提高。民族主义运动黯然失色。西欧的统一性不断增强，反映并深化了趋同现象。

趋同现象减少了欧美之间的某些重大差异。在西欧方面，传统佃农阶层风吹云散、贵族制荡然无存，经济快速增长，导致各国的社会和经济结构与北大西洋沿岸国家毫无二致。欧洲向美国消费文化敞开了大门，成为美国电视节目的巨大市场（有时也会遭到批判），迪士尼乐园甚至也登陆欧洲。在新一轮移民潮的影响下，欧洲也出现了类似美国的种族矛盾，但还不算心腹之忧。在美国方面，"新政"和第二次世界大战强化了政府手中的权力，欧洲国家的情况如出一辙，但美国没有提出福利国家制度。美国流行文化依然占据主导地位，但是欧洲的迷你裙和披头士音乐也漂洋过海来到了美国。

欧美之间的差异依然存在。美国人和欧洲人的性观念更加开放，但美国人似乎要更正经一些，欧洲的天体海滩在美国并不受欢迎。美国人曾发起过声势浩大的反吸烟宣传运动，反映了他们的道德观。二者之间最显著的区别表现在军事政策上。作为世界头号强国的美国在和平时期大幅提高军事开支，单在 50 年代就翻了三番。因此，相比欧洲，美国的外交政策更容易受到军事压力的影响，而欧洲则是为公民创建福利社会的先锋。与此相应，欧洲依赖美国提供军事庇护，它的全球军事行动能力逐渐下滑。

进入 90 年代后，欧美似乎又一次相背而行。欧洲对美国咄咄逼人的军事政策越发不满。2003 年，美军入侵伊拉克，欧洲爆发了大规模反美示威活动。美国比西欧更欢迎自由市场资本主义，西欧则不愿意取消福利国家制度（有批评家指出该制度将造成经济增长乏力）。美国社会的宗教色彩更浓，从 70 年代开始新教原教旨主义运动逐渐在美国沿海城市扎根，欧洲则未出现这项运动。欧洲人接受了很多新观念，比如废除死刑，这也是加入欧盟的先决条件，但美国人在这个问题上却是寸步不让。战后几十年里表现出的趋同性渐趋松动。

的福利国家制度。美国"新政"扩大了政府职能，美国政府的重要性得到提升；从第二次世界大战开始直到冷战结束，美国军费支出有增无已，政府地位迁乔出谷。西方各国政府积极承担医疗保险，改善工作条件，消除极度贫困。然而对美国来说，提倡个人能动性的老派自由观念与福利国家制度有些格格不入。即便如此，到 70 年代时，美国政府也将税收总额的 21% 用于福利支出。政府增加了福利项目，参与更多经济规划，对个人生活的影响面越来越宽。政府提高税率，对雇佣和解雇劳动力做出更多规定，指示农民种植特定农作物，限定穷人的居住区域。政府官僚队伍逐渐壮大。

在法西斯政权倒台后，西方政府权力受到多党民主制，以及言论、出版、宗教和集会自由的多方制衡。西方国家确立了一套混合制度，将政府的公权力与私企的能动性结合到了一起。比如在经济领域，政府负责规划，具体运营则由私人企业家负责。西欧国家将某些经济部门收归国有，比如铁路和矿业公司在第二次世界大战后被国有化。尽管如此，大部分企业仍由私人决策，但不得超出政府设定范围。

1945 年之后，民主制度的传播表明议会制仍然影响着西方政治文化。西德建立的民主制度比 20 年代的德国政权稳固得多。保守党与社会党争论的焦点是福利国家的范围或外交政策，而不是质疑民主制本身。苏联解体为 1991 年德国统一创造了条件，部分原因在于大批东德人民拥护民主制。此时的西班牙、葡萄牙和希腊已经取缔专制政府，建立了多党民主制。到了 80 年代，西方世界的突出特点就是共有一种单一政体，即自由民主制，它比封建制度灭亡后的任何一个时代都要更加统一。从澳大利亚和新西兰到北美洲，再到西欧，现代政治的核心由两个方面构成：一方面是多党竞争和个人自由，另一方面则是政府规划、税收和福利制度。法西斯主义等其他政治意识形态日趋没落。

4. 当代西方文化

20 世纪的西方文化依然充满活力，只是偶尔表现得前后不一。画家和作曲家追求标新创异，反对传统风格，甚至排斥上一代人的努力。科学领域的发展也是一派勃勃生机。在理论科学领域，西方依然是一枝独秀。不过，某些复杂发现（比如物理学中的相对论）肯定了传统观念，即人们可以运用科学规律解释自然界。科学研究日趋专业化，与大众认知渐行渐远。对于表述当代西方正统学术活动的本质，当时缺乏统一的说法，所以人们采用了某些中性词语，其中包括描述艺术风格的"现代"和"后现代"。哲学这门学科是对具体知识的概括，然而在进入 20 世纪后，哲学却是日渐没落，被细化成了许多具体研究领域。比如很多哲学家开始研究语言哲学，不再撰写关于生命本质和宇宙的著作。天主教和新教思想家坚持进行神学研究，但它再也不是学术活动的核心所在。综合分析方法备受冷落；科学家们对如何理解人类活动还没有达成统一的看法。

富于活力的科学研究成为 1900 年后西方文化最清晰的一条主线。在规模扩大后的大学里，理科院系逐渐壮大，声望日隆；相比做出惊人发现的个别科学家，这批能干的大学研究员在具体科学领域贡献更大。广大公众仍然坚信科学是理解自然和社会的关键，也是改进技术和人类生活的关键。尽管科学发现千差万别，但人们对核心科学方法的信念始终如一：提出合理假设，通过实验或观察进行验证，最后得出概括总结——该结论要表现出自然行为的规律，在此基础上运用理性思维对此类行为进行系统化分析，甚至做出预测。理解西方文化的其他方式都不具备如此强大的效力，或者得到如此广泛的认可。

科学家们发现原子是化学变化中的最小微粒，这是 20 世纪的第一项科学突破。科学家们在研究 X 射线和铀的实验中分别发现了电子和原子核。大约在同一时间，也就是 1905 年，身在柏林的物理学家爱因斯坦提出了相对论，颠覆了牛顿的绝对时空观——物质的运动状态与时空没有关系，是独立的绝对存在。爱因斯坦的相对论认为时间与空间不是绝对的，而是相对的。他把时间看作第四维度，纠正了被牛顿力学错误解读的光的传播和行星运动。爱因斯坦还提出，不同金属发生光电效应所需光的波长不同。高等数学是人们了解星体和原子内粒子运动的重要工具。20 世纪 30 年代，物理学家开始实验中子（不带电的粒子）撞击铀原子核；美国人在第二次世界大战期间研制出了原子弹，将这项研究推向了顶峰。战争结束后，物理学家们继续孜孜不倦地工作，他们的观测越来越精密，这要归功于高精度天文望远镜，以及后来出现的激光和航天卫星，还有与相对论相辅相成的高等数学理论。航天事业取得重大进步，科学家们发现了宇宙中的其他星系和天文现象。科学界从未停止对物质本质的探讨。

生物学研究领域的突破主要表现在遗传学上。科学家们早在 19 世纪 60 年代就提出了遗传学基本定律，但直到 1900 年后才为世人瞩目。20 世纪 20 年代，研究人员用果蝇进行实验，确定了染色体就是基因的载体。20 世纪 40 年代，两位跨国科学家合作发现了脱氧核糖核酸（DNA）的双螺旋结构，人们对基因信息如何传递和改变了然于胸。

生物学家们在医疗领域同样收获满满。从 1928 年发现青霉素开始，新药品的出现标志着在常见病的治疗上取得了革命性进展。青霉素可以灭杀白喉杆菌等多种细菌。科学家们还发现了荷尔蒙（即"激素"）以及荷尔蒙与人类某些行为的相关性，这为 20 年代创立内分泌学奠定了基础；激素在临床上的应用范围极为广泛。人们在 70 年代运用遗传学创建了众多产业，利用科学原理研制新药品、种子和杀虫剂。

尽管如此，除了被用于制造杀伤性武器和自身的复杂性之外，新科学也有不容乐观的一面。牛顿力学体系不适用于解读整个客观世界。遗传学研究表明进化是一系列偶然事件的结果，并非按部就班地进行。也就是说，理性的科学方法无法形成一个世纪之前那样的朴素世界观，随之而来的不确定性影响了部分艺术家，他们试图在作品中传达一种非理性的相对主义的宇宙观。然而对大多数西方人来说，他们始终坚信更优秀的技术和对自然界的理性理解能带领他们实现进步。

从 1900 年开始，得到普遍认可的理性方法推动了社会科学进步。德国社会学家马克斯·韦伯致力于总结机构组织的普遍特征，如官僚制，以便于进行分析和比较。很多社会学家提出了这样的假设：合理设计的模式可以把握人类事务的真实本质，然后在此基础上推广了人类社会学理论或其中的精英行为理论。在经济学方面，经济周期的量化模型和企业行为理论得到普及。英国经济学家约翰·凯恩斯论证了政府在经济萧条期间增加财政支出可以刺激购买力；该论点影响了美国"新政"时期的政策，也影响了第二次世界大战后欧洲规划部门对经济周期的控制。

20 世纪的大部分画家都倾向于用印象派手法描绘他们捕捉到的世界，而不是进行理性思考或拘泥于现实，这与自然科学和社会科学精神背道而驰。当时出现了很多抽象派画作。"立体主义"运动的开创者是巴勃罗·毕加索，该运动提出把人们熟悉的物体都还原成几何形状；继立体主义之后，现代艺术进一步背离了常规艺术理念，它着重表现纯粹的几何形状或渲染表现主义技巧。现代艺术的焦点在于表达情绪，即艺术家的个体生命体验与观众的个体反应之间的联系。在音乐领域，音乐家在作曲时使用不和谐音，尝试新音阶。第二次世界大战后出现了电子乐器，音乐风格变得更加多元化。作家受制于文字的表现力，没有做出太多风格创新。在诗歌方面，19 世纪后期的诗歌潮流包括新的文体样式、打破语法规则的结构和天马行空的想象。剧作家设计了新的舞台表演形式和打破常规的戏剧标准，希望能让观众有一种身临其境的感觉。在文学方面占据主导地位的依然是小说，但是小说家们开始探索人的情感和性格，而不是描述客观事件或理清故事脉络。科学手段和艺术框架之间出现了一个巨大的鸿沟：如何捕捉现实？现实的构成要素又是什么？

很多人对那些知名的现代艺术家和作家并不感兴趣，他们更喜欢商业化的艺术作品和通俗故事。早已形成的先锋艺术与大众品味之间的隔阂依然存在。一些政客（包括希特勒）批判现代艺术"堕落颓废，有伤风化"，呼吁人们回归传统。可以肯定的是，艺术无法与科学日益增长的声望相抗衡。

当然，并非只有艺术家才有艺术眼光。从20世纪20年代开始，公共场所出现了抽象风格的装饰画和雕塑；家居摆设和电影反映了现代主义主题。20世纪的典型建筑风格被称为"现代"或"国际"风格，它在最大限度上融合了艺术、现代技术和大众喜好。由于钢筋混凝土和玻璃板等新材料的运用，传统建筑元素逐渐被淘汰。社会需要修建更多建筑（主要是办公楼），加之城市用地成本上升，摩天大楼这样的新建筑应运而生；美国建造了世界上第一座摩天大楼。一般来说，现代建筑风格力求展现建筑物的特色——这与现代艺术的目标相一致，即摒弃传统审美，力求独一无二——同时传达一种空间感和摆脱自然束缚的自由气息。从1900年开始，重要西方建筑的特征可以概括为结构高耸、独立柱支撑、角度和曲线完美结合。第二次世界大战结束后，欧洲进入重建期，美国的西部和西南部快速发展，提供了大兴土木的机会，西方社会的城市面貌焕然一新。

艺术技巧和科学手段也存在某些共同点。首先就是不断求新：艺术家追求新风格，科学家追求新发现。其次，20世纪的西方文化（包括艺术和科学）变得越来越世俗。个别艺术家、作家和科学家或许会表明自己的宗教信仰，但是教会机构已经无力控制基本文化风格或内容。在西欧，天主教会曾发起过一场重大内部改革，废除了部分传统仪式，要求牧师与信徒进行更直接的交流，但是宗教对正统文化和通俗文化的影响已经微不足道。仅有少数人仍在坚持去教堂做礼拜：70年代去教堂做礼拜的英国人仅占总人口的5%。美国的宗教基础比西欧更为牢固，信徒总数更多，去教堂做礼拜的信徒也更多。20年代和50年代的美国出现了各种形式的宗教复兴运动，它们希望利用宗教捍卫或重振传统价值观；这表明对某些群体来说，艺术或科学都不合其心意——这是西方文化多样性和矛盾的又一大标志。

西方文化并非20世纪欧洲文明的专有独属。现代艺术形式，尤其是建筑风格广泛传播。西方科学成就，至少是它的技术和医学成果，经常被那些谋求本国工业发展的国家吸收借鉴。同样，西方艺术和科学也在其他国家专业人士，比如日本艺术家、印度医学研究员和计算机科学家的参与下，变得更加丰富多彩。由此一来，西方文化元素日益国际化。所以在探究西方文化成就的根源时，我们必须将它们与其他文明联系在一起。但是其他任何文明（包括日本）都无法像西方这样平衡如下三者之间的关系：将科学发展置于首位，兼顾风格创新和个性化的艺术表达。

5. 经济与社会

20世纪西方文明的特征可以概括为经济和社会组织的快速变革。20世纪后期，有些变革的重要意义堪比两个世纪前促成工业革命的那些变革。在西方工业社会，技术、经济组织和社会结构不断变迁，对世界其他地方影响深远，意味着处于工业进程中的国家很难"追赶上"西方的发展水平。

首先，经济变革包括了新产品。在刚进入20世纪的几十年里，纺织用的合成纤维，比如人造棉和尼龙，增加了服装产业的产品种类。在收音机和电视机（50年代）出现以后，西方国家的人们能够收听或收看即时的娱乐节目和新闻。早在1900年前汽车就已出现，它先后在美国和西欧（第二次世界大战后）得到普及，逐渐成为必需消费品。

经济变革还包括企业组织形式革新，其中一种表现就是政府在正式经济规划中扮演重要角色。在民营领域，非家族企业日益普遍，资金充裕的大型公司可以广泛投资。老派家族企业则是日薄西山。20世纪20年代和第二次世界大战过后，很多企业都开辟了国际业务。在这方面美国公司一马当先，因为它们从庞大的国内市场中积累了资本和经验。不过，不少欧洲公司也走上了国际化道路。它们在各大洲设立了营销和供应办事处，以及专门从事生产的子公司。在国内市场和一定范围的国际市场，少数公司之间相互持股的现象已是屡见不鲜。在两场世界大战期间，很多第一次世界大战前成立的潜力无限的汽车制造商被大部分西方国家的汽车巨头收入囊中；第二次世界大战之后，汽车产业的集中度进一步得到提升，实现了国际运营。正因为如此，美国福特汽车公司在英国和德国生产汽车，德法两国汽车制造商的业务则分布在美国、墨西哥和巴西。

农业组织形式也是脱胎换骨，尤其是在第二次世界大战之后。在西欧国家，个体农业生产被负责采购和销售的合作制取代；大部分小地主掌握了更多的市场技能，获得了现代设备，这使他们变得不像农民而更像是农业经理人。在美国、加拿大和澳大利亚，纯粹的家庭农场逐渐边缘化，1950年后出现了**农业综合企业**，其特点是土地集中经营。随着组织形式变革，机械设备、种子和肥料得到改进，西方世界的农业生产力逐渐提高，但是食品质量下降也让人忧心不已，喷洒农药等提升粮食产量的手段更是对环境造成了难以估量的破坏。

组织机构的精细化改革也影响了工作流程。20世纪早期，美国公司率先提出细化分工和监督工人进而提升制造业效率的新手段。1910年，流水线生产方式拉开帷幕，全球第一条流水线出现在福特汽车厂。在这种生产方式中，工人不断地重复简单劳动，动作复杂性和思考时间被降到最低限度，就像是人格化的机器。第二次世界大战之后，更多自动化设备投入使用（比如80年代早期的机器人已经可以完成最常规的工作），流水线操作流程进一步完善。

自从工业化开始以来，经济变革与新技术便遥相呼应。内燃机在制造业和运输业得到广泛应用，石油用量与日俱增，煤炭不再是唯一的燃料来源，这些都是20世纪早期出现的重大进步。长期作为西方工业化支柱的煤炭开采行业逐渐衰落。那些石油储量有限的地区（尤其是西欧）更加依赖燃料进口。随着效率更快、机械化程度更高的设备投入使用，制造业的生产力稳步提高。20世纪早期，自动铆钉机和钻孔机等（代表机械生产领域的一场革命）为工艺产业的流水线作业奠定了技术基础。化学品和无所不在的塑料制品的生产实现了自动化的物料传送、物料混合和压铸成型。第二次世界大战后计算机的发明，标志着通信和信息存储进入全新时代；20世纪70年代，芯片研制成功，计算机变得更加轻便灵活，数据流的处理速度和处理量大幅提升，手工归档这样的传统存储操作逐渐消失不见。

西方社会在战后的经济发展当然也不是一帆风顺。70年代末至80年代初出现了经济衰退，失业率攀升，加之与外国，尤其是东亚国家的激烈竞争，再次让西方人焦虑不安。2008年的全球经济危机令很多西方人忧心如焚：很多工作机会都流向了正在推进工业化、劳动力成本更低的中国等国家；由于本国企业把服务项目外包给会说英语的印度人或会说法语的摩洛哥人，他们的就业机会还将进一步减少。

但不管怎么说，经济活力和持续变革始终是过去六十年来的时代主题。例如，欧洲国家在第二次世界大战中遭受狂轰滥炸，满目疮痍，但是它们很快就振作起来，这说明基本产能和技术一旦牢牢确立就可以迅速恢复原状。

经济变革也影响到了西方社会的阶级结构。中产阶级和工人阶级之间的基本界限依然存在。但是中产阶级的定义主要取决于管理技能和文化程度，与财产多少关系不大；对于生活富裕的工人来说，他们的阶级属性也不再突出。美国大部分工人都认为自己是中产阶级，这是由他们的收入水平决定的。人口流动性增加，尤其是在第二次世界大战后的几十年，这也在一定程度上模糊了阶级界限。大多数人都得到了更多的受教育机会，很多工人家庭出身的人担任了企业高管或政府高官，尽管这群人的占比并不高。有意思的是，西欧的人口流动很快就达到了如美国的规模，但其阶级分化则要更加明显。

社会结构方面最显著的变化表现为大批工人投身服务行业。农民在总人口中的比例本就不高，如今更是进一步下滑。20世纪20年代，工厂工人的数量趋于稳定，因为工厂主要通过提高机械化水平来增加产量。到50年代时已有明显迹象表明，服务业工作将引领未来就业潮流——其从业者要经常与人打交道或处理文案而不是生产商品。餐饮业者、医疗领域工作者（从医院门卫到医生）、教师和娱乐行业工作者的数量迅速提高；程式化的消费导向型经济需要有更多人从事秘书和销售工作。到70年代，西方社会一半以上的工人都受雇于服务行业。

最后，尤其是在1945年以后，新一批非技术工人加入劳动力大军，其中很多

人物传略：西蒙娜·德·波伏娃

西蒙娜·德·波伏娃（1908—1986）是一位有重要影响力的法国学者，以她对女权主义运动所做的贡献而著称。1908年，波伏娃在巴黎出生，她的父母均是天主教徒，但她后来选择了投身哲学激进主义运动。波伏娃撰写了大量著作，既有哲学，也有文学。她呼吁社会加强对工人的保护，善待老人，给予女性堕胎权；但首先要为女性争取平等权。1949年，波伏娃出版了《第二性》，为20世纪后期的女权运动奠定了理论基石。美国女权运动先锋贝蒂·弗里丹传播了波伏娃的思想，以此唤醒当代美国女性的自我意识。

西蒙娜·德·波伏娃。

  1929年，波伏娃大学毕业，之后十多年一直在高中任教。波伏娃很早就树立了自己的基本哲学观（与存在主义运动相关），而且她还热衷针砭时弊。她与法国存在主义哲学家萨特是相伴一生的爱侣。波伏娃在人生的最后几十年里积极参与政治实践，包括女权运动。1981年，萨特去世，此后波伏娃的身体和精神状态每况愈下。1986年，波伏娃病逝，人们将她与萨特合葬在了一起。

人都是外来移民。西欧吸收了数十万外来劳工，他们来自中东、北非、西印度群岛和亚洲。入境美国的移民数量也超过了以往，他们主要来自东亚和拉丁美洲。当然，并非所有新移民都是非技术人员，事实上，他们中的大部分人都成了农业劳动者、维修工或快餐店服务员，或者是进入了薪水低、失业率高的其他行业。很多非裔美国人就属于这一群体，他们生活不幸，享受不到经济繁荣，得不到有保障的工作。

  种族对立时有发生，比如德国发生的土耳其工人遇袭事件。很多政党都主张限制移民。美国出台了严格措施控制拉丁美洲非法移民入境美国，但是收效甚微。西欧和美国的混合人口结构带来了重大改变——机遇与矛盾同时存在。

  在社会结构变化的同时，20世纪的家庭生活也发生了重大改变，但并未彻底改头换面。出生率保持低位。从40年代末到60年代初，西方国家的人口出生率大幅提高，出现了人们熟知的"婴儿潮"。造成"婴儿潮"的原因包括经济繁荣（很多家庭在大萧条期间推迟了生育计划）和政府对家庭的补助。"婴儿潮"对学校和托儿所等社会机构造成了严重压力，但当时的出生率其实并不算太高。1963年过后，"婴儿潮"结束，人口出生率快速回落。由于医疗条件改善，人们开始加强体育锻炼，各年龄段的人口死亡率稳步下降，从而恢复了19世纪后期的基本人口模式：在低出生率和低死亡率的基础上，人口趋于稳定或小幅增长，人口老龄化严重。老龄人口增多给社会保障体系造成巨大负担，但对家庭的影响微乎其微，因为西方社会的老人如今基本都不与晚辈同住，这表明从20世纪20年代以来西方人的居住模式发生了重大改变。

夫妻之间和父母与子女之间的亲密情感联系是西方人家庭生活的重要基石。人们更加重视婚前和婚内的性生活质量。全家人有更多机会一起参与休闲活动。随着工作时间逐步缩短，一年一度的家庭休假成了西方人的生活标准。1945年之后，很多家庭都购置了电视机，人们足不出户就能享受惬意的闲暇时光。

尽管家庭功能和家庭结构依然是过去模式的延续，但也出现了一些有意思的转变；女性可以外出工作，这一新现象为家庭成员的角色带来了革命性变化。第一次世界大战期间，男人们奔赴战场，大批留守女性成了不可或缺的劳动力。后来在20年代，很多女性重返家庭。但是在第二次世界大战期间，女性再次回到了工厂和办公室，而且在战后她们仍然坚持工作。在西欧和北美洲，越来越多的女性和男性一样得到了良好教育，她们不必花太多时间照看孩子（家中孩子不多）；在一个依靠金钱来实现自我成就感和权利的社会，工作给了女性身份认同感和收入。与此同时，适合女性的服务业岗位也越来越多，女性求职唾手可得；同时更高的生活期待也在激励女性去工作，比如住更好的房子、去旅游或去学习。在所有西方国家，女性在全部劳动力中的比例都在稳步上升，到70年代末已经达到45%。各个社会阶层的女性都在工作，而且她们在婚后孕期也不放弃工作。但是她们的收入与男性相差甚远。鉴于此，西方社会在60年代爆发了一场为女性争取平等权的女权运动。不管怎么说，工作场所男女比例的变化，扭转了西方工业社会的早期传统，即女性要以家庭为重。

职业女性有权决定更多家庭事务。丈夫不再像过去那样说一不二，即便如此，女性的新角色也带来了不少困扰——对所有家庭成员来说都是如此。男性做家务的时间远少于女性，尽管女性参加工作后待在家里的时间少了很多。照看孩子是另一个重要问题。越来越多的孩子（尤其在西欧）都是白天待在托儿所，这是福利国家的一项新功能。但是也有很多人担心孩子能否得到优质教育，因为老派观点认为母亲有责任抚育孩子，这种观念并未随着女性活动范围变得越来越大而快速改变。

很多人宣称妈妈们不应该工作——至少在孩子年幼时应该这样。

这些矛盾引起了人们对家庭本身的担忧,事实上这个问题早在工业革命期间就被提起过。很多人都在抱怨女性家庭角色的变化,声称家长对孩子的看管不到位,放任孩子长时间看电视。可以肯定的是,西方家庭变得不那么稳定了。在20世纪的大部分时间里,西方国家的离婚率都呈上升趋势,美国的离婚率更是长期排名世界第一。到了70年代,美国每两对夫妻就有一对分手,英国则是三分之一。修订后的婚姻法使离婚变得更加容易,说明个人成就感与组建家庭的意愿之间产生了更多矛盾。那些维系下去的西方家庭则适应了多方面的新变化。离婚率上升的一个原因就是人们对家庭抱有更高的期待,既要有美满的爱情,也要有和谐的夫妻生活,同时还不能发生争吵。然而,这种家庭观往往是纸上谈兵,家庭成员承受的压力和彼此之间的矛盾造成了20世纪西方社会的总体焦虑感。

除了社会结构和家庭关系变化,追求享乐也是20世纪西方社会的一大主题,

1977年11月,由美国政府组织的全国妇女大会在休斯敦召开。为了表现早期美国女权运动与本届大会的传承关系,人们选择在纽约的塞尼卡瀑布城(1848年女权大会的召开地)点燃火炬,由火炬手们接力跑了4,160千米送抵休斯敦。女权运动领袖陪同三位火炬手跑完最后一英里路程。图中从左到右分别是苏珊·安东尼、参会代表贝拉·阿布佐格、西尔维娅·奥尔蒂斯、佩吉·科克诺特、米歇尔·瑟西(火炬手)、贝蒂·弗里丹。

这一点尤其表现在 20 年代和第二次世界大战后的殷实年代。到了 40 年代末，由于经济日益繁荣和工作时间缩短（普遍执行八小时工作制），人们对休闲娱乐表现出了浓厚兴趣。通俗小说、电影、广播和电视等大众传播媒体让人们暂时忘却了现实生活。职业体育运动深受欢迎，尤其是西欧的足球、美国的橄榄球和棒球。人们可以公开谈论与性有关的话题，不再像 19 世纪那样对其讳莫如深。人们对避孕更加小心翼翼，但有更多人都是选择使用避孕用品，而不是禁欲。在一个注重商品消费的享乐社会，性自是不可或缺。人们穿着更加暴露，尤其是女性；电影和电视里不时出现欢爱镜头；还有帮助人们提升性技巧的指导手册——这些都是西方历史上出现的新内容。我们不知道人们的性生活质量是否真的有所改善，毕竟这在过去属于私密话题，但可以肯定的是，现如今人们非常关注这个话题。性诱惑有助于提升快感，还可以刺激产品销售。在某些观察家看来，体育和性爱已经取代了宗教在西方通俗文化中的地位。

对于西方批评家和西方世界外的批评家来说，当代西方社会存在严重缺陷。一面是贫穷和乏味的工作，一面是富裕和催人奋进的工作价值，二者同时存在。年轻人的叛逆（表现为玩世不恭的着装和节奏强烈的音乐）、家庭不稳定和罪案频发，这些都是一个社会的致命缺陷。其他令人担忧的弊端还包括自杀率和精神疾病发病率呈上升趋势。但不论如何，西方社会由变革引发的压力仍在不断出现。有些人在变革中感到无所适从，或是因为放弃传统价值观而心烦意乱，或是因为追逐新潮流但对结果大失所望——这表明一个社会在快速变化的过程中会出现种种矛盾。

6. 后工业化时代？

西方社会的很多人认为他们正在经历史无前例的深刻变革，不论这些变革的结果是好是坏。20 世纪 60 年代末，西欧和北美出现了"后工业化社会"这一新概念。它认为西方社会是变革的领路人，正如它开启了工业革命一样。这种世界观认为，服务业带来的转折和变革堪比工业经济的崛起。后工业化社会发展的关键是掌握知识而不是控制商品。技术进步帮助工厂扩大了生产规模，减少了用工人数，将生成并控制信息确立为发展重心。以计算机为代表的新技术加快了知识传播，将后工业化概念落到了实处，它的意义不亚于蒸汽机为制造业带来的翻天覆地的变化。

女性地位改变与后工业化概念并行不悖，一些观察家开始探讨后工业化社会的家庭模式，夫妻在家中地位平等，他们可以凭借两个人的收入过上高消费生活。后工业化城市变得越来越像休闲中心，因为大部分工作地点都迁至郊区，由无所不在的互联网加以连接。后工业化的政坛面貌变得不再清晰，有人指出老派政党结构会变得松散，因为新崛起的服务业选民更关心与他们切身利益相关的问题。日益重要的环境问题和女权问题打破了原有的政治路线，预示西方的政治前景难以预言。

当然，后工业化社会还不是一个既成事实，甚至到20世纪90年代末都不是。后工业化社会延续了早期社会的重要特征，包括政治观念和文化方向，表明新技术只是对西方工业社会的修正，而不是革命。然而，西方社会还是出现了一些显而易见的新特点，不论是年龄段划分还是职业分类，都不同于19世纪工业社会早期的模式。虽然这种局面不如后工业化预言家设想的那样激动人心，但是它对西方和整个世界提出了一个重要问题：一个日新月异的发达工业社会如何融入一个仍未完全工业化的世界？很多西方人正在享受着富裕而时尚的城市生活，他们的所思所想如何与世界上普遍存在的农民价值观和谐共存？

7. 通往现代之路

随着工业化持续向前，**消费主义**逐步扩散，民主制度日益拓展，非西方社会在21世纪早期也表现出了西方文化的很多特点。在世界大战等事件的刺激下，当代西方推出了其他一些重要变革。由于失去了殖民地，包括对殖民地经济和政治的控制权，西欧调整自身以适应自己下滑的国际地位。西欧有能力实现政治统一，在此背景下民族主义运动走向衰微。在这段时期，西欧与美国的关系被重新定位，因为美国成为了世界超级大国。某些影响西方的社会问题成了一般工业经济体都要面临的共同问题，比如出生率快速下降和21世纪出现的快速老龄化。性别关系变化也是这段时期西方社会的特征，此外还有移民问题带来的挑战，很多西方国家都在想方设法应对日益庞大而多元化的移民群体。

延伸阅读

第一次世界大战：Richard F. Hamilton, Roger H. Herwig, *Decisions for War, 1914-1917* (2004); David Fromkin, *Europe's Last Summer: Who Started the Great War in 1914?* (2004); Michael E. Brown, ed., *Offense, Defense, and War* (2004); Niall Ferguston, *The Rise and Demise of the British World Order and the Lessons of Global Power* (2003); Aviel Roshwald, *European Culture in the Great War* (1999); Robert Zieger, *America's Great War: World War I and the American Experience* (2000); Lawrence Sondhaus, *World War I: The Global Revolution* (2011); Paul Dowswell, *Weapons and Technology of World War I* (2008); Charles W. Kegley, *World Politics: Trend and Transformation* (2008)。

当代西方：Michael Adas, *Dominance by Design: Technological Imperatives and America's Civilizing Mission* (2006); Jonathan Rosenberg, *How Far the Promised Land? World Affairs and the American Civil Rights Movement from the First World War to Vietnam* (2006); Elizabeth Borgwardt, *The New Deal for the World: America's Vision for Human Rights* (2005); David Harvey, *The New Imperialism* (2005); Robin W. Winks, John E. Talbott, *Europe 1945 to the Present* (2005); Volker R. Berghahn, *Europe in the Era of Two World Wars: From Militarism and Genocide to Civil Society, 1900-1950* (2006); Eric Dorn Brose, *A History of Europe in the Twentieth Century* (2005); Sally Marks, *The Ebbing of European Ascendancy: An International History of the World, 1914-1945* (2002); Arthur Marwick, Clive Emsley, Wendy Simpson, eds., *Total War and Historical Change: Europe, 1914-1955* (2001); Thomas Streissguth, *The Roaring Twenties* (2007); Lionel Robbins et. al., *The Great Depression* (2009); Sebastian Rosato, *Europe United* (2011); Gabrielle Hecht, Paul Edwards, *The Technolopolitics of the Cold War: Toward a Transregional Perspective* (2007); Lizabeth Cohen, *Consumer's Republic* (2003); Walter Laqueur, *Europe Since Hitler* (1982); D. A. Low, *Eclipse of Empire* (1991); Helen Wallace et al., *Policy-Making in the European Community* (1983); P. Paxton, *Europe in the 20th Century* (第二版) (1985)。犹太人大屠杀：R. Hilberg, *Perpetrators, Victims, Bystanders: The Jewish Catastrophe* (1992)。

1945年后欧洲关键领域发生的重大事件：A. F. Havighurst, *Twentieth-Century Britain* (1982); John Ardagh, *France in the 1980s* (1982); Volker Berghahn, *Modern Germany: Society, Economy and Politics in the 20th Century* (1983)。第二次世界大战后的社会和经济发展趋势：C. Kindleberger, *Europe's Postwar Growth* (1967); V. Bogdanor, R. Skidelsky, eds., *The Age of Affluence* (1970); R. Dahrendorf, ed., *Europe's Economy in Crisis* (1982); Peter Stearns, Herrick Chapman, *European Society in Upheaval* (第三版) (1991)。福利国家：Stephen Cohen, *Modern Capitalist Planning: The French Model* (1977); E. S. Einhorn, J. Logue, *Welfare States in Hard Times* (1982)。

英联邦国家：Charles Doran, *Forgotten Partnership: U.S.-Canada Relations Today* (1983); S. M. Lipset, *American Exceptionalism: A Double Edged Sword* (1995) (对比加拿大和美国); Edward McWhinney, *Canada and the Constitution, 1979-1982* (1982); Stephen Graubard, ed., *Australia: Terra Incognita?* (1985)。冷战期间的美国：Walter LaFeber, *America, Russia and the Cold War, 1945-1980* (第四版) (1980); Thomas Patterson, *On Every Front: The Making of the Cold War* (1979); David

Oshinsky, *A Conspiracy So Immense: The World of Joe McCarthy* (1983); Richard Polenberg, *One Nation Divisible: Class, Race and Ethnicity in the United States Since 1938* (1980); Harvard Sitkoff, *The Struggle for Black Equality, 1954-1980* (1981); William Chafe, *The American Woman: Her Changing Social, Economic and Political Roles* (1972)。

第 28 章
苏联与东欧

俄国十月革命及其成果为 20 世纪的东欧历史定下了基调。在这几十年里，俄国经历的诸多事件让西方震惊不已，俄国自身也发展成为一个推行共产主义政策的与众不同的工业社会。这个社会继承了早期俄国传统，以及 1917 年十月革命带来的大量创新。直到 40 年代初东欧国家还置身于共产主义体制之外，但是随着苏联逐步西进，它们也被纳入共产主义经济和政治体系。结果就是形成了一个既高度统一又矛盾重重的整体东欧文明。

俄国在 20 世纪的重大转折源于工业化和新社会体制的创建。俄国摆脱了传统贵族统治，推广了大众教育。1917 年建立的共产主义政权其实是一个改革工具。革命源于各种社会矛盾，包括人口压力、政治期待、社会政治旧体制受到挑战但是没有转化为真正的变革。正如 18 世纪后期的法国和 20 世纪的中国等国家，大规模的革命为应对最初的变革力量所必不可少，好为下一步转型开辟新道。然而，十月革命并未改变俄国社会全貌。新建的苏维埃制度与沙皇政权毫无关联，但是它保留了俄国的许多传统，包括秘密警察等特殊机构。苏联继续对外输出影响，这也是两场世界大战造成的后果。凭借自身工业实力，苏联迅速成为 1945 年后两个超级大国之一。长期以来，俄国对待西方文化一直顾虑重重，既希望模仿西方特征，同时又竭力避免受到西方文化影响，为的是捍卫东欧特有的价值观。正因为如此，苏联的科学事业大步向前，而且保持了世俗社会面貌，与现代西方社会相差无几；与此同时，苏联又刻意远离西方艺术和通俗文化，这成为两大文明之间的一道鸿沟。苏联解体激活了俄罗斯与西方的关系，俄罗斯人民的身份认同问题再次被重新定义。

> **重点问题** 1917 年十月革命对俄国和后来的东欧带来了哪些重大变化？什么原因导致 20 世纪 80 年代东欧发生剧变？从 1917 年到 21 世纪，俄罗斯与西方关系的变与不变主要指哪些方面？

1. 俄国十月革命

俄国人民在第一次世界大战期间遭受的无尽苦难，是孕育 1917 年十月革命的土壤。面对装备精良的德军，俄军在战场上接连受挫；政府不断加大战争投入，百姓生活困苦不堪。粮食短缺，物价飞涨，民怨沸腾。但是在这之外其实还有更深层的原因：沙皇政府拒绝下放权力，国家杜马有名无实。尼古拉二世对百姓用合法方式发出的诉求充耳不闻，他本人也是冥顽不化；环伺其周的贪官更是拉低了政府的威望。城市工人组成了一支立场鲜明的革命力量，他们对早期工业化工厂中的恶劣工作条件忍无可忍，而且他们出身佃农，本就对社会不公愤愤不平。中产阶级自由人士和佃农群体也是各有不满，因此出现了各种革命运动和革命派系，不过他们宣泄不满的手段一般都是非法的。俄国本质上是一个传统农业社会，它以一种令人眩晕的超快速度走进了工业化时代，可是它在政治制度上又没有做出相应变革——20 世纪大革命的公式就这样编写完成。

1917 年 3 月（俄历二月），在俄国首都彼得格勒，工人发动大罢工，百姓哄抢食物，很快就演变成一场革命（二月革命），要求物质救济和建立新政权。罢工委员会组织的代表会议（简称"苏维埃"）接管了市政府，抓捕了沙皇的多位部长。沙皇下台，俄国漫长的沙皇时代终于道尽途穷。在八个月的时间里，统治俄国的是由自由派主导的临时政府。然而，自由派在俄国根基不稳，仅有少数中产阶级支持，而且临时政府做出了继续参战的错误决定。再加上自由派也不愿进行大规模的土地改革，因为他们尊重既有的私人财产，这令广大佃农大失所望。因此，当年 11 月（俄历 10 月）又发生了第二场革命（十月革命），激进的共产主义政党**布尔什维克党**成为执政党，他们的领袖是弗拉基米尔·伊里奇·乌里扬诺夫，也就是著名的列宁。

布尔什维克党虽说只是俄国若干小规模革命力量之一，但它也有自身优势：严密的层级组织和缜密的行动纲领，以及革命导师列宁——他是世界历史上伟大的革命领袖之一。列宁在 20 世纪早期的很多年里都是在流放中度过的，但是他在早前就已经提出了一套具有俄国特色的马克思主义学说。他指出像俄国这样没有完

十月革命期间，俄国妇女发动了争取选举权的大规模游行示威活动。

全工业化的国家也可以发生工人阶级革命，其基础是一支组织完善的无产阶级先锋队——它的首要任务就是建立无产阶级专政。列宁认为，在资本主义已经形成世界体系的大背景下，工人阶级革命更有可能实现，它将是对帝国主义时代发出的掷地有声的回应：马克思主义运动不仅要反对本土资本主义，还要冲破西方资本主义一统天下的局面。列宁组建了一支专业化的高素质革命队伍。列宁比其他马克思主义者更深孚众望，后者认为俄国应该先建立一个资产阶级专政的国家；深谋远虑的列宁令其他激进团体相形见绌。他领导的布尔什维克党在俄语中是"多数派"的意思，实际上他们的人数并不多。他最强劲的对手是有着无政府主义运动出身的社会革命党，后者借土地改革之名赢得广大佃农支持。在十月革命最初的几个月里，列宁也在积极争取佃农支持，提出所有土地归国家所有；他支持工人自发组织的代表会议，即苏维埃，城市工人对他推崇备至。总之，列宁力压各路竞争对手的原因在于他极力主张革命，而大多数人则主张进行循序渐进的改革。随着民怨持续高涨，城市罢工和农村暴动增多，果敢坚毅的列宁赢得了极高的声望。进入11月（俄历10月），主要城市的苏维埃都表态支持列宁。11月7日，布尔什维克党占领了整个首都，苏维埃全国代表大会建立了苏联人民委员会，即苏维埃政府，列宁当选主席。

虽然布尔什维克党夺取了政权，但是艰苦卓绝的斗争仍在继续。社会革命党在立宪会议选举中赢得多数票，但是因为列宁在此之前就已将该党强行解散，所

讨论历史：女性与俄国十月革命

十月革命过后，俄国共产党（布尔什维克）上台执政，他们自豪地公布了女性事业取得的重大进步。马克思主义理论提出摧毁资本主义制度就能根除社会对女性的迫害，比如性剥削和卖淫。女性只要通过资格审查就可进入政府委员会任职（但极少有女性担任领导职务）。女性劳动力对俄国工业化发挥了重要作用，而她们也将一如既往地辛勤工作。俄国领导人骄傲地宣称：俄国女性是国家经济的贡献者，西方女性只能充当家庭主妇。

但是西方批评家则经常抨击俄国领导人的类似言论，这也是冷战时期双方大打口水战的话题之一。他们说俄国女性收入不高、职位低下。比如大部分医生都是女性，但工资却比男医生低很多。女性在工作之余还要承担全部家务，俄国男性对家务依旧不闻不问。女性还要负责采购生活用品，她们肩上的责任又加重了。

然而，新近历史研究勾勒出的画面则要更加微妙。在共产主义社会建设初期，也就是20世纪20年代，俄国女性拥有相当大的自由。人们提出了各式各样的新想法，包括改变传统家庭模式。在此背景下，俄国人口出生率下降，更多女性有机会接受教育。但是在斯大林执政期间，家庭政策趋向保守，强调丈夫或父亲才是一家之主。卖淫等社会弊端被掩盖，为的是彰显共产主义的成就。女性生活处境确实面目一新，不过官方说法也略显夸大。

苏联解体后，这些问题依然存在。对有些女性来说，消费主义风潮意味着她们可以追逐时尚，但其他女性则认为刻意装扮是对女性的束缚。失业率升高是另一大社会难题。性剥削和卖淫人数急剧上升是东欧阵营的历史遗留问题。

以"人民实际上把票投给了一个已不存在的政党"。议会制度被取消，取代它的是布尔什维克党主导的苏维埃全国代表大会；俄国不接受西方的多党制。对苏维埃政府来说，全国多地大规模的反抗运动可谓燃眉之急。布尔什维克党对于夺取政权后该何去何从并无明确规划。他们宣布俄国退出第一次世界大战，为此还与德国签订了一份屈辱性的和约，失去了大片土地。他们向佃农重新分配土地，逐渐将基础工业收归国有，由人民委员会领导。仍然效忠沙皇的将领在多地组织叛乱反对新政权，他们得到了日法英美等国的兵力支援——这些国家对这个激进的俄国新政权感到惶恐不安。俄国内战一打就是三年，直到共产党建立起自己强大的红军武装，在广大民众的支持下一道反抗外国干涉，这才扭转局面。国内反对派陆续被粉碎，很多人被处决。为了赢回民心，列宁于1921年颁行"新经济政策"，赋予小型私人企业和小农经济更多自由。在这一临时政策实施后，俄国粮食生产终于在连年饥荒后止跌回升，新政权也终于有时间为共产主义制度规划更多长期政策。

1923 年，布尔什维克党的革命任务大功告成。新宪法确立了苏联是联邦制的社会主义共和国，俄罗斯人是国家的主体民族，其他少数民族享有一定自由。这个新国家的全称是"苏维埃社会主义共和国联盟"，简称"苏联"，布尔什维克党（共产党）是执政党，制定基本决策的中央权力机关位于新都莫斯科——苏联将首都从列宁格勒（原圣彼得堡）迁到了莫斯科，为的是淡化这个革命政权的西方色彩，推行比沙皇时代更加高效的统治。革命人士早先时候曾热切盼望将共产主义革命推广到其他欧洲国家，现在他们开始将关注重心转回国内。布尔什维克党还保留着"共产国际联络局"，为的是支持并指导世界各地的共产党事业，但布尔什维克党目前的主要任务是搞好祖国建设。

俄国十月革命是人类历史上最重要的转折之一。鉴于人民对外国干涉的普遍不满（虽然具体诉求不同），以及对中央领导集体的坚定信念，布尔什维克党击退了外国势力，同时避免了"老政权"复辟（法国在拿破仑战败后就发生过王朝复辟）。尽管苏维埃政权带有沙皇体制的某些特征，比如权力高度集中，但是布尔什维克党确实创建了一个全新的政治、经济和文化结构，在经历了早期的混乱之后，再未遇到重大内部挑战。

2. 苏联在 1923 年后的发展模式

1924 年列宁去世，各派系开始争权夺利，最终斯大林力压众人，成为苏联人民委员会主席。斯大林凭借他在共产党内的地位成为新政府的领导人，他出身工人家庭，文化水平不高，对马克思主义理论兴趣不大，但是他嗜权如命，喜欢挟势弄权。在他统治期间，苏联发展成为一个独具特色的社会主义国家，符合他自己提出的"在一国首先建立社会主义"理论，他不赞成很多早期领导人在世界范围内推进共产主义革命事业的构想。1927 年，斯大林几乎肃清了他所有的政敌。苏联在社会主义道路上缓慢前行。很多土地仍然掌握在富农手中，他们从事盈利性的商品农业；在工业方面，国营企业和计划经济取得的成果可谓蜗角蝇头。斯大林肩负双重任务：将苏联建设成为一个地地道道的工业化社会，同时全力发展国有经济（在此背景下民营经济自是发展迟缓）。从本质上来说，斯大林一心希望实现现代化，但他要走的却是一条非资本主义的革命道路。

苏联从 1928 年开始全面推进农业**集体化**，即不同于西方个体经营的大型国营农场。共产党宣传机构大力宣传，鼓动佃农加入集体农庄。一些富农拒不加入，结果遭到威胁，不是被集体处决，就是被流放西伯利亚，剩下的富农最后不得不低头屈服。苏联的农业产量随之急剧下滑，直到1935年后才开始慢慢恢复。佃农生产积极性不高一直是困扰苏联农业的一大难题。尽管集体农庄也分给了佃农小块土地以保障其就业，但其工厂式的规章制度和自上而下的刻板规划令众多佃农不愿参与其中。

不过，集体农庄制度有助于控制佃农，减少农业方面的投入，保障工业化方面的资本投入，并使许多剩余劳动力进城务工。斯大林处理农业问题的手段有些粗暴，但他提出的工业发展战略却是出人意料地大获成功。苏联国家计划委员会负责制定"五年计划"，提出建设大批国营工厂，涵盖冶金、采矿和电力行业，目标是将苏联建成一个工业化国家，既不需要外国资本，也不需要听由其他国家指手画脚。重工业是发展重点，这样既可以利用苏联丰富的自然资源，还能为对付希特勒的纳粹德国做好备战。产业结构不平衡、忽视轻工业生产是苏联版工业社会的显著特点。斯大林踌躇满志地希望用政府决策来取代市场调节，结果出现了分配瓶颈，以及资源和劳动力的巨大浪费，因为划拨各厂的产销配额是在莫斯科制定的。但不管怎么说，苏联工业产量增长之快毋庸置疑。在前两个"五年计划"时期（1928—1937），当时正值西方深陷泥潭，苏联的机械和金属产量增长了十四倍，一跃成为仅次于德国和美国的世界第三大工业强国。

在政府大力推进工业化的过程中，警察系统运转如常。政敌乃至假想敌一律身首异处。1937年至1938年，斯大林策动了党内肃反运动（"大清洗"），数百名高层领导人被迫供认犯有"莫须有"的叛国罪。苏共党代会和中央政治局形同虚设。内务人民委员部是斯大林时代的秘密警察机构，它于1934年更名为内务部[1]，开始在苏联社会内部制造恐怖氛围。

但讽刺的是，斯大林的大清洗运动反而削弱了苏联应对德国威胁的能力，因为希特勒自称是反共产主义运动的领袖。斯大林对西方列强的动机半信半疑，再加上国家自身实力不足，他不得不在1939年与希特勒签订了《苏德互不侵犯条约》。这项约定给了苏联一段喘息之机，苏联红军乘时乘势攻打波兰东部和芬兰，夺回了在第一次世界大战中失去的领土。

第二次世界大战本身对苏联来说是场弥天大祸。尽管德军入侵以失败告终，但

---

1 原文中的时间和事件有偏差：1934年，苏俄内务人民委员部（NKVD）统一所有安保警卫工作，从此开始统揽国内安全、警务和狱政工作。1946年3月，苏联政府将所有的人民委员部（NK）重新定名为部（M），因此内务人民委员部变成了内务部（MVD）。

苏联还是蒙受了巨大损失：人员七损八伤，财产十不余一。苏联的新工业基地在战争开始后被匆忙迁至乌拉尔山一带，它们为战争物资补给贡献良多，美英两国也提供了部分援助，但是苏联的战争成本依然居高不下。列宁格勒和斯大林格勒等重要城市被德军围困达数月之久，苏联军民伤亡惨重。第二次世界大战加重了俄国人对外来入侵和干预由来已久的担忧，他们还无法忘怀第一次世界大战的阴影和十月革命期间的外国干涉。但是从1943年开始红军发起了反攻，他们一路向西挺进，最后穿越易北河进入德国本土，俄国人终于重拾久违的民族自信心。战后的苏联控制了波兰东部大片领土，吸纳合并了那些根据《凡尔赛和约》建立的小国。几个东欧大国暂时还能保持主权独立，但它们很快就将大权旁落，被苏联占领军支持的共产党所控制。

多数东欧小国在这两次世界大战期间都是困境重重。很多国家都有悠久历史和特色文化，但它们毕竟只是新生国家——之前是沙俄帝国的西部领地或一直处于哈布斯堡王朝的统治之下。捷克斯洛伐克是唯一能长期坚持议会民主制的国家，其他国家在短暂尝试民主制后又回到了君主专制或军人独裁的老传统。为了捍卫贵族专权，这些国家将土地改革搁置一旁。各国对边界问题争执不下，耽误了经济发展；工业化进程裹足不前，农业生产力下降。因此当纳粹德国向它们开战时，人员不足、装备落后的各国军队根本无力还击，比如波兰。1944年至1948年，这些国家受到苏联控制。苏联与当地共产主义运动协作，打垮了反对党，将波兰、匈牙利、罗马尼亚、保加利亚、捷克斯洛伐克和东德纳入苏联政治版图。只有南斯拉夫和阿尔巴尼亚还保留着独立的共产主义政权，西方控制下的希腊也摆脱了苏联帝国的控制。世界上其他地方也在尝试苏联式的农业集体化和政府主导型工业化。最终，苏联成立了华约这一军事合作组织，对抗西方建立的北约。

虽然苏联西扩是第二次世界大战后最引人注目的外交后果，但是当时发生的其他事件同样意义重大。苏联在战争后期对日宣战，趁机占领了北太平洋上的若干岛屿。苏联视北朝鲜为其保护国，支持它与美国保护下的南朝鲜（韩国）一较高下。苏联协助中国共产党取得革命胜利，并在接下来的一段时间继续影响中国。20世纪70年代，越南成为苏联共产主义阵营的新盟友，它甚至同意苏联在其境内建造海军基地。日益强大的军事和经济实力成为苏联在战后的权力杠杆，它积极参与中东、非洲乃至拉丁美洲部分地区的事务。抨击西方霸权和资本主义剥削的共产主义思想在世界上很多地方大受欢迎。苏联成功地研制出原子弹和氢弹，部署导弹和海军，与美国分庭抗礼，这都表明苏联超级大国的地位进一步得到巩固。苏联已经跻身世界强国之林。

从苏联内部来看，斯大林体制在第二次世界大战结束后的头几年依然牢不可

1956年匈牙利首都布达佩斯爆发人民起义。在获得暂时胜利后，匈牙利人在一辆被截获的苏军坦克上挥舞国旗进行庆祝。

破。与美国之间的冷战升温巩固了苏联政权，俄国人坚信强势政权是抵御新一轮外国威胁的关键。但是自从1953年斯大林逝世后，没有一位领导人可以像他一样把持大权。人民委员会在推选领导人时受到苏维埃高层利益集团（军队、秘密警察和政府官僚机构）的掣肘。苏联政府体制僵化，官僚思想根深蒂固，官员们一心只想保住自己的特权，没有哪位领导人有能力施展大刀阔斧的变革。1956年，苏联新领导人赫鲁晓夫登上舞台，他否定斯大林时期的政策，抨击其迫害政敌的各项罪状。东欧各国早就对苏联统治有很多不满，它们借势掀起了反斯大林浪潮。匈牙利和波兰出现了一批自由派共产党领袖，他们主张建立一个由共产党领导的更加多样化的国家，不再受苏联牵制。波兰出现了一位深受波兰人民欢迎的新领导人，他也得到了苏联认可；加之其他因素影响，苏联同意波兰停止农业集体化。但是匈牙利新政权则遭到苏联军队镇压，这也凸显了反斯大林运动的局限性。反斯大林运动开始后，苏联内部的政治审判和公然警力镇压大为减少。然而，苏联这台国家机器依然坚固如初。

在去斯大林化的风暴过后，苏联局势直到20世纪80年代之前依然高度稳定。经济持续发展，但未取得重大突破；生产力停滞不前和周期性的粮食歉收引发民众恐慌，苏联不得不从西方国家（包括美国）进口高价粮食。很多党内领导人年事已高或相继去世,领导层变动频繁,但权力交接还算顺利。苏联坚持强军路线,在东欧全境部署大批军队。凭借在空间探测和航天飞行方面的领先优势,以及在奥运会等国际体育赛事上的优异表现,苏联的世界地位大大提升。经过1956年匈牙利事件的惨痛教训,苏联放松了对东欧的控制。东欧各国政府可以更加自由地制定经济政策,在一定限度内自由开展文化活动。匈牙利由此迎来了学术领域百花齐放和轻工业蓬勃发展的局面。然而,严苛的限制并未悉数解除,苏联领导人继续掌控东欧国家的基本政治和军事制度。1968年,捷克斯洛伐克人民发起了一场政治民主化运动,希望建立一个更加自由的政权,结果遭到苏联出兵镇压。20世纪70年代末,波兰再次出现骚乱,后被本国军警镇压,之后则受到苏联领导人的严密监控。最终,一场直接军事冲突打破了战后美苏力量均势:20世纪70年代末,苏联出兵阿富汗,支持对苏友好的阿富汗政府打击穆斯林反对势力。换言之,苏联的外交政策并非帝国主义性质,而是依然带有许多机会主义色彩,它格外在意其邻国安危,把它们当作防范潜在威胁的缓冲区。

3. 苏联的政治体制

苏联领导人把俄国在十月革命后建立的政治制度向东欧小国推而广之,这套制度保留了沙皇政权的一些传统。斯大林极力打压政敌,对潜在竞争对手妄加揣测,和个别沙皇的专断行事如出一辙。但是苏维埃制度远比沙皇专制高效全面,它利用了现代技术手段(包括快捷通信),并借鉴了西方国家在第一次世界大战期间全民动员的经验。斯大林领导的苏联经常被称为集权政府,即对公民施加直接影响,塑造他们的思想和行动,要求他们效忠。所以说苏联的政府职能要比沙皇政权广泛得多。在斯大林统治期间,政府几乎控制了所有工农业部门,由国家规划部门直接负责,这意味着苏联的经济和政治紧密交织。唯一不受政府直接指导的只有佃农的

这是一张纪念尤里·加加林的明信片,他是世界上首位进入太空的宇航员。

果菜园、小商铺和广泛存在的黑市交易。政府还负责制定文化政策,虽然带有沙皇时代的一些色彩,但在历史上并未出现一模一样的做法。政府试图打造一个世俗化的社会,让人民树立马克思主义的政治观和科学的世界观;政府监控艺术和文学活动。教育体系大幅扩张,识字率快速提高,大批成绩优异的学生升入大学;然而苏联教育制度的目的依然是为国家培养忠诚不渝、生产高效的公民。

苏联领导人建立了一套完善的公费福利制度。有劳动能力的男女公民都要参加工作;苏联不允许出现失业,但实际上还是存在大批失业人员。政府运营医疗机构、日托中心和青年组织,为残疾人和老年人发放补助。大部分项目都由共产党的基层组织实施,包括忠心耿耿的工会——不许罢工,但可以组织集体休闲活动。体育俱乐部和苏联南部的沙滩度假胜地也属于政府机构,从而进一步充实了苏联福

1981年5月1日,苏联运动员和工人在莫斯科红场上举行大游行。五一劳动节是苏联公民的重要节日,也是很多其他国家纪念工人运动的日子。

利制度的内容。相比西方国家，苏联的福利制度要更加名副其实：苏联公民不拘生老病死都能享受政府照顾。

从很多方面来看，苏联的建立都是震古烁今之创举。新政府设立了很多新职能。苏维埃政权汇聚了大批民间人才，积极构建全新的官僚机构。然而与此同时，这个新政府却是变得越来越像一庞然大物。虽然新官僚体制取代了过去时代的贵族制来治理国家，但它引发了同样的问题：上层精英人士更关心如何巩固手中的权力，而不是锐意创新。

4. 苏联文化

20世纪的苏联文化和政治一样交织着各种新元素，它不仅是大革命和工业化的产物，还蕴含着更多传统主题。从一开始起，苏联领导人就决心批判并打破俄国传统文化的重要特征，这当中首当其冲者就是宗教。新政权并不打算取缔东正教，但它极大地限制了教会的活动范围：教会不得向未满18岁的公民传达宗教指示；公立学校不得传教布道，否则将被视为传播迷信。

苏联政府反对19世纪沙皇时代精英人士强烈的西方化倾向，尽管这种倾向从未在广大民众中间普及开来。现代西方艺术和文学风格被抨击为颓废堕落。那些被视为俄国本土的早期风格被留存下来。因此，俄国交响乐团仍在演奏各种古典音乐曲目，俄国芭蕾舞依然大受欢迎（尽管按照20世纪西方标准来看不免有些僵化保守）。在艺术领域，苏联提倡**社会写实主义**（socialist realism），意在表彰英勇无畏的工农兵。在斯大林时代，十月革命之前异常活跃的现代艺术流派受到压制，取而代之的是气势恢宏、带有新古典风格的绘画和雕塑。俄国建筑突出功能性，彰显古典风格，尤其是要具备纪念价值；各式各样的历史建筑也得到精心保护。

虽然要对官方文联（其成员多是共产党员）听令行事，苏联文学依然丰富多样、富有活力。主流作家声情并茂地讲

《设计科》这幅画作是社会写实主义风格的代表作。图中左上角是斯大林的半身像。

述着俄国内战和第二次世界大战中的点点滴滴，仍然像早期传统那样流露出对俄国人民的深深同情、饱满的爱国情怀和对俄罗斯民族不朽灵魂的关切。

最富有创造力的苏联艺术家，尤其是作家群体一方面努力传达20世纪俄国人民的苦难，另一方面也在小心翼翼地规避政府审查。他们在写作上的自由尺度与苏联领导人的心境息息相关。斯大林去世后政府一度放松了文字审查，不久又重新开始严管。一些作家对苏维埃政权的某些方面持批判态度，但是他们仍然保留着特有的俄国价值观，比如索尔仁尼琴，他把自己在西伯利亚的经历写进《古拉格群岛》出版发行，后来流亡西方国家，结果发现自己的价值观与西方的物质主义和个人主义格格不入。索尔仁尼琴直到1993年才回到祖国，继续探索除共产主义和西方化之外的道路，他始终坚信俄罗斯人民的团结和信念牢不可破。

除了艺术之外，自然科学和社会科学也是苏联文化的重要内容。以马克思主义学说为导向的社会科学工作对当前趋势和历史提出了深刻见解。自然科学研究得到更多经费支持，苏联科学家在物理、化学和数学领域都有重大发现。但是他们也经常受到官方的外力阻挠，尤其是生物学家和心理学家，官方要求他们放弃那些质疑人类理性和社会进步的西方理论。因此，苏联政府严禁发行弗洛伊德的作品，那些过分强调基因突变不可控的生物学家遭受囹圄之灾。但总的来说，苏联科学家还是可以做到不拘形迹并为时望所归。和西方一样，他们的研究成果同样是与技术进步和武器升级紧密相连。

由于政府控制无隙可乘，20世纪的苏联文化既不属于传统文化，也不属于西方文化。人们对待西方的态度还是摇摆不定，比如苏联领导人同样热衷科学发展，但又希望重新定义本国的艺术风格和人民信仰。

5. 经济与社会

20世纪20年代至50年代，苏联逐渐发展成为一个全面工业化社会。其衡量标准是制造业迅猛发展和城市人口扩张（占总人口50%以上）。大部分东欧国家也在20世纪50年代实现了工业化。然而，东欧国家的现代化也有很多自身特征。其中一个重要特征就是政府几乎控制了所有经济部门——其他工业社会都不会如此限制民营经济。另一个特征则是重工业和轻工业比例严重失调。忽视消费品生产导致苏联落后西方，它不仅缺少汽车，就连建材和浴缸塞等简单用品都严重匮乏。和重型制造业相比，轻工业缺乏资金投入，难以获得先进技术。苏联需要积累发展资本，故对轻工业等闲视之；它还需要发展大规模的军工业，同美国一争高低。民众生活水平显著提高,各个群体都得到了广泛福利体系的照顾(这一点超过了美国),但是民众经常抱怨消费品奇缺,购买东西时往往要排长队,而这也是苏联人生活的一大特征。

东欧国家在工业化进程中对环境问题也是不管不顾。化学品污染和水道干涸使大片区域陷入困境。据估计,苏联有多达40%的农田遭到破坏,20%以上的人生活在"生态灾区"。东德部分地区和其他工业中心同样环境污染严重。这种强制性的工业和军事发展令苏联社会很受伤,因为不少环境问题都是不可逆的。

解答问题　养育子女的新方式

20世纪的西方社会确立了一种改变人们早期生活经历的儿童培养模式。与农业社会相比,工业社会的家庭认为孩子应该去上学,而不是去做工;要控制出生率,降低婴儿死亡率。但是这个模式还有待完善——1910年至1920年,美国的童工人数超过以往(或以后)任何时候;只有把这个问题解决了,用工制度改革才能算是圆满完成。人们开始争论究竟应该给予孩子多少关注,标志着这个模式(包括相关重大转型)即将构建完成。

问题是:那些不完全属于西方文化或经济条件更差的社会又该如何满足这些标准?共产党领导人在这个问题上没有丝毫犹豫。苏维埃政府明确表示:传统家庭教育方式需要大幅调整,由政府提供专家指导。在政府的引导和资助下,到1929年,苏联小学入学率提高了两倍,高中入学率提高了八倍。专家开始研究如何改进教学方法。政府高度重视孩子们的身体健康,在各地建立诊所为孕期女性提供医疗服务。20世纪20年代,国家对人口控制的态度摇摆不定,而事实上为人父母者已经决定不再生养太多孩子。因此到30年代时,苏联已经确立起现代儿童培养模式,也算是完成了一项重大变革。

当然,这期间也出现了一些特殊现象。共产党成立共青团组织教化青少年(抛弃宗教),还在夏季组织集体劳动(这一点很好理解,一方面是因为马克思主义关注劳动阶级,另一方面是可以帮助社会脱贫)。但是这些特殊现象其实无足轻重,重要的是苏维埃政府坚持改变下一代的培养方式。

重点问题　为什么苏联领导人一边坚持建立一个有别于资本主义西方的不同社会,一边又在暗中借鉴西方养育孩子的标准?在现代社会,童年经历的变化对成年后的生活和家庭对待子女的方式有何影响?

整个东欧的共产主义制度都没有解决农业问题。原本用于采购农耕设备的资金经常被挪用于军工或重工业发展。北欧和亚洲的恶劣气候也是一大负面因素,妨碍了粮食生产向西伯利亚扩展。一个显著事实是,东欧农民仍然认为集体农业限制了他们,缺乏个人激励,不利于生产最大化。因此,尽管东欧农业劳动力占总人口的比例高于西方,但它仍然饱受粮食供应不足和质量低下之困。

东欧社会与当代西方社会也有不少共性,因为二者同属于工业时代,比如高度相似的工作节奏。苏联在工业化过程中推出多种措施以提高工作效率,引入了规范化的监工制度;像西方工厂一样建立了鼓励杰出工人的激励机制。20 世纪 30 年代,苏联开始表彰超额完成生产任务的劳动模范,向他们颁发额外奖励和荣誉。既有相似的工作模式,也就有相似的休闲活动。几十年来,东欧人民都是体育运动爱好者,他们还喜欢电影和电视这些大众媒体。前往黑海沙滩度假是一家人难得的团聚时光。

苏联的社会结构与西方宛如刻鹄成鹜,但其农村人口依然庞大,而且深受马克思主义学说影响。贵族制已经不复存在。尤其需要指出的是,城市人口出现了阶级分化:一边是工人阶级,一边是受教育程度高、从事管理工作的中产阶级。可以肯定的是,苏联的贫富差距不似西方那般一目了然,但是管理人员和专业人士(其中包括不少共产党员)已经与生活水平较低的普通群众拉开距离。

最后一点,苏联家庭在工业化过程中遭遇到的某些压力,西方家庭也是深有体会。大批人口涌入城市和拥挤的居住条件破坏了核心家庭结构,范围更大的亲属关系网也渐趋松散,出生率下降。有段时间苏联不断调整人口政策,但其主要基调与西方保持一致。由于生活质量提高和医疗条件改善,新生儿死亡率下降,教育年限延长,消费需求增强,人们不再像以前那样渴望热热闹闹的大家庭。战争期间民众流离失所也是造成出生率下降的原因。20 世纪 70 年代,苏联的人口增长率几乎和西方持平。不过也有部分少数族群(主要指苏联南部的穆斯林)的出生率仍然高于主体民族(俄罗斯人),西方的情况亦复如是。

苏联人民养育子女的方式和西方也有相似性,父母更加重视子女教育,尤其是管理岗位的中产阶级父母,以便为其日后前途打好基础。与此同时,在苏联,孩子们接受的家庭和学校教育都比西方严格;他们要学会尊重权威,这或许有政治因素的影响。苏联女性的家庭地位比不上西方女性在工业化时期得到的尊重。大部分已婚女性仍要工作,这是正在努力实现工业化的苏联的重要特征,但是她们只能领到微薄的工资。和过去的农业社会一样,女性也要从事很多重体力劳动。其他行业也能见到女性的身影,比如医药行业,但是她们的地位远不及西方同行业的男性职员。苏联宣传机构表示,苏联女性的建设性作用和平等地位让国家引以为荣,但事实上，女性不仅要承受高强度工作造成的心理压力，还要回家操持家务，而一旁的丈夫却是无所事事。

20世纪70年代，很多苏联人似乎都对他们的政治和社会制度满意有加。军警镇压现象依然存在，但像斯大林时代那种极端行动已是少之又少。苏联人对国家在航天和体育事业上取得的成就自豪不已，而且他们在苏联体制内得到了更好的生活和更多的机遇。很多苏联人说西方的诸多软弱表现增强了他们对本国制度的信心。苏联的外交政策可谓慎之又慎，相比之下，美国的外交立场更加难以预测、更加黩武好战。比如苏联在1962年撤回了部署在古巴的导弹，避免与美国发生直接冲突。苏联制度在很大程度上使得东欧大部分地区处于孤立状态，因为它只许在共产主义体系之外进行有限的贸易，只许进行经过上级精心筛选的对外文化交流活动。

6. 东欧剧变

尽管苏联社会多有创举，但它还是在20世纪80年代早期出现了瓦解星散的迹象——东欧和中亚历史由此开创新局。这场大变局的起因是经济发展每况愈下，军备竞赛的高昂成本更使形势雪上加霜。20世纪五六十年代，苏联经济发展势头强劲，但到70年代末已经陷入停滞。由于刻板教条的经济规划、人民健康问题和工人士气不高，苏联工业产量停止增长，甚至开始下滑。住房紧张和消费品短缺更是进一步挫伤了民众的积极性。然而在经济发展止步的同时，冷战时期的军备竞赛却是愈演愈烈，生产武器所耗资源占到国民总收入的近三分之一，其他项目投资和消费品生产所需资金一降再降。疾病发生率、新生儿死亡率和酗酒人数全部上升。新生代领导人承认苏联政权濒临瓦解，尽管起初只是私下表态。

虽然官僚机构的运转令人莫测，但是苏联制度本身也并非铁板一块。1985年，历经多位领导更迭（他们不是年事老迈就是健康欠佳，难有作为），戈尔巴乔夫这位更年轻的新领袖走上前台。他一就任就重启早前对斯大林僵化政策的批判，多位党内元老直接下马。他为苏联政坛引入了一股西方化的新风格：穿着时髦（他的夫人在公开场合也是穿着考究），举行相对公开的记者招待会，甚至允许苏联媒体参与对各种弊端和成功案例的辩论和报道。戈尔巴乔夫下令削减核武器。1987年，他与美国达成一项新协议，双方同意全部销毁两国部署在欧洲的中程导弹。他宣布结束阿富汗战争，下令苏联撤军。

戈尔巴乔夫推出了**公开性**（glasnost）政策，这意味着人们可以自由评论和批评政府。他敦促官员改掉办事拖沓的作风，提振苏联经济的生产力，将更多决策权下放，运用市场机制刺激生产。从很多方面来看，戈尔巴乔夫的政策重现了苏联面对西方时的典型矛盾心理：一方面希望改变自身孤立无援的处境，另一方面又在批评西方的政治和社会结构。戈尔巴乔夫显然是想运用西方管理手段，吸收西方某些文化风格，同时坚持由共产党掌控国家。但让西方分析家想不通的是，苏联如何能在不接受西方消费主义的情况下提高工人的积极性？苏联既然不允许信息自由流通，又该如何普及电脑使用？

戈尔巴乔夫积极带领苏联广泛融入世界经济，因为他意识到孤立状态妨碍了苏联获取新技术，限制了人们寻求改变的动力。新领导层并不急于开放外贸或吸引投资（很多人对此仍心存疑虑），但是部分经济改革举措已经带来显著变化，比如莫斯科出现了第一家麦当劳，与外国人展开全方位交流。有更多的苏联人参与到了文化和经济全球化的进程中。

改革计划的主旨是**重建**（perestroika），即经济结构调整。戈尔巴乔夫允许民营经济存在，放宽了对工农业的集中调控。比如农民可以获得为期五十年的土地租赁权（可继承），实业家可以收购私企或国企，鼓励外资流入。戈尔巴乔夫敦促苏联人开展自救行动，包括减少酒品消费，他希望"改变人们的观念……不再信仰所谓的'好沙皇'这一无所不能的权力核心可以构建秩序并发起自上而下的改革"。从政治方面来看，戈尔巴乔夫于1988年颁行新宪法，赋予新议会（人民代表大会）大权；共产党不再垄断选举。党内外均出现了重要的反对势力，戈尔巴乔夫开始腹背受敌：一边是要求快速改革的自由派，另一边是保守派强硬分子。1990年，戈尔巴乔夫当选苏联首任总统。

7. 苏联解体

戈尔巴乔夫的一系列新举措，包括他希望改善与西方强国的关系，对东欧社会主义国家影响尤著：东欧小国一致要求扩大自主权和内部改革。1987年，保加利亚推行经济自由化改革，遭到苏联阻挠；1989年，保加利亚共产党领导人在压力下被迫下台，新领袖承诺举行自由选举。1988年，匈牙利领导层发生变动，一位非共产党员被推举为总统。新政府开始筹划新宪法和自由选举，社会主义工人党（其前身是共产党和劳动人民党）更名为"社会党"，匈牙利在自由市场经济的道路上快速前行。1988年，波兰政府对国有经济进行彻底改革，但政府停发补贴造成物价飞涨，波兰团结工会崛起成为主导政治力量。1989年，共产党领导下的东德政府下台，新政府寻求与西德合二为一；1990年，德国重新统一。1989年，捷克斯洛伐克组建新政府，一位知名剧作家当选国家首任总统；新政府开始安排自由选举，推行市场经济改革。

这些政治动荡一般都表现为群众抗议，只有罗马尼亚出现了暴力活动，政府领导人被武力驱逐。保加利亚组建了新政府，但是共产党依然握有很大权力，所以它的改革步伐明显慢于匈牙利和捷克斯洛伐克。阿尔巴尼亚的情况也是如此。

民族冲突也使东欧各国在改革性质和程度上出现分歧；苏联也有过类似情况，比如波罗的海各民族和亚洲的穆斯林提出了新要求。变革和不确定性令古老的传统久经考验。罗马尼亚人与本国的匈牙利少数民族爆发冲突，保加利亚人杀害土耳其少数群体（双方之间的恩怨可以追溯至奥斯曼帝国时期）。1991 年，南斯拉夫经过一场民族内战后分裂为独立的斯洛文尼亚、克罗地亚和波黑（波斯尼亚和黑塞哥维那）；后来波黑的三个主要民族（塞尔维亚、克罗地亚和穆斯林）之间矛盾激化，升级为波斯尼亚战争。捷克斯洛伐克则以和平方式分裂为捷克共和国和斯洛伐克共和国。

8. 动乱再起

1991 年夏，苏联军方和警察部门政变未遂，苏联内部风雨飘摇已是既成事实。1986 年之后苏联先后发生多场大规模民众抗议示威，进一步深化了民主信仰。问题积重难返，戈尔巴乔夫难以力挽狂澜，政府步履蹒跚，威信扫地难言。波罗的海三国赢得完全独立，尽管仍与苏联保持经济联系。其他少数民族共和国也宣告独立。戈尔巴乔夫竭力与这些国家维持经济同盟关系和某种形式的政治协作。1991 年年末，主要加盟共和国领导人（包括俄罗斯总统叶利钦）宣布解散苏联，接替它的是主要加盟共和国组成的"独立国家联合体"（简称"独联体"），其中也包括对苏联经济发展发挥顶梁之用的乌克兰。

饱受争议的戈尔巴乔夫被迫下台。他的接班人是叶利钦。这位从多年前就开始批判共产主义的政治人物如今登上了权力的巅峰，但他很快也陷入了腹背受敌的困局。

大部分独立后的共和国试探性地同意加入独联体。但是各国之间的矛盾很快浮现：在取消政府控制后，各国如何展开经济协调；俄罗斯希望掌握军事主导权，包括控制核武器，但是遭到乌克兰和哈萨克斯坦反对（两国都有苏联时期遗留下来的核武器）；如何与欧洲人居多的共和国打交道，包括俄罗斯和若干中亚国家。苏联时代的大一统局面消失不见，但是俄罗斯对中亚的经济影响力依然存在，而且与白俄罗斯等新生的斯拉夫国家关系密切。

经济改革走向迷雾重重，俄罗斯领导人对是否全面推行市场经济犹豫不决，担心转型期的混乱会激发民众抗议。1991年年末，俄罗斯政府提出了更加激进的经济改革计划，包括取消价格控制。20世纪90年代末，俄罗斯经济形势改善，粮食供应充足。被称为"新俄罗斯人"的中产阶级群体逐渐壮大，他们热衷消费购物。然而，效率低下的国营工厂依然存在。政府财政收入下降。富裕的商人阶层与工人和退休人员之间的收入差距引发严重矛盾。

政治方向同样扑朔迷离。叶利钦将共产党定性为非法党派以报复共产党领导人发起的未遂政变，但是想要建立一个能取而代之的政党制度还有待时日。象征俄罗斯联邦的新标志也未成形。但不管怎么说，在包括中亚国家在内的某些共和国，党派领导人依然大权在握；有些已经独立的共和国也允许俄罗斯军队介入本国事务，帮着平息内乱。在内政方面，叶利钦与由前共产党员主导的国家杜马水火难容，随后于1993年以武力手段强行将其解散。共产主义政治家还有一批坚定的追随者，一场风头正劲的带有军事色彩的民族主义运动一呼而应。疾病缠身的叶利钦本人对经济和政治改革的态度前后不一。俄罗斯境内穆斯林聚居区（车臣共和国）的地区冲突，演变成20世纪90年代末至21世纪初的一场惨烈战争。

1999年，普京接任俄罗斯代总统，国家政局渐趋稳定。普京在次年总统大选中高票当选。他继续执行亲西方的外交政策，承诺俄罗斯政府将继续推行民主，但他又一面控制媒体一面强化政府权力。民主党等党派在2002年选举中的表现差强人意，表明俄罗斯人民普遍支持强势总统。从经济方面来看，俄罗斯的财政收入自21世纪初起大有起色，这主要得益于石油出口增加。

21世纪早期，大多数中东欧国家都与俄罗斯及其发展模式渐行渐远。这些国家大都已经加入欧盟或正在申请入盟，其中有些国家还是北约成员国。它们大力推广西方式的民主制度和资本主义制度，尽管其民众生活水平与西方标准相差甚远。在那些脱离苏联独立的欧洲国家中，只有白俄罗斯实行总统制，类似普京统治下的半总统制。

9. 东欧的传统与变革

1990年后的发展动向表明，不论是俄罗斯还是那些前加盟共和国，它们在共产主义时代的变化远非车载斗量。苏联解体后，民族主义观念重获新生（俄罗斯本土亦然）。宗教信仰始终存在并大有复兴之势：越来越多的俄罗斯人对东正教兴味盎然，波兰人对天主教更加笃信不疑，伊斯兰教对中亚和俄罗斯少数民族地区的影响也在日渐加深。在2008年的俄罗斯总统大选中，民调显示，多数选民希望总统是位虔诚信徒但又不可太过狂热，这明显不同于上个时代人们的思想观念。性别平等尚未完全实现，女性依然要一身两任：工作家庭两不误。20世纪90年代，女性的生存处境渐趋恶化，很多人丢了工作。女性要依照男性审美眼光塑造自身形象：美丽而不失性感，中东欧国家的很多女性陷入了性交易行当。

失去苏联的庇护后，新生的东欧和中亚国家遇到了一些重大问题。首先是国内局势稳定。向市场经济转型和建立民主政治制度必然困难重重。很多专家认为，波兰、匈牙利和捷克共和国之所以能够顺利转型，是因为它们的工业结构相对先进，而且吸收了更多西方文化和政治观念。相比之下，东南欧国家和俄罗斯的前景就如雾里看花；在这些国家推行市场经济，推翻旧日经济模式，是一个循序渐进的长期过程。在前南斯拉夫、中亚和巴尔干其他地区，局势动荡主要是种族冲突或宗教战争所致。

最后，俄罗斯的外交眼光不只面向西方，它还放眼范围更广的全球问题。苏联尽管相对孤立，缺乏与外界联系，但它在沙皇时代广袤领土的基础上建立了一个覆盖欧亚多国的政治经济同盟。如今这一切都已荡然无存。苏联曾是世界事务的重要参与者，它送出的政治指导、经济和军事援助遍布全球各个大陆。经济疲软的俄罗斯难以承担这一重任，至少暂时还无能为力。那么，如今的俄罗斯及其邻国在世界舞台上扮演着什么角色呢？在1991年后，俄罗斯领导人选择支持西方的大部分外交政策，包括美国主导的多场反恐战争，旨在打击伊斯兰国家的叛乱分子；但是他们的态度非常谨慎。在普京执政期间，俄罗斯政府将更多关乎本国利益的问题提上了日程，试图重新确立对苏联加盟共和国（比如乌克兰和格鲁吉亚）的影响。俄罗斯将在21世纪继续书写自己的全新历史。

10. 比较分析：俄罗斯与西方

俄罗斯与西方的紧密联系可以追溯至彼得大帝时期。它的政治、军事和文化模式经常与西方规重矩叠。但与此同时，俄罗斯也始终保持着自己的独有特征，比如19世纪的沙皇专制统治，以及长期备受争议的农奴制。可以这样说，1917年的十月革命是带有鲜明俄国特点的历史事件，它受到了西方影响，反过来，它也影响了西方社会。

在过去的几十年里，人们提出了如何看待俄罗斯与西方的关系这一新问题。俄罗斯的工业化和城市化水平日益提高。它和西方一样重视发展各个科学领域。20世纪90年代之后，俄罗斯人的消费热情高涨，这一点很像西方人；双方在通俗文化和艺术领域的联系日增月益。冷战期间及冷战结束后的这些共同趋势非常重要。21世纪早期，俄罗斯大学采纳了西欧大学设计的教学标准，展现了双方的共同兴趣所在。

但是双方之间依然各有千秋。俄罗斯对开放式民主作了修正，比如俄罗斯杜马第一大党是普京领导的政党，国家掌控俄罗斯公共电视台——这一点与西方民主标准有所不同。不过，俄罗斯确实变得比以往任何时候都更加民主，它与西方民主的差别只是程度不等。很多俄罗斯人更关心维护政治秩序，这一点也与西方不同。俄罗斯的财富主要依赖石油生产，它与穆斯林少数群体这股不断壮大的地方势力保持交往互动，这也是它与西方的明显区别。分析俄罗斯与西方的关系很有挑战性，俄罗斯人自己也面临着处理与西方复杂关系的挑战。

11. 通往现代之路

虽然东欧局势在过去十五年里动荡不安，但我们不应忘却俄国十月革命和苏联扩张为该地区带来的巨大变革，这些变革意义深远。大部分东欧国家已经完成了工业化和城市化；长期的农耕时代终于画上了句号，地主阶级当然也不复存在。各国制定了大众教育政策并全力推广。事实上，正是在共产党执政时期，父母们开始转变观念，送他们的孩子去上学而不是去工厂做工。进入90年代，这些变化依然存在，这意味着该地区的面貌已经与一个半世纪之前大不相同。宗教信仰有所复兴，但世俗文化仍是东欧社会的主流文化，政府出资鼓励科学探究。虽然东欧还留有共产主义时代以前的一些印记（俄罗斯也是如此），但是该地区当前的特征主要源于20世纪上半叶发生的重大事件。

延伸阅读

近期研究作品：Sheila Fitzpatrick, *The Russian Revolution* (2008); Victor Sebestyen, *Revolution 1989: The Fall of the Soviet Empire* (2010); Rex A. Wade, *The Russian Revolution, 1917* (2005); Alexei Yurchak, *Everything Was Forever, Until It Was No More: The Last Soviet Generation* (2006); Steven G. Marks, *How Russia Shaped the Modern World: From Art to Anti-Semitism, Ballet to Bolshevism* (2003); Evegny Dobrenko, *Aesthetics of Alienation: Reassessment of Early Soviet Cultural Theories* (2005); Masheé Lewin, *Lenin's Last Struggle* (2005); Sarah Davies, James Harris, eds., *Stalin: A New History* (2005); Thomas C. Wolfe, *Governing Soviet Journalism: The Press and the Socialist Person After Stalin* (2005); Marc Garcelon, *Revolutionary Passage: From Soviet to Post-Soviet Russia, 1985-2000* (2005); Olav Njølstad, *The Last Decade of the Cold War: From Conflict Escalation to Conflict Transformation* (2004); David Ost, *The Defeat of Solidarity: Anger and Politics in Post-Communist Europe* (2005); Daniel Gros, Alfred Steinherr, *Economic Transition in Central and Eastern Europe: Planting the Seeds* (2004); Ronald Powaski, *The Cold War* (1998); Jeffrey Brooks, *Thank You, Comrade Stalin! Soviet Public Culture from the Revolution to the Cold War* (2000); Stephen F. Cohen, *Bukharin, the Bolshevik Revolution* (1980); Shela Fitzpatrick, ed., *Stalinism: New Directions* (2000); Lewis Siegelbaum, Andrei Sokolov, eds., *Stalinism as a Way of Life: A Narrative in Documents* (2000); Orlando Figes, *Whisperers* (2006); Vasily Grossman, *Life and Fate* (2006); Joseph Rothschild, *Return to Diversity: A Political History of East Central Europe Since World War II* (2000); Sabrina Ramat, ed., *Eastern Europe: Politics, Culture and Society Since 1939* (1998); Rex Wade, *The Bolshevik Revolution and the Russian Civil War* (2001); Terry Martin, *The Affirmative Action Empire: Nations and Nationalism in the Soviet Union* (2001); Lee Edward, *The Collapse of Communism* (2000); Stephen Kotkin, *Armageddon Averted: The Soviet Collapse, 1970-2000* (2001); Sheila Fitzpatrick, *Everyday Stalinism: Ordinary Life in Extraordinary Times: Soviet Russia in the 1930s* (2000); Terry Martin, ed., *A State of Nations: Empire and Nation-Making in the Age of Lenin and Stalin* (2001); Anders Aslund, *How Capitalism Was Built: The Transformation of Central and Eastern Europe, Russia and Central Asia* (2007); Wendy Goldman, *Women at the Gates: Gender and Industry in Stalin's Russia* (2002)。

晚期苏联历史：David Childs, *Two Red Flags: European Social Democracy and Soviet Communism Since 1945* (2000); Harald Wydra, *Communism and the Emergence of Democracy* (2007); Martin McCauley, *The Soviet Union, 1917-1991* (1993); Richard Barnet, *The Giants: Russia and America* (1997); A. Rubinstein, *Soviet Foreign Policy Since World War II* (1981); Alec Nove, *The Soviet Economic System* (1980); Stephen Cohen et al., eds., *The Soviet Union Since Stalin* (1980); Jeffery J. Rossman, *Worker Resistance Under Stalin: Class and Revolution on the Shop Floor* (2005); Ben Eklof, *Gorbachev and the Reform Period* (1998)。俄国革命：B. Wolfe, *Three Who Made a Revolution* (1955); D. Footman, *Civil War in Russia* (1962); T. Skocpol, *States and Social Revolutions* (1979)。

关于东欧的其他研究：Joseph Held, *The Columbia History of Eastern Europe in the 20th Century* (1992); F. Fetjo, *History of the People's Democracies: Eastern Europe Since Stalin* (1971); J. Tampke, *The People's Republics of Eastern Europe* (1983); Timothy Ash, *The Polish Revolution: Solidarity*

(1984); H. G. Skilling, *Czechoslovakia: Interrupted Revolution* (1976); B. Kovrig, *Communism in Hungary from Kun to Kadar* (1979)。

东欧剧变的早期迹象：K. Dawisha, *Eastern Europe, Gorbachev and Reform: The Great Challenge* (1988); Bohdan Nahaylo, Victor Swoboda, *Soviet Disunion: A History of the Nationalities Problem in the USSR* (1990)（背景知识）。近期研究：Ron Brady, *Kapitalism: Russia's Struggles to Free Its Economy* (1999)。历史变迁对苏联（俄国）女性的影响：L. N. Denisova, Irina Mukhina, *Rural Women in the Soviet Union and Post-Soviet Russia* (2010); Barbara Engel, Christine Worobec, eds., *Russia's Women: Accommodation, Resistance, Transformation* (1990)。

第 29 章
20 世纪至 21 世纪早期的东亚

在西方的千斤重压之下，19 世纪的日本和中国分道扬镳，各行其道，东亚随之分裂。这些裂痕一直延续至 20 世纪：日本奉行侵略成性的对外政策，为虎作伥，成为挑起第二次世界大战的帮凶，但在战后它逐渐发展成为世界上最成功的经济体之一；中国则一直逆水行舟，前行不辍，奋力实现工业化。在这百年之间，这个如同巨人一般的国家先后经历了两场革命：一是辛亥革命，二是共产主义革命（中国共产党夺取政权），它在很多重要方面都与苏联不谋而合。

不过，东亚始终独树一帜。日本虽然是一个先进的工业化国家，而且实行民主制，但它在很多方面与西方迥然有异。中国与苏联都是共产主义社会，但它与后者也是千差万别。中国有选择性地借鉴苏联模式，类似日本在过去有选择性地学习西方。从广义上说，正是这种特性激励日本等东亚国家在 21 世纪早期全面实现了工业化。经济快速增长的韩国、中国香港和中国台湾，正在努力实现全面工业化的过程中。上述现象引发了一个新问题：东亚的现代化事业起步较晚，它在这一过程中有哪些"优势"？东亚各国彼此之间存在很多差异，但是它们仍然保持相互往来。1937 年日本发动全面侵华战争，改变了中日两国的发展进程。20 世纪 70 年代中日两国重新开放经贸交流，再次关注东亚区域内部的经济联系。

20 世纪的东亚一分为二：一是中国的共产主义事业，但也不能忽略越南的共产主义运动；二是日本的快速工业化，其他**环太平洋地区**（包括东南亚部分地区）在 1950 年后也加入到快速工业化的浪潮中。这两大板块沿用早期传统（强权政府和儒家思想），同时结合新元素（比如中国的彻底革命），将会在世界舞台上发挥无可比拟的影响。

> **重点问题** 与其他地区相比,为什么20世纪的中国、日本和环太平洋地区展现出了超强的活力和变革势头?共产主义为中国带来了哪些脱胎换骨的变化?日本在20世纪对哪些领域进行了西方化改革,哪些领域则一成不变?(这个问题可以分为两个阶段来回答,首先是战争时期,其次是1945年之后)。1978年以来,中国与环太平洋地区如何越走越近?二者之间还存在哪些重大差别?

1. 文明对决:革命与战争

在20世纪的前二十年,日本继续推行快速工业化和帝国主义扩张政策。1910年,日本正式吞并朝鲜,对其剥削步步加深。在随后的第一次世界大战中,日本对德宣战,虽然没有介入重要战事,但是强占了德属部分太平洋岛屿。在战后的凡尔赛和平会议上,日本领导人认为西方大国对日本视若不存,令日本蒙羞受辱。日本国民向政府施压,要求推行更具侵略性的对外政策,迫使西方列强认识到日本不容小觑。日本各阶层之间矛盾重重,激进的社会党组织抗议运动,表达工人阶级的不满,最终遭到政府残酷镇压。知识分子继续探讨日本的民族身份认同。

就在日本陷入各种矛盾的旋涡之际,刚进入20世纪的中国正在上演一场更加扣人心弦的大戏。西方对中国持续渗透,清政府软弱无能,学生运动呼吁政府推行重大改革,革命气候逐渐酝酿成形——1911年爆发了辛亥革命,推翻了腐朽透顶的清王朝。孙中山先生是这场革命的领导人,他出身寒微,但是受过良好教育,曾在香港和夏威夷生活。在孙中山先生的带领下,革命党人提出借鉴西方民族主义思想和民主制度,引入社会主义政策保障人民福祉。孙中山并不赞成盲从西方,他之所以重视社会主义是为了防止资本主义和个人主义过犹不及。不过,孙中山和追随他的青年学子都赞同武力推翻中国传统政权。

1908年,清政府承诺出台一部宪法性文件,同时研究西方政府的其他职能。但是这些保证太过虚无缥缈,无力阻止大范围的学生暴动,最终引发1911年辛亥革命。听闻革命爆发,孙中山先生火速回国,领导成立了中华民国临时政府。1912年年初,清政府彻底倒台。

这场革命凸显了清政府的软弱无能,由于很多历史遗留问题积重难返,它在西方列强面前软弱不堪。尽管推翻腐朽的清王朝易如反掌,但接下来的路该怎么走,成了摆在革命党人面前的一道难题,中国显然还没有准备好迎接现代化的西方生活方式。孙中山领导的这场革命之所以得到广大学生的支持，是因为他们乐观地相信中国很快就能恢复独立，然后轻轻松松地建立西方式的政治制度。事实上，中国百姓向来不知投票选举为何物，也不存在为民众发声的代表机构。帝国政府机构能够维持政权已属不易，大刀阔斧力行改革就更不用提。为了安抚军队，同时防止外国（日本）干涉，同盟会委曲求全，孙中山让位给北洋军阀领袖袁世凯，后者宣誓就任中华民国正式大总统。这种选择也反映出孙中山和他的同僚没有从政经验，完全不懂政治运作手腕。然而，这个新总统并不是什么改革派。他在就任总统前夕一度支持国会（参众两院议员由民选产生），但那是他在巩固权力为复辟帝制做铺垫。袁世凯根本没有提高政府效能：政府税收下滑，西方继续渗透。事实上，1916年的中国陷入军阀割据局面，众多派系拥兵自重，争权夺利。孙中山和其他同盟会领袖创立了中国国民党，试图平息军阀混战，但其影响力主要局限在广州及其周边。可以这样说，1911年辛亥革命摧毁了传统政权，但却没能建立有效的新生政权。因此在接下来的几十年里，中国革命之火始终燃烧不息，历经多次政权更易，这种局面一直持续到第二次世界大战结束。

讨论历史：日本与西方化

19世纪晚期的日本对西方的模仿有模有样。在第二次世界大战后被美军占领期间，日本对西方的模仿更加深入内里。日本的工业化成果、民主制度和消费热潮表明，日本的西方色彩逐步加深，只剩下历史和地理无法改变。保守派人士批评现代日本数典忘祖，这也从侧面印证了日本西方化程度之高。

但是也有很多观察家坚持认为，日本在很多重要方面与西方竹柏异心。在他们看来，日本证明了一个社会无须完全西方化也能成功实现现代化。双方的个人观和家庭观云飞泥沉。日本与西方对待长者的态度截然不同：日本人对长辈毕恭毕敬，虽然从21世纪初开始的老龄化问题增加了社会成本。从微观层面来说，日本女性的地位与西方迥然有异。广告商这样评价日本这个工业化社会：渲染男子气概的广告总能大获成功。另一个区别表现在企业形式以及企业与政府之间的紧密联系上。日本国内外的很多阐释者都认为，日本人修正过的儒家思想仍在影响人们的行为，教导人们以集体为重，服从尊卑有序的等级规则。20世纪90年代，日本经济发展减速，有美国人指出这是因为日本政府对企业保护过度，不仅无视它们效率低下，还要为它们的错误决策兜底买单。但我们还无法确定这种判断是否切中肯綮，或者即便如此我们也不知道日本是否能改变它的特有做法。

也曾有一段时间让中国人觉得柳暗花明。1926年至1927年间，国民党起兵北伐，基本上消灭了北洋军阀。国民政府不断与西方列强交涉，要求后者归还强占的中国领土；就这样，西方控制的通商口岸陆续回到中国人民手中，只剩下葡占澳门和英占香港。中国革命领袖开始质疑西方政治模式和资本主义经济学，以及它们背后的价值观，更多人都支持建立一个符合中国国情的现代社会。中华民国总统蒋介石颁布了宪法，但却披着民主的外衣干着独裁的勾当。政府推出的一系列新法律废除了中国女性遭受的传统禁锢，包括缠足这种陋习；允许更多学生进入现代化的大学，其中有些学校由基督教传教士管理，教授西方自然科学和社会科学。然而，这段重生期不过是昙花一现。蒋介石没能掌控天下，军阀势力很快就死灰复燃。中华民国政府逐渐走上机会主义道路，与军阀和企业家沆瀣一气，不再关心政治改革，中国人对完全民主制的期待幻灭成空。不仅如此，国民党还遇到一个强劲的内部对手，那就是中国共产党，它在马克思主义学说和俄国十月革命的激励下日益壮大。为了挫败国民党军队的围剿，中国工农红军开启了史诗般的万里长征，最终在陕北革命根据地成功会师，完成了长征并确立了毛泽东在党中央和红军中的领导地位。

正值中国内乱之际，工业实力膨胀的日本再次对中国发动入侵，蚕食鲸吞。和苏联一样，日本也在20世纪二三十年代进入工业化第二个阶段：重工业快速扩张，本土机械制造业初具规模，电力设施广泛普及。随着劳动力人数增加、技能提高，日本政府开始重新审视早期推行的工业政策。企业保障工人就业，但工人必须勤勤恳恳，忠心耿耿，为企业鞠躬尽瘁。日本政府将民族主义思想和天皇崇拜相结合，防止社会骚乱。然而，政局稳定似乎遥遥无期。

20世纪20年代，日本的政治环境还算比较温和，这个国家似乎已经接受了多党制，而且史无前例地迎来了一位非贵族出身的首相；但是在1930年后，日本将自由主义弃之一旁。在经济大萧条早期，国际贸易量骤减，日本经济遭受重创。大萧条导致西方市场萎缩，日本人的失业率随之升高——因为日本经济依赖粮食和燃料出口。一向都是日本主要出口产品的丝绸销量下滑，因为西方的合成纤维制品挤占了日本丝织品的市场份额，凸显了日本工业由来已久的脆弱性。人口增长也令日本饱受压力：仅为美国得克萨斯州一半面积的国土上生活着6,500万居民。在高出生率和低死亡率的大背景下，日本平均每年都要新增100万人口。

新军国主义

混乱的经济局面并未持续太久，日本军界领袖趁机与保守的工农利益集团结为同盟，重新掌控日本政坛。该集团以暗杀和煽动民众暴乱为手段挑战现行政权，威胁那些行事谨慎的自由派政客自动下台。强大的寡头集团采用了法西斯式的暴力和恐吓手段（这不同于日本政治传统）。这种转变反映了经济大萧条和快速工业化带给日本社会的压力，虽然这些压力并未转化成一场全面革命，但却刺激寡头执政者推出了带有军国主义色彩的国防政策。国会逐渐被架空，军方人物开始操弄政治，比如陆军军官东条英机直接进入参谋本部。独裁统治激活了日本对外扩张的野心。日本谋求的是支配整个东亚，解决国内的生产过剩和人口过剩。咄咄逼人的对外侵略政策与迅速回暖的日本工业互为助力。

1931 年，日本对中国不宣而战，强占中国东北地区并成立"伪满洲国"。这是两次世界大战之间发生的第一起入侵行动。中国得不到西方的一臂之力，只能从道义上严词谴责日本。中国的退让令外国统治者（如希特勒）坚信对外侵略可以堆山积海。蒋介石希望日本就此收手，但是日本非但没有收手，反而加快了侵略步伐，吞并了更多省份，进而在 1937 年发动全面侵华战争，直至 1945 年战败投降。就这样，早已四分五裂的中国遭受了十五年的入侵和占领。大片的国土被蚕食，数不尽的资源成为日本战争工业的原料，数千万中国人被草菅人命或流离失所。蒋介石政府被迫多次迁都，但他仍然控制着很多农业省份。个别派系的军阀武装和共产党领

1945 年，原子弹爆炸后的广岛。

导的红军共同抗击日本侵略。共产党的声望越来越高,而且它还在抗日战争中积累了重要的军事经验。

　　侵华战争陷入僵局,趁着第二次世界大战在欧洲战场打响,日本将侵略矛头对准亚洲其他地区。它从法国人那里夺下印度支那,后来则加入德意轴心国阵营。正是这一同盟,加之日本在东南亚的不断扩张(攻打马来半岛和缅甸),使日本将自己摆在了美国的对立面——美国是太平洋上的霸主,眼见日本想要主导远东地区,它可不会放任自流。美国在早期殖民扩张中占领了夏威夷和菲律宾,日本领导人认定日美之间必有一战。美国坚持要求日本放弃自1931年以来强占的所有领土,双方谈判破裂。在此背景下,1941年12月7日,日本偷袭了美国太平洋海军舰队基地珍珠港,然后在接下来的几个月里夺取了美国的西太平洋殖民地,包括菲律宾群岛。美国直到1942年年末才扭转战局,展示了它无与伦比的工业实力。四散分布的岛屿被逐一收回,1944年美国夺回了菲律宾群岛,之后对日本本土发动大规模空袭。与此同时,美英中三国军队继续打击亚洲大陆上的日军。1945年,美国在广岛和长崎分别投下一颗原子弹,日本被迫宣布全面投降,大批美军随即进驻日本。

2. 日本恢复稳定

　　第二次世界大战结束后,日本和中国再次相背而行。日本的帝国主义浪潮冰解云散。这是日本历史上一段极不寻常的经历,美国强制日本政府改组人事,削减军事活动,以防日本军国主义东山再起。日本是原子弹爆炸的唯一受害国,大批民众与军国主义誓不两立。日本政府选择接受美国军事庇护,抵御苏联潜在的入侵威胁,而不是直接提升本国防御能力。

　　日本内政也得到一定程度的改造。在美国驻军的协助下,日本出台了一部更加自由的宪法,即《和平宪法》,提出强化国会权力,将天皇定为国家象征而非宗教人物,保护言论和出版自由。恢复了普选制(它在20世纪20年代被首次启用),各党派在大选中争长竞短。事实上,战后有很长一段时间日本政府都掌握在自由式民主党(简称"自民党")这个单一政党手中,但是广泛存在的政治批评和反对党的牵制也多少影响了它的政策。日本迎来了一个政局稳定的新时代,其当务之急就是发展经济,而它也很快就成为世界上技术最发达的国家之一。

3. 中国局势动荡与持续革命

日本战败后，中国一跃成为远东地区的大国。蒋介石得到美国等盟友的大力支持。中国成为联合国五大创始国之一，这是亚洲国家首次在西方构建的外交舞台上担纲重任。然而，双方的蜜月期转瞬即逝。蒋介石的政权始终浮寄孤悬，因为共产党的势力根深枝茂，开始占得上风。

国共两党之间的纠葛是中国第一场现代革命（辛亥革命）的产物。在革命氛围和俄国布尔什维克党成功夺权的感召鼓舞下，1919年至1921年间，在北京学生运动的带动下，共产主义运动在中国风兴云蒸，中国共产党成立。共产党曾与国民党短暂合作，双方同意建立一个革命政府，共同打击军阀。但是双方的最终目标大相径庭。1927年，蒋介石发动反革命政变，大肆屠杀共产党员。随后双方不断上演"围剿"与"反围剿"之战，共产党的力量虽有所削弱，但实力犹存。1934年，为了摆脱国民党军队的围追堵截，毛泽东带领红军踏上长征之路，最后到达陕北，在当地开展土改，团结广大农民建立了独立的革命根据地。在第二次世界大战期间，中共红军展现出强大的军事组织能力和灵活的游击战术，他们还在抗击日军的过程中创立了新的根据地。

到抗日战争结束时，中共抗日根据地上的人口超过了7,000万，军队人数接近100万。国民党的力量则在抗日战争中严重受损，就连国统区的一些沿海城市也被日军占领。此外，经济难题、内部分化和贪污腐败更是进一步动摇了国民党的统治，它已经无力招架共产党组织的游击战和宣传活动，国民政府的支持度持续走低。相比贪腐无能的国民党，共产党制定了卓有成效的军事战略，推出了造福广大农民的土改方案。国民党日益沦为对西方唯命是从的军事组织，孙中山对国民党的最初设想荡然无存。共产党自身力量的壮大也得益于苏联援助，而美国对国民党的支持反而加剧了国民政府的混乱。虽然斯大林对中国共产党并无好感，而毛泽东也一向不赞成用苏联模式解决中国的农民问题，但是这两大政党的短暂结盟依然是共产主义事业取胜的关键。

1945年国共内战爆发，国民党节节败退。共产党军队的摧枯拉朽之势让所有人都感到不可思议。1949年，共产党控制了整个中国大陆，成立了中华人民共和国。1950年，蒋介石被迫逃往台湾岛；由于海军实力弱小，当时共产党没能收回台湾。

共产党政权的建立是中国现代史上的第二场革命，或者说是近半个世纪的革命浪潮臻于顶峰。新领导层处决了许多反革命分子，为的是肃清早期统治阶级的残余势力。共产党建立了一个强大的人民民主专政国家，致力于进行经济现代化建设和社会变革。新中国政府借鉴苏联模式推出"五年计划"（从1953年开始），

人物传略：孙中山

孙中山（1866—1925）是 20 世纪中国历史上的重要人物，他领导的辛亥革命推翻了清王朝。然而他并未能成功地建立一个新政府，可以说他是世界历史上壮志未酬的伟大领袖之一。孙中山出生在广东省香山县，家境贫寒，但他有幸接受了良好的教育。那个年代的中国学生已经接触到了西方影响，他们开始抵制中国传统。孙中山因为反对保守的清政府而被四处通缉，被迫流亡海外；他主要在美国生活，这使他有机会深入了解西方政治思想。他在著作中提出按照"三民主义"目标（民族、民权和民生）建立一个摆脱西方社会顽疾的新中国。孙中山凭借这些著作成为海外中国学子心中的英雄。

孙中山。

1911 年辛亥革命爆发后，孙中山匆忙返回中国领导革命，随后出任中华民国临时大总统。在他的坚持下，革命阵营与清政府毫不妥协；1912 年年初，清朝的儿皇帝退位。但孙中山辞去总统职位，让位于军阀领袖袁世凯。孙中山组建了国民党，尝试与军阀合作，目标是建立一个议会制国家。他尝试联合共产党和保守派共同进行国民革命，但是种种努力在他逝世后全都化为泡影。在接下来的二十年里，中国依旧四分五裂。孙中山这样的领袖是否适合领导中国的新政权？他提出的主要目标都面临哪些阻碍？

鼓励发展重工业，推广农业生产合作社——用农村公社取代传统村落。农村土改旗开得胜，剥夺了地主富农的财产。政府严格控制教育和信息传播，严厉打击各种宗教团体。

新中国在成立初期与苏联关系紧密。第二次世界大战之后，朝鲜半岛被分为奉行共产主义的北方和反共产主义的南方。1950 年，朝鲜人民军攻入南方，美国出兵增援，后来越过南北分界线攻打北方。在此形势下，大批中国人民志愿军奔赴朝鲜，最终迫使美国撤军。中国借此向世界宣告任何外部势力都不得称霸东亚。但是新中国的强大很快就成为中共与苏共之间的裂痕。毛泽东批判后斯大林时代的苏联政策背叛了真正的马克思主义。作为回应，苏联撤回了援建专家和顾问。

中苏关系破裂后，毛泽东开始带领中国尝试一条不同的共产主义道路。除了以重工业为主的"五年计划"，毛泽东还提出发展小规模私营企业，用密集型劳动弥补缺少先进技术的不足。毛泽东力图巩固无产阶级专政，否定苏联模式，为的是建立一个现代化国家，摆脱西方现代化的影响和苏联的保守官僚作风。

在苏联不断施加的压力下，毛泽东在 1971 年决定与美国缓和关系。1976 年毛泽东去世，邓小平复职并组建了新的领导班子。在他的领导下，中国政府积极投身现代化建设事业，但还是依靠技术教育和工业发展这样的传统路径。21 世纪早期，中国领导人加强了共产党的执政能力建设。中国的对外开放程度不断提高，工业快速发展，其年均增长率高达 10%。中国成为 / 重新成为世界经济大国。

4. 临近 20 世纪尾声的东亚

20 世纪的东亚发生了多起重大事件，其复杂性令人百思不解。日本从军国主义和独裁统治一举转型成为专注于经济发展的民主国家。中国则先是经历了两场大革命（其间还夹杂着一段抗日战争），后来在共产党的领导下又经历了三个特殊阶段：50 年代苏联式的整合期，60 年代的激进实验期，70 年代末开始的实用现代化时期。在 20 世纪的大部分时间里，东亚各国显然都在努力探索适合本国的政治形式。日本自第二次世界大战后恢复稳定，中国自 70 年代中期恢复稳定，这表明它们终于实现了这一目标。

东亚各国也在适应新的权力平衡。在中国抗日战争期间，东亚其他国家也在努力限制西方影响，同时防范苏联进一步扩张。中国废除西方强加的不平等条约，日本抢夺西方殖民地，中国抗美援朝，都是限制西方影响的不同方式。苏美两国对东亚的影响不可小觑，但毋庸置疑，20 世纪 70 年代的东亚已经具备了独立自主的实力。随着内部冲突有损无增，东亚在朝鲜战争结束后实现了全面和平。当然局部矛盾依然存在，比如朝韩双方没有签订正式边界协议，中国政府不断声明对台湾拥有无可争辩的主权。日本在第二次世界大战期间的所作所为，至今仍会引起韩国和中国的不满。中国从 21 世纪初开始崛起，周边小国对此忧心忡忡。但是与世界上其他国家相比，中国是一个相当友善的大国，而且它在历史上也是一贯如此。相对稳定和混乱减少是 21 世纪头十几年的标志，这也使得东亚主要国家有机会定义本国的基本特征。

5. "日本有限公司"

日本在 20 世纪实现了政体和外交政策的全面转型，但它有两大特征却是不曾改变：首先是它的适应能力，它有选择性地引进西方商品和技术，同时保留自身文化特色；其次是它的强大活力，它首先成为军事大国，后来在 20 世纪最后几十年又崛起成为经济强国。事实上，这两大特征相互关联。日本善于在学习借鉴的同时保持民族特性，善于利用传统优势（比如强大的凝聚力），这与它的军事和经济成就息息相关。这也是日本能在 20 世纪 70 年代展现自身强大影响力的根源。很多西方人渴望了解日本的成功之道，包括日本社会的传统特征——这些特征在先进的工业化时代仍被日本人视若珍宝。西方工商界人士和劳工部门负责人前往日本交流经验，不禁令人回想起 20 世纪初日本学生远赴西方国家留学。

日本政治结合了现代民主形式和精英主导传统。如同明治时代，在战后日本政坛发挥主导作用的依然是文官和商界领袖。民主普选制全面落实，多个党派崭露头角，但是战后日本的执政党依然如故。反对党的力量无足轻重，还不如自民党的内部派系斗争有影响。因此，在第二次世界大战后，日本政策没有发生重大转向。直到 1993 年爆出企业政治献金丑闻，自民党分裂并失去议会多数席位，这才使政治创新"有机可乘"。牢不可破的执政党地位凸显了日本和西方政体的差异——尽管从宪政结构上看不出来。当代日本政府的另一个显著特征是它与企业界的关系非同寻常，即政府与企业联手发展经济，扩大出口。政府经济规划涉及诸多内容，企业负责人乐于服从政府的生产指导和其他规定，公私之间不存在利益分歧——这种分歧在西方则是广泛存在。难怪西方人对日本政府与企业协调经济政策的做法既羡慕不已又嘲讽有加，他们为日本贴上了"日本有限公司"这一标签。

在一定程度上，亲密无间的政商关系是因为战时经济和战后重建的需要；此外还有资源匮乏的原因，日本必须从其他国家进口石油等重要原料，同时高度依赖出口的日本企业也需要政府扶持相助。这种互动有着悠久的文化传统：日本人把集体凝聚力视作社会运转的基础，但这种凝聚力也使得西方人眼中私企与政府之间的界限变得模糊不清。日本政府对限制人口快速增长发挥了重要作用。军国主义扩张结束后，日本领导人意识到人口规模必须保持稳定，因此在 20 世纪 40 年代末至 50 年代，政府积极展开控制生育宣传活动，承认堕胎合法化，从而有效地扭转了长达一个世纪的人口膨胀。与西方国家不同，西方国家不会出台类似限制人口增长的政策，而且有时它们还会反其道而行之，日本的政治和社会制度紧密结合，便于在人类行为的一个重要领域采取具体行动，这反过来也确保了经济增长更加有序和生活水平不断提高。

日本重要的文化部门都以服务经济发展为导向。明治时代建立的全民教育政策进一步扩大。社会鼓励孩子们学有所成。志向远大的年轻学子（不论男女）都把上大学当作主要奋斗目标——当然他们首先要通过严格的高考。高校教育以技术和科学为主，此外还有社会科学的一般研究和教学。考上大学的学生越来越多，这种以学习成绩为基础的考核方式是世界上最开放的社会制度之一。

日本文化也保留了重要的传统元素，在经济发展日新月异的背景下继续提供审美享受和精神满足。日本电影和小说讲述了一段段早期历史，包括武士时代的故事，渲染人们对集体的忠义精神，反对个性化或凸显个人意志。日本人有强烈的仪式感，茶道和娱乐活动的传统着装都是重要仪式。日本画家积极引入西方"国际化风格"，同时融入日本早期的创作主题，比如风格鲜明的自然画。日本建筑师也将现代风格与传统元素融为一体。除了大量的世俗文化，佛教和神道教依然是日本人宗教生活的重要内容。总之，20世纪的日本文化将多种新元素（主要源自西方）和古老的创作技法相结合，为国际艺术和科学事业的发展做出了特殊贡献。

尤其是在第二次世界大战结束后，经济腾飞成为日本最显著的标志。20世纪20年代，日本工业稳步发展；到30年代末，日本已经全面建成工业化社会。从20世纪50年代开始，日本跻身发达工业国家之列，其技术发展水平超越东欧，开始挑战西方的世界领导地位；而且从这时起，日本的经济增速位居世界前列。20世纪70年代，世界主要汽车及电子设备制造商和出口商中都有日本企业的身影。

东京日产汽车制造厂的工人正在检验流水线上的汽车配件。

日本的经济成就取决于若干因素。日本人的工资水平仍然低于西方国家的普遍水平，但是他们的生活质量快速提高，尤其是在20世纪60年代。20年代的时候，大型垄断资本集团（即**财阀**）在日本崛起，它们巩固了政商协作，减少了国内竞争。西方也存在产业集中化趋势，但是大集团相互持股这种现象在日本尤为显著，而且享有政府规划的支持。日企员工的忠诚度和勤勉精神也是卓尔不群。尽管20世纪20年代和第二次世界大战后也发生了多起劳资纠纷事件，但是依照西方标准来看，日本人的罢工次数少得可以忽略不计。日本工人以精益求精的技能和高生产率闻名于世。大企业员工享有工作保障，不会被辞。企业负责人还会请教他们如何改进技术。不仅如此，企业还会出资举办员工培训和其他集体活动，鼓舞员工士气。与西方企业高管不同，日本企业高管行事低调，他们认为在层级明确的企业里，更加可贵的是集体决策和忠诚度，而不是个人的野心。

然而日本在处理劳工关系问题上付出了沉重的政治和社会成本。寡头执政者想方设法破坏民众抗议活动，很多工人不得不投靠企业工会。在企业的重压之下，工人必须保持高生产率，达不到工作强度的工人只能选择退休。工人之间也出现了分裂：一边是有工作保障的群体，一边是工作不稳定、面临市场竞争压力的大多数人（约占制造业工人总数的60%，其中又以女工居多）。财阀制度对经济协调行之有效，同时也压制了政治竞争，只是不如20世纪30年代表现得那么肆无忌惮。至少到90年代初，在大部分西方人和很多日本人看来，财阀制度仍是一种强有力的经济工具，它创造了前所未有的高生产率和经济增速，日本的贸易顺差持续扩大，在世界经济中的地位稳步提升。尽管在90年代新一轮全球竞争中日本经济增速有所放缓，但它依然是世界经济的引擎之一。

日本的经济成就还要归功于另一个因素，即日本人将独特的社会关系应用于先进的工业技术中。依照西方标准来看，日本是一个高度提倡"非个人主义"的社会。日本人忠于集体事业，不计较个人得失，也不在意内心不满能否得到释放。日本人的行为举止谦卑有礼，学校着重培养青少年的爱国情感，这或许是日本人特殊民族心理产生的原因。日本人的教育方式如出一辙。父母教导孩子要服从集体标准，对特立独行的行为引以为耻——西方早在19世纪初就摒弃了这种教育观念。日本社会的团结还表现在法律实践中。在20世纪的日本，执业律师极为少见，人们一般都是通过协商来解决争议，他们认为不应该向法庭起诉他们的邻居、企业领导或政府。

所以日本人的家庭传统和诸多个人行为习惯与当代西方大相径庭，这并不奇怪。20世纪的日本仍是一个男权至上的社会。婚后继续工作的女性九牛一毛，而且女性的工资水平仅为男性的40%，这一比例在西方一般都是70%。日本社会的主流观念依然是女性要以家庭为重，主要责任就是照料子女。在 1900 年左右的离婚潮过后，日本人的家庭结构趋于稳定，但女性要承担更多家庭责任。日本也涌现出一部分女权主义者，但是没有出现西方式的争取权利的女权运动。西方的影响表现在某些方面，比如日本社会对大胆追求爱情的青年男女更加宽容。如同他们的文化生活一样，日本人也为自己的亲密生活加入了多样化元素。在个人行为方面，日本心理学家提出了一种日本人特有的心理疾病。日本人不像西方人那样怀有孤独感和疏离感，因为日本人在情感上高度依赖集体活动。但若是参加个人竞赛的话，比如高考，日本人的心理压力就会远大于类似情形下的西方人。日本人有自己独特的解压方式。比如在那些可以抛下规矩、随心所欲的时段，他们可以喝得酩酊大醉。企业家常常光顾传统艺伎馆，这种休闲方式也为社会所认可。

日本人的通俗文化并非静止不变，西方影响也渗透其间。20 世纪 20 年代，各大城市的日本人接受了西方人的着装风格、体育项目和音乐类型。时髦的东京青年男女被叫作"摩登公子"或"摩登女郎"。第二次世界大战结束后，日本人受驻日美军影响爱上了棒球运动，组建了多家职业棒球队。80 年代初，美国的电子游戏经过改编在日本风靡一时，但是日本人通常都会改变游戏中的人物设定，避免失败者的形象羞辱日本国民。1989 年，《东京爱情故事》创下日本电视史上的最高收视率。西方在通俗文化和正统文化领域的主导地位引起了保守人士的担忧，他们担心一些重要传统会渐灭无闻，比如使用筷子。但在西方人看来，在如此特殊的时代背景下，日本人在吸收外来文化的同时还能保持民族特色，这种能力令人赞叹。

从全球经济和文化方面来说，日本不仅是一个模仿者，还是一个积极贡献者。在全球最有实力的跨国公司中，多家日本公司榜上有名；这些公司在当地采购资源、部署生产基地，产品销往世界各地。日本是全球消费文化的引领者。日本动漫风靡全球，甚至征服了中东地区的观众。日本玩具在西方和其他地区占有相当大的市场份额。日本卡通形象"凯蒂猫"（Hello Kitty）得到了无数人的喜爱，它既能唤起西方人对纯真童年的回忆，又不失日本创作特色。以日本传统游戏角色为蓝本的"精灵宝可梦"玩具更是成为经典畅销产品。日本摇滚乐团在世界各地巡演。到 2003 年，很多地区都把"酷日本"当成日本文化的代名词，流行文化输出成为日本经济创收的重要渠道。

如前所述，日本确实取得了重大经济成就，但这并不能掩盖日本自身的问题。很多西方和亚洲国家批评日本的不公平竞争，因为日本迟迟不对海外商品开放市场。日本需要进口石油等产品，所以它对某些遥远地区的风吹草动异常敏感，比如中东产油国。工业生产和城市快速扩张造成了环境污染，交警在执勤时往往要佩戴口罩。20 世纪 70 年代以后，日本政府出台了防治污染的新条例，支持发展环保产业。亚洲其他国家纷纷崛起，成为日本的竞争对手。一些日本专家担心国家经济实力将被削弱，为此有人撰文《日本——短暂而美妙的超级大国岁月》。到 1995 年，失业率上升和生产停滞再度引发担忧。经济低迷一直延续到 21 世纪早期，其间伴随着失业率创下新高、经济增速放缓。不过这种局面也促成了其他变革，包括更多已婚女性加入求职大军。

6. 环太平洋地区

从 20 世纪 50 年代开始，东亚其他很多国家和地区也都实现了全面工业化，虽然它们的技术水平和经济实力还无法与日本相提并论。韩国和新加坡（当地人口以华人为主）的经济迅猛发展，韩国崛起成为世界第 15 大经济体。20 世纪 80 年代，马来西亚、泰国和印度尼西亚开始奋起直追。不少国家都曾长期遭受专制统治，政治反对派遭到镇压。政府和商界领袖携手共进，支持发展新型制造业，重点是消费品和冶金行业。出口增加为各国带来了急需的外汇，可以用来进口原材料、引进西方或日本的先进技术。

和日本的情况一样，环太平洋国家（东亚和东南亚的沿海国家）同样要求公民忠于国家、忠于集体，反对过度个人主义，包括不必要的消费——它们认为这不利于经济增长。韩国领导人提倡传统儒家道德观。日本人则是对传统价值观和社会结构予以改造以适应现代化需要，同时又保留核心价值观，避免完全西方化。这些国家的成功表明，东亚正在崛起成为世界第二大工业文明，仅次于西方。20 世纪 70 年代至 80 年代早期，东亚经济增速最快，经济发展前景也最为明朗。到 90 年代时，更多国家开始接受民主制度，这是环太平洋地区的另一项重大发展。1999 年，印度尼西亚在革命后成立了民主政府。1998 年环太平洋地区遭遇严重经济危机，但它的发展势头很快就恢复如初。21 世纪早期，焕然一新的韩国流行文化（包括音乐和舞蹈）风靡东亚和东南亚，印证了该地区的强大活力和紧密联系。

7. 共产党领导下的中国

中国是东亚文明的发祥地，但是在最早实现经济腾飞的东亚经济体中却没有出现中国的身影，这种局面一直持续到 20 世纪晚期。中国是社会主义国家，这表明东亚再次分裂成了奉行不同政治和经济体制的两大板块。

共产主义之所以能在中国牢牢扎根,事有多因。历史偶然性是一个因素:日本入侵令国民党分身乏术,中国共产党趁机在各省建立起稳固的根据地。以毛泽东为首的领导集体是另一个重要因素。和俄国需要列宁一样,中国的共产主义革命也离不开好的领导人。早在1918年毛泽东就确立了共产主义信仰,他相信共产主义是对抗西方经济霸权的神兵利器,同时还能让中国面目一新。这套由马克思创建的思想体系影响了西方和苏维埃俄国,但是毛泽东很早就提出了马克思主义中国化,他特别强调要重视农民的力量。他还提出了土地改革,从而在革命斗争中将农民紧密团结在一起;正因为如此,在对抗装备优良的国民党军队的过程中,毛泽东率领的红军队伍得到了人民群众的鼎力支持。

共产主义是中国历史上的新生事物,但它的目标并不只是夺取政权,而是要发动一场真正的革命,这与中国社会的传统特征不谋而合——苏联的情况也是如此。配备完善官僚体制的强大政权是中国长期以来就有的传统,因此中国更容易接受共产主义制度——这一制度意味着政府权力的延伸,领导干部要管理大部分经济部门,甚至左右人们的家庭生活。20世纪20年代部分有识之士提出的自由政治道路根本走不通,所以说毛泽东的成功绝非偶然。共产党是新中国的执政党,毛泽东是全党最高领袖,他动用各种力量唤起民众的爱国热情。国家领导阶层建立起类似过去儒家思想指导下的官僚体制,但是他们很快就发现,这套官僚体制出现了不利于改革的障碍。到70年代时,领导干部仍在协调巩固政权和振兴经济之间的关系,新技术和新管理方式逐渐受到重视。

毛泽东和继任的务实领导层将改革延伸到了政治领域之外。早在共产主义革命之前,中国的变革就已初露头角。20世纪20年代,港口城市继续扩张,制造业更加稳固。现代化的工作和教育模式让年轻人有了表达自我的机会,儒家的祖先崇拜传统逐渐被人淡忘。学生组织更加活跃。城市女性接受了正规教育,缠足这种陋习被废除,表明女性的生存处境得到改善。更多青年男女支持为爱情而结婚,而不是单纯考虑门当户对。教育改革带来了更加显著的变化,科学的作用变得更加突出。

毛泽东努力扩大并规范文化和社会变革。他抨击孔教活动,认为狭隘的和谐观、典礼仪式和祖先崇拜是中国人民解放道路上的绊脚石。他鼓励年轻人发挥新的重要作用,挑战既有的等级制度,甚至可以违抗父母之命。从官方层面来看,中国人的革命势头向传统文化发起了全面挑战,比日本等其他东亚国家做得更彻底。然而,中国人的很多习惯并不容易消除。一些更加微妙的传统依然存在,包括家庭观和尊老敬老。此外,中国人还保留着以礼待人和情感内敛等行为习惯。

共产党执政对中国经济产生了多方面影响,尤其是在工业化方面。政府控制经济有助于为机械化生产积累资源,但同时也造成了曾经困扰苏联的某些问题,比如计划经济缺乏灵活性。中国人口继续保持高位增长。像以往一样,人口增长消耗了大量资源,出现了大范围的贫困。1979年,中国人口占世界总人口的23%,但其工业品产量仅占世界总量的3%。显而易见,一场彻底的工业革命还未到来。

毛泽东去世后,新一代中央领导集体为实现工业化全力奋斗。大学里恢复了技术和科学教育。1978年,中国推行对外开放政策,加强对外联系。很多团体和个人被派往国外学习。政府出台了严格的人口政策,一对夫妻只能生育一个孩子,违者要接受处罚。政府将早前传统(政府主导社会发展)与政策手段相结合来改造社会习俗。但官方政策往往和现实情况相矛盾,尤其是在农村地区,那里的养儿防老传宗接代思想根深蒂固。但不管怎么说,有数据表明中国人口出生率明显下降。中国政府开始与西方和日本企业合作,以便吸收先进技术。为了平衡政府主导性与个人能动性之间的关系,政府给予个体经营者和农村生产者更多的权利和激励措施,鼓励他们提高产量。工业发展优先于军事发展,中国逐渐回到了防御型外交路线上。新领导班子提出,到2020年基本完成工业化。人民生活水平得到改善,这在城市里表现得最为明显,新政策的实施效果深得民心。20世纪90年代,中国的

2008年北京奥运会的主题口号:"同一个世界,同一个梦想。"

GDP 增长率高达 10%。但是与此同时，中国也出现了环境污染问题。

进入 21 世纪早期，中国经济依然保持快速发展势头。中国继续推行市场经济改革，将政府规划、利益激励和个人积极性三合一。中国出口产品大幅增加。中国工业年均增速保持在 10% 左右。北京和上海等大城市蓬勃发展。部分经营困难的国有企业宣告破产，大批员工下岗创业。廉价劳动力往往成为外资企业的剥削对象——这也是全球化给中国和其他地区带来的负面效应。严重的环境污染是困扰中国的另一大难题。

8. 东亚与世界

当共产主义革命在中国境内四下蔓延之际，第二次世界大战后的日本则走上了民主政治之路，东亚社会之间的差异看起来像是不可逆转。20 世纪 90 年代，经济发展水平和政治体制成为中日两国之间的显著区别。在每年所谓"自由世界"的各场经济大会上，日本和西方主要工业国齐聚一堂，因为它们有着相似的政治关切和全球市场利益。韩国的工业化进展迅速；由于专制统治经常招致民众抗议，它在 80 年代末推出了自由化政策。从另一方面来看，略显孤立的中国和越南都在尝试进行经济改革，同时坚持共产主义制度。

随着时间推移，东亚各国长期存在的共同特征再次显现，其中之一就是强大的社会凝聚力。中国政府提倡社会团结，日本政府则提倡集体观念。东亚国家在历史上都很推崇儒家思想，虽然近年来在这方面也有所调整，但人们还是继承了祭祀传统，像过去一样不善于表达情感。它们同样致力于工业化并保持发展活力，同时避免完全复制西方模式。

中日两国都对国际影响持空前开放的态度，但又都与其他文明保持一定距离。去过日本的游客表示：日本人很有礼貌但从不会表现得过于亲近，因为他们有意保持民族文化的独特性和优越性，这一点是外国人所无法完全理解的。中国在上世纪六七十年代猛烈鞭挞一切外国影响，进入 80 年代重又启动对外交流，不过它对外来影响还是保持很高的警惕性；尤其是在政治方面，中国人坚持选择性借鉴，没有照搬西方模式。21 世纪早期，东亚在世界上的影响力远超以往，它在用自己的视角看待整个世界。

9. 通往现代之路

　　东亚国家一直都在强调进行"传统内的变革",中国在这方面更是堪称典型。21 世纪到来之际,这个地区依然保持着深厚的传统印记。中国人一向坚持政府发挥领导作用,维护政治秩序,这并非共产党人的首创,而是有其深厚的历史渊源。东亚的其他文化遗产还表现在日本坚持集体主义,韩国重视培养国民礼仪。

　　总体来看,东亚地区在 20 世纪的发展经历一度动摇了"传统内的变革"这一信条。日本挑起战争和战败投降,中国在不同阶段进行了数场大规模革命,这都破坏了它们的传统。工业化完成标志着东亚地区发生了重大转折。消费主义在东亚地区广泛传播,尽管东亚人民对是否接受消费主义一直迟疑不决。日本(1945 年后)、韩国(1950 年后)和中国(1978 年后)相继宣布对外开放,这种对外交流的程度可以说是史无前例。东亚国家一面坚持自己的多元身份属性和特质,一面也确实在积极推动自身快速转型。

延伸阅读

近期研究作品：Xu Guoqi, *China and the Great War: China's Pursuit of a New National Identity and Internationalization* (2005); Mariko Asano Tamanoi, ed., *Grossed Histories: Manchuria in the Age of Empire* (2005); Susan Greenhalgh, Edwin A. Winckler, *Governing China's Population: From Leninist to Neoliberal Biopolitics* (2005); Xiayuan Liu, *Frontier Passages: Ethnopolitics and the Rise of Chinese Communism, 1921-1945* (2004); Barbara Molony, Kathleen Uno, eds., *Gendering Modern Japanese History* (2005); Daniel V. Botsman, *Punishment and Power in the Making of Modern Japan* (2005); Andrew Gordon, *The Modern History of Japan* (2003); Linda K. Menton et al., *The Rise of Modern Japan* (2003); Ian Inkster, *Japanese Industrialization: Historical and Cultural Perspectives* (2001); Toshiaki Tachibanaki, *Confronting Income Inequality in Japan: A Comparative Analysis of Causes, Consequences, and Reform* (2005)。

中国概况：George Zhibin Gu, William Ratliff, *China and the New World Order: How Entrepreneurship, Globalization and Borderless Business Are Reshaping China and the World* (2006); I. Hsu, *The Rise of Modern China*（第二版）(1975)。以现代化为分析模型的解释性研究：G. Rozman, ed., *The Modernization of China* (1981); Edward Friedman et al., *Chinese Village, Socialist State* (1991), *Revolution, Resistance, and Reform in Village China* (2005); Wolfgang Franke, *A Century of Chinese Revolution* (1970)。中国革命：J. Spence, *The Gate of Heavenly Peace: The Chinese and Their Revolution, 1895-1980* (1982); Edgar Snow, *Red Star over China* (1968)（中国共产主义革命运动）; Margery Wolf, *Revolution Postponed: Women in Contemporary China*（中国女性的处境和地位）; A. Freemantle, ed., *Mao-Tse Tung: An Anthology of His Writings* (1962); I. Hsu, *China Without Mao: The Search for a New Order* (1983)。

日本：E. O. Reischauer, *The Japanese* (1988)（文化解读）; Linda K. Menton et al., *The Rise of Modern Japan* (2003); M. Howe, *Modern Japan: A Historical Survey* (1986); Daniel V. Botsman, *Punishment and Power in the Making of Modern Japan* (2005); H. Patrick, H. Rosovsky, *Asia's New Giant: How the Japanese Economy Works* (1976); R. Story, *The Double Patriots: A Story of Japanese Nationalism* (1973); Ezra Voge, *Japan as Number One: Lessons for Americans* (1980)（日本经济腾飞）; Philip West et al., eds., *Pacific Rim and the Western World: Strategic, Economic and Cultural Perspectives* (1987)（环太平洋地区）; G. Rozman, ed., *East Asian Region: Confucian Heritage and Its Modern Adaptation* (1991); Bruce Cuming, *Korea's Place in the Sun: A Modern History* (1997)。

其他：Merle Goldman, *Historical Perspectives on Contemporary East Asia* (2000); Alexander Pantsov, *The Bolsheviks and the Chinese Revolution, 1919-1927* (2000); Ian Cook, *China's Third Revolution: Tensions in the Transition Towards a Post-Communist China* (2001); Edward Beauchamp, ed., *Women and Women's Issues in Post-World War II Japan* (1998); Vera Simons, *The Asian Pacific: Political and Economic Development in a Global Context* (1995); S. Ichimore, *The Political Economy of Japanese and Asian Development* (1998)。

第 30 章
印度与东南亚

20 世纪上半叶，印度次大陆和东南亚的民族主义运动愈演愈烈。面对第二次世界大战留下的乱局，欧洲列强纷纷从殖民地撤出。除去越南等个别国家的民族独立斗争一直延续到第二次世界大战结束后的很长时间，印度等多数国家很快就完成了去殖民化，而且没有与前宗主国发生严重冲突。因而从 20 世纪 40 年代末开始，印度和东南亚的历史就是一部独立国家形成并确立各自政治体制的历史。拥有古老政治传统、英国殖民统治和民族斗争经历的印度是世界上人口最多的民主国家。到了 90 年代，民主制度已经在印度次大陆和东南亚地区遍地开花，尽管有些国家的政权依然带有浓厚的专制色彩；越南更是成为共产党执政的国家。经济发展也是一个突出问题，但这些国家的情况各不相同：孟加拉是世界上最穷的国家；印度实现了重大经济变革；东南亚部分国家加入了环太平洋经济圈。印度人口快速增长，有望在 21 世纪上半叶成为世界上人口最多的国家。

> **重点问题** 印度次大陆和东南亚是整个去殖民化运动中的一部分，但它们的结局却不尽相同。相比其他大多数新生国家，为什么印度能保持民主制？印度和东南亚如何平衡传统与变革之间的关系？

1. 民族主义兴起

1914 年之后印度的独立斗争如火如荼，允为典型，就像它在第二次世界大战后引领了新生国家的"第三世界"运动一样。东南亚的民族主义运动与印度的独立斗争有一些相似之处。事实上，对整个东南亚来说，争取民族自由是它在两场世界大战之间的首要任务。欧洲疲于应对本土问题，放松了对殖民地的管束，但在20世纪40年代之前一直在当地留有驻军。很多欧洲人转而支持这些殖民地彻底恢复自由。印度和东南亚出现的新思潮进一步刺激了民族主义。俄国十月革命和列宁的理论，即大规模社会革命有可能推翻帝国主义专制统治，让部分印度和东南亚革命领袖深受鼓舞。越南已经把民族主义和马克思主义紧密相融；除了越南，马克思主义对南亚其他地方的影响远不及中国，但它依然是一个重要因素。

在该地区民族主义思潮的形成过程中，宗教之功不容忽视。印度民族运动领袖试图让穆斯林和印度教徒团结一心，但功亏一篑；穆斯林聚居区从印度分裂出来，成为独立的巴基斯坦国。佛教对缅甸的民族主义影响至深。泰国在对待少数教派的问题上盘盂相击，当地少数穆斯林成为不安定因素；在印度尼西亚，信仰基督教的东帝汶地区不满印尼政府的统治，最终宣布独立。宗教根深蒂固，限制了马克思主义对当地人的影响力。

南亚和东南亚各地爆发的新一轮农民起义也是民族主义运动兴起的重要原因。农民的怨愤源于持续上升的人口压力、直接征税制和欧洲列强主导的商品农业。农民心中的公正社会是这样的：村长领导制和土地私有制；他们对民族独立并不上心，但他们与自由运动目标一致：反对外部势力控制本国的经济和政治。

不管怎么说，本身就朝气蓬勃、深得民心的民族主义运动，是20世纪上半叶南亚政治发展史的重要特征。民族主义源于欧洲，但它对印度和东南亚更加重要。在这些地方，民族主义意味着摆脱外国统治获得自由，融入现代世界，同时保留传统文明的重要特征。印度民族主义者提出了印度历史上从未实现的国家统一构想和几百年来遥不可及的公民表达自由。印度爱国政治家吉德伦金·达斯一直积极推动民族主义运动发展，他在20世纪早期写下了这样的感受：

> 何为理想？我们要为自己定下什么理想？最重要的就是民族主义理想。什么是民族主义？在我看来，民族主义就是一段过程，是一个国家表达自我和发现自我的过程，既不疏远其他国家，也不反对其他国家，它的伟大目标是自我表达，进而实现自我身份认同，而且它还要为其他国家的自我表达和自我实现助一臂之力：多样性和同一性一样有意义……我认为单一民族性是天下大同的一股支流，任何一个国家只有认清自己并认清个体与人类总体身份的同一性，才能真正做到自我实现。

南亚的民族主义热潮，尤其是群众基础牢固的印度民族主义运动，是一种真实的力量，而非只是一些具体争议或单纯民怨。

第一次世界大战期间发生的一系列事件是印度民族主义运动的直接诱因。英国将 300 万印度士兵投放到欧洲战场。与此同时，印度国内的高额税收和食品短缺激起民怨，为印度议会和党派联盟 [国大党（1885 年成立）的印度教领导层与穆斯林联盟通力合作] 注入了新力量。它们要求在大英帝国之内实现自治。作为回应，英国殖民当局于 1919 年成立了省级立法会，赋予 600 万印度人选举权（印度总人口 2.5 亿）；这些立法会负责辖区内的教育和公共卫生事业。印度人对英国的让步怨声载道，他们认为英国根本不相信印度人有自治能力。印度中央政府仍被英国人牢牢把持，顾问委员会仅由 100 万印度选民选举产生。英国还是像以往一样希望改革能满足民众的更多期待，然而改革根本无法满足所有人的要求。与此同时，英国出动警力严惩麻烦制造者。但是殖民当局的镇压触发了整个次大陆上的民众暴动。警察的介入还引发了印度教节日庆典上的冲突；在一起对抗中，379 名手无寸铁的神职人员遭到英国人率领的殖民军机枪扫射。不仅如此，大罢工活动中也存在警察暴力执法。印度人的民族主义情绪持续高涨，驱使高种姓领袖人物与广大工人和农民走到一起。英国警察也不断挑唆印度教徒与穆斯林之间的矛盾。穆斯林联盟这个新组织得到广泛支持，因为印度民族主义者无法充分代表伊斯兰教徒的利益。

民众骚乱一直持续到 20 世纪 20 年代。流感大暴发和粮食歉收造成 500 万印度人死亡，引发了新一轮针对地主和放高利贷者的农民起义。城市里也出现了抗议活动，比如纺织工人和铁路工人组织的大罢工；不少人都受到了马克思主义思想的影响。各种不满情绪成为民族主义运动的助燃剂，英国承受的压力越来越大。印度中产阶级民族主义者甚至呼吁抵制英货，抗议印度在经济上依附于英国。

2. 甘地领导的非暴力不合作运动

在社会骚乱愈演愈烈的大背景下，1920 年，甘地成为印度民族主义运动的领袖和战术大师，这场运动自此如虎添翼，风生水起。甘地是印度政治觉醒的标志，他几乎得到了所有印度人的拥戴；除了古典时期孔雀王朝和笈多王朝的伟大帝王，甘地是印度历史上首屈一指的政治人物。甘地出身商人家庭，他的家族在孟买北部一个小城邦颇有政治影响力，英国人虽然控制了当地但却没有对其直接施压。他的家人都是虔诚的印度教徒，时刻铭记要忠于集体。甘地本人曾在英国学习法律，后来在南非当过律师，他在那里对印度人的苦难深有体会：他们被英国人带到南非当契约工，在公共场合受到严重歧视——甘地对此也有切肤之痛。但是甘地对此

人物传略：穆罕默德·阿里·真纳

穆罕默德·阿里·真纳（1876—1948）是一位穆斯林政治领袖，他成长于英国殖民统治后期，后来成为巴基斯坦国父。真纳曾留学英国，他在那里受到自由思想的洗礼，激励他在日后投身反英斗争。他本人是名律师，长期担任全印穆斯林联盟主席，早年曾参加过印度国大党组织的不合作运动，致力于推动印度人和穆斯林团结一心。为了保护穆斯林的权利，真纳最终提出了"印巴分治"。1947年，印度教徒和穆斯林的权力共享方案彻底破灭。真纳发动了名为"直接行动日"的抗议活动，表达了穆斯林要求建立巴基斯坦的呼声。

巴基斯坦国父穆罕默德·阿里·真纳。

真纳后来成为巴基斯坦首任总统，但他也注意保护这个新生国家的少数印度教徒。他憧憬的巴基斯坦是一个坚持民族文化，崇尚民主、和谐和自由的国家。他认为这些理念与伊斯兰教义并不违背。真纳的生日被定为巴基斯坦国庆日，但他的所作所为也遭到不少批评——印度人谴责他将印度一分为二，而在巴基斯坦内部也有人指责他过度追求西方化。

并非一怒了事，他在尽力找寻能够帮助弱小国家战胜强大帝国的策略。他从印度教传统和其他宗教典籍中获得灵感，决定组织非暴力的集体活动对抗不公。他在南非发动了一场反歧视和平抗议游行：所有人在遭到警察殴打和抓捕时都不还手，最终迫使南非殖民当局废止了针对印度人的公然歧视。

1915年回到印度后，甘地花了多年时间自我反思并尝试多种斗争策略，后来他以持续不断的民众抗议和民族主义活动为契机，掀起了浩浩荡荡的非暴力不合作运动。甘地最了不起的地方就是将受过教育的民族运动领袖与广大农民团结到了一起，后者从甘地身上看到了神性的光辉，认为甘地的印度教信仰与非暴力思想完美统一。在印度，斗争从来都是刹帝利种姓的职责，与百姓无关，而甘地则鼓励百姓要勇敢无畏：

> 哪种情况需要勇气？是躲在大炮后面把别人炸得粉碎，还是面带微笑朝大炮走去，然后看着自己被炸成碎片？谁是真正的勇士？是把死亡看作亲密朋友的人，还是置他人于死地的人？相信我，缺乏勇气和大丈夫气概的人绝不会成为消极抵抗者。

在甘地的领导下，国大党运动第一次成了一场群众政治运动，深受鼓舞的印度人开始越来越多地参与政治活动，不再受制于英国殖民当局提出的印度人有限自治。甘地还做了大量工作复兴并修正印度教教义，他强调应将伦理道德置于首位，不应拘泥于礼节仪式和种姓制度。

甘地还是一位策略大师。苦行僧式的朴素生活，包括禁欲，为他赢得了"圣雄"称号。他一面抨击种姓制度，迎合普通百姓和穆斯林；一面赞颂传统，拉拢婆罗门种姓的宗教领袖。他还与参加罢工的工人和温和派改革家进行对话。他呼吁社会给予女性更多公共权益，鼓励女性走出家门，参与到争取民族自由的斗争中。不过，他并没有放弃印度教的家庭观。总之，甘地提出的"非暴力"让英国当局头疼不已，因为没法进行武力镇压。甘地经常被捕，但是他每次入狱都会激怒民众，人们在他被关押期间不断举行绝食抗议，所以他也总能安然获释。甘地主要运用的手段就是和平集会，拒绝交税，以及其他一些不易对付的策略，但他没能阻止针对英国官员的频繁暴力袭击。"我们必须心甘情愿地忍受这些损失和各种不便，因为我们的目的是推翻强加给我们的统治。"在这一精神的指引下，甘地和他的追随者抵制选举，卧轨阻挠火车开行，集结数千民众在政府大楼四周静坐示威，政府官员不得不穿越一重又一重的抗议人群才能进入办公大楼。

20世纪30年代，英国人意识到必须深化改革。但与印度领导人的一系列会谈都无果而终，在这之后他们确信改革不可能令印度教徒、穆斯林、激进分子和王公人人满意。事实上，尽管甘地努力居间调和，但是民族主义运动处处体现着印度教的象征物和习俗，很多穆斯林领袖对此都是腹诽心谤。他们开始探讨成立自己的国家，即"巴基斯坦"（意为"圣洁的土地"），而不是维持印度统一。英国也积极参与印度教徒和穆斯林的分治进程，尽管也有不少穆斯林支持国大党捍卫印度统一。在此背景下，英国在1935年发布了新宪法，规定印度是一个联邦制国家，包括11个省督制的省，每个省由选举产生的立法会议和部长管理，英国任命的省督负责行政监管。在中央设立一个有实权的两院制议会，防卫和外交事务仍然握在英国人手中。选民范围扩大到3,500万人。

国大党对没有赢得全面自治大失所望，但它还是参加了新一轮选举，并在大部分地方邦高票胜出。甘地本人对新当选政府表示认可，只要英国人不对新政府指手画脚；然而，包括尼赫鲁在内的激进派领袖则呼吁民众继续反抗。所有领导人都赞同他们的最终目标是独立，但英国殖民当局就是迟迟不予理睬。作为回应，1940年之后，他们拒绝配合英国殖民当局在第二次世界大战中的行动。甘地和尼赫鲁等领导人再次被捕，此时日本入侵已是近在眉睫。英国对印度的军事控制一直持续到第二次世界大战结束之后。鉴于国大党领袖被关押，英国人转而向穆斯林联盟寻求支持，条件就是承认巴基斯坦独立。

3. 东南亚的民族独立运动

20世纪二三十年代，东南亚人民的民族意识开始觉醒，但是他们缺少像甘地这样能够一呼百应的领袖人物。在法属印度支那，殖民当局设立了顾问委员会，但是和印度一样，这种片面改革收效甚微。1930年至1931年，东南亚各国的主要城市都出现了民众骚乱，虽然遭到武力镇压，但是民族主义者的怒火持续高涨。在此期间还爆发了大规模农民起义，但这主要是经济困境而非民族情绪使然，因为经济大萧条导致农产品出口市场一触即溃。越南人民在胡志明的领导下发起了一场意义重大的马克思主义运动，胡志明在巴黎当服务生期间对马克思主义产生了浓厚兴趣，相信这种信仰能引领他的国家赢得民族自由。面对层出不穷的骚乱，法国殖民当局仍在竭力捍卫自己的权力。印度尼西亚也出现了类似趋势。荷兰统治者向当地领导人让出了一半的国民议会席位，但是这种半遮半掩的有限改革无法令人满意，民族主义者和社会主义者的抗议活动仍在继续；殖民政府下令逮捕革命领袖，这进一步激怒了当地民众。1937年，印尼民族主义者向荷兰皇室请愿，要求在十年内获得自治地位。

英控缅甸和暹罗也发生了民族主义运动和争取土地、反对高税收的农民起义。暹罗民族主义者反对英国人控制关税和给予外国人法律特权，他们的抗争大功告成。为了庆祝自己取得的成就，民族主义者将国家更名为"泰国"（Thailand，意为"和平之地"）。菲律宾民族主义者反对美国统治，尽管当地已经建立了民选的实权立法机构。美国人口口声声说这片土地将最终独立，但他们歧视菲律宾土著，就像歧视美国本土的黑人。菲律宾人民的民族运动持续高涨，由地主出身的精英人士领导；经济大萧条也为当地的民族主义运动推波助澜，因为美国在这场危机中极力打压菲律宾产品出口。1934年，美国国会提高了菲律宾人民的自治权，并在1944年承诺给予菲律宾完全独立。

第二次世界大战的结果激起了东南亚广泛的民族独立斗争。日本对菲律宾、印度支那和其他地区的统治比西方列强更加残暴不仁，证明西方更好对付，从而点燃了当地人民的斗志，为自由而战。1945 年日本向盟军投降，很多西方人本打算再回到他们过去的种植园和当地的社交圈，就当什么都没发生一样，然而东南亚已经迎来了一个新时代。早在 20 世纪 30 年代帝国主义就遭逢殖民地重重挑战，如今更是不可能再覆车继轨。

4. 第二次世界大战后的去殖民化运动

去殖民化浪潮很快就席卷整个世界，并在战后的南亚结出第一枚胜利果实。民族抵抗运动在印度等地已是既成事实，饱受战争消耗的大多数欧洲国家不愿再招惹麻烦和以身犯险（它们不肯承认自己已经无能为力）。1945 年之后，英国工党迫切希望从印度撤离，因为管理印度政府代价高昂。但是一个关键问题依然存在：印度教徒和穆斯林之间的裂痕在印度即将独立之际演变成严重暴乱，甘地等领导人为之揪心不已。1947 年，两国分治方案确定，穆斯林统治的巴基斯坦和印度教徒统治的印度成为两个独立国家，双方冲突终于化解。捍卫宗教的民族主义战胜了捍卫领土的民族主义——后者是国大党的传统。早期的印巴关系剑拔弩张，很多穆斯林难民纷纷逃离印度；双方对部分边境领土的归属僵持不下，极大地影响了它们的外交政策。

英国扩大了去殖民化的范围，1948 年，锡兰（今斯里兰卡）和缅甸恢复自由。在英国镇压了当地共产党领导的游击战之后，马来西亚也获得独立。1946 年，美国兑现了让菲律宾恢复独立的承诺，但是租用了当地一处军事基地。荷兰从印度尼西亚的退出则有失体面：第二次世界大战结束后，荷兰打算重新占领这片地区，结果功亏一篑，最后不得不在 1949 年承认印尼独立。

第二次世界大战结束后，只有印度支那迟迟未能看到独立的曙光。1940 年法国向德国投降，遭此重创后的法国急于重振国家军事实力，因此它不愿承认民族主义运动的合法性。法国得到美国支持，因为美国对共产主义心存芥蒂，尤其是在中国共产党取胜之后，它不希望看到另一个亚洲地区也投向冷战中的敌对阵营。但是胡志明这个对手很是难缠，他在广大农民的支持下展开了游击战，传统作战方式难以阻拦。法国在战场上连连受挫，被迫在 1954 年签署和平协议，这也造成了北越和南越的分裂。不仅如此，法国还从老挝和柬埔寨撤军。北越在苏联和中国的支持下一路南下。疲于奔命的南越向美国求援。1964 年，美军舰队声称遭到北越海军袭击，此后美国在越战中的行动逐步升级。随后十年，超过 200 万美国士兵被派往越南作战。尽管遭受史无前例的大规模空袭，越共游击队依然顽强应战，战火一度还烧到了老挝和柬埔寨。面对国内声势浩大的反战运动，美国政府于1969年开启和谈，1973年终于罢战息兵。1975年，北越发起最后总攻，完成了南北统一。1989年之后，老挝和柬埔寨重获独立。

共产主义政权的崛起是东南亚历史上极不寻常的重大事件。艰苦卓绝的越战对法美两国政治影响深远。更重要的是，这场战争给越南造成巨大的破坏和人员伤亡，成为当地一道难以弥合的伤痕，也为经济重建留下了难题。但是军事经验和共产主义政权使越南有别于东南亚其他新生国家，后面这些国家很早就实现了独立，而且没有经历太多磨难。

5. 独立后的东南亚

20世纪上半叶，南亚各国掀起了民族主义运动，它们必须实现国家独立，然而，独立后面临的问题却让它们茫然失措。各国领导人一心想着摆脱外国控制获得自由，但在西方人离开后他们并不清楚该如何建设自己的国家。大部分民族主义者主张效仿西方建立议会民主制。但是宗教团体之间分歧严重（比如印度），受过教育的领袖人物和普通农民也无法达成共识，这使得实现民主制成了一个难以完成的任务。民族主义者对经济和社会问题束手无策。比如甘地，他本人对工业化时代的经济发展不感兴趣。他对工厂生产本身没有意见，但坚决反对工厂强加给工人的非人道待遇；他更倾向于发展小农经济和家庭作坊式的制造业，然而其他印度领导人则呼吁开展大刀阔斧的现代化经济改革。总是被拖入民族主义运动的农民其实更关心土地问题；相比政治改革或经济现代化，他们担心的是世界市场波动会不会影响他们的生产。在城市里，早期工厂里的工人拿着低工资，住着破房子，他们渴望得到公平的待遇。在赢得民族自由的兴奋期过后，印度领袖忙于组建政府部门，想要化解各种压力着实不易。

在完成去殖民化后，东南亚国家遇到了多种可能和问题。东南亚文明一向丰富多样。不同的宗教和种族背景导致了政策上的不同，表明传统上的差异有着持久的影响力。不仅如此，这时还出现了新问题，即越南与该地区非共产主义国家之间的分裂。在美国的支持下，部分东南亚国家结为一个松散的联盟，旨在联手对抗共产主义国家（中国和越南）的影响，商讨共同关心的经济议题。但是鉴于当地文化和政治的多样性，这种联合并未相倚为强。

大部分东南亚国家在独立后都建立了议会民主制，但却有些难以为继。农民缺少政治经验，人民内部分化频繁引发暴乱，个别民族主义运动领袖转而支持政府出台更多专制政策。以菲律宾为例，它仿效美国建立了议会体制，一直持续到1963年费迪南德·马科斯就任总统；马科斯独揽大权，尽管贪腐和政治暴力事件频频爆出，但他一直在位二十余年。菲律宾政府与共产党游击队频繁交战；对土地改革置之不理；掌权者都是精英人士，他们与军队共享权力。贫富差距炳若观火，经济发展不见起色。从战后重建开始，美国对菲律宾政府提供了大量援助，其目的是保住美国在当地的军事基地。1986年，正在筹备新一轮选举的马科斯政府轰然倒台，取代它的是一个改革派领导的民主政府。

在马来西亚和实施君主制的泰国，议会的运行效果要好于菲律宾，而且这两个国家也没有全面打压政治反对派。20世纪70年代，强大的越南军队逼近泰国北部边界，泰国承受巨大压力。马来西亚在早前粉碎了一场共产党领导的游击战——发起者主要是马来半岛上的少数华裔族群。然而，本地马来人口和华裔人口还是摩擦不断。马来西亚曾与华人占多数的城市国家新加坡组成马来西亚联邦，但没过多久新加坡就脱离联邦，并在一位强势领导人的带领下实现了经济腾飞，同时严格控制城市人口。

缅甸和泰国一样都信奉佛教，但它独立不久便选择了自我封闭，不希望受到西方和共产主义国家的影响。缅甸历届政府都是军人执政。坚持传统文化的缅甸是全面脱离国际潮流的少数国家之一。直到21世纪初它才表现出开放迹象，并将国名从 Burma 改为 Myanmar（都译作"缅甸"）。昂山素季是一位勇敢的女性领导人，她在国内推广民主思想，但她从1999年开始遭到软禁。2008年，军政府加强控制，严格限制国家与外界交流。

印度尼西亚在艾哈迈德·苏加诺的领导下赢得独立。苏加诺很快就确立了专制统治，部分原因是为了统一多样化的人口。声势浩大的共产主义运动触动了苏加诺政府，但是1965年的共产党政变遭到镇压，军方开始掌权，杀害了至少50万名共产党员和革命人士。军队还迫害华裔少数群体，因为当地人憎恨这些主导城市商业活动的华人。苏加诺被迫下台，军队领导人上台后，民主制度被束之高阁。新政府由一位作风强硬的穆斯林领导，支持伊斯兰教法和习俗，只是不像其他伊斯兰国家那样刻板。专制政府迫害少数民族，反对民主运动，这种局面一直持续到20世纪90年代末。1998年，一场大规模的人民起义迫使这位铁腕领导人下台，印度尼西亚终于建立了一个基于选举结果的民主政府，但是它有若干严峻问题亟待解决：经济发展，国内种族冲突，国际伊斯兰恐怖分子的炸弹袭击。

越南建立了一个不同的政治和社会制度。私营企业被取缔；大地主的土地被国家收回，归政府指导的公社所有。越南社会背负着长年战争带来的沉重压力，包

20世纪90年代中期,美国放弃对越孤立政策,转而加强与越南之间的经济和外交联系。整个90年代,越南积极接收外资和援助,吸引外国游客。图中是越南首都河内的街景,从中可以看出美国企业对越南人民生活的影响。

括攻打柬埔寨的军费开销。中国反对越南入侵柬埔寨,越南与中国交恶,转而投奔苏联。由于战争造成的混乱和军费开支持续增加,越南的经济发展直到20世纪80年代后期都不见起色。进入90年代,越南效仿中国实施对外开放,推行市场经济,与外界的联系逐步加强。越来越多的外国公司看中了越南的廉价劳动力,纷纷在越南投资设厂。

1986年之前,除了越南和菲律宾,其他东南亚国家都在尝试社会改革,包括补贴佃农和发展民营经济。不少国家迎来了经济高速增长。20世纪60年代掀起的"绿色革命"(引进西方科学技术,解决农业国家的粮食生产难题)带来了更多的高产农作物。成熟更快、产量更高的水稻新品种尤为重要。买得起高价种子和肥料的富农在这场革命中受益匪浅,很多国家恢复了粮食生产的自给自足。即便如此,它们的经济发展还是受到人口增长的牵制。大多数东南亚国家依然严重依赖向西方和日本出口原材料和经济作物,这种依赖性的弊端就是世界市场上常见的收入低而且还不稳定。除了活力四射的新加坡,其他东南亚国家都没有全面完成工业化。

6. 印度与巴基斯坦

1947年印度实现独立，在这之后它暴露出了其自身的高度复杂性，即优势和劣势同时并存。印度并没有一种连贯而成功的政治传统，它在历史上一直处于分裂状态，或被外来势力统治，缺乏自治经验。它还存在各式各样的宗教和语言。虽然现代产业部门非常重要，但农业在印度经济中占比更高，因为它要供养快速增加的人口。而从另一方面来看，印度的民族主义运动比较成熟，经验丰富的领导人物得到民众认可。历经近两个世纪的英国殖民统治，印度已经对西方的政治观念和制度了如指掌，包括有效运作的公务员制度。

这个新生国家遭遇的阵痛让甘地和其他民族运动领袖痛心不已。由于国大党领导的民族主义运动最终没能化解宗教分歧，越来越多的穆斯林坚持独立建国，招致印度教徒强烈反对，但是1946年的宗教大屠杀令双方认识到统一绝无可能。新成立的巴基斯坦国包括两块地区：其一是印度西北部的西巴基斯坦，它是印度次大陆上最接近中东的地方，这里的伊斯兰教势力也最为强大；其二是印度东北部的东巴基斯坦。但是两国分治并没有消灭宗教冲突。巴基斯坦独立后不久，印度教徒和穆斯林之间的相互袭击便至少造成20万人死亡，300万人逃往与他们信仰相同的印度或巴基斯坦。甘地本人极力反对印度教徒迫害穆斯林，希望双方能够恢复"最好的友谊"；但他最终却被一名狂热的印度教徒枪杀。与其国内穆斯林少数派的矛盾继续影响着印度局势。敌对关系驱使印巴双方不断增加军费开支，边境冲突时有发生。

巴基斯坦的政治模式与东南亚国家非常相似。真纳最初建立了民主制，但巴基斯坦还是在1958年选择了军政府。即便如此，巴基斯坦也无法维持两大省份的统一，东巴基斯坦有自己的语言和文化传统，它总是抱怨自己不受重视。1971年，巴基斯坦爆发内战，获得独立的东巴成为全新的孟加拉国，其人口数量排在世界第八位，但它却是世界上最穷的国家之一。巴基斯坦人口密度不算高，但也面临严峻的经济发展问题。政府不重视土地改革，为的是换取地方精英的支持。20世纪70年代，巴基斯坦军政府颁布了严苛的伊斯兰教法。90年代的巴基斯坦举行了多场民主选举，但是政局脆弱不堪，军方总是虎视眈眈。1999年军政府再次上台，因为在此不久前巴基斯坦成功试爆原子弹印巴矛盾骤然升级。从2001年年末开始，巴基斯坦一直配合美国打击阿富汗的恐怖主义分子。

虽然经历了印巴分治，但印度依然是这座次大陆上领土最大、人口最多的国家，拥有独树一帜的政治和文化模式，传统与变革息息相关。印度最显著的成就是坚持了民主制度，事实上，第二次世界大战结束后始终坚持民主制的新生独立国家屈指可数。同样重要的是，印度一方面推行重大社会改革，另一方面则发展经济并尊重印度教文化的各方面特质。

从政体来看，印度实行联邦制，这反映了它的地区差异和英国殖民统治的影响。每个邦都有相当大的自治权，尽管它们与中央政府矛盾不断。国大党几乎稳居宝座，历史上只有两次例外：第一次是在20世纪70年代末，保守派联盟短暂上台；第二次是20世纪90年代至21世纪初发生的重大政治变革。但总的来说，各党派之间可以进行自由而激烈的竞争，出版和结社自由一般也不受限制。事实上，地方政府由各党轮流控制，包括共产党，而非国大党一家独大。国大党领导人多是政治精英，他们要凭借自己的社会地位和个人魅力在竞选活动中争取选票。

毋庸置疑，印度民主也存在一些问题。在中央层面，国大党长期执政妨碍了政党轮替。印度最高领导层鲜有变动。尼赫鲁出任印度首届政府总理，在位达十七年之久。继任者是他的女儿英迪拉·甘地（与莫汉达斯·甘地无关）。为了避免弄权之嫌，英迪拉·甘地最初是由忠于她父亲的国大党党员推选上台。她行事果敢，作风强悍，有着很强的权力欲。正是在她执政期间，自由派受到排挤。1975年至1977年，她镇压了多个反对党派，逮捕了多名政治批评家。然而其后果却是导致1977年国大党下台，这表明削弱民主制很可能要自食其果。1980年英迪拉·甘地在新一届大选中再次当选总理，她决心不再重蹈专制统治的覆辙。但是地方分裂这一棘手问题依然存在。作为少数群体的锡克教徒掀起了反政府运动，要求英迪拉·甘地给予旁遮普邦更多的自治权，那里是锡克教徒的聚居地，由此引发了20世纪80年代初的新一轮宗教冲突，但这次是印度教徒和锡克教徒之间的较量；英迪拉·甘地被锡克教卫兵刺杀身亡。其子拉吉夫·甘地接任政府总理，人们开始担心印度是否会迎来一个新的家族王朝。但是在民主体制内建立的正规机构仍在继续运转，因为始终有民众坚信这个统治家族。后来拉吉夫·甘地遭到南部泰米尔分离组织暗杀，甘地家族的统治就此结束，持续四十年的国大党主导的强权政治时代也随之落幕。一个新的政治联盟顺利接手印度政府。

印度的外交政策别具特色。它与前宗主国英国保持着友好关系，积极参与英联邦会议，与英国、加拿大、澳大利亚、新西兰和其他前英属殖民地探讨共同关注的问题。与此同时，尼赫鲁和他的继任者坚决不参加任何与印度需求无关的联盟。在印度的倡导下，一些志同道合的非西方国家发起了不结盟运动，成为西方和苏联之外的"第三势力"，不参与任何一方军事协定。1955年，这些中立国家召开了首届不结盟会议，尽管各国之间还缺乏凝聚力。印度与美国和苏联也保持着良好关系，经常向这两个超级大国直言两虎相争之害。印度本身也面临着外交难题，尤其是与巴基斯坦的关系，以及在20世纪60年代与中国的冲突。但它始终在竭力避免介入本地区以外的事务，除非是关乎道德层面的问题。

从尼赫鲁开始，国大党领袖一直在努力重塑他们的国家，同时保留身份认同。与甘地不同的是，他们更关注经济现代化，而且也不像甘地那样对工厂和高端商业不屑一顾。但不管怎么说，甘地本人也希望改变印度的旧秩序。印度希望从法律上确立公民的平等地位，因此早期立法的主要目标就是废除种姓制度，改变传统性别关系。宪法规定女性享有同男子平等的权利，比如女性有权参与投票，有权提出离婚，有权与其他种姓男子结婚。种族制度被认定为非法。为了帮助过去的"不可接触者"全面融入社会，大学和政府为这个群体预留了一定数量的学位或职位。相比中国对祖先崇拜和其他家庭习俗的批判，印度对古老社会传统的打击明显缺乏力度，因为强迫人们放弃传统或建立某些激进的新机构（比如公社）有违民主精神。印度没有爆发革命。因此，种族制度的残余影响始终存在，尽管不再得到法律支持。大部分政府领导人、上过大学的专业人士和企业高管仍以传统的高种姓人群为主。就家庭层面而言，男性仍是一家之主，在农村更是如此。包办婚姻在社会各个

讨论历史：印度女性的生存现状

20世纪改变了很多印度女性的生存状况。20世纪早期，很多西方女权主义者呼吁建立新学校，基督教传教士也积极投身教育事业。甘地要求废除限制女性外出的"深闺制度"。这是甘地提出的多项变革之一，目的是为了组织有效的群众政治运动；在甘地发起的很多示威活动中，女性的作用无可比拟。因此在印度独立后，当务之急就是给予女性选举权。

但是现实情况错综复杂，学者们正在探讨如何甄别这些复杂问题。有两个问题尤为突出：首先，不同地区和不同社会阶层之间存在巨大差异。对于没有上过学的农村妇女来说，她们的生活变化微乎其微。她们的家庭生活依然坚持父权制传统。高出生率足以限制农村女性的生活。

其次，城市女性已经见识到了西方的性别模式，但她们对这种变化并没有全盘接受。很多女性觉得西方模式无关痛痒或有害无益。一份女性杂志上写道，相比西方的现代做派，印度传统带给女性的好处要更多。有了包办婚姻，女性不用担心找不到丈夫，也大可不必倾其所有去做美容护理。很多城市女性既坚持传统，也接受变化。她们一边享用世界各地的消费品，经常说着英语，一边又在努力成为符合印度教教义的合格妻子和母亲。这种双重应对方式是在西方化压力下的暂时妥协，还是会一直存在下去？

阶层依然习以为常。

在经济政策方面，印度领导人提出了一条灵活的社会主义方案，即在实践过程中，稀缺资源的分配要服从政府经济规划，航空和铁路等关键部门也由政府运营，同时保留大批私营企业。政府的福利计划主要是为了改善基本卫生条件，因为国家财政负担不起全方位的社会保障体系。政府鼓励佃农取得土地所有权（需要缴纳地价），废除了早期的种植园，支持人们开辟新耕地。上述政策和累进税制削弱了老派王公贵族的经济实力。

经济发展是印度的头等大事，甚至在刚刚独立后的兴奋期也是如此。国大党领袖一直希望印度全面实现经济平等，这将是抗衡西方主导地位的一把利器。人口不断增加也要求政府必须关注经济发展。20世纪50年代，政府规划、私营企业和部分外国经济援助带动印度经济快速增长，国民收入提高了42%。但在同期的十年里，印度人口从3.6亿增至4.39亿，经济成果被抵消大半。进入60年代，人均收入停滞不前，印度被迫进口粮食预防饥荒。这种局面促使印度政府考虑改进粮食生产。在政府资助的"绿色革命"中，科研人员研究出了更优质的种子，扩大了肥料和杀虫剂的使用范围。这些措施收效显著，虽然印度人口仍在增长，但在1970年后印度的农业生产终于可以自给自足。

印度政府也直接出面干预人口增长。尼赫鲁政府推出的措施收效甚微，人口年均增速保持在2.4%，这清楚地表明：如果不控制出生率，也就无法有效地改善贫困人口的生活水平。英迪拉·甘地政府加大了宣传力度，提出"小家庭才幸福"等口号；医务工作者提供免费的节育用品和干预手段，包括男性结扎术，但是这项举措遭到大规模抵制。印度人不论男女都认为这么做违背了神的意志。男人们则担心结扎后会丧失"男性能力"，就像被阉的动物一样；而且他们始终相信大家庭是财富的象征，多生儿子才能老有所依。面对民众的抵制，英迪拉·甘地政府从1975年开始限制民众的自由，强制家里人口多、经济条件差的男性接受结扎手术。但这项措施在1977年被叫停，政府转而展开密集的宣传攻势，同时推广医疗服务。印度人口出生率从70年代后期开始下降，因为人们逐渐意识到计划生育可以改变贫困，但就总体情况来看，印度人口出生率依然居高不下。

面对沉重的人口压力，印度政府需要调配大批资源提高农业产量，这无疑是导致农村普遍穷困和城市人口拥挤的原因；即便如此，印度还是在20世纪70年代恢复了经济增长。冶金和化工行业采用了现代产业技术，一个农业国家拥有了先进的制造业。印度有自己的国产汽车，因此限制汽车进口。借助与西方和苏联的技术交流，印度的技术实力在80年代初期超越了中国。1975年之后，现代工厂和高产农业对印度经济增长的年均贡献率达到4%。但是印度在世界经济中的地位依然比较脆弱,在出口方面更是表现平平,不过它的工业品在印度洋地区的销量还是可圈可点。印度经济增速远低于环太平洋国家,尤其是在80年代中期以后。1991年,新政府上台,放松了经济调控,开始推行更加自由的市场经济,这为印度软件行业的快速崛起奠定了基础,同时也刺激了经济扩张——消费能力强的城市中产阶级规模不断壮大。在21世纪的头十年,印度经济发展势头强劲,不少人都看好它将在未来几十年内成为世界经济的引领者之一。

印度文化生活展现了新旧主题之间的平衡。印度领导人积极推广教育,国民文盲率逐步降低。20世纪70年代,印度人的识字率已经提升至30%。精英人士通常都有机会接受科学培训,在国内外的实验室中都能看到印度研究人员的身影,他们活跃在物理、生物、医学和计算机科学领域。印度政府还制订了本国的航天计划。政府鼓励文化变革,参与者以精英人士为主;英语仍是通用语,便于印度吸收西方文化。国大党领导人曾打算将印地语定为新的官方语言,但是遭到地方上的强烈反对,因此英语依然是全国各地政府、大学和媒体的唯一用语。众多知名作家也用英语写作。由于印度大学培养的专业人才超出社会需求,大批医生和律师移民英国或北美,所以印度与西方又多了一层联系,只是蒙受了一定的经济损失。

印度电影《真相大白》的宣传海报。

不过，在流行文化层面，传统文化依然影响巨大，只不过是采用了新的表现形式。印度电影工业拍摄了不计其数的冒险和浪漫故事，被冠以"传统流行文学"的称谓。外国电影只在精英人士中间流传，而印度电影也很少走出国门。20世纪90年代，孟买的电影工业结合美国好莱坞的运作模式和本国特色建立了"宝莱坞"——印度电影基地。众多宝莱坞电影成为国际大片。除了电影，以各种传统语言写成的文学作品依然为人们喜闻乐见，正如传统的艺术风格一样。印度画家和雕刻家并没有广泛采用现代或国际创作技巧，他们更偏爱传统风格。或古老或新颖的艺术形象和宗教都是普通印度人生活中的重要内容。大多数人都继续坚持印度教的仪式和信仰，对苦行僧崇拜不已。

精英文化与大众文化之间长期存在的鸿沟是印度的一大特色。精英人士主要来自高种姓家庭，他们有更多受教育机会，可以从政或担任企业高管。在这类群体中，男性和女性都扮演着重要社会角色，这是印度消除性别不平等的斐然成就。更多女大学毕业生或担任重要公职，或从事其他专业工作。这群精英人士并没有被西方化，他们仍然保持某些传统作风，比如包办婚姻；他们对传统宗教和文化兴趣不减。但是精英们的价值观明显有变，他们与西方文化界和科学界联系密切。大众文化领域则是另一番景象，表现在人们以维护宗教和家庭的名义抵制某些政府措施，比如控制出生率。印度百姓的生活也与以往有所不同，比如少数人进入现代工厂做工，大部分人则改变了农业生产方式。某些早期形成的价值观破茧成蝶。人们的基本观念可以反映出宗教和文化差异，比如印度父母在养育子女时会给他们保留更多的想象空间，他们不会像西方或东亚父母那样在孩子们玩过家家时特意教导他们区分孰真孰假。

印度内部的差异不仅表现在地方和宗教层面，还表现在社会层面。由于缺乏一种大一统文化，印度一直都是多种宗教并存。甘地希望民族主义可以超越这些差异，希望恢复悠久的宽容传统，但是在20世纪90年代至21世纪早期，印度教徒、穆斯林和锡克教徒之间的关系可谓金鼓齐鸣。宗教领袖不仅担心文化变革（包括精英人士的世俗化），还担心与穆斯林之间的固有矛盾，其结果就是宗教冲突循环无端，危及政局稳定。印度教的原教旨主义运动兴起，要求政府弘扬印度教，限制其他宗教。这场运动令人深感不安。原教旨主义者新修了很多神庙，虽然面积不大，但其所处位置却是妨碍交通——这是人们虔诚信仰复苏的标志。20世纪90年代至21世纪早期，原教旨主义者的政治实力逐步增强，这表现在信仰印度教的民族主义者上台执政，新政府增加军费开支、发展核武，屡屡与巴基斯坦相对抗。这个印度教政府有意避免出现极端行为，但在支持者的压力下它还是袭击了印度境内的穆斯林少数群体，同时限制外来影响。不过在2005年国大党夺回执政权后，印度对巴基斯坦的立场开始缓和。

变化与延续依然盘根错节。高端技术领域的蓬勃发展使得中产阶级人群进一步壮大，估计已经达到 8,000 万人。在印度教绽放新活力的同时，世俗流行文化也处于上升态势。在此背景下，宝莱坞电影制作人结合传统主题和好莱坞技术拍摄电影，电影明星深受印度人民喜爱。有些音乐人将传统音乐与说唱等西方音乐风格相结合，在国内外都大受欢迎。印度文化变革另一项颇有争议的标志就是，选美比赛大行其道。

7. 印度与中国

印度建立了独立的民主制国家，中国则走上了共产主义道路，人们对这两个亚洲大国的比较一刻未停。哪条道路能够取得更大的政治成就？哪条道路对经济发展更为有利？随着各自的经济实力不断壮大，这两个邻国又该如何相处？

截止到 21 世纪早期，当代印度和中国都书写了一段成功的发展史。两国政局稳定，经济快速增长，都有实力对世界事务独抒己见。两国积极参与全球化进程，尽管中国的起步晚于印度。当然，两国有相似之处，更有相异之处。除了政治制度不同，中国还实施了强有力的计划生育政策，印度则没能提出控制人口的有效手段。在文化方面，宗教是印度独树一帜的文化特征，由此衍生出更多具体差别，比如两国从家庭生活到艺术表现形式皆不相同。

在对比这些不同的同时，还要注意它们背后的原因。当代中印两国之间的差异有多少是源于古典时期和后古典时期？是否当时就注定了它们将会走上不同的文化和政治道路？有多少是源于 19 世纪：印度被英国殖民统治，中国陷入内忧外患？有多少是源于两国当代的发展历程：中国经历了革命，印度则没有？换言之，在研究这两个大国之间的关系时，我们不能只是分析它们近年来的发展道路，而是还要回溯它们的过往历史。

8. 通往现代之路

民族主义运动兴起及后续民族独立是当代南亚和东南亚历史的两大主题。这两大主题的核心是保持或复兴众多传统元素，包括普遍的宗教信仰和传统艺术形式。

民族主义也在倡导变革。印度民族主义领袖提出重新审视种姓制度和传统父权制，建立现代民主政体。对印度而言，独立不只是要摆脱英国对它的控制，还要对这个新生国家的结构进行重大创新。从 20 世纪 90 年代开始，印度政府积极致力于经济发展和取得新成就，而这也就意味着它要进行更大范围的变革。

在东南亚其他地方，民族主义运动产生的影响则有所不同。越南在共产党的领导下直接进行重大改革。印度尼西亚和马来西亚的工业发展取得长足进步，后来还在 20 世纪 90 年代接受了民主政治，开放国门迎接更多变革，但在它们国家内部，宗教联盟依然故态，地方教派分裂依然如履薄冰。

延伸阅读

重要作品：Ramachandra Guha, *India After Ganhhi: The History of the World's Largest Democracy* (2007); Rajmohan Gandhi, *Gandhi: The Man, His People and the Empire* (2006); Robert W. Stern, *Changing India: Bourgeois Revolution on the Subcontinent* (2003); Panikkar Madhava, *India Nationalism: Its Origin, History and Ideals* (2009); A. G. Noorani, *The Muslims of India: A Documentary Record* (2003); Ranabir Samaddar, *A Biography of the Indian Nation, 1947-1997* (2001); C. J. Fuller, Véronique Benei, *The Everyday State and Society in Modern India* (2001); Kiran Dhingra, ed., *The Andaman and Nicobar Islands in the Twentieth Century* (2005); P. N. Dhar, *Indira Gandhi, the "Emergency," and Indian Democracy* (2000); Peter John Brobst, *The Future of the Great Game: Sir Olaf Caroe, India's Independence, and the Defense of Asia* (2005); Meghnad Desai, *Development and Nationhood: Essays in the Political Economy of South Asia* (2005); Donald E. Weatherbee, Falf Emmers, Mari Pangestu, Leonard C. Sebastian, *International Relations in Southeast Asia: The Struggle for Autonomy* (2005); Gianni Sofri, *Gandhi and India* (1999); Susan Bayly, *Caste, Society and Politics in India from the 18th Century to the Modern Age* (1999); Nicholas Dirks, *Castes of Mind: Colonialism and the Making of Modern India* (2001); S. Rushdie, Elizabeth West, *Mirrorwork: 50 Years of Indian Writing, 1947-1997* (1997); Vikrameditya Pradash, *Chandigarh, Le Corbusier: The Stuggle for Modernity in Postcolonial India* (2002)。

亚洲政治（主要是南亚）：L. W. Pye, *Asian Power and Plolitics: The Cultural Dimensions of Authority* (1985)（很难用西方观念解读亚洲国家）; William H. Overholt, *Asia, America, and the Transformation of Geopolitics* (2007); Barbara A. Weightman, *Dragons and Tigers: A Geography of South, East and Southeast Asia* (2011); Ornit Shani, *Communalism, Caste and Hindu Nationalism* (2007)。

东南亚：D. G. E. Hall, *A History of South-East Asia* (1981); Alan Wood, *Asian Democracy in World History* (2004); M. C. Ricklefs, *A History of Modern Indonesia* (2002)。

越南：G. Kolko, *The Anatomy of a War* (1985); Qiang Zhai, *China and the Vietnam Wars, 1950-1975* (2000); David W. P. Elliott, *The Vietnamese War: Revolution and Social Change in the Mekong Delta, 1930-1975* (1985); George C. Herring, *America's Longest War: The United States and Vietnam, 1950-1975*（第四版）(2002); Duong Van Mai Elliott, *The Sacred Willows: Four generations in the Life of a Vietnamese Family* (1999)。

多位印度小说家借用西方语言和文学惯例讲述印度人民在20世纪的生活，代表作家包括 Rabindranath Tagore，以及当代小说家 Kamale Markandaya、Shanta Ramarao（关于女性）、T. Shivasankara Pillai（关于印度南部）、R. K. Narayan（关于佃农）；印度裔英国小说家和散文家 V. S. Naipaul（从外国人的视角描写印度）。

第 31 章
当代中东文明

在过去的几十年里，在这片世界上最古老的文明地区，若干重要趋势相互交织，构成了其最新的历史发展模式。中东的政治统一局面在 19 世纪就已岌岌可危，到了第一次世界大战后终于分崩离析。该地区后来经常打着阿拉伯民族主义或穆斯林兄弟会的旗帜不断尝试重归一体，但却无一成功。曾经的奥斯曼帝国分裂出一批新生国家，在两场世界大战期间，欧洲列强的半殖民统治与若干独立国家同时并存。第二次世界大战之后，整个中东地区都实现了独立。多元化政体凸显了中东国家之间的差异。有些国家建立了君主制——20 世纪全世界坚持君主制的国家寥寥无几。普遍存在的是强人政府。某些中东国家以世俗化为目标，大力修正伊斯兰教等古老传统，其他国家则将古老的价值观置于首位。

中东成为第二次世界大战后世界上最动荡不安的地区，四分五裂的政治局面是主要原因。随着在这里发现了丰富的石油资源，中东在世界经济中的地位迅速提升，但也引起多方觊觎，外部势力介入中东事务的可能性十之八九。第二次世界大战后新犹太国家（以色列）的建立成为该地区一道无解的难题，不仅触发了多方内战，还招致冷战期间的大国干涉。

最后，中东的改革和反改革并立而存，局面异常复杂。奥斯曼帝国解体后，土耳其人建立了新政权。在首批成功推行工业化和农业改革的世俗国家中，土耳其就位列其中。土耳其还创新了教育体制，改革了社会关系和家庭关系。然而，中东的改革之路饱经风雨，很多伊斯兰领袖打着捍卫传统思想的旗号发动群众对改革深闭固拒。20 世纪 70 年代，伊斯兰原教旨主义运动崛起；90 年代，这批激进分子屡屡向伊斯兰世界的敌人发动恐袭。中东的改革派和保守派之间经常发生惨烈的冲突，远超其他文明社会。政治体制异乎不同和彼此之间争长相雄往往会使新生国家之间的摩擦进一步激化，致使中东近年来的局势风谲云诡，悲剧一再上演。

> **重点问题** 中东是当今世界的每日新闻热点。该地区深陷于各种矛盾冲突之中，因为很多中东人民仇视美国，所以美国人每每说起中东就会想到宗教狂热和政治暴力。除了始终无法撼动的伊斯兰教之外，20 世纪的中东还有哪些主要发展趋势？以反殖民主义或全球化的影响为例，20 世纪的中东与其他文明有哪些相似之处？

1. 奥斯曼帝国被取代

在第一次世界大战期间，奥斯曼帝国与德国走到了一起，从而为当代中东历史写好了序曲。英法两国为了保住战果，竭力打击奥斯曼帝国；两国鼓动阿拉伯人进行民族主义斗争反抗土耳其人的统治，英国甚至向犹太领导人做出在巴勒斯坦建国的含糊承诺。战时承诺和美国总统威尔逊提出的民族自决原则，点燃了阿拉伯领袖争取全面自由的希望。然而，映入他们眼帘的却是西方列强在他们的土地上推行帝国主义；除了英法两国，意大利和希腊也要求瓜分更多领土作为战利品。中东人民的民族主义热情先被激活再遭打压，这是一种非常危险的做法。

但有一点确定无疑：奥斯曼帝国已是孤立无依。同样仇恨土耳其人的阿拉伯领袖同力协契，并与欧洲列强达成共识，尽管后者盘算的是如何瓜分中东。麦加圣嗣长侯赛因·伊本·阿里领导了反抗奥斯曼帝国的阿拉伯人民起义。在第一次世界大战末期，英法两国军队挺进中东。法国占领了叙利亚和黎巴嫩，英国则占领了巴勒斯坦、约旦和伊拉克。欧洲列强依据 1920 年签订的《色佛尔条约》瓜分了奥斯曼帝国，但它们对土耳其的军事征服半途而废。年轻的土耳其军官穆斯塔法·凯末尔带领土耳其人民九攻九距，击败了希腊和西欧入侵军。凯末尔与欧洲列强重新谈判，双方在 1923 年签订条约，宣告土耳其是一个独立的新生国家。该条约确认了土耳其的独立地位；土耳其将凭借重要的地缘位置成为欧洲和俄国外交棋局上一枚富有战略意义的棋子。

军事和外交大获全胜，凯末尔趁热打铁，废除了苏丹头衔，宣布建立一个世俗的土耳其共和国。和一百年前治理埃及的穆罕默德·阿里一样，凯末尔希望带领这个伊斯兰国家走向现代化，用自己的方式与欧洲国家平起平坐。他小心谨慎地扶植新一轮无关宗教信仰的土耳其民族主义运动。土耳其首都从易攻难守的伊斯坦布尔迁至内陆腹地安卡拉。在西方政治思想的潜移默化下，凯末尔建立了议会制和全新的选举制。但凯末尔版本的民主制是严格管控下的民主制，只有人民党这一个政党，以防出现其他合法的反对势力。和彼得大帝等倡导西方化的著名领导人一样，凯末尔认为专制是变革的重要前提，因为政府要强迫民众接受改革。凯末尔被授予"Atatürk"（阿塔图尔克）这个姓氏，意为"土耳其人之父"。他大力削弱伊斯兰教的控制，废除了宗教色彩浓厚的哈里发制，将政府定性为世俗政府，要求人们举行世俗婚礼，推广世俗教育，将很多穆斯林习俗和象征（包括一夫多妻和传统服装）认定为非法，要求人们改穿西方服饰，指定星期日为全国法定休息日（原来是星期五），参照西方法典制定新法并取代伊斯兰法律。人们要用拉丁字母书写土耳其语，以代替阿拉伯字母，这样更简便易学，也更适合现代教育。凯末尔没有固守伊斯兰教传统，他允许女性参与投票，接受教育。小学教育的普及使土耳其人的文盲率从1914年的85%降至1932年的42%。

与俄国的彼得大帝改革和日本的明治维新相类似，凯末尔的改革也包括对传统服饰的强烈抨击。我们要看到并理解这其中的热情。费兹帽是奥斯曼上层社会男性佩戴的一种红色圆筒形毡帽，凯末尔这样评价道："我们一定要摘掉费兹帽，我们头上这顶帽子是无知和狂热的象征，是对进步和文明的仇视；我们要像文明世界的人们那样佩戴欧式礼帽……证明土耳其民族和人类文明大家庭没有分别。"

凯末尔政府也推动了工业化进程。很多工厂在政府的指导下建立起来。城市规模逐渐扩大。政府大力培养工程师和其他技术人员，不再仰人（外国专家）鼻息。政府禁止工会组织罢工，经济发展障碍被一扫而空。1939年，也就是凯末尔去世后的第二年，土耳其政府凭借强大的经济实力将外国人运营的铁路公司收归国有，沉重打击了长期困扰土耳其的经济帝国主义。

凯末尔的设想并未能完全实现，但是他的权力基础安如磐石，民族主义深得民心，人们对科学和经济发展的热情超过了传统文化。不过大多数农村人口并不支持新政府，因为穆斯林一向反对世俗主义。很多锐意改革的学校教师举报了多起学生和村官墨守传统的行为——他们认为这些都是迷信活动。凯末尔的继任者放缓了改革步伐，对这些根深蒂固的宗教信仰听之任之。尽管土耳其获得新生，赢得独立，拥有中东地区人数最多和素质最高的军队，但它直到21世纪初才全面完成工业化。在此之前，它的经济增长缓慢，人民普遍贫穷。土耳其的政治和文化领域都经历了真正的革命，但它没能像日本那样在经济领域大步向前。

土耳其是第一次世界大战后新中东政权的典型代表，但它并非唯一无二。早在第一次世界大战前就被英俄两国操纵的波斯同样赢得独立，粉碎了英国的各种图谋。陆军大臣礼萨·汗被波斯民族主义者推选为新领导人，担任巴列维王朝的"沙阿"（Shah，波斯语中的意思是"皇帝"）。这位新国王致力于经济改革和民族独立，大修铁路、广建学校、开办银行。政府支持工厂建设，满足民众对服饰和金属制品的需求，减少对西方商品的依赖。新政权收获了一定的石油财富——油井由一家取得波斯石油租让权的英国公司负责开采，上缴部分利润。1935年是波斯新时代的发轫之始，波斯王国在这一年更名为"伊朗"。第二次世界大战爆发后，努力保持中立的礼萨·汗被迫退位，传位给他的儿子。伊斯兰教反对现代潮流，反对沙阿本人的奢靡作风和独裁统治。伊朗国内的矛盾比土耳其还要严重。

从20世纪20年代起，伊朗果断地推出了一项引人注目的政策：**进口替代**（import substitution），其他地区争相效仿。19世纪末，俄国和日本努力实现全面工业化，希望追赶西方，这就要求两国扩大出口，尤其是受到军事和经济目标鼓动的日本。进口替代政策意味着采取更加务实的手段：开设更多工厂，减少进口西方商品，如纺织品、基础机械，后来还包括汽车。该政策的成功实施提升了伊朗经济的独立性，尽管它还算不上是经济强国。土耳其也采取了一定程度的进口替代，印度则从1947年后开始尝试这一政策；拉丁美洲国家更是在20世纪30年代就加入这一行列。进口替代政策的成功实施对世界经济产生了一定影响，但它并未妨碍各国在后来推行更积极的出口政策。

2. 阿拉伯民族独立运动

20世纪二三十年代，中东北部建立了重要的新政权，它们锐意改革，坚持专制统治，然而中东大片领土仍然掌握在欧洲人手中。北非自然也不例外，它依然是法国、英国和意大利的殖民地。中东本土大部分地区都被英法两国控制，不过它们在名义上被称作"国际联盟托管地"，并不是纯粹的殖民地，这意味着它们终将获得独立。不少托管地都与早前的政治传统没有什么实质联系。但是这种新型外国统治依然令阿拉伯人愤怒不已，所以他们发起了民族主义运动。在埃及人民暴乱和示威的压力下，英国被迫于1922年承认埃及获得形式上的独立；伊拉克和约旦也在不久后宣告独立，但英国依然掌管着这些国家的经济和军事事务。法国在前期并没有对托管地的民族主义运动做出重大让步。法国支持黎巴嫩脱离叙利亚，支持黎巴嫩的基督徒和穆斯林分治。黎巴嫩在法国的保护下获得独立。1936年，叙利亚与法国签署独立协定。然而，欧洲在当地的影响力依然强大无比，所向无敌。事实上，在伊拉克这样的产油国，欧美公司很快就攫取了当地油田的所有权，当殖民统治走向式微之后，西方以另一种形式增强了自己对中东的影响。

二三十年代的阿拉伯民族主义运动方兴未艾，另一个重要原因就是巴勒斯坦的犹太人逐渐增多。1914年，犹太人仅占中东总人口的11%。在犹太复国主义者的鼓动之下，加之希特勒屠杀犹太人，一批又一批犹太人从欧洲回到中东。到1940年，中东犹太定居者的数量已经增至50万。虽然犹太人口远比不上巴勒斯坦的穆斯林和基督徒，但是阿拉伯民族主义者仍将其视作中东地区的威胁。他们向英国施压（巴勒斯坦是英国托管地），要求英国限制犹太人向当地移民，但是英国的政策一直摇摆不定，这让穆斯林和犹太人都不满意。在此期间，犹太人在巴勒斯坦发展工农业，建立了名为"基布兹"的集体农场；他们在当地逐渐落地生根，极大地提高了传统生产力，发展了新型出口农作物，比如柑橘类水果。

因此，阿拉伯民族主义运动有诸多目标。越来越浓的民族主义氛围也让中东的裂痕沟深壑坚。民族主义者对托管地的国界划分（比如黎巴嫩和叙利亚）满腹怨言，而且对中东前景看法不一。有人拥护传统的穆斯林执政方式，比如新成立的沙特阿拉伯王国；有人主张建立西方式的议会民主制；伊拉克的卡米勒·查得里希等人则提出建立一个带有阿拉伯特色的社会主义国家。中东几乎不存在马克思主义团体，因为马克思主义学说反对宗教（苏联打击穆斯林就是证明）。事实上，中东从未出现过信奉马克思主义的单一政体。

后来第二次世界大战爆发，西欧各国不得不放松对中东的控制。土耳其在此期间选择保持独立，专心发展本国经济。然而，中东大部分地区都被拖入战争（不少阿拉伯人加入德军，反抗英国在北非和中东的统治）。德军入侵北非，后来在1942年年底在英美联军的反击下一败如水。战后英法两国的实力大不如前，这让阿拉伯领导人看到了新希望。1945年，面对殖民地的骚乱，法国被迫放弃对叙利亚和黎巴嫩的控制。英国步其后尘计划撤军，但却迟迟未能实施，因为它试图化解巴勒斯坦内部的阿拉伯人—犹太人之争。1945年至1948年，双方不断发生暴力恐袭，甚至连英国人都被殃及。英国最终从中东撤离。1948年5月，犹太人建立了自己的新国家——以色列，他们击退了周边阿拉伯国家的联手打击，占领了更多的领土。大约一百万穆斯林难民被赶出巴勒斯坦，这在阿拉伯人和以色列人及双方政治盟友（美国是以色列的盟友）之间刻下了深仇大恨。

败于犹太人之手激发了埃及革命。1952年，埃及陆军上校贾迈勒·纳赛尔将亲西方的贪腐国王赶下了台，建立了一个单一政党领导的、致力于改革的世俗政府。纳赛尔曾是阿拉伯民族主义运动的领导人。1956年，他宣布将苏伊士运河收归国有，由此招致英法两国和以色列的联合打击，但是在美国和苏联的双重施压下它们被迫撤军，因为这两个超级大国都想讨好阿拉伯国家。有效管理苏伊士运河证明埃及具备强大的技术实力，这个完全独立的国家从此成为举足轻重的中东大国。纳赛尔立即着手进行内部改革，将尼罗河沿岸大庄园的土地分给农民，结束了长期盛行的采邑制。

1956 年至 1962 年，阿拉伯世界实现了全面独立；随着利比亚、突尼斯、摩洛哥和阿尔及利亚宣布独立，北非殖民地终于恢复了自由。阿尔及利亚民族解放战争是一场备受瞩目的重大战事。法国从 19 世纪中期开始控制这个国家；对于法国领导人来说，阿尔及利亚的存在让他们对法国保留大国地位还能抱有一丝希望。然而愤怒的民族主义者发动了全面战争，前后历时近十年，因为少数欧洲定居者支持法军打击阿尔及利亚游击队，但事实证明这股力量不可能受制于人。最终，法国被迫撤军，因为它担心这场旷日持久的残酷战争会破坏其国内政局，有损国家道义。1962 年，阿尔及利亚正式独立。

中东地区出现了一批主权独立国家，然而搅动中东事务的主线仍是阿拉伯国家和以色列的矛盾。直接涉事其中者自然是以色列的邻国；不过，其他阿拉伯国家领导人也发现以色列问题很容易鼓动民众爱国热情，他们还认为以色列的存在就是对中东阿拉伯人和伊斯兰教权威的亵渎。鉴于此，以色列打造了一支强大的军队，装配了远超阿拉伯国家的现代武器，而且总是摆出一副盛气凌人的姿态，为的是保护犹太人再也不被当成替罪羊。1967 年至 1973 年，以色列与周边国家打了四场战争。以色列在第一次中东战争中占领了更多领土，包括整个耶路撒冷，它是伊斯兰

1970 年的巴勒斯坦：以色列士兵在加沙街道上巡逻。

教、基督教和犹太教的发源地。巴勒斯坦武装组织没有选择正面战争，而是向以色列发起了游击战和恐袭；作为报复，以色列不断轰炸巴勒斯坦难民营，借口是里面藏有恐怖分子。1982年，以色列入侵黎巴嫩，旨在剿灭巴勒斯坦恐怖分子，结果导致黎巴嫩陷入无政府状态，因为没有一个政党有能力维持国家秩序。看似无法解决的阿以冲突也曾柳暗花明。1977年，埃及总统安瓦尔·萨达特破天荒地出访以色列，进行和平谈判。这项创举缓和了双方之间的矛盾，但却没能达成彻底解决方案，因为以色列拒绝撤出它在1967年战争中占领的大部分土地，而很多阿拉伯民族主义者也根本不承认以色列这个国家。

　　1993年，巴以双方就巴勒斯坦有限自治达成协议。1994年，以色列与约旦签署和平协议。很多人从中看到了解决更多问题的希望。但在1996年，以色列右翼政党赢得大选，巴以矛盾再次被激化。1999年，巴以重启和平谈判，然而2000年发生的暴力事件再次将谈判成果毁于一旦。巴勒斯坦恐怖分子制造了更多的爆炸袭击，以色列则展开猛烈的打击报复。后来以色列开始修建隔离墙，防止巴勒斯坦人进入以色列。2005年，以色列撤出了巴勒斯坦加沙地带的所有犹太人定居点，但却着手扩建约旦河西岸定居点。2006年，哈马斯（全称"巴勒斯坦伊斯兰抵抗运动"）在巴勒斯坦民主选举中获胜，成为巴勒斯坦第一大党。拒绝承认以色列的哈马斯被很多国家认定为恐怖组织。同样是在2006年，以色列对黎巴嫩的什叶派真主党发动军事打击。"复杂"一词已经不足以形容阿以关系的前景。

　　除了以色列问题，与世界超级大国的关系也是中东很多国家关注的焦点。以色列是西方国家的铁杆盟友，收到美国大量经济和军事援助。土耳其担心北方虎视眈眈的苏联，于是选择加入北约，投靠西方阵营。然而，大部分中东国家在结盟问题上都是摇摆不定。20世纪50年代，埃及总统纳赛尔联合印度发起了不结盟运动，成为冷战期间美苏两大阵营之外的第三势力。大多数中东国家领导人或许都希望选择中立路线，这样他们就能专注于本国的内政和外交。然而，西方在中东的影响持续扩大。作为以色列盟友的西方国家往往也是袭击目标，因为它们让人想起了殖民者或贪得无厌的资本家。西方国家是中东重要的武器来源地，它们和日本是中东石油的主要买家。更加保守的阿拉伯国家选择与西方保持紧密关系，而世俗政权则在冷战对峙的两大阵营中左右逢源——埃及在苏伊士运河战争（第二次中东战争）结束后收到苏联援助，后来却背叛苏联投靠美国；70年代的叙利亚非常倚重苏联。或许这些国家希望同时得到两大阵营的支持。冷战期间，对峙的两大阵营始终在影响中东，而中东国家由于内部分裂、军事和经济实力落后则无力抵御。在此期间，超级大国的对抗也令很多中东国家有机可乘，它们得到了独立行动的空间。即使在冷战结束后的很长时间里，美国、俄罗斯和欧洲的中东政策依然存在分歧。

中东国家在结束殖民统治后还受到另外两大因素的影响：地方竞争和经济协调。不少刚独立的国家因领土或政策问题而互生嫌隙。埃及和利比亚互为对手。摩洛哥和阿尔及利亚对边界领土争执不下。1978年，伊拉克和伊朗在领土问题上龃龉不和；80年代早期，伊拉克世俗政权与狂热宗教革命分子领导下的伊朗爆发了一场残酷而漫长的战争（两伊战争）。双方共有数十万人丧生，最后双方同意止战停火，但是谈判却是毫无结果。1990年，伊拉克入侵科威特，意图吞并科威特；1991年，第一次海湾战争爆发，沙特、埃及和叙利亚纷纷出兵打击伊拉克，西方国家授权的多国部队也参与其中，他们联手将伊拉克赶出了科威特，但却没能推翻萨达姆领导下的伊拉克独裁政权。

在战乱频仍的背景下，某些组织的建立起到了一定的平衡作用。阿拉伯联盟（简称"阿盟"）的建立就是为了平息各方争端，最终实现阿拉伯统一。阿盟定期举行会谈，协调各方关系；叙利亚曾与埃及短暂交好。这些努力很难产生实质效果，但是阿盟的存在提醒阿拉伯人要坚持中东统一的政治理想，也许有一天终会梦想成真。阿拉伯国家还组建了一个更具实际意义的组织：1961年，伊朗、伊拉克和沙特这些产油大国牵头成立了"石油输出国组织"（OPEC，即"欧佩克"），成员中还有个别重要的非中东国家。欧佩克的形成源于阿拉伯国家和伊朗成功地限制了西方石油公司垄断石油资源——这些公司或被收归国有，或是接受其所在国政府的严格监督。欧佩克成员国协调原油产量和定价；20世纪70年代，欧佩克成功提高油价，增加了成员国的石油收益。沙特等富裕的阿拉伯国家向贫油国（包括约旦和埃及）提供经济援助。欧佩克的成功再次证明：中东政治之所以复杂，其原因不仅仅是狭隘的民族主义之争。到2000年，欧佩克的协调工作进一步完善，提高了油价和收入。2007年后，石油需求持续高涨，很多产油国的经济都是蒸蒸日上。

3. 国家的新角色

伴随风起云涌的民族主义运动，中东各国实现了独立。中东各国的政府职能颇多相似。它们承担起了新责任：建立教育体制，修建经济基础设施（包括公路、港口和机场），制定有限的福利项目。大部分国家都对外企实施一定管制，中东地区获得了与西方角力的筹码。各国都建立了大学，教授世俗科目和伊斯兰教基本教义。就连保守派政权也都支持进行技术培训，比如君主制的沙特阿拉伯。政府新职能是对20世纪影响中东的各种新力量的回应。就像其他地区一样，中东发生的一切也具有政治现代化的共同特征,即政府职能逐步向新领域延伸,比如大众教育、经济规划和培养国民的忠诚度。与此同时,中东民族主义者在宗教发展问题上必须小心谨慎,即民族主义决不能违背信仰,必须尊重伊斯兰教的传统,同时敦促信徒对伊斯兰教自身进行部分改革。中东地区出现了各种各样甚至相互冲突的民族主义定义。难道国家就是欧洲人在第一次世界大战后划定边界的区域?是不是应该建立一个包括所有阿拉伯人的国家?国家的发展应该坚持世俗化还是伊斯兰教?

政府职能的变化和民族主义的兴起,并不意味着中东国家就确立了西方政体。事实上,自由式民主很难在这片土地上落地生根,而这也恰是中东政治风格的共同特性。八九十年代的中东也在抵制西方推广民主。唯有以色列一向特立独行,它组建了享有实权的议会,推行多党制。以色列重视军队建设,但它坚持动用武力镇压巴勒斯坦民众,这为以色列的自由政体蒙上了阴影。在极端宗教团体的影响下,以色列政府支持举行正统派犹太教仪式。

大多数中东国家都没有建立议会,甚至那些世俗国家也是如此。限制多党竞争削弱了政府的执政能力。就连土耳其这样的国家偶尔也会倒退回军政府时代,它在第二次世界大战后经常遭遇反对党竞争的压力。君主制或强人政治在中东地区司空见惯。伊斯兰政治传统束缚了自由主义的政治思想。面对中东社会的内部矛盾,很多领导人坚信党派竞争不利于他们捍卫权力。大多数国家都开始限制出版业,大规模部署政治警察,寻求军队支持。

然而,中东并不存在统一的执政思想。君主制国家(摩洛哥、约旦、沙特、1978年以前的伊朗和波斯湾附近的若干小国)和世俗共和国之间隔阂严重。在世俗共和国,掌权的强势人物往往都会得到单一政党的支持。君主制国家一面发展经济,一面打压政治反对派,维护既有的社会等级制度和保守的伊斯兰社会价值观。沙特在这方面堪称典型,原因在于它信奉瓦哈比教派,作风刻板、行事拘谨。沙特利用石油收入扩大工业基础,兴建城市,推广全民教育,但它强制国民穿着传统阿拉伯服饰,在公共场所实行男女隔离,对不当男女关系或违反伊斯兰教法的行为严惩不贷。沙特积极推广伊斯兰教育,排斥其他信仰。

从另一方面来看,虽然共和制国家也像君主制国家一样打压政敌不遗余力,但是大部分共和制国家追求的不仅是工业发展和农业改革,还有更加世俗化的社会面貌。它们为女性提供受教育机会和就业机会,否定传统着装。不少共和制国家致力于实现"阿拉伯社会主义",这项政策的目的是建设一个不同于西方国家和共产主义国家的社会。阿拉伯社会主义要求政府管控企业(主要针对外企),而不是政府全面掌控经济;对富人加征税收,实行土地改革造福农民,从而改善社会不平等状况。然而，阿拉伯社会主义并没有全面抨击宗教，也没有形成完备的政治学说；它更像是一股热情，而不是一场规划好的运动。

很多政权都扩大了警察手中的权力，包括逮捕、拷问甚至暗杀政敌。虽然这种做法不可能得到民众支持，但也确有一部分人过上了安定的生活。21世纪初的一份民调结果显示，92%—99%的中东人选择支持民主制。这与20世纪三四十年代的情况形成巨大反差，当时更多人都支持法西斯主义。然而民调结果很难转化成为现实，毕竟国家的警察权可不是摆设一件。所以伊斯兰教的狂热分子越来越多，他们想要表现自己在政治生活中的挫败感和虔诚信仰。分裂的内部政局和众多的新生国家表明，中东还没有选定一套持久不变的政治体制。

4. 原教旨主义崛起

政治和经济变革招致中东政界和文化界的强烈抵制，并自20世纪70年代起汇聚成为一股强大的抗议浪潮。改革失败造成的巨大压力和持续存在的大面积贫困，也驱使人们借力宗教进行反抗。伊斯兰教具有强大的精神力量和全面的法律准则，它将有着共同信仰的人们聚到一起，共同反对变革或不同形式的改革，尤其是反对西方文化的影响。阿亚图拉·霍梅尼是1978年伊朗伊斯兰革命的领袖，他在谈及教育变革时这样说道：

> 我们的大学必须变成伊斯兰式的大学……它们（现在的大学）就是阻碍这片土地上所有儿女追求进步的绊脚石，它们已经变成了宣传阵地。我们的年轻人或许学到了些知识，但他们没有受到教育——伊斯兰式的教育……这些大学的教育不符合我们人民和国家的需要，它们就是在浪费这群可爱的年轻生命的精力，驱使他们为外国人效力。

伊斯兰原教旨主义的崛起属于一个更大的全球趋势的一部分。各原教旨主义教派都在重申宗教的重要性，他们对其他信仰束广就狭。美国和印度分别出现了基督教和印度教的原教旨主义。但最受关注的还是伊斯兰原教旨主义，因为它既是中东人民抗议国内政治和经济现状的手段，也是对外来打击和贬低伊斯兰教行为表达愤怒的手段。

伊斯兰原教旨主义形成于1970年之后，就本质而言，它的目的是回归伊斯兰教最初的政治理想，即政府要坚持宗教价值观，将执行这些价值观作为首要任务。

> **解答问题** 当代宗教复兴

从 20 世纪到 21 世纪，在若干巨大力量的推动下，世界上大部分地区都形成了世俗文化。科学日益深入人心，人们开始采用非宗教方式分析物质本质，甚至包括人类经历（比如重大疾病或死亡）。各种不同的信仰体系和各种版本的民族主义要求人们关注现实世界。消费主义的传播对宗教构成了挑战，尽管它不一定会改变人们对宗教的兴趣。全球城市化进程将人们与集体仪式活动拉开了距离，这些仪式活动一般都与宗教息息相关。

对那些仍然倚重宗教的人们，包括重要领袖人物来说，他们面临一个新问题：如何在一个各方面日趋世俗化的社会维持或复兴宗教信仰？

他们采取了若干手段来解决这个问题，而且往往是多种手段并用：

- 与当代某些趋势相结合，共同对抗其他趋势。因此宗教可以结合民族主义，有时还可以结合消费主义（比如在美国），然后抵制其他发展潮流，比如说世俗主义。
- 运用当代技术。很多宗教领袖都能驾轻就熟地进行电视布道，伊斯兰教徒则在互联网上散布言论。
- 把那些被全球变革忽略的群体定为目标受众。伊斯兰教徒和基督教传教士往往把城市底层群体作为实现宗教复兴的对象，因为这群人享受不到经济全球化的好处。
- 抨击现代发展趋势（比如西方性自由）和其他宗教。很多宗教运动都抛弃了宽容立场，比如印度教原教旨主义者煽动信众仇视印度穆斯林。
- 寻求政府支持。苏联解体后，俄罗斯东正教牧首转而寻求政府支持，抵制外部传教团体的渗透。这并非东正教首次向政府求援，但却意义深远。基督教、伊斯兰教和印度教的复兴往往都要借助政府力量对抗极端世俗主义。

20 世纪晚期各地的宗教复兴取决于多种因素，其中至关重要的一点是宗教领袖能够多法并举应对世俗主义。

重点问题 为何过去四十年来很多地方的世俗文化都遭遇了新挑战？宗教是如何将旧传统与新技术和新观念融为一体的？

伊朗民兵组织巴斯基成员正在接受军事技能训练，包括持枪、搏斗和急救。

它并不是纯粹的传统主义，因为原教旨主义者借用了互联网等新手段，并经常批判那些不符合伊斯兰教精神的现象。大多数原教旨主义领袖都是受过教育的城里人，然而这些人也反对变革。很多伊斯兰教学者和其他宗教领袖（包括乌理玛）发起了重要的抗议活动，抵制中东和周边伊斯兰社会（比如苏丹、阿富汗和巴基斯坦）出现的新趋势。他们认为自己国家集中精力发展经济可谓本末倒置，因为履行宗教义务才是第一要务。他们批判西方服饰和电影等舶来品都是可耻和堕落的象征，尤其是女性着装和人们在娱乐场所或沙滩上的暴露穿着。世俗政府将宗教和教育相分离并与信仰基督教的西方人合作，因而备受谴责。总之，伊斯兰原教旨主义者要求恢复多项传统价值观并重新定位政治行为。

20世纪70年代，大部分中东国家都出现了一批顽固的穆斯林团体，这些人向政府施压，要求严格执行伊斯兰法律。因此，有些法庭做出了示范判决，比如通奸者会被处以石刑或斩首。1981年，一群原教旨主义者刺杀了埃及总统萨达特，但是埃及的政策并未受到这股保守浪潮的严重影响。巴基斯坦军政府在原教旨主义者的压力下颁布了一套更符合穆斯林传统的新法典。进入90年代后，土耳其也感受到了原教旨主义者施加的压力，不过这批人遭到了军方的压制，而且当时占据主导地位的是更加温和的伊斯兰政党。阿尔及利亚军方则与一支更庞大的原教旨主义派系进行了一场艰苦的斗争，双方之间发生了暴力冲突。总的来说，伊斯兰原教旨主

1979年伊朗伊斯兰革命期间的反美游行，示威群众高举象征时任美国总统卡特的人偶。

义为中东的复杂局势增添了新元素，尽管大部分国家都抵制这股势力。

伊斯兰民兵组织在伊朗收获了最大的胜利。中东在20世纪最惊心动魄的革命是一场宗教革命，这与其他地区的当代革命都有所不同。事实上，伊朗伊斯兰革命被称作第一场名副其实的"第三世界革命"——它寻求的是一条与众不同的现代化道路，它坚持以伊斯兰教法提出的理想为指导方针。革命分子都是狂热的什叶派教徒，他们在伊朗属于多数派，但在整个伊斯兰世界则属于少数派。长期以来，什叶派的目标就是建立一个更加纯粹的宗教国家，反对逊尼派的错误主张。这场由什叶派主导的革命重新开启了几百年来伊斯兰教内部的派系纷争。

伊朗伊斯兰革命缘起于一场快速实施的改革计划，该计划以二三十年代的努力为基础并伴以残酷的政治镇压。巴列维政府曾在美国的支持下挫败了1953年的民众抗议，但它推出了一项鲁莽的现代化方案，其中包括继续增加石油收入，加强与西方联系。巴列维政府支持教育事业，很多伊朗人被送往国外深造；重视工业和军事发展。这些变化让很多人心生不满，因为广大农村人口被置之一边，而且国家通货膨胀率居高不下，虽说石油收入不菲，但大批成本高昂的新工程还是给政府财政造成不小的压力。巴列维政府动用秘密警察残酷镇压政敌，加之贪污腐败盛行，激怒了伊朗自由派人士。虔诚的穆斯林也对政府怨声载道。伊斯兰教领袖对这股西方热潮大为震惊：本国经济竟然掌握在十万名外国人手中。伊朗人抗议那些专门对外国人开放的休闲场所，外国人在那里饮酒作乐、衣着暴露，公然违反伊斯兰法律。

1978 年，伊朗爆发了大规模示威活动，巴列维国王在第二年年初流亡国外。伊朗的新领导人是年事已高的霍梅尼，他被尊为"圣人"。长期以来，霍梅尼一直与宣扬"无神论和物质主义"的巴列维政府斗争不懈。革命政府很快就镇压了其他反对派团体。政府对西方音乐、泳装和酒精下达了禁令，它要打造一个神圣的什叶派国家。女性要穿着传统服装，包括佩戴面纱。伊拉克挑起了一场历时八年的两伊战争，在此期间，伊朗领导人向其他伊斯兰国家输出了伊朗伊斯兰革命思想。霍梅尼提出发动一场新的圣战，将整个中东统一成一个名副其实的伊斯兰国家。伊朗高涨的革命热情一直持续到 80 年代中期。在 1982 年遭到以色列入侵后，麻烦不断的黎巴嫩也出现了一批活跃的原教旨主义者，他们同样是以什叶派为主。这些人还在搅动其他地方局势。叙利亚政府军剿灭了原教旨主义民兵组织，但后者已经犯下严重暴行。到了 90 年代末，伊朗推出了更加温和的政策。改革派赢得民主选举后上台执政。但是由于伊斯兰教神职人员掌权，政府不可能对政策做出大幅调整。2005 年，激进派再次赢得总统大选。伊朗的区域外交政策更加明确，但它的总体局势依然不太稳定。

原教旨主义者抵制变革成为 20 世纪末中东地区的重要时代特征。这一状况还会持续多久，目前尚且难言；伊拉克和叙利亚等主要中东国家，以及大部分北非政权，都维持了世俗政策，但它们也一直都在竭力避免与伊斯兰教全面对立。然而原教旨主义者还是对政府造成巨大压力，比如阿尔及利亚的原教旨主义组织不断制造恐袭。苏联担心国内穆斯林少数派受到原教旨主义的影响，这是苏联入侵阿富汗的原因之一，目的是防止周边国家出现原教旨主义政权。苏联解体后，获得新生的中亚共和国重新探讨对伊斯兰教的政策。半途而废的工业化和四分五裂的社会面貌表明，伊斯兰教与常规改革的很多内容难以兼容。伊斯兰教凭借强大的精神力量：信徒要服从真主安拉，要遵循教义对社交生活的详细规定，在 20 世纪的世界宗教领域占有举足轻重的地位。

20 世纪后期，依然强大的伊斯兰信仰和高涨的原教旨主义运动使得中东政治愈益复杂。我们要认识到伊斯兰原教旨主义运动从未获得全面胜利，这一点至关重要。它的崛起反映了重大的政治和社会变革已经触动中东文明，比如在埃及等主要中东国家，随着城市化稳步推进，65% 的人口离开农村老家和农耕经济迁入了城市。21 世纪早期，中东发生的文化变革不只有伊斯兰原教旨主义。全球消费主义也给中东带来一定压力，比如大型购物中心遍布产油国。就是在伊朗这样的国家，也有很多女性把日本电视剧中的女主人公当成偶像。在土耳其各大主要城市，圣诞采购已经成为一种生活习惯，虽然这个节日和穆斯林毫无关系。很多穆斯林在斋月期间互赠礼品和祝福卡片，对这个讲求自我克制的传统节日来说，这已经算得

> **讨论历史：恐怖主义**
>
> 2001年的"9·11事件"让美国人对恐怖主义有了新的认识，很多人觉得世界从此异乎寻常。他们确信这场严重袭击绝对不是一起简单事件。有人说恐怖主义分子就是魔鬼撒旦，人性的阴暗面深不可言。
>
> 从历史观来分析恐怖主义，或许能给我们带来更多启示。现代史上公认的首次恐怖主义活动始于1885年左右，它表现了某些群体对抗既有强大势力受到的挫败（比如俄国民众反对沙皇政权的抗议活动），同时展示了新研发的枪支和炸药。一位塞尔维亚民族主义者刺杀了奥匈王储，这起事件点燃了第一次世界大战。和如今的情况一样，恐怖主义分子先是受到强力鼓动，然后秘密聚会，最后为了他们的事业甘心赴死。不仅如此，恐怖主义分子还认为他们不过是在对政府支持的恐怖主义以牙还牙，比如警察袭击或刑讯逼供。
>
> 但是到了2000年左右，恐怖主义发生了两大变化。首先，恐怖主义活动与宗教极端主义紧密相连，这其中不只有伊斯兰教。比如日本地铁站发生的毒气袭击事件，就是由一个邪教组织（奥姆真理教）实施的。其次，恐怖主义分子逐渐把目标从政府转向平民。他们携带的武器变成了小型炸弹，便于袭击平民。恐怖主义分子显然认为，除了制造恐袭，他们再无办法撼动现行政权，或者破坏他们痛恨的经济和文化影响。
>
> 关于恐怖主义还有两个未解的难题。一方面，现代恐怖主义活动并未带来恐怖主义分子期待的结果。通常，每次恐袭过后都会招致更为猛烈的报复。另一方面，现在也没有彻底消灭恐怖主义的办法，不管是武力，还是其他有效纾解严重积怨的渠道。

上是一种重大突破了。原教旨主义者、温和派穆斯林和各派世俗改革家在社会和文化生活中的持续分化是中东的显著特征。就连沙特这样的保守政权都在积极引进最新技术、推广科学教育，包括对女性提供受教育机会。中东各国的发展模式确实无比复杂。

5. 中东文化与社会

第二次世界大战后的中东出现了一个全面完成工业化的国家：以色列，它从大量的西方援助中获益匪浅。以色列人有着强烈的民族主义意识，并有发展工业经济的经验。早期的以色列领导人基本都是移民。第二次世界大战期间纳粹大肆屠杀犹太人，后来数十万犹太人从欧洲辗转至此。还有一大批犹太移民来自中东各个城市，因为阿拉伯人和犹太人互不相容。移民不仅增加了人口，还带来了丰富的经商手段和制造业经验。以色列人努力发展工业生产和市场农业，包括大批沙漠开荒项目，逐渐将自己打造成了一个活力四射的经济体，而且是世界上技术最发达的国家之一。尽管它也面临一定的经济压力，主要是军费开支有加无已，但它还是摆脱了20世纪经济发展的桎梏。90年代的以色列也出现了消费主义浪潮，宗教团体和世俗的民族主义者都为之忧心忡忡。

相比之下，中东大多数国家的制造业、市场农业和技术水平都相当落后。事实上，以色列之所以能在阿拉伯国家的包围下生存下来，高精尖技术是原因之一。新式武器生产是以色列的重点工业。伊斯兰国家在经济发展水平上的差距逐渐拉大。世界已探明石油储量的近60%都在中东地区，但是分布不均。某些国家石油储量大但人口少，它们几乎是在一夜之间就成为人均财富名列前茅的富国。从人均收入角度来说，波斯湾国家科威特早在1980年就已经是世界上最富裕的国家。沙特凭借石油财富成功崛起。这些国家利用不断增加的石油收入修建奢华的新城区，扩大医疗和教育服务范围。当地制造业蓬勃发展，为"进口替代"提供了更多产品，并新增了少数工厂工作岗位。尽管这些富油国将石油收入投资工业部门，为的是平衡经济发展，在石油产量下降期间保障国民财富分配，但它们还是遇到了一些严峻问题。事实上，很多国家都将大笔资金投向了海外，尤其是西方国家，因为国内缺乏适合投资的高收益项目。由于其他资源不足、技术培训有限、人们对技术不感兴趣、贫富差距逐渐扩大，消费需求受到抑制——正因为如此，石油财富难以转化为工业化的助推剂。高额军费支出也是工业化受限的原因之一，因为部分投资用来进口武器，而不是刺激国内生产。一旦军费支出转向战场，比如两伊战争，经济发展就会遭到致命打击。

无油国面临的经济问题更加严峻。它们同样需要负担军费开支，偶尔的政局动荡还会妨碍经济发展。很多国家还背负着人口增长过快的沉重负担。缺少耕地让很多农民犯难不已。城市化进程加快但就业机会太少，无法满足人们的需求。由于自身信仰问题，穆斯林很难接受避孕措施。新增石油收入、土地改革和城市制造业的壮大确实改变了中东的经济面貌，尤其是在第二次世界大战之后。中东的城市化水平超过印度和中国，因此大部分国家的城市人口都超过了农村人口。土耳其终于在21世纪早期成为强大的发展中经济体，这要归功于它在过去几十年里打造了雄厚的制造业基础，在农产品出口方面大获成功。总之，虽然石油收入不菲，但是

迪拜塔是阿联酋大兴土木的象征，2006年年末它仍在如火如荼的建设当中。

严重穷困和失业现象在中东依然普遍存在。由此出现的后果之一就是大批人员出国务工：很多土耳其人和北非人去了西欧；有些阿拉伯农民去了富油国从事非技术工作，赚取微薄的收入。大批埃及人和巴勒斯坦人以及印度人和巴基斯坦人，在沙特和阿联酋工作。

中东的文化与其经济一样，也在传统与变革之间竖起一道藩篱。除了以色列，几乎没有中东艺术家采用国际风格。伊斯兰艺术仍在沿用传统风格和主题。不过，在城市化水平较高的国家，比如沙特和伊斯兰革命前的伊朗，也能看到一些"现代"建筑。虽然世俗国家也放映西方电影，但是伊斯兰电影制作明显与西方电影工业格格不入，这其中当然有宗教方面的原因。伊斯兰世界坚持传统音乐风格，就连大部分流行音乐都要使用非西方的乐器和歌唱技巧。中东艺术和文学同样佳作如林，比如埃及小说家马哈福兹在1998年荣获诺贝尔文学奖。伊斯兰神学和法学研究作品也是不胜枚举，但是缺乏创意，不禁让人怀念中东文化过去的辉煌岁月。

大部分中东国家都鼓励人们钻研科学。埃及总统纳赛尔下令成立了最高科学委员会，并高声呼吁："我们要与新世界和新发现齐头并进。我们在过去受了太多苦，就是因为我们被蒸汽时代和电力时代甩在了后面。不能与新时代同步的人们将会苦难深重，就像我们过去那样……在这个新发现层出不穷的世界，落后就意味着丧失存在权。"

2008年，伊朗政府出资组织高端科技培训，很多国家拨款建造更多大学（其中不少都是西方式大学），以提高国民的技术和管理水平。虽然改进后的科学培训扩大了中东文化的维度，但是中东的科学创新还未能达到世界领先水平；中东仍然严重依赖西方的基础科学研究。总之，教育扩张外加继续扫盲，使更多民众接受了科学观，为日后开展深入变革奠定了基础，尽管这些做法往往与伊斯兰原教旨主义势如水火。

中东的社会面貌反映了城市发展和改革派政府的施政成果。它还反映了人口压力的影响，在某些地方甚至还能看到战争留下的累累伤痕。中东保持了与过去的重要联系。很多中东国家的村庄都变化缓慢。它们也引进了一些新型农耕设备，加大了与城区市场的交易，但是农民的生活节奏和劳作模式依然带有传统特色。在大部分中东地区，地主阶级的主导地位已被削弱，但是广大农民与地方显贵之间的差距依然不容置疑。

女性地位问题给中东社会造成巨大压力。越来越多的女性与过去毅然决裂，开始接受正规教育。2006 年，伊朗和阿联酋的女大学生比例已经突破 50%。在土耳其、埃及、阿尔及利亚和叙利亚这些世俗国家，很多女性扔掉了黑色罩袍，摘下了面纱，穿起了西式裙装。不少国家都为女性提供了新的工作岗位，女性成为初始工业化经济中的重要劳动力。就这样，有些女性成了工厂工人，有些女性成了办公室职员。但是在经济活动中和社交场合，男女隔离现象依然如故。普遍来说，女性外出工作依然不被认可，尤其是从事医生或律师这样的专业工作。如果没有家庭经济来源，女性根本无法自立。在校男女生出勤率上的差距，更是远超其他任何文明。由于男性仍是一家之主，而且出生率较高，所以女性还是以家庭为重。沙特阿拉伯等保守国家的男女隔离情况更加严苛，比如对通奸男女双方的判

德黑兰一家玩具店内，身穿传统黑色罩袍的伊朗妇女正在挑选西方风格的玩偶。

罚明显有别。

就女性处境而言，中东各国再次出现分化。土耳其等国出现了大批"西方化"女性，她们化妆打扮，穿着西式服装，接受世俗教育，在城市工作，甚至还会从政。在埃及和也门等国，个别女性开始担任重要领导职务。在很多国家的大街上，既能看到面貌一新的新女性，也能看到坚持传统装束的保守女性。这些新女性经常遭到原教旨主义运动的批判。但是在伊朗等很多国家，女大学生的人数在21世纪初就已超过了男大学生。

6. 冲突不断的地区

相比主要亚洲文明，人们在评价中东的发展趋势和前景时脑海里画满了问号。中东地区不存在统一政体。就中东历史传统而言，分化和多样性并非第一次出现，过去的统一进程也经常被骚乱中断。然而，中东政治和军事领域中的某些关键矛盾在短期内肯定无法化解。世俗改革家和伊斯兰原教旨主义者之间的唇枪舌剑，将会继续让各国政府画地自限。传统与变革之间的较量会在多大程度上影响未来的中东文明尚未可知，但是中东内部拔刃张弩的紧张关系，已经对其他地区造成了直接影响。

20世纪90年代，中亚地区出现了新的伊斯兰国家，中东政局愈发扑朔迷离。这些新国家都有自己的问题：建立什么样的政治制度？如何对待当地少数群体，比如信仰基督教的亚美尼亚人？一个长期被当作原材料中心的地方该如何制定经济规划？它们也将有机会接触到中亚以外的穆斯林同胞。伊朗原教旨主义者向中亚输出伊朗版本的伊斯兰教。世俗化的土耳其政府派遣外交官劝说中亚推行自上而下的改革。还有一大隐忧则是中亚与中东的联系，以及与欧洲不安分的穆斯林少数派之间的联系。虽然中东是伊斯兰教的根据地，但是它的影响显然已经扩散到了全球。

7. 通往现代之路

发现石油和以色列建国为当代中东文明带来了沧海桑田之变。这些事件固然重要，但是从很多方面来看，第一次世界大战后奥斯曼帝国的灭亡才是中心事件。这一重大变化，再加上西方的横加干涉，导致中东失去了政治统一的可能。凯末尔废除了哈里发制度，削弱了伊斯兰教的集中引导能力。这些变化为改革派上台扫清了障碍。虽然关系依旧紧张，但是普遍的伊斯兰信仰似乎可以与重大变革相容并包，同时对世俗团体宽容以待。正是基于这些变化，中东出现了若干绕开既定传统或合法途径而建立的政权，有利于专制政府上台并复兴宗教信仰——这是让本地区人民维持身份认同感的手段。

其他变革则是由中东的发展进程所决定的，这一点与当代其他社会大同小异。大规模城市化、新产业发展壮大和教育普及在许多方面都带来了令人不安的变化，但是它们也给许多人的生活带来了令人舒心的变化。中东的人口出生率有所下降，尽管降幅不及其他地区，而且关于女性全新社会角色的讨论仍在继续。

传统和变革之间的平衡一旦发生改变就会造成紧张和分裂，这一点在中东地区表现得尤为明显，尽管其他社会也要面对这一基本问题。

延伸阅读

Peter Wien, *Iraqi Arab Nationalism* (2006); Amal Ghazal, *Islamic Reform and Arab Nationalism* (2010); Jaafar Aksikas, *Arab Modernities* (2009); Fred Halliday, *100 Myths About the Middle East* (2005); Mehran Kamrava, *The Modern Middle East: A Political History Since the First World War* (2005); James L. Gelvin, *The Modern Middle East: A History* (2005); Reinhard Schulze, *A Modern History of the Islamic World* (2002); Beverley Milton-Edwards, Peter Hinchcliffe, *Conflicts in the Middle East Since 1945* (2001); D. K. Fieldhouse, *Western Imperialism in the Middle East 1914-1958* (2006); Keith David Watenpaugh, *Being Modern in the Middle East: Revolution, Nationalism, Colonialism, and the Arab Middle Class* (2006); Steven Heydemann, *War, Institutions, and Social Change in the Middle East* (2000); Shlomo Ben-Ami, *Scars of War, Wounds of Peace: The Israeli-Arab Tragedy* (2006); Ian J. Bickerton, Carla L. Klausner, *A Concise History of the Arab-Israeli Conflict* (2005); James L. Gelvin, *The Israel-Palestine Conflict: One Hundred Years of War* (2005); Paul Mendes-Flohr, ed., *A Land of Two Peoples: Martin Buber on Jews and Arabs* (2005); Rebecca L. Stein, Ted Swedenburg, eds., *Palestine, Israel, and the Politics of Popular Culture* (2005); Tom Segev, *1967: Israel, the War, and the Year That Transformed the Middle East* (2007); Gerges Fawaz, *America and Political Islam: Clash of Cultures or Clash of Interests?* (1999); Beverley Milton-Edwards, *Contemporary Politics in the Middle East* (2000); Elizabeth Thompson, *Colonial Citizens: Republican Rights, Paternal Privilege and Gender in French Syria and Lebanon* (2000).

当代中东：David Ben-Gurion, *Israel: Years of Challenge* (1963); I. Khomeini, *Practical Laws of Islam* (1983), *Islam and Revolution: Writings and Declarations of Iman Khomeini* (1981); Mahmud Makal, *Village in Anatolia* (1951)（一名现代化土耳其教师与他所在乡村和村民之间的矛盾）; M. Hakan Yavuz, *The Emergence of a New Turkey: Democracy and the AK Parti* (2006)。

中东概况：Birgit Schaebler, Leif Stenberg, eds., *Globalization and the Muslim World: Culture, Religion and Modernity* (2004); G. Lenczowski, *The Middle East and World Affairs*, 4e (1980); Hain Faris, *Arab Nationalism* (1986); Juan Cole, ed., *Comparing Muslim Societies* (1992); E. Boserup, *Women's Role in Economic Development* (1974)（关于中东发展的重要层面和其他非西方地区的发展模式，但理论依据存在争议）; Nikki Keddie, Bill Baron, eds., *Women in Middle Eastern History* (1991); Ira M. Lapidus, *A History of Islamic Societies* (2002)（个别伊斯兰国家的情况）。

第 32 章
当代拉丁美洲

在很多美国人眼中，拉丁美洲完全就是一片因循守旧之地。事实上，拉丁美洲20世纪的经济和政治变革也是一瞬千里，并在很大程度上保持了自身文化特性。拉丁美洲社会并没有遭遇其他新生国家的普遍困扰。它担心的仍是超级大国的干涉，尤其是美国对加勒比海地区和中美洲的经济和军事渗透。应对北美洲的影响算不上是个新难题，但如今，尤其是第二次世界大战后的局面出现了一些新特点。除了玻利维亚和巴拉圭之间的查科战争（1932—1935），拉丁美洲再无重大战事。尽管民族主义运动依然存在并引发了一些局部冲突，但就外交形势来说，拉丁美洲社会比大多数其他地区都要太平。这里没有地区军备竞赛，虽然各国在第二次世界大战后也充实了各自的武器装备，但几乎都是常规武器。哥斯达黎加甚至解散了整个军队。各国内部偶尔也会发生严重暴力事件，但通常都是捍卫权力的大地主和考迪罗在镇压农民抗议者和印第安少数群体。

尽管如此，1900年后的拉丁美洲社会也出现了新主题和新压力。20世纪早期，墨西哥大革命爆发，它反映出的社会矛盾与同期困扰中俄两国的矛盾一模一样，但其结果却是独一无二。20世纪30年代，随着中央政府实力增强，拉丁美洲政治被重新定义。拉丁美洲各国的人民起义之多并不亚于其他农业社会，但它们直到80年代初才迎来重大政治改革，民主制度也在此时得到确立。总之，拉丁美洲在20世纪见证了全新的政治斗争和政府形式。

第二项变革集中在经济领域。发展经济成为拉丁美洲各国政府的当务之急，不管是民主政府，还是考迪罗的专制政府，它们都希望自己能在经济领域有所建树。此外，随着拉丁美洲成为世界上人口增长最快的地区之一，庞大的人口规模也带来了新的社会问题。

依照世界标准，拉丁美洲社会逐渐壮大的中产阶级和城乡贫困人口之间的经济差距炳如观火。因而这段时期拉丁美洲经济的特点就是新问题和新手段同时并存。不少国家逐步建立了重要的工业基地。巴西和墨西哥等拉丁美洲大国在21世纪初已经跻身世界经济强国之列，改变了该地区自现代早期以来的经济附庸地位。

最后，拉丁美洲国家继续打造自己的特色文化，即融合西方风格和地方特色的混合文化。20世纪是拉丁美洲文化的繁荣发展期，绘画、建筑和文学领域的新作品层出不穷。虽然经济和政治矛盾要更引人关注，但是各国在文化和宗教领域不断推陈出新，表明拉丁美洲文明仍在积极前进。

> **重点问题** 鉴于拉丁美洲社会仍然非常贫困（参照西方或日本标准），应该如何描述当地发生的重大经济变革？哪些新出现的政治潮流最为重要？在消费主义和外来影响逐渐增加的背景下，如何定义拉丁美洲文化？

1. 20世纪的拉丁美洲

有时拉丁美洲看起来就像是一个边缘社会。它没有被卷入两场世界大战，尽管它受到了冷战的严重影响。但是不管怎么说，国际潮流对它的影响依然不能小觑。民族工业的发展并没有使拉丁美洲国家摆脱掉经济上的依附性。多数拉丁美洲国家仍然依赖廉价商品出口（至少部分行业是这样），生产这些商品的工人拿着微薄的工资。就连毒品贸易都跟拉丁美洲经济的依附性有关。

老生常谈的种族问题继续影响着拉丁美洲。在奴隶制被废除后，普遍存在的种族歧视相比美国缓和不少。源自非洲传统的文化和宗教活动吸引了大批追随者。但是，肤色始终是一个影响因素。在巴西等拉丁美洲国家，黑人少数族裔占总人口的比例很高，不同种族之间的经济差距日益扩大。

人口流动是另一大时代主题。拉丁美洲和加勒比海地区成为欧美移民的重要来源地。

最后，文化的相互影响反映了全球化带给拉丁美洲的变化。拉丁美洲各国继续引进外国文化，包括不同派系的基督教。与此同时，拉丁美洲的流行音乐、舞蹈和服饰也成为国际文化的一部分，为其添枝加叶。因而，拉丁美洲与世界各地的互动意义非凡。

2. 墨西哥大革命及其影响（1910 年至 20 世纪 20 年代）

1910 年至 1917 年的墨西哥大革命是 20 世纪早期拉丁美洲发生的重大事件，尽管直接受到影响的只有墨西哥一个国家。这场革命凸显了墨西哥农民的不满（类似同期的俄国），因为在市场农业扩张的背景下得不到土地的农民压力倍增。对现状愤愤不平的知识分子也积极投身革命，他们抨击政府腐败无能，但是墨西哥政权并不具备俄国或中国帝制时代奠定的深厚历史根基。民众憎恨外国的经济影响力，中俄两国民众也是如此，只不过这一点在墨西哥表现尤著。虽然缺少列宁或孙中山式的伟人，但是墨西哥大革命也有属于自己的领导人，他们同样个性鲜明；至少单就政治成果来看，他们比同期的中国政治人物成就更大。

墨西哥大革命产生的具体原因可以追溯至 1900 年，当时有少数知识分子反对迪亚斯军政府的专制和贪腐。这些反对者希望建立民主制，推行更加自由的经济政策，进一步限制教会活动；这场运动的范围迅速扩大，城市工人和农民纷纷加入其中。最不满的当属那些失去土地的农村劳动力，由于少数地主在迪亚斯政府的默许下强占土地，他们被迫耕种原本属于自己的土地，赚取微薄的收入。民众仇恨的对象主要是外国业主；经济民族主义成为革命运动的重要内容，即从外国势力，主要是美国投资者手中夺回对本国经济的控制权。艾米里亚诺·萨帕塔等农民领袖高喊"土地与自由"的口号，带领农民和城市工人发动了反对一切资本家的斗争。土匪头目在农村地区兴风作浪。劫富济贫的潘乔·比利亚被誉为墨西哥的"侠盗罗宾汉"。总之，革命就是将怀揣不同梦想的各类群体召集到一起——任何一场成功的革命莫不如此。

1910 年年末，墨西哥大革命爆发。温和派领导人马德罗在迪亚斯逃亡后当选新总统。马德罗曾考虑推行彻底的政治改革，目的是满足工人阶级和农民领袖的要求，然而，革命浪潮很快就超出了他的掌控范围。萨帕塔发动了新一轮人民起义，触犯了商人阶层的利益，其中很多都是美国人。韦尔塔将军在美国的支持下推翻了马德罗政府，并处决了马德罗和叛军领袖。但是革命之火并未就此熄灭，萨帕塔起义军在南部建立了独立政权。1916 年，美国改变策略，转而支持温和派领导人卡兰萨。卡兰萨在同年夺取政权并着手巩固革命成果。1917 年，卡兰萨政府颁布了一部新宪法，规定一切矿产所有权属于国家，借此削弱外资影响；将土地分给墨西哥百姓，取缔大种植园，麦士蒂索人和印第安农民受益匪浅。先后支持迪亚斯和马德罗专制政府的天主教会遭到限制。

卡兰萨改革的实际效果非常有限。他并未打算请自由派组阁，而是选择亲自执政；事实上，他的土地改革并不深入。1920 年，革命分子推翻了卡兰萨政府，奥夫雷贡就任总统，由此结束了墨西哥常年混乱无序的局面，大革命的成果逐渐显现。奥夫雷贡继续在南方地区推行萨帕塔率先提出的土地再分配方案。政府用一座牧场收买了潘乔·比利亚和他手下的黑帮。但是奥夫雷贡并不急于深化改革，他要首先防范保守的反对派借机发动政变。由于担心美国出手干涉，他允许墨西哥现有的美国业主继续持有当地资产。奥夫雷贡不像戈尔巴乔夫那样刚上台就全面否定现行社会体制，他选定的改革方案都着眼于经济发展。政府大力普及用西班牙语教学的初级教育，培养墨西哥人的民族主义精神，美洲印第安人第一次得到了受教育机会。政府积极落实公共卫生措施；兴修水利设施，扩大耕地面积；但它既不打算从商人手中夺回城市经济的控制权，也不希望撼动整个地主阶层。天主教会的政治影响力受到削弱，但是教会本身并未被取缔。就社会影响来说，墨西哥大革命更像是一场革新，而不是彻彻底底的改弦更张。

从政治方面来看，这场大革命结束了墨西哥的长期动荡，开创了一个不同于自由式民主制和考迪罗主义的政治制度。国民革命党（PNR）是主导墨西哥政治生活的唯一政党，它吸纳反对派领袖，严厉压制不同政见。总统本人握有实权，但他必须首先在党内选举中高票胜出；个别总统损公肥私的行径和老派的考迪罗如出一辙。然而，新制度禁止任何人长期执政，总统每六年改选一次，以防出现考迪罗式的滥权。此外，国民革命党本身也要举行周期选举，保证所有党员能够做到真正倾听民意。它的口号"为工人和农民争取权利"往往比它的成就更引人注意。但可以肯定的是，传统权力阶层受到约束，因为国民革命党要争取民众支持；外国对墨西哥事务的影响力大大减弱。政府成功地平衡了传统和新生势力之间的关系，巩固了执政基础，偶尔出现的政治攻击根本微不足道。90年代中期，革命制度党（PRI，其前身是国民革命党）开始举办更加自由的选举，这表明墨西哥的政治稳定性和政策独立性明显好于其他拉丁美洲国家，尤其是那些亲美国家。

和很多其他革命不同的是，墨西哥大革命的火种并没有播撒到其他地方。这场革命激励了其他国家后来的农民起义，但它缺乏一个能够引起广泛共鸣的革命纲领。由于美国反对政治激进主义，这场革命也没能在中美洲发酵。这场革命为墨西哥的重大改革和文化运动打下了基础，但却没能将国家的经济发展水平提升到一个新高度，也没有引领一场全面的工业革命。总之，墨西哥大革命没能将整个拉丁美洲历史带入一个新阶段。

3. 经济大萧条的影响（20世纪30年代至50年代）

20世纪30年代席卷全球的经济大萧条重创整个拉丁美洲，再度引发政局动荡。拉丁美洲国家的出口额缩水三分之二；它们一直依赖向西方工业国出口农产品和矿产品，而这些进口国已经失去了购买力。库房里的滞销品堆得满满当当，民众生活水平每况愈下。多地爆发了民众骚乱，只是没有演变成大规模革命。在大萧条的刺激下，拉丁美洲各国纷纷寻求经济独立，依靠政府主导经济发展。面对新一轮的民族主义浪潮，拉丁美洲各国出现了多种形式的政权。

经济大萧条引发的绝望情绪成为很多国家马克思主义运动的导火索，但是它们全部遭到铁腕军政府的镇压。秘鲁革命运动声势浩大，它高举社会主义、反美主义和保护美洲印第安文化的大旗，但却没能成功夺政。

经济民族主义大获成功。各国政府纷纷采取补救措施，解决土地分配不平等、文盲率高、生产方式落后等各种难题。有些政权倾向于直接接管某些行业；多数国家则是出台措施管理外资，要求外企雇佣本土管理人员。最重要的是，政府主导的进口替代政策扩大了本土产业规模。

在拉丁美洲各国，民粹主义领导人纷纷走上前台，他们致力于构建跨阶级联盟，包括力量日益壮大的城市工人在内。在1934年的墨西哥大选中，拉扎罗·卡德纳斯当选总统，重新点燃起墨西哥人民的改革热情。卡德纳斯政府将外国石油公司收归国有，成立了墨西哥国家石油公司（PEMEX）掌管本国石油产业。在一波又一波土地改革的冲击下，种植园制度土崩瓦解。在全国范围兴办学校，努力将印第安文化融入国民生活。成立国家银行扶持工业发展；结果从1940年到1960年，墨西哥的工业产量增速稳居拉丁美洲国家之首，尽管贫困现象依然广泛存在。

在巴西，政府软弱无能和经济形势恶化引发了一场军事政变，政变领导人盖图罗·瓦加斯上台执政，推行温和而理性的考迪罗式独裁统治（1930—1945）。瓦加斯废除选举，解散议会，严管新闻出版并设立秘密警察。他的目标是实现巴西经济现代化，不再依赖咖啡豆出口。在他执政期间，政府出资兴建大型钢铁公司，实现了大部分工业品的本土化生产。开垦亚马孙盆地发展农业。扩大城市规模，市中心建起了现代化的办公楼和居民楼。虽然巴西还是一个以农业为主的国家，但它已经取得了骄人的经济成就。

在大萧条期间，智利政府并没有解散自由派主导的议会。20世纪30年代，智利成立了一家由政府控制的生产开发公司，负责为工业项目提供资金、制定规划。

相比之下，同期的其他拉丁美洲国家则没能有效化解这场经济和政治危机。在秘鲁、玻利维亚和厄瓜多尔这些安第斯山区国家（它们有着庞大的印第安人口），

布宜诺斯艾利斯街头的大规模民众游行,中央伫立着一尊巨幅肖像——他们的英雄庇隆。

社会和经济发展停滞不前,贫困问题触目惊心。在这些国家执政的同样是得到军方支持的考迪罗,但是他们目光短浅,只关注一己私利,致使农村地区骚乱频发,政权不断更迭。

20 世纪 30 年代,阿根廷政权一直由军人独裁者或地主出身的精英人士把持。在 1943 年的军事政变中,民粹主义独裁者胡安·庇隆脱颖而出,随后于 1946 年当选总统。庇隆推出的福利政策深得民心,超越了巴西的瓦加斯。庇隆政府解散了自由工会组织和反对党,直接指导主要经济部门,并收购了外资企业。政府对部分商品控价,打击了地主出身的商品生产者。庇隆倡导的经济民族主义得到阿根廷人民的狂热支持,不禁让人想起欧洲的法西斯主义。尽管庇隆的支持率居高不下,但他推行的大范围福利项目成本太高,拖累了阿根廷的实体经济。这位政治强人在 1955 年的军事政变中下台,反对派着手恢复议会民主制。由于担心庇隆的残余影响,同时急于恢复社会稳定,阿根廷军方分别于 1966 年和 1976 年两次发动军事政变，每次军政府上台都会动用警察力量严厉镇压政治反对派。

4. 革命与回应（20 世纪 50 年代至 90 年代）

  虽然拉丁美洲国家的政体和经济发展模式多种多样，但到 50 年代末还是有很多人看好拉丁美洲的发展前景。拉丁美洲三个大国：墨西哥、后瓦加斯时代的巴西和后庇隆时代的阿根廷，致力于经济发展和社会改革，以及一定程度的政治自由（不一定是多党制）。马克思主义思潮的出现并不代表激进政治活动就受到了追捧。美国反对一切形式的共产主义，尤其是与保守力量相结合的共产主义。1954 年，中美洲国家危地马拉的改革派政府被推翻，背后就有美国插手，标志这个北美洲超级大国重启干涉主义传统。但美国并不是全盘反对从 30 年代开始出现的所有民族主义政策。玻利维亚发生了一场重大社会革命（1952—1953），之后开始进行彻底土改。尽管美国企业对很多拉丁美洲国家都有重大影响，而且这些国家也都关乎美国的规划和投资，但美国还是希望看到巴西和墨西哥这些国家的经济出现增长。美国总统小罗斯福在 30 年代启动了"好邻居"政策，消除了美国与拉丁美洲双边关系中的某些分歧，但二者之间的权力差距依然存在，而且该政策中的很多内容都是徒有其表。

  古巴革命的爆发不免让人担心拉丁美洲政治局势的稳定。古巴长期以来都是美国的保护国，其自身政治体制非常软弱。从 1933 年开始，巴蒂斯塔这位铁腕人物开始领导古巴，然而巴蒂斯塔政府极其腐败。和很多拉丁美洲国家一样，古巴少数富人和多数穷人之间的鸿沟日益加深。古巴的经济发展势头其实不错，但它严重依赖对美国出口蔗糖，而蔗糖贸易又都掌控在美国公司手上。农民不满外国资本家控制本国经济，类似墨西哥大革命前夕的氛围。20 世纪 50 年代，具有强大号召力的卡斯特罗组织起游击战，对抗巴蒂斯塔政府。当时卡斯特罗还没有确立长远的政治目标，但他坚持打击腐败、遏制外来影响和实施土地改革——平息农民怒火和消除政治弊端是这场革命的主要内容。1959 年至 1960 年，卡斯特罗的军事行动大获全胜。新政权吓跑或驱逐了很多有钱的古巴人，古巴与美国形同陌路。卡斯特罗政府的共产主义倾向日甚一日。古巴共产党全力支持卡斯特罗，尽管一开始它还有些犹豫不决。1961 年美国企图推翻卡斯特罗政府，后来阴谋失败，只能眼睁睁地看着这个新政权沿着苏修主义路线寻求社会发展。工厂的所有权属于国家，由工人委员会管理。政府将蔗糖种植园没收后改造成了集体农场。新政府提倡种族平等。所以从多方面来看，古巴革命比墨西哥革命更加全面，个中原因包括卡斯特罗的政策和革命主张、美国的应对态度和冷战期间拉丁美洲的内部矛盾。革命后的古巴与苏联亲密无间。作风强硬、讲话雄辩有力的卡斯特罗深受古巴人民的爱戴。

古巴革命并没有搅动其他拉丁美洲国家的局势——这是它的支持者所希望的，但也是它的反对者所担心的。很多拉丁美洲国家都与古巴新政权胶漆相投，它们对古巴粉碎美国的阴谋振奋不已，但却并不希望本国也出现共产主义制度。鉴于无法推翻卡斯特罗政府，美国调整政策，转而向其他拉丁美洲国家提供大笔援助（从 70 年代起这些援助逐渐减少）。1968 年，秘鲁出现了一个激进主义政权，但它没能开展有效改革，大批平民革命人士在军事政变中遇害。1979 年，尼加拉瓜爆发人民起义，在古巴的援助下推翻了美国支持的独裁政府。新政府推行土改，控制了大种植园，扩大了教育和公共医疗的覆盖范围。尼加拉瓜政府还支持其他中美洲国家的游击战，主要是萨尔瓦多。80 年代早期，美国向中美洲提供军事援助，打击游击队活动，扶持当地保守政府。进入 90 年代，中美洲国家基本恢复和平并举行了民主选举，但是得到美国支持的现行政权却在选举中以失败收场。

在古巴建立共产主义政权的刺激之下，其他国家掀起了新一轮专制主义浪潮，军政府和文官政府都在全力防范可能的颠覆活动。20 世纪 60 年代，阿根廷等国的民粹政权倒台，经济发展遇到瓶颈激化了内部矛盾，工人与中产阶级和精英阶层之间的裂痕日渐加深，这也是 60 年代军政府大行其道的原因。由于担心共产主义的渗透，阿根廷从 1966 年起建立了军政权。1970 年，一个由马克思主义者领导的政党联盟赢得了智利总统大选，新政府启动了多项重大改革，包括收回美国人经营的铜矿和划拨大种植园的土地。这些改革激起了中产阶级和上层人士的反抗，保守势力在美国的支持下重新崛起，他们发动军事政变推翻了这个改革派政府，以巨大的流血冲突为代价建立起独裁统治并一直维持到 80 年代末。

20 世纪 80 年代，慢慢传播的民主制开始压制保守的军事独裁统治；1982 年，阿根廷率先建立民主政权。拉丁美洲的政局长期摇摆不定，因此这股民主风潮最初仅被视为一段小插曲。巴西在 1984 年也举行了自由选举。新当选的乌拉圭总统说道："民主有人支持也有人反对，但当今时代显然是民主的时代。"智利的专制统治也被民主政权取而代之。墨西哥逐渐废弃了一党制，允许多个党派同时参选，反对党甚至控制了某些州政府；1977 年举行的多场选举是墨西哥大革命以来最自由的选举，反对党领袖甚至赢得了 21 世纪初的总统大选。巴拉圭于 1993 年建立民主制，在此之前它曾是拉丁美洲最典型的专制政权之一。至少这个时候的拉丁美洲领导人都相信：民主社会可以避免出现血腥压迫，也可以带动经济发展。这股风潮有点像 19 世纪末崛起的自由主义运动，不过它不仅意味着民主本身，还意味着减少专制。历经多次政权更迭和政府重组之后，20 世纪的拉丁美洲政治观念发生了

巴西东南部城市贝洛哈里桑塔的城市化。

质变,甚至早于民主浪潮出现之前。有更多的社会团体都树立了政治意识。墨西哥及很多安第斯山区国家的印第安人得到了新的权利,他们可以参与政治活动。不少国家的女性还首次获得选举权,比如墨西哥在 1954 年允许女性参与投票;到 90 年代时,已有少数女性当选政府官员。巴西等国还取得了另一项重大成就:最贫困的群体也得到了受教育机会。

拉丁美洲更显著的特征表现在各国政府倾力发展经济,虽然这种趋势在 19 世纪就已有所显现。20 世纪 50 年代,拉丁美洲政坛的考迪罗屈指可数。古巴的巴蒂斯塔就是其中之一,在 1979 年尼加拉瓜革命中被赶下台的政府首脑也是其中之一。庇隆或瓦加斯这样的专制统治者改变了固有立场,扩大了政府职能,设定了新的发展方向;墨西哥和 20 世纪末建立起来的其他民主政权也是如此。

在对待政敌的态度上,转变执政风格的专制统治者和传统的前任领导人一样冷酷无情,但是他们高度重视制定经济规划、发展新技术和调控外资,目的是深化经济民族主义。大多数情况下,他们都会为了经济发展而实施社会改革,比如专制主义和自由主义领导人都解散了大种植园,为城市工人提供部分福利保障。古巴在这方面是个例外,它在 20 世纪并未推出革命性的社会改革。虽然也有个别例外,但是大多数政府都设立了新职能，包括扩大教育和医疗体系的覆盖面，着重发展某些经济部门。总之，拉丁美洲各国政府尝试了多种宪政制度，实现了具有重大意义的制度转型。专制领导人可以直接与民众互动，争取后者支持，推行强有力的改革措施，哪怕会触动保守派的利益。

20世纪八九十年代的民主浪潮提出给予企业更多自由。政府出售了很多国企，因为更加自由的贸易环境和资本主义经济制度这一全球发展趋势，对拉丁美洲也是影响巨深。以墨西哥为例，墨西哥政府减少了经济干预，为的是与美国和加拿大签署《北美自由贸易协定》(NAFTA)。但是政府依然在某些领域发挥重要作用，比如加大环境监管力度。拉丁美洲在30年代以前的"弱政府"面貌一去不返。

进入20世纪以来，主要拉丁美洲国家逐渐摆脱了外部势力影响，这在一定程度上要归功于政府的强势作为。墨西哥大革命并未消灭外国经济实体，但却削弱了美国操控其内政或外交政策的能力。墨西哥将外企控制的重要行业收归国有，首先就是石油行业，其他拉丁美洲国家争相效仿。20世纪50年代之后，加勒比海群岛上的殖民地纷纷摆脱英国和荷兰的控制获得自由，涌现出一批新生岛国。2000年，美国将巴拿马运河的控制权交还巴拿马政府——这是1900年以来帝国主义衰微的另一大标志。

解答问题　如何适应消费主义价值观？

外国（主要是西欧国家和美国）消费形式的压力和其他国家的回应，是世界历史在20世纪和21世纪的重大文化议题之一。在西方消费主义的概念中，获得物、世俗价值观和新产品是衡量个人和国家是否成功、是否具备现代性的手段。然而，某些群体对这种压力可谓深恶痛绝，以伊斯兰原教旨主义者为例，他们主张用宗教信仰取代消费文化。其他群体，比如许多日本人，则乐此不疲地加入这股消费热潮，所以麦当劳餐厅和迪士尼主题公园才能在日本一炮而红。

来自消费模式的压力引发了诸多问题。某些个人和团体并不喜欢消费主义，他们要解决的问题是如何抵制或避免这一现象。还有一个问题：很多地方的人们其实负担不起消费型生活，尽管他们希望如此。在全球不平等的大背景下，民众的期望和资源配置的调整是个重大问题。很多群体和地区最后还是被消费主义吸引并有能力负担部分商品，但是他们既不想完全失去自己的身份认同，也不想成为外国模式的傀儡。解决这个微妙问题的办法就在于做出一定的修正。

解决这个问题的普遍方式是在接受消费趋势的同时保持地方特色。事实上，这也是文化联系中常有的一般规律：将外部模式与地方元素混合或同化。更重要的是从当代消费主义层面来把握这个规律，以免引起思想混乱，误以为整个世界都在趋于美国化；事实上，这期间也出现了许多抵制美国化的抗议活动。甚至连当代西欧国家也修正了美国模式，西欧人民享有更多休闲时间，尤其是更长的年假，而不是像美国人那样热衷购物。

墨西哥漫画发展史就是一个具体的适应性案例。美国漫画早在20世纪30年代初就被引入墨西哥并很快就风靡一时，这是因为美国产品本身就有很好的声望，再加上漫画对文化水平要求不高。但是墨西哥人修正了这些漫画，使其符合自己的审美标准和政治观念。比如一部系列漫画中这样写道："他不是无恶不作的强盗，他和穷人一样都是万恶的资本主义的受害者。"——这在当时绝对不可能是美国漫画的中心思想。这些漫画突出表现了男子气概，同时极力渲染亲属和集体关系的重要性。与单打独斗的美国勇士不同，墨西哥漫画中的主人公都不是独行侠。漫画中的他们经常会与美国反派人物一争高下，比如"来自印第安纳波利斯战无不胜的超人杰克"。在这些虚构的战斗中，这些外国佬（一般指美国人）每次都会败下阵来。20世纪晚期，漫画在墨西哥的普及程度已经超过美国，主要是因为墨西哥人把漫画当成自身民族文化的一部分。还有一个例子：很多印第安选美大赛的主办方在借鉴全球基本模式的同时，还要兼顾地方文化和舞蹈风格。这些地区都把重要的地方元素与美国风格融合到了一起。

重点问题 美国消费主义与宏观的全球发展模式有哪些不同？为什么消费主义在当代世界如此诱人？

但是拉丁美洲的独立并不彻底，这再次反映了变革中的延续性。古巴虽然摆脱了美国，但它的经济和外交都受到苏联影响。法国、荷兰和美国保留了部分殖民地，但是提升了它们的地位，比如波多黎各成为美国的"自由联邦"。英国继续控制阿根廷的福克兰群岛。美国在80年代再次出手干预中美洲国家，虽然不确定这种干预是否还能像过去那般直接有效，但其影响不可小觑。最重要的是，拉丁美洲经济体仍然处于附庸地位，仍然受到美国和西欧的强大经济影响，从而刺激这些国家争取更大程度的自由和自信。

21世纪早期发生的若干事件引发了人们对拉丁美洲民主的新疑虑。乌戈·查韦斯当选委内瑞拉总统，这位专制领导人经常大肆抨击美国政策。2002年，阿根廷经济濒临崩溃，人们开始怀疑自由市场经济和全球化是否真对拉丁美洲有利。其他国家也出现了类似问题。阿根廷轮换了几届临时政府，终于通过民主选举迎来一位新总统。巴西新总统是位颇受欢迎的社会改革家。2006年，刚刚建立民主制的智利迎来历史上首位女总统，她同样是一位社会主义者。2008年，古巴领导人卡斯特罗卸任，这个国家开始接受消费主义和私营企业，但它丝毫没有放松政治管控。总体来看，除了古巴和委内瑞拉，拉丁美洲的民主政权都比较稳固，虽然有些国家加大了经济干预和社会改革的力度。

5. 拉丁美洲的文化

相比政治影响，西方和拉丁美洲国家在文化领域的紧密互动为拉丁美洲文化留下了更深的印记。在20世纪西方发起的艺术活动中，总能看到拉丁美洲文化人士的身影。然而，拉丁美洲文化并不是西方文化的延伸，蓬勃发展的拉丁美洲艺术和文学形成了自己独具特色的风格和主题。

拉丁美洲国家的很多富人也像西方人一样热衷购买服装、家居用品和艺术品。纵观整个20世纪，西方国家从海外市场进口的正是这些商品，而其中一部分就出自拉丁美洲艺术家之手。1920年之后，拉丁美洲作曲家对推广交响乐贡献居伟，大城市经常举办各种音乐会，演奏西方风格的各类曲目。拉丁美洲艺术家在现代建筑领域的表现更加出色。由于经济持续发展和政局持续稳定，大部分拉丁美洲城市都竖起了鳞次栉比的新建筑：线条流畅的酒店和办公楼令人想起熟悉的西方风格。这方面最引人注目的例子是建造于20世纪60年代的巴西利亚，它是巴西的新首都。虽然它的高昂造价招致不少批评，但它是当之无愧的现代建筑风格和城市规划之典范。

和过去一样，拉丁美洲国家的科学事业比较落后。虽然不少大学也都开设有科学技术课程，但是和其他当代文明相比，拉丁美洲学术界对科学的重视程度显然不够，这一方面是因为投入不足，无法显著提升科学研究的地位，另一方面则是因为拉丁美洲人民更看重艺术和精神层面的文化成就。

20世纪的拉丁美洲为世界带来了丰富多彩的艺术和文学风格，尽管仍有西方影响的痕迹。墨西哥大革命为绘画提供了新素材。克莱门特·奥罗斯科和迭戈·里维拉都是伟大的壁画大师，他们创作了大量有影响力的史诗壁画，描绘从殖民时代到20世纪墨西哥底层民众的反抗斗争。雄浑有力的人物形象和沉重的色调表现了农民和工人历经苦难后依然勇敢如初。他们放弃了传统画布，选择绘制壁画，把艺术作品当作公共建筑的装饰，而不是陈列在美术馆或被私人收藏，就是为了造福大

这幅名为《迎接新生》的壁画由墨西哥画家大卫·西凯罗斯创作,摆放在墨西哥市的墨西哥大学。

众。这两位艺术家在国际上声名远播。有些拉丁美洲国家的画家在第二次世界大战后放弃了具象绘画风格,转而对拉丁美洲印第安人和黑人艺术作品中的形式风格和色彩组合产生了兴趣。

拉丁美洲的文学创作包括诗歌和小说,尽管它们的作者经常会因其所写内容而受到政治迫害。智利、墨西哥、巴西和阿根廷纷纷涌现出一批重要作家。墨西哥大革命成为现实主义小说家的素材,他们工笔描绘了美洲印第安人和其他劳工团体的苦难。墨西哥大革命期间的杰出小说作品包括马里亚诺·阿苏埃拉的《在底层的人们》(1916)和马丁·古斯曼的《鹰与蛇》(1928)。拉丁美洲作家四次赢得诺贝尔文学奖:危地马拉作家阿斯图里亚斯,智利诗人聂鲁达,哥伦比亚作家马尔克斯,墨西哥诗人帕斯,标志着拉丁美洲文学在第二次世界大战后成功崛起。主流作家感兴趣的是历史、人类学和外国殖民统治,但他们对早期诗歌传统也是念念不忘。同一部小说往往交织着奇思妙想和赤裸裸的现实,旨在表现拉丁美洲历史的特殊性;拉丁美洲小说的主题不同于20世纪的欧洲小说。除了围绕美洲印第安人进行创作,表达强烈的社会意识,拉丁美洲文学家还希望解决身份认同问题——他们试图透过欧美文化的强大影响,为拉丁美洲文化提出自己的定义。另一方面,拉丁美洲作家则是与西方作家的创作风格相近,语言相通,文体相同,并且都带有批判主义色彩。

拉丁美洲文化的最后一个特征表现为依然活跃的天主教。在墨西哥等国家，天主教会的政治影响力不断下降，其所拥有的财富不断缩水，但宗教本身在拉丁美洲社会的普遍影响力却是超过了欧洲和北美。单就信众人数和虔诚度来说，20世纪中期的拉丁美洲已经成为最重要的基督教文明，1985年时登记在册的天主教徒多达2.33亿人，当然他们并不全是狂热的宗教分子。然而，拉丁美洲国家的天主教并不只是一支传统力量。从60年代起，新生代牧师和神学家开始发表社会评论，提出天主教会应该参与社会事业和政治改革。有些主教曾经帮助过农民游击队；一些富于同情心的大主教则向政府施压，要求改善福利制度，推行土改，给予民众政治权利。这种要求教会承担社会责任的学说被称为**解放神学**。拉丁美洲天主教内部的这股新潮流招致专制政府的打压和罗马教廷的批评，因为80年代的罗马教廷并不热衷政治实践。有关天主教会的讨论是拉丁美洲文化的重要内容，同时展现了知识分子的激情。天主教本身也受到了挑战：一面是混合基督教和非洲元素的民间宗教，这主要出现在巴西；一面是带有原教旨主义特征的新教，它出人意料地吸引了一批信徒；这二者通过传教活动形成了一个全新而有朝气的宗教少数派。新教在穷人中的传播一日千里，因为他们需要文化慰藉。到90年代末期，30%的危地马拉人是新教徒，巴西也是如此。这些变化令拉丁美洲社会的文化版图变得更加复杂，但却确立了宗教在20世纪拉丁美洲不同寻常的重要地位。

6. 经济与社会

拉丁美洲经历了快速的社会和经济变革，尤其是在1950年之后，同时又延续了过去的重要传统。大多数国家的贫富差距仍很明显。在很多国家，少数富人控制地产（个别国家80%的土地落入4%的人口手中）并掌握国家的商业和制造业。城市里既能看到华丽的高楼大厦和铺张的生活方式，也能目睹普通人的悲惨生活。上层社会家庭一般都雇有女佣。社会改革措施仅仅触及根本分歧的表面，在这方面就连经过大革命洗礼的墨西哥也不例外。各个地区之间的差距也很显著。安第斯山区国家尤为贫困。阿根廷仍是重要的粮食和肉制品出口国，但它的经济发展往往遭遇政治问题掣肘，而且过高的政府开支造成了难以收场的通货膨胀。

产品出口结构过于单一但又无法摆脱对出口的依赖，这是长期困扰拉丁美洲的另一大难题。拉丁美洲国家制定了许多具体政策和多元化出口方案，但它们依然需要从西方引进技术，需要对外出口农产品，包括咖啡豆、蔗糖、原材料和石油；然而，它们的进出口比例严重失调，这种出口结构在遭遇价格下滑或波动时不堪一击。由于在世界市场上收益过低,多数拉丁美洲国家仍然背负对西方银行的欠债。雄心勃勃的发展计划反而加重了国家债务;20世纪80年代,拉丁美洲国家已是负债累累,富国和穷国皆是如此。某种程度上就连背离传统的古巴也没能摆脱经济依附性,它需要向东欧国家出口蔗糖赚取外汇。苏联解体为这个工业化失败的岛国带来了新的难题。

不过,很多拉丁美洲国家还是取得了经济进步。不少国家掌握了新技术,加之20世纪60年代的"绿色革命",因此其农业产量有所提高。旅游产业规模扩大,在创造外汇收入的同时也引入了外部影响。智利扩大了商品农业出口,到90年代时已有繁荣迹象。制造业的产量也在增加,富裕的拉丁美洲国家开始生产日常消费工业品。纺织和冶金工业大幅扩张,以巴西为首的部分国家开始向世界其他地区(包括美国)出口基本加工产品。巴西的计算机产业位列全球第四位,虽然其技术含量相比日美产品要略逊一筹,但对那些经济欠发达、技术实力落后的国家来说,它们对巴西计算机的质量信赖有加。

讨论历史:拉丁美洲与第三世界

冷战期间出现了"第三世界"这一概念,这些国家既不加入西方阵营,也不加入共产主义阵营。印度是第三世界国家的领袖。大部分中立国都比较贫穷,所以"第三世界"这个词也暗含着贫穷和工业化程度不高的意思,这个概念一直沿用至今。

拉丁美洲国家通常都被归为第三世界国家。它们的富裕程度、工业化水平、生活质量和技术实力显然比不上日本和西欧。不少外国公司之所以选择在墨西哥等拉丁美洲国家设立分公司,主要就是看中了这里的劳动力成本低,环保政策宽松。

但是"第三世界"这个概念也会产生误导,因为大部分拉丁美洲国家的识字率非常高(超过70%),其人均寿命也在逐渐延长。它们有规模庞大的中产阶级,这个群体的消费能力很强,几乎家家都有电视和冰箱。墨西哥和巴西的工业部门已经崛起,出口型商品农业则使智利日渐自立。很多分析家提出,"第三世界"这个词并不能标明相关国家或地区之间的差异,也不能反映它们发生的重大变化。讽刺的是,在墨西哥设立分公司的西方企业后来却把分部迁到了东南亚国家,因为墨西哥人的工资水平提高了(尽管仍比西方标准低很多)。哪个术语更适合形容拉丁美洲国家?描述非洲或南亚国家的术语可以用来概括拉丁美洲国家吗?

委内瑞拉首都加拉加斯的贫民窟,这是迁居城市者迫不得已打造的非法生存空间。

巴西是新兴经济体的代表之一,同时也是**金砖国家**成员之一,其他三个成员国分别是俄罗斯、印度和中国。在接下来的几十年里,金砖国家很可能会与美国共同主导世界经济。凭借国土面积、重要资源出口和雄厚的工业基础,巴西的经济影响力不可小觑。在可替代能源领域,巴西已经走在了世界前列,比如它可以利用甘蔗生产燃料,并由此带动了其经济增长。赢得 2016 年奥运会主办权,更是迅速提升了它的国际声望。

当然,也有很多问题依然如故。虽然进入 21 世纪后各国的犯罪率出现下降,但是贫民窟依然遍布城市周边。很多国家持续不断的人口增长令资源不堪重负,迫使大批民众向外移民,尤其是前往美国。廉价劳动力也吸引了外国公司前来开设分公司,它们想要压低出口商品的成本,这对当地工人来说是一个喜忧参半的消息。

人口格局也发生了重大变化。以墨西哥为例,它在 20 世纪 60 年代经历了人口转型,家庭规模明显缩小,尽管人口总数持续增加,因为其基数过大。此外,制造业的收益使得民众的生活质量大为改观——拉丁美洲国家仍然处于工业化进程中。巴西的经济增长率连续几十年保持在 6% 左右,中产阶级和城市工人的规模不断扩大。很多人都积极投身消费主义浪潮。1990 年时,巴西 22% 的人有车,56% 的人有电视机,63% 的人有电冰箱。这一成果超越了当时的东欧和环太平洋地区(不包括日本)。

从 20 世纪 30 年代开始,人口压力和工业化成果推动拉丁美洲国家的城市化步伐加快。在这方面拉丁美洲国家同样占据一个特殊位置,它们超越了大部分亚非国家,虽然还达不到工业社会的水平。拉丁美洲国家的城市发展具有特殊性:制造业扩张与大面积贫民区同时并存。农村人口已经不太适合在乡下生活,主要是因为土地都被大种植园控制。城市为他们中的一部分幸运者提供了工作岗位;但是,大多数人只能得到临时工作机会,偶尔还会收到一些救济或福利。

1925 年，拉丁美洲国家的城市人口仅占总人口的 25%；1975 年，这一比例升至 60%——同期中国和印度的城市人口仅为 30%。在墨西哥和巴西等国家，大批无业人员用废纸箱搭起了窝棚，从而形成了大片贫民区。墨西哥首都墨西哥城是世界上人口最多的城市，它在 1950 年时就已达到 300 万，1970 年增至惊人的 900 万，2009 年继续上涨至 2400 万。城市发展速度超乎寻常，造成了环境污染和极端贫困等严重问题。

人口压力和城市问题必然会加重早前积累的民怨，加之土地分配不公和贫富差距，民众不断组织抗议活动。20 世纪的很多拉丁美洲国家都发生了农民暴动。1947 年，哥伦比亚爆发了打击地主的农民夺地斗争，国内很多地区陷入瘫痪。七八十年代，印第安农民游击队控制了玻利维亚和秘鲁的部分地区。1994 年，墨西哥南部发生农民武装暴动。不仅如此，20 世纪的拉丁美洲历史上也发生了许多城市工人罢工和暴动。暴力事件还蔓延到了其他地方。大型体育赛事活动期间经常发生派系斗打。墨西哥和委内瑞拉的谋杀率居于世界首位。

尽管这些矛盾让人惴惴不安，但是拉丁美洲社会也有自己的长处。家庭结构依然牢固，一般都是男性当家做主。不过，女性地位也提升不少，她们拥有了选举权，得到了受教育机会和法律保护。国会女议员的数量甚至超过了美国。正是女性自己的决定才限制了人口增长，虽然这有违牧师的信念和丈夫的意愿。上演传统舞蹈和音乐的民间节日和宗教庆典让人们尽享欢乐。在人口快速涌入城市的过程中，拉丁美洲人民维护了家庭制度和文化形式，这样人们在社会转型过程中才不至于变得太过迷茫，但是这种大男子主义和性别分工的传统主义也限制了女性的处境。虽然和很多地区一样面临失业等普遍问题，但是拉丁美洲人民依然保留着自己特有的通俗文化。

7. 迈上世界舞台？

长期以来，拉丁美洲在世界历史上的定位都有些模糊不清。它是第一个沦为西方附庸的文明，而且至今都未完全摆脱这一地位。拉丁美洲各国已经全面融入世界经济（尽管影响力往往比较有限），但是它们既没有带来为世人瞩目的文化，也没有发生影响国际社会的灾难性军事行动。民族主义和表现拉丁美洲人民身份认同的文学作品，反映了拉丁美洲国家被国际社会忽视或误解的现状。美国继续对拉丁美洲国家事务施加强大的影响，但它长期冷落和疏忽拉丁美洲，因此也经常受到谴责。

拉丁美洲在 20 世纪后期的发展历程使它更为世人所知。拉丁美洲人口占世界总人口的比例逐步扩大。拉丁美洲国家的经济发展处于发展中国家的中等水平。拉丁美洲在世界宗教领域的地位稳步提升。一些观察家预言拉丁美洲文明发生社会动荡的可能性十有八九，尽管 20 世纪的经历表明动乱与保守派捍卫的连续性之间达成了平衡。巴西等几个主要国家快速转型成为自给自足的工业国。未来的拉丁美洲有可能发挥更大的国际影响，因为拉丁美洲人民在最近几年树立了全新的自我意识，数百万新人类对他们的文明成就引以为豪，同时对国家的经济依附性深感懊恼。

8. 通往现代之路

在过去的一个世纪里，尽管拉丁美洲有一系列重大事件都很引人注目，但真正促成伟大变革的却是无数日积月累的细小变化。随着制造业逐步扩张，拉丁美洲国家基本完成了城市化。家庭结构调整，包括出生率降低，对拉丁美洲社会同样影响深远。虽然很多国家的民主制度都是建立在早期自由主义运动的基础上，但是确立民主制度仍是一个重大转折。各个国家开始对人权和环境问题直抒己见，不仅在拉丁美洲内部是这样，在国际场合也是如此。从 20 世纪 70 年代开始，引导公众舆论的非政府组织崛地而起。

1906 年时的拉丁美洲基本上还是一个农业社会，推行专制制度和父权制。2009 年时的拉丁美洲已经改头换面，这要归功于几十年来各国做出的各种经济和政治尝试，而与此同时它也保留了许多重要的早期文化形式，包括活力四射的民间宗教。

延伸阅读

历史考察：Peter H. Smith, *Democracy in Latin America: Political Change in Comparative Perspective* (2005); Howard J. Wiarda, *Dilemmas of Democracy in Latin America: Crises and Opportunity* (2005); Jean Franco, *The Decline and Fall of the Lettered City: Latin America in the Cold War* (2002); Di Tella S. Torcuato, *History of Political Parties in Twentieth-Century Latin America* (2004); Ben Schneider, *Business Politics and the State in Twentieth-Century Latin America* (2004); Martin Hopenhayn, *No Apocalypse, No Integration: Modernism and Postmodernism in Latin America* (2001); Adolfo Gilly, *The Mexican Revolution* (2006); Arthur A. Natella, *Latin American Popular Culture* (2008); Elizabeth Garces, *Relocating Identities in Latin American Cultures* (2007); Courtney Jung, *The Moral Force of Indigenous Politics: Critical Liberalism and the Zapatistas* (2008); Francisco Vidal Luna, Herbert S. Klein, *Brazil Since 1980* (2006); Silviano Santiago, *The Space In-Between: Essays on Latin American Culture* (2001); Peter Winn, *Americas: The Changing Face of Latin America and the Caribbean* (1999); David Craven, *Art and Revolution in Latin America* (2002); John Peeler, *Building Democracy in Latin America* (1998); Carlos Alonso, *The Burden of Modernity: The Rhetoric of Cultural Discourse in Spanish America* (1998); John C. Chasteen, *Born in Fire and Blood: A Concise History of Latin America* (2001)（拉丁美洲1945年以来的发展历程）; Alezandro de la Fuente, *Race, Inequality, and Politics in Twentieth-Century Cuba* (2001); Gilbert Joseph et al., ed., *Close Encounters of Empire* (1998)（美国对拉丁美洲的影响）; Greg Grandin, *Blood of Guatemala* (2000)（社会矛盾与改革）。

第 33 章
撒哈拉以南非洲：
从殖民地到新国家

在即将进入20世纪前的20年里，撒哈拉以南非洲仍然处于欧洲列强的统治之下。在1900年开始后的几十年里，其他地区的民族主义运动已是如火如荼，而非洲仍要对殖民政府唯命是从，西欧对非洲的经济影响日渐深重。但是非洲早就埋下了民族主义的种子，它在第二次世界大战结束后快速生长：众多国家相继独立，尽管略晚于亚洲大部分地区。从20世纪60年代开始，撒哈拉以南非洲的主要任务就是确立国家制度，加强爱国教育。经济发展这一头等难题，再加上部分地区反复出现饥荒和瘟疫，使得各国的政治局势扑朔迷离。南非这个被强大白人阶层控制的国家则是整个非洲大陆上的一个异类。

早在独立之前以及刚刚独立之后，文化身份认同、社会和经济转型就成为摆在非洲各国面前的重大问题。帝国主义政策使非洲有机会深入接触世界市场，带动了其内部经济发展，但同时也造成了明显的错位。这种局面导致的后果与早前同样被西方国家主导经济、文化和政治的拉丁美洲毫无二致。毋庸置疑，非洲文明并没有像美洲印第安文化那样遭受灭顶之灾。但是非洲经济的依附性很强，它严重依赖经济作物和矿产品出口，事实上它的出口格局非常脆弱，这一点与19世纪的拉丁美洲殖民地极为相似。新生国家内部局势紧张，因此它们都依赖专制政权稳定局面。非洲的文化创新源源不断：在穆斯林和基督教传教士的带动下，非洲人宗教热情高涨，迸发出强大的创造力——这再次与早前的拉丁美洲文明如出一辙。

从另一方面来说，非洲并不像拉丁美洲那样与西方文化联系过密。因而在新影响或外来影响的包围下，非洲人在定义自己的身份认同时遇到的问题更为棘手。与当代其他主要文明相比，非洲在摆脱掉相对短暂的被殖民经历后依然极为贫困：城市规模小，文盲率高，制造业产量低，商品农业落后。深入变革（以实现工业化和经济全面发展）以及适应20世纪的发展趋势（比如人口增长和城市化），这是当代非洲人民面临的严峻挑战。非洲人民努力将文化及家庭传统与现代化融为一体，表明他们渴望保留自己的民族特征，以缓和政治和经济发展新趋势给他们带来的强烈冲击。

> **重点问题** 非洲的新生国家遇到了哪些典型问题？为什么有些国家能够成功应对，它们是如何做到的？

1. 民族主义崛起（1918—1950）

第一次世界大战给非洲殖民地带来了新的发展趋势。德属西南非洲殖民地发生了零星战斗，后被英国接管，当时属于南非领土，即如今的纳米比亚共和国。法国将大批非洲士兵送往欧洲战场。战后关于民族权利的大讨论促使各国重新思考非洲殖民地的未来。欧洲外交官们认为他们在对殖民地进行"神圣的文明托管"，教化那些"依然不肯屈从于现代世界艰苦条件"的人。在这种观念的指引下，殖民政府开始改善当地民众的生活条件，它们修建了学校、医院和图书馆等设施。过去残酷压榨刚果人民的比利时重新调整了它的殖民政策。隶属于殖民当局的警察帮助制止部落战争。殖民政府重视改善农耕技术。

但是西方殖民主义不可能彻底改头换面。西方人还是把非洲人视为劣等人种。学校仅向少数非洲人开放，而他们学的都是欧洲历史和文化，这对非洲无意义。刚果的比利时殖民官认为有教养的非洲人要同时掌握法语和佛兰芒语[1]，只因他们坚信比利时本土社会和语言都属于高级文化。大部分学校都由欧美传教士管理，他们打着基督教的名义抨击地方宗教传统。各殖民地都出现了少数基督教徒，包括天主教徒和新教徒。殖民当局一般都会允许非洲人在政府或军队担任底层职务。法国的政策鼓励非洲精英人士进入法国本土学校，吸收法国文化，但对普通百姓却是漠不关心。英国殖民当局虽然照顾到了更多的非洲人，但是高级职位仅限英国人担任。晋升中士的非洲士兵寥寥无几。由此可见，虽然20世纪的帝国主义国家加大了对殖民地的投入，但在本质上还是一种强加给非洲的外来统治。

在帝国主义的统治下，殖民地一直承受着经济变革的沉重压力，即增加廉价粮食和原材料出口。东非地区主要由英国控制，这里人口相对稀少，先前的政治结

---

[1] 比利时北部为佛兰芒语区，南部为法语区。

1961年,在南非一家由传教士创办的托儿所,一位荷兰归正教会牧师正在教当地孩子读书。

构相对松散,少数富有的白人殖民者在肥沃的高原地带建造起许多种植园,雇佣非洲人耕作;其余非洲人继续过着狩猎采集生活,或是耕种余下的贫瘠土地。在葡属莫桑比克,葡萄牙人强制非洲人种植对本土工业化有利的棉花,但是当地的土壤条件并不适合棉花种植,地方环境惨遭破坏;这里的工人以女性为主,他们没有余力为自己挣得足够的口粮,所以贫困和营养不良的非洲人越来越多。在商业发达的西非,非洲人和欧洲人在当地种植花生和可可豆等外来经济作物,然后销往世界市场。铁路和海运扩大了原材料的出口市场。刚果向比利时出口橡胶、铜和重要矿石;英属罗德西亚(津巴布韦的旧称)出口铜;南非出口黄金和钻石。矿业公司都由欧洲人或南非白人所有和运营,他们雇佣大批廉价的非洲劳动力。虽然非洲与世界经济的联系日渐广泛,但是这其中的大部分利润都落入了欧洲人的腰包。

经济活动蓬勃发展,给非洲人带来的影响复杂难言。部分商人获利丰厚并掌握了国际贸易的运作方式。在繁荣的20世纪20年代,英属西非殖民地上的富豪们过着纸醉金迷的生活:"出门有私家车代步,恣意喝着香槟,抽着昂贵的雪茄。"这些精英人士还积极参与地方选举,因为主管部门在铁路建设和公共卫生方面毫无作为。大批非洲人涌入正在崛起的城市或矿区去当工人。男人们迁居城市,女人们留守家乡，这打破了传统生活方式和家庭纽带。传统习俗与部分西方化的城市生活相互碰撞，由此衍生出的种种矛盾一直影响着非洲文化。然而，大部分非洲人并没有被卷入这股经济转型浪潮，他们依旧生活在零散分布的农业或狩猎定居点，远离欧洲人的影响。

南非形成了一种特殊的欧洲人与非洲人的相处模式。这里的白人定居者比非洲其他地区的白人都要多：他们中有些是英国人的后裔，但大部分人都是被称作"阿非利坎人"的荷兰裔白人，即"布尔人"。英国人和布尔人的冲突激化了非洲人与欧洲人的矛盾。布尔人支持民族主义政党，后者要求摆脱大英帝国统治，确保大多数非洲黑人处于从属地位。该党的口号是："南非是白人的土地。"20世纪20年代，民族主义者支持通过了《种族隔离法案》，禁止黑人从事技术工作。1936年，黑人被剥夺了选举权。南非白人逐渐创造出了两个独立的社会，除了雇主与非技术工人之间的必要接触外，严禁白人和黑人之间有任何接触。

其实，当时所有殖民地上非洲人的政治权利都是寥寥无几。南非之所以特殊，是因为它已经建立了人民代表机构，然而参与其中者以白人居多。在其他殖民地，只有城市里的少数非洲人享有投票权，但是他们选出的机构几乎没有实权，而且还掌控在白人手中。

当然，非洲人反抗白人统治的事件时有发生。为了保障黑人权利，南非有识之士早在1912年就创建了"非洲人国民大会"（简称"非国大"）。在刚果，1921年，一位名叫西蒙·金班古的木匠发起了一场宗教运动；金班古依据《圣经》制定了迎合民众心理的宗教仪式和引导革命的政治纲领。这场运动得到了广大民众的支持，但是金班古却遭到逮捕，最后死在狱中。在肯尼亚，一位名叫哈利·舒库的政府文员创立了"东非原住民协会"，抗议政府削减工资；1922年，殖民政府以煽动叛乱为由将舒库逮捕入狱，引发了群众暴动。

非洲民族主义运动发展缓慢。非洲精英人士开始逐步培养民众的民族主义意识。1919年，首届泛非大会在巴黎召开，主旨是争取民族独立，到1945年时已经举办了多届泛非会议。二三十年代，泛非民族主义运动要求摆脱欧洲统治，重振非洲的实力和传统，在非洲创建史无前例的统一局面，这得到了美国文坛和政坛领导人以及西印度群岛黑人领袖的大力支持。美国黑人运动领袖马库斯·加维努力将非洲独立运动并入美国黑人的自由斗争之中，帮助非洲民族主义者宣讲他们的诉求。然而，非洲的西式教育覆盖范围有限，并不利于民族主义思想传播。对很多非洲人来说，"国家地位"这个概念晦涩难懂，他们只知道忠于部落和家族。相比1918年后的中东，非洲更是一盘散沙，大部分非洲殖民地都是不同部落和语系群体随意组成的单元，这是早期非洲政治历史上从未有过的现象。民族主义领袖聚在一起商讨：是否应该按照殖民地边界建立一个更大的非洲统一体、部落区或民族国家，但却无果而终。1945年之前的非洲民族主义还没有进入全盛期。不过，很多第二次世界大战后声名鹊起的领导人都在这段时期提出了他们的民族主义主张。比如乔莫·肯雅塔用文字宣扬非洲传统的力量，抨击西方的物质主义和贪污腐败。他曾先后在伦敦经济学院和莫斯科求学，回国后领导了肯尼亚民族主义运动，并成为肯尼亚首任总统。生活在巴黎的利奥波德·桑戈尔是塞内加尔人，他信奉天主教，学习非洲文化传统，推崇美国和西印度群岛的黑人运动。他极力书写"黑人性"之美，认为它是种族自豪感的源泉，因为它肯定了黑人的创造力，尤其是艺术创造力。

世界范围的经济大萧条沉重打击了非洲，凸显了非洲经济的依赖性：依赖向西方出口廉价商品，依赖当地直接负责原材料生产的西方公司。没有工作和收入引发了社会骚乱，刺激了民族主义运动发展；民众组织罢工和暴动，打击操控当地经济、贪婪成性的欧美等国公司。

第二次世界大战进一步推动了非洲民族主义运动。法属殖民地的黑人领袖支持民众抵抗法国的纳粹统治。尽管忠于法国，但是他们也希望获得相应的政治权利。其他地区的反殖民运动风起云涌，傲慢的西方帝国从亚洲撤退，令非洲人民备感振奋。对欧洲殖民当局来说，它们在第二次世界大战结束后开始努力改善非洲的社会和经济状况。1947年至1956年，法国对非洲殖民地的资金投入创下半个世纪以来的最高水平。英国领导人明确宣告自治是最终目标，声称宗主国当前的任务是教导这些殖民地如何建国、如何治国。然而，很多欧洲人似乎并不急于承认非洲人已经做好了当家做主的准备。他们一向认为非洲人是劣等人种，想要守住帝国主义的余威，然而大英帝国的其他板块早已岌岌可危，他们的愿望只能是竹篮打水一场空。在很多殖民地，尤其是英属东非，颇有影响力的少数白人定居者暗中不断阻挠非洲独立，因为他们担心殖民统治一旦结束，他们这群人的安危就会失去保障。

正当欧洲人犹豫不决之际，非洲新生代民族主义领袖开始崛起，其中大部分人都在欧洲或北美上过大学，很多人还曾在工会或地方政府任过职。他们希望在现有殖民地的基础上成立独立国家；统一非洲或回归部落社会的想法皆被淘汰。新领导人号召城里的非洲民众发动集会。虽然这些人经常被捕，但是被关押的这段经历却为他们的事业平添几分英勇色彩。很多人与传统非洲领袖（包括部落首领）一较高下，后者对民族主义知之甚少。肯尼亚的非洲人直接袭击欧洲定居者，因为村民和猎户对白人占有最好的土地怒不可遏，欧洲殖民当局背负的压力越来越重。

尼日利亚村庄即景，当地房子都是瓦楞板房，几名妇女正忙着传统活计。

2. 走向独立

从 1957 年到 1975 年左右，非洲殖民时代逐步走向终结。在民族主义领袖恩克鲁玛的领导下，位于西非的英属黄金海岸殖民地第一个宣布独立，定国名为"加纳"。恩克鲁玛是名小学教师，后来留美十年，其间受到欧洲社会主义思想的熏染，以及反抗白人统治的美国黑人民族主义者的影响。1945 年，他回到黄金海岸后团结城市工人和可可豆商业农场的农民发动了一场群众政治运动，高喊口号："立即自治！"他的很多追随者将独立视为打开美好未来之门的钥匙，自由之光会将一切经济和政治阴霾一扫而空。身为一系列暴动和罢工的组织者，恩克鲁玛被捕入狱。从 1951 年开始，恩克鲁玛在地方选举中连连胜出。英国人认识到这是大势所趋；1957 年，加纳共和国正式成立，其名字来源于历史上的加纳王国，但是二者的边界有所不同。

不久之后，其他英属西非殖民地也相继独立。有了印度支那和阿尔及利亚的前车之鉴，法国不想彻底失去它的殖民地，所以它在 1958 年主动向撒哈拉以南非洲的十三个殖民地授予联邦地位。忠于法国的非洲领导人赞同这种解决方式，然而几内亚的激进领袖塞古·杜尔却坚决要求法国立即给予几内亚自由。60年代早期，其他法属非洲殖民地获得独立，但仍与法国保持紧密联系。1959年，比利时在遭遇一系列民众暴乱后失去了刚果——它是南非以外为数不多以非和平方式赢得独立的国家。英属东非殖民地也陆续独立，这令当地的白人定居者怒不可遏。南罗德西亚的独立姗姗来迟；1965年，当地白人定居者与英国殖民者分道扬镳，他们在接下来的十余年里不断打击黑人民族主义者组成的游击队，同时抵御英美两国的外交压力。南罗德西亚最终还是赢得了独立，政府由黑人领导，同时保证少数白人群体的代表权。1980年，南罗德西亚更名为津巴布韦。同样是在70年代，葡萄牙国内政局骤然生变，葡属非洲殖民地发生了激烈的游击战（游击队得到苏联和古巴的支持），最终安哥拉和莫桑比克得到独立。在二十年的时间里，撒哈拉以南非洲出现了大约四十个新国家。

3. 新生国家面临挑战

在大多数获得自由的前殖民地，看似安稳的局面其实都是一种假象。在摆脱殖民统治的干扰后，非洲人和西方人都期待能有更多收获。但是大部分非洲国家都发现，独立自主要比反抗外来统治更有难度。虽然在这个多元文明的大框架内各国具体情况各有不同，但贫穷却是一个普遍存在的问题。独立既未能带来经济转型，也没能提升非洲在世界市场上的地位。在某些国家，比如刚果，独立后的无序状态破坏了贸易模式，西方管理人员和技术人员纷纷逃离，这种局面过了很久才有所修复。尼日利亚等新生国家推出了**本土化**或部分国有化政策：利用十年左右的时间将欧洲人控制的企业和种植园收归国有。这种由政府全面主导经济的做法可以理解，它很像20世纪头几十年拉丁美洲国家实行的经济民族主义政策。但实施本土化政策需要注意分寸，不能一味排斥西方技术和资本。而且本土化政策也不可能帮助大部分非洲国家摆脱从属地位。在非洲工人看来，本土化政策只是用非洲人取代了原先负责经济作物出口和矿产开采的欧洲资本家，土地还是没有在大范围内重新分配，非洲经济仍然依赖广大的廉价劳动力。

除了经济这道难题，领导人的执政能力也是困扰这些新生国家的普遍问题。某些煽动人心的民族主义者上台后要么无能，要么贪腐。选用胜任的官员也非易事，因为有过从政经验的非洲人屈指可数，这也是非洲人依赖专制统治的原因（他们建立的议会制度不过是昙花一现），强权政府或许能够弥补政治经验上的不足。事实上，相比大部分中央领导人（而非地方部落首领），军队统帅接受过更多现代化、系统化的有组织训练，不同于部落生活中的简单历练，这就是非洲长期出现军政权的原因。但是依军治国也非长久之计。一年前的中士摇身变为军队统帅，他们中也有人能够迅速掌控大局，但大多数人都是无能为力。

很多新生国家甫一独立便陷入内战，这段经历与19世纪的拉丁美洲国家如出一辙。各式各样的部落和语系群体不利于中央统治，而且很多问题变得比在殖民时期更加棘手。如果政府首脑出身于某个部落，那么其他部落就会愤愤不平。欧洲列强刻画的非洲版图加重了部落分裂和身份认同的多元化：大部分殖民地如今都已是新生国家，它们在历史上从未统一在一起过，因此很难劝服民众效忠某个单一政府。而且在殖民地内部，欧洲殖民者为了自身利益经常挑拨部落矛盾，从而为独立后的不和谐局面埋下了重重隐患。

西非英属前殖民地尼日利亚也出现了类似问题。尼日利亚面积大，人口多，石油储量丰富，商品农业发达，是非洲少有的富裕国家。然而，尼日利亚人口包括三个语系群体，他们有着不同的政治和文化传统：有的重视军队建设，有的优先发展经济。北方人口是穆斯林，南方人口则是基督徒或多神教者。刚刚独立的尼日利亚联邦没能避免内战。它由三个地方政治实体组成，1965年上台的军政府想要实现国家统一，废除地方分治，却因新领导层基本都是南方的伊博人而招致北方穆斯林的猛烈打击。1967年伊博人妄图独立，结果引发了一场为期三年的血腥内战，白骨露野，饿殍遍地。最终尼日利亚完成了统一，军政府继续执政并与战败的伊博人达成和解，同意给予他们经济援助和自治权。

刚果民主共和国［刚果（金）］也爆发了内战。1971年，刚果（金）更名为扎伊尔共和国。西方和苏联的干涉使刚果（金）的内战变得更加惨烈。在欧洲商界领袖和武装力量的支持下，刚果（金）建立了一个亲西方的独裁政府。在独立后的津巴布韦，主要部落和次要部落之间始终纷争不断，但好在是没有升级成为全面内战。

非洲还存在其他一些复杂因素。边界争端引发了某些地区战争。20世纪70年代末，埃塞俄比亚和索马里为了边界领土争端大打出手。泛非大会继续召开，力图解决这些争议，并且取得了丰硕的成果——非洲文明没有像其近邻中东那样频繁陷入内战。冷战对峙也影响了这些新生国家。苏联支持安哥拉独立，古巴出兵支援安哥拉。苏联和美国的援助加剧了埃塞俄比亚—索马里之争，索马里和埃塞俄比亚先后与苏联结盟。大多数非洲国家在冷战期间都明确拒绝投靠两大阵营中的一方，但不可否认的是，超级大国之间的较量干扰了非洲内政。

20世纪晚期，南非问题成为世界上最棘手的问题之一。少数白人继续统治这个强大的国家，而他们长期以来都在极力抵制黑人独立运动。在非洲大陆，南非是

这幅彩色壁画在南非德班的 BAT 文化艺术中心展出，表现了种族隔离政策废除后南非人民多姿多彩的生活。

唯一一个工业化经济体，也是头号军事强国。在布尔战争结束后的 20 世纪上半叶，阿非利坎人在南非的影响力越来越大，在 1948 年大选中大获全胜标志他们的权力达到顶峰。从 1961 年脱离英联邦开始直到 1994 年，南非一直由白人组建的国家党统治。阿非利坎人逐渐建立了一套**种族隔离**制度，力图将黑人这个多数群体固定在经济和政治生活中的从属地位上。在大多数公共场合，黑人不得使用白人使用的设施；禁止跨种族婚姻；城里的黑人即使在白人公司工作也不得在白人区居住；农村的黑人生活在人为划定的区域，耕种最贫瘠的土地。南非的自治只是流于表面，其本质就是白人专制。信奉自由思想的少数白人群体也曾发起抗议活动，但是遭到警察镇压和政府审查；温和反对派可以继续存在。黑人、印度人和少数混血人口不时发起暴动，一泄其怒，但却只会遭致残酷的镇压。

  黑人向白人政权施压，要求获得政治权利并废除经济歧视（他们只能从事非技术工作），但这并未能撼动种族隔离制度。城市里的黑人工人不断组织暴动。由于世界上很多地区都在声援南非的黑人运动，70 年代的南非政府在表面上做出了某些让步，然而 1984 年至 1986 年的黑人运动造成了一系列流血事件，迫使南非政府重启"戒严令"。南非种族问题直到20世纪80年代末才取得突破,新任白人总统德克勒克与非洲国民大会主席曼德拉举行了谈判。德克勒克政府从法律上废除了种族隔离制度。双方在后续会谈中同意举行普选制,保护白人少数群体。尽管南非局势依然飘忽不定,白人和黑人之间,甚至是黑人内部的暴力事件屡屡发生,但是白人统治的漫长岁月终于尘埃落定。1994年,曼德拉在普选制实行后的首届大选中当选南非总统。

撒哈拉以南非洲的大多数国家都不存在南非式的种族隔离制度,它们在独立后出现了三大特征。首先,大部分国家都成功地捍卫了国家统一,只有个别国家经历了惨痛的国家分裂。在全国建立起行政管理单位;扩大了教育体系;政府控制新闻业和无处不在的电台广播,宣传爱国思想;挫败了分离运动。

其次,这些国家起初都尝试过民主政治,但很快就发现行不通。让西方倍感失望的是,由于被殖民的经历,这些新生国家缺乏政治经验,它们解散议会,取消多党制,并限制民众政治自由。加纳总统恩克鲁玛下令关押政敌,判定其所属政党之外的其他党派均为非法组织。他的目标就是建立一个一党制国家,唤起民众对国家的忠诚,增强民族凝聚力,同时捍卫自己手中的权力。最终,恩克鲁玛政府被推翻,部分原因在于经济管理不善拖垮了这个新生国家。加纳政府由军方接管。其他非洲国家要么是军人主政,要么就是一党制。肯尼亚、坦桑尼亚和大部分前法国殖民地建立了一党制。刚果、埃塞俄比亚和利比里亚等国则选择了军政府。20世纪五六十年代,非洲至少发生了70起军事政变,其中有20起获得成功,而且这一现象此后又延续了几十年之久。1979年,尼日利亚军政府将权力移交给民选政府,但是在这之后不久就爆发了一场军事政变。

最后,很多国家下定决心推动经济变革。新生国家的领导人都认为经济发展是国家独立的重要表现,是维护国家统一的根本出路。这一目标比西方标榜的自由主义更吸引人,但是由于经济和人口结构方面的阻碍,非洲的经济成就不过尔尔。

4. 非洲政治

20世纪后期,几乎所有独立后的非洲国家都不出意外地建立了专制政权。拉丁美洲和亚洲的很多新生国家也都做出了相同的选择。非洲素有君权神授的传统,而且在不久前一直处于殖民政府的高压统治之下,所以它缺乏西方或印度那样建立自由政体的基础。

几乎所有非洲领导人都把捍卫新生国家的统一作为头等政治任务,他们很难做到放任反对派自由行事，后者那些人中有的直接冒犯当权者本人，有的常常表态效忠地方或部落，从而威胁到了国家统一。相比 19 世纪上半叶的拉丁美洲国家维护国家统一，非洲新生国家表现得更为出色，当然这离不开强大的警力支持。对于那些军队出身的领导人而言，专制政府是他们理所当然的选择——这类领导人本身就是新生国家的一项稳固制度。很多非洲百姓，尤其是新兴城市的民众非常信赖那些富有人格魅力的领导人。农村居民则不怎么参与政治，他们有更传统的效忠对象，如家庭、村社和部落，而不是忠于反对党派。虽然很多非洲人捍卫人权，但他们还是选择了专制政体，至少在独立后的几十年里一直如此，而拉丁美洲国家则曾在自由政体和专制政体之间摇摆不定。非洲的专制统治一直延续到 20 世纪 90 年代，其间虽说遭到竞争对手的连连抨击，但很显然他们并未带来太大麻烦。

非洲专制政府的典型做派包括：打击反对派领导人，垄断报业和广播，建立一支强大的军队，但是不同领导人实行的专制政策也是大不相同。乌干达是一个极端例子：多位独裁者严重贪腐，其中至少有两位调动军队攻打对手部落，数十万平民死于非命。由于各部落争权夺利，政权频繁更迭，这种残暴统治不可能带来社会稳定。还有国家效仿苏联模式：埃塞俄比亚的马克思主义者发动起义推翻了古老的君主政权，要求建立一个代表工人和农民的集权政府。然而，苏联模式在非洲非常罕见。非洲人认为马克思主义理论无法反映非洲的政治和经济状况。即使埃塞俄比亚这样的国家，它是一个贫穷的农业国，也不可能接受苏联式的个人专制，因为发挥主导作用的是整个政府。南非边境的几个小王国则是另一番面貌，它们还保留着带有君权神授色彩的君主制，国王沉迷于奢华铺张的庆典仪式。在扎伊尔这个非洲中西部大国，总统喜欢炫耀权威大摆阵仗，收受礼物中饱私囊，供养庞大的军队，但实际上他的政府结构非常松散。扎伊尔总统后来被驱逐出境，国家名称恢复为刚果（金）。

很多一党制国家都有效地维持了政治稳定。肯尼亚的两大主要部落关系紧张，但是执政党捍卫了国家统一，多位出色的领导人先后登场，政权平稳过渡交接，没有引发冲突。联合国多个下属机构的总部都设在肯尼亚首都内罗毕，这里还是非洲各大组织的会议举办地——内罗毕的国际地位由此得到极大的提升。

有些非洲国家推行非马克思主义的社会主义政策，目的是将经济进步和社会改革合二为一。坦桑尼亚总统尼雷尔在非洲社区传统的基础上提出了独具特色的农村社会主义。政府支持农村合作制。尼雷尔提出："世界各地的社会主义社会在很多方面并不相同……反映了它们各自的发展模式和历史传统。"这种非洲式社会主义符合民族情感，表明非洲人民是多么厌恶西方资本主义的贪得无厌和咄咄逼人。但是由于经济管理不善，尼雷尔总统务实政策的效果没能显现，国家发展缓慢。津巴布韦虽然独立时间较晚,但其发展前景却比较乐观。总理罗伯特·穆加贝在理论上是位马克思主义者,他提出了比较务实的改革政策,重新分配部分土地,保护制造业工人,避免触怒少数白人群体,也不驱逐外国投资者。但是在21世纪早期,津巴布韦政府的专制主义作风有日趋加重之势。

很多西非国家都没有采纳社会主义思想。尼日利亚领导人支持私营企业,同时动用财政支出和政府规划来带动经济发展。20世纪70年代,政府原本打算将石油收入转化为工业投资,但是由于80年代初油价下跌,结果造成经济发展减速和大范围失业。

进入90年代,非洲新出现或重现了两大发展趋势,这些趋势至少持续了二十年时间。第一大趋势是,90年代早期,民主制再度崛起。非洲各国在国际民主浪潮的强烈冲击下开始建立更加开放的政权。到1997年,已有十七个国家举行了多党参加的自由选举。1999年,尼日利亚举行了恢复民主制后的首届总统选举。2006年,历经持续多年的血腥内战之后,利比里亚迎来了一位新的民选总统埃伦·瑟利夫,她也是非洲历史上首位女总统。

第二大趋势是出现了新的内乱中心,这些地方通常都会出现政府倒台、严重内乱或军事政变。不同种族之间的争斗和邻国干预是造成摩擦的原因。胡图族和图西族是卢旺达的两大宿敌,1994年他们之间爆发了一场可怕的冲突,数十万人丧生,不计其数的平民被强暴或致残。这场内战吞噬了苏丹主要地区、乌干达北部、刚果(金)和西非部分地区。虽然外国干预和非盟出兵帮助某些地区暂时恢复了和平,但是紧张局势经常失控。全副武装的娃娃兵是这场战争中令人刻骨铭心的画面,这群十一二岁的孩子除了参加战斗别无选择。法国和美国等昔日宗主国进行了多次干预。其他国家则犹豫不决,它们不清楚该做些什么,也不确定非洲问题是否同其他地区问题一样重要。冷战结束后,大国较量不再需要拉拢非洲国家,它们渐渐失去了对非洲的兴趣,对之弃若敝屣。

从另一方面来看,很多国家在经过一段时期的痛苦磨砺后再次成功崛起。比如利比里亚和塞拉利昂,结束内战后的两国重获新生,选出了大有作为的领导人。利比里亚长达十余年的内战(1989—2003)造成两万人死亡,基础设施被破坏殆尽,2006年新当选的瑟利夫总统努力恢复和平,重建民主政治。很多国家一面铭记历史教训、清算历史罪行,一面推动民族和解,比如废除种族隔离后的南非和结束大屠杀后的卢旺达。虽然面对着共同的问题,但非洲各国还是走上了各自不同的政治道路。

5. 非洲文化

不论是艺术家还是作家,他们在表述 20 世纪的非洲文化时都避不开一个重要矛盾:一方面,他们普遍认为应该保留传统——这是连接非洲文明过去和未来的桥梁,也是区别于西方风格的标志。从这个意义上讲,当代非洲文化在许多方面与中东和印度的文化传统起到了相同的作用。另一方面,捍卫非洲文化还涉及外来语言的使用以及表达形式。以文学作品中的小说为例,它并非来自非洲传统。除了坚持使用阿拉伯语或斯瓦希里语的作家,大部分小说家都在用西方语言写作,比如英语、法语或葡萄牙语。这样一来,尽管他们在努力阐明并引导大众价值观,但与非洲百姓却是渐行渐远,因为很多百姓仍然目不识丁。非洲人民有着历史悠久的口述文化传统,它与正统学术活动先天有别。在非洲这个刚刚出现多种文化载体(主要指教育机构和书面文字)的地方,保留昔日的重要传统是一项严峻挑战。

在独立后的非洲国家,学术领域的另一大挑战来自少数人完成基础教育后的继续教育阶段。非洲的中学课程包括民族主义和非洲历史,与殖民时代的教学内容大相径庭。出于现实考虑,教学语言仍用西方语言。非洲学生还要学习欧洲历史和社会科学,以及西方自然科学。非洲的很多教师分别来自英国、美国和法国,因此非洲和欧洲的考试制度声气相通。比如赞比亚的标准化中学试题由英国方面出题和评分。虽然这种做法存在很大缺陷,但也确实取得了一定成效,即非洲领导层的文化水准不断提升。然而与 20 世纪的其他文明相比,改变古老的文化习惯对于非洲来说更加任重道远。

1920 年之后,非洲文坛涌现出一批重要作家,他们创作散文和诗歌,但主要还是创作小说。这些作家尤为关注非洲当代问题。南非白人作家极力批判种族隔离政策但又不能背叛自己的祖国,他们用文字记录下南非内部的紧张关系和一触即发的冲突。黑人作家着重表现各种非洲传统的优点,指出非洲人早在欧洲人到来之前就积累了丰厚的文明财富。塞内加尔诗人兼政治家桑戈尔批判西方科学传统将人类与自然悬隔两边,他更赞同非洲人亲身感悟自然的直觉主义。安哥拉诗人内图是安哥拉首任总统,他从独特的黑人视角赞扬非洲文化的深厚底蕴,批判所谓的西方标准。肯尼亚国父肯雅塔不仅弘扬了肯尼亚的部落文化,还帮助提高了女性在非洲历史上的地位。西印度群岛诗人沃尔科特的诗篇让非洲人爱不释手,他让黑人意识到他们的价值观比西方价值观更优秀。

为那些从未做出过任何发明的人们欢呼!
为那些从未参与过任何探险的人们欢呼!

讨论历史：身份认同问题

在 20 世纪，很多国家的知识分子都在担心"身份认同"问题。他们看到自己的国家在飞速变化，部分原因在于外部世界，尤其是欧美等国带来的重大影响。他们并不是全盘否定所有变化，只是担心国家的特色或传统会严重流失。鉴于此，他们进一步提出了文化价值观缺失问题。身份认同是一个抽象概念，肯定有不少人换了全新身份，比如西方式的消费者或经济现代化的参与者。但是对有些人来说，包括某些重要学者，这种担心却也是真真切切的。

非洲是学者们讨论身份认同问题的重点对象之一。非洲民族主义领导人起初并不担心这个问题，因为他们当时要对付欧洲帝国主义这个共同敌人。但在国家独立后，身份认同给民族主义者提出了很多难题。首先，因为殖民者划定的边界毫无道理，所以非洲新国家没有传统可言。其次，需要废除重要的部落习俗，防止它们削弱民众对新国家的忠诚，而国家又恰恰是由各个部落组成的。相比中东和印度，非洲并不存在单一的伟大宗教（这样的宗教既可以提升民族自豪感，又可以成为有效传统的一部分），因为外来的伊斯兰教和基督教在非洲大陆快速传播。最后，从西方引进的科学和医学等文化内容依然让人心动不已。在这一切中身份认同又体现在哪里？有些领导人说非洲人身上体现了一种超越国界的共同性格，他们还提出黑人精神可以引起共鸣。民族主义者认为非洲人有很多无比可贵的品质：忠于所在社群和家庭（这与西方的过度个人主义和剥削他人截然相反），敬畏自然，与众不同的艺术风格，某种超越具体宗教的灵性。对于正在经历快速变革的非洲人民来说，这些品质是否足以形成身份认同？

尼日利亚小说家阿契贝直接用英语写作，借助小说阐述身份认同问题。他在《分崩离析》中讲述了非洲传统宗教如何被基督教传教士破坏殆尽。他对这种损失深感痛心，但他本人并不提倡全面复兴传统宗教，毕竟这里面也有不少迷信和残忍的成分。他在另一部小说《再也不得安宁》中探讨了西方城市文化，尤其是消费主义和两性关系如何冲击传统家庭观。同样，阿契贝也没有明确提出重回过去。很多人都在思考他在作品中提出的问题：非洲人的身份认同到底是什么？

> 为那些从未征服过任何土地的人们欢呼!
> 为喜悦欢呼!
> 为爱情欢呼!
> 为化为泪水的苦痛欢呼!

尼日利亚最优秀的小说家阿契贝独清独醒,他为那些崭露头角的非洲作家指明了"根本主题":

> 非洲人并不是从欧洲人那里才首次听说"文化"这个词……他们的社会并不是愚昧无知,而是有一套富于深度、广度和美学的哲学体系……他们有诗歌,但最重要的是,他们有尊严。非洲人在殖民时代被剥夺了尊严,他们现在要做的就是重拾尊严。对任何人而言,最惨痛的经历莫过于丧失自尊和自爱。作家的任务就是让人们看到没有尊严的人生是什么样子,从而帮助他们重拾尊严。

新一代非洲小说家不仅颂扬非洲传统和黑人的骄傲,还抒写了现代化过程带给人们的焦虑感。阿契贝的优秀小说描写了腐朽的西方思想(包括基督教)如何影响出身农村的非洲英雄人物。他在作品中剖析了城市生活对大众传统造成的强大压力,表现了许多知识分子对贪腐滥权的统治阶层的幻灭;他担心普通百姓"已经变得比统治者更加玩世不恭,更加麻木不仁"。在阿契贝等作家的努力下,非洲文化将传统的价值观与新颖的表现形式水乳交融,反映了一个变革中的社会形形色色的面貌。

非洲艺术家和工匠保留了极富生命力的艺术传统,继续按照古老的风格进行创作,与西方"现代艺术"风格迥然不同;讽刺的是,反倒是后者在从非洲艺术中不断汲取灵感。农村住房的设计和装修依然带有典型的非洲特色。极具张力的雕塑作品结合了宗教元素和美学价值。20世纪初及之后一段时间是非洲艺术家的高产期,他们制作了传统面具和雕塑,有的还镶嵌着从西方进口的玻璃珠等小物件儿。1900年左右,法国殖民者将很多非洲艺术品运回本土,启发了欧洲现代艺术风格,比如立体主义。20世纪后期,生动鲜活的非洲舞蹈和音乐不仅出现在民间场合,还出现在政府主办的世界文化巡演中。非洲文化并非孤立于世,很多工匠和音乐家也在与其他风格的艺术家相互交流。很多工艺品专为旅游产业制作,迎合了西方人对非洲艺术的奇妙之想。

20世纪非洲文化与外界的互动主要表现在宗教领域。非洲依然是一个宗教社

展现传统题材的现代非洲艺术作品：创作于 20 世纪中期的雌雄羚羊头饰。

会，尽管世俗价值观在城市占据上风。伊斯兰教依然是传播最快的民间宗教，它在非洲北部和中部吸引了大批信徒。撒哈拉以南非洲有近 40% 的人口都是穆斯林。基督教虽然只是非洲的少数教派，但是它的传播范围和速度并不亚于伊斯兰教。在南非，黑人新教牧师发起了反对种族隔离的和平抗议活动。非洲天主教会在罗马教廷中的地位逐渐提高，甚至还出现了首位来自非洲的枢机主教，罗马教皇在 70 年代首次出访非洲大陆。非洲天主教会的扩张速度超过了其他所有地方，非洲天主教徒的人数从 1965 年的 2,900 万增加到了 1985 年的 6,600 万。基督教和伊斯兰教的快速壮大表明一神论和新的精神支柱开始支配非洲宗教格局，类似古典时期结束后的西欧社会。早期历史经验表明，这种局面虽然激动人心，但也令人不安。皈依新宗教的非洲人往往保留着部分传统信仰，毕竟宗教融合非常普遍。非洲天主教的特征表现在它结合了基督教常规教义、传统价值观和传统宗教仪式。然而，多神教信仰在城市和乡村依然有许多坚定的追随者。人们还是经常求助于传统医疗手段，他们想当然地认为疾病是鬼魅所为，需要驱鬼。20 世纪多起地方暴乱的始作俑者就是民间宗教领袖（包括女性），他们假借神意，煽动民众对殖民统治或经济剥削的仇恨。还有很多运动将传统的万物有灵论与《圣经》的部分思想混为一谈，它们的目的不是为了发起抗议，而是想要通过祷告和《圣经》中的千禧年预言来治愈心灵上的创伤。总之，尽管宗教多样化继续存在，而且经常引发血腥冲突，但是宗教完全能够适应生活、社会和自然的变迁并继续主导非洲文化，这一点确实值得敬佩。

对于20世纪的非洲来说，文化创新不只包括与日俱进的文学创作和复杂多样的宗教转型。民族主义领袖支持的是脱离纯粹传统概念的文化变革。他们严词抨击帝国主义，但他们也接纳了某些西方理念，包括新的科学和医学论断。他们非常珍视非洲人的重要品质，比如社区和家庭团结。另一方面，城市里的消费主义等西方文化影响则形成了另一股力量，进一步改变了非洲人的观念，塑造了一个集传统和创新于一身的复杂文明。

6. 经济与社会

非洲文化发生的变化，尤其是教育普及和西方语言文学的传播，也让人们对文化与社会变革之间的关系满腹疑虑。虽然非洲社会再次响起了弘扬传统风格和价值观的号角，但同时也存在破除传统风俗习惯的要求。阿契贝等作家考虑的是一旦打破长期观念，是否会削弱非洲人在变革浪潮中寻找精神支点的能力。其他知识分子则坚持保留基本的宗教立场和家庭关系，他们认为西方人对待宗教和家庭的态度就是道德败坏的表现。

整个20世纪，撒哈拉以南非洲的大部分地区都没有遇到土地再分配这样的压力（它曾严重困扰拉丁美洲和部分亚洲地区）。白人少数群体在非洲东部和南部开辟了大种植园——独立后这里有个别国家推行了有限的土地改革，但是仍有不少种植园被保留下来。在人口更加稠密的西非，普遍情况是佃农拥有小块土地，种植园主雇佣廉价劳动力生产经济作物。

但是村庄农业存在一些固有的问题。在殖民统治的几十年里，西方殖民当局强制非洲农民种植花生或棉花等经济作物，确实也有农民因此致富，但是大多数农民都被迫压缩基本农作物的种植规模，优先完成商品农业的产量定额。有些村子的首领靠销售农产品起步发家，然后置办了大房子和自行车，甚至还有仿真艺术品，然而大部分非洲人的生活还是捉襟见肘。

独立后的非洲依然背负商业压力，有些地区重新回归本地化农业。农业生产很难在短时间内创造出高收益，因为农民缺乏足够的资金和知识水平，难以掌握新方法。很多政府都是重视修建公共工程和工厂，但却忽视了农业现代化。新农田的开辟也没有改变农业生产的落后面貌。干旱地区更适宜种植块茎类作物，这使"绿色革命"的实际意义大打折扣。农业发展停滞不前，再加上人口增长不已，导致某些关键地区在天灾面前不堪一击。20世纪70年代早期、80年代早期和90年代，撒哈拉南部边缘和非洲东岸发生的干旱引发大范围饥荒。部分地区的高强度种植造成土壤贫瘠和严重沙化，为埃塞俄比亚等国留下永久的祸患。从更大层面来看，即使不考虑极端天气带来的压力，落后的农业生产已经造成了非洲人口营养不良和普遍贫困。最后，由于依赖经济作物出口，非洲国家无法平衡农业生产，支持出口的农民和沿用传统耕作方式、自给自足的佃农分居两端，这是很多国家面临的共同困难。

种植经济作物的非洲国家依然与西方主导的世界经济紧密相连。去殖民化并没有消除这种依附性。虽然民族主义运动如火如荼，但是非洲国家在销售、海运和商业经验方面还是严重依赖前欧洲宗主国。以刚果为例，有段时间当地的激进分子经常袭击比利时商人，但比利时的资金和技术始终是刚果经济的基础，因为当地矿产品几乎全部出口西方。除南非之外，其他非洲国家都没能建立大规模的民族工业。肯尼亚等国积极发展本土食品加工、服装和工具制造。20世纪90年代末，不少国家的制造业迅速发展，有些观察家在想：非洲是否会走上几十年前拉丁美洲和部分中东地区的工业变革之路？但不管怎么说，各国仍然需要从西方进口技术和制成品。出口收入与进口需求之间的落差导致很多非洲国家债台高筑。

非洲经济变革处处受限，但是在殖民时代和独立之后，城市里还是涌现出一些富裕群体。非洲和其他农业社会一样出现了贫富差距：商人、种植经济作物的地主和政府高官锦衣玉食，乘轻驱肥，与普通百姓拉开了距离。在东非国家，普通人把新兴精英阶层叫作"wa Benzi"，它在斯瓦希里语中的意思就是"开奔驰车的有钱人"。与之形成鲜明对比的是，非洲人总体的年均收入增长缓慢。在矿产储量丰富的刚果，1976年其人均国民收入为137美元，而到1985年也不过只有160美元。

20世纪的人口高速增长令撒哈拉以南非洲倍感压力。在殖民时代和独立之后，非洲的医疗和公共卫生设施有了显著改善，这是非洲人口增长的动力之一。随着商品农业带来更多收益，加之人们前往矿山和城市务工，农村的集体控制模式被打破。非洲并未发生真正的农业革命，而且这里气候条件严酷，很多地区的土壤肥力有限，尽管如此，非洲人口依然保持增长势头。但是人口增长使得部分地区的农耕条件出现恶化：过度种植造成土壤肥力退化，重要地区不断发生饥荒；讽刺的是，非洲人口增长的步伐依然没有停下。

从20世纪70年代开始，艾滋病迅速传播，东非的经济困境日益加剧。很多儿童和年轻人都被感染，部分地区的感染人数甚至超过了当地总人口的25%，可用劳动力数量急速下降。非洲东部和南部的艾滋病疫情尤为严重。然而当地政府却是迟迟不肯采取应对措施，因为当时有观点认为西方国家是这场危机的始作俑者，目的是约束非洲人的性行为。然而对这场危机来说，最大的问题还是贫困，因为没有一个非洲国家负担得起治疗艾滋病的巨额费用。乌干达等少数国家从2003年开始加大艾滋病预防宣传，呼吁人们使用安全套。

在艾滋病蔓延的同时，非洲人口继续增长——非洲推行新型避孕措施最为不力。在人口增长、交通设施改善、政府治理现代化和商业发展的刺激下，非洲城市迅速扩张，尤其是在第二次世界大战之后。1925年，整个非洲大陆的城市人口仅有8%，到1950年也不过是13%，但是到了1973年这一比例猛增至23%；而且这一快速上升趋势仍在继续。非洲城市化主要靠的并不是工厂扩张，而是贸易发展和政权集中化，但其首要原因还是农村人口走投无路：人口增长和经济作物种植园导致无产者越来越多。和拉丁美洲的情况一样，人们纷纷涌入城市，住在随意搭建的棚屋中，他们维持生计的手段不外乎打零工、乞讨或卖淫，或者是在随处可见的露天集市上摆个小摊儿。

和拉丁美洲不同的是，非洲城市化严重破坏了家庭结构。由于前往城市谋生的男性多于女性，因此大部分地区，尤其是农村都出现了女性当家的局面。20世纪70年代，更多男性外出谋生，养育子女的重担落在女性肩上，由此衍生出经济和心理的双重问题——西方也曾出现过类似问题。不过，非洲传统的大家族在一定程度上缓解了这些压力；留守女性能够得到亲戚们的精神鼓励和物质接济。丈夫离家前往市中心或矿山务工，标志男性当家作主的传统逐渐衰弱，妻子独自承担起了照料家庭的责任——这既令她们备感压力，也令她们兴奋不已。家庭结构瓦解成为20世纪后期非洲社会变革的重要内容。社会结构和个人价值观的变化与传统期待泾渭分明，为20世纪的非洲历史增添了几分戏剧色彩。

在赞比亚，一个名为"亲爱的约瑟菲娜"的周报专栏成了这场变革的见证者：城里的非洲人过上了充满个性化的新生活，与依赖强大家庭传统和牢固集体关系的古老生活方式截然不同。人们向专栏作家去信咨询各种问题：哥哥还没结婚自己能否娶妻？按照传统应该是兄长先结婚，可是已经找到心仪对象的小儿子该怎么办？一个城里的小伙子准备跟一位农村姑娘结婚，可是女方家长坚持要求小伙子送牛做彩礼，小伙子该怎么办？互帮互助的部落传统又该如何延续？比如下面这个例子：

> 周围人都知道我要养活一大家子人。我住的地方就在公交站边儿，我每天都要招待村里来的亲戚朋友。安排同部落的族人吃饭，给他们买好车票，这都成了我的义务。可我的家人也在挨饿啊。我都没有一件体面衣服穿去上班。其实我的工作还算不错，但却经常被老家人拖得一贫如洗。我并不讨厌他们，但我该怎么做才能不用为他们花钱？

女性的活动范围也发生了变化。社会、经济和政治变革对女性的影响引致众多讨论。一方面，随着男性与家人的疏远，女性肩负起了更大的家庭责任。另一方面，女工主要集中在传统经济部门（包括农业），她们利用工作来保障自己的经济地位。但是在殖民时代和独立之后，政府功能变得更加强大，从而削弱了女性在地方上的非正式影响力。有些观察家指出，女性在变革过程中就是个彻头彻尾的失败者，仅仅是获得了一定自由。不仅如此，某些地区对女性的传统限制依然存在，比如在穆斯林聚集的非洲东北部，女孩子的割礼照行不误。然而，受教育机会的增加，甚至是社会动乱的影响也使得女性接触到了更多的新思想，比如她们相信广大女性应该团结一心；维护家庭团结的传统思想与接受教育和控制生育的新思想相结合，成为非洲女性的新观念。城市里上层社会女性向政府施压，要求给予女性更多法律保障。与此同时，外部影响也使非洲女性争取权利的过程根蟠节错。很多女性援引联合国《消除对妇女一切形式歧视公约》赢得了财产权。2000年，个别非洲法庭还推翻了此前以捍卫传统为名做出的一些判决。

20世纪90年代末的非洲又出现了新变化。越来越多的韩国、日本和西方国家的跨国公司在莱索托等贫穷地区投资设厂，它们看重的就是当地的廉价劳动力（包括女性）。工作条件非常苛刻，工人们不仅工时很长，还要接受严格的监管，比如下班离厂要挨个接受盘查，以防他们有偷窃之举。和其他地方一样，跨国公司是会为当地带来长远利益（通过降低居高不下的失业率），还是会加深并延长非洲的经济依附性，现在还不得而知。21世纪早期，个别国家迎来了经济高速发展，如博茨瓦纳和乌干达，它们将新型制造业与有效规划的原材料出口相结合。中国、印度、西方和环太平洋地区国家相互竞争当地资源，结果推高了某些商品的价格，增加了部分地区的投资收益。如同种类繁多的文化一样，非洲各个地区之间的情况也是千差万别：有些地区日益贫困，它们的某些基本指标正在恶化，比如预期寿命；而有些地区则初见繁荣。

7."新非洲"的定义

20世纪的颠覆性转型并非非洲独有。事实上，大多数文明的现行体制和价值观都面临重重挑战。非洲人在很多方面仍然依赖传统，他们的生活方式并没有因为周遭变化而彻底改变。虽然殖民统治、人口增长，以及大量新建的城市设施和商业机构带来了巨变，但是非洲人的生活水平却未得到明显改善。与此同时，也有很多非洲人在变革中看到了新希望。知识分子为民族文化而自豪，政治家为国家独立而兴奋。对于那些默默无闻的普通人而言，就像一位年轻的肯尼亚妇女所说，自立和才华让他们有了出人头地的机会。她讲起了她母亲那辈人的生活，由于家中孩子太多，她们只能在自给型农场做苦工为生，而她本人因为上过学，所以对生活另有看法：

> 我的生活和我母亲那辈人有很大不同……女性必须接受教育。这样就算家里人口太多又不知道该如何养家糊口，你还可以外出打工挣钱。我以后会这样教育我的孩子们："你们一定要去上学。"

到 20 世纪末，非洲依然是世界上最穷的地方，它在饥荒面前根本无力抵抗。现代化和民族独立并没有带来人们憧憬的所有成果，反而削弱了非洲文化的根基。但是变革也激励人们继续对未来怀抱希望，而非洲文化也仍在定义其与当代世界的关系。21 世纪早期，乌干达等国迎来了快速的经济增长。

8. 通往现代之路

有两股重要力量重塑了当代非洲，将 20 世纪 20 年代之前的趋势与现代趋势连为一体。首先是经济快速殖民化，这背后的推动者是欧洲列强和意图抢占先机的西方企业。21 世纪早期，开发非洲自然资源的还有来自东亚的一些跨国公司。经济转型加快了城市化进程，同时也破坏了家庭稳定。其次是最终促成政治独立的民族主义运动，但它并未改变早期欧洲殖民者划定的国家边界。国家独立再次引发变革和波动，但是非洲依然没能摆脱对西方和亚洲部分地区的经济依赖。

这段时期的非洲文化同样历经变革。虽然没有上述两股力量那么引人注目，但是文化变革的影响同样不可小觑：在 20 世纪，数百万非洲人改变或修正了他们的文化体系。这些变化集中体现在宗教信仰和生活方式两个方面：基督教和伊斯兰教在非洲大陆成就不俗，更多非洲人迁入城市生活，接受了消费主义价值观和国家认同感。非洲人将传统风格和信仰与新元素（包括世界主流宗教之一）结合在一起，取得了重大的创新。在刚刚过去的这个世纪，其他文明没有一个像非洲这样经历过如此彻底的文化转型。

延伸阅读

相关著作：Robert H. Bates, *When Things Fell Apart: State Failure in Late-Century Africa* (2008); Ronald Hyan, *Britain's Declining Empire: The Road to Decolonisation, 1918-1968* (2007); James E. Genova, *Colonial Ambivalence, Cultural Authenticity, and the Limitations of Mimicry in French-Ruled West Africa, 1914-1956* (2004); Jon Abbink, Mirjam de Bruijn, Klaas Van Walraven, eds., *Rethinking Resistance: Revolt and Violence in African History* (2003); Martin Meredith, *The State of Africa: A History of Fifth Years of Independence* (2005); Frederick Cooper, *Africa Since 1940: The Past of the Present* (2002); Toyin Falola, *Nationalism and African Intellectuals* (2001); Robert Collins, James Burns, *A History of Sub-Saharan Africa* (2007); Toyin Falola et al., *Power and Nationalism in Modern Africa* (2008); Assa Okoth, *A History of Africa: African Nationalism and the Decolonization Process* (2006); Goran Hyden, *African Politics in Comparative Perspective* (2006); Charles O. Chikeka, *European Hegemony and African Resistance, 1880-1990* (2004); Taisier M. Ali, Robert O. Matthews, eds., *Durable Peace: Challenges for Peace Building in Africa* (2004); A. B. Assensoh, Yvette M. Alex-Assensoh, *African Military History and Politics: Coups and Ideological Incursions, 1900-Present* (2001); Cheryl Mawaria, ed., *African Visions: Literary Images, Political Change and Social Struggle in Contemporary Africa* (2000); Adebayo Adedeji, ed., *Comprehending and Mastering African Conflict* (1999); Einar Bratthen, ed., *Ethnicity Kills? The Politics of War, Peace and Ethnicity in Sub-Saharan Africa* (2000)。

一位美洲黑人民族主义者视角下的非洲历史：W. E. B. DuBois, *The World and Africa* (1974)。民族主义运动领导人的作品：J. Kenyatta, *Facing Mount Kenya* (1953); A. Luthuli（南非）, *Let My People Go* (1962); F. Fanon, *Wretched of the Earth* (1965)（对西方殖民主义的控诉）。描写非洲社会与文化变革的小说：C. Achebe, *Things Fall Apart* (1978)。其他作品：B. Fetter, *Colonial Rule in Africa: Readings from Primary Sources* (1979); Ali Mazrui, Michael Tidy, *Nationalism and New States in Africa* (1984); Martin Meredith, *The First Dance of Freedom: Black Africa in the Post-War Era* (1984); S. A. Akintoye, *Emergent African States* (1976)。种族隔离制度下的南非：R. W. Johnson, *How Long Will South Africa Survive?* (1977); Gail Gerhart, *Black Power in South Africa* (1978)。非洲社会中的女性：N. H. Afkin, E. Bay, eds., *Women in Africa* (1977)。

第 34 章
21 世纪至今的当代世界历史主题

20 世纪见证了世界历史上发生的种种巨变。西欧的相对衰落将世界历史引入了冷战和去殖民化时代。所有社会都在经历政治、社会和文化转型，尽管具体方式多有不同。20 世纪 90 年代，去殖民化运动大功告成，冷战落下大幕。此后的世界当代历史（它始于 20 世纪二三十年代）有了更为丰富的定义。

在人类迈入 21 世纪之际，世界历史出现了全新的发展势头，但是其他趋势也依然存在并凸显了整个当代历史的主题，比如西欧失去主导地位后世界各国力量的再平衡。很多国家仍然需要进行政治创新，不过民主制已经成为多数国家的选择。新兴中上阶层的统治已经得到确立。不同地区的性别关系变革仍在继续。

世纪之交的几十年与当代历史的早期阶段存在重要联系，但在重点关注这些联系的同时也要留意很多新现象。例如，世界人口出生率开始下降。不过各地情况有所不同，很多西欧和东亚国家出现人口零增长，而中东和非洲的人口规模依然庞大但其增速开始下降。总之，人口出生率降低，人口寿命延长，老龄人口激增，世界人口格局趋于稳定。举一个更加具体的例子：由于饮食结构改变和运动量减少，肥胖问题首次成为全球问题，它主要存在于发达工业社会，但也出现在中国和印度等发展中国家中产阶级家庭的孩子们身上。

世界当代历史的几大基本主题已经显现，它们都与 20 世纪早期的发展历程息息相关。

首先，美国在冷战结束后成为世界上唯一的超级大国，也是有能力独立采取全球军事行动的唯一国家。冷战结束引发了新一轮地区冲突，促成了新同盟，激活了固有的矛盾。当今世界仍在冷战的遗留影响下继续行进。

其次，更多国家都在努力推进工业化，加快经济发展步伐。1900 年时，工业社会的人口仅占全球总人口的 20%；而到 2010 年，这一比例已经升至 60%。世界城市人口占到全球总人口的50%，这是工业化发展的附带结果，但也造成了全球力量均势的重大变化。

又次，**全球化**处在快速发展的轨道上，尽管在20世纪中期的几十年里它的推进速度比较缓慢。在新技术的驱动下，全球经济发展和文化往来的速度和影响都可谓史无前例。因此，有人认为人类社会即将迎来一场新革命。

最后，始于20世纪70年代的宗教复兴和宗教身份认同影响了基督教及其传教活动，以及伊斯兰教、印度教和佛教。宗教复兴与全球化并不矛盾，但它推动了文化朝着不同的方向发展。很多群体关注的是宗教身份认同，而不是全球消费标准。

上述四大主题纵横交织，影响了当代世界正在发生的其他变化。当然，影响的结果不一定会同时出现。比如，全球标准的变化进一步改变了女性的地位：女性生育率下降，享有更多人身自由，受教育机会增加，消费能力提高。但是全球经济发展也破坏了女性的工作：她们只能得到工厂高强度的工作岗位，在职场中难得重用，并有可能沦为人口买卖的受害者。从总体来看，宗教复兴运动提出女性应该回归传统生活方式，反对西方消费主义对女性着装和性别意识的影响。此外，人们也一直在探讨政治形式，包括对个人权利的定义，这些讨论也受到了全球化和宗教复兴的影响。

变化势不可挡——这种观念造成了21世纪早期人们的认知混乱和茫然无措。很多群体都在想方设法捍卫或恢复过去的重要传统。而这也将是当下和未来世界历史的重要内容。

> **重点问题** 如何定义后冷战时代的世界外交和军事格局？如何定义全球化？为什么政治全球化未能与文化和经济全球化保持同步？人们重燃宗教热情与科学、消费及其他世俗活动的流行有何关系？如何透过历史有效地预测未来？

1. 后冷战时代

21世纪早期，美国无可争议地成为世界头号军事强国，它是唯一有能力将军队投送到地球上任何地方的国家。美国的军费开支占全球军费开支总额的51%，而且美国的空军实力也是首屈一指。1991年和2003年美国两次对伊拉克动武，2001年继本土遭遇恐怖主义袭击后又发动了阿富汗战争，这些地区战争开销巨大并引发了许多新问题，然而美国并未改变政策。

1985年之后，苏联先是经济下滑，随后政权解体，严重削弱了新生俄罗斯的国力（见第28章）。俄罗斯总统普京并不希望重启冷战，但是他在治国理政和发展经济方面的强硬作风表明俄罗斯走上了独立之路。2003年，俄罗斯与法德两国共同反对美国攻打伊拉克。很多俄罗斯人都不相信与美国交好会对俄罗斯有利。到2004年，俄罗斯人对美国和所有"美国模式"的好感都已消退。然而，俄罗斯再也不是与美国分庭抗礼的军事对手。到2001年，俄罗斯每年的军费开支为40亿美元，仅为美国的三十分之一。

美国实力所向无敌，其他国家对此深感忧虑。到2001年，就连它的西欧盟友都对它的霸道行径颇有微词，而这主要是因为美国对某些领域的国际合作置若罔闻，比如环境保护。中国的国际地位稳步提升，它一面与美国保持经济往来，一面增强自身军事实力。中国的国防建设并没有直接威胁到美国。不过，为了抵御美国的压力，中国加强了与俄罗斯等国的合作，这引起了美国的担忧。

冷战结束后，再没有一个势均力敌的对手可以牵制美国。摆脱冷战包袱的美国继续维持高额军费开支，对多项国际协定（保护环境、禁止使用地雷或虐待战俘）不屑一顾。在2001年的恐怖主义袭击过后，国际社会在美国的呼吁下展开了打击恐怖主义的广泛合作。它还联合其他国家向违抗美国政策并积极研发武器的国家施压。2002年至2003年，美国攻打伊拉克，首次提出"先发制人论"，即美国有权对那些制造大规模杀伤性武器的国家采取先发制人的打击。一些观察家认为这是新版美帝国主义在崛起，还有人担心美国权力不受遏制将会危及整个世界。与俄罗斯一样，同样很难评估冷战结束对美国参与全球政治的影响。

冷战结束还产生了其他后果：大力推广民主制，中东欧国家向西方靠拢（其标志性事件就是北约和欧盟东扩），部分中亚国家获得独立。此外还发生了多场地区冲突，这在一定程度上要归咎于冷战体制冰消冻解。

地区和种族矛盾以及联盟关系

苏联解体使北约不得不面对一个显而易见的问题。北约最初成立的目的就是为了堵截苏联扩张，如今苏联的威胁已经不复存在，北约又该扮演什么角色？北约官员坚持认为这个联盟是欧洲迫切需要的稳定剂。正如我们后来所见，北约确实对巴尔干地区有直接影响，这里是世界上最不稳定的地区之一。北约内部的军事协调还在继续。一些前东欧集团国家申请加入北约，表明它们将向西方国家靠拢，同时确保今后免遭俄罗斯干预。部分中东欧国家分别于20世纪90年代末和

自欧元问世以来,欧元支付已经变得越来越普遍。

2002 年获准加入北约。

欧盟则是另一番情形,冷战结束并未影响它整合并带动欧洲经济增长的作用。大部分东欧国家都希望加入欧盟,土耳其也是如此。在共产主义制度转型成为市场经济体制的过程中,东欧经济出现严重倒退,人民生活水平明显低于西欧。这些国家全面融入欧盟将是一场旷日持久的历程。2003 年,成功完成市场改革的候选国,包括波兰和匈牙利在内获准加入欧盟。2004 年,这些国家正式入盟。与此同时,欧盟也在强化内部融合。很多现任成员国都同意采用统一货币,即欧元,尽管当时也有不少争议。2002 年年初,欧元在欧盟多数国家正式流通。欧盟一体化进程仍在继续,尽管 2008 年和 2012 年发生的经济危机曾一度在其内部引发新的冲突。

其他地区也在寻求从经济联盟中获益,尽管还没有达到欧盟那样的融合程度。20 世纪 90 年代,美国、墨西哥和加拿大签署了《北美自由贸易协定》。反对者们担心工作机会都流向拥有廉价劳动力的墨西哥,也有人担心公司迁到环保政策宽松的地区会破坏当地环境。但这一协定带来的贸易量委实可观,令所有成员国都受益匪浅,尤其是墨西哥。

东亚、东南亚和环太平洋地区是将国际经济协作推向新高度的最后一个板块。相关国家在讨论削减关税和政治协调的可能性。经济议题显然已经取代冷战时期的对抗成为区域外交工作的动力。

但是发生区域外交冲突和军事冲突的可能性依然存在。大部分冲突都不是新近才有。冷战末期的地区冲突尤为显著,同一区域内各国的军事实力日臻强大,有些国家还具备核打击能力。2009年,俄罗斯对格鲁吉亚和乌克兰这两个邻国施加军事或经济压力,重现了昔日军事大国的风采。

中东依旧是一个麻烦不断的地区。在冷战临近结束时,伊拉克和伊朗爆发了一场伤亡惨重的长期战争(1980—1987),起因是伊拉克领导人萨达姆妄图推翻伊朗在伊斯兰革命后刚刚建立的政权。这场血腥的战争刚结束不久,伊拉克又于1990年入侵石油国家科威特,即波斯湾战争(海湾战争),这一举动激怒了整个西方阵营和阿拉伯国家,它们组成多国部队在1991年将伊拉克赶出了科威特,但是留下了萨达姆政权。美国在波斯湾地区保留众多驻军,招致阿拉伯人和穆斯林的尖锐批评。2003年,以美英军队为主的联合部队向伊拉克发动军事打击,推翻了萨达姆政权,为中东地区的强权政治注入了新元素。伊朗凭借技术实力和什叶派运动崛起成为该地区的另一支重要力量。

巴以冲突是中东矛盾冲突的另一个导火索。总体来看,以色列人与巴勒斯坦人之间的关系在冷战后渐趋恶化,尽管90年代中期曾有过和平的曙光。21世纪初,巴以之间的敌对行动开始升级。

各地兴起的种族冲突是后冷战时代一个引人注目的新特征。种族相争并不新鲜,但有几个因素却是促成了它的爆发,全球化就是其中之一。随着全球交往联系达到新高度,集体身份认同呈现上升趋势,爆发冲突的可能性也在不断增加。部分群体在努力强化种族身份认同,以便对抗外来影响和全球化压力。与此同时,重要的多民族国家解体则成为导火索,人们开始重新关注身份认同,迫使新政权不得不控制新的冲突。

捷克斯洛伐克和平分裂为两个民族国家:捷克共和国和斯洛伐克共和国,但是这种情况极为少见。新成立或刚恢复自由的国家一般都是冲突不止。20世纪90年代,罗马尼亚的匈牙利少数民族和保加利亚的土耳其少数民族都承受着这种新压力。1990年,俄罗斯联邦的车臣共和国发生叛乱,车臣领导人宣布独立。在接下来的十年里,俄罗斯政府军发动了两场车臣战争,严厉镇压妄图独立的穆斯林叛军。叛军的恐袭炸毁了莫斯科的公寓大楼和剧院,激怒了俄罗斯人民,社会舆论坚决拥护俄罗斯政府的军事行动。尽管到2004年时双方都没能取得全面胜利,但是俄罗斯政府打击地区或民族叛乱的态度始终坚定不移。

南斯拉夫是这方面最突出的例子:共产主义制度曾将这个多民族国家凝为一体,但它后来还是发生了流血事件和动乱。该地区的民族结构异常复杂。斯拉夫人和阿尔巴尼亚人讲着不同的语言,后者以穆斯林居多。斯拉夫人进一步分为塞尔维亚人和克罗地亚人,他们有着不同的书写字母、宗教和历史经历。波斯尼亚地区也生活着斯拉夫人，但他们都是穆斯林。从被土耳其人征服开始到第二次世界大战期间被德军占领，该地区不同族群之间就一直矛盾不断。当南斯拉夫铁腕共产党领导人铁托去世后，民族分裂渐趋公开，阿尔巴尼亚人（主要生活在科索沃地区）和占主导地位的塞尔维亚人之间的冲突愈演愈烈。

不久后苏联解体，不少地区开始寻求独立。1991年，斯洛文尼亚和克罗地亚分别宣布独立；克族人和塞族人爆发了激烈的武装冲突，迫使塞族人不得不承认南斯拉夫解体，尽管他们一直认为应该由他们来维护国家统一。1992年，波斯尼亚和黑塞哥维那（简称"波黑"）从南联盟独立，引发了一场严重的内战，牵涉到天主教的克族人、东正教的塞族人、穆斯林，以及外部干预势力（主要指塞尔维亚）。

种族冲突并非只存在于共产主义国家。1990年，中非也爆发了惨烈的种族冲突。胡图族和图西族这两大部落素来不睦，尤其是在卢旺达，双方对统治权的争夺激化了此前一直固有的矛盾。图西族人一直处于统治地位，但人数占优的却是愤愤不平的胡图族人。乌干达等邻国的插手使局面变得更加混乱，导致了大规模屠杀，数十万人被害，二百多万人被迫离开故土。非洲统一组织和联合国等外部力量不断敦促各方停火，但它们都没有采取强有力的干预措施。杀戮最终平息，但中非的种族纷争并未停止，反而演变成其邻国内战。2003年，好几万非洲人在主要战事中丧生。种族和宗教冲突还在非洲其他热点地区不断上演，比如苏丹的穆斯林袭击基督徒，塞拉利昂和利比亚的政府军打击叛军组织。

当然，很多地区都保持了相对和平，毕竟冲突违背了全球发展潮流。根据某些观察家的结论，截至2011年，全球范围的群体暴力事件呈下降趋势。联合国制止了某些非洲地区的争斗，虽然它的介入并不是每次都能发挥建设性作用。联合国在中美洲扮演了更重要的角色，20世纪八九十年代，在联合国的监督之下，中美洲各国的军政府被解散，文职政府上台执政，同时大幅削减兵力。

全球恐怖主义

在世纪之交，另一个暴力源头的影响则在逐渐扩大。21世纪早期，在民族主义、次国家民族主义和宗教信仰的基础上，世界各地兴起了一股新型国际恐怖主义浪潮。恐怖主义分子使用了全球化提供的某些手段，尤其是穿越边境的便利条件；他们还袭击重要机构，抵制全球化进程。

2001年9月11日，美国本土遭遇恐袭。恐怖主义分子的行径令人发指，他们显然是为了报复美国在中东推行霸权政策，但他们选择的是目标却是纽约世贸中

讨论历史：20 世纪至 21 世纪 —— 变化与延续

一位著名历史学家曾用"短暂"一词形容 20 世纪。1914 年至 1990 年这段时间相继发生了两场世界大战、冷战和大国争霸，整个世界直到刚刚过去的二十年才展露新颜。另一位历史学家则言简意赅地指明，21 世纪将与 20 世纪"迥然不同"。

如果说 20 世纪开创了世界历史上一段重要的新时期，那么我们最好不要指望接下来的这个世纪将会带来翻天覆地的变化。

用历史观理清当下形势是历史分析的重要用途，而这既是一种挑战，也是一种乐趣。从具体层面来说，21 世纪显然不同于 20 世纪，比如 21 世纪不会再出现希特勒式的人物。更重要的一点是，从根本上来说，我们并不确定 21 世纪将会"新"到什么程度，因为我们无法洞察还未发生之事。过去和未来的关系值得深思，但我们最多也就是得出某些推测性结论。

如果说 20 世纪的特征是西方地位相对下降和世界范围内的权力再平衡，那么这个主题在 21 世纪很有可能会得到延续。去殖民化这样的具体事件不会再上演，因为该过程已经完全结束，但与西方相关的权力再平衡将会继之以存。

如果说 20 世纪的特征还包括全球化的兴起 —— 这首先要归功于新技术的驱动，其次则是受到中国和俄罗斯开放政策的激励 —— 那么 21 世纪也会维持这个趋势。当然，具体细节会有所不同，而且全球化的范围很可能还会继续扩大，但是绝对不会与现在判然两样。

另一方面，20 世纪的人口增长势头正在减弱，它的后续影响至少会延续到 21 世纪上半叶；但是整个 21 世纪不会继续出现人口激增，世界人口结构将会很快趋于稳定，而且老龄化进程还在加快。

假如环保主义者获胜，当然这只是一种假设，那么 20 世纪的严重浪费将被新型能源政策和改良后的消费模式取代，这将会是一种全新的发展趋势。

21 世纪是否还要面对选择政治体制或改善女性地位的问题？全球中产阶级的实力是否还会继续壮大？总之，具体特征当然是新的，但大框架将维持原有模样。

新世纪并不一定就意味着全球将会迈入截然不同的新阶段。确定 20 世纪的基本主题对我们思考未来非常重要，因为我们可以知道哪些主题将继续存在，哪些已是陈年旧事。

这场讨论一定还会继续下去。

心——这是经济全球化的象征。

遭遇恐袭的受害国家通常都会第一时间出动大规模警力和军力予以回击。以美国为首的联军攻打了阿富汗的基地组织，取得了一定成功。虽然恐怖分子没有实现任何他们所宣称的目标，但是要想彻底清除恐怖主义的威胁也很难做到。随着恐怖主义日趋全球化，恐怖威胁干扰了某些全球化机构的运营，比如它影响了全球范围内人们的出行。这是21世纪早期的一个重大主题，也是当代世界历史中一页带有暴力色彩的篇章。

2. 全球工业化

随着冷战结束，中国、印度、巴西和土耳其等国迅速崛起，跻身世界重要经济体行列，这是世纪之交最显著的特征之一。这场巨变的其中一个标志就是中国取代日本成为世界第二大经济体。显而易见，这一局面再次改变了全球力量均势——20世纪七八十年代由西方主导的全球力量均势。2008年，为了应对全球经济危机，美国呼吁召开二十国集团会议，共商全球经济政策；除西方大国外，还包括南非和墨西哥等国家。G20在当时取代眼光狭隘的G7成为全球协作的引领者，这绝不仅仅只是一种象征性的转变。

工业经济体的范围逐渐扩张。日本和俄罗斯从19世纪90年代开始崛起，标志西方对工业化的垄断首次出现松动。历经两场大战的日本逐渐发展成为经济大国，尤其是在第二次世界大战后，日本在工业品出口和产品设计方面的表现相当突出，比如日本儿童玩具成为全球消费文化的一部分。20世纪60年代，太平洋沿岸国家也踏上了工业化之路，这是对工业化国家名单的又一次修正。

中印等国的崛起直到八九十年代才受到世界瞩目。事实上，它们早在几十年前就在积蓄力量。很多国家都在努力摆脱自身在世界工业化体系中的从属地位（这源于漫长的19世纪），它们的政策一开始收效甚微，但随着时间的推移逐渐产生了重大影响。进口替代政策帮助巴西和土耳其等国成立了重要的工业部门，尽管不可能立即达到全球领先水平。中国在毛泽东领导时期积累了一定的工业化经验。巴西从第二次世界大战后把握机遇，打造了包括钢铁行业在内的新产能，后来在计算机制造方面表现抢眼，逐渐成为全球市场的重要成员。印度从20世纪早期开始建立重要的冶金和纺织行业，后来凭借语言优势（英语是印度官方语言之一）和技术实力在软件开发和服务业取得长足进展。

新政策的推出加快了经济发展。中国从1978年开始引入市场机制，扩大与世界各国的交流往来，中国经济随即步入高速增长轨道，大批农村人口转变为城镇居民。进入 90 年代，印度政府放松了对经济部门的管制，巴西则利用甘蔗生产燃料，满足国内消费和出口需要。

但是这些国家取得的这些成就并没有根除过去的遗留问题。它们的农村地区依然贫困，它们的工资水平仍旧低于发达工业国家。事实上，在大多数发展中国家，快速工业化进程反而拉大了收入差距。很多国家继续授权外企在本国建立分公司，这些外企被当地的廉价劳动力和宽松的环保政策所吸引。鉴于这些原因，保持经济增长依然是这些国家的强烈愿望。大多数快速崛起的经济体都经受住了 2008 年和 2012 年经济危机的考验，它们的表现要明显好于日本、美国和西欧国家，当时这些发达国家的经济增长极为缓慢。

当然，并不是整个世界都实现了快速发展。撒哈拉以南非洲的重要地区和部分拉丁美洲国家依然是世界市场的原材料供应国，它们依靠的是廉价劳动力，这些国家的严重贫困甚至使得雇佣童工现象愈演愈烈。以科特迪瓦为例，它是世界上最大的可可豆生产国，据说当地童工有十万之多，尽管很多国际人权协议都承诺消除童工问题。

重塑世界工业版图堪称一项壮举，其影响更是波及新老工业国。工业版图变化产生的影响已经超出了经济领域，比如城市快速扩张。从全球范围来看童工数量有所下降，尽管还有个别地方仍在继续干着这种罪恶的勾当。孩子们的正常童年应该是什么样？他们以前要工作，现在则要接受教育。1950 年，童工占全球劳动力总数的 6%，该比例到 1990 年降至 3%。不满 14 岁的童工在 1950 年占比 28%，该比例在四十年后降至 14%。以印度为例，该国在 1999 年有 2,000 万童工，到 2010 年降至 1,250 万——这也是经济全球化发展趋势的一部分。

3. 全球化

20 世纪 90 年代，冷战结束进一步推动了全球化进程，从那时起"全球化"一词便进入英语词库（日语中的"全球化"一词早在 20 世纪 60 年代就有了）。全球化并非新生现象，但它与世界范围的工业化一样，都是在 20 世纪开始加速发展；事实上，全球化的起始时间还要再早些。全球运输网络和通信网络分别在不同时点出现，而不是在 20 世纪末突然兴起。

在两场世界大战之间的艰难时期，全球化进程在多地受阻。很多主要国家都在设法从全球联系中抽身而去，转而专注于其所在区域的活动。斯大林时期的苏联高度重视民族政治和工业,基本脱离了广大的世界市场。30 年代至 40 年代初的日本和德国妄想构建新帝国,寻找其他市场来替代西方主导的全球市场,确立本国专属的物资来源地。美国奉行的孤立主义政策本身就是对全球政治的一种批判。

不过,各国对第二次世界大战和经济大萧条的应对措施重新激活了全球化——从 1945 年开始全球化继续发展,即便冷战已经逐渐拉开帷幕。以英美为首的资本主义国家在 1945 年后建立了新的国际经济秩序,旨在加强经济协作,防止出现经济崩溃和狭隘的民族主义运动。国际货币基金组织和世界银行最初负责为战后重建提供资金,后来转成为一般经济发展注资;这两家机构也致力于稳定国际汇率,促进世界贸易,防范地方经济崩盘。它们都由执行董事会管理,但其成员主要来自西方国家。后来又出现了以降低关税为使命的其他国际组织,进一步提高了全球贸易水平。

政治创新的第二项内容指的是 1945 年成立的联合国。作为一个维和机构,联合国的作用在冷战期间和结束后表现得比较复杂,但它还是比国联有用得多。这个新组织显然不是西方国家的傀儡,这一点与国联有质的不同。联合国下属的一些机构正在发挥越来越重要的作用,比如世卫组织和联合国维和部队,后者在某些重点地区履行政治监督责任。联合国将人权提升为全球问题。1948 年,联合国颁布了《世界人权宣言》,呼吁国际社会努力实现在法律面前人人平等,包括性别平等、宗教自由、免于酷刑、出版自由和言论自由等。在这份宣言出台后的几十年里,联合国又对女性权利和儿童权利分别进行细化。众多国家签署了各式各样的国际公约,虽然不同国家的执行力度不尽相同。

从 20 世纪中期开始,技术和外交全球化进一步深化。若干重大事件推动了全球化进程,包括中国从 1978 年开始推行改革开放,苏联从 1985 年起扩大开放。在世纪之交的几十年里,全球化趋势继续得到巩固。此时一些重大技术创新,比如 1990 年发明互联网,更是成为全球化进程的加速剂。

很多专家都将全球化视作当下和未来世界历史的首要主题。全球化表明世界各地之间的相互联系日益加深,不仅包括通信和商业往来,还有文化和政治交流。它意味着各层面的全球联系都在加速发展,各国以一种开放姿态迎接世界范围的交流。

最后,世界各地有越来越多的人都适应了全球联系,虽然较为谨慎。民族主义热潮已经消退,人们普遍感兴趣的是世界各地更广泛的影响和联系。英语成为世界语言也是全球联系的一部分,尽管它没有覆盖所有地区,而且经常招致不满。英语是航空业、体育赛事和早期互联网的通用语。英语促进并反映了全球化其他层面的发展。

新技术

一位与全球化颇有渊源的业内人士讲述了这样一个故事。1988年，一位美国政府官员前往芝加哥出差，给他安排的公务车上装有一台移动电话。他看到这个新设备后兴奋不已，马上用它给妻子打电话夸耀了一番。九年后，还是这位美国官员，这次他是要去西非科特迪瓦一个偏远村庄出席一家医院的开业庆典，唯一能通向那个村子的交通工具就是独木舟。当他登上独木舟准备启程时，随行人员递给他一部手机，说华盛顿方面来电找他。20世纪90年代，手机这种最新通信设备逐渐普及并发挥着重要作用——确保世界各地的人们相互之间保持经常联系；而对于某些人来说，他们再也无法回避这些联系。西欧和东亚是这场手机革命的引领者，但是世界各地的大集团都加入到了这股浪潮中。

20世纪80年代，日趋小型化的计算机提高了办事效率。进入90年代，芯片存储的信息量年均增速超过了60%。不同计算机之间的连接效果明显改善，这项尝试始于60年代，当时主要是为了满足国防需要，但后来不了了之。1972年，实验人员发出了第一封电子邮件。1990年，在瑞士工作的英国软件工程师伯纳斯发明了万维网，这标志着人类真正进入了互联网时代。人们利用电脑实现了全球范围的同步联系，还可以发送海量文本、图片和音乐。互联网的覆盖范围并未触及所有人，但它已经将很多遥遥相望的地区连到了一起。比如在俄罗斯东部，国际邮政业务慢得出奇，国际长途电话也是时断时续，但是海参崴的当地学生可以在网吧上网，与他们的美国或巴西朋友畅所欲言。

利用卫星传输电视节目信号是通信领域的最新一项革命，世界各地的人们可以同步收看电视节目。目前全球四分之一的人口可以在同时段收看同一档体育赛事，通常是世界杯足球赛或奥运会。这是世界历史上从未有过的现象，甚至乍看上去都不可能实现。全球化技术获得了新意义。

企业组织与投资

得益于新技术不断涌现和政治壁垒不再森严，国际投资在20世纪末快速增长。各大证券交易所的上市企业中既有西方和日本的大型企业，也有中国的电力公司和巴西的钢铁公司。美国的对外投资大幅提高，1970年至1975年增长了近两倍。到了80年代，美国企业总利润的25%—40%都来自海外业务。日本在70年代的对外投资增长了十五倍，进入80年代后，日本汽车制造商把工厂设在了美国、欧洲和其他地区。德国汽车、化学品和制药公司，法国轮胎生产商和荷兰石油企业都在美国设立了分公司。20世纪90年代末，德国大众汽车公司发布了一款新车设计方案，它的整条生产线都建在墨西哥，但其产品却是销往包括美国在内的世界市场。

商业全球化包括快速增长的进出口、超越政治边界的企业组织结构（由此形成所谓的**跨国公司**），以及全球范围内的劳动分工。美国汽车零部件来自日本、韩国和墨西哥等地。日本汽车使用美国零部件的数量经常超过了底特律出厂的汽车。这是全球制造业出现的新格局。企业在海外设立分公司不仅是为了缩短与销售市场的距离，节约物流成本，还考虑到了当地的廉价劳动力和宽松的环保政策。西印度群岛和非洲的女工负责计算机主板的装配工作。规模庞大的印度软件行业承接欧美公司的软件外包项目。这些全球业务联系让人看得眼花缭乱。

国际企业一直都在坚持不懈地寻找廉价原材料。正因为如此，20世纪90年代新独立的中亚国家的石油和矿产吸引了西方企业和日本企业的目光，双方展开了开采权之争。国际投资还与利率水平紧密相关。20世纪90年代，美国凭借高利率吸引了欧洲、日本和中东富油国的大笔投资。

就权力和资源而言，跨国公司往往比其所在国家的政府更有优势，以至于它们可以决定劳动力和环保政策的主要内容。可是，一旦发现别的地方更为有利可图，它们就会迅速从当前地点撤出（事实上它们也正是这样做的），根本不考虑当地的失业和设施闲置问题。广泛分布的跨国公司提升了原先农业区的工业实力。凭借更加便捷的通信和运输条件，这些跨国公司可以带来更多变化。

美国人在墨西哥北部建厂只为把大部分产品回售美国国内，这表现出了新型国际经济的复杂性。这些工厂肯定要选在劳动力成本低和政府监管宽松的地方，因为它们经常排放化学物质废弃物。虽然工人工资仅为美国人工资水平的10%，但是外企的薪资水平还是高于墨西哥本土企业。很多工人（包括不少女工）觉得外企的用工制度更开明，主管的行为举止更得体，只不过绩效考核非常严格。但是接下来将会发生什么？这个重要问题现在还无法回答。工资水平还会提高吗？如果这些新工厂的工人掌握了一定的工业技能，他们是不是就能有更多的就业选择？还是说他们仍要靠这种微薄的工资维持生活？

移民

广义上的国际移民模式形成于20世纪五六十年代，比如欧洲的"外籍劳工"主要来自土耳其和北非国家。在此基础上形成了90年代的移民模式。人们的跨国往返变得更加容易，加之工业国的人口缓慢增长与拉丁美洲、非洲和部分亚洲地区的人口快速增长形成的差距，从而确保了跨国人员流动不息。意大利、希腊和日本等国在20世纪90年代几乎出现了人口零增长，这意味着它们急需补充新的劳动力，尤其是那些低技术岗位主要由移民填补。日本不愿接收大量移民，因此它选择发展高端技术产业；即便如此，其国内还是有不少菲律宾等东南亚国家的劳工。欧洲和美国的外来移民数量更加庞大，重点城区和商业中心汇集了来自世界各国的人口。2000年，至少25%的美国人是有色人种，来自母语并非英语的家庭。2003年，法国人口中有10%都是穆斯林。这也是紧张关系的一个重要来源，当地人不仅惧怕外来移民，还担心工作机会不断流失。但是与此同时也出现了诸多新机遇，移民成为新的劳动力，带来了新的文化灵感。

文化全球化

由于技术和企业组织的全球化，再加上政治壁垒不断减少，世界范围内的文化交流和联系在20世纪90年代末加速发展。其中的重头戏是大众消费品，它们从美国、西欧和日本出口到世界各地。文艺演出、交响乐演奏会、科学大会和互联网联系也是与日俱增。音乐指挥家和艺术家在全球巡演，经常在一个演出季内穿梭于东京、柏林和芝加哥等大城市。科学实验室里的研究人员来自不同国家，他们相互协作（一般都用英语交流），不受国籍干扰。

从20世纪70年代开始，以麦当劳为首的美国快餐业迅速扩张，成为最引人注目的国际文化影响之一。1955年，美国伊利诺伊州开设了首家麦当劳餐厅。1967年，麦当劳在加拿大和波多黎各开设分店，由此开启了它的全球化步伐。从这时起，麦当劳每年平均进军两个国家，并在90年代逐步提速。到1998年，麦当劳已经遍布全球109个国家。麦当劳在日本迅速取得成功，日本人成为麦当劳最庞大的海外顾客群。1971年，日本第一家麦当劳出现在东京银座——这是一个因有众多国际化百货商店而举世闻名的商业区。1990年，麦当劳进驻苏联，这是冷战落下帷幕的标志之一，也表现了俄罗斯人对国际消费品的热情。麦当劳迎来了大批俄罗斯顾客，尽管价格不菲。即使在法国这样以美食著称的国家，麦当劳和其他快餐店也在90年代占据了法国餐饮业26%的份额。其实也不是所有顾客都喜欢麦当劳的食物，正如很多中国人所说，他们去这家连锁餐厅主要是想亲眼看一下、亲身体验一下全球化的那种感觉。

文化全球化意味着人们能够看到更多的美国电影和电视节目。美剧《海岸救生队》吸引了无数海外观众。电影和游乐园的卡通人物（如米老鼠）及其衍生产品和玩偶，在全球市场热销如潮。西方的审美标准主要基于模特和电影明星的形象，这

法国穆斯林学校的孩子们。

些标准广泛传播,甚至影响了国际选美大赛的评判结果。通过音乐电视(MTV),世界各地的年轻观众不仅能听到西方音乐旋律,还能看到西方国家的真实面貌。

节假日也染上了国际色彩。美国式的圣诞节活动,包括互赠礼品、张灯结彩和扮演圣诞老人,不仅传到了法国等基督教国家,还传到了伊斯坦布尔等伊斯兰社会。在墨西哥北部,当地人和美国人一样在万圣夜组织"不给糖果就捣乱"的娱乐活动,而且它还取代了更加传统的天主教"万圣节"。

消费全球化并不局限于美国消费品。日本流行文化同样声名远扬。《精灵宝可梦》系列漫画反映了日本文化传统,在20世纪90年代受到美国孩子们的狂热追捧,他们连续收集了好多年,始终热情不减。某部日本电视连续剧在伊朗播出后,女主人公被穆斯林女性奉为偶像。一直因历史问题而对日本心存芥蒂的韩国接受了日本摇滚乐和动画片,而它的对日文化输出也呈上升趋势。欧洲流行时尚的追随者遍布世界各地,包括服装和音乐。

服装的国际化水平更是前所未有。美国式蓝色牛仔裤随处可见。中国出口了大批贴着西方名牌的商品。俄罗斯东部城市的"华人市场"销售清一色的西方风格产品,主要是衣服和鞋子。

文化国际化显然还包括工业国家的产品（不论其真正产地是哪里）向其他地方出口（包括工业国家内部）。但是文化渗透程度有高有低，这既与富裕程度和城市化水平有关，也取决于文化包容度。外国模式往往会被进行一定程度的加工改造，以符合当地习俗。正因为如此，印度的麦当劳（麦当劳在印度一直不怎么受欢迎）供应素食，这在其他地方的麦当劳是不可能看到的；摩洛哥的麦当劳在斋月每天日落后供应特制晚餐。文化国际化真实存在，但却万绪千端，略见一斑。

体制全球化

总体来看，政治体制全球化的步伐远远落后于技术和企业，甚至还不及消费文化。很多人担心把握不好政治监督与控制之间的分寸，同时也担心更大层面的全球化。20世纪90年代，联合国的行动更加积极主动。冷战结束后，更多外交热点事件招致多国部队的军事干预。联合国维和部队平息或阻止了非洲、中美洲、巴尔干和中东地区的部分争端。面对不断增多的难民，联合国与其他国际组织紧密合作，加强了人道主义援助。联合国大会扩大了议题范围，把性别平等和人口控制也纳入其中。虽然不是每次大会都能提出明确结论，但很多国家还是将国际标准纳入其国内法律条文，比如非洲很多国家的女性向联合国请愿，要求联合国宣告男女平等是法院分割财产的依据。

体制全球化的效力表现在医疗卫生领域。到2001年，联合国和世卫组织在抗击艾滋病方面的积极努力已经初见成效。2003年，在世卫组织的介入下，各国有效地抑制住了非典疫情，阻止了疫情向全球扩散。

2008年，美国次贷危机引发了一场国际金融海啸，各国应对这一危机的态度表明：全球化程度更高，但还不够全面。这场危机需要全球共商应对之策。大多数国家都提倡相互协作，但态度也都比较谨慎。2008年年底，美国组织召开了一场国际会议专门探讨这些问题，它不仅邀请了主流工业强国，还特意邀请了G20的新成员。这类协调避免了各国采取提高关税或其他干扰全球贸易的做法——其前车之鉴就是20世纪30年代出现的全球经济大萧条。

抗议活动和经济不确定性

20世纪90年代末，全球化进程提速引发了新一轮激烈的抗议活动。在世界银行会议和行业领导人会议期间，经常可以看到声势浩大的群众游行，偶尔还会伴有一些过激行动。这场抗议浪潮始于1999年世贸组织西雅图会议期间发生的大规模

美国西雅图世贸组织会议期间发生的抗议活动。

示威游行,此后每逢重大会议召开就会出现抗议活动。抗议者来自世界各地,他们的主张不尽相同:有人认为快速经济全球化加剧了环境恶化,有人谴责跨国公司雇佣廉价劳动力损害了劳动者的处境(包括工业国家在内),还有人则义愤填膺地抨击四下泛滥的消费主义。

很多批评家都指出,全球化的红利流向了富国和富人,而不是造福世界多数人口。他们还用具体数字证明了财富不平等正在日益加剧:20世纪90年代,全世界四分之一的人口变得更加富有,而其他人则活得更加艰辛。这种不断扩大的差距既存在于不同国家之间,如富裕国家和人口稠密的发展中国家之间;也存在于国家内部,比如美国内部和某些西欧国家内部。全球化支持者与反对者之间的对立势同水火。

4. 全球变暖与环境恶化

全球化带来的最让人警醒的问题主要事关环境。越来越多的游客和记者前往曾被视为禁地的东欧国家,他们看到这些国家为实现工业化付出了沉重的环境代价,比当年工业化时期资本主义国家的情形还要严重。

工业废水造成鱼群死亡。

中国也走上了工业化道路，这也加重了国际社会对环境影响的担忧；当时有种观点认为中国在推行新型市场社会主义，其特点是将自由市场与共产党执政相结合。在中国，有限的自然资源要供养十几亿人口；大范围的水资源短缺也是一个十分棘手的问题。不受约束的全球"发展"带来了诸多负面后果，但对这些后果的长期预测显得过于保守。东南亚经济快速发展带来的环境破坏同样值得世人引以为戒：跨国公司在当地肆意开采资源，当地雨林消失速度之快甚至超过了巴西热带雨林。撒哈拉以南非洲也出现了类似情形，当地的经济崩溃和环境危害已经成为常态。

温室效应是一个名副其实的全球问题。目前大多数科学家一致认为：温室效应指的是大气中的二氧化碳和其他吸热气体过量积聚，导致近几十年来地表温度大幅升高。大气污染物的主要来源包括能源生产（需要燃烧煤等化石燃料）排放的工业废气，以及私家车、卡车和燃烧石油的内燃机排放的尾气。温室气体的其他重要来源令人意外，但却关乎大多数人的生存。第二大温室气体就是甲烷。人们给稻田施肥之后，留在土壤和水中的大量甲烷会释放到大气中。这些稻田养育着亚洲大多数人口，而亚洲又是世界上人口最稠密的大陆。

全球变暖已经严重改变了世界大部分地区的气温和降水，科学家们预测这一趋势仍将持续下去。土壤肥沃、雨水丰沛的高产农业区是人类和动物的食物来源地，它们可能会发生旱灾和饥荒。电脑模拟结果显示，海平面上升将会淹没那些地势低的沿海地区，包括世界上人口最稠密的孟加拉国、荷兰和美国新泽西州。它们受到的威胁不仅是全球海平面上升，在未来几十年里它们还会遇上更多的飓风和热带风暴。气候巨变将彻底改变很多地区的植被类型和野生动物的种群结构。例如，很多地区的温带森林将会变成灌木丛、热带植被或沙漠植物。某些动物种群可能会迁徙他处适应新环境并生存下去，而更多无法适应气候巨变的物种将会走向灭绝。

雨林受到的破坏尤其严重。与温带森林不同，雨林一旦被毁就无法再生。从物种进化角度来说，雨林是世界上大多数动植物物种的发源地。人类活动正在以各种方式影响短期内的全球气候和天气，并将决定地球环境在几百年或几千年后的面貌。

从 1997 年开始，国际社会就一直在探讨环境治理问题。在日本东京举行的联合国气候大会对温室气体排放设定了配额，旨在遏制全球变暖，但是目前并不确定这些配额能否产生切实效果。美国和俄罗斯等很多国家都反对这种限制，担心这样做会损害本国经济，这再次表明政治全球化的步伐似乎跟不上其他领域的全球化。

2008 年，基本商品价格上涨，成为又一个备受争议的全球议题。燃料价格飙升反映了中国和印度的旺盛需求，以及工业国的石油消费继续保持高位。能源成本上涨推高了食品价格，影响到气候变化，这些都是极有代表性的全球问题，但是在一时之间又很难找到解决办法。

5. 推广民主制度

冷战落幕和全球化都与 20 世纪末的另一大主要趋势相关：推广多党民主制。该趋势是导致冷战结束的一大诱因，而冷战结束又进一步推动了该趋势的发展。

政治创新和新老政权交替是当代历史的一个基本主题。但是在很多新生国家，大赢家往往是专制主义制度。在两场世界大战期间，德国、日本和东欧建立的民主制度如昙花一现，民主运动一蹶不振。而在第二次世界大战过后，民主浪潮卷土重来，德国、意大利和日本，甚至还有印度都加入了民主阵营。但是在前殖民地国家（除了印度），建立民主制的尝试全部失利；每当出现问题，现政府就会被军方或某个单一政党接替。

从 20 世纪 70 年代末开始，民主浪潮开始向不同地方蔓延，尽管它也不是在每个地方都能取得成功。西欧在经济和政治领域取得的成就，加之欧共体市场的吸引力，激励西班牙、葡萄牙和希腊结束了长期独裁统治，在 70 年代中期建立了民主制。后来美国和西欧将民主运动带到了拉丁美洲。阿根廷和巴西率先建立新政权：自由选举取代了独裁统治。民主化进程在 90 年代继续推进，除古巴之外的所有拉丁美洲国家都加入了民主阵营。80 年代末，中美洲国家的革命人士也接受了民主制。在 2000 年的墨西哥总统大选中，首位非革命制度党的候选人获胜，由此打破了大革命后由革命制度党连续执政的局面。

80 年代，韩国确立了民主制度。愤怒的菲律宾人民赶走了独裁者，建立了民选政府。此时的民主运动已经撼动了苏联阵营，大部分中东欧国家都实现了民主化转型。

2005年年末，乌克兰总统尤先科在基辅独立广场发表演讲，他的支持者们不停地挥舞着橙色旗帜。

人们对民主的未来也有满腹疑团。民主与经济预期相关——即民主制是自由市场和经济增长的前提，正因为如此，很多拉丁美洲国家选择了民主制——这个观点明显站不住脚：如果经济没有改善呢？

推广民主制产生了一个颇具讽刺意味的结果，这在21世纪早期表现得尤为明显：公开选举产生了多重结果。中东选民刚刚得到表达意愿的自由就把选票投给了穆斯林政党。拉丁美洲人民则选择了强烈抨击美国资本主义制度的社会主义政党。令西方政策制定者更加不满的是，在原先没有民主的地区建立民主制，并没有带来一个更加统一的世界。

6. 民族主义与宗教浪潮

全球化并不是一个整齐划一的过程，它在很大程度上都有赖区域内的交往联系。如前所见，有些社会抵制民主潮流，它们甚至怀疑国际社会过度关注人权是别有用心。这些不同反应显示出不同类型政府的强大影响力，但有时也跟更深层次的顾虑有关——政治稳定远比个人主张重要。很多地区都是只认可全球化的某些方面而排斥其他方面。美国人不仅担心全球经济竞争,还担心全球政治协定凌驾于国家决策之上,而也正因为如此,美国迟迟不肯履行某些国际公约,比如禁止使用童工和地雷的国际公约。

总之,大多数民意调查结果都表明人们对文化全球化顾虑重重,担心它会破坏他们珍惜的传统和地区身份认同。西方不遗余力地推广消费主义,包括服装时尚和青年音乐在内,很容易招致人们的反感,很多人都不胜其烦。上述现象表明,在全球化加速发展的几十年里,人们依然坚持他们的本土文化和地区身份认同,甚至还发起了反对全球体制的公然抗议活动。

文化差异有助于不同地区做出其他选择,其中之一就是民族主义。鉴于很多国家在全球化进程中不受重视,某些国家政府甚至还不如跨国公司有影响力,许多民族主义者开始采取多种方式抵制全球化。各国都不愿意看到全球文化对自身民族传统的日侵月蚀。法国政府曾极力抗拒英语词汇融入法语。很多欧洲国家都在想法控制来自非洲、亚洲和西印度群岛的移民数量,为的是保护欧洲本土家庭和工人的主体地位。美国对各项国际条约不屑一顾,比如有关战争罪的国际公约,因为它经常干涉别国主权。面对国际社会对本国政治犯或人权问题的不时指责,一些国家强力回击,包括关闭那些干预内政或煽动骚乱的互联网站。中东领导人对外来影响过多深感忧虑,所以他们不支持把西方书籍译成阿拉伯语。

在20世纪的最后几十年里,一场如火如荼的宗教复兴运动在全球范围内快速展开。宗教活动的传播得益于全球联系网,但是它们却让情况变得更加复杂。宗教运动的目的就是抵制统一的全球文化,捍卫独树一帜的民族文化。在宗教运动的影响下,人们开始怀疑全球化潮流宣扬的消费主义和开放的两性关系。

在当代历史刚刚展开的几十年里,宗教遭遇更多竞争和全面打击。苏联和法西斯政权直接取缔了某些宗教活动。更普遍的现象是,逐渐普及的科学观和消费观为人们带来了新颖的、世俗化的生活选项——它们不一定就是针对宗教。即便如此,很多地方的宗教影响依然无比强大。从20世纪早期开始,撒哈拉以南非洲最重要的文化变革就是基督教和伊斯兰教快速传播。

从20世纪70年代开始,世界多地都出现了宗教复兴运动,这反映了很多群体没能享受到经济繁荣的红利。宗教复兴得益于组织有序的新一轮传教运动,它要为身处全球变革中的人们提供一种新的身份认同,或恢复他们既有的身份认同。很多地区都被卷入这股宗教复兴的浪潮中。

随着20世纪90年代东欧剧变,很多人找回了从前的宗教信仰,包括东正教。新教原教旨主义者在东欧地区积极传教,他们大多来自美国。新教原教旨主义还在拉丁美洲迅速传播,比如危地马拉和巴西。印度教的原教旨主义运动在90年代崛起，将印度教的民族主义政治家推上了宝座。伊斯兰原教旨主义不仅在伊朗生根发芽，还蔓延到了中东其他地区。基督教、印度教和伊斯兰教的原教旨主义者要求确立宗教的主导地位，推行宗教法。他们反对给予女性更大的自由，批评西方消费主义。原教旨主义者一再要求政府支持宗教价值观。

宗教原教旨主义在很多方面都与全球化背道而驰，尽管很多宗教领袖也学会了利用全球化时代下的新技术（比如互联网）。宗教原教旨主义更容易吸引城市里的穷人，因为他们似乎被全球经济抛弃了。原教旨主义助长了偏执心理，就连那些曾经以理智和开明著称的宗教传统也未能幸免。在印度，印度教原教旨主义者与当地穆斯林冲突不断。虽然有些全球化的支持者认为宗教传统主义将会日趋没落，但事实上在进入 21 世纪后这种趋势并不明朗。

宗教或民族主义能否替代世俗化的全球标准因地而异。西欧和日本的世俗化程度虽高，但还达不到 100% 的程度，它们没有出现美国或中东那样显著的宗教复兴运动。这些地区讨论最多的是价值观问题。从 80 年代开始，美国社会陷入了"文化战争"：女权主义者对抗传统势力，科学观挑战宗教的主导地位。阿拉伯地区的最新发展情况表明，在埃及这样的国家同时存在世俗派人权卫士、温和派穆斯林和捍卫伊斯兰教法的激进团体，这三大群体之间存在巨大分歧。非洲人民分裂成了两派：一部分人坚守乡村生活传统，捍卫伊斯兰教或基督教信仰；另一部分人则是生活在城市里的世俗主义者，他们关注的是消费主义和科学。

21 世纪早期，当代世界历史出现更多的是文化论战，而不是清晰的文化变革模式。这表明全球文化发展趋势远比全球经济乃至全球政治复杂。

7. 发展趋势预测

人们总想知道未来会是什么样子。很多学派通过观测星象进行预测，当代世界依然有一大批占星学的拥趸。有一些学者提出了循环说，即未来不过是在重复过去，就像很多中国学者提出的天道循环。另外一些学者则认为未来不同于过去。从启蒙运动开始，西方文化界提出了一套渐进式变迁的观念。

历史进程证明，很多预测都是徒劳一场。有人估算了一下，自从第二次世界大战结束以来，那些所谓的专家对美国的预测有一半以上都是错的；其中有这样几种设想：到 2000 年时，大部分美国人可以乘坐某种类似飞艇的交通工具上下班，小家庭将被人员构成复杂的公社取代。然而，历史在否定这些预测的同时，也在不断提供预测未来的新依据。

趋势预测可以揭示历史与未来之间的显著联系——这些趋势至少会延续几十年。比如说我们"知道"全球人口增速将会放缓，因为当前情况就是如此。很多预测提出世界人口到 2050 年将保持稳定，因为全球人口出生率在快速下降。我们还"知道"世界人口将趋于老龄化，因为西欧、美国和日本已经进入老龄化社会；随着出生率下降，其他地区也将步其后尘。但是我们不"知道"社会将会如何满足老年人的需求，也不"知道"当世界人口数量稳定下来后环境问题会恶化到何种程度。然而，这些基于趋势的预测也会被意外事件所否定，比如突如其来的战争。20 世纪 30 年代，专家们参照美国当时的人口现状，"知道"美国人口出生率将会下滑，可是后来第二次世界大战爆发，战后的经济繁荣意外催生出一场"婴儿潮"，专家们的预测至少错了二十年。

如果趋势本身就不明确，那么基于趋势做出的预测就会更不确定。20 世纪末，西方在全世界推广民主。有人大胆预测这种政体形式将会一统天下。但是到了 2004 年，民主化进程在拉丁美洲部分地区和俄罗斯受挫，西方人对于民主制已经不似先前那般自信满满。事实上，一个地方若是坚持早期不太民主的政治传统，或是遭遇单纯经济停滞带来的压力，它的民主化趋势就会被打断。

如果两种不同趋势同时出现，那么以此为基础所做的预测只会愈发参差错落。消费主义在 20 世纪稳步扩张并逐渐传播到了世界各地。大众传媒、商业化体育赛事和全球时尚更是打破了传统边界。但是在过去的三十年里，也有很多地方的人们对宗教兴致勃发。有些人更是同时置身两种趋势之中，但总体来看，他们会有不同的优先排序。这是否意味着其中一种趋势会占据主导地位？或者说，我们是否应该站在不同的文化利益角度来思考未来？

8. 通往现代之路

在 1985 年后的二十年里，人们对世界的现状和未来提出了很多问题，这里面既有新生问题，也有旧事重提：当前的民主趋势是否稳固？它能否传播到更远的地方，比如中东？有没有一个标准的性别关系模式可以取代过去那种带有父权制色彩的性别关系，同时适应不同文化的要求？美国作为世界唯一超级大国的地位还能维持多久？很多人都认为美国这种地位违反常态，而且带有内在的不稳定性。

近年来逐渐展开的主题将继续影响我们的未来，其中最突出的就是持续全球化与反全球化这对冤家对头：这个问题的严重程度可能会彻底颠覆世界历史的架构。在全球化时代，交往联系变得空前重要和多种多样。一些权威人士提出，国际影响和重叠身份（比如既是"青年"也是"科学家"）将会代替那些有着明确定义的个体文明（长期以来它们一直是人类历史的组成部分）。然而，反全球化也有深厚的基础：公然反对全球化的抗议活动、层出不穷的种族和地区冲突、宗教信仰快速复兴和原教旨主义四下肆虐，它们或直接或间接地对抗各种全球化力量。就这两股力量而言，获胜的会是哪一方？是不是还会有第三方力量？或者更有可能出现的是全球化与特殊性相结合，为下一个阶段的世界历史打下稳定的基础？

延伸阅读

近期研究：Ignacio Ramonet, *Wars of the 21st Century: New Threats, New Fears* (2004); Elbe Stefan, *Strategic Implications of HIV/AIDS* (2003); Makere Stewart-Harawira, *The New Imperial Order: Indigenous Responses to Globalization* (2005); Eric Hobsbawm, Antonio Polito, *On the Edge of the New Century* (2000); David Runciman, *The Politics of Good Intentions: History, Fear, and Hypocrisy in the New World Order* (2006); Robert Pinkney, *The Frontiers of Democracy: Challenges in the West, the East and the Third World* (2005); John Agnew, *Hegemony: The New Shape of Global Power* (2005); Edgar Grand, Louis W. Pauly, eds., *Complex Sovereignty: Reconstituting Political Authority in the Twenty-First Century* (2005); Barbara Harff, Ted Robert Gurr, *Ethnic Conflict in World Politics* (2004); Paul Richards, ed., *No Peace, No War: An Anthropology of Contemporary Armed Conflicts* (2005); Karen J. Greenberg, ed., *Al Qaeda Now: Understanding Today's Terrorists* (2005); William V. Spanos, *America's Shadow: An Anatomy of Empire* (2000); Dieter Senghaas, *The Clash Within Civilizations: Coming to Terms with Cultural Conflicts* (2002)。

美国权力：Eric Hobsbawn, *On Empire: America, War and Global Supremacy* (2008); Niall Ferguson, *Colossus: The Price of America's Empire* (2004); Chalmers Johnson, *The Sorrows of Empire: Militarism, Secrecy and the End of the Republic* (2004); Jerry F. Hough, *Changing Party Coalitions: The Mystery of the Red State-Blue State Alignment* (2006); David S. Mason, *The End of the American Century* (2008)。

全球化：Thomas Friedman, *The Lexus and the Olive Tree* (2000); John Gray, *False Down* (1999); Frank J. Lechner, *Globalization: The Making of World Society* (2009); Alison Brysk, Gerson Shafir, eds., *People Out of Place: Globalization, Human Rights and the Citizenship Gap* (2004); Thomas Frank, *One Market Under God* (2000). 文化修正：Peter N. Stearns, *Consumerism in World History* (2002); Alf Hronborg, Carole L. Crumley, eds., *The World System and the Earth System: Global Socioenvionmental Change and Sustainability Since the Neolithic* (2007); Walter LaFeber, *Michael Jordan and the New Global Capitalism* (2000); Stephen Rees, *American Films Abroad* (1997); James Watson, ed., *Gold Arches East: McDonald's in East Asia* (1998); Bruce Mazlish, Ralph Buultjens, eds., *Conceptualizaing Global History* (1993); Theodore von Laue, *The World Revolution of Westernization* (1997); Harold Perkin, *The Third Revolution: Professional Elites in the Modern World* (1996); Francis Fukayama, *The End of History* (1991)。

全球化与女性：Jean H. Qaataert, *The Gendering of Human Rights in the International Systems of Law in the 20th Century* (2006); Kathryn Ward, ed., *Women Workers and Global Restructuring* (1990)。宗教：Dilip Hiro, *Holy Wars: The Rise of Islamic Fundamentalism* (1989); Richard Antoun, *Understanding Fundamentalism* (2001)（以基督教为主）; Gurdas Ahuja, *BJP and Indian Policies* (1994)。

环境变化：Ramachandra Guha, *Environmentalism: A Global History* (2000); David Archer, *Global Warming: Understanding the forecast* (2011); Judith Shapiro, *China's War Against Nature* (2001); Daniel Bell, *The Coming of Post-Industrial Society* (1974)（关于环境预测）; D. John Shaw, *Global Food and Agricultural Institutions* (2008); Robert Heilbroner, *An Inquiry into the Human Prospect* (1974)。

重大外交事件：David Halberstam, *War in a Time of Peace* (2001)（关于美国干涉主义）;Walter

Laqueur, *War Without End: Terrorism in the 21st Century* (2003); Walter Russell Mead, *Power, Terror, Peace and War: America's Grand Strategy in a World at Risk* (2005); Misha Glenny, *The Balkans: Nationalism, War and the Great Powers* (2000); Tim Judah, *Kosovo, War and Revenge* (2001); Ben Kiernan, *Blood and Soil: A World History of Genocide and Extermination from Sparta to Darfur* (2007); Levon Chorbajian, George Shirinian, *Studies in Comparative Genocide* (1999); Marianne Wade, Almir Maljevic, *A War on Terror? The European Stance on a New Threat* (2009); Henry E. Hale, *The Foundations of Ethnic Politics: Separatism of States and Nations in Eurasia and the World* (2008); Charles S. Maier, *Among Empires: American Ascendancy and Its Predecessors* (2007); Alberto Alesina, *The Future of Europe: Reform or Decline* (2006)。

第六部分 回顾当代世界

交往联系与身份认同

个体文明的命运是一个关乎未来的重大问题。世界历史是由绵延五千多年的重要文明的特征塑造而成,这意味着并不是每个人都曾是某个主要文明的一分子,而且"文明"这个术语也很难被定义。一些观察家提出,在 21 世纪,文明的个体特征正在被同质化现象所遮蔽。很多科学家、运动员和商人对他们各自的专业更感兴趣,而不太在意他们的出生地——这意味着职业身份可以凌驾于对文明的忠诚之上。从全球范围来看,各大城市闹市区的面貌大同小异,在不同的城区都能看到相同的产品、商铺和餐厅。全球化可能会取代地方标签。

但是正如我们所见,全球化也会摇摆不定,就像 20 世纪中叶那几十年。然而,当全球化在 90 年代加速前行之时,人们对身份认同的坚持也在制衡全球化。以中国为例,它在参与全球经济的同时保留了自身很多特质,它的某些政治和文化特征延续自三千多年前的中国社会。日本人在全球经济和文化领域游刃有余,但是他们仍然坚持集体身份认同,这与美国的个人主义大相径庭。印度教和伊斯兰教等宗教依然是其所在地区的标志,而且从某些方面来看它们的影响力还有所提升。

长期以来,世界历史的发展都取决于本地特征与跨区域联系之间的平衡。具体情况则会随各地技术和组织能力的变化而有所不同。但若现在就说某种全球同质性将会彻底改变二者之间的关系,可能为时尚早,难以得到认同。

上述平衡关系提出了一个关键问题,即身份认同问题。很多人一边享用全球化的红利,比如积极参与当下各种热潮,一边也很珍惜自己特有的身份属性。为了保留本土化的身份认同,人们尝试了宗教复兴(尤其是原教旨主义)和民族主义运动,以及小范围的地方性民族忠诚,但是也有一些活动则表现为宗教争端和恐怖主义,从而引发了冲突和紧张局势。在过去的半个世纪里,包括全球化在内的各种变革全面挑战了人们的身份认同。如何平衡身份认同与全球交往联系之间的关系,目前还远未明了。